知识产权法总论

General Theories of the Intellectual Property Law

齐爱民 著

图书在版编目(CIP)数据

知识产权法总论/齐爱民著. ——北京:北京大学出版社,2010.1
(法学研究生教学书系)
ISBN 978 - 7 - 301 - 16034 - 3

Ⅰ. 知… Ⅱ. 齐… Ⅲ. 知识产权法 - 中国 - 研究生 - 教材 Ⅳ. D923.4

中国版本图书馆 CIP 数据核字(2009)第 197707 号

书　　　名:	知识产权法总论
著作责任者:	齐爱民　著
责 任 编 辑:	白丽丽
标 准 书 号:	ISBN 978 - 7 - 301 - 16034 - 3/D·2451
出 版 发 行:	北京大学出版社
地　　　址:	北京市海淀区成府路 205 号　100871
网　　　址:	http://www.pup.cn
电　　　话:	邮购部 62752015　发行部 62750672　编辑部 62752027
	出版部 62754962
电 子 邮 箱:	law@pup.pku.edu.cn
印 刷 者:	世界知识印刷厂
经 销 者:	新华书店
	730 毫米×980 毫米　16 开本　31 印张　462 千字
	2010 年 1 月第 1 版　2010 年 1 月第 1 次印刷
定　　　价:	49.00 元

未经许可,不得以任何方式复制或抄袭本书之部分或全部内容。
版权所有,侵权必究
举报电话:010 - 62752024　电子邮箱:fd@pup.pku.edu.cn

知识产权法之体系化
——代前言

《信息封建主义》①发出了反对知识霸权的第一声呐喊,揭露了知识产权正在演变为一种近乎封建皇权的知识霸权的历程和真相;而《知识财产法哲学》②也是意识到这种威胁,并从法哲学的视角对知识产权法给予整体性考察。本书的任务是从应用学科的角度对知识产权法进行体系化重构,阐释的是知识产权法的一般规则。本书在许多方面都承袭了恩师郑成思先生的《知识产权论》③的主张,但两本书并不雷同。郑师《知识产权论》对知识产权法核心理论问题进行了深刻剖析,属于知识产权法专论,而本书重在知识产权法的体系构建,属于知识产权法总论。

一、一个简单的逻辑起点:知识财产

宏伟法学大厦,往往建立在简单基点之上。物权法是以"物"为出发点,知识产权法的现实与逻辑起点是知识财产。就我看来,知识产权是这样一个过程:(1)人的大脑形成思想;(2)思想被表达(通过口头或者纸质载体或者电子载体)而成为财产;(3)法律对知识财产确权,即知识产权。一句话,所谓知识产权就是这样一个"从思想到财产再到权利"的过程。

二、一个复杂体系化的建立:梦想与现实

爱因斯坦说:"科学是这样一种企图,它要把我们杂乱无章的感觉经验同一种逻辑上贯彻一致的思想体系对应起来。"④拉伦茨在《法学方法论》中说,发现

---

① 〔澳〕彼得·达沃豪斯、约翰·布雷斯维特:《信息封建主义》,刘雪涛译,知识产权出版社2005年版。
② 〔澳〕彼得·德霍斯:《知识财产法哲学》,周林译,商务印书馆2008年版。
③ 郑成思:《知识产权论》,法律出版社2003年版。
④ 许良英等编译:《爱因斯坦文集》,商务印书馆1976年版,第384页。

个别法规范之间的逻辑脉络,并以体系的形式表现出来,乃是法学最重要的任务。① 虽然历经几百年的努力,但遗憾的是,我们期待的知识产权法体系化至今尚未实现。学者们孜孜以求的以理性方法抽象出高度概括的规则,厘清知识产权法内在逻辑脉络的工作也未取得定论。大陆法系的标志并不是僵硬的法典,而是法典后面柔软的"体系化"。体系化是学科由杂乱的具体规则走向一般规则的重要标志。如果说知识产权法基本理念、宗旨和原则是知识产权法的灵魂,那么知识产权权利体系则是知识产权法的躯体。知识产权权利体系,是从知识财产的性质和利用,构建的一个相互联系、相互制约的权利体系,而非按照知识财产的不同而条块分割的具体知识产权的简单相加。现有的、屈指可数的知识产权法典均为法律汇编,并未出现柔软的体系化,因此就不可能诞生知识产权基本法。

三、复杂问题的处理工具:提取公因式

习惯于具体制度构建的人们发现,知识产权制度在各行其是。同质事物的不同之处为特征,不同事物的相同之处为规律。如果著作权法、专利法、商标法、商业秘密保护法和非物质文化遗产保护法都是知识产权法的话,那么在它们之上,一定存在着可以提取的公因式,即抽象共同规则。公因式的提取,将形成统摄具体知识产权制度的"大脑"。在学术上,这就是知识产权法总论。

四、基本路径的选择:逻辑还是常理

美国著名法官霍姆斯说过:"法律的生命从来都不在于逻辑,而在于经验。"这句名言经常被错误地当做反对法律逻辑化和体系化的论据。我国法学界陈忠林先生提出了以"常识、常理、常情"为灵魂的法治观。霍姆斯是英美法系的圣徒,从其法学成就来推断,早有"逻辑"成熟于胸。我想,"常识、常理、常情"法治观的提出也是如此。所谓"经验"和"常理",一定是建立于逻辑之上的,并且是高于逻辑的,而不是相反的。将知识财产和知识产权明确划分,是逻辑的要求,而就买卖计算机软件复制品而言,靠常理我们就可以判断是出售"物品"而不是知识产权许可;就禁止专利产品平行进口的美国法主张而言,靠常识即能判断其错,因为商品自由流通是自由社会的本质要求;而面对游客因脚蹬假冒"adidas"旅游鞋在某国机场被扣押,靠常情就可以判断违背人权!没有逻辑就没法,而法治则须认真对待"常识、常理、常情"。从当前实际情况来看,层出不穷的违背常

---

① 陈爱娥:《〈法学方法论〉导读》,载《法学方法论》,卡尔·拉伦茨著,台湾五南图书出版公司印行,第16页。

识和常理的"知识霸权"又何尝不令人唏嘘呢？

五、一个新的方法论：物权法的先例

知识产权法和物权法同为财产法。德国学者卡尔·拉伦茨认为："因为物权法为一切财产法的基础，故上述规则并不妨碍依据物权法原理对知识产权的拥有和行使的解释，也不妨碍物权保护方法在保护知识产权法中的运用。"[①]构建体系化知识产权法的基本方法，应该是从大陆法系固有的民法精神出发，从大陆法系民法对待"财产（物）"的基本理念和原理出发，建立对待知识财产的基本观念。知识产权法原理的奠基，不仅需要学习外国知识产权法理论与立法的先进经验，更需要学习物权法体系化的逻辑方法。必须认真学习和提取大陆法系物权法确立的财产理念、财产权理念、基本原则、物权行为等财产法的基本理论，这些是知识产权法和物权法的公因式，是知识产权法和物权法的共同之处。学习物权法，不等于照搬物权法具体规则，而恰恰是对这些具体规则进行符合知识产权法目的的改造。

六、知识产权法典：渴望与呼唤

欲实现知识产权法法典化，必先实现知识产权法理论的体系化。欲构建知识产权法的理论体系，必先建立知识产权法总论。只有当"总则"臻于成熟，知识产权的立法体系化才算完成。真正意义上的知识产权法典，应该是建立在体系化基础之上的结构精密、逻辑严谨的法典，而绝非"简便易行"的法律汇编。知识产权法体系构建，既需要砖瓦匠，又需要建筑师。能称之为"体系"的东西，绝非对已知内容的简单堆砌，而是把常识以符合人类理性的方式加以系统化。爱因斯坦说，真理就是"常识的系统化"。知识产权法体系应该是逻辑自洽，没有矛盾的。在已经构建的体系中，任何一个部分都是体系的一个环节，它的特性或者规则，都可以从整个体系直接或者间接推导出来。最重要的，它还可以对未来发生的体系内的事件预设姿态，这就是可预见性。知识产权法总论的成型，标志着知识产权法体系的最终确立。我们依稀看到，知识产权法典就在不远处招手了。

齐爱民
于重庆沙坪坝
2009 年 11 月 23 日

---

① 崔建远：《绝对权请求权或侵权责任方式》，载《法学》2002 年第 11 期。

目 录

第一编 知识产权法概述

第一章 知识产权法的概念与起源 ……………………………………… (3)
　　第一节　知识产权法的概念和特征 ………………………………… (3)
　　第二节　知识产权法的起源与发展 ………………………………… (7)
　　第三节　美国对全球知识产权立法的干预 ………………………… (19)

第二章 知识产权法的地位、性质和体系 ……………………………… (24)
　　第一节　知识产权法的地位 ………………………………………… (24)
　　第二节　知识产权法的性质和效力 ………………………………… (26)
　　第三节　知识产权基本法 …………………………………………… (35)

第三章 知识产权法的基本理念与宗旨 ………………………………… (46)
　　第一节　知识产权法的传统理念 …………………………………… (46)
　　第二节　知识产权法新理念 ………………………………………… (51)
　　第三节　知识产权法的立法目的与宗旨 …………………………… (56)
　　第四节　知识产权保护水平 ………………………………………… (64)

第四章 知识产权法基本原则 …………………………………………… (74)
　　第一节　知识产权法基本原则概述 ………………………………… (74)
　　第二节　民法基本原则与应用 ……………………………………… (77)
　　第三节　知识产权法共有原则 ……………………………………… (89)
　　第四节　知识产权法特有原则 ……………………………………… (95)

第二编 知识财产

第五章 知识财产的概念和性质 ………………………………………… (111)
　　第一节　知识财产的概念 …………………………………………… (111)
　　第二节　知识财产的本质 …………………………………………… (117)

第三节　知识财产的法律性质和作用 ………………………… (125)

第六章　知识财产的法律特征和分类 ……………………………… (129)
　　第一节　知识财产的法律特征 ………………………………… (129)
　　第二节　知识财产与相关概念 ………………………………… (136)
　　第三节　知识财产的分类 ……………………………………… (146)

第三编　知识产权概述

第七章　知识产权的起源、概念和特征 …………………………… (153)
　　第一节　知识产权的起源与概念 ……………………………… (153)
　　第二节　知识产权的法律特征 ………………………………… (163)

第八章　知识产权的性质和效力 …………………………………… (172)
　　第一节　知识产权的本质和法律性质 ………………………… (172)
　　第二节　知识产权的效力 ……………………………………… (178)
　　第三节　知识产权侵权行为与归责原则 ……………………… (184)

第九章　知识产权请求权 …………………………………………… (190)
　　第一节　知识产权请求权的概念与发生 ……………………… (190)
　　第二节　知识产权请求权的性质 ……………………………… (195)
　　第三节　知识产权请求权的内容 ……………………………… (198)
　　第四节　知识产权请求权的实现 ……………………………… (200)

第十章　知识产权的分类和体系 …………………………………… (202)
　　第一节　知识产权的分类 ……………………………………… (202)
　　第二节　知识产权体系 ………………………………………… (212)

第十一章　知识霸权 ………………………………………………… (218)
　　第一节　知识霸权概述 ………………………………………… (219)
　　第二节　典型领域知识产权保护水平分析 …………………… (226)
　　第三节　反对知识霸权的基本态度与策略 …………………… (229)

第十二章　知识产权与相关权利 …………………………………… (234)
　　第一节　知识产权与物权 ……………………………………… (234)
　　第二节　知识产权与信息产权 ………………………………… (240)
　　第三节　知识产权与信息财产权 ……………………………… (242)

第四编　知识产权行使

第十三章　知识产权行使具体制度 ……………………………… (261)
第一节　知识产权行使概述 ……………………………………… (261)
第二节　知识产权实施 …………………………………………… (265)
第三节　知识产权转让 …………………………………………… (267)
第四节　知识产权许可 …………………………………………… (276)
第五节　知识产权出资 …………………………………………… (291)
第六节　知识产权融资 …………………………………………… (296)

第十四章　知识产权合同 ………………………………………… (300)
第一节　知识产权合同概述 ……………………………………… (300)
第二节　知识产权合同的订立与内容 …………………………… (308)
第三节　知识产权合同的成立与效力 …………………………… (316)
第四节　知识产权合同的变动与履行 …………………………… (322)
第五节　知识产权合同的无效 …………………………………… (326)
第六节　知识产权合同的违约责任 ……………………………… (329)
第七节　知识产权开发合同 ……………………………………… (332)
第八节　知识产权转让合同 ……………………………………… (338)
第九节　知识产权许可合同 ……………………………………… (341)

第十五章　知识产权行为 ………………………………………… (345)
第一节　知识产权变动模式概说 ………………………………… (345)
第二节　知识产权行为的概念与特征 …………………………… (348)
第三节　知识产权行为的构成要件与分类 ……………………… (353)
第四节　知识产权意思表示与合意 ……………………………… (355)
第五节　知识产权登记 …………………………………………… (359)

第五编　完全知识产权

第十六章　完全知识产权概述 …………………………………… (375)
第一节　完全知识产权的概念和地位 …………………………… (375)
第二节　知识产权共有 …………………………………………… (376)

第十七章　完全知识产权权能 …………………………………… (383)
第一节　知识产权权能概述 ……………………………………… (383)
第二节　知识产权的积极权能 …………………………………… (387)

第三节　知识产权的消极权能 …………………………………（396）
　　第四节　著作权权能 ……………………………………………（398）
　　第五节　商标权权能 ……………………………………………（403）
　　第六节　专利权权能 ……………………………………………（406）
　　第七节　商业秘密权权能 ………………………………………（409）
　　第八节　非物质文化遗产权利 …………………………………（411）

第十八章　知识产权的发生和变动 …………………………………（413）
　　第一节　知识产权的发生 ………………………………………（413）
　　第二节　知识产权的原始取得 …………………………………（414）
　　第三节　知识产权的继受取得 …………………………………（416）
　　第四节　知识产权消灭 …………………………………………（417）

第十九章　权利限制与知识产权滥用 ………………………………（420）
　　第一节　知识产权权利限制概述 ………………………………（420）
　　第二节　知识产权内容限制 ……………………………………（423）
　　第三节　知识产权行使限制 ……………………………………（425）
　　第四节　知识产权滥用 …………………………………………（435）

第六编　定限知识产权

第二十章　定限知识产权概述 ………………………………………（449）
　　第一节　定限知识产权的概念和分类 …………………………（449）
　　第二节　定限知识产权设定 ……………………………………（451）

第二十一章　用益知识产权 …………………………………………（455）
　　第一节　用益知识产权的概念和制度意义 ……………………（455）
　　第二节　用益知识产权的设定与权能 …………………………（457）

第二十二章　担保知识产权 …………………………………………（460）
　　第一节　担保知识产权概述 ……………………………………（460）
　　第二节　知识财产质押权 ………………………………………（469）
　　第三节　知识财产抵押权 ………………………………………（475）
　　第四节　知识财产留置权 ………………………………………（479）

主要参考书目 …………………………………………………………（486）

造访知识产权法
　　——代后记 …………………………………………………………（487）

第一编　知识产权法概述

第一章
知识产权法的概念与起源

第一节 知识产权法的概念和特征

知识财产被马克思称为"精神产品"（这个称谓源自黑格尔《法哲学原理》），马克思认为精神产品的生产是人类社会生产的重要组成部分，它在人和人类社会的全面发展中起着至关重要的作用。在马克思看来物质产品的生产是为了满足"肉体生活"的需要，而精神产品的生产是为了满足"精神生活"的需要。[①] 然而，在当代，知识财产的生产已经超出了满足精神生活的范畴，而在满足肉体生活方面占据了主流。这一点的具体表现是知识产权许可贸易成为国际贸易的主要部分。

从私法角度看，物质、能量和信息是促进社会发展的基础资源，它们分别进入了不同财产法领域。物质和能量进入到物权法领域，而信息则进入了信息财产法领域。除此之外，还有一种巨大的基础社会资源：思想。这种社会资源作为一种推动人类社会发展的巨大力量进入了知识产权法领域。换句话说，知识产权法就是保护思想的法律体系。在大陆法系财产法体系中，物权法发展十分成熟和完备，而遗憾的是，知识产权法始终没有走过学术上的幼稚阶段，而信息财产法则刚刚诞生。[②] 在大陆法系民法上，对财产法的探讨，往往以物权法为限，似乎有形财产是财产全部。其实除了"物"，"思想"也是促进社会发展的一种实实在在的资源。然而，长期以来，尽管美欧等发达国家在全球极力推行他们的知识产权法，但人们不得不面对一个现实，这种被极力推广的知识产权法并不是成

[①] 《马克思恩格斯全集》（第26卷），人民出版社1972年版，第296页。
[②] 详见齐爱民：《捍卫信息社会中的财产——信息财产法原理》，北京大学出版社2009年版。

熟理论,不是成熟理性分析的结果。总论的缺失是知识产权法不成熟的集中表现。本书站在应用学科立场上,对知识产权法进行了体系化考察,力图勾勒知识产权法不同于物权法和信息财产法的独特面貌;同时,注意到知识产权法的一般性,即无论多么特殊,它都是财产法的一部分。本书对知识产权法独特整体面貌的勾勒,始终都应以财产法的共性为前提。

一、知识产权法的概念和调整对象

(一) 知识产权法的概念

知识产权法是调整和规范知识财产的支配关系的法律规范总和。知识产权法概念有广义、中义和狭义之分。广义知识产权法,也称保护知识产权的法律,它不仅包括私法中与知识产权有关的法律规范,而且还包括公法中保护知识产权的规范,如宪法、刑法、行政法等。中义知识产权法,又称实质意义上的知识产权法,是指私法规范中保护知识产权的法律规范总和。实质意义上的知识产权法包括《民法通则》关于知识产权的规定,以及以各项"具体知识产权"命名的立法,如《著作权法》、《专利法》、《商标法》的规定等。而狭义知识产权法,即形式意义上的知识产权法,是指按照一定体例编纂并以知识产权法命名的普通法。从立法层面看,作为普通法的知识产权基本法尚未出现。知识产权普通法与知识产权特别法不同。知识产权普通法是针对一般的人或事而制定的知识产权法律规范,而知识产权特别法是指对特定知识产权事项或领域而制定的知识产权法律,如《著作权法》、《专利法》、《商标法》等。一般而言,在法律适用方面,遵守知识产权特别法优于知识产权普通法的原则,因为知识产权特别法是针对特别的知识产权关系而制定的特别规定。纵观各国知识产权立法,现阶段,一般都表现为针对不同知识产权类型制定特别法。我国也是如此,保护各项具体知识财产或者知识产权的完备特别法体系已经确立,并把关于知识产权的一般规定体现在《民法通则》之中,但形式意义上的知识产权法始终没有出现。

(二) 知识产权法的调整对象

知识产权法调整的是知识产权关系。知识产权法和其他法律部门一样,以一定的社会关系为调整对象。知识产权法调整的社会关系,是行政机关和民事主体因知识产权的确认与行使而发生的社会关系,简称为知识产权关系。知识产权关系较为复杂:从性质上说,既包括横向社会关系,又包括纵向社会关系;从范围上看,既包括平等主体之间的社会关系,又包括管理关系。所以从这个角度看,知识产权法为领域法。

1. 横向知识产权关系与纵向知识产权关系。知识产权法调整的社会关系既包括纵向社会关系,也包括横向社会关系。横向知识产权关系是指平等主体关于知识产权的发生、行使和消灭而发生的社会关系。纵向知识产权关系是指行政机关在对知识产权进行的行政管理活动中形成的社会关系,这种社会关系是行政机关所为的和相对人之间发生的知识产权确权和管理关系。同传统部门法调整的社会关系相比,知识产权法调整的知识产权关系有着特殊的复杂性。行政机关对知识产权的确权和管理关系,使得知识产权法带有一定行政色彩。传统部门法调整的社会关系或者为横向社会关系,或者为纵向社会关系,而知识产权法既调整国家机关围绕知识产权展开的管理关系,也调整平等主体之间因知识产权而发生的财产关系和人身关系。

2. 知识产权财产关系与知识产权人身关系。就横向知识产权关系而言,又可以根据知识产权关系的内容分为知识产权财产关系和知识产权人身关系。尽管知识产权法既调整平等主体之间的财产关系,又调整平等主体之间的人身关系,但是对财产关系的调整占据主导地位。知识产权法的调整方法主要是平衡平等主体之间的利益,并且重在保护私人利益,即使在保护公共利益的情形下,虽然国家强制力常常介入知识产权关系,也以尊重私权为前提。知识产权法调整的社会关系主要是人对知识财产的支配关系。这种支配关系,是在社会生产、交换、分配、消费的过程中发生的,表现在法律领域就是人对于知识财产控制、复制、收益和处分的关系。知识产权法所调整的支配关系的客体仅限于知识财产,而不包括有体物和信息财产,有体物是物权客体,而信息财产是信息财产权客体(详见本书第十二章)。总之,知识产权法的主要调整对象是平等主体因知识财产而发生的财产关系。在这个意义上说,知识产权法是财产法的重要组成部分,它是调整人对于知识财产的支配关系的法律规范的总和。

二、知识产权法的特征

知识产权法具有以下主要特征:

第一,知识产权法主要调整平等主体之间的社会关系。这是知识产权法调整的社会关系的主体特征。知识产权法主要调整的主体是平等主体。但这并不排除知识产权法同时调整一定的行政主体与民事主体之间的关系,知识产权行政管理部门也受到知识产权法调整。知识产权法调整的主体是民事主体这一特征的认定,是从知识产权法的宗旨以及主要功能出发而得出的结论。这个特征使得知识产权法和行政法区分开来。

第二,知识产权法调整的社会关系主要是平等主体之间的财产关系。尽管知识产权法也调整相关行政管理机关与相对人的行政管理关系,以及平等主体之间的人身关系,但是平等主体之间的财产关系是其调整的占主导地位的社会关系。这个特征使得知识产权法和经济法区分开来。

第三,知识产权法调整的是平等主体因知识财产而产生的社会关系。知识产权法不是调整民事主体之间的一切社会关系,而是仅仅调整因知识财产而产生的社会关系。这个特征说明知识产权法区别于民法,尤其是物权法的特殊性。

第四,知识产权与行政权力联系密切。知识产权与行政权力的联系主要表现在如下两个方面:一是,许多知识产权得丧变更需经过行政审批程序,由此也使得知识产权法包含了大量行政程序性条款;二是,各种知识产权保护均在很大程度上依赖于行政权力的介入。这种公权力在"权利的变动"与"权利的保护"两个主要方面,对知识产权领域的介入均比对传统民事权利领域的介入要深入得多也广泛得多。①

三、知识产权法的社会作用

在当代,知识产权具有特别重要的地位。日本 2002 年出台《知识产权战略大纲》和《知识产权基本法》,把知识产权立国理念传遍全球。具体而言,知识产权法的社会作用如下:

第一,鼓励和保护智力创造活动。知识产权法通过确认和保护知识产权而调动人们从事创作和技术研究的积极性。知识产权法通过确认权利人对知识财产享有知识产权,而赋予权利人控制知识财产的权利。权利人行使权利,获得期待中的利益回报。这个源自经济利益的激励机制,起着鼓舞和保护智力创造活动的作用。

第二,促进知识经济发展。知识产权制度是促进人类经济发展、社会进步、科技创新、文化繁荣的基本法律制度。经济合作与发展组织(简称"OECD")1996 年《以知识为基础的经济》专题报告对知识经济给予了界定,认为知识经济是指一种建立在知识生产、分配和使用之上的经济。简单说,知识经济就是以知识为基础资源的经济形式。知识产权法是推动知识经济发展的基本法。知识产权不仅是保护权利人财产的手段,而且它本身已经成为当今国际贸易的核心内容。从这个角度看,知识产权法是知识经济的源头,而知识经济的发展也对知识产权制度构建起着决定性作用。但是,知识产权法并不是机械地被动地受知识经济左右,而是表现出上层建筑对经济基础的极大促进作用。可以说,知识产权法律制度是知识经济的法律保障系统。

第三,保护投资,促进国际贸易发展。知识已经发展成为一种重要生产要素,根据各国公司法有关规定,知识产权已经成为公司出资的基本形式之一。知识产权法和公司法等法律一起,共同捍卫以知识财产进行的投资。不仅如此,知

---

① 齐爱民、朱谢群主编:《知识产权法新论》,北京大学出版社 2008 年版,第 8—11 页。

识产权法还是促进国际贸易的重要手段。由于知识产权已经发展成为国际贸易的主要形式,因此知识产权法往往会超过一国国内法的作用,而和国际贸易息息相关。美国在国际贸易中,把知识产权保护综合评估作为进行贸易和实行贸易制裁的标准,这使得一国知识产权立法往往受到国际社会尤其是美国的强烈影响和干预,也使得知识产权法的国际属性明显加强,发挥着巨大的协调国际贸易发展的客观作用。

第二节 知识产权法的起源与发展

一、知识产权法的起源

（一）知识产权法的产生

在知识产权法产生之前,知识被作为公共财产来对待。知识产权法发展成为一个独立的法律部门,是在19世纪50年代以后。在那个时期,现代意义上的知识产权法已经作为一个独特法律部门出现了,并有着自己的逻辑和语法。[1] 而在此之前,虽有著作权法、专利法或者商标法的法律,但它们被认为是互不相关的法律,并不被认为构成知识产权法。具体来说,并不是先有了一个名为知识产权法的法律,而是先有了著作权法、专利法和商标法等特别法,然后,人们把"该法律范畴统一在一个共同的创造性概念之下"[2],这便是知识产权法。

（二）知识产权法学的形成

在知识产权法产生的同时,知识产权法学产生了。知识产权这一概念称谓来源于18世纪的德国。[3] 关于知识产权的一般原理,由比利时法学家皮卡弟提出。皮卡弟认为,一切来自知识活动领域的权利为"知识产权"。从性质上看,知识产权是一种特殊的权利范畴,与所有权不同。所有权原则上是永恒的,随着物的产生与毁灭而产生和终止,但是知识产权有时间限制。一定对象的产权在某一瞬息时间内只能属于一个人(或一定范围的人——共有财产),使用知识产品的权利则不限人数,因为它可以无限地再生。[4] 以法学家皮卡弟系统提出知识产权的一般理论为标志,知识产权法学诞生。

---

[1] 〔澳〕布拉德·谢尔曼、〔英〕莱昂内尔·本特利著:《现代知识产权法的演进》,金海军译,北京大学出版社2006年版,第3页。

[2] 同上书,第114页。

[3] 参见郑成思:《知识产权法》,法律出版社2002年版,第3页。

[4] 〔俄〕E.A.鲍加特赫等:《资本主义国家和发展中国家的专利法》,《国外专利法介绍》,知识出版社1980年版,第2页。转引自吴汉东:《知识产权法》,中国政法大学出版社2004年版,第1页。

二、著作权法的起源

世界范围内著作权保护立法形成了两个体系,一是英美法系版权法体系,以英国为主要代表;另一个则是大陆法国家作者权法体系,以法国和德国为主要代表。两大法系著作权体法均采取了制定法形式,根本区别在于英美法系认为著作权是一项财产权,而大陆法系则认为著作权中既有财产权也有人格权,并且财产权次之。

(一)英美法系著作权法的起源

源自英国的著作权法最早是保护出版商利益的法律。公元15世纪,在活字印刷术被引入欧洲后,德国人古登堡发明了活版印刷术,促使欧洲出版业形成。由于时处文艺复兴时期,人们对知识的渴求制造了书籍市场的空前繁荣。对古书典籍的发现和整理,需要付出艰辛劳动和投入经济资本,如果出版者不能禁止他人翻版,将会血本无归。于是,像我国宋朝出现的情况一样,出版商开始寻求官府的庇护。15世纪的威尼斯和16世纪的英国开始以令状制度来维护印刷出版商的利益。威尼斯出版商吉奥范尼·戴·施德拉于1469年得到5年期许可证是西方国家第一个有关出版的独占许可证。由此肇始,许可证制度在欧洲大陆逐步传播开来,英国、法国和德国陆续出现类似制度。1662年英国议会通过《许可证法案》,该法案进一步明确了注册保有版权制度,并加强了版权管理。

随着社会的发展,人们逐渐发现著作权法不仅应保护出版商的利益,更应该保护作者的利益。1690年,英国思想家洛克在《论国民政府的两个条约》中指出:作者在创作作品时花费的时间和劳动,与其他劳动成果的创作人的花费没有什么不同,因此作品也应当像其他劳动成品一样获得应有的报酬。1709年1月,英国议会下院有人提出一项法案,要求在该法案规定时限内,将图书复制权授予作者或作品原稿的买主,以鼓励学术创作、繁荣文化。这项法案于1710年4月10日获得英国议会通过,题为《授予作者、原稿买主于法定期限内专有复制权,以鼓励学术创作法案》。由于该法案是由安娜女王批准的,故称为《安娜法》。它是世界上第一部著作权法,是英国人对知识产权法所做历史贡献的重要标志。《安娜法》确立了作者有权控制和处理自己的作品,有权分享他人利用自己的作品而带来的利益的现代著作权概念。继《安娜法》之后,丹麦(1741年)、美国马萨诸塞州(1789年)等陆续通过了著作权法,形成了英美法系著作权法体系。从著作权法开始之时,英美法系就站在了财产立场之上,著作权被认为是一项财产权,而非人身权。

(二)大陆法系著作权法的起源

英美法系表现出对人格权完全忽视的倾向,引起了大陆法系学者的不满和反对。在人本主义哲学家康德的巨大影响下,大陆法系著作权法从一开始就带有鲜明的人格权法色彩。鉴于当时德国盗版严重,康德撰写《伪造图书的不正义》的论文,表明了他对事件的关注和态度。康德认为,作品不同于其他商品,它首先是作者人格的反映。在著作权中人格权是首要的,财产权次之。康德的这种思想深刻地影响了大陆法系国家正在酝酿中的著作权立法。在德国,著作权法被称为作者权法(Author's rights law),表明了它和财产权保护模式鲜明区别的立法立场。法国于1791年和1793年分别制定了《表演法令》和《复制法令》,这是法国最早的著作权法。德国巴伐利亚州1865年颁布了著作权法,称为《关于保护文学艺术作者权法》,明确了著作权的受益者是作者,而不是出版商。以上述立法为标志,大陆法系著作权法体系初步形成。

(三)中国著作权法的起源

从技术与知识产权法的关系角度看,印刷术使用是著作权制度产生的前提。虽然活字印刷术发明在我国,但我国古代一直未形成保护著作权的成文法,而仅出现了保护作者或者出版者的禁令制度。我国雕版印刷术的采用最早可以追溯到隋朝,到宋朝时期,毕昇发明了活字印刷术,使得印刷技术迅速推广,并第一次在社会上形成出版业。民间印刷商为了防止他人"翻版",开始寻求官府庇佑,故自那时起便有了对出版书籍的保护措施,但这还不是现代意义上的著作权法。当时通常的做法是,印刷商将拟印制的抄本或手稿,送给皇帝或地方官员审查,通过批复或皇帝以及政府地方官员发布榜文,获得独家印制销售的资格。《书林清话》中引述的《丛桂毛诗集解》上载有宋代国子监禁止翻版的"公据","公据"中提到申请保护禁止翻版的理由是:该书刻印者(出版者)的叔父当年在讲解"毛诗"时,投入了自己大量的精神创作成果,可以说是"平生精力,毕于此书"。[①] 南宋咸谆二年(1266年)福建和两浙(今浙江和江苏)地方政府(转运司)为四部书发榜"禁戢翻刊",如发现"嗜利之徒"翻印销售,允许祝家"陈告、追人、毁版"。这份榜文被学者认为是有据可考的、世界上保护著作权的第一份法律文件。20世纪初,在国内社会舆论和西方发达国家压力下,大清政府于1910年颁布了中国第一部著作权法——《大清著作权律》。《大清著作权律》的颁布标志着我国著作权法的诞生,揭开了我国现代著作权法的历史一页。

三、专利法的起源

(一)外国专利制度的起源

一般认为,专利制度发祥于中世纪欧洲。13世纪,英国皇家开始颁发一种

---

① 郑成思:《知识产权的起源》,载郑成思:《知识产权论》,法律出版社2003年版,第14页。

公开诏书(letters patent)，对创造出新技术的那些人进行激励，其方式为创造者可以在一定限期内对该技术享有垄断权。当时，人们使用"monopoly"(意为"垄断"、"独占"或"专利")表示创造者享有的权利。这种公开诏书是不封口的，目的是将内容向人们进行公开。因此，"patent"作为"专利"一词的词源，从最初就有"公开"的含义。

早期钦赐特权制度在一定程度上讲是任意的，国王往往根据个人喜好决定是否颁布公开诏书。比如，他可能会因增加税收而滥发诏书，最终导致对公众生产生活的危害。1623年，英国颁布的《垄断法》(Statute of Monopolies)被认为是世界上第一部具有现代意义的专利法，对授予专利权的条件进行了规范，它明确规定了专利法的一些基本概念和范畴，形成了专利法基本原理。《垄断法》体现了专利制度的两大基本功能：即法律保护和技术公开。并且在此阶段，国家开始以出版专利文献的形式来实现发明创造向社会公开。

受其影响，美国(1790年)、法国(1791年)、俄国(1812年)、德国(1877年)相继颁布了专利法，于是专利制度和专利法在全球范围内得到推广。专利制度诞生后，世界上一些尽人皆知的重要发明，都曾获益，如1752年弗兰克林发明的避雷针、1812年斯蒂文森(Stephenson)发明的火车、1867年诺贝尔发明的炸药、1887年爱迪生发明的留声机以及1893年狄塞尔发明的内燃机。

(二) 中国专利法的起源

我国"专利"一词的语源，取自独占其利，并无公开含义。《国语》中讲"荣公好专利"，即指一人把"利"都独占了。正是由于这个原因，世界知识产权组织总干事鲍格胥(D. A. Bogsch)曾建议在汉语中也用一个与Patent(英文"专利"一词)相当的、既有"独占"含义又有"公开"含义的词来代替"专利"，以免引起人们对专利制度的误解。好在经过专利法颁布前几年的讨论与宣传，我国越来越多的人已经了解了它的超出语源的实际含义，所以我们仍旧使用着"专利"这个术语。①

在我国，法律意义上的"专利"，始自一百多年前的清朝时期的法律文件。1859年，太平天国领导之一洪仁玕在《资政新篇》中首次提出了建立专利制度的倡议。他认为对发明实行专利保护，是赶上西方发达国家的必备条件，主张"器小者尝五年，大者尝十年，益民多者年数加多"。从制度层面讲，这是对发明专利与"小专利"(或"实用新型")区别保护的设想。1864年，太平天国失败，洪仁玕的专利构想没有实现。

在以富国强民为宗旨的洋务运动中，专利制度逐步获得了清朝统治者的认

---

① 郑成思：《知识产权的起源》，载郑成思：《知识产权论》，法律出版社2003年版，第3页。

同。由于洋务运动中官办、官商合办企业的兴起,专利保护的要求也不断提出。1881年,我国早期民族资产阶级代表人物郑观应,就其采用的机器织布技术,向清朝皇帝申请专利。光绪八年(1882年),李鸿章根据郑观应的这一主张,不仅正式向朝廷请准了这一专利,而且他在奏折中将限制范围由上海一隅扩大至全国,指出"查泰西通例,凡新创一业,为本国未有者,例得畀以若干年限,该局用机器织布,事属创举,自应酌定十年以内,只准华商附股搭办,不准另行设局"。这就是我国历史上第一个有案可查的"钦赐"专利,比西欧国家的类似进程已经迟了三百多年。[①] 在1898年"戊戌变法"中,光绪皇帝签发了《振兴工艺给奖章程》,这部章程共12条,明确规定了发明的可专利性要件,规定了50年、30年、10年不等的专利保护期,而且还以"封官"的办法刺激创新。《振兴工艺给奖章程》是我国历史上第一部专利法,标志着我国终于实现了专利由"特权"向"财产权"的转化。遗憾的是,该法并未付诸实施。

由于清朝统治者既想大量引进各国技术,又企图抗拒专利法束缚的矛盾心态,致使到清朝灭亡也没有能够完成专利立法。1912年12月12日,刚刚成立的民国政府颁布了《暂行工艺品奖章》,明确指出章程所奖励的工艺品为"发明或改良之制造品"。该法虽然得到了实施,但是由于过于简单和激励机制不足,并没有取得预期成效。1923年4月5日,国民政府农商部公布了《暂行工艺品奖励章程》。1944年5月29日我国历史上第一部比较完整,包括发明、新型、新式样的《专利法》实行。

四、商标法的起源

(一) 外国商标法的起源

据史料记载,西班牙在游牧部落时期,牧主们开始使用烙印在自己的牲畜上做标记,以便在交易时与他人的牲畜相区别。然而,这些标记还不能算作商标,充其量是商标雏形。13世纪,欧洲行会兴起,各个行会要求其成员在其商品上使用行会的标记,目的在于便于行会监督。意大利帕尔玛市在1282年8月28日召开的第十次会议中通过并颁发了一部法令,这部法令规定:为了保护本国行会以及工匠,任何人都不得在贸易中使用他人标记,否则将按照每件侵权物品或每次侵权行为进行罚款。同期,法国、意大利、德国和英国也作出了相似规定。到了16、17世纪,随着行会的发展,行会标记的采用日益广泛,假冒标记也随之泛滥。在16世纪,巴黎政府就确立了"任何人不得使用他人的商标,即使它添加了一下附加物,但不改变主要部分"的基本商标保护原理处理商标纠纷。在这

[①] 郑成思:《知识产权的起源》,载郑成思:《知识产权论》,法律出版社2003年版,第6页。

个时期,也有一些国家把商标侵权视为刑事犯罪,在 14 世纪的法国有假冒者被处绞刑,在 16 世纪查理五世下令商标侵权者将被砍去右手。但是这项法令仍然不是现代意义上的商标法。

19 世纪,现代意义上的商标终于出现了。从这个时期开始,商标已不再是一种单纯的标记,而成为了一种可以转让的财产。现代意义上的商标出现于 19 世纪资本主义时期。为保护经营者的权利和消费者的利益,一些相关法律文件先后被制定出来。1803 年法国《关于工厂、制造场和作坊的法律》,它比照私自伪造文件罪制裁商标假冒行为。"1804 年法国颁布的《拿破仑民法典》,第一次肯定了商标权应与其他财产权同样受到保护。在这前后的 1803 年和 1809 年,法国还先后颁布了两个《备案商标保护法令》。后一个法令再次申明了商标权与其他有形财产权相同的地位。这是最早的保护商标权的成文法。1857 年,法国又颁布了一部更系统的商标保护法《商标权法》,首次确立了全面注册的商标保护制度。"①1857 年,法国制定商标法全名为《关于以使用原则和不审查原则为内容的制造标记和商标的法律》,是世界上第一部成文商标法。从 19 世纪 50 年代起,各资本主义国家相继制定了调整商标关系的专门法律,如英国(1862 年)、美国(1870 年)、德国(1874 年)、日本(1884 年)陆续颁布商标法。以 1883 年《保护工业产权巴黎公约》为标志,商标制度步入现代阶段。

(二) 中国商标法的起源

我国古代商标的萌芽,最早可以追溯到两千多年前的远古时期。西汉时期,古人用商品的产地名称作为商品标记,可谓我国商标雏形。在唐朝,我国手工业已经相当发达,既有官坊,也有私坊。为了提高和保证手工制品的质量,官府规定某些产品必须标注工匠的名字或店铺。在《唐律疏议》中,就有明文记载:"物勒工名,以考其诚,功有不当,必行其罪"。但以上这些文字标记虽然都起到了商品标识的作用,但还不能算是现代意义上的商标。

宋朝之后,随着商业的繁荣,商标使用普遍化。商品标记由原来的地名、人名、店铺名发展演变出文字商标和图形商标。目前有实物印证,并有文字记载的我国最早的商标,当属北宋时期山东济南刘家"功夫针"铺使用的"白兔标识"。②该标识中心图案是一只白兔,傍刻"济南刘家功夫针铺","认门前白兔儿为记"。明清时期,由于我国社会工商业的快速发展,商标也得到进一步发展,出现了"同仁堂"、"张小泉"和"鼎丰"等著名商标。1644 年,清顺治皇帝时期,松江府为了禁止各地布商冒立字号,要求各布商遵守字号,图记规则,不得假窃混冒。

---

① 郑成思:《知识产权的起源》,载郑成思:《知识产权论》,法律出版社 2003 年版,第 9 页。
② 同上书,第 7 页。

对布商假冒字号"正法施行,决不轻贷"。

我国现代意义上的商标法建立在清朝末年。1904年,清朝政府颁布的《商标注册试办章程》是我国第一部商标法。在20世纪20年代,北洋政府颁布了中国第一部内容完整的商标法律《商标法》及第一个《商标法实施细则》,并成立了我国第一个官方商标注册管理机构——北洋政府农商部商标局。1930年,国民政府公布《商标法》,在社会上产生了较大影响。

五、商业秘密保护法的起源

(一)外国商业秘密保护法的起源

在中世纪欧洲,人们开始以"Know-How"一词来指称师徒之间口手相传的手工技巧。自此作为商业秘密中技术秘密的代名词的"Know-How"一词,一直沿用至今,并发展成为一个法律概念。

"1474年,威尼斯颁布了世界上第一部最接近现代专利制度的法律。之所以仍不能把它称为专利(Patent)法,主要因为它的出发点是把工艺师们的技艺当做准技术秘密加以保护,而Patent本身则是'公开'意思。之所以称它为'准技术秘密',是因为威尼斯当时的法律要求,获得专利的前提是:第一,在威尼斯实施有关技术;第二,要把该技术教给当地的相同领域的工艺师,而这些工艺师对外则承担保密义务。"[①]故此,可以说,威尼斯这部法律是商业秘密保护法的开端。第二次工业革命后,早期资本主义国家如英、法、德、美等国已经建立了比较成熟的专利法、著作权法、商标法知识产权法体系。但是,这样的知识产权法体系并不能胜任保护由私人保密的、具有商业价值的"秘密",这样的商业秘密大量存在,且在经济生活纷争不断,急需法律予以保护。英国衡平法院于1820年颁发了一项禁止使用和泄露商业秘密的禁令,这被认为是现代意义上商业秘密保护的开端。美国继受了英国保护商业秘密的思想和制度。

在英美立法和学说推动下,到了19世纪末,现代商业秘密保护法终于确立。相比而言,大陆法系国家商业秘密保护法的发展相对滞后,并且一开始主要利用刑事手段对商业秘密给予保护,如法、德两国19世纪中叶的刑法典。直到1909年,德国才在反不正当竞争法中对商业秘密给予了保护。1978年,由美国统一州法律委员会制定了《统一商业秘密法》(简称UTSA),使得商业秘密明确成为一项财产。英国没有关于商业秘密的制定法,而是以判例法形式加以保护。日本1990年通过修订将商业秘密纳入《不正当竞争防止法》给予保护。对商业秘密给予反不正当竞争法的保护,是一种弱保护,意味着并没有将商业秘密作为财

---

① 郑成思:《知识产权的起源》,载郑成思:《知识产权论》,法律出版社2003年版,第4页。

产直接给予财产权保护。商业秘密保护法发展史上，是单独立法进行保护还是纳入反不正当竞争法进行保护，一直处于争斗之中，表面上看是立法模式之争，实质是商业秘密是否可以作为财产保护的争论。

（二）我国商业秘密保护法的起源

在我国，商业秘密的传承和应用是一种由来已久的社会现象，但保护商业秘密的法律制度以及商业秘密保护法却直到当代才出现。商业秘密是市场竞争的自发产物，在我国古代被称为"祖传秘方"、"家传绝技"。这些"Know-How"，如宣纸、丝绸、景泰蓝、中草药配方、针灸以及酿酒、烹调等技术诀窍、手工工艺、秘密配方等，对当时的社会生活中发挥了巨大作用。遗憾的是，在儒家思想占据统治地位的古代中国，在"君子欲义、小人欲利"的思想观念影响下，不可能成长出保护商业秘密的财产权制度。

1985 年《技术引进合同管理条例》及其"实施细则"中对商业秘密保护进行了初步规定。1987 年 11 月实施的《技术合同法》尽管没有直接使用商业秘密这个概念，但是有了保护商业秘密的一些制度和规范，如对"非专利技术成果"的确认和对"非专利技术转让"的制度构建等。学界普遍认为，我国《技术合同法》是我国保护商业秘密的第一部法律，它对"技术秘密"提供了"债权保护"。在 1991 年《民事诉讼法》以及 1992 年最高人民法院对适用该法的解释中，首次使用了"商业秘密"这一概念。1992 年我国政府在与美国政府达成的《中美关于保护知识产权的谅解备忘录》中，承诺通过反不正当竞争来对商业秘密进行保护。1993 年，我国颁布《反不正当竞争法》并对"商业秘密"作出专门规定，自此肇开我国以反不正当竞争法模式保护商业秘密的先河。

六、非物质文化遗产保护法的起源

目前中国在知识产权，特别是自主知识产权的拥有及利用上，从总体看并不占优势。但非物质文化遗产是我们拥有的自身优势，以现有的由发达国家决定的"知识产权"制度为基础构建国家知识产权战略，应把非物质文化遗产纳入知识产权保护框架。

（一）外国非物质文化遗产保护法的起源

非物质文化遗产是一个古老的社会现象，但知识产权保护却源于当代。非物质文化遗产概念的首次出现是在联合国教科文组织的会议文件中。1972 年，在讨论《保护世界文化与自然遗产公约》的过程中，出现了一份保护非物质文化遗产的提案①,虽然这份提案最终否决,但却为非物质文化遗产作为一个整体概念奠定了基础。1982年,联合国教科文组织首设以"非物质遗产"(Nonphysical Heritage)命名的部门,1984年教科文组织《第二个中期计划1984—1989》使用了"非物质的文化遗产"(nonphysical cultural heritage)这一概念,用来界定作为一个整体的"文化遗产"的扩展部分。教科文组织以列举方式对此概念进行了界定:"'非物质的'文化遗产包括通过艺术、文学、语言、口头传说、手工艺、民间传说、神话、信仰、道德准则、习俗、礼仪和游戏等传流的标记和符号。"②

1998年,教科文组织第155次会议最终通过了《人类口头和非物质遗产代表作条例》(以下简称"《代表作条例》")。该《条例》使用了"口头和非物质遗产(Oral and Intangible Heritage,直译应为'口头与无形遗产')"一词,该词是指"来自某一文化社区的全部创作,这些创作以传统为依据、由某一群体或一些个体所表达并被认为是符合社区期望的作为其文化和社会特性的表达形式;其准则和价值通过模仿或其他方式口头相传,它的形式包括:语言、文学、音乐、舞蹈、游戏、神话、礼仪、习惯、手工艺、建筑术及其他艺术"③。"口头和非物质遗产"这一概念逐渐被成员国广泛接纳。④ 但后来人们发现这个概念并不周延,比如"古琴艺术"列入遗产名录,但古琴艺术却只能通过物质的有形形式——"古琴"得以呈现,于是西方社会开始使用日本用来指称"无形文化财"的对译术语"the Intangible Cultural Heritage"。Intangible 一词的本义是"不可触摸的"、"难以明了的",引申为"无形的"。"the Intangible Culture Heritage"直译为"无形文化遗产",着重指一种没有固定空间形式通过口传身授来表现的活态文化。为加强口述传统和表达方式(包括作为非物质遗产的一种工具的语言)、表演艺术、社会实践、礼仪和节日活动、关于自然和宇宙的知识和实践以及有关传统工艺的专门技能的保护,2003年联合国教科文组织颁布《保护非物质文化遗产公约》⑤,正式使用了"the Intangible Culture Heritage"这一概念,我国官方译本将其称为"非物质文化遗产"。

---

① See The Meeting of the Experts on the Preliminary Draft of the International Convetion for The Safe Guarding of the Heritage of Humanity (DG/2002/26), para.4—5.
② 联合国教科文组织《第二个中期计划(1984—1989)》UNESCO,第11050—11053段。
③ 参见《代表作条例》第1条第4项。
④ See The occasion of the Second Proclamation of Masterpieces of the Oral and intangible Heritage and the award of the Arirang and Samarkand Taronasi Prizes for safeguarding, protecting and promoting cultural spaces or forms of popular or traditional cultural expression proclaimed by UNESCO as "Masterpieces of the Oral and Intangible Heritage of Humanity"(DG/2003/157), para.2.
⑤ 2004年8月,中国政府批准该公约。

(二) 我国非物质文化遗产保护法的起源

我国古代社会崇尚"礼"和"节",这些当时的社会"礼"和"节",流传下来的大多演变成为非物质文化遗产。我国非物质文化遗产的保护,大体是可以分为三个时期:

1. 客观保护时期。这个时期是从新中国成立到20世纪60年代这段时期。这段时期,我国主要是针对文物(物质文化遗产)进行规范和保护,保护范围也仅限于重要文物古迹。1961年,国务院颁布《文物保护管理暂行条例》,1982年全国人大常委会颁布《文物保护法》。由于一部分非物质文化遗产是和物质文化遗产并存的,所以在保护物质文化遗产的同时,非物质文化遗产在客观上也得到了保护。

2. 著作权保护时期。20世纪90年代,我国开始了以知识产权法保护非物质文化遗产的尝试。1990年《著作权法》确认民间文艺为作品,并享受著作权保护。但是由于民间文艺仅仅是非物质文化遗产中的一小部分,因此,利用著作权并不能对全部非物质文化遗产给予保护。加之由于始终没有出台配套法规,使得著作权对民间文艺的保护也仅仅停留在宣示层面。

3. 专门法保护时期。至今我国尚未出现针对全部非物质文化遗产进行保护的单行法,但是我国正在积极探索和尝试专门法保护道路。1997年,国务院颁布《传统工艺美术保护条例》规定了传统工艺美术的具体保护措施,这是我国走专门法保护非物质文化遗产的标志。随后,我国非物质文化遗产的专门法保护,走上了"地方包围中央"的道路。2000年5月,云南省《民族民间传统文化保护条例》出台,这是我国第一部保护民间传统文化的地方性法规。受其影响,福建、贵州、安徽、广西等地相继制定了一些保护非物质文化遗产的法规。

2001年5月18日,联合国教科文组织将我国传统剧种"昆曲"列入全球首批"口头和非物质遗产代表作"名单,这促使了我国非物质文化遗产法律制度建设高潮的到来。2005年3月26日,国务院办公厅发出《关于加强我国非物质文化遗产保护工作的意见》,规定由文化部牵头九个部委局共同参与,建立中国非物质文化遗产保护工作部际联席会议制度,统一协调解决非物质文化遗产保护工作中的重大问题。2005年12月22日,国务院发出《关于加强文化遗产保护的通知》,明确了保护非物质文化遗产的重要目标,提出了文化遗产由物质文化遗产和非物质文化遗产组成的基本分类主张。2004年8月28日第十届全国人民代表大会常务委员会第十一次会议决定批准《保护非物质文化遗产公约》。

七、当代知识产权法的特点和发展趋势

知识产权法作为调节市场经济的主要法律之一,在当代国内经济贸易和国

际经济贸易中都有着十分重要的地位和作用。随着全球经济一体化进程的加深以及信息技术应用,知识产权法呈现出许多新特点和新趋势。

第一,知识产权法在保护高新技术及其产业发展方面将发挥更加重要的作用。随着社会信息化转型的深入,高新技术产业对经济发展将起到更为重要的作用。信息技术、生物技术和新材料技术是当今世界技术竞争焦点。知识产权法为高新技术产业发展提供了法律支撑和保障。高新技术产业的发展,需要知识产权法予以必要的调整和关注。没有知识产权法的确认,新技术成果的财产权得不到法律的保护,更谈不上实施问题。知识产权法是高新技术发展的强大动力机制。知识产权法律通过对技术成果的确认,并授予财产权,调整投资者、开发者和制造商之间的权利义务关系,并且促进高新技术领域国际合作与交流以及高新技术产业的国际化。

第二,知识产权法与国际贸易关系更加密切。从知识产权的占有情况看,当代国际社会上90%的知识产权被发达国家所掌握,造成了发达国家和发展中国家的严重不平衡。而知识产权已经发展为可以进行交易的一种资源,掌握了知识产权,就掌握了主要的社会基础资源。并且,知识产权贸易已经成为当代国际社会的主要贸易方式,因此,掌握了制定知识产权规则的权利,就掌控了国际市场。国际贸易的摩擦以及不同国家、地区间的利益竞争,影响着各国和地区的知识产权立法。美国等发达国家为了自身利益极力主张把贸易与知识产权保护挂钩。致使一个国家或地区的知识产权保护水平和立法状况,往往会与这个国家或地区贸易伙伴的利益相关。发达国家,尤其是美国为了其自身利益,极力推进适合于他们的知识产权法价值观和具体规则设计,并在不能顺利实现目的的情况下施以经济报复和制裁的"武力威胁"。

第三,知识产权法与国际政治关系更加密切。当代,由于知识产权规则的重要性,使得知识产权法不仅仅是一个贸易问题,而且在一定程度上表现为政治问题。一些发达国家,尤其是美国,把知识产权保护水平作为实施外交政策的一种手段,并故意干预目标国家知识产权立法进程和规则设计。知识产权法的制定和规则选择,最终演变为一个和国家关系密切相关的政治问题。

第四,统一国际知识产权法规则形成。国际社会一直为制定统一适用于各国和地区的知识产权法而努力,世界贸易组织(简称"WTO")最终完成了这一工作。1995年1月1日,WTO正式设立知识产权理事会,专职管辖国际贸易中的知识产权问题,并在事实上取代了世界知识产权组织(简称"WIPO")的地位和作用。TRIPS协议是在美国私人大企业(如辉瑞公司)等主导下形成的,为美国、欧盟和日本等知识产权出口国控制全球经济的目的而勾画的知识产权蓝图。"在上个世纪80年代,华盛顿的说客们和美国的大公司为国际知识财产制度与国际贸易制度之间打造了一种联系,从而产生了《与贸易有关的知识财产协议》(TRIPS)。"①在把知识产权纳入关贸总协定过程中,美国的企业家们可谓不遗余力。1986年,美国成立了知识产权委员会,该委员会由美国最为著名的13家企业组成,该委员会的使命就是"在当今关贸总协定多边贸易谈判回合中,致力于知识产权协议的全面谈判"。②而"从知识产权委员会的观点看,将贸易和知识产权联系起来,并不是为了法律种类的多样化,或将其国民的收益最大化,这不过是在做生意。"③"在此期间,越来越清楚的是这个由美国主导的知识财产权的全球化进程对发展中国家产生了难以获得知识财产的问题。"④美国联合欧洲以及日本推行他们满意的知识产权保护标准的做法招致了发展中国家的反对,尤其是巴西和印度。"他们宣布知识产权的最低保护标准应该是主权国家的内部事务,主权国家有权根据自己的发展的不同需要,作出是否制定相关法律的规定。"⑤但是就谈判而言,发展中国家还远远没有准备好,因此结果就可想而知了。

客观上说,该协议作为世贸组织的组成部分,对《巴黎公约》、《伯尔尼公约》、《罗马公约》以及《关于集成电路知识产权公约》等公约内容进行了协调,在全球范围内统一了知识产权保护的基本水平和规则。

TRIPS协议是WTO中最为复杂的协议,有以下几个特点:第一,内容涉及面广。TRIPS协议几乎涵盖了知识产权各个领域,包括版权与有关权利(如邻接权)、商业标记权、专利、商业秘密等七个方面,涉及现代工农生产、交换、服务、乃至文化和艺术等各个领域。遗憾的是,有利于发展中国家的非物质文化遗产和遗传资源当然不在保护之列。第二,TRIPS协议确立了高水平的知识产权保护标准。与现有保护知识产权的国际公约相比,TRIPS协议在多方面超过了它们确立的保护水平。第三,建立了协议执行机制。TRIPS协议对于执行态度强硬,把知识产权保护与贸易制裁结合。TRIPS协议设置了"知识产权理事会"对各成员的执行情况进行监督。

第五,知识产权法国际化趋势进一步增强,知识霸权形成。随着国际经济一体化进程的加深,近年来国际知识产权法已经呈现出国际化趋势,即在知识产权

---

① 〔澳〕彼得·德霍斯:《知识财产法哲学》,周林译,商务印书馆2008年版,第2页。
② 〔澳〕彼得·达沃豪斯、约翰·布雷斯维特:《信息封建主义》,刘雪涛译,知识产权出版社2005年版,第135页。
③ 同上书,第143页。
④ 〔澳〕彼得·德霍斯:《知识财产法哲学》,周林译,商务印书馆2008年版,第2页。
⑤ 〔澳〕彼得·达沃豪斯、约翰·布雷斯维特:《信息封建主义》,刘雪涛译,知识产权出版社2005年版,第158页。

法基本规则方面,出现各国趋同的现象。知识产权法的国际化趋势还表现在知识产权保护的"国民待遇原则"的普及上。而 TRIPS 协议使各国和地区知识产权法体系和内容更加趋同。毕竟 TRIPS 协议是在发达国家的主导下,由大公司一手缔造的知识产权蓝图,是发达国家和大公司的利益代表;再加上发达国家,尤其是美国长时期推行胡萝卜加大棒政策,把自己的国家意志推向全球,实行法律殖民主义,以美国为主导的、代表大公司利益的国际知识产权规则终于形成。发达国家最大限度地攫取利益的目的得以实现,知识霸权终于披着合法的外衣得以确立。这种知识产权法规则在一定程度上挤压了公众自由使用科学技术的空间,打破了知识财产权人、知识财产利用者和大众之间的利益平衡。我国知识产权立法应坚持国家利益原则,自觉抵制知识霸权。

第三节　美国对全球知识产权立法的干预

如何建立知识产权法制度,在国际社会上已经由一个技术问题转变成为政治性问题。在国际上,美国自告奋勇担当了保护知识产权的国际警察角色,极力推销代表自己利益的知识产权法主张。中国知识产权法律制度的建立,固然是中国自身经济发展和建设法治国家的需要,但从历史进程的客观因素看,也可以看到美国政府"积极干预"的身影。

一、中国知识产权立法时期

(一) 1979 年《中美贸易关系协定》

中美贸易谈判与知识产权争端对中国知识产权法律制度的建立产生了重大影响。1979 年 1 月 1 日,中美两国建交意味着中美贸易谈判与知识产权争端的开始。1979 年签订的《中美贸易关系协定》规定在贸易关系中双方必须有效保护对方的知识产权。这预示了中国知识产权立法和美国干预都即将行动。次年,中国加入《建立世界知识产权组织公约》,迈出了以保护知识产权的第一步。1985 年中国加入《保护工业产权的巴黎公约》,表明了中国政府在知识产权保护方面与国际接轨的决心。上述两个公约的加入,是中国已经进入了国际知识产权保护体系的标志。1982 年中国颁布《商标法》,1984 年颁布《专利法》。美国贸易代表办公室曾对此给予了积极肯定和评价。

(二) 美国《1988 年综合贸易竞争法》

然而,到了 1988 年,美国政府对中国知识产权保护现状表示不满,认为中国知识产权法的不足主要有:第一,缺乏对计算机软件的专门保护;第二,没有著作权法;第三,《专利法》保护不力,尤其是对美国的药品和化学品未提供适当、有效的保护。① 美国政府以此为据,欲利用1988年美国国会通过的《1988年综合贸易竞争法》规定的"特别301条款"②,对中国实施贸易制裁。当然,这次恐吓行动的起因,除了知识产权保护问题外,还有美国政府热切关心的人民币汇率问题。新一轮中美知识产权谈判又在美国政府的鼓噪下开幕了。

经过艰难磋商,1989年5月19日中美政府代表在美国首都华盛顿达成保护知识产权的《谅解备忘录》。中国政府承诺:制定符合国际惯例的著作权法,并将计算机软件纳入其中进行保护。中国还承诺修订《专利法》,延长专利保护期限和扩大专利保护范围。于是,美国政府也撤回了恐吓,承诺不将中国政府指定为"特殊301条款"项下的"重点国家"。③ 中国政府认真对待自己的承诺,同年10月,中国加入《商标国际注册马德里协定》;次年9月,中国颁布《著作权法》。

(三) 1992年中美《关于保护知识产权的谅解备忘录》

1991年,美国借口中国计算机软件保护的相关规定并未出台,悍然将中国指定为"特殊301条款"项下的"重点国家",并开始对中国进行"特殊301条款"调查,即所谓的核实中国知识产权保护现状与水准的调查。在这个过程中,中国政府于1991年6月4日出台《计算机软件保护条例》。经过紧张的华盛顿谈判,1992年1月,中美两国政府签署《关于保护知识产权的谅解备忘录》。中国政府承诺:(1)加入《伯尔尼公约》等著作权保护公约;(2)对《专利法》和《商标法》进行修改;(3)利用反不正当竞争法保护知识产权尤其是商业秘密。美国政府取消把中国指定为"重点国家"。1992年中国加入《保护文学艺术作品的伯尔尼公约》和《世界版权公约》、1993年中国加入《保护录音制品制作者防止未经许可复制其录音制品公约》、1994年加入《专利合作条约》和《商标注册用商品与

---

① 参见1988年美国《国家贸易评估报告》。
② 美国经常引用的"301条款",是美国《1974年贸易法》中的一个条款,它授予美国总统对外国影响美国商业的"不合理"和"不公平"的进口行为,加以限制并采用广泛报复措施的权力。与此相关的是"337条款",这一条款由美国《1930年关税法》第337节确立,规定:进口行为若存在不正当竞争,且对美国国内相关产业造成实质性损害,美国国际贸易委员会可根据美国国内企业的申请进行调查。而这里所谓的不正当竞争行为,主要是指侵犯美国国内有效的知识产权的进口行为。337条款遂成为美国针对所谓不公平贸易展开调查和实施救济措施的立法依据。美国"特别301条款"规定的内容隶属于"301条款",因此而得名。该条款由美国《1988年综合贸易与竞争法》第1303条确立。"特别301条款"是针对那些美国认为没有对知识产权提供充分有效保护的国家和地区而制定的。美国贸易代表办公室(简称USTR)每年发布一次"特别301评估报告",全面评价这些国家和地区的知识产权保护情况,并将美国认为有问题的分别列为"重点国家"、"重点观察国家"、"一般观察国家",以及"306条款监督国家"。被列入"重点国家"的,美国于展开6—9个月的调查并进行谈判后,视具体情况决定是否采取贸易报复措施予以制裁;被列入"306条款监督国家"的,美国可立即实施贸易报复;而被列入"重点观察国家"、"一般观察国家"的,则不会立即面临报复措施或谈判要求。
③ 杨国华:《中美知识产权谈判的影响及启示》,载《国际经济合作》1998年第7期。

服务国际分类尼斯协定》。在国内法方面,中国政府也兑现了承诺:1992年中国修订《专利法》、1993年修订《商标法》、1993年颁布《反不正当竞争法》。

二、中国知识产权执法体系的建立时期

(一) 1994年的报复与反报复

从1994年开始,面对已经初步建立了较为完善的知识产权法的中国,美国政府把视角转向了中国知识产权执法。这个变化是微妙的,影响却是巨大的。1994年6月30日,美国贸易代表又一次将中国指定为"重点国家",并宣布立即对中国知识产权执法情况发动"特殊301"调查,并威慑性地公布了价值为28亿美元的预备性报复清单。中国政府首次根据中国《对外贸易法》的规定,公布了对美贸易反报复清单! 这标志着中国政府已经摆脱美国人的障眼法,已经开始理智地看待美国人的对外知识产权策略和中国知识产权保护水平,理性看待知识产权法。

(二) 中美1995年知识产权协议

最终,中美两国政府还是在谈判桌前达成了协议,这就是1995年中美协议。这份协议由两国政府代表的换函和中国国务院知识产权办公会议制定的《有效保护及实施知识产权的行动计划》组成。中国政府承诺:第一,立即以实际行动打击盗版;第二,采取长期措施,保证知识产权的有效保护。1995年中国政府除了颁布《知识产权海关保护条例》等一系列知识产权条例,并组建包括司法和行政执法在内的全国知识产权执法体系。那个时期,成立特别执法队,严厉打击知识产权侵权行为,尤其是清理整顿音像制品和计算机软件市场,其影响不可谓不深远。美国政府也欣然取消对特殊301条款"重点国家"的指定。

(三) 1996年中美知识产权协议

然而,美国人的不满和中国的努力始终保持着正比关系。就在中国在执行1995年协议付出重大努力的同时,美国人对"一些关键内容"表示不满,认为中国做得不够,给美国知识产权人造成了"严重损失"。1996年4月,美国宣布中国为"特殊301条款"项下的"重点国家",并拟对出口到美国的价值30亿美元的中国产品征收惩罚性关税。中国政府公布反报复清单。

接下来,中美知识产权谈判又开场了。双方于1996年6月达成协议,该协议由中美部长换函和《关于中国在1995年知识产权协议项下所采取的实施行动的报告》等组成。中国政府承诺:第一,加强对CD工厂的监控,为制止CD工厂的盗版行为而采取实际行动;第二,中国政府采取措施防止盗版CD、CD-ROM、LD及VCD的进出境等。美国方面承诺,把中国从"特殊301条款"的"重点国家"名单上撤出,不实施报复。自1996年中美知识产权协议签订以来,美国政府关注的核心变为1995年协议和1996年协议的执行,并为此始终对中国保持着

高压态势。

三、美国知识霸权主义抬头

2005年,美国知识霸权主义开始抬头。

(一)中国的双重"礼遇"

2005年4月29日,美国贸易代表又宣布将中国列入"特殊301条款"项下的"重点观察名单",并继续置于"306条款监管国"之下,成为受到双重"礼遇"的唯一国家。美国贸易代表办公室《2006年"特殊301"年度审查报告》(2006年10期)认为,美国将中国列入优先观察名单和306条款监视国以便继续加强对中国审查,并考虑选择向世贸组织争端解决机构上诉。另外,美国将在未来几年通过审查中国的个别省份,来评估其对知识产权保护和执行情况。

(二)美国知识产权谈判的实质

美国并非天使,它不惜在全球扮演国际警察角色,醉翁之意并不在于对知识产权保护本身,而是出于对经济利益的狂热追求。"美国'特别301条款'的核心内容就是以保护知识产权为名,维护美国自身的利益,特别是其经济利益。"①

(三)中国对策

客观地说,中国知识产权立法取得的进展和美国人的"积极帮助"存在着某种或多或少的联系。作为一个发展中国家,我们进行知识产权立法,也的确需要借鉴发达国家的成熟立法经验和学习他们的知识产权法基础理论。但是,我们必须清醒地认识问题症结所在:

第一,从国家政策角度看,任何一个国家保护知识产权的目的都是为了维护本国的根本利益,美国、中国都是如此。因此,美国现行知识产权法规范是从其本身利益出发的。对美国有益的法律规范,不见得就对中国利益有帮助,相反在实践中我们遇到的更多是危害。因此,我们不应盲目跟风,而是应该明确知识产权应有的保护水平,构建具有正当性的知识产权法体系。

第二,中国制定知识产权法与实施知识产权战略,应立足中国国情和现有法律体制。美国是英美法系的代表,而中国具有大陆法系传统,因此,决不能照搬美国知识产权法和具体制度,而应该对美国知识产权法和制度采取哲学上的扬弃态度。

第三,在知识产权保护问题上,中美两国在具体策略和具体利益上存在矛

---

① 李顺德:《评美国贸易代表办公室〈2006年特别301报告〉》,http://www.chinaiprlaw.cn/file/200609148807.html,2008年10月5日访问。

盾。有学者认为："大部分国家是知识产权的净进口国,当然,所有的发展中国家都属于这一类。对进口知识产权的国家而言,诱惑不在于承认外国人的知识产权,而在于允许其国民能够自由地使用外国人研发活动的成果。对知识产权出口国而言,目的是延长知识产权的保护期限和范围,从与知识产权有关的货物贸易中获得最大收益。"①如此看来,人为拔高知识产权保护水准,受损的是发展中国家,受益的是美国以及其所代表的发达国家。

第四,美国为了美国利益,肆意拔高知识产权保护水平,推行知识霸权。1997年以来,美国贸易代表连年将中国列入美国贸易法"306条款监督国家"名单。实际上,美国政府十分清醒地知道,他们的要求是世界上任何一个国家都无法做到的。"1989年,美国贸易代表办公室的一份'情况说明书'声明'目前没有一个国家符合充分有效的知识产权的各种标准。"②美国对中国的要求,尤其是表现在计算机软件最终用户责任问题、营业场所播放音乐付费问题以及保护水平问题、平行进口问题等是知识霸权的典型体现(详见本书第十一章)。

---

① 〔澳〕布拉德·谢尔曼、〔英〕莱昂内尔·本特利:《现代知识产权法的演进》,金海军译,北京大学出版社2006年版,第14页。

② The Fact Sheet Is Reprodenced in BNA's Patent, *Trademark & Copyright Journal*, 1992, p.2. 转引自〔澳〕彼得·达沃豪斯、约翰·布雷斯维特:《信息封建主义》,刘雪涛译,知识产权出版社2005年版,第106页。

第二章
知识产权法的地位、性质和体系

第一节 知识产权法的地位

知识产权法的地位是知识产权法学的基本理论问题。对这一问题的正确回答,是科学构建知识产权法体系,指导知识产权立法与司法的前提。目前,国内学者对知识产权法的研究主要集中在有关知识产权法的具体制度方面,而对知识产权法基础理论的研究相对薄弱。知识产权法地位,是指知识产权法在我国的法律体系中处于什么样的位置,即知识产权法是从属于法律体系中的某一个法律部门,还是作为一个独立法律部门。

一、传统部门法的划分标准

要明确知识产权法是否是一个独立法律部门,首先应明确部门法划分标准。形式逻辑的基本原理要求对事物进行分类的结果只能是在同一标准下才能产生一一对应的关系。传统法认为部门法划分标准有两个,一是调整对象,即法律调整的不同社会关系;二是调整对象辅之以调整方法,即法律所调整的社会关系,以及调整这种关系的方法。第一个标准被称为单一标准说。该说认为特定的社会关系是部门法的划分标准,应当按照法所调整的"社会关系的性质"而对部门法分门别类。恩格斯从经济的角度作了如下概括:"在社会发展某个很早的阶段,产生了这样的一种需要:把每天重复着的生产、分配和交换产品的行为用一个共同规则概括起来,设法使个人服从生产和交换的一般条件。这个规则首先表现为习惯,后来便成了法律。"[①]法并不直接作用于社会关系,而是通过规范人

[①] 《马克思恩格斯选集》第 2 卷,人民出版社 1995 年版,第 538—539 页。

们的行为而实现其社会关系调节器的功能。从这一点看,法的作用在于规范人们的行为,它通过对人们的行为进行引导和约束,使人们的行为符合法律规范所设定的行为模式,从而实现创制法律的最终目的——构建一个有秩序的和谐社会,人们的行为是社会关系赖以形成的桥梁。在这种标准下,部门法可以划分为宪法、民法、刑法、行政法、国际法、诉讼法等。然而,社会关系是宏观和抽象的,这种宏观和抽象性使得无论依照社会关系的"性质"还是"内容"都无法准确划分部门法,因此有人认为部门法的划分还需要辅之调整方法,这种观点被称为"主辅标准说"。该种标准是对法律关系说的补充,在单凭法律关系不能划分部门法时就辅之以调整方法。然而上述两种划分标准都无法解决如环境法、经济法产生的问题,也无法用以解释知识产权法的地位。

二、"着眼于问题"的划分标准

现代社会分工越来越精细,人们面临的问题越来越复杂,现代社会关系呈纵横交错的网络结构。因此,各国立法者顺应这种趋势,越来越多地采用"解决一个问题"或者在一个领域"实现某一目的"的立法思路,这种新型立法模式往往会把所谓的纵向社会关系和横向社会关系糅入一个部门法中,使传统的行政法、民法和刑法乃至程序法的规范共存于一部法律规范之中,运用综合法律手段对某一社会领域或具有某种相同内容的社会活动加以统一调整,如环境法、金融法。以调整对象和调整方法为典型划分标准来衡量一切部门法的那个时代已经一去不返了,随之而来的是多种标准共存的新时代。在国外立法理论中,这种"解决一个问题"或者在一个领域"实现某一目的"的立法思路被称之为"着眼于问题(Problmorientierung)"的法律方法论。"着眼于问题"法律方法论是指以一个或者若干相关问题为出发点,从整个法律制度角度考察其解决途径的方法论。例如,对环境保护问题,应当综合实施宪法、民法、刑法、行政法、国际法、诉讼法等法律规范,从而形成环境宪法、环境民法、环境刑法、环境行政法、环境国际法、环境诉讼法等环境法分支,这些分支也称为特别环境法,是环境法学体系上的分论内容。它们以环境法的基本概念和原则为核心。这些基本概念和一般原则被称为一般环境法、环境法总则,是环境法学体系的总论。[①] 其实,"着眼于问题"划分标准并不是什么新理念与思路,在我国清末民初,法学界在有关公法和私法划分标准的争论中,就有一种三元说论点。这种论点不否认公法和私法的区别,而是认为在二者之外,还有一个第三法域存在。第三法域为公私综合法,被称为

[①] 参见〔德〕汉斯·J.沃尔夫、奥托·巴霍夫、罗尔夫·施托贝尔:《行政法》,高家伟译,商务印书馆2002年版,第198页。

社会法。现在,这种观点为我国台湾地区多数学者所承继。① 根据着眼于问题的划分标准,诸如经济法、环境法和知识产权法等法均被作为独立法律部门对待。

三、知识产权法是独立法律部门

部门法划分标准不是外在的,而是内生的,根植于法律的内部结构。法律的内部结构不是立法者任意架设的,而是一定社会经济、文化和政治关系的客观反映。当社会上客观出现了某种新社会活动领域或具有新内容的社会活动类型,而国家按照一定的宗旨对该活动进行统一立法调整,就形成新"法律部门"。② 或者说,当客观上出现了某种新的社会活动领域或具有新内容的社会活动,以致国家法律按照一定的宗旨对该活动进行统一调整的时候,对相关法律、法规的结合体,就不妨称之为"法律部门"。③ 知识产权法就是这样一个已经产生的实实在在的法律部门。知识产权法是一个独立法律部门。随着时代的发展和进步,知识产权由一个不起眼的关于技术成果的法律已经演变为调整国内和国际贸易的主导性法律,因此,知识产权法也随之获得了更大的独立性,成为一个独立的法律部门。知识产权法调整的客体范围广泛,涉及许多领域,并形成了自己的特有原则,作为一个整体概念,知识产权法已为世界各国接受。在国家法律体系中,知识产权法应该作为一个独立法律部门而存在。

第二节 知识产权法的性质和效力

一、知识产权法的性质

(一)知识产权法性质学说述评

自19世纪比利时法学家皮卡弟较为完整地提出知识产权的一般理论以来,人们对知识产权法性质的认识争论就从未停止过。科学界定知识产权法的性质,不仅关系到知识产权法的体系化,而且还关系到国家知识产权战略的实施,可谓意义深远。知识产权法调整对象的复杂性和调整手段的多样性,导致了学者们的不同认识。

1. 行政法说。此说认为,知识产权法属于行政法。其理由是:知识产权起

---

① 参见郑玉波:《民法总则》,台湾三民书局1982年版,第4页。
② 参见史际春:《经济法的地位问题与传统法律部门划分理论批判》,载《经济法研究》,北京大学出版社2000年版,第156页。
③ 同上。

源于封建社会的"特权"。这种特权,或由君主个人授予,或由封建国家授予,或由代表君主的地方官授予,属于行政性质;从权利产生看,知识产权的产生大多源自行政法。除著作权系自动产生外,商标权和专利权的产生均须国家行政管理部门的认可;从国家对知识产权保护看,各国均设有专门知识产权管理机构。我国设立了专利局、商标局、版权局以及地方各级相应的行政管理部门,对知识产权实行管理。行政管理部门,如知识产权办公会议、工商局、版权局、技术监督局和海关等发挥着保护知识产权的重要作用。

2. 经济法说。此说认为知识产权法是经济法的一部分。我国20世纪80到90年代的经济法教科书一般都包含有工业产权的内容。知识产权法尤其是工业产权法客观上涉及多元的社会关系,既涉及横向财产关系又涉及纵向管理关系,比如,因国家为发展经济推广应用科技成果而在国家与技术开发方、应用方之间形成的关系,企业单位为组织技术的开发而形成的企业自身与负责开发的科研人员之间的关系,国家对知识产权转让的价格控制而形成的关系,以及知识产权税收关系等。因此,在我国很长一段时间内,经济法学界认为知识产权法是经济法的一部分。

3. 科技法说。此说认为,知识产权法是促进科技成果传播应用,加强国际技术交流合作,完成科技进步的法律总和。尤其是专利法、著作权法中关于科学作品的著作权、计算机软件著作权的制度,以及集成电路布图设计保护制度是推动和保护科学技术发明创造的法律和法律制度,因此知识产权法应纳入科技法律的范畴。

4. 民法说。此说认为,知识产权法在性质上属于民事法律。知识产权法的调整对象是平等主体之间的财产关系和人身关系。知识产权法的调整方法主要是平衡平等主体之间的利益,并且重在保护私人的利益,即使在保护公共利益的情形下,虽然国家强制力常常介入知识产权关系,但都是以尊重私权为前提的。在专利强制许可中,被许可人仍然要向知识产权人支付报酬。作品的合理使用以不侵害知识产权人的利益为前提。虽然知识产权法中有大量的程序性规定和行政性规定,但其基础还是民事法律规范。当然,有些制度纯粹是为了公共利益和健康,比如强制许可制度。类似的规定,在整个知识产权法中所占的比例相对于民事规范来说,只占很小的一部分。

综合以上几种观点,行政法说和经济法说是属于没能从法律保护的利益角度和宗旨角度出发全面看待知识产权法而得出的片面结论。经济法说和行政法说相同的一面是均以知识产权法调整行政管理关系为论据。这两种学说的分野是:行政法学说认为知识产权法调整的管理关系为行政管理关系,而经济法学说认为这种关系属于纵向经济管理关系。的确,知识产权法调整的社会关系中有一部分在性质上属于行政关系或者纵向经济管理关系,如商标和专利申请、审批、管理中产生的社会关系等,单凭这一点,很容易得出知识产权法是行政法或者经济法的结论。但是无论从知识产权法的立法宗旨还是从法律规范的数量上看,知识产权法都属于私法范畴。知识产权法调整的社会关系主要是平等主体之间的财产关系。尽管知识产权法也调整相关行政管理机关与相对人的行政管理关系,但是平等主体之间的人身关系和财产关系仍然是其调整的占主导地位的社会关系。这个特征使得知识产权法和行政法以及经济法区分开来。科技法说并没有看到知识产权法的实质。科技法是科学技术进步法的简称,根据我国1993年颁布的《中华人民共和国科技进步法》以及相关法规的规定,科技法是指国家对在促进和管理科技活动中所产生的各种社会关系进行调整的法律规范。科技法的调整对象包括:(1)国家在促进和管理科学技术活动过程中发生的行政管理关系;(2)不同科技部门之间在研究、开发、协作和管理过程中所发生的合作关系;(3)科技机构内部和科技人员之间发生的权利和义务关系等。诚然,科技法和知识产权法有着一定程度的交叉,科技法中有大量知识产权规范,但是科技法属于行政法性质,其调整的是国家促进和管理科技活动中发生的社会关系,而知识产权法属于民事性质,其调整对象和科技法有着质的区别。民法说混同了民法和私法的关系,将二者简单等同。私法和民法并不是一个概念,私法是民法的上位概念,而民法是私法的一部分。受强大民法文化的影响,人们往往习惯于将私法称为民法。而在立法上,也往往将私法的基本原则直接订定于民法典,而将一切私法问题都纳入民法典进行规范的学理主张和立法实践,更是把人们对私法的认知导引入民法范畴。然而,私法除民法之外,还有国际私法(包括国际经济法)、商法等,知识产权法就是属于私法,但不属于民法的独立法律部门。

(二)对知识产权法性质的界定

1. 知识产权法是私法。公法和私法的划分始自罗马法,被认为是今日法秩序之基础。公法和私法的划分目的在于便于确定法律关系的性质、确定应适用的法律、应采用的救济方法或制裁手段以及应适用的诉讼程序等。凡调整不平等主体之间、以公共利益为本位、采取命令与服从、管理与被管理等强制性调整方法的法律部门,属于公法;凡调整平等主体之间、以私人利益为本位、以意思自治为核心的法律部门,则属私法。一般而言,公法以维护公共利益为直接目标,而私法则以保护私人利益为直接目标;公法以权力为核心,私法则以权利为核心;公法奉行"政府干预"理念,而私法遵循"私法自治"理念;公法以政治国家为作用空间,而私法以市民社会为作用空间。知识产权法有公法和私法性质之争。在我国,有学者认为知识产权法是公法,是国家对科技关系的调控;有学者认为知识产权法是私法,是对私权的保护。还有学者认为知识产权法为公法和私法的结合。这种观点认为,知识产权法的调整对象是一种私法上的关系,从总体上应属于私法范畴,但其规范体系中又包含一些具有行政管理性质的规范,因此知识产权法应属公、私法之融合。虽然知识产权法以私权为核心,但知识产权法规范既有强制性的,又有任意性的。违反知识产权法的法律责任既有民事责任,又有行政责任。因此知识产权法具有公法和私法相结合的性质。

从公法和私法划分的角度看,知识产权法为私法。知识产权法与国际私法、国际经济法、商法、民法等具有相同法律性质,为私法。知识产权法是调整因知识财产而发生的社会关系,这种社会关系本质上是一种平等关系。虽然知识产权法包含了一些必要的公法规范,渗入了一些公力干预的因子,但这些公法规范都是以保护知识产权法主体的个体利益为出发点,因此公法规范的渗入并不能改变知识产权法的本质属性,其仍属私法范畴。TRIPS协议开宗明义地宣称:"承认知识产权为私权。"作为保护知识财产的基本法律,知识产权法以保护私权和私人利益为目的,因此在属性上应为私法。知识产权法的调整对象主要是平等主体因确认或使用知识财产而产生的社会关系,其调整对象和适用原则主要是私法的手段和原则。这说明知识产权法是私法的一部分。在民法典中规定的私法的主体、客体、法律行为、时效、期间期日等制度皆适用于知识产权法,私法基本原则也是知识产权法的最高原则。

2. 知识产权法是财产法。私法是调整平等主体之间的财产关系和人身关系的法律规范总和。在我国民法学界,往往把规范经济生活的法律称为财产法,值得商榷。经济生活是一个十分宽泛的概念,以此来界定财产法是不切实际的。这种概念界定欠缺专业性和准确性,很难从这个概念中得到财产法的内涵和外延,相反却把我们引入了财产法什么都可以"装"的歧途。一句话,凭借这个概念我们不是对财产法更了解,而是更糊涂了。什么是"财产法"?在大陆法系并无普遍接受的定义。英美法系财产法(Law of Property)是指规定对财产的直接的和排他的权利的法律。笔者认为,所谓财产法是指规范人对财产的支配关系的法律规范总称。财产权的客体包括物、知识财产和信息财产,都是外在于人的对象。

财产法调整的对象是财产关系,是人对财产的支配关系,具体说是指人们在财产的产生、使用和消灭过程中形成的社会关系。财产关系和经济关系不同,财产关系是经济关系的一部分,经济关系是一个比财产关系大得多的概念范畴,如提供咨询服务为经济关系,但并非财产关系,因为在这个法律关系中,没有财产这种客体存在,有的只是行为(行为是内在于人的),因此提供服务属于债法范畴,而不是财产法范畴。我国民法学界认为,规范人身关系的法律为人身法,可以分为人格法和身份法。其实规范人身关系的也可能是债法,并不限于人身法。① 比如未经登记的收养合同,就是一个债,由于没有登记,不能形成法律承认的人身关系,但是收养协议有效。我国《收养法》第15条规定:"收养关系当事人愿意订立收养协议的,可以订立收养协议。"该条同时规定,收养应当向县级以上人民政府民政部门登记。收养关系自登记之日起成立。可见收养协议成立与生效,和收养关系成立与生效是两个问题。收养协议是否成立和有效,应该根据民法和收养法的规定来进行衡量(合同法不调整人身关系),如是否具有违法事由。但是否办理了收养登记,并非收养协议成立和生效要件。当然,当事人可以约定收养协议以收养登记为生效要件。这说明,在人身关系中,也有债的存在。可见,财产法不包括债法,而人身法却包含了债法,因此,我们不能因为主要的债是欠债还钱之"债",就把债法当做财产法。

债法不是财产法。我国民法学界认为,物权法和债权法构成了财产法的体系,并把这种划分称为财产法的二元划分。二元划分论认为,财产法可以分为两类,一是财产归属法,二是财产流转法。财产归属法为物权法,是以规范人对物的支配关系为内容;而财产流转法为债法,是指调整债权债务关系的法律规范总称。笔者认为上述所谓二元划分值得商榷:

第一,在《法国民法典》上,债没有独立的地位,它是被作为"取得财产的一种方法"而隶属于财产权,故有债法为财产法的说法。即便在《法国民法典》,被作为财产的债也仅限于"以可以追索的款项或动产物品为标的的债"②,其他债并不包括在内。从《德国民法典》开始,债权从财产法阴影下走了出来并获得了独立,由"取得财产的方法",变成了一项独立法律制度,并获得了和其他权利同等的地位。从传统来看,我国民法可归为德国法系,而不是法国法系。因此,主张财产法分为物权法和债权法,和我国法律传统相悖。

第二,行为不是财产。首先,行为是内在于人的,而非外在于人。从财产法的内容来看,财产法以财产为基础。财产是财产权的客体,是外在于人的客观存在。内在于人的东西不被认为是财产,比如人的身体不是财产,人的行为也不是财产。而债权的客体恰恰是行为,是内在于人的,行为人实施一定行为或者不实施一定行为,在权利源头上不是债,而是人身权。在有债的存在的情形下,行为人决定是否为一定行为或者不为一定行为的依据仍然是行为人的人身权,而不

---

① 所以,我国民事立法和民法学界将民法定性为调整财产关系和人身关系的法律规范的总和,是有缺陷的。因为在这种界定标准下,我们无法找到债的位置,因此只有将债"按在"财产关系之内。但这的的确确是一厢情愿的偏爱,因为基于人身关系同样可以发生债。

② 参见《法国民法典》第529条。

是债。值得特别注意的是,行为人此时往往具有债务,为一定行为或者不为一定行为是义务,而不是权利,因此行为人行为的权利依据为人身权,而非债。据此,笔者认为虽然行为有财产价值,但如同隐私利益一样,它不是外在于人的,而是内在于人的,因此行为不是财产。其次,财产是确定的,而行为则体现出不确定性。行为这种客体是不确定的,这是由人的生物特性决定的,人不能两次实施完全相同的行为。而一般讲,财产却相反,它是固定不变的,不是随机的。可见,行为不是财产,债权不是财产权,债权法不是财产法。

第三,从债法内容来看,债法所涵盖的范围十分广泛,远远超出了财产范围。民法调整的财产关系和人身关系,受到他人侵害都可产生债,都归债法调整,因此不能轻松地把债法划归为财产法。有大量的债是没有任何财产因素的,比如赔礼道歉、消除影响、恢复名誉等,只有赔偿损失才和财产发生关系。

第四,从权利救济角度看,对任何一种绝对权的侵害都能产生相对权——债权,而并不是所有债权都是以金钱为内容的。从这个角度看,债权是对绝对权的一种救济,而绝非和物权相并列,和物权相并列的只能是绝对权,包括物权、人身权和知识产权等绝对权。

因此主张债权是财产权并不具有合理性。从权利性质上来看,财产权为绝对权,是和相对权明确区分的;从权利发生上来看,财产权奉行法定主义,而债权则采纳了任意主义;从权利效力所及范围来看,财产权为绝对权或对世权,债权为相对权或对人权。总之,将债权作为财产权并不可取。笔者认为,财产权包括物权、知识产权和信息财产权,因此财产法可以采取三分法,分为物权法、知识产权法和信息财产法(详见本书第十二章)。

从主体内容上看,知识产权法为财产法。从财产法和人身法划分角度看,知识产权法与物权法以及信息财产法具有相同法律性质。物权法和信息财产法为典型财产法,而知识产权法是否为财产法却始终充斥着争议之声。有学者主张,知识产权是财产权和人身权的统一。就著作权而言,我国台湾地区"著作权法"就分为著作财产权和著作人身权,于是有学者就认为知识产权法是具有双重属性的法律,即知识产权法是调整因智力成果所产生的财产关系和人身关系的法律规范总和。笔者认为,这种观点严格讲并不错,著作权的确含有人身权内容。但是,从当今社会对待知识产权的基本态度,以及知识产权的基本作用而言,知识产权的人身权不是和财产权平起平坐的,而是为了更好地实现财产权而存在的。而除了著作权法以外,专利法、商标法和商业秘密法基本没有人身权内容。

3. 知识产权法为绝对权法。知识产权法与物权法和人身权法一样,属于绝对权法。这个特征使得知识产权法和债法相区分。知识产权法是绝对权法的一种,从适用领域上看,绝对权法是规范绝对权(知识产权)确认和行使的法律,而相对权法是关于相对权(债权)确立和行使的法律。依据权利人可以对抗义务人的范围,民事权利可以分为绝对权和相对权。绝对权是指义务人不确定、权利人无须通过义务人实施一定行为即可实现的权利。①"举凡人格权、身份权、物权、准物权及无体财产权皆属之。有此权利者,得请求一般人不得侵害其权利,而其特色,则在义务人之不一定,与权利本质在于不行为。"②相对权是指义务人为特定人,权利人必须通过义务人实施一定行为才能实现的权利。③ 据此,调整绝对权关系的法律规范为绝对权法,而调整相对权关系的法律规范为相对权法。

4. 知识产权法是制定法与强行法。知识产权法是制定法。大陆法系以制定法为主,英美国家以判例法为主,然而在知识产权立法方面,两大法系均采制定法形式。大陆法系的代表法国、德国如此,英美法系的代表英国和美国也如此。这不但反映出两大法系在相互取长补短中逐渐融合,而且也反映了各国对知识产权保护的重视。

知识产权法具有大量强行法规范。私法是任意法,而公法大多是强行法。知识产权法的公法规范属于强制性规范,其私法规范也有大量的强制性规范,不容当事人任意创设与变更。强行法指以强制性和禁止性规范为主要内容的法律,任意法是以任意性规范为主要内容的法律。强制性和禁止性规范是与任意性规范相对应的一对范畴。强行性规范是指法律规范所规定的权利和义务不允许当事人任意变更的法律规范。而任意性规范是指法律规范所规定的权利和义务允许当事人之间相互协议或单方面予以变更的法律规范。知识产权法的强行法性质表现如下:(1)在效力上,知识产权法大多数规范在适用中具有绝对性,不允许当事人进行变更。(2)在内容上,知识产权法大多数规范具有内容上的单一性,即单一的肯定或单一的否定。与此相反,任意性规范在内容的确定性上通常提供两个或者两个以上的可供选择的内容。(3)在利益体现上,知识产权法不仅调整知识产权当事人之间的利益,而且体现着国家利益和公共利益。知识产权法中难免有许多保护国家利益和公共利益的强制性规范出现。知识产权法的强行法特性有利于强化对知识财产的保护。

另外,知识产权法是实体法、国内法。

---

① 佟柔:《中国民法》,法律出版社1990年版,第39页。
② 胡长清:《中国民法总论》,中国政法大学出版社1997年版,第41页。
③ 王利明:《民法》,中国人民大学出版社2000年版,第46页。

二、知识产权法的效力

以法域为标准,知识产权法效力可以分为域内效力和域外效力。在一般情况下,国内法同时具有域内效力和域外效力,就会发生一个国家法律的域内效力与另一个国家法律域外效力相冲突的问题,便产生了国际私法上的法律适用问题。

(一)知识产权法的域内效力

知识产权法的效力也称知识产权法的适用范围,是国家主权在知识产权法上的体现。知识产权法域内效力亦称属地效力,是指一国知识产权立法对本国境内的所有人、事和行为都有效。从知识产权法作用的对象角度,可以把知识产权法域内效力分为对人效力、空间效力和时间效力三个方面。对人效力,是指知识产权法适用于哪些人。根据国家主权原则,我国知识产权法对中国公民和中国组织均发生效力,而无论中国公民身处国内还是国外(当然应遵守冲突法的规定以及国际协定)。除此之外,对于在中国境内的外国人,适用中国的知识产权法。知识产权法的空间效力,是指知识产权法在哪些地域、空间范围内发生效力。中国知识产权法在全国范围内有效(港澳台例外)。知识产权法的时间效力,是指知识产权法何时生效、何时终止生效及法律对其颁布实施前的事件和行为是否具有溯及力的问题。知识产权法在其生效到废止这段期间有效,一般情况下,无溯及力。

从知识产权法内部体系来看,知识产权法效力可以分为不同的层次。知识产权法的效力层次问题,实质就是各种知识产权法在适用上的孰先孰后问题。实质意义上的知识产权法和形式意义上的知识产权法在适用上并非一直是互补关系,有时候会发生重复和冲突。一般讲,在知识产权法的适用方面,从低到高,可以被划分为三个效力层次。第一效力层次为法律适用中的最低效力层次,包括民法和行政法等实质意义上的知识产权法。民法和行政法一般未直接涉及知识财产问题,但是对知识财产给予原则性保护。由于民法和行政法与知识产权法是普通法和特别法的关系,当同质规范发生适用冲突时,按照特别法优于普通法的原理,应优先适用形式意义上的知识产权法。第二效力层次为形式意义上的知识产权法。形式意义上的知识产权法为知识产权基本法,其效力层次高于民法和行政法等实质性知识产权法,但低于知识产权特别法。第三个效力层次,为最高的效力层次,是知识产权特别法。形式意义上的知识产权法作为保护知识财产的基本法,对知识财产作出最基本的规定,但并不排除其他特别法对知识财产给予特别的以及更高的保护。专利法、著作权法、商标法、商业秘密保护法、非物质文化遗产保护法等为知识产权特别法。根据特别法优于普通法原则,应该优先适用特别法的规定。

（二）知识产权法的域外效力

知识产权法域外效力亦称属人效力，是指一国的知识产权法对本国的一切人，不论该人是在境内还是在境外都有效。根据国家主权原则，一个国家的立法可以规定知识产权法具有域外效力。我国《著作权法》第2条规定："中国公民、法人或者其他组织的作品，不论是否发表，依照本法享有著作权。"该规定并没有限制为中国境内的中国公民，即无论是否在中国境内，我国著作权法均适用。这对于中国公民居住的外国而言，即是中国法的域外效力。从知识产权立法看，无论哪个国家都不会放弃域外效力。因此，知识产权法域外效力问题的实质是一国知识产权法的域外效力能否得到外国承认。如果一国知识产权法域外效力得到外国承认，就意味着依照该国的知识产权法授予的知识产权在承认国当然有效，这和知识产权的地域性是直接矛盾的，也是主权国家所极力反对的。一般情况下，知识产权法域外效力并不被外国承认，因此也就不存在国际私法上所谓的法律冲突。这就导致一个现象：尽管没有哪个国家的知识产权法明确放弃域外效力，但这种效力是虚拟的，只有其他的国家根据主权原则和平等互利原则承认其域外效力时，才能变成现实。

随着知识产权国际保护的发展，知识产权纠纷的法律冲突最终产生了。此种冲突的法律适用分为两种情况：第一，法院地法或被请求保护国法的适用。这是坚持知识产权地域性的必然选择。在许多情况下，许多国家拒绝受理依外国法取得的知识产权被侵犯的案件，即便受理，也采取法院地法或被请求保护国法。从实体上看，是基于该项知识财产是否取得本国的知识产权保护而作出是否构成侵权的判断。适用法院地法或被请求保护国法最典型的立法例是1987年《瑞士联邦国际私法》，该法第110条规定：知识产权，适用提起知识产权保护诉讼的国家的法律。第二，适用权利授予国法，如权利登记地（权利授予地）或行为地法。1979年《匈牙利国际私法》第20条规定，对发明者或其利益继承人的保护，适用专利证发出国或专利申请地国法。1984年《秘鲁民法典》第2093条、1928年《布斯塔曼特法典》第115条、1978年《奥地利国际私法》第34条都采取了相同主张。这并不意味着外国法必然得到适用，案件最终适用内国法抑或外国法悉由具体案件中权利登记地（权利授予地）或行为地（使用行为地、侵权行为地）实际上位于何国来决定。但这毕竟导致一国法院在处理涉外知识产权争议的过程中，有时可能会适用外国知识产权法。这表明，作出这种规定的国家已经在一定的范围和程度上承认了他国知识产权法的域外效力，知识产权的地域性被突破。这种突破不仅对保护外国的知识财产有利，实际上，也有利于保护本国的知识财产。这和历史上适用外国法对有体财产权进行保护的理由如出一辙。①

目前,大多数国家在司法实践中根本不考虑外国知识产权法的规定,并不承认外国知识产权法的域外效力;而即使是承认了外国知识产权法域外效力的国家,也对外国法的域外效力给予了严格的限制。我国最高人民法院作出的司法解释对外国知识产权法的域外效力采取了否定的态度。1993年12月24日最高人民法院下发的《关于深入贯彻执行〈中华人民共和国著作权法〉几个问题的通知》第2条规定:"人民法院在审理涉外著作权案件,适用《中华人民共和国著作权法》等有关法律法规;我国国内法与我国参加或缔结的国际条约有不同规定,适用国际条约的规定,但我国声明保留的条款除外。"否认知识产权法域外效力有很多好处,比如说,可以带来国际私法上的简便。如果坚持知识产权法不具有域外效力,则原则上不发生法律冲突问题。并且,在涉外知识产权纠纷的管辖上也可以专属管辖来确定。但随着知识产权的国际保护的发展,我国学者越来越多地主张承认知识产权法域外效力。由中国国际私法学会草拟的《中华人民共和国国际私法示范法》专门规定了知识产权冲突规范,虽未全面承认外国法的域外效力,但是主张在部分纠纷中承认这种效力。②

第三节 知识产权基本法

一、知识产权法体系的提出

（一）知识产权法体系的界定

法的体系通常是指由一个国家的全部现行法律规范分类组合为不同法律部门而形成的有机联系的统一整体。按照调整对象的不同,又可以将各种法律规范划分为不同的法的部门,如宪法、行政法、刑法、民法、知识产权法等等。法的部门,也称部门法,是根据一定标准和原则所划定的调整某一类社会关系的法律规范总称。知识产权法是一个部门法。部门法"法律体系乃由概念、规则和原则所组成,其中,概念通常被认为是组成法律规定或整套法律的基本单位,它既是对各种行为和事件的定性,又是对规则和原则适用范围的限制,因此必须精确、规范、统一"。③

知识产权法体系是指由构成知识产权法的概念、规则和原则以及它们相互

---

① 吕岩峰:《知识产权之冲突法评论》,载《法制与社会发展》1996年第6期。
② 参见《中华人民共和国国际私法示范法》第三章第七节。
③ 张文显:《法学基本范畴研究》,中国政法大学出版社1993年版,第61页。

之间的关系组成的一个法律整体。目前,我们面对的问题是总则缺失,并且是在全球范围内缺失。"知识产权法总会有若干程序法、公法的规定,但依然是以实体法为基础的私权制度。诸如权利取得程序、权利变动程序、权利管理程序、权利救济程序等,概以创造者权利为中心,从而形成私权领域中的独特的法律规范体系。"[①]我国《物权法》的体系结构是以物为主线,遵循权利形态的逻辑展开的。在基本结构上,采取的是"总则+分则"的结构。借鉴我国物权法的构建思维,我国知识产权法体系结构应以知识财产为主线,遵循知识产权权利形态的逻辑展开,并采取"总则+分则"的结构模式。知识产权法总则应包括宗旨、原则、权利类型、权利行使等基本内容。知识产权法分则的主要部分包括:(1)著作权法;(2)专利法;(3)商业标记法;(4)商业秘密保护法;(5)非物质文化遗产保护法。

(二)构建知识产权法体系的法律意义

1. 追求秩序。构建知识产权法体系是出于秩序和正义的需要。面对知识财产的保护,我们不能奉行头疼医头、脚疼医脚的策略,而应选择整体性策略。美国学者E.博登海默认为,法律制度的核心无外乎秩序和正义。秩序是指在自然进程和社会进程中都存在着某种程度的一致性、连续性和确定性。历史表明,凡是在人类建立了政治或社会组织单位的地方,他们都曾力图防止出现不可控制的混乱现象,也曾试图确立某种适于生存的秩序形式。[②] 知识产权领域也是如此,当前最大的困境就是没有秩序,无论是让发达国家痛心疾首的盗版,还是让发展中国家望而生畏的知识霸权,都是没有秩序的体现。而秩序只能在一个有序体系之中产生,不可能在混乱中获得。就知识产权而言,秩序的意义在于给人们提供透明规则,和可预测的一般性标准与规则,杜绝有害的、强权规则和标准的形成,使人们的行为在这个体系之内获得安全和确定性。

2. 实现正义。秩序概念所关涉的乃是社会生活的形式而非社会生活的实质,而正义观念把我们的注意力转移到规则、原则和标准的公正性和合理性之上。[③] 亚里士多德认为,正义寓于平等之中,主张平等是正义的尺度。就知识产权而言,正义的意义在于为权利人的知识财产提供和其他财产同等的保护,既不歧视,也不给予特权般的优待,使人们的权利保护获得体系内的一致性。

---

① 吴汉东:《关于知识产权私权属性的再认识——兼评"知识产权公权化"理论》,载《社会科学》2005年第10期。

② 〔美〕E.博登海默:《法理学——法哲学与法律方法》,邓正来译,中国政法大学出版社1999年版,第219—220页。

③ 同上书,第251—252页。

二、知识产权基本法的概念和性质

（一）知识产权基本法的概念

知识产权法体系化的最终结果是制定知识产权基本法。自1978年改革开放以来，我国基本形成了"一知识财产一法律"的知识产权立法体系。这种立法体系对于保护知识财产起到了重大作用。但其弊端也日益显现，主要是一般规则的缺位以及人为割裂了知识产权关系，这被认为在体系化方面存在着严重不足。① 如何转变分散立法观念，制定统一的知识产权基本法，建立真正的知识产权立法体系，是迫在眉睫的重大历史命题，也是一个难题。以一般知识产权关系为调整对象的共同规则就是知识产权基本法。2002年《日本知识产权基本法》问世，这种全新立法理念和模式引起了全球关注。

1. 知识产权基本法名称。在我国环境法领域，基本法的名称为《环境保护法》。从1995年起，我国就将制定税收基本法列入立法计划。在知识产权法领域，形式意义上的知识产权法的缺失带来的问题吸引了学者越来越多的关注。关于制定"统一知识产权法"的呼声越来越高。在我国十一届全国人大常委会会议期间，就是否制定和如何制定"统一知识产权法"进行了初步的讨论。笔者赞同制定形式意义上的知识产权法，但是不赞成"统一知识产权法"这个称谓。在知识产权领域，我们的任务是制定形式意义上的知识产权法，是"无中生有"，而不是将分裂的知识产权法进行统一。如果认为统一知识产权法是统一"特别法"，就更有问题了，因为特别法是针对一类问题进行的立法，其自身不存在被统一的问题，即便形式意义上的知识产权法出台之后，各特别法也是独立存在的。因此，笔者主张形式意义上的知识产权法的名称为"知识产权基本法"。反对者的主要理由是，知识产权基本法容易被误认为属于宪法性文件。笔者认为，"基本法"不等于宪法，知识产权基本法不会被误认为宪法。"宪法"和"基本法"不是同一位阶的法律，其效力等级区别是清晰的。在我国法律体系内，宪法具有最高地位和效力，是一切法律的母法。法律又可区分为基本法律和一般法律。法律地位和效力仅次于宪法，但起着统领、约束、指导、协调各单行知识产权法律、法规、规章的知识产权法律，就是"知识产权基本法"。因此，冠以"知识产权基本法"的名称，不会被误认为是宪法性文件，而且唯有如此才能将其与其他由全国人大通过的知识产权特别法区别开来。而"基本法"的使用，可以突出其在知识产权法律体系中的母法地位。

---

① 焦红涛、高岚：《中国知识产权立法体系化的三种备选模式》，http://www.economy-and-law.com/111-42.htm，2009年1月11日访问。

2. 知识产权基本法概念界定。所谓知识产权基本法，是指统一调整和规范知识财产支配关系的法律规范。这个概念有以下几个特征：第一，知识产权基本法是私法，其目的是调整和规范知识财产的支配关系，而不是国家促进知识财产的创造、保护和应用关系；第二，知识产权基本法是知识产权法中的普通法，其在效力范围上具有普遍性，即针对一般的人或事，在较长时期内，在整个法域范围内普遍有效的知识产权法律；第三，知识产权基本法和知识产权单行法不同，其是对知识财产支配关系进行统一调整和规范的法律，而不以各项具体知识财产为基础形成的支配关系为调整对象；第四，知识产权基本法是一项形式意义上的法律，而非法律规范的综合，其具体表现形式是制定知识产权基本法，或民法典制定知识产权编，或者知识产权法典。

知识产权基本法是一个国家制定的全面调整知识财产关系的法律文件，它与就某一知识产权问题的解决或者规范某一类具体知识产权关系的单行立法地位不同。知识产权法可分为知识产权基本法和知识产权特别法。知识产权基本法是知识产权法体系的主体和核心，在知识产权法体系中起着母法的作用。知识产权基本法与特别法不是上位法与下位法的关系，而是普通法和特别法的关系。特别法不得与基本法相抵触；而在法律适用方面，就著作权法、专利法、商标法、商业秘密保护法以及非物质文化遗产保护法等特别法未规定的事项统一适用基本法；特别法有规定的，应该按照特别法优于普通法的一般原理，而优先适用特别法。完善的知识产权立法体系应当是由知识产权基本法和知识产权特别法共同组成。

（二）知识产权基本法的性质

知识产权基本法是私法，属于形式意义上的知识产权法。日本于2002年7月颁布《日本知识产权战略大纲》之后，紧接着于11月颁布了《日本知识产权基本法》，但该法在法律性质上为公法而非私法。《日本知识产权基本法》分为四章和一个附则。第一章为总则，是关于知识产权基本法的立法目的、理念以及什么是知识财产、知识产权以及国家、高校、企业等发展和保护知识产权的义务。第二章是基本措施，对推进研究开发、促进成果转化、加速授权、诉讼程序的完善和便捷、加大侵权惩罚力度等措施进行了规定。第三章是有关知识财产的创造、保护及应用的推进计划，集中规定了知识财产战略部制定有关知识财产的创造、保护及应用的推进计划，并就计划的主体内容进行了规定。第四章是知识财产战略部的有关规定。附则是关于基本法生效时间和政府对该法实施的检查。从《日本知识产权基本法》的内容可以看出，尽管基本法对知识产权法的一般性问题，如立法目的、理念以及何为知识财产、何为知识产权进行了规定，但是主体内容却是政府以及社会各界推进知识财产的创造、保护和应用，属于行政法性质，而非私法。《日本知识产权基本法》是日本实施国家基本政策的法律,它主要的任务是规定了行政机关保护和促进知识财产的创造、应用的法律义务和责任,改变行政机关在知识产权保护问题上各行其是的消极涣散局面。客观上看,《日本知识产权基本法》发挥了部分母法的作用,比如对什么是知识财产和什么是知识产权等基础问题进行了界定,但是鉴于其公法性质,因此不能说《日本知识产权基本法》为形式意义上的知识产权法。

知识产权基本法调整的社会关系的属性,即平等主体之间的知识产权关系还是纵向知识产权关系,决定了知识产权基本法的属性。以调整国家促进知识财产的创造、保护和应用而形成的纵向知识产权关系的法律为公法,而以调整平等主体间在知识财产的创造、保护和应用方面形成的横向知识产权关系的知识产权基本法为私法。日本知识产权基本法的调整对象为前者,因此其性质为行政法;而我国知识产权基本法应选择平等主体间在知识财产的创造、保护和应用方面形成的横向知识产权关系为调整主线,即私法性质上的知识产权基本法。知识产权基本法是根据宪法原则,对知识产权基本法律问题进行统一规范的私法,是知识产权特别法的母法。我国《国家知识产权战略纲要》不是法律性文件,而是一个由中国政府制定的政策导向性文件,其目标是提升我国知识产权创造、运用、保护和管理能力。知识产权基本法是一个法律规范,应由全国人大制定,并在全国生效。从治理国家的宏观角度看,二者有着密切的联系,但是从微观角度看,二者并没有直接关系。虽然知识产权基本法的制定有利于《国家知识产权战略纲要》的实施,但实施《国家知识产权战略纲要》只是知识产权基本法的任务之一,它最重要的任务还在于完善知识产权立法体系。我国制定知识产权基本法的任务十分紧迫。

三、构建知识产权基本法的方法及其作用

（一）构建知识产权法体系的基本因素

科学安排知识产权法的体系结构,构建知识产权基本法是保障知识产权法具体规范科学性的前提。从现有分散的、杂乱的知识产权法规范中抽象出共同性的规则,知识产权法才能发展成为成熟的、体系化的法律。构建知识产权法的基本结构和体系的决定因素如下:

1. 方法论。我国私法传统属于大陆法系。而在瑞典民法典确立总则编之前,大陆法系民法往往以物权法替代财产法。影响我国民法甚巨的德国民法并没有培育出完备的财产法体系,而是以物权法来执行财产法的功能。我国私法也有这个特点,如我国《物权法》名为物权法,实际上却起着财产法的作用。《物权法》虽然没有对"财产"作出界定,但其条文中"财产"一词出现达98次之多,

远远高于其基础概念"物"。《物权法》专门对什么是"物"进行了界定,并且在条文中分别使用了原物、附着物、文物、建筑物、构筑物、污染物、废物、动物、遗失物、漂流物、埋藏物、隐藏物、主物、从物、可分物等不同的物的概念,但这些概念使用的总次数却不及"财产"。这说明《物权法》充斥了大量有关财产的条款,如《物权法》第56条关于"私人的合法财产受法律保护"的规定。因此,与其说大陆法系物权法是保护"物"的法律,还不如说是保护"财产"的法律。只不过主要是保护"财产"中的"物"。从另一个角度看,物权法扮演着大陆法系财产法的角色。作为财产法一部分的知识产权法,应该符合财产法的基础理论,即符合物权法的基础理论。

知识产权法学家皮卡弟特别强调知识产权不同于物权的特殊性,使得知识产权摆脱了物权阴影走向了独立;我国知识产权法学泰斗郑成思先生强调知识产权法与民法的共性,认为是先有特殊性,然后才产生共性[①],为知识产权法的成熟和体系化提供了方向。在我国民法学界,认为知识产权为准物权的主张始终占据主导地位。"准"字作标志的概念说明这个概念和原概念之间有着可类比的法律上的相似性,暗示出这些权利在性质和法律适用上的一致性。在制定物权法过程中,王利明先生撰文专门强调了不纳入知识产权的理由。这从反面也说明了知识产权和物权的血肉联系。更有激进的学者至今仍坚持知识产权是物权的一种,主张"自然人、法人或者其他组织依据本法典取得的知识产权,是一项独立的物权"[②]。虽然笔者并不赞成知识产权为物权或者准物权的主张,但是由此可以得到有益的启示,那就是知识产权的确和物权具有这样和那样的相似性,这些相似性被认为是实质意义上的,因而在构建知识产权体系之时,应借鉴物权法理念与原理。[③] 这便是构建知识产权体系的方法论。

知识产权法的发展和物权法形成了鲜明对比。经过两千多年的发展,物权法已经形成了一个高度精当的科学体系,而知识产权法的体系化至今还未完成。在构建知识产权法体系过程中,既要立足知识产权法的特殊性,区别于物权;也要从物权法和知识产权法的共同性出发,借鉴物权法体系得以建构的科学理念,并尊重物权法和知识产权法的共同规则。物权法已经成熟的概念、规则和原则都需要知识产权法加以借鉴和应用。例如,借鉴物权体系和种类的划分,将知识产权划分为完全知识产权和定限知识产权;并在此基础上将定限知识产权再划

---

① 王家福,郑成思,费宗祎:《物权法、知识产权和中国民法典》,http://www.iolaw.org.cn/shownews.asp?id=2295.2008-9-29.
② 曹新明:《中国知识产权法典化研究》,中国政法大学出版社2005年版,第311页。
③ 张玉敏:《知识产权的概念和法律特征》,载《现代法学》2001年第5期。

分为用益知识产权和担保知识产权。如果轻易将构建物权法的成熟理念、概念和技术抛弃,利用生造的术语和思维,尤其是英美法系的思维,是不能顺利构建大陆法系知识产权法的体系的。

2. 与民法典保持协调一致。按照"所有的私法都应该纳入民法典"①这一思想,知识产权法应该纳入民法典。但是,从现代社会法学学科的发展来看,知识产权立法走的是专业化道路,知识产权法典化符合这个基本理念。因此,我们在构建知识产权法体系之时,必须考虑到其与民法典的协调。形式上看,知识产权法典独立于民法典,但是这并不意味着它和民法典没有关系;恰恰相反,民法典确立的私法基本原则,也是知识产权法的最高原则。知识产权法典应该和民法典的基本概念和术语,乃至基本规则保持协调一致。

3. 注重正当性。从法律传统看,我国私法属于大陆法系传统。在知识产权法体系的建构上,应兼顾两个方面的要求:一方面,是在形而上的思想层面探究知识产权法内在的思想逻辑,借鉴大陆法系民法,尤其是物权法的立法技术;另一方面,在形而下的制度层面,立足于大陆法系私法传统,对知识产权法的共同性问题如"知识财产"、"知识产权"、"知识产权的权利体系"等制度进行抽象,并形成知识产权法总则,统率整个知识产权法。知识产权法具有固有化特征,即具有根植于本国、本民族的特征。不同国家的知识产权法差异很大,明显地带有本国和本民族的印记。而在国际法层面,客观地讲,TRIPS协议体现的是发达国家的主张和诉求,并呈现出"统一"各国知识产权法的趋势。由于知识产权贸易是当代主要的国际贸易形式,因此知识产权法表现出比物权法和债权法都全面和强烈的国际化倾向,各国的知识产权法,甚至是大陆法系与英美法系之间,也在许多方面呈现出较大的一致性。构建知识产权法体系,应当吸收和借鉴外国和国际组织立法的先进理念,但切勿以某外国或者国际组织的规定为先进,那些既可能是先进的经验,也可能是巧妙的陷阱——知识霸权(详见本书第十一章)。构建知识产权法体系,必须扬弃外国立法和国际立法的理念,确定保护知识产权的正当水平,并使之有机地融入具体制度构建之中。

4. 兼顾我国社会现实。构建知识产权法体系,必须立足于我国社会的实际情况与社会实践。知识产权保护与一国经济兴衰唇齿相依,对内是提升和发展国民经济、保障国家经济安全的重要法律手段,对外是一个民族在国际上赢得生存和竞争的法律武器,是关乎国计民生的重大问题。从立法水平上,我国目前知识产权立法不是建立在对知识产权制度的自觉认识水平上,而是根据实际生活

---

① 王卫国主译:《荷兰民法典(第3、5、6编)》,中国政法大学出版社2006年版,第8页。在这一思想之下,国际私法也是被纳入《荷兰民法典》,作为第10编。

的需要和国外的压力来零散地针对某个知识财产,甚至是某个知识财产的某些方面进行立法,采用的是典型头疼医头、脚疼医脚的办法,而不是从宏观上,从整体上看待知识财产,进行整体保护。

(二) 制定知识产权基本法的作用和意义

战国时期逻辑学家公孙龙提出白马非马论,其深远意义在于警示人们区分特殊和一般。近代哲学家福柯说,他见过写小说的人和教书的人、绘画的人,但是他从来没有遇到过知识分子。目的也是为了区分特殊和一般。在知识产权法领域,区分特殊和一般尤其重要,做到这一点,就是要将著作权法、专利法和商标法等这些"特殊事物"和作为"一般事物"的知识产权法区分开来。在物权法领域,有了《土地法》、《矿产资源法》、《森林法》、《水法》,我们还明确意识到我们缺少物权法,于是全国上下齐努力于2007年出台了形式意义上的《物权法》。而当我们有了《专利法》、《著作权法》、《商标法》和保护商业秘密的知识产权特别法律规范之后,为什么会想当然认为有了知识产权法呢?原因就是没有区分特殊和一般,是因为我们早已习惯了以知识产权特别法代替形式意义上的知识产权法。我国《物权法》是形式意义上的物权法,是物权领域的基本法,而《土地法》、《矿产资源法》、《森林法》、《水法》等为物权特别法或称为单行法。在知识产权领域,知识产权特别法十分发达,但缺乏形式意义上的知识产权法规范,即知识产权基本法。知识产权基本法,是我们正确认识知识财产和知识产权,重新检讨人类对待知识财产的分散立法模式,回应知识产权自身需要而进行的理性抉择,其规定的是有关知识产权自身的一般性问题,主要包括知识产权法基本宗旨和原则、知识财产法律性质、知识产权体系及其行使与限制、知识霸权等。制定知识产权基本法的目标就是建立形式意义上的知识产权法。

制定知识产权基本法对于正确实施国家知识产权战略等方面都具有重大意义。对于知识产权自身而言,其重大历史意义在于弥补分散法立法模式的缺漏,建立科学的知识产权立法体系。特别法保护模式是指针对各项具体知识产权而分别制定特别法的知识产权立法模式。这是目前世界各国采用较多的立法模式。特别法模式可针对不同知识财产的具体情况分别作出特别的规定,有利于"专业化"地处理知识财产的确认和保护问题。此种模式最大的诟病在于"总则"缺位,各特别法自行其是,无法统一协调。在此种立法模式的影响下,我国现有知识产权法律规范以及实施条例和细则杂陈,并且知识产权管理部门内部林林总总的解释和补充也充斥其中,立法上重复、矛盾和冲突在所难免。加之知识财产种类众多,尤其是在社会信息化转型过程中,新财产类型和社会关系层出不穷,不可能针对每个具体知识财产都制定一部单行知识产权法,而法律的空白和漏洞似乎并未随着立法而减少。最为重要的是,无论制定多少部知识产权特别法,也不能取代形式意义上的知识产权法的地位和作用。制定知识产权基本法,把我国知识产权法基本宗旨和原则、知识财产和知识产权等一般性规则予以明确界定,总揽和协调知识产权法律制度全局,才能弥补单行法立法模式的缺漏,建立科学的知识产权立法体系。

四、知识产权基本法的立法步骤与体系

（一）知识产权基本法的立法步骤

从我国目前的实际情况出发,笔者主张我国知识产权基本法应采取三步走的立法步骤:第一步是制定知识产权基本法,第二步是在民法典中制定知识产权法编,第三步是制定知识产权法典。笔者之所以主张采取三步走的模式,主要是因为我国目前知识产权单行立法极其繁复,若没有一个知识产权基本法在先,很难将这些法律规范进行科学编纂。制定民法典已经成为我国政府和学界的共同主张,在民法典中纳入知识产权法编,将有利于凸显知识产权的私权属性,并协调知识产权与物权和信息财产权之间的关系,是知识产权法获得飞跃发展和社会认可的不二时机。知识产权基本法和知识产权编出台之后,在科学的原则和成熟的制度指导下,按照知识财产和知识产权的基本属性,编纂统一适用的知识产权法典是知识产权法走向成熟并获得形式独立的必然选择。这是我国知识产权立法的长远目标,只是目前尚不具备这种条件。当前,在国家知识产权战略大纲出台并实施之际,首要的任务是制定知识产权基本法。

（二）知识产权基本法体系

知识产权基本法主要由五部分构成:

第一章,总则。主要规定知识产权基本法的立法依据、立法目的、宗旨和基本原则,以及知识财产和知识产权的定义和知识产权请求权等。

第二章,知识产权行使。主要规定知识产权合同、知识产权行为以及知识产权行使的具体制度等。

第三章,完全知识产权。主要规定完全知识产权的取得、权能、共有和权利行使的限制与滥用等。

第四章,定限知识产权。主要规定用益知识产权和知识财产质押权、知识财产抵押权、知识财产留置权的设定和权能。

第五章,法律责任。主要规定侵害知识产权的法律责任,如归责原则和责任承担形式等。

五、知识产权基本法与相关法律

（一）知识产权基本法与《民法通则》

目前,各国对待知识产权法的一些共同性问题,如知识产权法指导思想,适用范围和基本宗旨和原则,知识财产以及知识产权的基本规范,知识产权体系以及知识产权行使和救济等,一般缺乏明确规定,而是在司法中参照适用民法规定。我国《民法通则》在第五章第三节对知识产权作出了一般性规定。但是《民法通则》中的规定过于简单,并不能起到知识产权基本法的作用。从这个角度看,知识产权基本法的制定是对《民法通则》第五章第三节对知识产权作出的一般规定的完善。

（二）知识产权基本法与知识产权编

在民法典中规定知识产权编始自1942年《意大利民法典》。该法典"智力作品权和工业发明权"一章中规定了著作权、专利权以及实用新型和外观设计专利权三节。《越南民法典》和《荷兰民法典》紧随其后,均将知识产权纳入其中。在民法典中设置知识产权编模式的最大优势在于彰显了知识产权法的私法性质,并可以适用民法总则和财产法总则的法律规范。但是,此种模式的弊端也较为明显:限于篇幅,内容欠缺完备性。并且,工业产权都是靠行政授予才获得的民事权利,这是它特殊的地方,如果把知识产权放进民法典,就非有一大批行政程序条款进入民法典里,和民法典的属性不符。郑成思先生也不赞成将知识产权法纳入民法典,"因为世界上除了意大利不成功的经验之外,现有的稍有影响的民法典,均没有把知识产权纳入"[①]。更为突出的问题是,从全球范围看,任何一个将知识产权编纳入民法典的立法例,在实质上仍选择了针对各项具体知识财产进行规定的分散模式,如《意大利民法典》"劳动编"主要规定的是著作权、专利权、商标权、商号权等具体知识产权,而非针对知识财产和知识产权进行规定。因此,制定知识产权基本法和将知识产权编纳入民法典并不矛盾,并且还有利于形成针对知识产权的知识产权编,而并不是分别针对著作权、专利权和商标权的知识产权编。

（三）知识产权基本法与知识产权法典

知识产权基本法与知识产权法典可以很好地融合在一起。1992年《法国知识产权法典》颁行,开创了知识产权法典化先河。但鉴于法国知识产权法典其实只是一部法律汇编,因此并不被认为是一种成功,也没有更多的国家仿效。[②]

[①] 郑成思:《民法草案与知识产权篇的专家建议稿》,载《政法论坛》2003年第1期。
[②] 刘春田、金海军:《2003年知识产权法学学术研究回顾》,载《法学家》2004年第1期。

肇始于19世纪的法典编纂的一个目的就是要统一"政令","法典"就是政令统一后的产物。从知识产权立法开始到现在,在漫长的两三百年时间里,知识产权并未真正走上法典化道路。而在知识产权被放在国家战略高度的今天,知识产权立法采取何种模式,是否走法典化道路,如何走法典化道路都是一个国家必须认真面对和解决的问题。所谓知识产权法典,是指利用法典编纂技术,在知识产权法基本理念和原则指导之下,将规范因知识财产而发生的社会关系的法律规范体系化,而形成的具有确定性、系统性及内在逻辑性的法律规范和谐统一体。知识产权法典化侧重的是一个过程,是指知识产权立法由单行法走向知识产权法典的历史进程。

知识产权法典的设计,依赖于知识产权法的体系化。要实现知识产权法的体系化,首先要实现知识产权的体系化。而无论是法国还是菲律宾都是对单行的知识产权法的简单汇编,并未出现真正意义上的法典。因此,这两个国家的知识产权法典,反而使很多学者得出了知识产权法不适于法典化的结论。笔者认为,知识产权法典应该采取"总则+分则"体系。在我国法学界,即便主张单独制定知识产权法典的学者,也大多反对设立总则,理由是"知识产权法当前的理论准备不能担当设立总则的重任,以适应民法典的总则—分则模式"[①],但是如果放弃创设总则这个艰巨而宏伟的任务,知识产权的法典化还有什么意义呢?知识产权法典第一编应为"总则",即知识产权基本法的内容。第二编为"著作权编",该编保护的客体包括文学艺术、科学作品、计算机软件等作品在内的一切以作品形式存在的知识财产,以及邻接权的内容。第三编为"专利权编",该编保护的客体包括发明专利、实用新型专利和外观设计专利在内的以及一切以专利形式存在的知识财产。第四编为"商业标记法编"。该编保护的客体包括商标、企业名称、地理标志、会展标志和域名等一切商业标记形式存在的知识财产。第五编为"商业秘密保护编",该编保护的客体包括一切以商业秘密形式存在的知识财产,如 Know-How 等。第六编为"非物质文化遗产保护编",该编保护的客体包括口头传统和表现形式(包括作为非物质文化遗产媒介的语言),表演艺术,社会实践、仪式、节庆活动,有关自然界和宇宙的知识和实践,传统手工艺等一切以非物质文化遗产形式存在的知识财产。

[①] 袁真富:《论知识产权法相对于民法典的独立性》,载《中华商标》2003年第1期。

第三章
知识产权法的基本理念与宗旨

第一节 知识产权法的传统理念

一、知识产权法的基本理念

柏拉图创立"理念论",使"理念"成为一个专门的哲学术语。康德最早尝试把"理念"引入法律领域,而黑格尔提出了"法律理念",完成了法与理念的结合。黑格尔认为,法的理念是法的概念及其现实化,并说"法的理念是自由"。[①] 知识产权法基本理念是指导知识产权制度设计和知识产权法执法机制运行的理论基础和根本价值。罗伊德认为:"它(指法律理念)使现行的法规得以表现,提供方法,使这些规定有机会作合理的发展,或是创造新的规则,同时提供一种指导人类行动的工具。"[②] 知识产权法基本理念和知识产权法的宗旨不同,知识产权法的理念是人们建立知识产权法的思想观念,知识产权法的宗旨是维持其欲实现的多元目的之间的平衡。明确知识产权法的基本理念,对知识产权立法和执法而言至关重要。知识产权法基本理念不能脱离知识产权法而单独存在,而脱离知识产权法理念导引的知识产权法也将是盲目和机械的。知识产权法基本理念直接影响着知识产权法的制度创设、存废与运作。一句话,知识产权法基本理念是形成知识产权法的思想观念、价值追求的抽象概括。

二、知识产权法的传统理念

知识产权法在形成之初,以著作权法、专利法和商标法为骨干。知识产权法

---

① 〔德〕黑格尔:《法哲学原理》,范杨、张企泰译,商务印书馆1961年版,第1—2页。
② 〔英〕Dennis Lloyd:《法律的理念》,张茂柏译,台北市联经出版事业公司1984年版,第138页。

的传统理念,就表现为在以著作权法、专利法和商标法为主体时所呈现的理念。而在当今社会,随着社会的发展和文明的进化,人们越来越意识到保护非物质文化遗产的重要性,将非物质文化遗产纳入知识产权保护框架的工作正在进行之中,并已经取得初步成果。当代非物质文化遗产保护法之形成,客观上把一种崭新的理念注入知识产权法之中。这种新理念和传统理念截然不同,但又并行不悖。知识产权法的传统理念是由个体、个体智慧和创新等关键词组成的体系;而非物质文化遗产保护法形成之后,知识产权法的新理念表现为一个由社区、社区智慧和传承组成的新体系。知识产权法的新理念并不是要取代传统理念,而是并存关系,是知识产权法理念多元化的体现。具体说,知识产权法的传统理念包括个体理念、个体智慧理念和创新理念。

(一) 个体理念

所谓个体理念是指以个体为权利主体的价值取向建构知识产权主体制度的基本理念。这曾经是知识产权法的基本价值取向,一直贯穿着著作权法、专利法和商标法的始终,并将得到持续和发展。德霍斯认为,西方版权法所反映的是一种尊重个人创造和个人权利的观念。[1]

1. "个人"个体理念。在知识产权法形成时期出现的著作权法、专利法和商标法,均是以"个人"个体为基本理念。在典型知识产权法产生之初,就是以保护创作人、发明人和设计人的利益,甚至主要是知识产权原始取得人的利益为价值取向的。在知识产权法诞生之初,个人和个人本性被作为设计知识产权制度的一个出发点。在著作权法历史上,最初受到保护的仅为出版人和作者,而商标法历史上最初受到保护的仅为设计和使用商标的人。在专利法上,最为典型的将专利权授予个人的事例,是1331年英王爱德华三世曾授予佛兰德的工艺师约翰·卡姆比(John Kempe)在缝纫与染织技术方面"独专其利"。在专利法领域,这种状况一直持续到17世纪,在该世纪初期,英国女王伊丽莎白一世又曾多次向发明人授予专利权。1623年英国颁布《垄断法》,是世界上第一部现代含义的专利法。该法第6条规定,发明专利权人必须是一项发明的"第一个真正发明人"。[2] 以上事实说明,在知识产权法的发展历史上,保护原始取得知识财产的个体是最为基础的理念。时至今日,典型知识产权法都以大量篇幅对原始取得人作出专门规定,说明个体理念时至今日都在知识产权法上发挥着重要作用。

2. "集体"个体理念。"集体"本来是与"个体"相对立的概念。然而,为了适应发展中的社会现实及其对知识产权法提出的要求,知识产权法关于个体理

---

[1] 〔澳〕彼得·德霍斯:《知识财产法哲学》,周林译,商务印书馆2008年版,第26页。
[2] 郑成思:《知识产权论》,法律出版社2003年版,第5页。

念的内涵也在逐步发生演变。各国普遍注意到,"集体"在知识创新方面发挥的作用越来越强大,因此必须对"集体"创造的知识给予保护。在一定条件下将"集体"视为"个体"就显得十分必要,并具有法律意义。① 在知识产权法上,把一定的创新集体视为一个个体的制度逐步形成。这一点有两个主要表现:一个是知识产权共有制度的形成,即无论多少人共同劳动取得了知识财产,都由这些人就该知识财产享有同一个知识产权;另一个是法人作品制度的诞生。各国知识产权法都规定,在一定条件下,法人工作人员创造完成的知识财产的知识产权由法人享有,意即将法人视为作者。通过这两项制度,人的集合——"集体"就作为一个"个体"成为知识产权的主体。我国《专利法》第 6 条规定,执行本单位的任务或者主要是利用本单位的物质技术条件所完成的发明创造为职务发明创造。职务发明创造申请专利的权利属于该单位;申请被批准后,该单位为专利权人。我国《著作权法》第 11 条规定了"法人或其他组织视为作者"的作品,这类作品的著作权由法人或者其他组织享有。

由个人个体到集体个体理念的演变过程,也是知识产权法由保护创造到保护投资的转变过程。目前知识产权法的发展方向已经在很大程度上背离了它的初衷,正在由保护创造转变到保护投资。个人的价值实现和追求是多元的,有经济利益的追求,也有达则兼济天下的社会价值的追求,而公司的价值追求则是单项的,以经济利益为目标。知识产权的主体由个人演变为公司之后,除了极大地促进了知识的生产和应用之外,还带来了两个不可改变的间接后果:第一,知识产权主体对价值的追求的单一化,即公司以经济利益为追求目标;第二,公司不能进行创造,进行创造的是公司雇佣的人员,对知识产权的高水平保护带来的激励和惠益,已经不再为创造者享有,而是由追求经济利益的公司享有。谁创造谁享有利益的原理已经转变为谁投资谁享有利益。关于这一点,美国学者劳伦斯·莱斯格曾作过精辟的阐述,他说:"包括版权在内的知识产权是人们对无形的智力成果享有的垄断性权利,该权利促使那些具有创新精神和竞争意识的企业投资于知识产品的研究开发,并承担相应的市场风险。"② 知识产权主体由个人个体到集体个体的演变,告诫我们知识产权法已经由保护创造的法律,转变为保护对创造进行投资的法律,因此,对知识产权保护水平的确定一定要有理性的态度,并不是越高越好。

综上,个体理念是知识产权主体的基本理念,是构建知识产权法的出发点

---

① 就民法而言,把"集体"作为"个体"已经成为惯例,法人就是把一定的人的组合拟制为一个主体。
② 袁泳:《数字技术与版权领域的利益平衡》,载《南京大学学报(哲学人文社科版)》1999 年第 3 期。

之一。

(二) 个体智慧理念

个体智慧理念,是根植于个体理念的另一个基本理念,贯穿于著作权法、专利法和商标法的始终。所谓个体智慧理念,是指以个体智慧作为知识财产产生条件的基本理念。"创造行为是个人为其自身利益而作出的外在行为。"①主导创造行为的个体智慧,包括个人型、集体型两种形式。

1. 个人型个体智慧理念。个人型个体智慧是指单个自然人的创新智慧。知识产权法产生的最直接目的在于确认个人智慧的法律地位并提供保护。个人智慧在社会发展中的巨大作用已是不争的事实。智慧资源规划(Intelligence Resources Planning)已经是企业管理的重要环节。德国《著作权法》第2条规定,作品是指个人的智力劳动成果。发明和商标也是如此,均指个人智慧形成的成果。在积累民事主体中,唯有自然人才能真正产生智慧。"个人智慧表达和控制的特定性,是知识产权作为财产权构建的前提。人类共同的智慧活动是通过个人活动来完成的。个人之间的能力不同,决定了个人感受智慧信息中的意义和价值的差别和竞争……这种'特定性'使人与人的共同知识活动之间的个性化区分成为可能。任何个人可以自由控制自己特定性的表达,包括表达不表达、何种方式的表达、对谁表达、是否传输等。因此,个人对抗他人的财产权构建也就成为事实。整部知识产权法的构建技术,都是在区分和辨别各种知识形态的'特定性',以准确地'确权'。"②可见,在知识产权法的发展历史上,知识产权保护的开端就是着眼于个人型个体智慧的。

2. "集体型"个体智慧理念。"集体型"个体智慧又可以分为"法人型"个体智慧和"合作型"个体智慧。法人型个体智慧是指无论法人工作人员是一人还是多人,均将其工作人员的智慧视为法人的智慧而形成的一种个体智慧。从物理学上看,智慧直接产生于个体,集体不能产生智慧。但从社会学上看,集体智慧是无穷的,并胜过个体。进入法学领域,这种现象得到了确认,无论是大陆法系抑或英美法系,法人意志都是被普遍认可的。从知识产权法上看,代表法人意志完成的作品著作权属于法人③,我国《著作权法》第11条规定,"由法人或者其他组织主持,代表法人或者其他组织意见创作,并由法人或者其他组织承担责任的作品,法人或者其他组织视为作者"。在专利法上,情况也是如此。专利法将

---

① 〔澳〕彼得·德霍斯:《知识财产法哲学》,周林译,商务印书馆2008年版,第72页。
② 徐瑄:《知识产权的正当性——论知识产权法中的对价与衡平》,载《中国社会科学》2003年第4期。
③ 孙海龙、姚建军:《代表法人意志完成的作品著作权属于法人》,http://www.sipo.gov.cn/sipo2008/albd/2007/200804/t20080402_366527.html,2008年10月8日访问。

符合一定条件的发明视为法人所做的发明。我国《专利法》第6条规定："执行本单位的任务或者主要是利用本单位的物质技术条件所完成的发明创造为职务发明创造。职务发明创造申请专利的权利属于该单位；申请被批准后，该单位为专利权人。"上述"团体"是被作为一个"个体"被拟制为有"智慧"能够从事创造性活动，从而获得知识产权。如果说法人是一种闭合的集体，而合作可以当做一种松散的"团体"。合作型个体智慧是指将多人的智慧作为一个个体智慧。在多人合作努力下取得了一项知识财产，则把这些多数人作为一个个体对待，由这些人共同享有该知识财产的同一知识产权。就知识产权法而言，个体智慧理念是知识财产赖以形成的基本理念，是构建知识产权法的又一出发点。

（三）创新理念

所谓创新理念是指以智力劳动获得创造性成果为基础建构知识财产制度的基本理念。"知识产权制度的本质是鼓励创新，不鼓励模仿与复制。"[①]创新是工业生产的直接要求，创新理念是工业革命的附属产物。知识产权法上的创新是指通过个体智慧的中介作用，获得一项新知识，如作品、技术方案或者商标图样等。我国当前政策上所提倡的"自主创新"，主要是指以获得知识产权为目的的知识创造。该口号的提出，是为了占有一批拥有知识产权的技术和品牌。创新可以分为原始创新、集成创新和再创新。原始创新是指前所未有的重大知识的创造与发明，一部文学巨著（如《红楼梦》）的问世，一个重大技术（如蒸汽机）的发明都属于此类。集成创新是指立足于现有知识的有效利用与集成基础上的创新。对少数民族传说的整理、几种现有技术集成而获得一个整体技术方案都属于此种情形。再创新着重是指在他人先进技术的基础上，通过学习、分析与借鉴，而进行的再次创新，获得具有突破性的先进知识。在中国民间传说的基础上拍摄动画片《花木兰》，以现有技术上创造出另一项新技术都属于此种情形。

从经济学角度看，创新是工业生产的必然要求，是后工业社会的主导经济观念。从法学的角度看，鼓励创新是知识产权法的基本价值取向。一般而言，但凡与创新无关的"知识"，都是知识产权法所排斥的，是不被确认为"知识财产"的。和创新相关的劳动，要求是创造性智力劳动，而不是一般性的应用。对创新结果的衡量标准往往是要求具备普适性和可验证性。作品通过社会进行验证，文艺价值的高低由社会评判；而对专利的要求是具有可实验性，不仅要求可重复，而且要求可以在实验条件下得到重复，并且此种重复要达到一定比例之上，否则技术将被认为无效或有瑕疵，而不能被授予专利权。一句话，典型知识产权法的创新观念是以西方科技价值观为主导的创新观念，远离东方经验。

---

① 郑成思：《知识产权——应用法理学与基本理论》，人民出版社2005年版，第3页。

第二节 知识产权法新理念

非物质文化遗产保护,在一定程度上冲击了知识产权法的传统理念,把新理念注入了知识产权法。非物质文化遗产是指在特定社区世代相传并作为社区文化和社会特性组成部分的知识财产。2003年联合国教科文组织颁布《保护非物质文化遗产公约》(以下简称"《公约》")①,《公约》正式使用了"the Intangible Culture Heritage"这一概念,我国官方译本将其称为"非物质文化遗产"。非物质文化遗产与现代技术本质上是一样的②,因此非物质文化遗产被纳入了知识产权法范畴。在这个过程中,一种全新理念被注入,知识产权法因此而超越传统,取得了突破性发展。

一、非物质文化遗产与知识产权法

非物质文化遗产保护已经作为一个知识产权现象被反复提及,这意味着赞同者和反对者都大有人在。发展中国家以及欧盟和日本都倾向于以知识产权法保护非物质文化遗产,因为它们都有一个共同点,那就是悠久的文明;而美国沦为最后一个生硬的反对派,至今仍主张提供合同法保护。美国之所以坚决反对给予非物质文化遗产以知识产权法保护,根本原因在于美国是一个短期国家,并没有悠久的文明,也就缺少这方面的资源。一句话,保护非物质文化遗产不符合美利坚利益。我们主张以知识产权法保护非物质文化遗产,不仅是基于我国是一个文明古国,而是基于非物质文化遗产应当受到保护的正当性。

(一)反对观点评述

有一种观点反对利用现行知识产权制度保护非物质文化遗产,理由是:第一,非物质文化遗产是人类的共同财产;第二,利用现代知识产权保护会把非物质文化遗产和利益直接挂钩,从而破坏非物质文化遗产,破坏产生和管理这种知识的社会基础,将最终会导致这些非物质文化遗产及其社区的颠覆和毁灭;第三,非物质文化遗产是一个社区的共同财产,代代相传,而知识产权法会将它私有化——这有可能给后代们生活和生产中使用这种知识造成法律障碍;第四,西方知识产权概念与传统社区的实践和文化不相容,而且价值取向上不一致。③

---

① 2004年8月,中国政府批准该公约。
② 崔国斌:《传统知识的知识产权迷思》,载吴汉东:《中国知识产权蓝皮书(2005—2006)》,北京大学出版社2007年版,第312页。
③ 〔阿根廷〕Carlos Corre:《传统知识与知识产权——与传统知识保护有关的问题与意见》,文希凯等译,http://yyknowhow.com/html/2006/0526/2386.html,2007年3月20日访问。

笔者认为,以上反对观点并不能成立。因为:第一,知识财产在受到保护的最初,也被认为是公共财产而遭到过强烈反对。时至"20世纪70年代和80年代,发展中国家宣称大部分技术知识实际上是人类的共同遗产"①。随着知识产权立法在全球范围展开,这种主张才逐步从人类社会舞台上消退。因此,美国等发达国家主张非物质文化遗产属于人类公共财产的主张也会随着历史的进步而消亡。第二,保护非物质文化遗产的基本价值目标之一是公平。不利用知识产权机制保护非物质文化遗产,则在目前的经济和法律体制内,非物质文化遗产的价值不能得到充分的承认和补偿。保护非物质文化遗产就是要改变这种不公正和不公平的关系,而不是破坏产生和管理这种知识的社会基础。第三,非物质文化遗产是一个社区的共同财产,但不是所有人的共有资源,更不是人类的共有资源,也不允许打着人类共同财产的旗号进行巧取豪夺。有人对现有的知识产权法会将它私有化的担忧实乃杞人之忧,就像著作权法产生之初,有人认为著作权法将会带来思想的垄断一样。利用知识产权法保护非物质文化遗产不可能给后代生活和生产中正当使用这种知识造成任何法律障碍。第四,知识产权可以带来一些收益以维持那些本来可能会被放弃的非物质文化遗产,这有利于非物质文化遗产的传承和发扬。通过知识产权制度对社区知识授予法律上承认的权利将会提高这种知识的形象并有助于在拥有该知识的社区内外形成对这种知识的尊重。② 从方法论上看,我们应该量体裁衣,而不是削足适履。如果说现代知识产权法在保护非物质文化遗产方面还不是完全的严丝合缝,那只能得出知识产权法需要发展和完善的结论,而不是非物质文化遗产不应得到知识产权保护的结论。

(二) 知识产权制度保护非物质文化遗产之正当性

非物质文化遗产是人类智力活动的产物,本质是思想。从某种程度上讲,客体决定权利和保护模式,非物质文化遗产的保护模式,取决于非物质文化遗产自身的法律性质。非物质文化遗产是指在特定社区世代相传的、作为该社区的文化和社会特性组成部分的知识财产,与物质文化遗产不同,虽然有许多非物质文化遗产以有形物质为载体、表现形式,但非物质文化遗产和它的载体有着质的差别性。就工艺品而言,古代匠人制作的工艺品属于物质文化遗产,现代人制作的工艺品仅是一般意义上的产品;而现代人掌握的关于工艺品的某种古老的制作

---

① 〔澳〕彼得·达沃豪斯、约翰·布雷斯维特:《信息封建主义》,刘雪涛译,知识产权出版社2005年版,第129页。

② 〔阿根廷〕Carlos Corre:《传统知识与知识产权——与传统知识保护有关的问题与意见》,文希凯等译,http://yyknowhow.com/html/2006/0526/2386.html,2007年3月20日访问。

工艺、技能则可能构成非物质文化遗产。从民法的客体理论看,物质文化遗产属于民法上物的范畴,应采物权制度对其保护;而非物质文化遗产是无形的、抽象的,是人类脑力劳动的成果,本质为思想,应划归知识产权的客体范畴,对其保护应采知识产权制度。

利用知识产权保护非物质文化遗产在国际社会已达成共识。联合国人权高官委员会专员作出的一份有关人权的报告中指出,在知识产权保护和土著及本土社区知识的保护之间存在的紧张关系(例如,未经知识持有人同意被社区之外的人使用其知识,并且没有公平补偿),这要求对现存的知识产权制度进行修改、改变和补充。① 世界知识产权组织(以下简称"WIPO")的主要职能是通过国家间合作促进对全世界知识产权的保护。令人遗憾的是,打着知识产权维权旗号的美国对制定国际规则解决对遗传资源、传统知识和民间文艺的知识产权保护却处处掣肘。

(三) 利用知识产权制度保护非物质文化遗产的意义和作用

第一,知识产权机制在非物质文化遗产保护中的应用,可以促使这些知识在现代经济领域的商业开发,起到促进社会发展的积极作用。

第二,对非物质文化遗产的知识产权认同,将激发传统社区及其居民的自豪感和积极性,有利于非物质文化遗产的传承和保护,有利于保持世界的多元性。

第三,利用知识产权保护非物质文化遗产,可以给开发者规定法律义务,从而确保非物质文化遗产的传承人获得一个公平的利益分配。

第四,一个文化现象的产生、传承和发展有其自身的规律,综合利用知识产权保护制度,对非物质文化遗产进行合理的商业开发,是振兴非物质文化遗产、促进非物质文化遗产发展的健康道路。

二、知识产权法新理念

面对非物质文化遗产这种新客体的保护,知识产权法衍生出一系列新的法律理念,这些理念包括社区主体理念、社区智慧理念和传承理念。

(一) 社区主体理念与权利主体确认

所谓社区主体理念是指以社区为权利主体的价值取向建构知识产权主体制度的基本理念。以社区为主体的价值取向,是非物质文化遗产保护法的基本价值取向。知识产权法传统理念是以个体为权利主体,而非物质文化遗产保护法则形成了"社区"这一新类型的权利主体。非物质文化遗产通常产生于自然环

---

① 〔阿根廷〕Carlos Corre:《传统知识与知识产权——与传统知识保护有关的问题与意见》,文希凯等译,http://yyknowhow.com/html/2006/0526/2386.html,2007年3月20日访问。

境和人文环境比较接近的一个地域,或者它的产生以宗族和血缘为纽带,其归属于一个民族、多个民族和多个国家。因此,非物质文化遗产的权利主体往往表现为社区。总的来看,非物质文化遗产传承人可以分为个人、家庭、社区、民族、国家五个层次,但是以社区为主。以传承人范围为标准非物质文化遗产的权利主体主要可以分为国家、团体和个人三种类型。详述如下:

(1) 行政机关型权利主体。行政机关权利主体可以分为国家权利主体和地方行政机关权利主体。按照国家主权原则,一国对本国非物质文化遗产享有主权。从私法的角度看,国家也可以成为非物质文化遗产的权利主体。在国家疆界范围内的、由不特定的大多数国民传承的非物质文化遗产,其权利主体为国家。这些非物质文化遗产包括整个国家的社会风俗、流行于整个国家的礼仪、节庆、非物质文化遗产媒介的语言等。由于地域、环境和文化因素的差别,一国内部不同地域的非物质文化遗产千差万别。在特定行政区划范围内、由不特定的大多数居民传承的非物质文化遗产,其权利主体为地方行政机关。

(2) 团体型权利主体。很多非物质文化遗产是由行业团体或者家庭性团体传承发展的。由特定社会团体(包括行业团体和家庭等)传承的非物质文化遗产,其权利主体为该团体。

(3) 个体型权利主体。尽管非物质文化遗产绝大多数是由集体创造完成的,但这并不排除有一部分非物质文化遗产是由个人创造完成的,或是由个人传承的。由特定个体传承的非物质文化遗产,其权利主体为该个人。

(二) 社区智慧理念与非物质文化遗产保护的价值取向

社区智慧理念,是指以社区智慧作为知识财产产生的价值取向而构建知识财产制度的基本理念。非物质文化遗产主要是社区智慧的结晶,由特定群体共同创造完成,超越了个人智力成果的范围。知识产权法对个人创新的激励是通过赋予财产权的形式实现的,同样对流传已久的非物质文化遗产赋予财产权不仅有利于刺激社区创新,而且最主要的是有利于已经获得的社区创新成果流传下去。如果说知识产权法是通过"确认个人产权的形式促进个人创新",则非物质文化遗产保护法是"确认集体产权的形式促进社区创新"。当然,这并不排除个人创造者及其传承人的情况。社区智慧理念与个体智慧理念的根本不同在于,社区智慧更多表现为一种一个社区的人们长期积累的经验,如中医偏方以及脉络学说等,这些属于东方经验,和西方科技有着根本上的不同。因此不能以西方科技的标准看待和衡量非物质文化遗产。西方科技不能证实的,并不等于不存在或者错误。如脉络等无法由西方科学验证的东西,都是切实存在的。

虽然非物质文化遗产和物质文化遗产共同组成了文化遗产,但是二者的法律性质却是有鲜明区别的,因此法律保护非物质文化遗产和物质文化遗产时的价值取向也表现出明显的不同。单纯从民法角度看,物质文化遗产属于民法上的物,对于物质文化遗产的专门立法保护(文物保护法)的法理基础为物权法;而非物质文化遗产的性质是知识财产,为知识产权的客体,专门立法保护(非物质文化遗产保护法)的法理基础为知识产权法。保护物质文化遗产在于保存和恢复,而保护非物质文化遗产在于发展和弘扬非物质文化遗产的生命力。2003年教科文组织《保护非物质文化遗产公约》采取的措施有很多,但落脚在弘扬和振兴非物质文化遗产上。[①] 而《保护世界文化和自然遗产公约》中对物质文化遗产的保护重在保存、展出和恢复。[②]

非物质文化遗产与物质文化遗产是人类宝贵文化遗产的两个方面,二者既有区别又相互联系。有许多非物质文化遗产以有形物质为载体、表现形式,而这些年代久远的、符合特定条件的载体本身构成物质文化遗产(但通过非物质文化遗产的商业开发获得的产品只能构成产品,而不是当代的物质文化遗产)。以民间工艺品为例,非物质文化遗产保护更注重保护民间工艺品的传统手工艺制作技能,而物质文化遗产保护的则是实在的民间工艺品。当传统制作工艺技能失传、灭失,那么曾经制作的工艺品在将来可能变为文物,主要由文物保护法保护。

(三)传承理念与知识产权超越

所谓传承理念是指以"创造少于传承"为价值取向建构知识财产制度的基本理念。传承理念和创新理念的不同之处十分明显。创新理念强调的是"新",是从"无"到"有";而传承理念恰恰追求的是对以往知识的"继承",虽然允许个体或者群体的创造成分存在,但是明确要求"创造少于传承"。

利用知识产权保护非物质文化遗产,首先应发展知识产权。根据非物质文化遗产的特性,对现有知识产权制度的某些内容或者某些内容的某些方面加以修改和调整是必要的。现有知识产权制度在保护非物质文化遗产方面,有着诸多的局限。比如非物质文化遗产产生的时间难以确定,缺乏文献记录,而权利主体不明确,保护期限要求长等问题都和知识产权的保护理念并不十分吻合。对这些局限的克服过程,也是知识产权制度自身的发展过程,笔者将这个过程称为知识产权的超越。

目前,国际社会已经开始了利用知识产权制度保护非物质文化遗产的有益尝试。据 WIPO 的抽样调查,美国、法国、日本、瑞士、俄罗斯、新西兰和澳大利亚等国认为现行知识产权制度原则上适用保护非物质文化遗产。欧盟及其成员国

---

① 参见《保护非物质文化遗产公约》第2条。
② 参见《保护世界文化和自然遗产公约》第5条。

也认为,应当鼓励非物质文化遗产的传承人充分利用现行知识产权制度保护其权利。当然,更多国家只是利用现有知识产权制度保护非物质文化遗产的某些方面,因为用现有知识产权制度来保护所有形式的非物质文化遗产还有困难。

知识产权制度是不断发展和创新的开放性制度,从非物质文化遗产的本质以及保护的目的和手段出发,在已有知识产权制度基础上探讨适合于保护非物质文化遗产的新制度和机制是可行的。《成立世界知识产权组织公约》第2条规定"知识产权包括在工业、科学、文学或艺术领域内其他一切来自知识活动的权利"。虽然该公约没有直接或者说明确将"非物质文化遗产"列为保护对象,但令人鼓舞的是它提供了一个开放性的知识产权概念。WIPO在实情调查团(Fact-Finding Missions,简称FFMS)活动中已明确表示知识产权是一个开放的概念,这为非物质文化遗产保护留下了广阔空间。而正是这个开放性概念,可以将非物质文化遗产保护涵盖其中。

综上,为保护非物质文化遗产,知识产权法衍生出的新理念和知识产权法传统理念是不同的,甚至在具体表象上是相对的。但这并不能用来证明非物质文化遗产不能或者不应受到知识产权法保护,相反这一点恰恰说明了知识产权法理念的多元性。

第三节 知识产权法的立法目的与宗旨

一、知识产权法的立法目的

知识产权法的立法目的是指知识产权立法的直接目标。知识产权法通过在社会上发挥特定的功能和作用,保护财产以及促进知识应用是知识产权法的两个根本目的。1787年美国宪法的制定者以根本法的形式规定了著名的知识产权保护的"三P"原则,其实质为知识产权保护的立法目的:(1)"促进知识"(the Promotion of Learning),即知识产权法的立法目的在于促进知识传播;(2)"公共领域保留"(the Preservation of the Public Domain),即知识产权被限制在一定时间和范围之内;(3)"保护创作者"(the Protection of the Author),即宪法赋予创造者对其智力成果以专有权。笔者认为,"公共领域保留"不是目的,是手段,是促进知识传播的手段。因此知识产权法的目的有两个:保护私有财产以及促进知识财产的生产和应用。知识产权法作为财产权法,而又区别于物权法和信息财产法,主要是因为知识产权法保护的"知识财产"不同于"物"和"信息财产"。客体的不同导致了保护制度一系列的迥异特征。从目的来看,知识产权法具有独特的保护目的。物权法的主要目的在于确认物的财产地位并给予保护;信息财产法的主要目的在于确认信息的财产地位并给予保护,而知识产权法的主要目的在于确认知识的财产地位并给予保护。知识产权法除了保护知识财产之外,还兼具促进知识应用的目的。这是因为知识和物、信息不同,知识对社会的作用是巨大的,因此促进知识的生产和应用也应成为知识产权法的目的。保护财产与促进知识应用两个目的对于知识产权法而言不可偏废。

(一)保护知识财产

知识产权法以保护知识财产为直接目标。知识产权法律关系的客体为知识财产,而不是知识(详见本书第二编)。有人认为知识产权法的目的在于保护知识产权,也有人认为知识产权法的目的在于保护知识,这两种主张都不准确。在私权神圣观念的影响下,人们往往认为无论以何种高度保护私权都不过分。保护知识这种提法也有异曲同工之妙,尊重知识是人类文明的基本要求,这往往被主张知识霸权的人利用。知识产权法的直接目标就是保护财产。无论从哪个角度看,知识产权法都不是保护知识产权的专门法,而是保护知识财产的专门法。"TRIPS 协议是在世界范围内承认将知识视为私有财产而不是公共财产的投资道德说的第一阶段。"[①]在这一点上,知识产权法和物权法基本一致。作为财产法,物权法是把"物"作为财产给予保护的法律,而知识产权法是把"知识"作为财产给予保护的法律。知识产权法的目的是确认知识的财产地位,并利用知识产权来保护知识财产。知识产权作为一项权利制度,是为实现法律保护知识财产的目的而进行的路径选择,而保护知识产权,则是整个法律部门的任务,如实体法中的宪法、刑法、行政法以及三大诉讼法。可以说,保护知识产权这种权利是一个国家整个法律制度的任务,而并不限于知识产权法。从逻辑上看,保护财产和保护权利也是不同概念。首先,财产和财产权是不同法学范畴,财产是法律关系的客体的一种;财产权是权利的一种。就知识财产和知识产权而言,二者也存在着联系,为了保护知识财产,法律创制了知识产权。因此,知识产权法的目的是保护知识财产,为知识产权划定范围。其次,保护权利的提法过于笼统,并不是一个严格的私法概念。保护权利是权利人的政治诉求,需要依靠国家机器得以保障。从宪法角度看,保护权利是宪法的规定,比如保护公民基本权利;从私法角度看,保护权利意味着权利受到侵害之后的一系列救济机制,如知识产权请求权等;而从诉讼法角度看,保护权利意味着权利受到侵害之后的一系列救济机制,如请求司法裁决等。从这个意义上说,物权法和知识产权法以及信息财产法是保护财产的,而不是保护权利的。区分保护财产与保护权利,有利于我们更

[①] [澳]彼得·达沃豪斯、约翰·布雷斯维特:《信息封建主义》,刘雪涛译,知识产权出版社 2005 年版,第 10 页。

理智地看待知识产权保护水平问题(详见本章第四节)。

知识产权法的目的在于保护私有财产,说明知识产权法选择了保护财产的理念和模式,而不是保护知识的理念和模式。这个区分十分必要。学者G.P.纳布罕(G.P. Nabham)认为知识产权法很重要的目的在于将知识转换为适于市场的商品,而不是在于按照最适合知识本身的方式来保护。① 确认知识为财产、并为保护这种财产而构建知识产权以及建立侵害知识产权的救济机制是保护知识财产的三步曲。将知识赋予财产的法律地位是知识产权法的前提,是知识产权法大厦的根基,在所有制度中,都不能脱离这一基础,更不能为了某种需要(如高额利益)而游走于"知识"和"财产"之间进行取舍和选择。这不仅是知识产权法律关系客体制度所决定的,也是法律概念必须固定内涵这一法学的基本要求所决定的。

(二)促进知识财产生产和应用

促进知识应用,保护公共利益是知识产权法的另外一个目标。知识产权法主要是通过促进知识的传播和应用,实现促进公共利益增长的目的。知识产权来自于公共知识,任何知识财产都包含了一定的公共领域的知识。因此,对知识财产的保护就与对"物"的保护不同,除了保护私有财产之外,知识产权法还有一个目的就是促进知识应用,保护公共利益。

1. 促进知识财产的生产。促进知识财产的生产是知识产权法的目的之一。在整个人类文明史中,科技一直扮演着十分重要的角色,但是科技进入法律的视野却不过是近代以来的事情,不超过300年历史。当代,科技进步则主要是由知识产权制度来保障和促进的。在我国,尤其是"科技是第一生产力"的提出以及知识经济的到来,使经济发展主要建立在科技进步基础之上。知识产权法对科技的促进,是通过赋予知识(科学和技术成果)以财产权的方式来实现的,主要是通过确认财产权和对财产权提供保护两方面的机制。知识产权人可以通过权利的正当行使而获得社会收益和经济收益。这对于鼓励科学技术进步,调动人们开展科学技术研究和自主创新研究的积极性,促进新知识财产的生产有着重要的激励作用。近代以来,科技进步与经济发展之间的联系越来越密切,其桥梁就是法律对知识财产的确认和保护。从法律角度看,与其说科技是第一生产力,不如说知识财产是第一生产力。知识产权法是把"知识"(科技成果)作为资源来对待的,并用法律的语言把"资源"翻译为"财产",通过确认财产归属,即确认财产权来实现对科技进步的激励和调节作用。

---

① 孙祥壮:《传统知识的世界保护及对我国的启示》,载《知识产权文丛》(第9卷),中国方正出版社2003年版,第193页。

但知识产权法并不保护所有知识,而是仅仅保护符合特定构成要件的知识,即知识财产。知识经济中所谓"知识"的范围比知识产权法上的"知识财产"要广泛得多,法律仅仅保护符合一定构成要件的"知识财产",并非保护一切"知识"。这些被法律筛选后的"知识"是智力创造成果的核心部分,是发展知识经济的主导资源,具有法律保护的价值。而不符合法律要件的知识,一般不给予法律保护。正如美国专利与商标局副局长卡森斯基所言:"知识产权是经济发展的动力。"归根结底,知识产权法采用的是"财产利益驱动"的方式来实现促进科技进步,刺激经济增长的目的。

2. 促进知识财产传播和应用,促进公共利益的增长。知识产权人可以自己实施知识产权获得经济利益,也可以通过知识产权许可或者转让,由他人实施来行使知识产权从而实现知识财产的经济价值。在知识财产的传播和应用中,科技成果转化至关重要。所谓科技成果转化是指为提高生产力水平而对科学研究与技术开发所产生的具有实用价值的科技成果所进行的后续试验、开发、应用、推广直至形成新产品、新工艺、新材料,发展新产业等活动。我国《促进科技成果转化法》第 4 条规定:"国务院科学技术行政部门、计划部门、经济综合管理部门和其他有关行政部门依照国务院规定的职责范围,管理、指导和协调科技成果转化工作。地方各级人民政府负责管理、指导和协调本行政区域内的科技成果转化工作。"

促进知识财产传播和应用是为了促进公共利益的增长。尽管 TRIPS 协议以发达国家知识产权保护需要为基础,不可避免地打上了美国等发达国家意志的烙印,但仍然在原则中规定了成员可以采取必要措施保护公众健康。"成员可在其国内法律及条例的制定或修改中,采取必要措施以保护公众的健康与发展,以增加对其社会经济与技术发展至关紧要之领域中的公益,只要该措施与本协议的规定一致。"[1]可见,促进知识财产的应用,从而刺激经济健康发展和促进公共利益的实现是知识产权法的又一立法目的。

二、知识产权法的宗旨

(一) 知识产权法宗旨的概念

知识产权法宗旨是指维持知识产权法在不同立法目的之间平衡的基本准则。知识产权法目的具有二元价值性,即保护知识财产和促进知识财产的应用。这两种立法目的之间存在表面上的矛盾。知识产权法就是以解决知识产权法目的之间的矛盾为着眼点,即解决保护私人财产和促进知识应用之间的矛盾。保

---

[1] 曹建明、贺小勇:《世界贸易组织》,法律出版社 1999 年版,第 301 页。

护财产体现的是私益,而促进知识应用则体现的是公益。知识产权法注重维持私益和公益之间的平衡,知识产权法宗旨是维持保护知识财产和促进知识财产应用之间的平衡。

知识产权法宗旨所涵盖的思想内容有两层含义:首先,从平衡的范围来看,知识产权法宗旨平衡的是知识产权法两个立法目标之间的冲突,鲜明地体现了知识产权法的价值取向;其次,从内容上看,知识产权法宗旨不是对某一种目的的宣扬和促进,而是在两种目的之间寻求平衡,做到各种目的兼顾,保持知识产权法同经济和社会的良好互动关系和全面发展。有学者认为:"立法的难点就在于在占有规则和传播规则之间找到一种平衡。"[1]知识产权法宗旨既体现了知识产权法对经济基础的影响力,又表明了这种影响是主动施加积极影响。2005年,国务院新闻办公室发表的《中国知识产权保护的新进展》白皮书确认了我国知识产权法宗旨为:"平衡知识产权创造者、应用者与社会公众之间的利益关系,使知识产权的创造与应用形成良性循环。"

(二) 知识产权法宗旨是维持利益平衡

1. 知识产权法上的利益冲突。知识产权法宗旨就是实现或者说维持知识产权的利益平衡。知识产权是一种财产权,具有排除权利人之外的任何人使用的法律效力。在知识产权法中,知识产权人享有的财产权与无偿推广知识财产获得的社会利益之间构成矛盾。就知识产权法而言,利益衡平是指知识产权人之间、权利人与义务主体之间、权利人与社会之间的利益应当符合公平正义的价值理念。知识产权一旦形成便同社会利益既相互依存,又相互对立。知识产权法既要保障权利人知识产权的有效实现,又要防止权利人滥用知识产权危害相对人和社会。知识产权人的权利与社会利益应处于平衡状态。若知识产权人为了自己获得最大收益而滥用知识产权危及社会利益,则应对其进行必要的制约和控制,通过一系列制度措施,恢复它和社会利益的平衡。从这个角度看,利益平衡是知识产权与社会利益之间的"方向盘",只有在平衡状态下,知识产权法才能平稳驶向前方。

2. 利益平衡在知识产权法上的重要地位。利益平衡是维护社会稳定的根本,是和谐社会的基本要求。从法律的宏观层面来讲,利益平衡是法律的基本思维方式,是一个国家法律体系所追求的目标。[2] 有学者认为利益平衡理论是知

---

[1] 〔澳〕彼得·达沃豪斯、约翰·布雷斯维特:《信息封建主义》,刘雪涛译,知识产权出版社2005年版,第13页。

[2] 罗豪才等:《现代行政法的理论基础——论行政机关与相对一方的权利与义务的平衡》,载《中国法学》1993年第1期。

识产权法的理论基础,是建立知识产权法理论大厦的支点。①《日本知识产权战略大纲》指出:"知识产权法是一项对信息的独占性利用予以认可的制度,但过于保护有可能会与学术自由、表达自由等现代社会所存在的基本价值观相抵触。在加强知识产权制度的时候,必须对这些基本价值予以注意,同时建立起一种均衡制度。"②

3. 利益平衡不等于限制权利人的权利。平衡不能机械理解为对知识产权进行限制,知识产权法追求的是对权力的确认和保护,而不是限制。但对知识产权的过度保护,则会影响社会利益的实现,从而违背人类社会的发展方向。公共利益体现了人们对社会共同福利的追求,社会成员在追求个人利益时应当受到公共利益的限制。因此,在与社会利益相冲突的情况下,对知识产权进行限制是十分必要的。同时,必须反对以社会利益为借口对知识产权施加不正当限制。

4. 利益最大化是利益平衡的标准。知识产权法上的利益平衡,是利益最大化的平衡。在利益平衡的标准选择上,一个重要原则是追求知识产权和社会利益的双向最大化。利益衡量方法是源自经济学的一个方法,它要求在立法、执法、守法过程中权衡各方利益,实现各方利益最大化。可以说知识产权法的宗旨是追求知识产权和公共利益最大化的平衡。知识产权法应充分、有效地确认并保护知识产权,从而发挥其对创新和经济发展的促进作用,同时通过对知识产权的必要限制,达到制衡目的,避免社会利益受到不当损害。利益最大化平衡是衡量知识产权立法先进与否的标志。知识产权法上的利益平衡是动态的平衡。随着知识产权的确认和保护以及必要限制之间制衡机制的建立,知识产权带来的个人利益和公共利益都会越来越大。在特定历史阶段,知识产权法必须利用此阶段的一切因素来追求此阶段知识产权和公共利益之间的最大化平衡;随着社会发展到另一个阶段,前一阶段的平衡将被打破,知识产权法又在该阶段的基础上,追求新的最大化平衡。因此,知识产权法上的利益平衡是最大化平衡,是动态的平衡。

三、知识产权利益平衡具体实现途径

知识产权保护问题的核心在于解决公共利益与知识产权之间的冲突与维持二者平衡。从宏观角度来看,知识产权法的全部规范包括知识产权法基本原则都是实现知识产权法宗旨的途径。而从具体制度层面看,公共领域制度、公共利益制度、公开制度和权利限制制度是实现知识产权利益平衡宗旨最典型的制度。

---

① 冯晓青:《利益平衡论:知识产权法的理论基础》,载《知识产权》2003年第6期。
② 孟姗娜译、廖文彬校:《日本知识产权战略大纲》,载《网络法律评论》第4卷,第291页。

（一）公共领域（public domain）制度

1. 公共领域概念。公共领域是知识产权和公共利益相互平衡的结果。就知识产权法而言，19世纪末的《保护文学艺术作品伯尔尼公约》从法语中借用了这一术语，由此公共领域迅速超出著作权领域而被广泛使用于整个知识产权法之中。所谓公共领域是指不受知识产权法保护的知识所处的领域。任何处于公共领域的知识都是任何人可以自由获取和无偿使用的。而私人领域则是指受到知识产权法保护的知识财产所处的领域。任何处于私人领域的知识财产都是必须通过许可或者法定程序才可以获得和使用的。公共领域的概念源自哲学和社会学，与私人领域相对而言。在哲学与社会学领域，公共领域是指介于国家和社会之间的一个公共空间，公民可以在这个空间中自由参与公共事务而不受干涉。

2. 公共领域制度的意义。知识产权法上的公共领域是判断哪些知识是可以自由传播和使用的，哪些知识是属于私人财产的一个基本标准。一般而言，知识产权法保护的知识财产处于私人领域，而不受知识产权保护的知识则处于公共领域。公共领域中的知识，通常是没有纳入到知识产权法中的知识创造成果、保护期限已经届满的知识创造成果以及权利人放弃知识产权的成果。① 公共领域的重要作用在于界定哪些知识是财产，是受知识产权法保护的，哪些知识是不受保护的，是自由免费的。

公共领域是和知识相匹配的一个概念。有学者认为，在利益平衡的层面上，应该关注的是知识产权这一专有权本身中存在的公共领域。② 笔者认为，公共领域是相对于知识的一个概念，而和知识产权无关。当知识作为财产存在时，其上就会有一个知识产权；当知识处于公共领域时，则意味着知识已经不再是财产，并不存在知识产权，或者说原先存在的知识产权业已消灭。换句话说，知识产权不能处于公共领域。从利益平衡角度看，一项知识之上创造者的权利和公众利益往往同时存在。这两种权利（利益）因对立而充满矛盾，公共领域和私人领域的界分，则表明了哪些知识是"免费"的资源，哪些知识是"有主"的财产。

（二）公共利益制度

1. 公共利益概念。就知识产权法而言，公共利益是指一个特定社会群体存在和发展所必须并且该社会群体中不确定的个人都可以享有的利益。美国学者庞德将法律应保护的利益划分为个人利益、公共利益和社会利益。③ 美国学者博登海默认为，公共利益具有共同福利或公共福利的属性，不能被认为是个人欲

---

① 冯晓青：《知识产权法的公共领域理论》，载《知识产权》2007年第3期。
② 同上。
③ 梁慧星：《市场经济与公序良俗原则》，载《民商法论丛（第1卷）》，法律出版社1994年版。

望和要求的总和。同时,"也不能同意将共同福利视为是政府当局所作的政策决定"。① 我国许多具体知识产权法都规定了公共利益制度。我国《著作权法》第 4 条第 2 款规定:"著作权人行使著作权,不得违反宪法和法律,不得损害公共利益"。《专利法》第 5 条第 1 款规定:"对违反法律、社会公德或者妨害公共利益的发明创造,不授予专利权。"

公共利益有以下特征:第一,公共利益不是个人享有的利益,个人享有的利益再重大,也只能是个人利益;第二,公共利益是不特定的人享有的利益,是一个群体之中任何不特定的个人都可以享受的利益;第三,公共利益是一个具有正当性的概念,有时和人权相联系,是特定社会群体存在和发展所必需的利益。从这一点看,一个特定群体每个人都享有的利益,由于没有正当性也不是公共利益,如盗版等。

2. 公共利益的制度意义。公共利益制度的核心作用有两个方面:一是决定着知识是否为财产。根据我国《专利法》第 5 条的规定,即使某项发明具有新颖性、创造性和实用性,但如果妨害公共利益,则不会获得专利权。著作权和商标权等知识产权也是如此。商标法对有效竞争的促进,也被认为是促进了公共利益。二是决定着知识产权是否被非自愿许可。我国《著作权法》第 4 条第 2 款规定,著作权人行使著作权,不得损害社会公共利益。我国《专利法》第 6 章专门规定了"专利实施的强制许可"。从以上两个方面可以看出,公共利益制度体现了知识产权法对公共利益的维护,以及知识产权与公共利益之间的平衡。

(三) 公开制度

知识产权制度建立的着眼点之一在于通过以财产权形式保护创造者获得的知识而促使知识的公开。如果没有知识产权法,人们取得了具有创造性的成果会"秘而不宣",其结果将造成公共领域中知识的减少。而由于知识产权法的存在,作品得以普遍发表,技术因获得专利权而普遍得到公开。商业秘密保护采取了不公开的方法,但权利人也因不公开承受着巨大代价。比如,任何人可以通过反向工程获得该商业秘密,并进行使用或者申请专利。商业秘密因被恶意公开而丧失秘密性,并最终导致商业秘密权的消灭。如果商业秘密权人不愿意承受上述代价,则可以选择保护技术的另一种法律——专利法,但他必须以公开技术为代价。知识财产的公开使得知识广泛传播,并且在可能范围内得到最大的推广和应用,能很好地实现知识产权与社会公共利益的平衡。

---

① 〔美〕E.博登海默:《法理学——法哲学及法律方法》,邓正来译,中国政法大学出版社 1999 年版,第 147 页。

（四）权利限制制度

知识产权权利限制是指为了实现知识产权法宗旨,法律对知识产权的权利内容和权利行使进行的约束。权利限制是知识产权制度在利益平衡的宗旨指引下,对权利内容和权利行使的适当限制。权利内容限制,又称狭义的知识产权限制,是指知识产权法对知识产权权利内容进行的限制。知识产权人对知识财产的控制与社会公众对知识传播和分享的需求构成一对矛盾。实现这一对矛盾之间的平衡,需要建立知识产权权利限制制度。权利行使的限制是指从知识产权法宗旨出发,依照法律的规定,对权利人行使知识产权的行为进行限制。权利行使限制是权利限制的重要方面（详见本书第十九章）。

第四节 知识产权保护水平

一、知识产权保护水平的界定

认真对待概念,不仅是构建体系化的成熟法学的需要,也是指导实践的需要。知识产权保护水平已经成为一个十分热门的词汇,常见诸报刊、杂志甚至国家文件,但是学界却很少对这个概念进行科学界定。从20世纪70年代末,改革开放以来,中国政府始终致力于依法保护知识财产的工作。从制定知识产权法律制度的最初,中国就站在国际惯例和国际公约的基础上,显示了面向世界、面向国际保护水平的高起点的特征。

知识产权保护水平是指知识产权法确立的知识财产的保护标准。知识产权是法定权利,选择何种标准构建一国的知识产权制度事关知识财产的保护水平,也就是知识财产是否应该得到应有的保护。这是知识产权保护水平应有的内涵。尽管概念语词用的是知识产权保护水平,但从法律角度看,实质是知识财产的保护标准。

在我国乃至全球范围内,人们对知识产权保护水平问题往往有两种理解,并相互混淆使用。通常认为,知识产权保护水平是指知识产权立法和执法水平或状况,或者法律保护知识产权的水平。那么,知识产权保护水平这个概念到底是指用知识产权保护知识财产的水平,还是法律保护知识产权的水平？笔者认为,抛开执法而言,知识产权保护水平的实质是法律对知识财产的保护标准的选择问题。如果把知识产权保护水平作为法律保护知识产权的水平,则只能是指一国的法律制度对某项私权的保护水平。知识产权是私权,任何国家都是以保护私权的全部法律制度保护知识产权。保护知识产权的法律和知识产权法显然是两个层面的问题,不能混淆。知识产权法处于保护知识产权的法律的核心,但是仅仅是其一部分，还有民法、合同法、科技进步法、继承法、行政法和刑法乃至宪法对知识产权提供公法和私法的全面保护。对于某些主张知识霸权的发达国家而言，以"知识产权保护水平"取代"知识财产保护标准"是有意为之。因为在私权神圣观念指引下，人们往往认为无论采用多高的标准保护私权都不为过。换个思维，知识产权保护水平这个概念是以私权神圣之名行保护私有财产之实。而对于私有财产的保护标准的提法则更为理性，促使人们考虑在对私有财产的保护和他人利益以及公共利益之间寻求平衡。我们必须清醒地认识到，所谓知识产权保护水平问题，实质就是知识财产的保护标准的选择问题，必须理性面对这个既涉及知识产权人利益，又关涉相对人和社会公共利益的基础问题。

二、中国的态度与现状

（一）中国政府的态度

2005年，中国政府已经不再盲目追求所谓的知识产权保护水平的提高，而是在冷静思考之后，提出了"相应保护水平"的思路。2005年国务院新闻办公室颁布的《中国知识产权保护的新进展》白皮书指出："中国一贯以负责任的态度积极推动知识产权保护工作，在坚持遵循知识产权国际保护规则的同时，按照国情确定相应的知识产权保护水平，努力平衡知识产权创造者、应用者与社会公众之间的利益关系，使知识产权的创造与应用形成良性循环。"在这个报告中，中国政府放弃了以往一味提高知识产权保护水平的承诺，而是冷静地提出了"按照国情确定相应的知识产权保护水平"。这和以往中国政府一贯承诺或暗示努力提高知识产权保护水平的立法和执法态度形成了鲜明对比。1994年，中国第一本《中国知识产权保护状况》白皮书提出："出于扩大开放的需要，中国积极履行保护知识产权的国际义务，努力使知识产权保护水平向新的国际标准靠拢，采取了许多重大措施，进一步提高中国现行的知识产权保护水平。"该白皮书共有四处使用了"提高"字样，表明了中国政府当时努力提高知识产权保护水平的急迫愿望和坚定决心。成熟阶段和初始阶段的任务不同，立法态度自然不同。到了2005年，中国知识产权立法基本成熟，保护水平已经是国际性的，中国知识产权法也从建立之初的"提高型"转变为"成熟型"。于是，就有了"相应保护水平"思路的提出。此种转变是我国知识产权法从初始阶段发展到相对成熟阶段这种社会现实的必然结果。

（二）中国立法现状

我国已形成了有中国特色的社会主义保护知识产权的法律体系。从20世纪70年代末开始，国家积极推行知识产权立法，相继颁布实施了主要的知识产权法，使知识产权法体系逐步形成，并不断趋于完善。在中国加入WTO前后，对知识产权保护相关法律、法规和司法解释进行了全面修改,在立法精神、权利内容、保护标准、法律救济手段等方面更加突出促进科技进步与创新的同时,做到了与TRIPS协议以及其他知识产权保护国际规则相一致。①

1. 商标法立法现状。②《中华人民共和国商标法》(以下简称《商标法》)是我国第一部知识产权方面的法律。1983年实施《商标法》及其实施细则,在商标注册程序中的申请、审查、注册等诸多方面的原则,与国际上通行的原则完全一致。1993年我国对《商标法》及其实施细则进行了第一次修改,扩大了商标保护范围,增加了服务商标的规定。在形式审查中增加了补正程序,在实质审查中建立审查意见书制度,与TRIPS协议的要求吻合。同年,全国人民代表大会常务委员会作出了《关于惩治假冒注册商标犯罪的补充规定》,以刑罚手段惩治假冒注册商标犯罪,大大提高了保护商标权的力度。2001年面对TRIPS协议,再次对《商标法》进行了修改,被称为第二次修改。2008年,《商标法》开始了第三次修改。

2. 专利法立法现状。③ 1985年4月实施的《中华人民共和国专利法》(以下简称《专利法》)及其实施细则,使中国的知识产权保护范围扩大到对发明创造专利权的保护。为了使中国专利保护水平进一步向国际标准靠拢,全国人民代表大会常务委员会于1992年9月对《专利法》作出了修改。新修改的《专利法》,一是扩大了专利保护范围,使得专利涵盖了所有技术领域的发明,不论它是产品还是方法,即对药品和化学物质产品,对食品、饮料和调味品均无例外地授予专利;二是延长了发明专利的保护期限,从自申请日起15年延长为自申请日起20年,将实用新型专利和外观设计专利的保护期限从自申请日起5年,延长为10年;三是规定了进口权,强化了对专利权的保护;四是重新规定了对专利实施强制许可的条件。这使中国对专利权的保护达到了一个新的水平,基本实现了中国的《专利法》同TRIPS协议的接轨。2000年,第九届全国人民代表大会常务委员会第十七次会议通过了修改《专利法》的决定,自2001年7月1日起施行,修改后的《专利法实施细则》也自2001年7月1日起施行。本次修改被称为第二次修改。2008年,《专利法》进行了第三次修改,并于2008年12月27日生效。

3. 著作权法立法现状。④ 依据《中华人民共和国著作权法》(以下简称《著

---

① 参见中华人民共和国国务院新闻办公室2005年颁布的《中国知识产权保护的新进展》。
② 参见中华人民共和国国务院新闻办公室1994年颁布的《中国知识产权保护状况》。
③ 同上。
④ 同上。

作权法》)及其实施条例的规定,中国不仅对文字作品、口述作品、音乐、戏剧、曲艺、舞蹈作品、美术、摄影作品、电影、电视、录像作品、工程设计、产品设计图纸及其说明,地图、示意图等图形作品给予保护,而且把计算机软件和民间文艺纳入著作权保护范围。为加强对计算机软件的保护,国务院还颁布了《计算机软件保护条例》,规定了保护计算机软件的具体实施办法。国务院于1992年9月25日颁布了《实施国际著作权条约的规定》,对保护外国作品著作权人依国际条约享有的权利作了具体规定。2001年10月27日,经过修改的《著作权法》获得第九届全国人大常委会第二十四次会议的通过。这被称为《著作权法》的第一次修改。此次修改主要包括以下几个方面的主要内容:国民待遇原则的确立,受保护客体的范围的扩大,增加著作权的"权利"(如出租权、放映权、广播权、信息网络传播权等)、著作权的限制、邻接权与集体管理组织、著作权的转让、著作权保护力度、新技术环境下的著作权保护等。目前,《著作权法》的第二次修改正在酝酿之中。

与此同步,知识产权配套法律、法规也在陆续出台。1987年我国颁布《技术合同法》,1999年并入《合同法》;1993年我国颁布了《科学技术进步法》(2007年修订),1996年颁布《促进科技成果转化法》等。另外,国务院陆续制定了一系列保护知识产权的行政法规,这些法律和行政法规使中国的知识产权法律制度进一步完善,在总体上已经和国际保护水平接轨。

(三)我国知识产权执法体系[①]

在建立完备知识产权法律体系的同时,中国也建立了完备的执法体系。中国建立了完备的保护知识产权司法途径与行政途径。知识产权人享有通过司法途径保护知识产权的权利,任何公民、法人和其他组织,在其知识产权受到侵害时,均可依法向人民法院提起诉讼,享受切实有效的司法保护。鉴于审理知识产权案件专业性强、技术含量高的特点,一些省份和直辖市如北京市、上海市、广东省、福建省、海南省等高级人民法院根据实际需要,自1992年以来,设立了知识产权审判庭,各经济特区以及北京市、上海市中级人民法院也设立了知识产权审判庭。这有利于提高知识产权案件的司法水平。与司法保护并行的是行政保护途径。为了加强知识产权保护,中国从中国现实的国情出发,全面建立了我国知识产权法上的知识产权保护的行政途径。在中国,履行保护知识产权的职能的行政部门,主要包括国家知识产权局、国家工商行政管理总局、新闻出版总署、国家版权局、文化部、农业部、国家林业局、公安部、海关总署、最高人民法院、最高人民检察院等。中国知识产权行政执法程序简便、立案迅速、查处速度快、办案

---

① 参见中华人民共和国国务院新闻办公室1994年颁布的《中国知识产权保护状况》。

效率高。这对于权利所有人来说是极为有利的。中国专利管理机关对提出的专利侵权申诉均认真对待,及时依法处理。为进一步加大知识产权保护力度,2004年中国成立了以国务院副总理为组长的国家保护知识产权工作组,负责统筹协调全国知识产权保护工作。国家保护知识产权工作组办公室设在商务部,承担工作组日常工作。行政保护对于知识产权而言,在很多国家不是必须的,但是就中国的国情来看,却是需要的,并且行政保护发挥了积极的作用,切实提高了知识产权的保护水平。

三、知识产权保护水平高低之争

中国知识产权保护水平始终处于激烈的争论之中。面对美国政府不断援引"301条款"和"306条款"而主张经济制裁带来的巨大压力,知识产权保护水平问题成为中国政府和学界普遍关注的一个核心问题。曾经一度,无论是我国政府还是学界都头脑狂热地主张应参照国际标准不断提高我国知识产权保护水平。然而,知识产权保护水平并不是越高越好,这个理智的问题终于在企业和大众生活面临巨大的知识产权压力的困境下被提了出来。国际著名知识产权法学家约翰·巴顿认为,评估知识产权保护的价值,就如同评估税收政策一样,没有人能够宣称,税收收得越多越好。① 我们看到,中国政府关于知识产权保护水平的目标,终于从1994年的"提高"阶段转向了2005年的"相应保护水平"阶段。

总的来看,关于知识产权保护水平主要有以下几种主张:

（一）"国际接轨说"

有学者认为,知识产权保护水平应与国际接轨。自20世纪80年代以来,中国在制定知识产权法的最开始,就是朝着国际方向迈进的,因为知识产权保护不是中国的文化,更非中国的制度产品,借鉴国际立法是便捷的可行之路。2001年中国加入WTO前后,对已经建立的知识产权法以及配套法律、司法解释进行了全面修改,修改的方向仍然是"与国际接轨"。自1980年中国加入世界知识产权组织后,还相继加入《专利合作条约》、《世界版权公约》、《修改〈与贸易有关的知识产权协定〉议定书》等十多个国际公约、条约、协定或议定书。正是因为从一开始就具备"与国际接轨"的优势,因此中国用不到30年的时间,走完了一些发达国家上百年走完的知识产权保护道路,建立起与世界知识产权体系接轨的法律制度和执法体系。许多学者都认为中国的知识产权立法应与"国际接轨",应该与国际上通行规则保持一致。"国际接轨说"的实质是按照国际规则

---

① 〔美〕约翰·巴顿（John Barton）:《专家论坛:知识产权制度保护谁》,http://www.cas.ac.cn/html/Dir/2004/04/29/2605.htm,2008年9月5日访问。

完善和建立我国的知识产权法体系和规范。

国际接轨说的优势在于确保知识产权受到高保护水平,并且有利于国际贸易的开展。但是弊端也十分明显,与国际接轨,实质就是接了美国、欧洲或者日本的轨,受伤的只有自己。因为中国是发展中国家,属于知识财产进口国;而美国、欧洲或者日本是发达国家的代表,属于知识财产出口国,这两类国家在知识产权保护问题上存在的利益冲突是显而易见的:知识财产出口国想提高知识产权的保护水平,获得最大收益,而知识财产进口国则希望知识财产在最大范围内传播和应用。因此,不加分析地主张与国际接轨并不可取。

(二)"过高论"

有学者认为,当前中国知识产权保护水平过高,已经超出中国经济的发展需要,主张降低知识产权保护水平。这种主张认为,造成中国知识产权保护水平过高的原因是美国的施压。美国通过对中国的知识产权现状,主要是所谓侵犯美国人知识产权的情况进行离奇夸大,并根据想象中制造的侵权数据,以威胁进行经济制裁和诉诸 WTO 争端处理等方式施加压力。到现在,过高的知识产权保护水平的弊端已经暴露,我国企业和经济因之而受损。我国应该将居高不下的知识产权保护水平降低。

"过高论"往往以美国 20 世纪 40 年代、日本 20 世纪 70 年代与我国目前经济发展水平相似,而它们当时的知识产权保护水平与我们相比则显得很低为由,主张我国知识产权保护水平应该降至它们当时的水平。笔者认为知识产权保护水平过高的确会伤及企业和经济发展,但是并不认同"过高论"降低知识产权保护水平的过激主张。郑成思先生认为:"这种对比,如果用以反诘日、美对我国知识产权保护的不合理的指责,是可以的;但如果用来支持他们要求降低我国目前知识产权保护立法的水平或批评我国不应依照世界贸易组织的要求提高知识产权保护水平,则属于没有历史地看问题。20 世纪 70 年代之前,国际上'经济全球化'的进程基本没有开始。我们如果在今天坚持按照我们认为合理的水平保护知识产权、而不愿考虑经济一体化的要求以及相应国际条约的要求,那么在一国的小范围内看,这种坚持可能是合理的;而在国际竞争的大环境中看,唯一的结果只可能是我们在竞争中被'自我淘汰'出局。"[①]

(三)"国际接轨定位说"

郑成思先生主张国际接轨定位说,他"从来就反对不加分析的'接轨'。从来主张知识产权的批判研究与对策研究都是不可少的。但有一个重点放在何处

---

① 郑成思:《知识产权——应用法理学与基本理论》,人民出版社 2005 年版,第 59 页。

的问题。也就是如何定位的问题"①。由此,笔者认为郑成思先生所言的与国际接轨,是从我国知识产权法的基本定位的角度出发的,是在批判与分析基础之上的国际接轨。郑成思先生认为,我国知识产权保护对与国际接轨的赞成和反对问题,实质是把何种矛盾认定为矛盾的主要方面的问题,是决定中国知识产权法走向的基本问题。就中国目前而言,应该把继续完善知识产权制度当成矛盾的主要方面,而不是把防止知识产权的过度保护当成矛盾的主要方面。所谓"定位"是要认清我国知识产权保护现状所处的位置。"定位"是决定"加强知识产权保护"还是退出"已经超高保护"的误区之前必须做的事。"定位"时应考虑到知识产权知识的普及状况。② 这种主张认识到了"国际接轨说"和"过高论"的弊端,抓住了主要矛盾,具有远见。然而,这种主张并未给矛盾的解决提供具体方案。

四、知识产权保护水平之标准

在知识产权保护水平取舍上,有不同标准,总的来看可归纳为立法标准和实质标准两类。所谓立法标准是指国际法和国内法确定的知识产权保护标准。国际法标准指 TRIPS 协议标准,而国内法标准则是指各国国内立法所确定的知识产权保护标准。所谓实质标准,是指判断知识产权保护水平高低的实质性准则,学理上可分为合理性标准和正当性标准两大类,笔者主张正当性标准。

(一) TRIPS 协议:最低保护标准原则评析

就国际法标准而言,知识产权保护水平的判断标准为 TRIPS 协议确定的标准。TRIPS 协议对所有加入 WTO 的成员都生效,TRIPS 协议确定的知识产权保护标准就成为国际法标准。国内法标准是指各国国内法所确立知识产权保护水平的标准。我国为 WTO 成员,应该遵守 TRIPS 协议所确立的知识产权保护标准,达到 TRIPS 协议所要求的知识产权保护最低水平。TRIPS 协议规定了各成员保护知识产权的最低标准。TRIPS 协议序言规定,各成员方必须采取制定法律法规措施有效保护知识产权,但同时规定应考虑到各国法律制度的差异。也就是说,TRIPS 协议对各成员方要求的保护为"有效保护",是和各国法律制度相符合的保护,并非同一种保护模式,同一个保护水平。TRIPS 协议对知识产权保护最低水平的要求主要体现在该协议的第二部分。TRIPS 协议关于"最低标准"的立法思路值得肯定。这样做可以避免对不同国家的法律体制形成冲击,并且使 TRIPS 协议能够立足两大法系之间以及世界各国之间法律制度和法律传统的

---

① 郑成思:《知识产权战略与知识产权保护》,http://www.nipso.cn/llysw/200805/t20080507_396570.html,2008 年 10 月 15 日访问。

② 同上。

差异之上,可以获得最大范围内的适用,从而在最大范围内提升知识产权保护水平。有学者认为,TRIPS 协议关于知识产权保护最低水平的具体规定应当从以下四点把握:获得权利的条件;不授予权利的情形;权利的范围或内容和期限;对申请人或权利人的要求等。① 另一方面,TRIPS 协议要求各国对知识产权提供的保护为有效保护,并不是划定一个同一保护水平,而是把保护水平问题留给了各个成员自己决定。所谓"有效保护",就是最低标准保护。实际上,TRIPS 协议确定的标准,已经是站在了发达国家的立场之上,比如未将非物质文化遗产纳入受保护的知识产权类型之中就是最明显受到发达国家,尤其是美国掣肘的结果。然而,美国为了获得垄断利润,曲解 TRIPS 协议的要求,屡屡在知识产权保护水平问题上与发展中国家纠缠,实属利益驱动的结果,而非保护权利之正义举措。

(三) 合理性标准:与经济发展相适应原则

面对美国往往打着 TRIPS 协议的旗号以高标准要求发展中国家,给发展中国家的经济发展和人民生活造成了较大负担和压力,我国学者提出了保护知识产权的合理性标准问题。所谓合理性标准,是指以是否符合本国经济发展状况为判断一国知识产权保护水平高低的标准。目前,我国有很多学者认为我国知识产权法保护水平过高,与我国经济发展水平不相适应,因此主张合理性标准。按照合理性标准,一国确定知识产权保护水平的立法标准,应从自身出发,从坚持知识产权保护水平与一国经济发展水平相适应的原则出发。我国知识产权保护水平不必过于攀高,而是应根据不同发展阶段的经济状况,确定保护水平。我国在某些领域的知识产权立法过于激进,与我国现实的科技、经济水平不协调,与我国现阶段公共政策目标不一致。这种观点还认为,我国单方面提高保护水平,实际上是加重自己的负担,如计算机软件最终用户使用侵权责任的承担问题,就比我国台湾地区和日本的规定都要严格。② 在计算机软件保护方面,我国学者主张应坚持"正常水平论",反对"超世界水平论",提出中国没有必要超过"日本水平"将"使用盗版软件也规定为违法"。③

合理性标准说认为,由于发达国家为知识产权出口国,因此知识产权保护水平越高,就越有利于发达国家;发展中国家为知识产权进口国,知识产权保护水平越低,就越有利于发展中国家。过高保护水平,对发展中国家来说意味着更大的发展成本,对普通消费者来说,则意味着更重的生活负担。因此,合理性标准

---

① 蒋志培:《TRIPS 协议对知识产权的基本保护标准》,载《中国发明与专利》2008 年第 3 期。
② 梅术文:《论知识产权保护基本规律及其启示》,http://www.privatelaw.com.cn/new2004/ztyj/..%5Cshtml%5C20080307-082623.htm,2008 年 10 月 31 日访问。
③ 寿步:《经济实力与知识产权保护水平——三论软件侵权如何界定》,http://tech.sina.com.cn/it/e/2001-12-23/97044.shtml,2008 年 10 月 31 日访问。

说主张发展中国家采用相对较低保护水平和较弱的保护政策。该说注意到我国知识产权保护水平在某些方面有过高现象,但是该说否认知识产权正当标准的存在,认为"知识产权保护采用何种立法模式、确立何种保护水平,并不存在某种天经地义的预设模式和预设水平,而是世界上不同的国家集团、各国国内不同的利益集团的实力综合较量的结果"①,有消极的一面。更重要的是,合理性是一个主观性概念,一百个民族国家有一百个具体经济发展水平,就可能形成一百个合理性标准。合理性标准说看到了知识产权保护水平过高的弊端,但因其提供的标准选择路径不具有可操作性而无法真正指导立法与司法实践。

(四)正当性标准:同等保护原则

所谓正当性标准,是指以是否符合正当性作为判断知识产权保护水平高低的标准。从辞源角度看,"正当性(legitimacy)",具有合法性含义。一部法律规范的正当性一般从立法主体正当性、立法目的正当性、立法程序正当性以及法律内容正当性四个方面进行考察。判断知识产权法是不是具有正当性,首先应看它是不是具有合宪性,这是正当性的形式要件。施米特认为:"通过制定法律规范建立的仅仅是形式合法性,是飘浮于表层的东西,真正强而有力的、稳定的社会秩序的形成必须依赖于实质正当性的追问。实质正当性才是形式合法性的根基,离开对实质性问题的探索,形式合法性下的社会秩序就犹如水中浮萍,随波逐流。"②就知识产权保护水平而言,正当性标准着眼于知识产权法内容的正当性。判断知识财产保护标准是否具有正当性,不能以权利人的利益为标准,更不能以侵权人的利益为着眼点,而应该以知识财产保护水平为判断标准。

知识产权法基本原则——同等保护原则(详见本书第四章)为判断知识产权保护水平高低的正当性标准。同等保护原则为财产法基本原则之一,是指对知识财产和其他财产同等对待,既不能歧视,也不能搞特权的保护原则。在同等保护原则指导下,才能找到知识产权保护的应然水平。具体说,就是不能对知识财产予以歧视,如施加过度的出资限制;也不能对知识财产给予过分优待,从而使知识产权成为"特权",甚至演变为"知识霸权"。判断是否符合正当性标准,不应仅从知识产权法本身出发,而是从整个财产法乃至整个私法角度出发。要同等对待一切财产,包括知识财产、物和信息财产。符合正当性标准的,再高水平的保护也应该提供;不符合正当性标准的,再低水平的保护也不能给予。具体

---

① 寿步:《经济实力与知识产权保护水平——三论软件侵权如何界定》,http://tech.sina.com.cn/it/e/2001-12-23/97044.shtml,2008年10月31日访问。

② 郑春燕:《当合法性遭遇正当性:以施米特宪法思想中的对抗理论为背景》,载《二十一世纪》2004年第1期。

而言,贯彻同等保护原则应该做到以下两点:一是任何一种财产的保护与保护水平的确定不是任意的,而是必须放在一国对财产进行保护的整体性框架之内进行考虑。否则,对一种财产的保护可能造成对其他财产权人的不公,甚至危害了其他财产权人的利益。无论是个人还是国家都没有这样的行动自由。二是当对一种财产的保护危害其他财产权人的利益时,这种保护方式以及水平本身就违背了法律的正当性要求。同等保护原则要求对不同种类的财产进行保护,不得损害他人的合法利益和社会公益,必须和其他应该保护的权利和利益保持平衡。

贯彻同等保护原则,是财产法的基本要求。事实上,尽管没有上升到理论层面,但无论是大陆法系,还是英美法系,都在立法和司法上坚持了同等保护原则。从知识产权立法开端看,知识产权法是从民法中分离出来的,对知识财产和民法的其他财产同等对待,是它的历史使命。1857年法国《商标法》是世界上第一部注册商标法,它的立法依据是《法国民法典》第1382条。① 该条规定:"任何行为致害他人的,因其过错而为致害行为的人,应对该他人负有赔偿责任。"郑成思先生认为,"这表明,保护商标权与保护其他财产权出于同一条原则。"②1957年法国《文学艺术产权法》(以及法国《版权法》)则更多地直接援引《法国民法典》的规定来处理知识产权问题。该法第16条规定,《法国民法典》第1382条完全适用于一切侵犯版权的行为。在继承、许可以及权利享有和行使方面,也适用《法国民法典》的相关条文。③ 而英美法系在知识财产和民法上的其他财产的保护上也坚持了同等原则。美国司法部和联邦贸易委员会于1995年4月6日联合发布《知识产权许可的反托拉斯指南》就知识产权许可行为可能引起的反托拉斯法问题,做了系统的说明,表明其在执法中将采取的一般态度、分析方法和法律适用原则。该指南确立的第一个原则就是同等对待原则。具体内容是,在确认是否触犯反托拉斯法时,反托拉斯部门将知识产权与其他财产同样对待。④ 在正当性标准下,凡符合正当性标准的均应给予保护,而无论水平高低;而不符合正当性标准的则一律不给予保护,在这种情况下,再低标准也是高的。

一句话,知识产权保护水平的建立,并不仅仅关乎知识产权法的规范设计,而是和一国对财产的保护机制相关。知识产权保护水平高低的判断标准,应该放在财产法领域之内进行分析和权衡。贯彻同等保护原则,而不是在事实上把知识产权作为特权对待,是坚持知识产权私权属性的必然结论。

---

① 郑成思:《知识产权论》,法律出版社2003年版,第35页。
② 同上。
③ 同上。
④ 王先林:《若干国家和地区对知识产权滥用的反垄断控制》,载《武汉大学学报(社会科学版)》2003年第2期。

第四章
知识产权法基本原则

第一节 知识产权法基本原则概述

一、知识产权法基本原则的概念和特征

知识产权法基本原则是对知识产权立法、执法、司法和守法活动都具有指导意义和必须被遵守的基本准则。确立知识产权法基本原则应立足于政策依据、宪法依据和民法依据。国家制定的各项知识产权政策,是知识产权法的重要渊源,是确立知识产权法基本原则的依据。宪法是国家根本大法,在宪政国家,任何法律都要和宪法规范保持一致。除此之外,知识产权法基本原则的制定还要以民法为依据。民法是私法之首,民法的宗旨和原则应当为知识产权立法提供指导。

知识产权法基本原则具有以下特征:

1. 法定性。知识产权法基本原则必须是由法律明确规定的。知识产权法基本原则须具体化,并由法律固定下来,而不能由审判者或者一方当事人参照"学说"、"习惯"等因素进行推定。一般认为,只有知识产权法明确确定的原则,才是知识产权法基本原则。

2. 高度抽象性。知识产权法基本原则是从民事法律规范中总结、归纳产生的,具有高度抽象性。虽然知识产权法规范也具有抽象性,但是知识产权法基本原则是对抽象规范的再抽象,具有高度抽象性。正因如此,知识产权法基本原则才具有更为广泛的适用性,当无法适用知识产权法具体规范时,可适用知识产权法基本原则。

3. 最高准则性。知识产权立法、执法、司法和守法活动都应以知识产权法

基本原则为准则,它是知识产权法中的最高命令。首先,知识产权法的制定和下位部门法的原则都是在知识产权法基本原则指导之下构建的;其次,知识产权法基本原则是必须被遵守的,并且不允许当事人协议变更,违反知识产权法基本原则的行为无效。

4. 普适性。知识产权法基本原则可以对知识产权立法、执法、司法和守法活动均产生指导作用,在知识产权法领域内具有普遍适用性。它贯穿于整个知识产权立法和司法活动,能够体现知识产权法的本质和特征,对各项知识产权制度的规定和实施都有指导作用。如果只反映在一部分知识产权法规范(如专利法)中,只对某一类知识产权活动(如专利权授予)起指导作用,则不能认定为知识产权法基本原则,只能为知识产权法下位的部门法的基本原则,例如,专利法中的"先申请原则",它只是专利法基本原则,而不是知识产权法基本原则。

二、确立知识产权法基本原则的必要性

确立知识产权法基本原则是十分必要的。主要原因如下:

第一,知识产权法具有抽象性。知识产权法属于上层建筑的一部分,具有抽象性。所谓知识产权法的抽象性是指知识产权法规范独立于社会实践,是对无数具体的、多样的知识产权实践的抽象与总结的特性。与所有法律一样,知识产权法具有抽象性,但是它调整的社会实践却是具体的、多样和多变的,这就构成了矛盾。而社会实践没有完全相同的,将具有抽象性的不变的知识产权法适用于变化着的多样的知识产权实践,就需要基本原则加以指导。

第二,知识产权法具有稳定性。稳定性是法律的一般特性,知识产权法也不例外。所谓知识产权法的稳定性是指为了人们执行和遵守,在一个相对较长的时间内,知识产权法律规范将保持固定不变。这就与时刻变化着的社会实践形成了矛盾。从立法经验来看,各国民法都不可能涵盖每一个具体知识产权关系,而是通过知识产权法基本原则的规定来解决知识产权法没有明文规定的社会关系。

第三,知识产权法具有滞后性。所谓知识产权法的滞后性,是指由于知识产权关系的活跃性,导致社会生活处于不断的发展变化之中,新的知识产权关系不断涌现,而知识产权法却是具有历史的、阶段性的产物,因此就表现出了知识产权法总是落后于不断发展变化中的知识产权关系的特性。知识产权法的滞后性表明,知识产权法不能囊括所有知识关系,尤其是在社会中形成的最新知识关系,而修法毕竟是一件严肃而漫长的工作,因此需要采取制定法律基本原则的手段来弥补法律的滞后性。对于知识产权法而言,由于信息科技和生物科技的飞速发展,使得知识产权的客体处于不断的发展变化之中,需要通过基本原则的设置对将来产生的新知识财产类型进行调整,保持知识产权法的开放性。

三、知识产权法基本原则的体系与种类

（一）关于知识产权法基本原则的争论

我国知识产权法学界对知识产权国际保护制度的基本原则较为关注,而对知识产权法基本原则本身的研究较为薄弱。学者们对于知识产权法基本原则的认识并不一致。有学者认为知识产权法基本原则包括诚实信原则、公序良俗原则、利益平衡原则和合理保护原则等四个基本原则。还有学者认为知识产权基本原则为:鼓励和保护智力创造活动的原则、促进智力成果推广应用的原则、遵守国家法律和社会公德的原则、本国法与参加的国际条约相一致的原则四个基本原则。而更多的学者在其知识产权法论述中对这个问题避而不谈,或者认为知识产权法没有基本原则。

（二）知识产权法基本原则的体系与分类

法的三要素为原则、规则和概念。笔者认为,知识产权法有一个十分复杂的原则体系。所谓知识产权法基本原则体系,是指知识产权法确立的相互联系又相互制约的基本原则组成的有机整体。知识产权法基本原则可以分为知识产权法的最高私法原则、共有原则和特有原则三大类。这三类知识产权法基本原则不是相互孤立的,而是互相联系和制约的。知识产权法最高私法原则是知识产权法的上位法——私法的基本原则,它处于知识产权法基本原则体系的最高位阶,共有原则和特有原则都不得与之违背。私法基本原则被规定在民法典之上,因此民法基本原则就成为知识产权法、商法和国际私法以及国际经济法均必须遵循的私法领域内的最高私法原则。知识产权法共有原则是知识产权法、物权法和信息财产法这三门财产法所共有的基本原则,即财产法基本原则。在大陆法系,财产法并未真正培育成熟,很多国家的民法典都有意无意地将物权法当成了财产法。而财产法基本原则也以物权法基本原则的形式相继被大陆法系国家的民法典或者物权法所确立。财产法基本原则不仅适用于物权法,而且适用于知识产权法和信息财产法。从知识产权法角度看,这些法律原则是知识产权法和其他法律共有的基本原则,称为知识产权法共有原则。知识产权法特有原则是基于知识财产和知识产权自身的特点和规律性而形成的知识产权法的独特原则。知识产权法特有原则决定于民法基本原则和财产法基本原则,仅在知识产权法范围内适用。在知识产权法原则体系中,共有原则处于中间位置,它受知识产权法的最高私法原则制约,不得与之相违背,而同时也制约着知识产权法特有原则,知识产权法特有原则不得与共有原则相违背。但从适用角度看,如上述原则均无抵触,则应该是特有原则优于共有原则,而共有原则优于最高私法原则。

四、知识产权法基本原则的效力

知识产权法基本原则对于知识产权法规范起统率或指导作用,效力主要体现在对知识产权法规范的解释、行为的合法性判断和作为处理民事纠纷的依据三个方面。

第一,知识产权法基本原则是解释知识产权法的依据和补充法律漏洞的基础。梁慧星先生提出,民法的基本原则是解释、理解民事法律的依据和补充法律漏洞的基础。① 在社会生活中,人们往往对同一知识产权法规范的内容产生不同的理解,需要进行解释,指导人们理解和解释知识产权法律规范内容的标准之一就是知识产权法基本原则。

第二,知识产权法基本原则是判断知识产权人行为是否有效的依据。违反知识产权法基本原则的行为一律无效。知识产权法基本原则是判断有关知识产权的民事行为效力的准绳,但凡违反基本原则的行为均无效。构成侵权的,承担侵权责任。私法贯彻自治原则,就是说私法规范允许当事人协商变更,但是私法规范中的禁止性规范不允许当事人变更,知识产权法基本原则就属于不允许变更的禁止性规范。

第三,知识产权法基本原则是法官进行裁判的依据。知识产权法基本原则作为法定的原则,具有法律约束力,可以作为司法机构和仲裁机构裁判案件和处理纠纷的法律依据,并且任何案件的审理和知识产权纠纷的仲裁都不能违背知识产权法基本原则。

第二节 民法基本原则与应用

民法基本原则是知识产权法的最高原则,也是对一切民事活动均产生效力的基本准则。在大陆法系国家,私法基本原则往往由民法典予以确定,因此私法基本原则又称民法基本原则。我国未颁布民法典,《民法通则》执行着民法典的功能和发挥着民法典的作用。《民法通则》确立的基本原则为我国私法基本原则,是我国知识产权法必须遵循的私法最高原则。吴汉东教授认为:"知识产权法的调整对象系平等主体,因创造或使用智力成果而产生的财产关系和人身关系,其调整手段和适用原则主要是民法的手段和原则。"② 还有学者认为:"知识

---

① 参见梁慧星:《民法总论》,法律出版社 2001 年版,第 48 页。
② 吴汉东:《知识产权法》,中国政法大学出版社 2004 年版,第 26 页。

产权应当以民法理论和规范为基础,适用民法的一般原则和调整方法。"① 我国《民法通则》确立的基本原则主要有:平等原则、自愿原则、公平原则、诚实信用原则、合法原则、公序良俗原则。

一、平等原则及其应用

所谓平等原则,也称为法律地位平等原则,是指当事人在民事活动中的地位平等。② 平等原则是私法根本特征的集中反映,知识产权法始终贯彻了平等原则。详述如下:第一,从知识产权法的逻辑起点看,将知识确认为财产并赋予知识产权,就是贯彻了对"知识"和"物"以及"知识产权"和"物权"在法律上平等对待或者平等保护原则的结果。第二,在对待知识产权人和相对人、侵权人之间的关系上,也坚持了平等原则,即无论是知识产权人,还是相对人、侵权人,法律地位一律平等。第三,在保护在先权利等方面,也坚持了平等原则。"保护在先权利主要有两种方式:一种是财产法则,即恢复被侵犯的在先权利的原状,宣告在后权利无效或撤销在后权利;另一种是补偿法则,即在承认在后权利的同时对被侵犯的在先权利给予一定补偿。"③ 无论哪一种方式,都坚持了对在先权利和在后权利的平等保护。

二、自愿原则及其应用

自愿原则,是指民事活动应当遵循自愿的原则。④ 自愿原则是以平等原则为前提的,是当事人内心意愿在法律上的确认。自愿原则在知识产权法上的应用主要表现在:第一,从知识产权的获得角度看,知识产权的获得和享有贯彻了自愿原则,如商标注册(以自愿原则为主)和专利权申请、作品是否发表等方面均贯彻了自愿原则。第二,在知识产权行使上贯彻了自愿原则。知识产权人如何行使知识产权,是选择出资、融资和许可等何种方式,都出于权利人自愿,任何个人和单位均不得干涉。当然,知识产权人行使权利不得违反知识产权法强制性规定,受到非自愿许可制度等相关制度和原则限制。

---

① 杨巧:《民法理论在知识产权中的运用》,载《政法论坛》2004 年第 4 期。
② 我国《民法通则》第 3 条。
③ 杨才然:《与知识产权有关的权利冲突协调原则之理论基础》,载《电子知识产权》2005 年第 11 期。
④ 参见我国《民法通则》第 4 条。

三、公平原则及其应用

公平原则,是指民事活动应当遵循公平的原则。[①] 公平原则是正义和平衡理念在私法领域的体现。在知识产权实践中,公平正义价值取向也具有重要意义。知识产权法在对知识财产的确权、有关知识财产的利益分配、知识产权行使和限制等方面体现了私法的公平原则。[②] 公平原则在知识产权法上的应用主要表现在:第一,知识产权法赋予所有人对自己创造的知识财产享有知识产权的均等机会。任何人只要进行了智力创作,获得了知识财产,就可以依法享有知识产权。第二,知识产权法赋予所有知识产权人均等行使知识产权的机会。根据知识产权法和相关法律,知识产权人可以依法行使知识产权,获得利益。在权利行使上的公平原则意味着当事人之间的权利和义务的分配符合正义原则。知识产权法宗旨就是实现两种基本目的的平衡,即保护私人财产和促进知识应用两种目的之间的平衡。实现知识产权法的利益平衡,就是要以公平原则为指导,确定各方当事人的不同利益之间的关系,从而找出更优的权利和利益加以保护和促进。就知识产权许可而言,公平原则还意味着等价有偿,既反对定价过高也反对出价过低。第三,权利限制与反限制制度的设计也体现了公平原则。为了促进知识应用,知识产权法确立了权利限制制度,限制知识产权人的权利内容和权利行使;为了保护权利人的私有财产,知识产权法针对权利的限制制度确立了反限制制度,即对权利的限制必须符合法定要件。知识产权法通过权利限制制度和反限制制度实现知识应用中的具体公平。第四,知识产权法确定的赔偿标准也体现了公平原则。对于存在主观故意的侵权,知识产权法确立了惩罚性赔偿标准,对于不存在主观恶意和故意的侵权,则适用补偿性赔偿标准,这也是公平原则在知识产权法领域的具体体现。

四、诚实信用原则及其应用

(一)诚实信用原则的概念

民事活动应当遵循诚实信用原则。[③] 在民法上,诚实信用原则是指民事主体进行民事活动应诚实、守诺、善意、不侵害他人与社会的利益。作为诚实信用原则,也是知识产权保护的最基本的原则,同时是 WTO 要求各个成员必须遵守

---

① 参见我国《民法通则》第 4 条。
② 参见冯晓青:《知识产权法的公平正义价值取向》,载《电子知识产权》2006 年第 7 期。
③ 参见我国《民法通则》第 4 条。

的一个基本原则。① 利益平衡说认为,诚实信用原则的应用涉及两重利益关系:当事人之间的利益关系和当事人与社会之间的利益关系。这一原则的目标在于实现两重利益关系的平衡。1995 年杭州发生了"天平"、"天称"商标抢注事件,1998 年深圳某公司抢注商标事件再次发生。由于当时的商标法未就抢注问题进行明确规定,因此司法机关应何去何从引起了激烈的学术争论。最终意见认为,抢注行为因违反诚实信用原则而无效。诚实信用原则逐渐在我国知识产权司法领域得以确立。

(二)诚实信用原则在著作权法上的应用

我国《著作权法》未规定诚实信用原则,但在法律规范的设计上体现出诚信原则的要求。在著作权取得上,根据我国《著作权法》第 11 条第 1 款的规定,只有进行创作的人才能成为作者,取得著作权。"创作"是指直接产生文学、艺术或者科学作品的智力劳动,而仅为他人创作进行组织服务工作、提供咨询意见或者物质条件等的人员不能成为作者。既体现了对作者权利的保护,也体现了诚实信用原则的精神。在著作权许可方面,我国《著作权法》第 40 条规定:录音录像制作者制作录音录像制品,应当同表演者订立合同,并支付报酬。但并未就广播电台用于广播目的录制的表演,是否需要经表演者许可作出规定。根据民法诚实信用原则,用于广播目的录制的表演,只能在此目的范围内加以使用,如果超过此目的范围以外进行使用,例如,制作录音制品出版发行或许可他人复制发行该录音制品,应取得表演者的许可。在著作权保护方面,随着信息技术的发展,盗版问题日益严重,这促使著作权人或者信息产品的提供者,采取技术措施保护作品,防止盗版。然而,技术措施的运用,也限制了公众的合理使用。而合理使用是著作权法的基本制度之一,因此根据诚实信用原则,我国确立了技术措施的限制制度,即因合理使用而避开技术措施的,不构成侵权。②

(三)诚实信用原则在商标法上的应用

虽然我国《商标法》未明文规定诚实信用原则,但在商标法领域,诚实信用原则也有体现,如《商标法》第 13 条(驰名商标)、第 15 条(代理人)及第 31 条(抢先注册他人商标)等。我国《商标法》第 10 条第 8 项规定,"有害于社会主义道德风尚或者有其他不良影响"的标志不得作为商标使用。此规定属于商标注册申请驳回的绝对理由,可以有效抵制"中央一套"、"二人转"、"三光"等不健康的"恶俗怪异"商标注册申请。而在"有其他不良影响"的规定中可以发现诚实

---

① 李顺德:《利用法律与国际公约抗争不正当竞争》,http://www.iolaw.org.cn/showNews.asp?id=11439,2008 年 11 月 12 日访问。

② 参见我国 2006 年 5 月通过的《信息网络传播权保护条例》第 12 条。

信用的影响。无论在商标法上是否明定诚实信用原则,诚实信用原则都是指导商标法立法、执法、司法和守法的基本原则。为了起到更好的实效,笔者建议在商标法中直接规定诚实信用原则。

(四)诚实信用原则在专利法上的应用

我国《专利法》中未明文规定诚实信用原则。专利法领域中诚实信用原则主要体现在以下方面:第一,专利申请。在专利审批阶段最为主要的违背诚信原则的实例就是申请人隐藏关键技术或编造虚假数据。针对上述情况,专利局应该适用诚实信用原则驳回申请人的专利身申请。目前,一般情况下,专利局会以我国《专利法》第 26 条第 3 款规定的"说明书公开应充分","不充分"为由驳回专利申请人的申请的理由,但就编造虚假数据的情况,因《专利法》总则未规定诚实信用原则,就将此问题放置到后续的无效程序进行处理。第二,专利无效宣告。为防止同一请求人故意就同一专利申请反复提出无效请求,专利复审委员会除适用《专利法实施细则》第 65 条的规定外,可以民法的诚实信用原则为依据不予受理。因为根据《专利法实施细则》第 65 条规定,只要对申请理由稍加变更,如更换或增加一篇对比文件,专利复审委员会就因证据不同而被迫受理。第三,专利审批撤销。专利权人为确立其专利的新颖性和创造性,而通过书面声明或者文件修改的方式,已经放弃的权利要求,不得针对专利侵权人提出主张。这是因为根据诚实信用原则,应禁止专利权人将为了获得专利权而已经放弃的内容重新纳入专利保护范围。第四,宣告无效。专利权应诚实地取得并诚实地行使。如果有人为了取得专利权而强调自己的发明与某项技术如何不同,取得专利权后,为了指控他人侵权又强调发明与该技术如何等同,又或者以同样的技术特征在侵权诉讼中解释为非必要的,而在无效程序中又将其解释为必要的,等等,就构成对诚实信用原则的违反。①

(五)禁止权利滥用原则

1. 禁止权利滥用原则概念

禁止权利滥用原则为诚实信用原则的下位原则,是诚信原则在权利行使领域的具体体现。知识产权行使须为正当行为,超出"正当"之界限即为滥用。知识产权滥用是指知识产权人行使知识产权超出了法律所允许的范围或者正当的界限,导致他人利益或社会公共利益的损害。知识产权滥用具有隐蔽性,知识产权是合法取得的以及知识产权应该受到尊重和保护两种观念往往先入为主,而忽视了知识产权的享有与知识产权行使是不同问题,也忽视了权利滥用的前提恰恰是权利的合法存在。在知识产权行使过程中知识产权滥用并不少见,知识

---

① 王佩兰:《诚信原则与专利制度》,载《中国发明与专利》2007 年第 7 期。

产权人往往利用知识产权许可,蓄意扩张知识产权的权利范围,非正当地限制被许可人本可以正当从事的行为。

2. 禁止权利滥用原则起源

西方有句法谚:行使权利不得损害别人的权利。禁止权利滥用原则是指民事主体应正确行使民事权利,不得损害他人权益和社会公共利益的原则。王泽鉴先生曾言:"凡权利皆受限制,无不受限制的权利。"针对我国拆迁中出现的"钉子户"现象,梁慧星先生说:"你虽然有物权,但很微小,给别人造成损失巨大,几百户都拆了,都心满意足,就你这一户,你自己利益得不到多少,但给别人造成巨大损害,属于权利滥用。"知识产权也存在权利滥用问题。禁止知识产权滥用的意义在于限制知识产权超过"正当界限"而行使,立法目的在于对知识产权行使予以一定限制。

禁止权利滥用原则滥觞于古罗马的自然法理念。《法国民法典》第544条在确认了"所有权是对于物有绝对无限制的使用收益及处分的权利"之后,紧接着便附上一句"但为法律所禁止的使用不在此限"。《德国基本法》第14条规定:"所有权负有义务,行使所有权应同时服务于公共利益。"《德国民法典》贯彻了这一宪法精神,其第226条规定,"权利的行使不得以损害他人为目的"。1907年《瑞士民法典》第2条第2款规定:"明显地滥用权利,不受法律保护。"自此,肇开禁止权利滥用原则进入民法典的先河。禁止权利滥用原则虽开始于对所有权的行使限制,但并不限于此,实质是对社会权利行使导致的利益关系的一种平衡思想的法律化,是一项规范权行使的普遍原则。因此,禁止权利滥用原则当然是适用于知识产权行使的。

知识产权和其他民事权利一样都是由法律设定的,权利人应该遵循法律所认可的权利界限,合法、正当地行使权利。但有权利就有滥用。知识产权尤其是容易被滥用,而且是滥用后不易被发现的一种权利。TRIPS协议也明确将"滥用知识产权"这一概念纳入其中。权利滥用既然产生,就应该有相应的法律措施加以控制和矫正。这包括两方面内容:一方面是从正面制定权利行使的原则;另一方面是从反面出发,制定权利行使限制。知识产权行使是知识产权的实现途径,同时也关涉到其他人权益和社会公共利益,因此对知识产权行使,首先应从正面予以规范。知识产权人依照意思自治原则行使知识产权,但该行使应受到禁止权利滥用原则的限制。

3. 禁止权利滥用原则在知识产权法上的应用

知识产权法已确立禁止权利滥用原则。我国《著作权法》第4条第2款规定:"著作权人行使著作权,不得违反宪法和法律,不得损害社会公共利益。"TRIPS协议制定了如下目标:"知识产权的保护和执法应当有助于技术创新以及技术转让和传播,有助于技术知识的创作者与使用者相互收益并且是以增进社会和经济福利的方式,以及有助于权利和义务的平衡。"①在此基础上,明确规定了禁止权利滥用原则:"为了防止权利所有人滥用知识产权,或者采用不合理地限制贸易或对技术的国际转让有不利影响的做法,可以采取适当的措施,但以这些措施符合本协议的规定为限。"②

除此之外,还有大量法律、法规在知识产权领域确定了禁止权利滥用原则。国务院发布的《中外合资经营企业法实施条例》(2001年修订)第43条规定了禁止权利滥用的内容,明确禁止权利滥用行为。该条规定,合资企业订立的技术转让协议必须符合下列规定:(1)技术使用费应当公平合理;(2)除双方另有协议外,技术输出方不得限制技术输入方出口其产品的地区、数量和价格;(3)技术转让协议的期限一般不超过10年;(4)技术转让协议期满后,技术输入方有权继续使用该项技术;(5)订立技术转让协议双方,相互交换改进技术的条件应当对等;(6)技术输入方有权按自己认为合适的来源购买需要的机器设备、零部件和原材料;(7)不得含有为中国的法律、法规所禁止的不合理的限制性条款。

2001年12月10日,国务院发布的《技术进出口管理条例》第29条明确列举了技术进口合同中不得含有的7项限制性条款,而且该规定是强制性规范,不允许变更。这些限制性条款有:(1)要求受让人接受并非技术进口必不可少的附带条件,包括购买非必需的技术、原材料、产品、设备或者服务;(2)要求受让人为专利权有效期限届满或者专利权被宣布无效的技术支付使用费或者承担相关义务;(3)限制受让人改进让与人提供的技术或者限制受让人使用所改进的技术;(4)限制受让人从其他来源获得与让与人提供的技术类似的技术或者与其竞争的技术;(5)不合理地限制受让人购买原材料、零部件、产品或者设备的渠道或者来源;(6)不合理地限制受让人产品的生产数量、品种或者销售价格;(7)不合理地限制受让人利用进口的技术生产产品的出口渠道。我国《合同法》第329条规定:"非法垄断技术、妨碍技术进步或者侵害他人技术成果的技术合同无效。"第334条规定:"技术转让合同可以约定让与人和受让人实施专利或者使用技术秘密的范围,但不得限制技术竞争和技术发展。"该法第355条规定:"法律、行政法规对技术进出口合同或者专利、专利申请合同另有规定的,依照其规定。"

2004年4月6日修订、2004年7月1日实施的《对外贸易法》在第六章(与对外贸易有关的知识产权保护)规定了禁止知识产权滥用的内容。该法第30条

---

① 参见世界贸易组织《与贸易有关的知识产权协议》(TRIPS协议)第一部分第7条。
② 参见世界贸易组织《与贸易有关的知识产权协议》(TRIPS协议)第一部分第8条第2款。

规定:"知识产权权利人有阻止被许可人对许可合同中的知识产权的有效性提出质疑、进行强制性一揽子许可、在许可合同中规定排他性返授条件等行为之一,并危害对外贸易公平竞争秩序的,国务院对外贸易主管部门可以采取必要的措施消除危害。"

五、合法原则及其应用

(一)合法原则概念

私法中的合法原则主要是指遵守强制性法律规范的原则。民事活动必须遵守法律,法律没有规定的,应当遵守国家政策。[①] 私法贯彻自治原则,当事人可以通过协商的方式改变法律规范的内容和效力。但是,当事人对私法规范的改变仅限于私法中的任意性规范,私法中的强制性规范(包括禁止性规范)不允许当事人变更。

(二)合法原则与确权

合法原则是指导知识产权确权的基本原则之一。我国《专利法》第 5 条规定:"对违反法律、社会公德或者妨害公共利益的发明创造,不授予专利权。对违反法律、行政法规的规定获取或者利用遗传资源,并依赖该遗传资源完成的发明创造,不授予专利权。"这就是合法原则在知识产权获得方面的具体体现之一。

(三)合法原则与强制性规范

在知识产权法中,强制性规范和禁止性规范占了很大比重,对于知识产权法而言,合法原则具有更加重要的地位,依据权利、义务的刚性程度,可以将法律规范分为强制性规范和任意性规范。所谓强制性规范是指必须依照法律规范的规定、当事人不能通过协商变更其内容和改变其效力的规范。任意性规范则是允许当事人通过协商等方式变更内容、效力或者排除其适用的法律规范。知识产权法为私法,主体规范为任意性规范,但由于知识财产有别于物的特性,主要是事关垄断和公共利益,各国立法均强调公共机关的干预,并规定了大量的强制性规范,例如,知识财产的种类、知识产权的内容、知识产权的权利限制、禁止知识产权滥用等,这些强制性规范都不允许当事人改变。可以说,知识产权法是私法中最为严格的法律。由此,贯彻合法原则对于知识产权法而言尤为重要。

(四)合法原则与知识产权行使

合法原则在知识产权权利行使方面有着十分重要的位置。依法行使原则是指权利行使应该采取合法方式、按照法定程序进行。行使知识产权,应该依照宪法和法律认可的方式和程序,不得假借合法权利谋求非法利益。在宪政国家,宪

---

① 我国《民法通则》第 6 条。

法具备确认权利并限制权利行使的基本功能。我国《宪法》第51条明确规定："中华人民共和国公民在行使自由和权利的时候,不得损害国家的、社会的、集体的利益和其他公民的合法的自由和权利。"这是权利行使的宪法限制,当然适用于知识产权。有的知识产权法部门法还明确确立了依法行使原则。1983年9月20日国务院发布的《中外合资经营企业法实施条例》第46条规定,技术转让协议不得含有为中国的法律、法规所禁止的不合理的限制性条款。我国《著作权法》第4条第2款规定："著作权人行使著作权,不得违反宪法和法律,不得损害社会公共利益。"

六、公序良俗原则及其应用

(一) 公序良俗原则的概念

公序良俗可以分为"公共秩序"与"善良风俗"两个方面,所谓"公共秩序"是指国家社会的存在及其发展所必需的一般秩序;"善良风俗"是指国家社会的存在及其发展所必需的一般道德。公序良俗原则是指民事主体从事民事活动,应当遵守公共秩序,符合善良风俗,不得与公共秩序和善良风俗相抵制的民法原则。公序良俗原则是诸多大陆法系国家民法典所确立的一项基本原则。《法国民法典》第6条规定,个人之间的约定不得违反公共秩序和善良风俗。《德国民法典》第138条规定,违反善良风俗的行为无效。《日本民法典》第90条规定,违反公共秩序或善良风俗的行为无效。我国现行法并未采纳公序良俗的概念表述,但《民法通则》第7条、《合同法》第7条和《物权法》第7条关于社会公德、社会公共利益和社会经济秩序的规定,通常被认为是公序良俗原则的法律依据。在司法实践中,一旦人民法院遇到立法当时未能预见到的一些妨害公序良俗的行为或者事件,均可直接适用公序良俗原则确认无效。

(二) 公序良俗原则与知识产权授权

在我国,许多学者看到公序良俗原则在知识产权法领域的重要作用。有学者认为公序良俗原则是知识产权法基本原则,并位列四大基本原则之首。[①] 就知识产权法而言,无论是著作权法、专利法还是商标法,乃至商业秘密保护法和非物质文化遗产的法律保护,都必须坚持公序良俗原则。在著作权法领域,违反公序良俗的作品不能获得著作权。在专利法领域,违反公序良俗的技术方案不能获得专利权。我国《专利法》较为明确地规定了公序良俗原则。该法第5条规定："对违反法律、社会公德或者妨害公共利益的发明创造,不授予专利权。对违反法律、行政法规的规定获取或者利用遗传资源,并依赖该遗传资源完成的

[①] 参见陶鑫良、袁真富:《知识产权总论》,知识产权出版社2005年版,第14—19页。

发明创造,不授予专利权。"其中关于妨害社会公德和公共利益的规定就是贯彻公序良俗原则的结果。根据该规定,妨害公序良俗的技术方案不能获得专利权,如用于赌博的设备、机器或工具,吸毒的器具,伪造国家货币、票据、公文证件、印章、文物的设备等。其中,上述规定在商业秘密的保护方面同样适用。在商标法领域,贯彻公序良俗原则更是十分必要。我国《商标法》第10条规定,有害于社会主义道德风尚或者有其他不良影响的标志不得被注册为商标。也就是说,商标法贯彻"公序良俗"原则。我国工商行政管理总局商标评审委员会认为"流氓兔"有违公序良俗,曾驳回了韩商在中国注册"流氓兔"商标申请。"流氓"一词无论是在民间还是在权威解释中,都是一个贬义概念,因此商标评审委员会驳回"流氓兔"商标申请是正确适用公序良俗原则的结果。并且,笔者认为,根据公序良俗原则,"流氓兔"非但不能注册为商标,而且也应禁止作为未注册商标使用。

在非物质文化遗产保护领域也应贯彻公序良俗原则。人权要件为非物质文化遗产的构成要件之一。该要件是指只有符合人权保护的和能够促进民族间或者团体间或者个人间的相互尊重的非物质文化遗产,才能构成非物质文化遗产。《公约》只保护"符合现有的国际人权文件,各群体、团体和个人之间相互尊重的需要和可持续发展的非物质文化遗产",因为非物质文化遗产的功能在于为"社区和群体提供认同感和持续感,增强对文化多样性和人类创造力的尊重"。① 因此,非物质文化遗产应该是健康的、符合人权标准的优秀民族文化。② 例如,中国古代的女子缠足若在某地流传下来,也不能作为非物质文化遗产给予保护,而非洲部分地区的女子割礼风俗也属此列。

(三)公序良俗原则与知识产权权利行使

除法律规范和政策外,民事活动必须尊重公序良俗,否则会对社会生活形成破坏性的打击,因而公序良俗是民事活动基本原则。从规范意义上说,公序良俗原则的效果是违背该原则的行为无效。知识产权行使,属于民事活动,因此必须遵守公序良俗原则。在著作权领域,公序良俗原则为权利行使的基本原则。我国《著作权法》第1条开宗明义地规定:"为保护文学、艺术和科学作品作者的著作权,以及与著作权有关的权益,鼓励有益于社会主义精神文明、物质文明建设的作品的创作和传播,促进社会主义文化和科学事业的发展与繁荣,根据宪法制定本法。"其中,"鼓励有益于社会主义精神文明"的规定即为公序良俗的体现。该法第4条规定:"依法禁止出版、传播的作品,不受本法保护。"这是有关违禁

---

① 参见联合国《保护非物质文化遗产公约》第2条第1项。
② 齐爱民:《论非物质文化遗产的概念和构成要件》,载《电子知识产权》2007年第4期。

作品的规定。所谓违禁作品是指因内容违反法律而被禁止出版、传播的作品。违禁作品有很多种类,其中违背公序良俗的作品表现最为普遍,比如淫秽作品、低级趣味的作品等。文学杂志《江南》刊登的小说《沙家浜》,把"阿庆嫂"描写成"风流成性、可以令人丧失理智"的女人,既不合理,又不合法。因为这极大地践踏了为绝大多数人心理认同的民族精神,而正是在这一点上,它违反了当代民法所确立的公序良俗的原则。① 如果此种"改编"为原作者所为,则为行使权利不当,应该予以禁止。②

【案例】 2008年闹得沸沸扬扬的"艳照门"事件,报道称终以陈冠希行使著作权禁止艳照的传播而落下帷幕。2008年2月28日,中国青年报发表《艳照门:娱乐退场并不意味反思终结》一文,指出陈冠希的律师以行使著作权的方式,杜绝了陈冠希拍摄的陈和其他著名女星和公众人物的性爱照片——"艳照"在网络流传。然而,著作权真可以保护陈冠希吗?笔者并不以为然。以著作权保护为由终结"艳照门"事件实属以讹传讹,因为尽管通过著作权行使方式绕开了道德和隐私的争论,但是这并不能把问题纳入法律轨道。如果说陈冠希拍摄的性爱照片——"艳照"能否被定义为黄色照片尚有争论的话,那么说"艳照"违背公序良俗则属肯定。基于公序良俗原则,此类违法作品之上不能产生著作权,因此权利行使无从谈起。

在商标法领域,公序良俗原则不仅涉及商标公共秩序的确立,而且制约着商标权行使。商标公共秩序制度是指商标法基于维护公共政策和社会公益的目的,而禁止在有关标识上设立商标权的法律制度。《巴黎公约》第6条规定,商标违反道德的,成员国应不予注册;已获注册的亦应无效。我国《商标法》第10条也规定有害于社会主义道德风尚或者有其他不良影响的标志不得注册为商标。尽管如此,但是将"中央一套"和"二人转"注册为避孕套商标,将"微软"注册为卫生巾商标等有害风俗和秩序的事件仍层出不穷。这从反面说明了,在商标法领域贯彻公序良俗原则的重要意义。在商标权行使方面,也是如此。以在后商标为例加以说明。在后使用商标,是指在相同或者类似商品或服务上,在后使用与他人在先已经使用的相近似商标。从权利冲突的一般原则看,在后权利

---

① 参见郝铁川:《小说〈沙家浜〉不合理不合法》,http://www.cul-studies.com/zlzx/Article/Class3/Class13/Class18/200504/42.html,2008年6月29日访问。
② 在笔者代理《洪湖水,浪打浪》著作权纠纷案件过程中,作者张敬安先生和欧阳谦虚先生曾言,湖北省歌剧舞剧院曾有改编《洪湖赤卫队》的打算,主要剧情以韩英、秋菊和刘闯为三角恋情关系展开,因遭到了原作者的极大反对而流产。根据湖北省高级人民法院1992年的一份判决,湖北省歌剧舞剧院为《洪湖赤卫队》文学剧本的著作权人(该判决适用法律明显有误,应认定为职务作品,但著作权人应为作者),湖北省歌剧舞剧院对《洪湖赤卫队》的此种"三角恋情"改编,也属于违背公序良俗原则。

应受限制于在先权利,也就是说,在先商标权人可以通过商标权行使,而主张在后使用商标无效或者禁止使用(针对未注册商标)。但针对通过在后使用,获得显著性的商标,在先权利人行使商标权则受到公序良俗的限制。通过在后使用已经在公众中获得了显著性的商标,即容易在商品和服务的区别上,容易为公众所识别、不易发生混淆的在后使用商标为在后使用显著性商标。根据 TRIPS 协议第 15 条第 1 款规定:"任何能够将一企业的商品或服务与其他企业的商品或服务区别的标记组合,均应能够构成商标。"学理上,一般将商标所具备的此种能够将不同企业来源的商品或服务相区别的特征称为商标的显著性或者识别性。TRIPS 协议第 15 条同时规定:"即使有的标志不能区别有关商品或服务,成员亦可根据其经过使用而获得的识别性,确认其可否注册。"通过使用获得显著性的在后使用商标,阻却了在先权利人商标权行使,如搭"杉杉"商标便车而于 1994 年开始使用的"彬彬"商标,是在后使用商标,而且属侵权性质的在后使用商标。但在"杉杉"不行使商标权,乃至经过 1994 年至 1996 年期间的对比性使用,于 1997 年始相关公众已经容易区别这两个近似商标,即"彬彬"在后使用获得了显著性后,是否仍为侵权使用呢?继续使用"彬彬"商标还侵不侵权?倘若无视"杉杉"商标注册人的侵权指控而只考虑所谓的"新生权利",则有失公平公正和有违公序良俗。相反,如果只看到"杉杉"商标注册在先,而不顾及"彬彬"商标是否已在使用中获得了显著性的客观事实,也有悖法律和公序良俗原则。在后使用显著性商标受到法律保护的要件为:第一,在先权利人懈怠行使商标权;第二,相似商标在使用中已经获得了显著性。[①] 这两个要件的确立,是综合考虑了公序良俗原则等因素的结果。

公序良俗原则是大陆法系私法基本原则之一,在专利法领域同样适用。欧洲大陆法系国家的专利法和《欧洲专利公约》(European Patent Convention,简称"EPC")[②]都规定了公序良俗原则是授予专利权的一个先决原则。我国《专利法》也不例外。我国《专利法》第 5 条规定:"对违反法律、社会公德或者妨害公共利益的发明创造,不授予专利权。"从权利产生角度看,必须是合法的、合公序良俗的,否则不产生权利,如有悖于公序良俗的基因技术,都被排除在专利权的保护范围之外。

在专利权行使方面,最典型的权利滥用表现在实用新型专利和外观设计专

[①] 参见陶鑫良:《在后使用显著性商标的法律保护探析》,http://www.lawbee.com/2008/articleDetail.php? articleID = 134,2008 年 7 月 5 日访问。

[②] 《欧洲专利公约》是 1973 年 10 月 5 日在德国慕尼黑签订的,简称《慕尼黑公约》。该《公约》于 1977 年 1 月 7 日生效。

利方面,因为我国《专利法》对此两种专利的授权不进行实质性审查,因此,有人伺机将"公有技术"申请为上述两种专利权,并实施许可或发动专利侵权诉讼,收敛钱财、打压竞争对手,谋取非法利益。这种行为是典型的违背公序良俗的行为。

【案例】 2003年8月,实用新型专利权人袁某(专利号为ZL01204954.9)以扬中市两家阀门企业共同制造、销售侵权产品为由向法院提起专利侵权诉讼。两被告旋即向国家知识产权局专利复审委员会提出专利权无效宣告请求。国家知识产权局专利复审委员会第6355号无效宣告请求审查决定及北京市第一中级人民法院(2004)一中行初字第955号行政判决,均宣告袁某的"消防用球阀"实用新型专利权为全部无效。因为该实用新型专利技术为1999年7月1日实施的《水暖用内螺纹连接阀门》的国家标准披露的技术特征所完全覆盖,也就是说属于公知技术,处于公有领域。被告则以袁某故意发动恶意诉讼为由提起反赔请求。

针对滥用知识产权行为,TRIPS协议第48条第1款规定,"责令原告为被告支付开支,其中包括适当的律师费"[①]。上述案例说明,就专利权行使而言,无论是我国国内法还是TRIPS协议都是主张受到公序良俗限制的。

第三节 知识产权法共有原则

一、知识产权法共有原则概述

知识产权法共有原则,是指知识产权法和物权法以及信息财产法所共同具有的法律原则,即财产法基本原则。财产法基本原则是贯穿于财产法始终的、反映财产关系的本质和规律的最根本规则。它是研究、制定、适用财产法的出发点。财产法基本原则仅仅对民事关系的一部分——财产关系发生效力,不适用于人身关系和债。财产法有着共同的任务:依法确认某种特定财产的法律地位,并建构特定的财产权利予以保护,从而确定财产的归属和利用,明确财产权利行使,促进财产价值实现。目前,大陆法系财产法基本原则规定在物权法之中,亦如私法基本原则规定在民法典之内一样。物权法基本原则,有六原则说,即物权法定主义、一物一权、物权优先效力、物权无因性、公示公信、物权确定等六原则;

[①] 参见刘红兵、茅昉晖:《专利恶意诉讼反赔案审理的若干问题》,http://ningbo.ipr.gov.cn/ipr/ningbo/info/Article.jsp?a_no=159754&col_no=1193&dir=200712,2008年7月5日访问。

五原则说,即物权法定、物权绝对、物权公示、物权特定和物权抽象五原则;四原则说,即一物一权、物权法定、公示公信和物权行为独立等四原则;三原则说,即物权法定、一物一权和公示公信三个基本原则。尽管这些主张各有不同,但物权法定、一物一权和公示公信三个原则都是核心原则。针对不同财产形式,如物、知识财产和信息财产,笔者主张应同等保护,不能厚此薄彼,因为对不同财产的不同保护实质是对不同权利人的差别对待。因此财产法基本原则为财产权法定原则、一客体一权利原则和公示公信原则和同等保护原则。在知识产权法领域,共有原则可以表述为知识产权法定原则、一知识财产一权利原则、公示公信原则和同等保护原则。

二、知识产权法定原则

（一）知识产权法定原则的含义

知识产权法定原则是指知识产权的种类和内容由法律规定,当事人不得自行创设和变更。知识产权法定包含两项内容:一项是知识产权种类法定;一项是知识产权内容法定。知识产权种类法定指知识产权的种类由法律直接规定,当事人不能随意创设。由于知识产权具有对世性,因此它的种类必须由法律事先确定,否则义务人会无所适从。人们在经济交往当中创设的债权,仅在当事人之间生效,不影响不特定的人,因此不必法定。知识产权内容法定指每一类知识产权的内容由法律规定,当事人不得变更。内容法定是和类型法定密切相关的,也可以说是为了贯彻类型法定所必需的。如果知识产权的权利内容允许当事人自行变更,法定的权利类型则失去意义。知识产权内容法定要求人们在交易当中不得随意变更法律规定的知识产权类型的内容。确立知识产权法定原则,是维护交易秩序与保障交易安全的基本需要。

（二）法律的范围

知识产权法定之"法"具体包括哪些,应该予以明确。就物权法而言,通说认为既包括形式意义上的物权法（以"物权法"冠名的法律）,还包括物权特别法,如土地法、海商法、水利法、矿业法、渔业法、民用航空法。一般认为不包括习惯法,尤其在司法上是以成文法为限。同样,我国知识产权法定之"法",既包括知识产权基本法（将来之形式意义上的知识产权法）,也包括各种知识产权特别法,如著作权法、专利法、商标法、商业秘密保护法和非物质文化遗产保护法等。

（三）原则违反之后果

违反知识产权法定原则所创设的"知识产权"无效,如创设新类型知识产权或者创设新内容的知识产权都是无效的,不发生知识产权的效力。如果行为人部分违反该原则的规定,若其他部分可单独成立的,则违反该原则的部分无效,其他部分有效。若违反知识产权法定原则的行为具备其他法律行为的构成要件的,发生其他法律行为的效力(如债法),不因违反知识产权法定原则而一律归于无效。如果仅仅是两个人之间就知识财产设定新的利用关系,应该适用合同法的规定,而不应适用知识产权法定而否认当事人之间行为的法律效力。因为知识产权法定原则的立法目的在于保障交易安全,保护第三人的利益,而不是使当事人之间的知识财产利用行为僵化不灵。由此看来,在当事人之间创设新的"知识产权"种类,若不违反公共利益,应认定在当事人之间即生效力,但不得以此对抗第三人。这一点在物权立法上十分明确。我国台湾地区"民法"第842条第1项,永佃权之设定,定有期限者,视为租赁,适用关于租赁之规定。

(四)知识产权的法定类型

知识产权基本法确立的法定类型可以分为完全知识产权和定限知识产权;定限知识产权可以分为用益知识产权和担保知识产权;担保知识产权可以分为知识财产抵押权、知识财产质押权和知识财产留置权(详见本书第二十二章)。知识产权特别法所确立的法定类型有著作权、专利权、商标权等。

二、一客体一权利原则

(一)一客体一权利原则的含义

财产法上的一客体一权利原则,在物权法上表现为一物一权原则。一物一权原则被认为是物权法基本原则,又被称为物权客体特定原则。该原则是指一个物权的客体,应以一个物为限,并且一个物上只能成立一个所有权。知识产权法作为财产法的一种,也适用一客体一权利原则。知识产权法上的一知识财产一权利原则,又可以称为知识产权客体特定原则,是指知识产权的客体必须特定,并且在一个知识财产上不能同时并存两个以上不相容的知识产权。一知识财产一权利原则在知识产权法领域有着特殊的含义,如我国《商标法》实行一类一标原则,即一个商标注册申请,只能针对我国《类似商品和服务区分表》中确定的一个类别的商品或者服务提出。一个商标权也仅在所申请的商品或者服务类别上有效。换个角度看,一知识财产一权利原则在商标法领域的体现为:一个类别上的同一商标之上,只能有一个商标权。超出该类别,即便同一个标识也可以成立不同的商标权。

(二)知识产权客体是特定知识财产

按照一知识财产一权利原则的要求,知识产权的客体应该是现存的、特定的知识财产。一个知识产权的客体不应该是不特定的,如就将来的作品的约定,可以在当事人之间成立债权,但是不能成立著作权。

(三) 知识产权客体是独立知识财产

按照一知识财产一权利原则的要求,知识产权的客体应该是独立的知识财产。知识财产的一部分或者几个知识财产不能构成一个知识产权的客体,如一幅画的一个部分和两幅画,不能成为一个著作权的客体。但某些形式上并非独立的知识财产,但从经济、社会的观念上认为是独立的知识财产的,也可以成为知识产权的客体。如一幅画卷的相对独立部分,已人为地被分割开来,就可以分别成立著作权。同样,几幅作品也不能成为一个知识产权的客体,而只能是数个知识产权的客体。

(四) 一个知识财产上不能同时并存两个以上不相容的知识产权

一个知识财产上不能并存两个不相容的知识产权,但是对于性质相容的知识产权同时存在一个知识财产之上并不受该原则限制,如一副作品之上同时成立著作权和商标权;一个技术方案同时获得了实用新型专利权和商标权等。一个知识财产上不能同时并存两个以上不相容的知识产权,如一个技术方案不能获得两项专利权。我国《专利法》第9条规定:"同样的发明创造只能授予一项专利权。但是,同一申请人同日对同样的发明创造既申请实用新型专利又申请发明专利,先获得的实用新型专利权尚未终止,且申请人声明放弃该实用新型专利权的,可以授予发明专利权。"但是一个知识财产却可以受到不止一项知识产权保护。澳大利亚学者德霍斯认为:"同一抽象物可以受到不止一项知识财产保护。计算机软件是专利、版权和商业秘密法潜在的保护对象。一个标记既可以说是一个商标,也可以说是一件艺术作品。选择何种方式保护某一物是一个商业策略问题。每一种保护方式都有它的优点和缺点。一个很容易通过反向工程仿制的产品(例如,一台机器)用专利法保护要比用商业秘密法保护好,因为后者不禁止独立创作行为。用专利保护的一个问题就是它有时间限制。如果产品不容易通过反向工程仿制(例如,有人说,可口可乐的配方就属于这一类),只要它满足了受商业秘密保护的某些条件,就最好依靠商业秘密保护法保护,这种保护是没有时间限制的。"①

三、公示公信原则

财产法公示公信原则在物权法和知识产权法上都有体现。知识产权法公示公信原则是关乎知识产权变动的基本原则。公示公信原则包括公示原则和公信原则。

---

① 〔澳〕彼得·德霍斯:《知识财产法哲学》,周林译,商务印书馆2008年版,第20页。

(一) 公示原则

公示是指权利人通过某种手段向特定或不特定人公开、显示其享有权利的事实。知识产权和物权的公示性是二者和债权的主要区别。所谓公示原则是指知识产权的变动，即产生、转让、变更和消灭，必须以一定的可以从外部查知的方式表现出来的原则。知识产权具有排他性，如果没有一定的可以从外部查知的方式将其变动表现出来，就会给第三人带来不测损害，影响交易安全。如不以一定的方式表现出特定技术的专利权的存在，那么不知该专利权存在而投入大量资产进行研发的人徒然蒙受损失。可以说，公示是知识产权产生对世性的基础。由于知识财产的本质为思想，因此不存在交付问题，登记①成为知识产权变动的唯一公示方式。根据商标法和专利法的规定，商标权和专利权的转让和许可均应进行登记。而根据《伯尔尼公约》的有关规定，著作权的产生并不要求登记，应该是出于保障言论自由和便于权利人行使权利的缘故。我国《著作权法》也秉承了这一主张，对著作权采取自愿登记制度。但是就著作权的许可和转让而言，笔者认为应进行登记。否则，"一作品数卖"的现象和多个独占许可的现象都无法制止。就非物质文化遗产保护法而言，非物质文化遗产权利的形成并不以登记为要件。WIPO在《为保护传统知识的特殊体制的要素》中提供了两种选择：一种选择是无论传统知识是处于什么形式或者状态，均应赋予权利，就像保护商业秘密无须任何形式的注册一样，只要产生它的条件存在，就应持续保护。另一种选择是依靠一国政府机构编辑登记的传统知识资料来确定权利。我国选择的是第一种方式，但同时我国积极对非物质文化遗产进行登记，以便于保护和应用。不过对于非物质文化遗产权利的许可，应该进行登记。对于商业秘密保护法而言，公示原则是个例外，因为商业秘密本身是以秘密性和保密性为要件的，无法完成公示。

(二) 公信原则

知识产权法的公信原则，是指赋予公示以一定范围可信性效力的原则。知识产权变动因公示而产生公信力，信赖这种公示而为一定行为的人，受法律保护。公信力是这样一种效力，即凡信赖该公示所为的法律行为即受到法律保护或产生法律上的效力，纵使这种公示与实质权利不相符合。② 根据公示原则，在知识产权法领域，凡是登记为权利人的，应该被推定为权利人。而不论登记的人是不是在事实上为权利人。如甲将乙（如甲乙系夫妻）登记为注册商标的权利

---

① 为了行文方便，此处的登记包括了备案，参见本书第16章第4节。
② 高富平：《论物权法的基本原则》，http://www.chinacity.org.cn/csll/21324.html，2008年11月15日访问。

人,则信赖此登记的人与乙所为的法律行为有效。

（三）公示公信原则与知识产权行为

知识产权法的公示公信原则和知识产权行为制度密切相关。正是基于知识产权变动具有无因性,才有登记的受让人受到法律保护这一结果。若不承认知识产权行为的无因性,甲将专利权转让给乙后,可因转让合同无效,而主张撤销乙的专利权,以恢复自己为权利人的原状。而在司法实践上,无论是否从理论上承认知识产权行为及其无因性,都不会支持甲的主张。

四、同等保护原则

同等保护原则是财产法基本原则之一。同等保护原则是平等原则在财产法领域的体现。平等原则,即法律面前人人平等原则。我国《宪法》第33条第1款明确规定:"中华人民共和国公民在法律面前一律平等。"美国法上的平等保护原则(Equal Protection Clause)是指美国公民依照宪法所享有的市民权不被各州州政府剥夺,即每个公民在各州均应得到同等保护和对待。平等原则的法理念就是法律对同样的人和同样的事应该选择同样的标准。财产法领域中的同等保护原则是指不同类型的财产和相同类型中的不同种类的财产均应得到同等的保护。在黑格尔看来,有形物财产和抽象物财产对人格在世界上的生存和发展同等重要。[①] 知识财产、物和信息财产是大陆法系财产法上的三种财产类型,财产法应该对这三种类型的财产同等对待,而不能区别对待。黑格尔指出,精神技能、科学知识、艺术、甚至宗教方面的东西以及发明等,都可以成为契约的对象,而与在买卖等方式中所承认的物同视。[②] 同等保护原则意味着财产权保护的平等,实质还是人与人之间的平等,是知识产权人和物权人以及信息财产权人之间的平等。财产权法领域中的同等保护原则是平等保护原则在财产权领域的体现。如果对不同的财产形态区别对待,实质是对财产权人差别对待,即违反同等保护原则。

同等保护原则有两个方面的基本内容:第一,不同类型财产同等保护。按照法治的基本精神和原则,对同样的人和同样的事物应该给予同样的对待,相反"因人处事"则是人治的特征。在保护不同类型财产时,应该采取同等的注意义务和同等的保护原则,即将知识财产、物和信息财产三种类型的财产,给予法律上同等的保护和对待。第二,同一类型知识财产中,不同种类的知识财产同等保护。同一类型知识财产往往可以分为不同种类,无论采取何种标准进行划分,对

[①] 〔澳〕彼得·德霍斯:《知识财产法哲学》,周林译,商务印书馆2008年版,第93页。
[②] 〔德〕黑格尔:《法哲学原理》,范扬、张企泰译,商务印书馆1961年版,第151页。

于每一类财产均应给予同等保护。如知识产权法中的专利、作品、商标、商业秘密和非物质文化遗产同等保护；物权法上的个人财产和集体财产乃至国家财产同等保护。我国在制定物权法之时，是否给予财产同等保护曾引发了广泛的争论，这说明同等保护原则并未在我国财产法领域得到普遍的认同。这场辩论的最终结果促使我国《物权法》确立了同等保护原则。《物权法》第4条规定："国家、集体、私人的物权和其他权利人的物权受法律保护，任何单位和个人不得侵犯。"这是物权同等保护原则的立法依据。这个原则被称为我国《物权法》的首要原则和《物权法》立法的指导思想。因为物权同等保护的实质是强调对不同主体之物权的平等保护，仍在强调不同主体之间的平等。在知识产权法领域，也应该对所有知识财产采取同等保护，对专利、作品、商标、商业秘密和非物质文化遗产进行同等保护。

坚持同等保护原则，并不是抹杀知识产权法的特殊性，并不是主张消融知识产权制度和物权制度所具备的重大差异。坚持同等保护原则，并不是从具体规则层面出发的，而是从宗旨和原则角度出发的。坚持同等保护原则，是立足于承认知识产权法和物权法相区别的基础之上，正因为有差别，才有同等保护原则存在的必要。从立法上看，知识产权法是贯彻同等保护原则的结果。"抽象物的易受侵害性，使得最依赖于他们的市民社会的那些因素给了国家以巨大压力，使之采取新的知识财产保护形式。这个过程也延及国际范围。知识财产个人所有人不仅想在国内保护其财产的安全，他们还想在国际市场知识财产权贸易环境中保护其财产的安全。"[①]

第四节　知识产权法特有原则

一、知识产权法特有原则概述

知识产权法特有原则是基于知识财产和知识产权自身特点和规律性而形成的知识产权法的独特原则。知识产权法特有原则是贯穿于知识产权法始终的、反映知识产权法调整的社会关系的本质和规律的最根本规则，是知识产权法原则体系中最具有自身特色的部分。知识产权和物权一样具有绝对、排他的法律性质，因此适用财产法的共有原则。然而，智力劳动创造的知识财产，往往是站在巨人肩膀之上，吸收和借鉴了诸多公有领域的知识以及借鉴和使用了处于他人知识产权保护之下的知识财产而得出的。因此，如何确定权利人的权利边界、

[①] 〔澳〕彼得·德霍斯：《知识财产法哲学》，周林译，商务印书馆2008年版，第96页。

如何促进知识应用和思想传递、如何确保利用人对处于他人知识产权之下的知识的正当使用等三大任务就成为了知识产权法的独特问题。这三大任务贯穿于知识产权法的始终，贯穿于知识产权法的规则和各项制度之中。这就要求知识产权法有一套独有的原则体系来执行和完成这三个基本任务。与知识产权法的三个任务相对应的三个特有原则是：思想与表达相区分原则、合理使用原则、权利穷竭原则。

二、思想与表达相区分原则

思想与表达相区分原则是知识产权法的基本原则。该原则最初诞生于著作权法领域，并在该领域得到普遍的承认。笔者认为，思想与表达相区分原则的适用并不限于该领域，而应贯穿于整个知识产权法。

（一）思想与表达相区分原则的含义

所谓知识产权法上的思想与表达（idea/expression）相区分原则，是指知识产权法不保护思想，而仅就思想的表达给予保护的原则。按照这个原则，知识产权法保护的客体仅仅限定在表达方面，而不延及思想。从语源上看，"思想"（idea）这一概念可以追溯到希腊语 idaea，最初的意思为"看见"（seen）。就什么是思想这个命题，"逻辑之父"亚里士多德举例说，雕刻艺术品在其现实化以前，其形式只存在于艺术家的心中，这时它只是隐藏在大理石或者涂料中的一种可能性（potentialities），之后，雕刻艺术品才将之显现。[①] "思想"是指人的大脑对客观事物及其本质和规律的认识或者表象。思想与思维不同，"思维是人脑对于客观世界的间接的、概括的反映，这种反映是借助于语言来实现的"[②]。一般而言，思想是思维的结果，思维是思想的过程。知识产权法上谈及的思想，和日常生活中的概念并不相同。笔者认为，知识产权法上的思想是指隐含在表达之中的基本原理和观念。一方面，知识产权法上的思想，仅限于已经明确表达出来的知识所隐含的思想，而不包括人们日常生活中所说的头脑中的"思想"。因为没有表达出来的思想，是不能进入知识产权法领域的，没有法律意义。另一方面，知识产权法上的思想是一个很宽泛的概念，既包括正确的思想，也包括错误的思想；既包括高级的思想，也包括低级的思想；既包括无独创性的思想，也包括有独创性的思想；既包括个体的思想，也包括民族的和全人类的思想。无论哪种思想，都是不受知识产权法保护的。因为知识产权法只保护表达。

所谓思想的表达就是人们对思想的具体阐释，由概念、判断和推理组成。表

[①] 李雨峰：《为什么著作权法不保护思想》，载《电子知识产权》2007年第5期。
[②] 《普通逻辑》编写组：《普通逻辑》，上海人民出版社1986年版，第3页。

达具有诸多特征:第一,它相当抽象,具有可重复性和可再现性;第二,表达具有确定性,为思想成为财产创造了条件;第三,表达是个性化的,因此可以成为财产。① 思想和语言既有联系,也有明显区别。马克思说:"语言是思想的直接现实。"②也就说,语言是工具,语言的内容是思想,思想是对现实的直接反映。语言只是思想表达的一种方式,思想的表达方式可分为语言、文字和行为三种。古人云:"言,心声也。"而除了"言"可以表达"心声"外,还有文字和行为也可以明确表达(行为表达思想的观念是确立表演者权的理论依据)。因此,无论语言、文字还是行为,都是表达思想的工具或者形式,而思想本身就存在于这些工具或者形式之中。总的来看,语言是表达的一种方式。这一点在我国五四时期关于使用白话文表达思想,还是必须以文言文表达思想的争论中得到了客观验证。无论是白话文还是文言文都是一种语言,都是表达思想的形式,"语言是表达思想的形式"这个命题被客观验证了,由此也就在客观上被分开了。

思想是通过概念、判断和推理来加以表达的。③ 知识产权法保护表达,但并不保护概念、判断和推理。就概念而言,本身不受知识产权法保护,概念内涵和外延的界定本身也不受知识产权法保护,但独创概念以及对概念界定的独特表达可受到知识产权法保护。从这个意义上说,知识产权法保护的是具有与众不同的、前所未有的或者独创的"表达"。总的来看,思想与表达是形式与内容的关系,表达是思想的形式,思想是表达的内容。

(二) 思想与表达相区分原则的体现

思想与表达相区分原则不仅适用于著作权法领域,而且适用于整个知识产权法领域。无论何种具体知识产权,如著作权、专利权、商标权等,它们客体的本质都是思想,表现为一种特定的表达形式。无论是作品、技术方案或者商标设计都不过是一种思想的特定表达,"思想的表达"是知识产权法保护的客体。"在智力劳动上的财产,包括文学财产和专利在内,都是基于创造者借以表达他们自身的方法而被授予权利的。"④思想与表达二分法最早是由著作权法确立的一项基本原则,被认为是人类社会所追求的思想自由原则在知识产权法领域的体现,是建立在知识财产的本质之上的一项基本原则。这一原则为中外立法所遵从。我国台湾地区"著作权法"第10条之一规定:依本法取得之著作权,其保护仅及

---

① 〔澳〕布拉德·谢尔曼、〔英〕莱昂内尔·本特利:《现代知识产权法的演进》,金海军译,北京大学出版社2006年版,第61页。
② 《马克思恩格斯全集》第3卷,人民出版社1960年版,第525页。
③ 《普通逻辑》编写组:《普通逻辑》,上海人民出版社1986年版,第1—8页。
④ 〔澳〕布拉德·谢尔曼、〔英〕莱昂内尔·本特利:《现代知识产权法的演进》,金海军译,北京大学出版社2006年版,第186页。

于该著作之表达，而不及于其所表达之思想、程序、制程、系统、操作方法、概念、原理、发现。美国1976年《著作权法》第102条也明确地规定了这一原则。我国《计算机软件保护条例》第6条规定："本条例对软件著作权的保护不延及开发软件所用的思想、处理过程、操作方法或者数学概念等。"一部"作品"，分为"表达"和"思想"两个部分，换个角度看，作品由表达和思想两个部分组成，是一个高度抽象的问题。以"发展是硬道理"为例，其思想是一个国家应注重发展，而不是其他，如阶级斗争。这种思想是不受知识产权保护的，处于公共领域。但是，如果"硬道理"是一个具有独创性的表达方式，那么"发展是硬道理"这种表达形式可受到知识产权法保护。

专利法同样不保护思想。"在著作权法中，区分思想和表达的选择是将著作权保护限定为著作权保护独创性的作品，或者是来源于具有独创性的，与专利法的情况相近。"[①]从静态看，专利法保护的是技术方案，是关于一种特定应用技术的表达；从动态看，它所保护的是对特定表达的思想的应用(application)。[②]"尽管发明人依赖于已有的思想，但在将这些抽象原理应用于某一有效的形式时，他就对这些思想给以一个独一无二的表达，而这是任何其他发明人，即使是寻求适用该相同思想的发明人所不可能重复的。"[③]就商标法而言，商标的设计思想和所表达的思想不受保护，是十分明确的。商标权对于商标的保护，是和它标示的商品紧密联系在一起的。商标权保护的主旨在于一种标记在商品和服务上使用不至于造成消费者的混淆。因此，针对体现设计思想的元素：图形或文字、色彩以及组合进行保护，而该标识所表达的思想不是保护客体。

知识产权制度涉及思想的传播与应用，因此，为了促进思想自由表达和传播，立法需要为知识财产的保护划定范围限制，即将思想与表达进行区分；再则，立法需要为知识财产的保护划定时间限制，超过一定期限的知识财产进入公共领域，成为人人可用的资源。

（三）思想与表达相区分原则的意义

知识产权保护的目标是表达而非思想。在知识产权法上，思想永远处于公有领域，只有表达可以通过法律途径被确认为财产并受到保护。从实践方面看，

---

① 冯晓青：《著作权法中思想与表达"二分法"的法律与经济学分析》，载《云南法学》2004年第1期。

② 参见 Arthur R. Miller & Michael H. Davis, *Intellectual Property*, West Publishing Co. 1983, pp. 18—19; W. R. Comish, *Intellectual Property: Patents, Coppyright, Trade Marks and Allied Right*, Sweet & Maxwell, 1996, pp. 176—185. 转引自王春燕：《作品中的表达与作品间的实质相似性》，载《中外法学》2000年第5期。

③ 〔澳〕布拉德·谢尔曼、〔英〕莱昂内尔·本特利：《现代知识产权法的演进》，金海军译，北京大学出版社2006年版，第179页。

思想与表达相区分原则的建立不但能满足思想不被任何人独占的基本要求,也能满足知识产权人的权利保护诉求。具体来说,思想与表达相区分原则的实践价值如下:(1)确保思想处于公有领域,以保障思想自由在人类社会的全面实现。有学者提出,"通过把财产权限定在独一无二的表达上,法律就没有对公共知识的应用构成束缚或者施以限制"①。(2)确定侵权与否的界限,保护第三人的正当利益,如享受思想自由带来的财产利益,如对思想的"模仿"或者"仿制"不构成侵害知识产权,而对表达的"模仿"或者"仿制"可构成知识产权侵权。

三、合理使用原则

(一)合理使用原则的概念和设立目的

合理使用原则是指在满足法定条件的情况下,无须征得知识产权人同意,且不必向其支付报酬而使用其知识财产的法律原则。在知识产权法律制度产生之前,知识是一种不受法律保护的社会资源,任何国家的任何人都可以自由使用,如我国四大发明。到了近代,知识逐渐进入了法律的视野,受到法律的保护成为财产。随着人们生产和生活对知识的依赖越来越大,开发新知识成为解决社会问题的主要途径。而新知识的开发成本越来越大,知识产权法的任务就由保护智力创作演变到保护和鼓励创新投资。以知识产权制度的形成为标志,知识不再是公有的社会资源,而成为私人财产,被独占了。这虽然鼓励了知识的生产,但与人类社会作为一个整体对知识的渴求的根本需求相左。知识在本质上是不能也不应被绝对垄断的,正因如此,知识产权大多是有期限性的,在日本被称为"有限的绝对权"。除此之外,合理使用原则也是对这种知识独占的矫正。合理使用制度最早源于著作权法。就著作权法而言,确认作品之上的财产权是直接目标,而促进作品的传播和国家文化发展是长远目标。合理使用主要起源于适度限制著作人之私权,以保障思想自由传播和公众言论发表的自由。

合理使用原则的设立,目的在于协调知识创造者和大众之间的利益冲突,促进知识的应用和科学文化的发展。值得注意的是,合理使用原则并不以促进经济发展为目标,相反出于促进经济发展的目标而使用他人知识财产不构成合理使用,而构成知识财产的使用,这恰恰是需要征得知识产权人同意并支付报酬的。

(二)合理使用的构成要件

《伯尔尼公约》最早规定了合理使用制度。1971年《伯尔尼公约》巴黎修正

---

① 〔澳〕布拉德·谢尔曼、〔英〕莱昂内尔·本特利:《现代知识产权法的演进》,金海军译,北京大学出版社2006年版,第186页。

案第9条第(2)项规定了三步检验法(Three-step-test)来确定一个利用行为是否构成合理使用,即:(1) 仅限于相关的特定情形;(2) 未与著作的正常利用发生冲突;(3) 未不合理地损害著作人的法定利益。《伯尔尼公约》的合理使用制度影响巨大,以致 TRIPS 协议几乎完全照搬了该规定。[①] 1961年《罗马公约》第15条对合理使用进行了规定,根据该规定,合理使用包括:(1) 个人非营利性之重制;(2) 基于新闻报道目的之片断利用;(3) 暂时性录制;(4) 专为教学或学术目的之重制。上述公约和协议虽确立了合理使用原则,但其适用范围仅以著作权法为限,这是不全面的。因为专利权和商标权对知识的独占带来的不良后果更为明显。因此,矫正知识独占形成的不良后果是知识产权法面临的一个整体性任务,而并不限于著作权法。郑成思先生认为,"专利的独占性不能影响其他人以非商业性的方式使用有关专利技术,这在大多数国家的专利法中都有明文规定"[②]。在商标法领域,合理使用原则早已确立。美国《兰哈姆法》(Lanham Act)第33条第2款第2项规定:"将该标志并非作为商标,而是有关当事人自己商业上个人名称的使用,或对与该当事人的产地有合法利益关系的任何人的个人名称使用,或对该当事人的商品或服务,或地理产地有叙述性的名词或图形使用,作为合理使用;当然这种使用必须是只用于叙述该当事人的商品或服务的正当的诚实的使用。"有鉴于此,笔者主张合理使用应作为知识产权法的一项基本原则。合理使用的构成要件如下:

第一,法律明文规定。合理使用制度须以法律明文规定为必要。在法律无明文规定的情况下,利用人不能以合理使用对抗知识产权人。在知识产权司法审判过程中,法官也不能超出法律之外就是否构成合理使用作出解释。

第二,非商业目的使用。非商业目的要件为主观要件,即要求当事人使用他人知识财产非为直接的商业目的,即不得将他人知识财产直接进行与该知识财产用途一致的商业性使用。从该要件看,构成合理使用与否,不在于是否对他人知识财产进行使用,而在于对他人知识财产是否进行商业性使用。1961年《罗马公约》第15条规定的个人使用、新闻报道使用和为教学或学术目的使用,为典型的非商业目的的利用。我国《专利法》第69条规定,专为科学研究和实验而使用有关专利的,不视为侵权。这是我国《专利法》规定的非商业目的的使用,为确立合理使用原则的立法依据。非商业目的的利用还包括以下情形:新闻报道中对

[①] 参见 TRIPS 协议第13条。
[②] 郑成思:《知识产权法》(第二版),法律出版社2003年版,第238页。

知识财产的使用,为教学或科研①目的而对知识财产的使用。上述使用均为非商业目的的使用,均不构成对权利人知识产权的侵害。

第三,不得损害知识财产的正常使用。合理使用不被认为是对知识产权的侵害。但合理使用有一个界限,在这个界限之内,无论使用人是否因此而获利,只要未影响知识财产的现在市场价值与潜在市场,均构成合理使用。以专利权为例,利用人通过学习公开的专利信息而提供技术咨询或者提供专利技术指导而获得经济利益的,仍构成合理使用,而专利权人必须容忍,不得以专利权为由进行对抗。郑成思先生曾言,"各国专利法一般规定,如果医生为临床治疗目的而临时制造和使用某些专利药品,不必取得许可和支付使用费"②。但使用人超出了合理和正当的界限,以不合理的方式和程度损害权利人的知识产权,势必给知识产权造成侵害,如有人将他人的整篇论文引入自己的著作中,虽以脚注的形式加以说明,也不能构成合理使用,而应构成侵权。

在这个要件中,判断使用人是否构成侵权的是其行为是否对知识产权造成损害,而不是使用人是否因使用而获利。使用人对知识财产的利用是否获利不是判断其行为是否构成侵权的条件。使用人虽有获利,但仍被认为构成合理使用的情况是大量存在的。我国《专利法》第 11 条还规定:"发明和实用新型专利权被授予后,除本法另有规定的以外,任何单位或者个人未经专利权人许可,都不得实施其专利,即不得为生产经营目的制造、使用、许诺销售、销售、进口其专利产品,或者使用其专利方法以及使用、许诺销售、销售、进口依照该专利方法直接获得的产品。外观设计专利权被授予后,任何单位或者个人未经专利权人许可,都不得实施其专利,即不得为生产经营目的制造、许诺销售、销售、进口其外观设计专利产品。"根据该条规定,构成侵害专利权一定是以生产经营目的为主观要件。换个角度看,非以生产经营为目的的行为,至少包括制造、使用、转让、进口等,即便获利均不构成侵害专利权。由此观之,我国《专利法》实质上构建了合理使用制度。就个人使用而言,利用人根据公开的专利信息自制产品用于个人和家庭生活,或者将自制产品赠送一、二亲友,虽有微利,但仍属于个人使用的范围,专利权人须忍受,而不能以专利权加以对抗;注意,即便是企业及其工作人员为了研发新产品的目的而利用公开的专利信息进行研究均不构成对知识产权的侵害(但使用研发的技术成果则可能构成知识产权侵权)。而在非商业领域使用商标及其标志,一般不构成商标权侵害。如将自己两件衣服上的商标对

---

① 笔者将"学术"改为科研,一来与我国《著作权法》用语保持一致,二来试图将纯学术的研究和企业的研发一并囊括。

② 郑成思:《知识产权法》(第二版),法律出版社 2003 年版,第 238 页。

换使用,把新买来衣服的商标剪除后使用,以商标作为装饰用途等。对于文字商标而言,合理使用原则的建立更为必要,否则如"北京"、"联想"、"长城"等被注册为商标的词汇均不能自由使用了。

使用人使用知识财产,若有一定商业目的存在,但其使用不与知识产权人对该财产的商业利用相冲突,仍被认为是合理使用而不被认为构成侵权。赝品交易是最好例证。赝品制作是一个仿制过程,但并不一定构成侵权。赝品有自己的市场,好的赝品甚至被估价几十万元、甚至几百万元。《金融投资报》2007年6月7日报道,张大千的画作《仿石涛山水画》,最高估价为人民币230万元。有人可能会疑问,赝品是否构成了对名画的侵权。笔者认为,并不存在知识产权问题。首先,任何人对赝品只能拥有物权,而不能获得知识产权。就张大千模仿石涛作品而言,模仿古人的作品显然不能构成知识产权侵权,因为并无知识产权存在。但是模仿也不能形成一个新作品,于是张大千先生也不能因此而获得知识产权,获得的仅仅是赝品的物权。其次,仿制现代名家的作品,也不构成知识产权侵权,除非利用人以出售为目的(商业目的)而实施仿制行为。① 同样,利用人仅能获得赝品的物权,而不能获得知识产权。因此,不与知识财产的商业利用相冲突的"仿制"合法。

另外,必须说明的是,合理使用仅仅针对知识财产而言,并不涉及物和信息财产。"今天一大部分有版权法的国家(以及20世纪80年代上半叶前绝大多数有版权法的国家)均把为个人阅读、学习而不经许可复印一份他人享有版权的作品,视为'合理使用';而无论今天还是20世纪80年代之前,上述这些国家的财产法(Property of Law)或刑法均不可能将不经许可而拿走别人的一部图书(无论去阅读还是去出售等)视为'合理使用'。"②

【案例】 2005年12月,胡戈剪辑陈凯歌执导的《无极》,而形成一个新短片《一个馒头引发的血案》引发纷争。诸多知识产权人士认为胡戈不构成侵权,有以滑稽模仿为理由的,也有以合理使用为根据的。笔者认为,胡戈的行为构成侵权无疑。假设胡戈从正当渠道(如购买)获得了《无极》影片的光碟,胡戈对该光碟拥有物权,但是他对里面的"影片"无任何权利可言。而对于该物是不存在合理使用制度的,相反胡戈如何使用该物也是不受限制的,只要不违背民法基本原则即可。通过拥有《无极》的光碟,胡戈在事实上可以接近和使用陈凯歌执导的作品《无极》。如果胡戈仅为非商业目的的使用,如个人娱乐或提高制作能力而

---

① 笔者认为手工艺人手工仿制他人作品,不侵害著作权人财产权,但须保护著作权人的人身权。
② 郑成思:《知识产权论》,法律出版社2003年版,第15页。

为使用,构成对《无极》作品的合理使用。但是,该事件的要害就在于胡戈将短片《一个馒头引发的血案》传至互联网,这个行为难脱商业目的(这一点由点击率和此后胡戈担任专职导演的事实可以得到验证),并且给《无极》带来了不合理损害。因此,胡戈制作《一个馒头引发的血案》的行为非合理使用,而属侵害他人著作权。

(四) 合理使用的法律后果

合理使用并不是利用人的"权利",自然也不发生将合理使用进行转让的问题。从行为人角度看,"合理使用"为违法阻却性事由。违法阻却性事由是指排除符合构成要件的加害行为的违法性的事由。具体看,违法阻却性事由是从反面否认行为构成侵权或者犯罪。合理使用就是阻却行为人行为违法性的事由。例如,未经许可而使用他人作品进行教学,客观上使用了他人的作品,但因该使用有益于社会,符合知识产权法的立法目的,故阻却了行为的违法性。从知识产权人角度看,合理使用是对知识产权的限制。我国台湾地区"著作权法"第65条第1项规定:"著作之合理使用,不构成著作财产权之侵害。"

四、权利穷竭原则

(一) 权利穷竭原则的概念

权利穷竭原则是指权利人的知识产权效力仅及于知识财产,效力不能及于知识产品的基本原则。这个原则看似简单,实际极其复杂。由于知识财产是无形的,人们无法通过强力占有而加以控制和支配。为了加强对知识产权的保护,就出现了将知识产权效力在某种程度上扩展到知识产品的现象。而正是这一点引起了巨大的争议和混乱。甚至有人因此而主张知识产品为知识产权的客体。这种主张在非物质文化遗产保护立法的过程中也体现了出来。2003年联合国教科文组织颁布的《保护非物质文化遗产公约》第2条规定:"非物质文化遗产是指各群体、团体,有时个人视为其文化遗产的各种实践、表演、表现形式、知识和技能,及有关工具、实物、工艺品和文化场所。"①据此,我国知识产权法学界曾有一种较为普遍的观点认为,非物质文化遗产不仅包括作为智力成果的"实践、表演、表现形式、知识和技能",而且包括作为物质实体的"有关工具、实物、工艺品和文化场所"。笔者认为,无论在保护非物质文化遗产时是否提及,这些"工具、实物、工艺品和文化场所"均不能构成非物质文化遗产。"工具、实物、工艺

---

① 《公约》英文:The "intangible cultural heritage" means the practices, representations, expressions, knowledge, skills-as well as the instruments, objects, artifacts and cultural spaces associated therewith-that communities, groups and, in some cases, individuals recognize as part of their cultural heritage.

品和文化场所"只是非物质文化遗产的载体和表现工具而已。因此,《公约》将此承载和记录非物质文化遗产的物质实体纳入保护范围。比如一张仅存的书写于羊皮上的无人开启的秘方,若此羊皮灭失则非物质文化遗产(秘方)灭失,但并不能因此而认为"羊皮"为非物质文化遗产。再比如为了保护大熊猫而保护竹林,但不能因此把竹子当熊猫。为了更好地保护知识财产而将保护范围扩展到知识产品是可取的,但不能因此就再进一步主张知识产品为知识产权的客体。知识产权人依照自身享有的知识产权可以控制知识财产,但是不能控制通过实施知识产权而获得的知识产品;知识产权人或者获得授权的人依法运用知识财产制造的知识产品之上的权利为物权或者信息财产权,原则上知识产权人对其销售和使用无权进行控制。

(二) 权利穷竭原则的功能和理论基础

权利穷竭原则的基本功能有两个:第一,划定知识产权和物权以及信息财产权的权利界限。知识产权的客体为知识财产,物权的客体是物,而信息财产权的客体是信息财产(详见本书第十二章)。理论上,知识产权的效力仅及于知识财产而不能及于产品,但是为了更好地保护知识财产,往往通过"视为"侵权的方式,扩大知识产权的效力,使之扩展到产品之上。第二,保障商品的自由流通。知识产权是一种垄断权利,如果允许知识产权的效力延及知识产品,则和商品的自由流通的基本社会理念相矛盾。权利穷竭原则的另一个主要目的就在于通过明定知识产权的界限而保障商品的自由流通。权利穷竭原则的理论基础就是知识财产和知识产品相区分的基本理论。知识财产是知识产权的客体,知识产品为运用知识财产制造的产品,二者处于不同的法律关系之中,是不同的权利客体。因此,知识产权效力不能延及知识产品,此即知识产权穷竭。

(三) 权利穷竭界限

关于权利穷竭的界限有两种说法:一种观点认为知识产品第一次投入市场后,知识产权穷竭。郑成思先生采第一次投入市场说,认为凡是经权利人许可,而将有关商品投放市场后,有关商品无论涉及受保护的专利、商标还是版权,权利人无权对商品的"再销售"进行控制。[①] 笔者进一步认为,知识产品制造完成之后,知识产权即穷竭。笔者认为,在知识产品制造完成之后,物权的客体——物已经产生,物权自然产生,这种情况属于所有权取得方式中的原始取得。物权人根据物权可以对该知识产品进行自由处分,而知识产权的客体为知识财产,知识产权的效力不能及于知识产品。因此笔者主张制造完成后知识产权即穷竭,而无需投入市场。

---

① 郑成思:《〈合同法〉与知识产权法》,载《法律适用》2000 年第 1 期。

未经权利人许可而制造的知识产品是否适用权利穷竭原则,一直是我国知识产权法学界的一个争论问题。第一种观点认为,权利穷竭原则并不以知识产权人是否同意和许可为前提,因此无论是否经过许可,知识产品一经制造完成,知识产权即穷竭;第二种观点认为,未经知识产权人同意,知识产权人的知识产权不发生穷竭,知识产权人可以控制侵权产品。笔者赞同第一种观点,首先,从客体和权利的关系角度看,知识产权的客体为知识财产而不是知识产品;其次,从侵权行为的角度看,即便行为人的行为构成侵权,权利人也不能主张对侵权产品享有权利。因此,无论是否经过知识产权人的许可,知识产品一经制造完成,知识产权即穷竭。

(四)权利穷竭的不可排除性

作为一项基本原则,权利穷竭不可排除。权利穷竭原则的适用不容许当事人,尤其是知识产权人一方加以限制和排除适用。我国专利法确立的权利穷竭原则并不受知识产权人意思的制约。根据我国《专利法》第69条规定,专利产品或者依照专利方法直接获得的产品,由专利权人或者经其许可的单位、个人售出后,使用、许诺销售、销售、进口该产品的不视为侵权。这是一个强制性规范,不容权利人保留,无论知识产权人是否做了保留,都导致专利权穷竭。而美国法主张可以协议排除权利穷竭原则的适用。但也有相反立法例,"在美国,如果专利权人在销售时作出的明示限制条件,如果限制条件属于可执行的合同条款,那么在限定的范围之外排除了专利权穷竭的适用。"[①]笔者赞同我国《专利法》上的规定,主张,知识产权人排除权利穷竭原则的适用的约定无效。

(五)权利穷竭原则与地域性

地域性是知识产权基本特征之一。关于权利穷竭和地域性的关系有两种观点:一种观点认为,权利穷竭具有地域性,即商品之上的知识产权在一国穷竭并不导致其在其他国家穷竭;还有一种观点认为,权利穷竭不具有地域性,即商品之上的知识产权在一国穷竭导致其在各国法域内穷竭。笔者赞同后者,因为权利穷竭的实质说明没有权利存在,并不是有权利而人为的取消此种权利。唯有如此,才能保证商品的跨国自由流通。

(六)权利穷竭原则在知识产权各领域的表现

1.专利权领域。专利权人的权利在于控制技术方案,而不能控制专利产品。一旦专利产品制造完成之后,专利权人对该专利产品即无控制力。产品的受让人无论对该专利产品做何种处分,包括利用该产品进行经营性活动,均不对专利权构成侵害。专利产品制造完成之后,法律性质为"物",适用物权法的规

---

① 董美根:《美国专利使用权穷竭对我国的借鉴》,载《知识产权》2008年第6期。

范。专利权人不得对该专利产品实施控制,否则专利产品的受让人取得的专利产品所有权就不完全。由此观之,所谓"进口权"是站不住的。即便专利权中有一个"进口权",也不能针对专利产品,而只能针对专利本身,因为专利是专利权的客体,而专利产品是物权的客体。从权利与客体关系的原理出发,所谓进口权,不是限制他人进口专利产品的权利,而只能是限制他人进口专利的权利。如甲在中国和日本就同一技术方案均获得了专利权,把中国境内的专利权独占许可给乙,而日本境内的给丙。丁在中国境内,却通过丙"进口"日本专利。这种情形下,丁的行为构成侵权,即对乙的用益知识产权(独占许可)的侵害。其实,这个法律关系并不用借助所谓进口权来认定,因为知识产权地域性就可以解决这类问题。与进口权相关的另一个问题是平行进口。所谓平行进口,是指在当某一知识产权获得两个以上国家的保护时,未经知识产权人许可,第三人所进行的进口并销售运用该知识财产制造的产品的行为。平行进口被认定为侵权的主要说辞是该进口行为未得到进口国知识产权人的同意,并冲击了进口国知识产权人的市场。根据权利穷竭原则,这种主张并不成立,知识产权人的权利客体为知识财产而非商品,商品自由流通是市场经济的基本原则,任何对商品自由流通的阻碍包括打着计划经济和保护知识产权招牌的干预都缺乏正当性。知识产权人并无排除知识产品进入一国市场的封建特权。

2. 商标权领域。商标权人的权利在于控制商标在商品和服务上的使用,而不是控制商品的流通。一旦商标权人将商标标示于商品之上,商标就成为商品的一部分,此时从物权法角度看,商标和商品的结合为一物。商标标识不能成为在商品之外的独立一物。商标标识仅在未与商品结合为一体时,为独立一物。因此,买受人通过买卖合同获得的对商品的物权效力及于商品和商标标识。买受人可根据所有权的占有、使用、收益和处分权能,处置买受物,可以将商品和商标标识拆开使用,如购买西服者往往拆除商标使用,也可以将该商品销毁,当然可以将该商标标识销毁。买受人为上述行为均不构成对商标权的侵害,从物权角度看,是行使所有权,从知识产权角度看,商标权人的权利穷竭了。商标权人的商标权穷竭后,任何人再销售该商品,均不构成侵害商标权。值得注意的是,擅自更换商标权人的注册商标而使用商品并不构成侵权,但出于商业目的而将更换商标的商品重新投入市场,则构成商标权侵权行为。我国《商标法》第52条第4项明确将"未经商标注册人同意,更换其注册商标并将该更换注册商标的商品又投入市场的"规定为侵权行为。

3. 著作权领域。著作权客体为作品。以纸张形式存在的作品原件或复印件为物权客体。著作权人的效力不能及于作品的原件或者复印件。当作品原件未转让之前,作者对作品原件享有的权利为物权,对作品原件之上的"作品"享有的权利为著作权。也就是说,作者并不是通过著作权控制作品原件,而是通过物权控制作品原件。由此判断,我国《著作权法》增设"出租权"缺乏合理性基础。这样做意味着著作权人的发行权穷竭后,还保留出租权,并且出租权永不穷竭。实际上出租作品是一个假命题。对物的出租则是根据物的性质进行一定期限的使用。对作品的出租也应该是对作品在一定期限内的使用,这种使用为著作权法上的复制,实质为知识产权许可。而在所谓的著作权的出租权关系中,恰恰是不允许承租人复制的,而只允许承租人使用作品的原件或者复制件。由此可以断定,租的还是"物",而不是"作品"。因此,出租权并不是著作权的内容。

第二编 知识财产

第五章
知识财产的概念和性质

对知识产权客体进行理论研究,是构建知识产权法的基础。知识产权客体即知识财产,是知识产权法赖以建立的现实基础和逻辑起点。知识财产构成知识产权大厦的基石,然而学界对什么是知识财产并未达成一致。分歧不仅表现在知识财产的内涵认定和外延的界定上,而且就应该采取的概念称谓也充满争议,这便把知识财产是什么,以及什么是知识财产、什么不是知识财产这个基本问题摆在了我们眼前。知识财产作为一个法学概念,不仅是实践的产物,而且是法律价值直接作用的结果,是法学理论的产物。人们创造知识财产这个概念,必须立足于社会实践,满足实践需要,还必须彰显人的主观价值追求。这个问题曾让黑格尔感到困惑,他说,诸如精神技能、科学知识、艺术以及发明等,都可以像物那样进行交易并缔结契约,但它又是内部的精神的东西,所以理智上对于它的法律性质感到困惑。[①] 知识财产的机理十分复杂,学界对它的研究却相对薄弱。

第一节 知识财产的概念

一、知识财产称谓

(一) 知识财产称谓的确立

知识财产和知识产权是知识产权法上的两个基础概念。知识产权客体并不是一开始就被称为知识财产,而是有很多称谓,并发展成为不同学说。"智力成果说"在我国知识产权法学界曾产生了广泛影响。有学者认为知识产权客体为

---

① 参见〔德〕黑格尔:《法哲学原理》,范扬等译,商务印书馆1961年版,第43节附释。

智力成果,"知识产权的客体是智力成果,是一种没有形体的精神财富,智力成果不具有物质形态,不占据一定的空间,是人们看不见、摸不着的,在客观上无法被人们直接占有的控制的无形财产"①。"信息说"以郑成思先生为代表,郑成思先生认为,知识产权的客体是信息。② 他主持的"民法典知识产权编"专家建议稿第 5 条体现了同样的思想:"知识产权的客体表现为一定的信息,一般不能作为占有的标的,故不适用与占有相关的制度,如取得时效制度等。"③张玉敏教授也认为,"知识产权的保护对象是非物质性的信息"④。郑胜利教授则认为,"知识产权的客体是财产性信息"⑤。"无体物说"以梁慧星先生为代表,梁慧星先生认为,知识产权的客体,是人的精神的创造物。而"精神产物"是可以与有体物相对应而称为无体物,为知识产权客体之概括。⑥ "知识说"以刘春田先生为代表,他认为,"知识产权的对象就是'知识'本身。在知识产权领域,知识是指创造性智力成果和工商业标记,它们是知识产权法律关系发生的前提和基础"⑦。"知识产品说"以吴汉东先生为代表,他把知识产权的客体概括为知识产品,认为"知识产品的用语,描述了知识形态产品的本质含义,强调这类客体产生于科学、技术、文化等精神领域,是人类知识的创造物,明显表现了客体的非物质性;同时,知识产品的本质内涵,突出了它是创造性劳动的产物,且在商品经济条件下具有的商品意义,从而反映了知识产权所包含的财产权性质"⑧。"知识财产说"以日本著名法学家北川善太郎为代表,他于 1988 年在《半导体集成电路的法律保护——新的知识所有权的诞生》一文中,倡导使用"知识财产"这一概念。⑨ 笔者主张使用"知识财产"这一称谓,理由如下:

第一,"知识财产"这一概念,与其英文词源"Intellectual property"的本意更为吻合。

第二,"知识财产"这一概念强调了知识产权客体的法律性质为"财产",与知识产权的旨趣吻合。在法律领域内,知识财产是作为一种新型的、独立的"财产"而成为权利客体的,而不是以"知识"的面貌进入法律领域的。

---

① 刘春茂:《知识产权原理》,知识产权出版社 2002 年版,第 11—12 页。
② 参见郑成思:《知识产权法》,法律出版社 2003 年版,第 127 页。
③ 同上书,第 110 页。
④ 张玉敏:《知识产权的概念和法律特征》,载《现代法学》2001 年第 5 期。
⑤ 郑胜利、袁泳:《从知识产权到形象产权——知识经济时代财产性信息的保护》,载《知识产权》1999 年第 4 期。
⑥ 梁慧星:《民法总论》,法律出版社 2001 年版,第 64、97 页。
⑦ 刘春田:《知识产权法》,高等教育出版社、北京大学出版社 2000 年版,第 4 页。
⑧ 吴汉东:《知识产权法》,中国政法大学出版社 1999 年版,第 14—15 页。
⑨ 参见〔日〕北川善太郎:《网上信息、著作权与契约》,渠涛译,载《外国法译评》1998 年第 3 期。

第三,"知识财产"能够更好地和其上位概念——"财产"以及同位概念——"物"相对应,更好地表明该客体在法律体系中的地位。

(二) 知识财产称谓的由来

"知识财产"和"知识产权"都是外来语,在较长一段时间,二者存在着一定程度的混用现象。有人认为知识财产这一概念源自法文,但是大多数学者认为该概念源自英文,并主张"Intellectual Property"为"知识产权"的词源。但是,现在越来越多的学者认为"Intellectual Property"应翻译为"知识财产"而不是"知识产权"。① 笔者赞同此种主张,理由如下:

第一,"Intellectual Property"作为一个法律术语并在世界范围内被广泛接受始于1967年世界知识产权组(World Intellectual Property Organization)的成立,我国政府官方将该组织名称译为"世界知识产权组织",将该组织英文名称中的"Intellectual Property"翻译为"知识产权"。世界知识产权组织的前身是"保护知识产权联合国际局",该名称使用的是法文,即"Bureaux internationaux réunis pour la protection de la propriété intellectuelle",缩写为"BIRPI"。在这个法文名称中,"propriété"意指财产权;而"intellectuelle"的含义即是指"知识",是形容词。因此,将法文"propriété intellectuelle"翻译成英文"Intellectual Property",再对译为中文"知识产权"是适当的。② 而值得注意的是,"Intellectual Property"本身没有权利字样,而仅指"知识财产"。英语语系国家将法文"propriété intellectuelle"翻译成英文"Intellectual Property",是因为英美法系本身对财产和财产权的划分并不严格。其实,在英文中,有"Intellectual Property"和"Intellectual Property Rights"两个概念,如果将"Intellectual Property"翻译应为"知识产权",那么"Intellectual Property Rights"就无法翻译了,就成了"知识产权权",显然不妥。

第二,"Intellectual Property"被翻译为"知识产权"的情况之所以发生,是对财产和财产权两个基础概念不做严格区分的法学思维造成的。很多学者认为财产就是财产权。这种观念延伸到知识产权领域,自然就可以把"Intellectual Property"翻译为"知识产权"。从法律关系的基本理论来说,法律关系的对象(客体)和法律关系的内容(权利)是必须明确区分的,因此,对"Property"和"Property Rights"以及"Intellectual Property"和"Intellectual Property Rights"均应明确区分。因此,"Intellectual Property"只能被译为"知识财产",不应被译为"知识产权"。

第三,在相同语境下,一个词只能有一种译法,这是法律翻译和法律逻辑学

---

① 周林:《"Intellectual Property"应当翻译为"知识财产"》,http://www.civillaw.com.cn/article/default.asp?id=33832,2008年12月6日访问。

② 参见王晨雁:《对知识产权概念的质疑与反思》,载《福建论坛》2005年第9期。

的必然要求。在英文文献中,"Property"一般被翻译为"财产",那么"Intellectual Property"就不应该被翻译为"知识产权"。我国台湾地区将"intellectual property"译为"智慧财产"。有学者认为,"intellectual"是"智慧"或"智力"之意,"knowledge"才是知识,因此不能将"intellectual"译为"知识",因此主张译为"智慧财产"。① 鉴于知识产权这个概念在中国已为立法和国民所接受,为了避免引起不必要的混乱,笔者既遵从惯例,又主张对涉及基础理论的重大问题进行必要的澄清,因此采用"知识财产"这个概念。

二、知识财产之界定

"知识财产",可以简单理解为知识形成的财产。但并不是所有的知识都能形成财产,而是满足了一定的法律要件的知识才能构成财产。具体而言,知识财产是指存在于人体之外、能够为人所支配、并能满足人类需要的知识。这个概念界定最显著的特征就是坚持了权利和权利客体相区分原理。目前,国际社会逐渐走出了知识财产和知识产权交错使用的混乱局面,开始对二者进行区分。世界知识产权组织官方网页上对知识财产的界定已经摆脱了权利和权利客体相混淆的思维,指出知识财产是指包括发明、文学和艺术作品、商业中使用的标志、名称、图像以及外观设计在内的一切创造性智力成果。② 因此,笔者主张,知识财产仅指权利客体,而不包含权利本身。

从外延上看,知识财产包含了专利、作品、商标、商业秘密和一般知识财产等一切知识财产;从内涵上看,知识财产是法律关系的客体,是财产的一种,其表现为知识,本质为思想。美国法专门对"知识"给予了法律上的界定,《美国统一计算机信息交易法》第 102 条规定,"知识是对事实的实质性理解"。作为对事实的实质性理解的"知识",是头脑的产物,是思想。对于知识产权法而言,并不是所有的"知识"都能成为知识产权的客体——知识财产,要成为知识产权法上的知识财产必须满足一定的条件;在保护方式上,知识产权也表现出独特性,不是知识的全部都受到法律的保护,只有"表达"才能受到保护。知识财产在法律关系中处于客体的地位,是和主体相区别的概念。在人类文明的早期,人与物的界限、主体和客体的界限在法律上并不十分清楚。明确对主体和客体进行划分始自德国哲学家康德的学说提出以后。康德认为,人是主体,有能力承担加于他的

---

① 郭寿康:《知识产权法》,中共中央党校出版社 2002 年版,第 2—3 页。
② 原文为:"Intellectual property refers to creations of the mind: inventions, literary and artistic works, and symbols, names, images, and designs used in commerce.",见 http://www.wipo.int/about-ip/en/,2009 年 1 月 15 日访问。

行为;物是指那些不可能承担责任的东西。① 知识财产也是如此,它是权利的对象,是客体,是不可能承担任何责任的东西。

三、从智力成果到财产权客体的转变

纵观知识产权法历史,人们对知识财产的定位,经历了从"智力成果"到"财产权客体"之转变。② 从智力成果到财产权客体的转变完成,是知识摆脱哲学特性进入法学领域的前提,也是知识产权法得以统一的前提。

（一）智力成果说

"智力成果说"是传统理论中有关知识产权客体的通说,为我国《民法通则》所采纳。该观点认为知识财产源自智力劳动,知识财产是一种智力成果。智力成果说最先被世界知识产权组织采纳,该组织在其正式出版物中使用了"智力成果权"这一概念。在我国,智力成果说曾经是占据主流地位的学说。1983年由我国著名民法学家佟柔教授主编的高等院校法学教材《民法原理》(法律出版社)第四编专门论述了"智力成果权"。但是,人们逐渐发觉智力成果说不能很好地解释商标和商标权问题③,因而逐渐招致了学界的怀疑和批评。有学者据此把知识财产划分为智力成果和商业标记两个部分。这样做,看似圆满地解决了商标权问题,但却人为地将知识产权进行了割裂。面对这个问题,有学者进行了深入的反思,认为"在法律上,劳动结果决定劳动性质,而不是相反。例如,只有产生了作品的劳动才是创作,产生了临摹品的劳动则是复制,临摹过程的艰辛毫无法律意义。法律应当关注权利对象自身的特征,而非权利对象产生的来源。因此,对智力劳动过程的强调,反映了前现代时期法律思维的幼稚。"④"智力成果说"强调的是知识产权客体的价值不能用货币衡量,偏重于这类客体的精神属性,却未能反映出知识产权客体的法律性质。与此相关联的是,智力成果说本身就表明了一种价值倾向,就是否认知识产权的财产权价值,而把它当做一个具有署名权和政府应该给予奖励的科技成果权。我国《民法通则》第97条规定:"公民对自己的发明或者其他科技成果,有权申请领取荣誉证书、奖金或者其他奖励。"此规定说明,我国《民法通则》在制定的时候,人们对知识财产的态度是矛盾的,已经知道必须把它作为一项财产权加以规定,但是仍没有脱离科技成果权的束缚,仍把知识产权的权能界定为"有权申请领取荣誉证书、奖金或者其他

---

① 〔德〕康德:《法的形而上学原理——权利的科学》,沈叔平译,商务印书馆1991年版,第26页。
② 〔澳〕布拉德·谢尔曼、〔英〕莱昂内尔·本特利:《现代知识产权法的演进》,金海军译,北京大学出版社2006年版,第206—229页。
③ 人们曾一度以商标不具创造性为由,反对把商标纳入知识产权体系。
④ 李琛:《对智力成果权范式的一种历史分析》,载《知识产权》2004年第2期。

奖励"。

(二) 财产权客体说

从事实上看,知识财产的确是一种智力成果,然而从法律性质上看,它不再仅仅是智力成果,而是一种法律关系的客体——财产。财产可以分为物权法上的客体和知识产权法上的客体,物权法上的客体指有体物;知识产权法上的客体为一种思想观念的产物。从法律上看,知识财产是权利客体,而不再是所谓的智力成果。从法律关系角度看,知识财产不可能成为主体,也不可能成为内容(权利和义务),只能是客体,权利客体是民法上一个专门术语。权利客体理论在私法理论体系中占有重要地位。民事权利往往以客体为标准进行分类,并分别制定不同的私法进行保护。根据财产权的不同客体,可以将财产权分为物权、信息财产权和知识产权。权利差异,归根结底是权利客体差异造成的。

关于权利客体的界定有三种典型主张。第一种观点认为权利客体(私权客体)为一种利益,如刘春堂先生认为:"所谓权利之客体者,乃权利人依其权利所得支配之有形或无形社会利益之本体。"① 第二种观点认为,权利客体为权利内容所指向的对象。刘清波先生认为:"私权之客体者,乃属于私权主体之对象。此对象即生活资料之存在,故物为私权之客体,亦即标的也。"② 第三种被称为法律关系说,拉伦茨认为:权利客体在两种意义上被使用,一是指支配权或利用权的标的,这是狭义上的权利客体,称为第一顺位的权利客体;第二种是指一种权利义务关系,是第二顺位的权利客体。③ 拉伦茨所谓第二顺位的权利客体主要是指一种法律关系。第一种观点是利益法学在客体理论中的延续和发展,对于要求操作性的部门法而言未必有利。比如,知识产权客体和物权客体都是利益,且都是财产利益的情况下,何以权利规则存在偌大的差异呢?这是将客体归结为利益后,反而被模糊了的一个问题。拉伦茨将权利客体划分为两个层面的含义,其中第一顺位是指权利指向的对象,第二顺位指的是一种法律关系。讲权利客体等同于法律关系,实际上等于扼杀了这个概念的独立性。笔者赞同第二种观点,权利客体是权利指向的具体对象。权利客体是有别于权利主体的一个概念。从独立于主体的角度,客体可以分为自然客体和精神客体。自然客体产生于自然世界,而精神客体又可分为主观精神客体与客观精神客体。客观精神客体是指主观精神活动的物化结果,如书籍、录音带、电影拷贝、电脑存储介质

---

① 刘春堂:《判解民法总则》,台湾三民书局1993年修订四版,第75页。
② 刘清波:《民法概论》,台湾开明书店1979年版,第68页。
③ 〔德〕拉伦茨:《德国民法通论》,王晓晔等译,法律出版社2003年版,第377—378页。

等。① 其中,电脑储存介质方式储存的信息即为信息财产。主观精神客体是指客观的知识或思想,而不是指主观的知识或思想。主观知识和客观知识不同,假定我现在头脑中构想了一首诗,则为主观知识,而将诗说出来给别人听,或写下来之后,该诗便构成了客观知识。② 而符合法律特定标准,受到法律规范保护的客体仅为客观知识的一部分。

第二节 知识财产的本质

认识知识财产的本质是界定知识财产法律性质的前提。从法学方法论角度看,法学是从"价值判断"的角度解读和构建法秩序,而"价值与事实"并不能截然分开,二者之间有着不可分割的"结构交织",理解"事实"的关键即明了"事物的本质";而"事物的本质"是指引我们作出"价值判断"的基础。③

一、知识财产法哲学理论评析

知识财产的本质,是一个令人困惑的问题。那个困扰着我们的幽灵始终在发问:我是什么?我存在于哪里?对于这个问题,不同法哲学家给出了不同的回答。

（一）洛克的劳动财产权理论

思想家洛克在自然法理论的基础上,建立了自己的财产学说,被称为劳动财产权理论。洛克认为,是劳动把自然物变为财产。他认为,"劳动使它们同公共的东西有所区别,劳动在万物之母的自然所已完成的作业上面加上一些东西,这样,它们就成为他的私有的权利了……我的劳动使它们脱离原来所处的共同状态,确定了我对于它们的财产权。"④洛克对待财产的逻辑线索是这样展开的:第一,上帝将土地上的一切赐给了人类所共有;第二,每一个人对他自己的人身拥有所有权;第三,每一个人的劳动只属于他自己;第四,当人们将他的劳动与上地赐予人类的某个东西混合在一起的时候,他就取得了该东西的所有权;第五,人们取得财产权时必须留有足够多的同样的好东西给他人共有,同时以不造成浪

---

① 孙云、孙镁耀:《新编哲学大辞典》,哈尔滨出版社1991年版,第725—726页。
② 〔英〕卡尔·波普尔:《客观知识——一个进化论的研究》,舒炜光等译,上海译文出版社2001年版,第26页。
③ 陈爱娥译:《〈法学方法论〉导读》,第1—3页,载拉伦茨:《法学方法论》,陈爱娥译,台湾五南图书出版公司1996年版。
④ 〔英〕洛克:《政府论(下篇)》,叶启芳、瞿菊农译,商务印书馆1964年版,第20页。

费为限。① 在洛克看来,财产的地位十分重要,他认为自由首先要保护生命,而生命是靠财产来维持的。因此,无财产即无生命和自由。

洛克劳动财产权理论为知识财产的正当性提供了依据,知识财产是劳动的产物,权利人对知识财产享有财产权理所当然。除此之外,该理论对知识产权的制度设计意义重大,"必须留有足够多的同样的好东西给他人共有,同时以不造成浪费为限"成为知识产权期限性制度和权利限制制度的理论基础。

(二)卢梭的财产"社会公意"理论

18世纪法国卓越的启蒙思想家卢梭并不赞同"自然权利"学说,认为它不足以解释财产权的成立。卢梭提出了以社会契约为基础、以社会公意为依据的财产理论。他认为,自然状态下的自由和权利是一种事实,而契约下的自由和权利才是一种受到保护的法律利益。在卢梭看来,法律体现的是主权者(人民)意志,而人民的意志就是公意,并主张社会公意是形成财产权的基础,把财产权的依据归结为社会公意。财产的自然强力占有只能产生"享有权",而体现社会公意的法律对这种状态的作用或者确认,才能使占有人取得财产权(即所有权)。与洛克的理论相比,卢梭的财产权理论的重要价值在于,把正义引入财产概念之中,承认财产权是法律确认的结果,而不是先占的结果。法律是正义的体现,于是财产权就和正义紧密地联系在一起了。

卢梭的财产"社会公意"理论,给我们的启示有三:一是,财产是法律确认的结果,没有法律就没有法律意义上的财产;二是,法律确认财产的过程,也是正义发生作用的过程;三是,对所有财产应该同等保护,这才符合正义观念。就知识财产而言,知识财产是法律确认的结果,法律将知识确认为财产需满足正义观念,对知识财产应该和其他财产如物和信息财产一样给予同等保护。

(三)康德的财产"自由意志"理论

18世纪德国著名哲学家康德在《法的形而上学原理》一书中阐述了他的财产"自由意志"理论。康德将占有分为两种形态,"即作为感性的占有(可以由感官领悟的占有)和理性的占有(可以由理智来领悟的占有)。同一个事物,对于前者,可以理解为实物的占有;对于后者,则可以理解为对同一对象的纯粹法律的占有"。② 在康德看来,通过肢体等实现的感官的占有不是形成"所有权"的基础,而摆脱了肢体或个人力量来实现对物的理性占有,才是所有权的基础。因为理性占有的实质是在观念上将某物视为"我的",并且在物与人事实分离的情况

---

① 李扬:《再评洛克财产权劳动理论》,载《现代法学》2004年第1期。
② 〔德〕康德:《法的形而上学原理——权利的科学》,沈叔平译,商务印书馆1991年版,第54—55页。

下,这种隶属关系并不发生改变。康德认为,所有权的客体是属于所有人意志选择的外在对象,"我通过正式的表示,宣布我占有某个对象,并用我自由意志的行动,去阻止任何人把它当做他自己的东西来使用"①。康德明确提出所有权取得的原则——"外在获得"原则。"外在获得"原则是指所有权的获得不是取决于主体,而是取决于主体之外的共同意志的原则。康德认为,所有权中的占有有双重含义:个人意志的占有和共同意志的占有。康德认为:"无论是什么东西,只要我根据外在自由法则把该物置于我的强力之下,并把它作为我自由意志活动的对象,我有能力依照实践理论的公设去使用它,而且,我依照可能联合起来的共同意志的观念,决意把一物变成我的,那么,此物就是我的。"②康德认为,共同意志即是全体社会成员对物主占有、控制某物的行为所持的共识共认的观念。③

康德的财产"自由意志"理论主要启示有二:一是,财产是外在于人的对象。就此而言,知识财产也是外在于人的,因此知识财产必须是被表达出来的,并且满足特定性和确定性要求。二是,财产权的本质不在于通过肢体等强制力占有,而在于意志上的占有。这个观点对于知识财产十分重要。由于知识财产的本质为思想,因此不可能通过肢体等强制力加以占有,意志上的占有是确立知识产权的理论基础。

(四) 黑格尔的"财产人格"理论

黑格尔在《法哲学原理》中阐述了以"意志—人格—财产"为基本范畴的私法思想。黑格尔把知识财产称为精神产品。他认为,"精神技能、科学知识、艺术、甚至宗教方面的东西(讲道、弥撒、祈祷、献物祝福)以及发明等,都可成为契约的对象,而与在买卖等方式中所承认的物同视,但是,艺术家和学者等是否在法律上占有着他的艺术、科学知识以及传道说教和诵读弥撒的能力等,即诸如此类的对象是否也是物,却是一个问题。如果把这类技能、知识和能力等都称为物,我们不免有所踌躇,因一方面关于诸如此类的占有固然可以像物那样进行交易并缔结契约,但是另一方面它是内部的精神的东西,所以理智对于它的法律上性质可能感到困惑,因为呈现在理智面前的仅仅是一种对立;或是某物或是非物,非彼即此(像或是有限或是无限那样)。学问、科学知识、才能等固然是自由精神所特有的,是精神的内在的东西,而不是外在的东西,但是精神同样可以通过表达而给它们以外部的定在,而且把它们转让,这样就可把它们归在物的范畴

---

① 〔德〕康德:《法的形而上学原理——权利的科学》,沈叔平译,商务印书馆1991年版,第57页。
② 同上书,第72页。
③ 吴汉东:《法哲学家对知识产权法的哲学解读》,载《法商研究》2003年第5期。

之内了。所以它们不是自始就是直接的东西,只是通过精神的中介把内在的东西降格为直接性和外在物,才成为直接的东西"①。从这段论说可以看出,在黑格尔看来,精神产品不是物,但它是"通过精神的中介而变成的物",黑格尔笔下的"物"实质是指和物具有同样法律地位和功能的另外一种财产,诸如技能、知识、艺术发明等精神产品,在创造者自由意志的支配下,也可以由"人格"扬弃而成为"私人财产",其上的权利为"精神所有权"。黑格尔从"财产人格"理论出发,把知识产权纳入了所有权的框架之内,并就精神所有权转让的条件、转让的对象进行了探讨。

黑格尔的"财产人格"理论主要启示有二:一是,知识财产和物具有法律上的同质性,都属于财产;二是,财产是外在于人的,因此知识财产也是外在于人的;三是,精神产品之上的权利为精神所有权。精神所有权概念的提出,提示我们知识产权和物权存在着不可分割的天然联系,这个认识是借鉴物权的成熟理性构建知识产权逻辑体系的行动前提。

(五)德霍斯的"抽象物"理论

澳大利亚学者德霍斯在其名著《知识财产法哲学》中运用哲学的分析工具,将知识财产界定为一种"抽象物"(abstractobjects),知识产权就是设定在抽象物之上的财产权,并以此区别物权等设立在有形物上的财产权。在德霍斯看来,"抽象物"不同于罗马法上的"无体物",后者是一种财产权利。抽象物不具有真实形体,不能在物理学上得到验证,但却是真实存在的物,属于哲学上的意识范畴。这种意识不仅具有推动社会发展的间接作用,比如提高人的素质从而增进社会发展,而是可以和有形财产一样,直接满足社会发展的需要。抽象物通过依附于有形物而具有了财产意义。因此,法律必须承认抽象物的存在,并设定财产权。德霍斯认为,一旦抽象物中的财产权利被法律所承认,将比有形物上的财产权更为重要。德霍斯看到了知识产权可能危及人类生活的一面,认为知识产权为一种有碍自由的特许权,因此应该严格限定其内容。

德霍斯的"抽象物"理论主要启示有三:一是,知识财产是一种抽象物,在物理上并不存在;二是,抽象物之上的权利为知识产权;三是,知识产权可能危及人类的生活,因此知识产权的权利内容必须符合正当性。

二、信息说评析

当前,信息说是我国法学界关于知识财产本质的通说。该说认为,知识产权客体的本质是信息。知识产权客体称为智力成果,这些智力成果包括发明、作

---

① 〔德〕黑格尔:《法哲学原理》,范扬、张企泰译,商务印书馆1961年版,第90页。

品、商业秘密、非物质文化遗产，本质都是信息。日本学者中山信弘认为，"所谓知识财产，是指禁止不正当模仿所保护的信息"[①]。世界知识产权组织认为，"知识财产并不包含在这些复制品中，而是包含在这些复制品所反映出来的信息中，但这些复制品并非财产，体现在这些复制品中的信息才是财产"[②]。信息说不仅为学者所提倡，而且还被有的国家纳入了法律和政策。《日本知识产权战略大纲》明确将知识产权客体界定为"信息"，并认为"信息"和"物质"不同，知识产权法是一项对信息的独占性利用予以认可的制度。TRIPS 协议将"未披露信息（undisclosed information）"作为知识产权客体加以保护，也从侧面说明了 WTO 认为知识产权客体的本质为信息。在我国知识产权法学界，信息说为知识产权法学界的通说，认为知识产权客体表现为一定的信息。专利是新技术信息，商业秘密是"未曾披露的信息"，商标是附在商品或服务上，用以说明商品或服务来源的信息，作品是一种表达思想的信息等。笔者认为，信息说的提出，主要是解决知识产权客体和物权客体的区分问题，而信息说也的确在特定历史时期担负和完成了这个使命。但随着信息技术在人类社会生产和生活中的应用，计算机信息交易开始普遍存在，信息已经发展成为独立的财产类型，此时信息说的弊端就逐步显露了。如果将知识财产的本质归结为信息，将会导致知识财产和信息财产的混淆（详见本书第十二章）。因此，立足于当前的社会现实，我们必须重新对知识财产的本质加以认识和界定。

三、思想说的确立

认识知识财产，不仅仅是一个理论问题，而且是一个应用问题，是认定知识财产法律性质的前提。当我们论及知识财产的本质，主要是从哲学角度出发的，但目的却是为法律制度的设计奠定基础。厘清知识财产的哲学本质，是认识知识财产法律性质并在法律上同其他财产进行明确界分的基础。而知识财产法律性质的界定应以哲学本质为基础。

（一）思想说的提出

笔者认为，知识财产的本质不是物，也不是信息，而是思想。自 20 世纪 90 年代以来，随着计算机技术的广泛应用，信息财产作为一项独立权利客体登上了财产法的历史舞台，知识财产本质是信息的观念受到了根本性挑战。面对信息化的生存环境，信息产品普遍存在并广泛用于交易，2006 年《俄罗斯联邦信息、信息技术和信息保护法》第 5 条专门规定了信息的法律关系客体地位。该条规

[①] 中山信弘：《多媒体与著作权》，专利文献出版社 1997 年版，第 1 页。
[②] 世界知识产权组织：《知识产权纵横谈》，世界知识出版社 1992 年版，第 4 页。

定:"信息可以是公法法律关系、民法法律关系和其他法律关系的客体。"在此经济与法律背景下,仍将知识财产的本质规定为信息,会人为引发两种客体之间的混乱,导致权利体系内部的冲突。

【案例】 重庆市教师高丽娅起诉学校,要求返还教案或者赔偿损失。开始,以所有权为请求权基础,被判败诉;继而以著作权为请求权基础,获得胜诉。本案关键在于什么是教师的教案,判断标准是什么。用于撰写教案的笔记本,俨然不是教案。按照信息说的理解,教案应该是笔记本上的信息。撰写教案的笔记本被毁,其上的信息当然不复存在。因此教师的诉讼请求得到法院支持。但是值得思考的是,此案应区分手稿和复印件。如果把信息作为作品的本质,无论是原件还是复印件只要是被毁,其上的信息均不能存在,都应该被判决侵权。判决结果似乎与信息说暗合。但如果教师向学校递交的不是教案手稿,而是复印件,恐怕判决结果就会完全不同了。任凭哪个法院都不会因学校销毁教案复制件而判决侵犯著作权。因为学校应该知道手稿对于著作权意味着什么,若未尽到合理注意义务,又不能证明原告保有复印件,因此构成侵犯著作权。这说明,我们不能简单把作品本质归结为信息。那么,著作权客体本质是什么呢?本案中,著作权的客体既不是笔记本,也不是笔记本上的信息,而是笔记本中存在的观念性质的"教案",是思想观念。知识财产是一种抽象的存在,一种观念上的东西,只是依附于载体得以表现,但它既不是载体,也不是载体上记载的信息,其本质为思想。

黑格尔认为知识财产的本质为思想,无论是作品,还是专利,本质都是思想,他认为:"艺术作品乃是把外界材料制成为描绘思想的形式,这种形式是那样一种物:它完全表现作者个人的独特性,以至于它的仿制本质上是仿制者自身的精神和技术才能的产物。著作品借以成为外在物的形式,与技术装置的发明一样,都是属于一种机械方法。在著作品中,我们只是用一系列零星的抽象符号,而不是以具体的造型把思想表达出来。在技术装置的发明中,全部思想都具有机械的内容。"[①]郑成思先生在谈及著作权客体的本质时说:"唯独某个作家把这种思想表达出来了,这表达出的东西(文章、小说或绘画、乐谱等),才成为版权保护的对象。"[②]可见,郑成思先生在此承认了著作权客体的本质为思想。李明德教授认为:"从知识产权法的角度看,人类的智力创造成果大体可以分为两

---

① 〔德〕黑格尔:《法哲学原理》,范杨、张企泰译,商务印书馆1982年版,第76页。
② 郑成思:《版权法》,人民大学出版社1997年版,第43页。

类。一类是对于思想观念的表达,一类是在思想观念基础上作出的技术发现。"①《日本著作权法》第 2 条规定:"'作品'是指用创作方法表现思想或者感情的属于文艺、学术、美术或者音乐范围的东西。"该条以立法的形式明确了作品的本质是思想这一理论命题。《日本实用新型法》第 2 条规定:"本法所说的'设计',是指应用自然规律进行的技术思想的创作。"上述立法均对知识财产的本质是思想作出了明确界定。在德国,学者们也认为知识财产本质为思想。德国的 Marc L. Holtorf 先生把知识产权法概括为对于"思想"的保护体系,并说明保护思想的法律目的在于通过保护发明创造从而来促进研究和开发活动。② 我国《专利法》第 2 条将专利权的客体发明、实用新型和外观设计界定为技术方案和设计方案,也充分说明了专利权客体本质为一种思想,而非信息。

(二) 思想说内涵之界定

笔者认为,知识产权客体的本质是思想。日本知识产权法界有人认为,"知识产权的客体在物理上是不存在的,仅仅是观念上的东西"③,也说明了知识财产本质为思想的道理。"思想"是指经过人的大脑反映的对客观事物及其本质和规律的认识或者表象,是隐含于表达之内的观念。思想属于意识范畴,与物质相对应。马克思主义哲学认为,意识是社会的产物,是人脑对物质世界的反映和认识。意识和物质一样,都是客观存在的,其区别于物质的客观实在性。意识是主观的,但意识的存在是客观的。意识的作用表现为人类所特有的能动地认识世界,又通过实践能动地改造世界的能力,亦即人的主观能动性。这是思想可以作为财产的哲学基础。一句话,思想是人脑的产物,对于社会发展和人类生活而言,它是有价值的。这是思想成为财产的法哲学基础。在黑格尔看来,知识财产的本质是思想。"按照黑格尔的说法,精神产品分为以下主要类别:一是艺术作品,即把外界材料制成描绘思想的形式。二是著作品,就其成为外在物的形式而言,与技术装置的发明一样,属于一种机械方法(书写、印刷、装订等)。三是发明技术装置,即采取机械装置的方式来表达发明技术的思想。四是处于艺术作品或工匠产品这两极之间的各种不同阶段的精神产品,如工业品外观设计等。"④有学者认为,"一项发明可以用文字描述,用图纸表达,也可以用模型表

---

① 李明德:《美国计算机软件保护法研究》,载《知识产权文丛》(第 12 卷),方正出版社 2005 年版,第 342 页。
② 钟威:《"德国知识产权法与反不正当竞争法原则"研讨会在汉召开》,http://hbipo.gov.cn/szgz_city_show.asp? wzclass = 96&id = 3468&bigclass = &wztitle = ,2009 年 2 月 6 日访问。
③ 〔日〕纹谷畅男:《知识产权法概论》(日文),有斐阁株式会社 2006 年版,第 41 页。
④ 吴汉东:《法哲学家对知识产权法的哲学解读》,载《法商研究》2003 年第 5 期。

达"①,也间接地认可了"专利是表达"这一命题。在美国,知识财产的本质为思想也是为官方所认可的理论。有学者认为,"在美国国会一遍又一遍重复的简单信息,就是美国商业贸易主要是以思想和创造力为主,迫切需要保护以防盗窃"②。综上,笔者认为,知识产权客体的本质为思想。知识财产本质思想说不仅能将知识财产和物进行区分,而且还能把知识财产和信息财产进行区分。在信息财产交易中,信息财产的生产商,既可以对其用以生产"信息财产"的知识财产享有知识产权,又可以通过付费等方式获得知识产权许可;而购买了信息财产的人对自己购买的"信息财产"享有信息财产权。

(三) 思想说与信息说比较

思想与信息是不同的概念。1948年《世界人权宣言》认为思想和信息不同,第19条既涉及信息又涉及思想,指出:"人人有权享有主张和发表意见的自由;此项权利包括持有主张而不受干涉的自由;和通过任何媒介和不论国界寻找、接受和传递信息和思想的自由。"美国《统一计算机信息交易法》(Uniform Computer Information Transactions Act,简称 UCITA)专门区分了"知识"和"信息"。该法第102条规定,"知识是对事实的实质性理解"。作为对事实的实质性理解的"知识",是头脑的产物,是思想。该条第36款对"信息"进行了界定:"信息"是数据、文本、图像、声音、计算机集成电路布图或计算机程序以及它们的集合。也就是,美国 UCITA 把信息当做知识的载体,即信息承载或者反映人们对事实的实质性理解。而俄罗斯法使用了"文件化信息"这一概念,专指"固定在物质载体上,可以识别的信息"。③ 可以看出,在部门法意义上的信息,均是指和其载体结合在一起的信息,而不是信息的内容——知识或者思想。在法学上,信息和思想有着重要区别:第一,信息财产法上的信息仅限于有载体的信息,而思想虽是通过载体表达的,却强调的是区分于载体的价值。第二,信息是思想的载体。在知识产权法上,思想是需要借助载体而得到授权的,信息是思想的载体之一,这种载体又称为电子载体。第三,从内容上讲,信息包括载体的一切事实,如对事实的记载(新闻);而思想却是人脑创造性活动的产物,是对"事实的实质性理解"。新闻不是思想,但是一个有载体的新闻,是信息财产法上的信息。

坚持信息说的学者,往往也无法将此观点坚持到底,在遇到不解的困难时便在信息和思想之间摇摆。德霍斯在他的名著《知识财产法哲学》中,把知识财产

---

① 张玉敏:《知识产权的概念和法律特征》,载《现代法学》2001年第5期。
② 〔澳〕彼得·达沃豪斯、约翰·布雷斯维特:《信息封建主义》,刘雪涛译,知识产权出版社2005年版,第101页。
③ 1995年俄罗斯《关于信息、信息化与信息保护法》(2003年修订)第2条。2006年俄罗斯《信息、信息技术与信息保护法》第2条。

的本质界定为信息,他说"抽象物是一种信息"①。但同时他又在论及知识财产能否被浪费时,把知识财产的本质界定为思想,他说,"思想是抽象物的一种形式,作为抽象物,思想不能被浪费,当把思想当做财产时,可能被浪费,即思想一旦被独占,其有效运用的时间幅度在许多情况下就非常有限了"②。通过这段论述,可以知道,除非信息等于思想,否则德霍斯和许多相同论调者将无法走出自己制造的矛盾。知识财产作为一个确定的客体,本质只能或为信息或为思想,而不可能同为信息和思想。而实际上,当信息说认为知识财产的本质是信息时,所指的信息往往是思想。只是为了避免把思想当做财产的"尴尬"(其实这并不尴尬)才借用了信息这一概念。德霍斯就是把思想和信息画等号的,他对卡尔·波普尔的第一世界(物质世界)、第二世界(经验世界)和第三世界(客观知识世界)的划分表示赞同,并认为第三世界属于人类的创造物,抽象物就存在于第三世界之中。③ 而处于第三世界的、被人类所创造的东西唯有思想。可以说,知识财产的本质是思想,信息说的持有者,实际上是把信息和思想画等号的。

第三节 知识财产的法律性质和作用

一、知识财产的法律性质

(一)知识财产法律性质是财产

科学揭示知识财产的法律性质,是确立知识产权制度和建立知识财产交易规则的前提。在中外学界,都较为普遍地认为知识产权为财产。④ 美国著名知识产权法学者米勒和戴维斯认为知识产权客体的法律性质为财产:"也许有人要问,为什么一本书要包括(专利、商标、版权)三个性质不同的科目。它们的共同之处是,它们都具有一种无形的特点,而且都出自一种非常抽象的财产概念。"⑤然而,有另一种观念正在抬头,即知识财产为财产,而知识产权为权利。日本学者纹谷畅男也认为知识产权的客体,不论是否已经投入使用,都代表一定的财产价值。⑥ 在我国,知识财产性质为财产是知识产权法学界的通说。郑成

---

① 〔澳〕彼得·德霍斯:《知识财产法哲学》,周林译,商务印书馆2008年版,第182页。
② 同上书,第62页。
③ 同上书,第66—67页。
④ 同上书,第11页。
⑤ 〔美〕阿瑟·R.米勒、迈克尔·H.戴维斯:《知识产权法概要》,周林等译,中国社会科学出版社1998年版,导论第4页。
⑥ 〔日〕纹谷畅男:《知识产权法概论》(日文),有斐阁株式会社2006年版,第42页。

思先生认为知识财产是财产的一种类型。① 吴汉东教授主张构建无形财产权来保护知识财产,也将知识财产当做财产的一种。

从法律关系的角度看,财产只能是知识产权的客体,而非权利本身。自罗马法始,财产这一概念就充满了内在的矛盾性,最突出的一点是它既包括了权利客体,又包括了权利本身。② 王泽鉴先生也把财产和财产权同等看待,尤其是他认为知识产权是财产的一种形式。③ 然而,随着法学的昌明和知识产权法学的发展,人们逐步建立了知识财产和知识产权相区分的认知观念。德国民法学家拉伦茨认为:权利是法律为了满足某人的需要而赋予他的一种"意思的力"或"法律的力",是一个确定的、对这个人来说合适的权力关系。"法律的力"是指法律制度对权利人的授权,一种"可以作为",或是一种"法律上的可能"。④ 简言之,权利必须是由法律明确规定的,法律没有规定的不是权利。这个原理反映在物权法上就是物权法定原则,在知识产权法上就是知识产权法定原则。从财产和财产权的关系角度看,财产是财产权的客体;在知识产权法领域,知识财产是知识产权的客体。因此,构成财产的不是知识产权,而是作为知识产权客体的知识财产。

(二) 财产之界定

财产是指一切外在于人并具有金钱价值的物质和非物质资源。从概念法学角度来看,知识财产属于财产范畴。我国民法中,在多处使用财产概念,但是并没有做明确定义。王泽鉴先生认为财产的要义在于具有金钱价值,并解释说,"所谓具有金钱价值,指得获有对价而让与,或得以金钱表示者"⑤。

首先,财产一定是外在于人的,人的一部分无论是身体器官还是智力或行为都不是财产。美国法学会编纂的《财产法重述》第 5 条认为,财产是一切利益(interest)或者利益的集合。从法律角度看,作为一个制度性事实,只有经过法律认可才能成为法律意义上的"财产"。从外延上看,德霍斯将财产分为有形财产和无形财产,有形财产主要是指有体物,而无形财产主要是指知识财产。⑥

其次,财产是一种制度,属于思想的社会关系,而非物质的社会关系。物和思想都是客观的存在,而财产则是专属于法律的概念。因此,无论是把有形的东西(如有体物)作为财产,还是把无形的东西(如思想)作为财产都是从人的价值

---

① 郑成思:《知识产权论》,法律出版社 2003 年版,第 31—37 页。
② 施启扬:《民法总则》,台湾三民书局总经销,作者发行,2001 年版,第 173 页。
③ 参见王泽鉴:《民法总则》,中国政法大学出版社 2001 年版,第 233 页。
④ 参见〔德〕拉伦茨:《德国民法通论》,王晓晔等译,法律出版社 2003 年版,第 276—278 页。
⑤ 参见王泽鉴:《民法总则》,中国政法大学出版社 2001 年版,第 233 页。
⑥ 〔澳〕彼得·德霍斯:《知识财产法哲学》,周林译,商务印书馆 2008 年版,第 11 页。

判断出发的。换句话说,有体物和思想是现实存在的,但二者能否作为财产而存在于法律世界之中,则是要借助人类价值判断这个中介,人们认为必要的情况下,才将某物作为财产加以保护。黑格尔认为,"我可以转让自己的财产,因为财产是我的,而财产之所以是我的,只是因为我的意志体现在财产中"。"对于哪些东西可以成为财产、哪些东西不可以成为财产,没有任何先验的判定"[1],而是法律的取舍。在法律框架内,人"有权利将他的意志体现在任何和每一个物中并且使之成为他的财产"。[2]

(三) 理由分析

笔者赞同知识财产法律性质为财产,理由如下:

第一,知识财产凝结着人类的劳动,这成为它具有价值的基础;另外,知识财产能够满足人类的生产和生活需要,具有使用价值。

第二,知识财产表现为一种价格形态。知识财产和物一样,在现实生活中,是以价格形态存在的。无论是知识财产的转让,还是许可和出资,知识财产都是可以明码标价的,甚至表现为极高的价格形态。

第三,知识财产具有可交易性。知识财产的可交易性与价格形态紧密联系在一起,是一个问题的两个方面。正是因为虚拟物具有可交易性,它才表现为一定的价格形态。而知识财产具有价值和使用价值,是其具有可交易性的基础。

第四,知识财产具有合法性。权利不能基于违法手段而取得,这是一项古老的私法谚语。同理,财产也不能基于违法手段获得。而知识财产基于智力劳动而产生,具有合法性。

(三) 知识财产是一种登记财产

知识财产是一种登记财产。根据《荷兰民法典》第 3 编财产法总则第 10 条的规定,"登记财产是指其移转或创设须在为此目的而设置的公共登记簿上进行登记的财产"。专利和商标是典型的登记财产,因为专利权和商标权的创设须为登记,而著作权不以登记为标志可以自动产生,但是移转应该进行登记,因此也属于登记财产,以此类推,非物质文化遗产也是如此,但商业秘密却是一个例外。总的来看,知识财产是一种登记财产。

二、知识财产的作用

培根说,知识就是力量。说的是知识的作用在于照亮人心和鼓舞士气,并为

---

[1] 〔澳〕彼得·德霍斯:《知识财产法哲学》,周林译,商务印书馆 2008 年版,第 89 页。
[2] 〔美〕P. G. 斯蒂尔曼:《黑格尔在〈权利哲学〉中对财产权的分析》,黄金荣译,http://www.gongfa.com/caichanquanheigeer.htm,2009 年 2 月 6 日访问。

下一步工作指明方向。可以做这样的解释,当培根说出知识就是力量的命题时,在他的心中,知识对于社会的作用是间接的。知识通过武装大脑,来推动社会的发展。培根的这种观念来自古希腊的四大哲学学派之一——斯多葛主义。斯多葛对无形物进行了划分,把词义划归无形物,并认为可表达的无形物一旦进入人们的信念就变成了有形的力量。① 知识财产的作用和知识的作用不同。或者说,当我们以知识产权法来保护知识财产时,当知识进入法律的视野成为知识财产之后,作用也发生了质的飞跃。此时,知识已经不再是力量,而是财产,是促进人类社会进步的经济资源。这是各国知识产权法确认的基本事实。知识财产在人类社会的进步中发挥着财产的作用,作用方式也由过去的间接方式,演变为直接方式,不再借助大脑发挥鼓舞士气的作用,而是直接应用于生产,发挥着和物质资源同样的作用。

---

① 〔澳〕彼得·德霍斯:《知识财产法哲学》,周林译,商务印书馆2008年版,第11页。

第六章
知识财产的法律特征和分类

第一节 知识财产的法律特征

知识财产的哲学本质和法律性质不同。对二者进行区分的法律意义在于明确"知识"要成为"财产",必须满足一定的法律要件。知识成为财产的法律要件,被称为知识财产的法律特征,它是判断一项知识是否构成知识财产的标准。知识财产的法律特征可以分为财产的共有特征和自身的特有特征。

一、知识财产的共有法律特征

对于知识财产的法律特征,我国学界的认识可谓五花八门,并且往往和知识产权和特征发生混淆。郑成思先生认为,知识产权的特征为无形、专有、地域、时间和可复制性。[1] 但很多人认为上述特性实质上为知识产权客体的特性。有学者将知识产权客体的特征概括为保护对象的创造性、客体的支配权利性、地域性和公共利益限制性。[2] 还有学者认为,"知识产权的特征可以概括为其权利客体的非物质性与可复制性,法定性、独占性、地域性和时间性。其中前两项为知识产权利客体与其他民事权利客体的差异而成为知识产权的特征;后四种为知识产权本身的特征"[3]。笔者认为,从知识产权法角度看,知识财产是财产,而不再是知识,如同在物权法上有意义的是"物",而不是桌子和椅子等具体的物质实在。因此,从财产角度归纳的特征才是知识财产的法律特征。首先,知识财产作

---

[1] 郑成思:《知识产权法》,法律出版社2003年版,第9—19页。
[2] 刘春田:《知识产权法教程》,中国人民大学出版社1995年版,第5—7页。
[3] 蒋志培:《论知识产权的概念、历史发展及其法律保护的含义》,http://www.cnlunwen.cn/lwzx/fx-lw/gfxf/200607/7085.html,2008年12月11日访问。

为财产的一种类型,应具备财产的共有特征。详述如下:

(一) 确定性

知识财产的"确定性"是指知识财产得以准确界定的特性。在哲学上,在头脑中的知识被称为主观知识,而通过载体表现出来的知识,被称为客观知识。[①] 知识是人脑的产物,不具有形体,须借助于载体将它固定下来,才能为人们所认识并满足确定性要求。没有任何载体的知识不能成为财产,不能进入法律领域。在法律上,知识财产的确定性的含义是:一项知识财产通过表达而得到确定。知识财产是被表达出来的思想,而不是头脑中的思想。这个理念在物权法上又称为"外在于人"的理念。无论是哲学家康德还是黑格尔都认为,所有权的客体是外在于人的。而就黑格尔所言的"精神产品"而言,它也必须是外在的对象,而不能是内在于人的。"财产是意志的产物,可以通过一定的意志行为放弃或让渡,但这种东西必须是可以外化的。"[②]智力构思"一旦外化,便成为可在法律上占有的物"。[③] 也就是说,知识财产必须是外在于人的,必须借助表达而呈现于外部。确定性特征的法律意义在于不能确定的知识,无法反复使用,不能成为知识产权法意义上的财产。没有载体的"知识",如头脑中的"思想",是不能被他人感知的,也不可以作为一种客观的资源加以储存的。因而,不能进入知识产权法领域。

知识财产的确定性和物不同。物权法的"物"的确定性比较稳定,但也并不是绝对稳定。比如一百斤大米之上成立一个物权,并不因运输中有一两颗减少而改变这个物权。然而,由于知识财产是无形的,它的确定须借助人们的判断才能形成,如果判断失误,可能导致知识财产的边界过大,甚至将现有技术纳入其中的现象。我国《专利法》第 62 条规定:"在专利侵权纠纷中,被控侵权人有证据证明其实施的技术或者设计属于现有技术或者现有设计的,不构成侵犯专利权。"这就从侵权行为的认定角度,将"现有技术"从知识财产中剔除出去了。这说明知识财产的确定性比物更弱。比如说,一个画家创作了一幅十分满意的画,他会临摹这幅画出售。这样,他的每一幅临摹画和原画相比都会有细微的差别,但是并不能因为这些差别就认为每幅临摹画上都成立了新的著作权,无论临摹多少幅,著作权只有一个,即原画的著作权。就此看,著作权的客体作品是不稳定的,是有着些微变化的,但是这些变化并不影响作品的确定性,也并不影响著

---

① 〔英〕卡尔·波普尔:《客观知识——一个进化论的研究》,舒伟光译,上海译文出版社 2005 年版,第 83—85 页。

② 吴汉东:《法哲学家对知识产权法的哲学解读》,载《法商研究》2003 年第 5 期。

③ See Peter Drahos, *A Philosophy of Intellectual Property*, Dartmouth Publishing Company Limited, 1996, pp. 75—82. 转引自吴汉东:《法哲学家对知识产权法的哲学解读》,载《法商研究》2003 年第 5 期。

作权的存在。

(二) 可控制性

知识财产的可控制性是指知识财产可以通过意志加以控制的特性。在物权法上,对于物的可控制性有两种学说,一种认为可控制性是指通过肢体等强力加以控制,一种则是指通过意志加以控制。哲学家康德认为,"单纯是感官的占有,尚不足以称之为所有权意义上的'我的'。只有在不以肢体或个人力量来实现对物的占有,而是在观念上将某物视为'我的'情况下,并且在物与人的事实分离也亦不能改变人与物的关系的情况下,才能称为所有权"①。笔者赞同康德的学说,主张通过意志加以支配形成法律上的占有。因此,对知识财产的支配成为可能,即对于无形的知识财产,不能通过强力加以控制,但可以通过意志加以控制。

(三) 独立性

所谓独立性特征是指知识财产必须是外在于人并且能独立地满足人们生产、生活的需要的法律特征。首先,知识财产必须是外在于人的,不能是在人的大脑之中的。只有外在于人的东西,才能成为财产。在黑格尔看来,可转让是财产的本质要素,财产之所以能满足这个要素,是因为财产是"非人的"和"外在的"。黑格尔认为,人可以通过将他们自己的某些部分在客观世界中外在化,而创造出可以成为财产的新的"财产"。例如,任何一本同样的书,都是作者创造的同一种思想观念的外化(打印在纸上),因此就成为可以出售和被他人使用的财产。② 知识是人的思想,属于意识范畴,知识财产是人对其自身及其外部世界的认识的表达,是外在于人的。在黑格尔看来,一个人可以通过书或者发明等形式,获得他人的外在化的思想。③ 这一点对于判断财产与非财产至关重要。民事主体受雇于企业,从事技术开发,是利用大脑中的"知识"提供的"劳务",不属于知识产权法的范畴,而属于劳动法的范畴。其次,客体的独立性是以是否能独立满足人们生产和生活为判断标准。在社会实践中,知识财产能否独立满足人们的需要,应根据社会实践的具体情形确定。独立性的法律意义在于,知识财产是外在于人的,并且可为财产权的客体,并且一个独立的知识财产之上,存在一个独立的知识财产权。

知识财产的独立性和物不同。一方面,物的独立性往往表现为存在形式的

---

① 吴汉东:《法哲学家对知识产权法的哲学解读》,载《法商研究》2003年第5期。
② 〔美〕P.G.斯蒂曼:《黑格尔在〈权利哲学〉中对财产权的分析》,黄金荣译,http://www.gongfa.com/caichanquanheigeer.htm,2009年2月6日访问。
③ 〔澳〕彼得·德霍斯:《知识财产法哲学》,周林译,商务印书馆2008年版,第93页。

独立性(建筑物区分所有权除外),而知识财产是一种思想观念,不是物质实体,不存在可见的独立性。另一方面,许多知识财产往往和公有领域的知识交织在一起形成一个整体,比如专利技术往往和现有技术结合才能发挥作用。因此,知识财产的独立性是观念上的,是相对的。

(四) 价值性

知识财产的价值性是指能满足人的生产和生活需要的属性。知识财产能满足人的需要,也就是说知识财产必须对人有用,就是有价值。这种价值,既包含了经济利益,也包含了精神利益。知识财产是人类认识自身和外部世界的一种表达,只要它具有能满足人的需要的属性,就可以成为财产。知识财产的价值性和物不同。物的价值性很早就被人们所认识,财产法最开始就是以物(土地)为客体的。而思想被作为鼓舞士气的力量。如培根说,知识就是力量。但随着社会发展,人们逐步意识到知识不仅仅是力量而且是一种社会发展必需的资源,应该以对待物的方式同等地对待知识。保护思想的财产权模式诞生了。获得了一定载体的思想表达,无论是作品还是技术,都被认为是外在于人的,而不再内在于人,因此,思想作为财产就不再有法哲学上的障碍。知识财产的价值性是随着社会的发展进步被逐步认识到的,经历了一个由"力量"到"财产"的转变过程。价值性的法律意义在于,它将法律上保护的知识与未进入法律范围的知识明确加以区分。

(五) 稀缺性

知识财产的稀缺性是指相对于人类的需要而言,知识财产总是少于人们能免费或自由取用的数量的情形。并非一切能满足人的需要的知识都必然能成为知识产权法上的财产。一般性的知识,如公知技术就不能成为知识产权法上的财产(但可以进入民法成为咨询合同的内容),实质原因是它不具有稀缺性。关于知识财产是否具有稀缺性,存在争论。有学者认为:"关于诸如知识形式存在的抽象的一个重要事实是,它们是不能由于使用而被耗尽的。事实上,恰恰相反,知识通过使用而获得增长。"[1]因此,得出的结论是,"知识财产是一个潜在的危险的规范形式,因为它人为地制造知识稀缺现象,从而知识不断丰富这一规律"[2]。笔者认为,这是混淆了知识的不可消耗性和知识财产的稀缺性而得出的不当结论。知识是不可消耗的,越用越丰富,因而知识财产不会因使用而发生损耗或者灭失。然而知识财产的这种特性和知识财产的稀缺性并不矛盾。稀缺性指的是知识财产是有限的,并不是取之不尽用之不竭的。因此,可以说,知识财

---

[1] 〔澳〕彼得·德霍斯:《知识财产法哲学》,周林译,商务印书馆2008年版,第2页。
[2] 同上书,第3页。

产是一种可以反复使用的、不可被消耗的稀缺资源。稀缺性的法律意义在于,知识仅具有价值性仍不能成为财产,还必须具备稀缺性。正因为知识财产存在稀缺性这一特性,才需要研究如何最有效配置,才有必要通过法律制度加以保障。

二、知识财产的特有法律特征

除了作为财产共有特征外,知识财产还具有自己的特有特征。共有特征说明了知识财产作为财产的共性,而知识财产特有特征是它和物以及信息财产相互区分的特征。知识财产作为一类独特的财产客体,具备四个方面的特有特征。

(一) 创造性特征

知识财产的创造性是知识得以成为财产的基础条件。知识财产的创造性特征是指知识财产包含有人的创造性劳动的特征。知识财产为智力活动的产物,是人类智力劳动取得的成果。构成法律保护的知识财产,不是原有或固有的,而是人类在认识和改造客观世界过程中获得的。人们通过创造性劳动所获得的认识世界和改造世界的新思想,通过一定载体得以表达,就成为一种客观知识,该知识受到法律的保护变成为财产,被称为知识财产。知识财产与物和信息财产不同,它必须有所创新、有所突破。创造性是知识财产取得法律保护的条件,而物和信息财产恰恰是不需要创造性的,如两个同样的杯子和两份同样的杀毒软件产品都是物权或信息财产权的客体,而两个相同的作品、专利只能是一个权利的客体。创造性要件把知识财产与其他财产形式区分开来。民法保护的"物"和"信息财产"都不以创造性为要件。创造性是智力成果取得法律保护,并被授予财产地位的前提。就具体情形而言,法律对各种具体的智力成果的创造性要求是不同的。一般情况下,专利发明所要求具有的创新性最高。其技术与现有的技术相比较要有显著的进步和突破。作品的创造性比专利发明低,属于作者的创造性作品,只要非抄袭作品,无论是否内容或者表达的感情以及思想是否与他人的作品相同或类似,都可以独立地取得著作权。商标则要求必须具备显著性,明显区别于他人。这就要求商标图案的创作必须符合创造性特点。知识财产的创造性,是知识财产获得价值的基础。有学者认为,"一棵砍倒的树与以它为原料做成的精美家具相比,二者'有用性'上的差异不啻云泥之别;一百张白纸,当其上写有一部惊心动魄的故事后,其前后所产生的利益显然也不可同日而语;一堆金属和橡胶等原材料(有形物),固然因其自然属性而具备一定的'有用性',但比较有限,当它们变成一辆汽车时,其间'有用性'的差距更是不言而喻"[①],说的就是创造性对于知识财产的重要作用。在这个特征上,非物质文化

---

① 齐爱民:《现代知识产权法学》,苏州大学出版社2005年版,第8页(此部分为朱谢群博士撰稿)。

遗产成为例外，其特征为传承性，而非创造性。

（二）无形性

知识财产的无形性(intangible)是知识财产和物这两种财产权客体的根本区别所在。知识财产本质为思想，必然具备无形性特征。所谓知识财产的无形性，也称为非物质性，是指知识财产不具备形体不能通过强力占有主张权利的特性。从哲学上看，知识财产是创造性智力劳动的产物，本质为思想，属于意识范畴。意识和物质是相对应的概念范畴，物质是有形的，而意识是无形的。知识财产是思想的表达，而思想表达并不因呈现外部性而改变哲学本质，即思想的表达的本质仍然是思想。因此，知识财产具有无形性。明确知识财产的无形性法律意义主要在于使他和物得以区分，并且一般不发生消灭知识财产的事实处分与通过交付有形物进行法律处分，有形物的交付与对知识财产的法律处分并无法律上的联系。

（三）可传播性

知识财产的可传播性，是知识财产和信息财产的根本区别所在。所谓知识财产的可传播性，是指知识财产因不具备形体而可以被不特定多数人同时获得和使用的特性。传播(communication)的词源是拉丁文为commivni，是指思想和信息的交流。《大英百科全书》认为传播是指一个人与另一个人之间用视觉、符号、电话、电报、广播、电视或其他工具为媒介，所从事之交换消息的方法。从法律角度看，"传播"仅指思想的交流，而信息是不能传播的。

人获得思想的方式有两种：一种是通过其他人的交流，另一种是通过对他人的知识财产的学习。从哲学上看，知识财产的本质为思想，思想是可以传播的。知识财产的可传播性是知识财产和信息财产的最大区别所在。从信息论上讲，信息具有三个基本属性，即信息对物质的依赖性、信息的传递性和信息的确定性。但是信息论上的"信息"，并不是法律视野中的"信息"。法律视野中的信息财产，是指固定于一定的载体之上，能够满足人们生产和生活需要的信息。① 信息财产法上的信息，均指有载体的信息。而有载体的信息是不能传播的，只能传递：和载体一同传递。因此，知识财产具有可传播性，而信息财产不具备。明确知识财产的可传播性的法律意义在于，它是在法律上区分知识财产和信息财产的标准，如传播行为侵害的知识产权，而非信息财产权。

（四）区别性

所谓的区别性特征，是指知识财产与载体相分离而独立成为权利客体的特性，即知识财产和载体相分离的特性。康德有一段话生动说明了知识财产和载

---

① 齐爱民：《论信息财产的概念和法律特征》，载《知识产权》2008年第2期。

体的关系。康德说,"书是人们写出来的,它包含某人向公众所作的,通过可以看得见的语言符号来表达的讲话,这和书籍的实际外形无关,不论它是用笔写的或用活字版印刷的,也不论它是写成的或印成几页或许多页的。那个以他自己的名义通过书向公众说话的人是作者。"①虽然知识财产是通过载体获得"确定性"的,但是知识财产和载体是相分离的。知识财产和载体相分离包含以下内容:第一,知识财产和载体在物理属性上虽为一体,但是在法律上却是相互独立的。知识财产的本质是思想,而载体是物质、电子或者行为;知识财产是知识产权的客体,载体是物权或者信息财产权或者债权客体。第二,知识财产是知识产权客体,而载体则为物权、信息财产权或者人身权客体。当载体为物质实体和书面形式的情况下,载体为物权客体;而当载体为电子形式的情况下,其本质为信息,为信息财产权客体;当载体为行为的情况下,载体为人身权的客体。第三,知识财产与载体是可分的。从实践上看,知识财产以载体为存在形式,是不可分的。但是从知识产权法角度看,二者必须是可分的,否则知识产权将不复存在了。第四,知识财产的价值独立于载体。从价值上看,知识财产的价值和载体的价值相互独立,互不依赖。知识产权客体的价值和载体无法相比,一个知识产权的客体,可以有多种载体。一般而言,知识财产的价值和载体无关,载体不能决定知识财产的价值(详见本章第二节)。

值得注意的是,知识财产并不具备可复制性。在我国知识产权法学界,通说认为知识财产具有可复制性或称为知识产权的可复制性。一般把知识财产的可复制性解释为知识财产具备被反复复制的特性。笔者认为,知识财产所赖以依附的有形载体(如纸张或者电子)可以被复制,但知识财产并不因此而变为多个,其上的知识产权也还是一个,因此,知识财产是不能被复制的。所谓复制只是只是财产发挥社会作用的过程。有多少个被"复制"的有形载体,就有多少个物或者信息财产,就形成了多少个物权或信息财产权,而知识产权始终只有一个。从物理形态上看,知识财产不会因使用而发生损耗或者灭失,具有不可消耗性。物的使用是通过对自身的消耗而实现的,物消耗殆尽,物权消灭。《日本知识产权战略》指出,"信息"与"物质"不同,它具有易模仿的特性,并且利用之后并不会被消耗,因而很多人可以同时利用。② 这里"信息"指的是知识产权客体。因此,所谓可复制性不是知识财产的法律特征。

---

① 〔德〕康德:《法的形而上学原理——权利的科学》,沈叔平译,商务印书馆1991年版,第111页。
② 参见2002年7月3日日本知识产权战略会议:《日本知识产权战略大纲》。此处的"信息"指的是知识财产。

第二节　知识财产与相关概念

知识财产与载体、知识产品、物、信息财产是一组相互联系又相互区别的概念。厘清之间的关系，无论从理论角度，还是从司法实践的角度看都至关重要。厘清它们在法律上的界限，在法律上明确界分这四个概念的关系，是划清知识产权法和相关学科的边界的基础。

一、知识财产与载体

（一）载体概念

从哲学上看，知识财产的本质是思想，而非物质。因此，知识财产必须通过载体加以表现，唯有如此才能获得确定性而进入法律领域。知识财产的载体有广义和狭义的区分。广义上的知识财产的载体是指一切可以承载和表现知识财产的工具。黑格尔说："艺术作品乃是把外界材料制成为描绘思想的形式，这种形式是那样一种物：它完全表现作者个人的独特性，以至于它的仿制本质上是仿制者自身的精神和技术才能的产物。"[①]当一幅美术作品被画家创作完成之后，画稿即为作品的载体。画稿并非著作权上的作品，画稿上记载或者说表现的内容才是作品；当专利获得授权，记载该技术方案的权利要求书为专利的载体，权利要求书（参考说明书）所记载的技术方案为专利；当商标获得注册，记载该注册商标的纸质的商标图样为载体，而该载体记载的图形和文字的组合为商标。狭义上的知识财产的载体仅指最原始的或被指定的承载知识财产之物（包括行为）。区分广义和狭义知识财产载体的法律意义在于，一般而言，狭义知识财产载体的灭失可导致知识财产灭失，而广义载体则不会，如千万个图片中一张的灭失与知识财产无关。所以，知识财产和载体是两个不同的概念范畴。

（二）载体形式

知识财产的载体可以分为物质载体、电子载体和行为三类。

1. 物质载体。物质载体为知识财产最为普遍的载体形式。物质载体可以分为物质实体和书面两种形式。物质实体是指创造者根据自己的知识财产制作的第一个立体作品或者实物，如雕塑、机器等。第二种物质载体为书面形式载体。私法上，书面往往具有十分重要的法律意义。比如，合同法要求一定的合同必须采用书面形式方为有效，知识产权法要求专利申请文件和注册商标申请书必须采用书面形式，等等。在纸质媒介和印刷术所创制的法律文明中，书面形式

[①] 〔德〕黑格尔：《法哲学原理》，范杨、张企泰译，商务印书馆1982年版，第73页。

处于核心地位。一般而言,著作权保护的作品、专利权保护的专利以及商标权保护的商标多以书面形式为载体。书面形式主要是指以纸以及类似物等书写材料记载知识财产的载体形式。书面形式的最大特点在于便于保存,有据可查,发生纠纷时举证方便。由于知识财产的本质为思想,不具有形体,因此在发生纠纷时,知识财产的载体就成为证明知识财产存在与否以及财产的内容和样态的证据。

2. 电子载体。电子载体是指以电子或者类似功能的材料记载知识财产的载体形式。电子形式在立法上又被称为数据电文,与书面形式相比,具有两个显著特点:(1)电子形式表现为一组电子信息。如果说书面形式赖以存在的介质是纸张和油墨,那么电子形式赖以存在的介质是电脑硬盘或软盘的磁性介质。(2)在电子形式下的合同必须通过调取储存在磁盘中的文件信息,通过电脑屏幕人们才可以识读,而传统书面形式是可以直接识读的。由于电子形式是计算机和互联网带来的一个新生事物,因此电子形式并不天然具备法律效力。联合国《电子商务示范法》利用功能等同(functional-equivalent)的原则从分析电子形式的功能出发,确定电子形式的法律效力。所谓"功能等同"是指虽然电子形式不同于传统的书面形式,但在一定的条件下,如果电子形式具备了书面形式的功能,则应该把电子形式视为书面形式。联合国《电子商务示范法》第 6 条规定:"如法律要求信息须采用书面形式,则假若一项数据电文所含信息可以调取以备日后查用,即满足了该项要求。"我国《合同法》对书面形式的规定在涉及电子合同书面形式问题时采取了形式等同法,将电子形式直接等同于书面。我国《合同法》第 11 条规定:"书面形式是指合同书、信件和数据电文(包括电报、电传、传真、电子数据交换和电子邮件)等可以有形地表现所载内容的形式。"我国《电子签名法》对数据电文的书面形式问题则又回到了"功能等同"方案。《电子签名法》第 4 条规定:"能够有形地表现所载内容,并可以随时调取查用的数据电文,视为符合法律、法规要求的书面形式。"面对数据电文在知识产权法申请文件上的广泛应用,我国的知识产权法律、法规也专门规定了当事人的专利申请文件和商标注册申请可以采取电子形式。电子形式和书面形式的最大不同在于知识财产是寄存于电子还是物质,以物质载体记载的为书面形式,以电子等记载的为电子形式。

3. 行为载体。知识财产的最后一类载体是行为。尽管知识财产较少选择以行为为载体,但是这种载体毕竟是存在的。行为作为"意思"的载体,发生于合同法的早期。当时,由于文字和纸张尚没有通行,人们在实践的基础上创立了一套由"完整而严格的动作和语言"构成的合同形式。这种合同形式具有绝对的法律效力——缺乏合同形式的合同无效,即便当事人能够证明合同内容,合同也因缺乏形式而无效。① 换个角度看,当时的人们认为行为仪式记载了当事人的意思。在古时候,人们签订合同需要举行仪式的目的在于便于记忆合同内容。② 就知识财产而言,也有和合同类似的情况发生。在著作权法领域,口头作品就是以行为为载体的,表演者权的客体"表演"、行为艺术作品都是以行为为载体的。行为载体消灭,知识财产并不灭失,但如知识产权人不能举证该行为载体与内容,则知识财产会被司法判定为不存在。

(三)知识财产和载体比较

首先,知识财产和载体在法律上是相互独立的,知识财产是知识产权的客体,而载体或为物权客体或为信息财产权客体。我国《著作权法》采取了知识财产和载体相独立的主张,第18条规定:"美术等作品原件所有权的转移,不视为作品著作权的转移。"其次,从事实上看,知识财产与载体是内容和形式的关系。知识财产以载体为表现形式,没有以载体为表现的知识财产是不能进入法律领域的。任何知识财产均需要依附于一定的"载体"得以表现,这是思想外化的需要。没有阐述的思想,是无法受到知识产权法保护的。

(四)载体的法律意义

载体是知识财产受到法律保护的形式要件。但对载体的占有,并不意味着对知识产权的享有,而对知识产权的持续享有也并不以占有载体为条件,如写信的人对一封发出去的信享有著作权,但却不再占有信的物质载体。③

载体在知识产权法领域中的重要性在于它代表着抽象秩序,是知识产权法的基石之一。知识产权法始终贯彻了一个规则,那就是没有载体的"知识财产"不能进入法律领域,不能受到知识产权法保护。纯粹的思想非法律所能辨认,只有凭借一定的外在形式表现出来,才能由法律确定,进而使思想者获得法律保护。日本学者认为,只有通过书面的记载才能把握住思想④,强调的是书面载体的作用。从法律价值角度看,知识财产载体的着眼点在于:把每个人都当做完全平等的抽象主体对待,因此只依据载体表现出的思想内容作出法律上的解释和判定,排除一切非表现为载体的思想带来的干扰。从构成上讲,知识财产必须由一定的载体表现出来,否则不能成为法律保护的客体,比如头脑中的作品或者技术方案,因没有载体,没有表现出来而不具备受到法律保护的基础要素。哲学大师黑格尔认为,"精神产品"的转让,转让的是精神能力的有限定的一部分,不是

---

① 齐爱民:《电子合同典型法律规则研究》,《武汉大学学报(社科版)》2002年第2期。
② 周枏:《罗马法原论》(下册),商务印书馆1994年版,第600页。
③ 〔澳〕彼得·德霍斯:《知识财产法哲学》,周林译,商务印书馆2008年版,第28页。
④ 〔日〕纹谷畅男:《知识产权法概论》(日文),有斐阁株式会社2006年版,第79页。

把整个大脑中的思想,即把整个人格、理智进行转让。①

不同载体的法律效力不同。物质载体的法律效力最强,电子载体次之,而行为载体最次。《伯尔尼公约》第 2 条第 2 款规定:"本同盟各成员国得通过国内立法规定所有作品或任何特定种类的作品如果未以某种物质形式固定下来便不受保护。"也就是说,作品固定于物质载体的,各同盟国必须保护,但是作品以口头等非物质载体形式出现的,成员国可以立法保护,也可以立法排除保护。

二、知识财产与知识产品

(一) 知识产品的概念

所谓知识产品是指运用知识财产而制造的产品。有学者将知识产权客体称为知识产品,笔者认为不妥,因为:第一,产品的英文为"product",而知识财产的英文为"intellectual property",将知识财产称为知识产品与英文词源不符;第二,如果将知识产权客体称为知识产品,容易导致知识财产和利用知识财产制造的产品之间的混淆。笔者认为,以知识产品指代利用知识财产制造的产品,更符合生活习惯,也容易和相关法律部门如产品质量法保持一致。知识产品这个概念有两个主要特征:

第一,知识产品是产品。"产品(product)"是一个经济学和法学均使用的概念。但这两个领域中的内涵并不一致,经济学概念中的产品包括了服务,而法学上的产品则是和服务相对应的。国际标准化组织(ISO)颁布《质量管理和质量保证—词汇》标准(ISO8402-91)将产品分为四类:硬件(hardware)、软件(software)、流程性材料(processed material)和服务(service)。在法律领域,产品这一概念不包括服务。1973 年《关于产品责任适用法律的公约》(简称《海牙公约》)是唯一对产品概念进行界定的全球性国际公约。该公约第 2 条规定:"产品是一切有经济价值的,能够提供使用和消费的物品,包括天然产品和工业产品,无论是加工的还是未加工的,也不论是动产还是不动产。"②1976 年欧洲理事会制定的《关于造成人身伤害与死亡的产品责任的欧洲公约》第 2 条同样将产品定义为物品,但把不动产排除在外。1985 年欧洲共同体颁布的《成员国有关缺陷产品责任的法律、法令及行政规定一致的理事会指令》第 2 条也将产品定义为物品("电"被认定为产品),但将初级农产品和狩猎产品排除在产品之外。以上三个产品责任公约对产品界定各有差别,但主体部分相同,即将产品定义为物品而不包括服务。产品概念有两个主要的法律意义:第一,产品是民法上的物,包括动

---

① 吴汉东:《法哲学家对知识产权法的哲学解读》,载《法商研究》2003 年第 5 期。
② 张庆、刘宁、乔栋:《产品质量责任法律风险与对策》,法律出版社 2005 年版,第 3 页。

产和不动产;第二,生产者和销售者对产品应承担产品责任。美国和欧盟的产品概念也坚持了产品是物的基本立场。美国商业部 1979 年公布的《统一产品责任示范法》第 102 条第 C 款规定,人体组织、器官、血液组成成分被排除在产品之外,除此之外的物均为产品。英国 1987 年《消费者保护法》专门对"物品"进行了界定,该法第 45 条第 1 款规定,物品是指"物质生长的作物、附着于其他东西之上并与土地混为一体的东西和任何船舶、航空器或机动车辆"。我国《产品质量法》第 2 条将产品定义为:"经过加工、制作用于销售的产品。"从以上定义可以看出,产品被界定在民法上物的范畴之内,但其外延要小于物。随着社会信息化转型,新的产品形式——信息产品大量出现,因此,很多国家立法、司法都注意到适时地将信息产品纳入产品范畴,但不是把信息产品纳入"物"的范畴。信息产品本质为信息,非物质实体,因此不属于物,而是一种新类型财产——信息财产,其上权利为信息财产权。

第二,知识产品不同于一般产品,是运用知识财产而制造的产品。知识财产的本质为思想,是一种抽象物,不能直接满足人类的生活需求,需要具体化为实在物。知识产权人利用物质实体材料和知识财产结合生产制造的产品为物,如电影光盘、机器和商标标记等,是物权客体;而利用电子信息材料和知识财产相结合生产制造的产品为信息产品,性质为信息财产,是信息财产权客体。不论是何种财产权客体,都是知识财产发挥作用的结果,借助的物质实体和电子信息不过材料而已。但是,必须说明的是,材料和知识财产已经结合为"一物",不可分,并且当产品形成,就已经不是知识产权客体,就已经脱离知识产权的"控制",而为物权或者信息财产权客体。

(二) 知识产品的分类

根据材料不同,知识产品可以分为物和信息财产两类。知识产权人利用物质实体材料和知识财产结合生产制造的产品为物,是物权客体;而利用电子信息材料和知识财产相结合生产制造的产品为信息产品,是信息财产权客体。

(三) 知识财产和知识产品之比较

知识财产和知识产品既有联系又有区别。二者的主要联系表现在两个方面:第一,知识产品是知识财产发挥作用的结果,知识财产是知识产品得以制造产生的原因。可以说,没有知识财产就没有知识产品。第二,知识财产通过知识产品发挥作用。知识财产不能直接发挥作用,必须通过制作产品来发挥作用。

二者的主要区别如下:

第一,从客体地位角度看,知识财产和知识产品没有法律上的直接关系。如同从主体地位看,儿子的法律地位与母亲无关一样。世界知识产权组织认为,"智力劳动的创造物之所以称为'知识'财产,在于该项财产与各种信息有关。

人们将这些信息与有形载体相结合,并同时在不同地方进行大量复制。知识财产并不包含在上述复制品中,而是体现在复制品所反映出的信息之中。"①

第二,知识财产和知识产品分属于不同的权利客体。知识财产和知识产品可分,知识财产为知识产权客体,而利用知识财产生产的产品不再构成知识产权客体。利用知识财产制造产品的过程,也是知识财产和载体相互结合的过程。知识财产不同于其与载体相结合后生产的产品,与物质实体结合后的产品是物权客体,与电子信息结合后的产品是信息财产权客体。这一点有着很重要的司法实践意义。我国有关立法也已明确意识到这一点。我国《合同法》第137条明确规定:"出卖具有知识产权的计算机软件等标的物的,除法律另有规定或者当事人另有约定的以外,该标的物的知识产权不属于买受人。"

第三,按照知识产品的功能进行使用,与知识产权无关,即在购买了知识产品之后,不必再获得知识产权许可和支付费用,如使用专利产品和音乐产品等。

（四）知识产品的法律意义

知识产品是知识财产发挥作用的途径和表现。知识财产为思想,不能直接满足人类的生活需要,只有和其他材料相结合才能发挥应有的社会作用。知识财产和相关材料相结合的结果就是知识产品。从这个角度看,知识产品是知识财产发挥作用的途径。在法律性质上看,知识产品和知识财产属于不同财产权客体。

三、知识财产与物

（一）物的概念

物是知识财产的主要载体,但是知识财产和物的联系却不止于此。民法上的"物"是指存在于人体之外、为人力能够支配,并能满足人类需要的有体物。根据民法原理,民法上的"物"有广义与狭义之分。广义的物包括有体物和无体物,狭义的物专指有体物。有体物和无体物的划分始自古罗马法。这个分类至今仍为人们所关注,并对知识财产的认识和理论构建产生着影响。"物必有体"是始自《德国民法典》的一项关于物的基本原则,物权法上的"物"为"有体物"。《德国民法典》第90条至第103条规定的"物"仅限于有体物。根据德国民法的规定,有体物是指有体的、占有一定空间的客体。②《日本民法典》曾一度将无体物纳入物权的客体范畴,但随后作出修正,将无体物剔除。"日本旧民法之所谓

---

① 参见世界知识产权组织编:《知识产权纵横谈》,世界知识出版社1992年版,第4页。转引自吴汉东:《财产权客体制度论——以无形财产权客体为主要研究对象》,载《法商研究》2000年第4期。
② 〔德〕卡尔·拉伦茨:《德国民法通论》(上册),王晓晔等译,法律出版社2003年版,第380页。

物,亦含无体物在内(即各种财产权),于是一切物权债权,皆得为所有权之目的。新民法不复沿袭旧例,所谓物者专指有体物,即占有空间面积之物体也。"①我国《物权法》也坚持了"物必有体"观念,但规定了例外。我国《物权法》第2条规定:"本法所称物,包括不动产和动产。法律规定权利作为物权客体的,依照其规定。"有体物可以分为有形物和无形物。有形物是指具备外观形态的有体物,如房屋、桌椅等;无形物是指没有具体外观形态的有体物,如光、电、热、能和气体等。由于光、电、热、能和气体是一种具体的物质存在,因而和有形物一样成为物权法的客体。可见,物权法上的"物",一般而言指有体物。"物"的法律概念具有重要的理论与实践意义,它厘清了法律上的"物"和哲学上的"物"的关系以及法律上的"物"和知识财产之间的关系。

(二) 无体物与知识财产

是否为物质实体是有体物和无体物最大的区别。在古罗马法上,无体物(Incorporales)是不能触摸的物品,它们体现为某种权利,如继承权、债权和用益权等。② 盖尤斯认为:"无体物是不能触摸到的物,如权利,比如遗产继承权、用益权及以任何形式设定的债权。"③我国法学界曾普遍认为,无体物和知识产权有着密不可分的联系。笔者不赞同将知识财产或者知识产权纳入无体物范畴:第一,知识财产不是无体物。无体物为制度产品,而知识财产为精神产物。前者是一种制度的后果,而后者则是一种非物质财富。④ 第二,知识产权不是无体物。把知识产权作为无体物加以规定,势必造成权利和权利的客体相混淆,势必出现"知识产权的所有权"这样的混乱逻辑。因此,把知识产权作为无体物,既无意义,又无必要,且有害于理论和实践。源自古罗马法的"无体物"理论,本意是将"特殊之权利"视为权利标的。而这种理念恰恰是与现代财产权和财产权客体的基本理念相左的,因此,笔者认为罗马法上的"无体物"理论不应被立法采纳。

(三) 知识财产和物之比较

知识财产和物同为财产权利的客体,二者有着十分密切的关系。在知识产权法上,知识财产与物质实体材料的结合而成的知识产品为物。也就是说,物是知识财产发挥社会作用的途径和桥梁。有学者认为,英国法将知识财产和有形

---

① 〔日〕富井政章:《民法原论》(第一卷),陈海瀛、陈海超译,中国政法大学出版社2003年版,第188—189页。
② 〔古罗马〕盖尤斯:《法学阶梯》,黄风译,中国政法大学出版社1996年版,第82页。
③ Peter Drahos, *A Philosophy of Intellectual Property*, Dartmouth Publishing Company Limited, 1996, p.17.
④ 吴汉东:《无形财产权的若干理论问题》,载《法学研究》1997年第4期。

物相联系,为了在经济上生存的需要,艺术家、作家、发明家将其无形资产转变成有形资产。① 但是,二者的区别十分明显:第一,物的哲学本质为物质实在,而知识财产的哲学本质为思想;第二,物为物权客体,受物权法调整;知识财产为知识产权客体,受知识产权法调整。

四、知识财产与信息财产②

（一）信息财产的概念

信息财产是指固定于一定的载体之上,能够满足人们生产和生活需要的信息。数字商品、虚拟财产均为信息财产。广义的信息财产,应该包括纸面信息、电子信息两大类。1995 年 1 月,俄罗斯联邦杜马通过国家杜马审议了《俄罗斯信息、信息化与信息保护法》(以下简称《俄罗斯信息基本法》),《俄罗斯信息基本法》的目的在于通过赋予"所有权"保护信息财产。《俄罗斯信息基本法》采纳的是广义信息财产概念,该法所谓信息财产是一切文件信息,不仅包括计算机信息而且包括纸面信息。在 1999 年,美国统一州法委员会(National Conference Commissioners on Uniform State Law,简称 UCCUSL)决定通过了《统一计算机信息交易法》(Uniform Computer Information Transaction Act,简称 UCITA),并向各州推荐。美国 UCITA 的目的在于建立一整套信息销售的法律。③ 狭义信息财产仅指计算机信息,这是美国 UCITA 采纳的概念。当前,最典型的信息财产是计算机信息,而非纸面信息。因此,笔者采纳狭义的概念,在无特别说明的情况下,将计算机信息和信息财产等同使用。信息财产不是物质,是客观存在的信息,它占据了磁带、磁盘或硬盘驱动器的空间,使物质事件得以发生,能为感觉所感知,因此它属于财产。④

（二）知识财产和信息财产的关系

知识财产和信息财产同为财产权利的客体,二者关系密切。在知识产权法上,曾普遍认为知识产权的本质为信息,进而混淆了知识财产和信息财产。知识财产和信息之间关系密切,并且十分容易被混淆。知识财产与电子信息材料结合而成的知识产品为信息财产。信息财产是知识财产发挥社会作用的另一种途径和桥梁。知识财产和信息财产的区别十分明显:第一,信息财产的哲学本质为

---

① 〔澳〕彼得·德霍斯:《知识财产法哲学》,周林译,商务印书馆 2008 年版,第 32 页。

② 齐爱民:《捍卫信息社会中的财产——信息财产法原理》,北京大学出版社 2009 年版,第 45—78 页。

③ See generally, UCITA, Prefatory Note.

④ 〔英〕戴恩·罗兰德、伊丽莎白·麦克唐纳:《信息技术法》(第二版),宋连斌、林一飞、吕国民译,武汉大学出版社 2004 年版,第 156 页。

信息,而知识财产的哲学本质为思想;第二,信息财产为信息财产权的客体,受信息财产法调整;知识财产为知识产权的客体,受知识产权法调整。最主要的信息财产是以电子形式的知识产品。所谓知识产品是指通过知识产权的实施获得的产品。此种产品是知识产权实施的结果,但它本身不再受到知识产权法的保护。电子形式的知识产品在网络上大量存在,如数字图书馆出售的电子版本的书籍、杂志等。在计算机软件的网上交易中,作为知识产权客体的计算机软件和客体"物化"后的产品的法律性质是截然不同的:计算机软件是知识产权客体,是一种抽象物,早已成为普遍接受的事实;而作为产品的信息财产则是一个具象概念,是信息财产权客体。从知识财产得到实施这个角度看,知识财产和信息财产的关系,是知识财产和利用知识财产制造的产品(知识产品)之间的关系。

区分信息财产和知识财产是十分必要的,微软"黑屏"计划就是故意混淆知识财产和信息财产之间的关系而实施的恶意攻击计划。

【案例】 "黑屏"计划是指微软公司于 2008 年 10 月 20 日针对中国计算机软件最终用户启动的"正版验证计划"。这个计划由 Windows XP 专业版正版验证计划(WGA)以及 Office 正版验证计划(OGA)组成。所谓正版验证计划,主要是通过更新补丁的技术手段提醒用户正在使用盗版软件。届时,未通过正版验证的 Windows XP 将被强制每小时黑屏一次,未通过正版验证的 Office 将被弹窗强制提醒,并被强制插入"不是正版"的提醒栏。因此,上述计划也被称为"黑屏"计划。此计划一经实施,立即引起了强烈关注和普遍抵制。在腾讯网的一项调查中,将近 6 万人参与了投票,83.5% 的网民不支持微软通过正版验证计划打击 Windows 和 Office 盗版行动。打击盗版无可非议,但是打击盗版的行为必须具备合法性。微软把矛头直接指向软件最终用户,通过直接干预用户的正常使用来遏制盗版被我国大部分网民认为"不厚道",而笔者认为微软的行为已经构成侵权,甚至犯罪。从信息财产和信息财产权的基本理论出发,最终用户购买软件的行为,从性质上讲是一种信息产品的买卖,而非知识产权许可。既然如此,微软对于最终用户所使用的计算机软件并没有任何权利,不论其是正版还是盗版。打击盗版无可非议,但是混淆了信息财产与知识财产,而以"知识产权"为借口而实施的攻击性手段,如微软的"黑屏"计划,则属于彻头彻尾的侵权。2000 年 12 月 28 日,第九届全国人民代表大会常务委员会通过《关于维护互联网安全的决定》。根据该决定第 1 条和第 4 条规定,下列行为构成犯罪,并依照刑法有关规定追究刑事责任:故意制作、传播计算机病毒等破坏性程序,攻击计算机系统及通信网络,致使计算机系统及通信网络遭受损害;违反国家规定,擅自中断计算机网络或者通信服务,造成计算机网络或者通信系统不能正常运行。非法截获、篡改、删除他人电子邮件或者其他数据资料,侵犯公民通信自由和通信秘密;利用互联网进行盗窃、诈骗、敲诈勒索。故此,微软公司的黑屏行动,实际上也是一次针对中国网络的大规模恐怖主义行动(微软的黑屏行动目前仅在中国实施),被网友称为史上最大的公开黑客发动的最大的黑客行动,是一次有计划的大规模网络犯罪。①

(三) 信息财产的法律意义

信息财产是一项新类型的交易客体,既不是物权法上的"物",也不是知识产权法上的"知识财产"。在信息财产在线销售中,交易客体是信息财产,交易核心是信息财产权转移,信息财产权的转移是以信息财产的权利人通过计算机网络交付信息财产于购买者(如计算机软件最终用户)为标志的。例如,书的买卖,是为了获取知识。如果这种抽象的知识借助于物质载体而存在,即表现为书本,是物权客体;如果这种抽象的知识不以物质载体为存在方式,而是存在于计算机网络之上,则为信息财产,是信息财产权客体。信息财产权和物权一样,在法律上都是与知识财产并无直接关系的独立权利,尽管在信息财产和物的形成上存在着和知识产权在事实上的联系。一句话,信息财产不是知识产权客体,而是信息财产权客体。

表1 知识财产、物以及信息财产之比较

分类	举例	本质	法律性质	客体	权利	法律特征
知识财产	作品、专利、商标、商业秘密、非物质文化遗产	思想	财产	知识产权客体	知识产权	确定性 独立性 价值性 稀缺性 可控制性
物	动产、不动产	物质实在	财产	物权客体	物权	
信息财产	数字商品(如网上计算机软件产品)、虚拟财产等	信息	财产	信息财产权客体	信息财产权	

---

① 参见《微软黑屏行动是有计划的大规模网络犯罪》,http://www.chinacourt.org/html/article/200810/19/326029.shtml,2009年5月28日访问。

第三节　知识财产的分类

一、一般知识财产和具体知识财产

依据不同分类标准,可以将知识财产划分为不同类别。以知识财产内容为标准,可以将知识财产划分为一般知识财产和具体知识财产。具体知识财产,又称为特别知识财产,是指被知识产权特别法所确认的、类型化的知识财产。主要的具体知识财产包括各项知识产权特别法确定的知识财产,如著作权法确认的作品、专利法确认的专利、商标法确认的商标、商业秘密保护法确认的商业秘密等。

一般知识财产是和具体知识财产相对的概念。一般知识财产,主要是指具体知识产权法上确认的法定类型之外的知识财产。从外延上看,一般知识财产主要包括未注册商标、未获得注册的商标、未获得授权的专利以及"其他科技成果"[①]、会展标志、域名等具体知识财产之外的一切知识财产。一般知识财产是一般知识产权的客体,而具体知识财产是具体知识产权的客体。比如,未注册商标不是商标法意义上的商标,即不构成具体知识财产,但它仍然是作为一般知识财产而存在的。在商标这个汪洋大海中,主要是由未注册商标组成的,就算我国已经注册了230万个商标,仍然是个微不足道的数字,商标保护应关注未注册商标。只有对未注册商标给予了保护,才是从形式正义走向了实质正义。[②] 可见,一般知识财产的保护任重道远。就未注册商标而言,使用人不能根据商标法而获得商标权(具体知识产权),但根据一般知识财产和具体知识财产的划分,未注册商标为一般知识财产,权利人可以基于在先使用的事实而获得一般知识产权(先用权)。

在知识财产保护方面,一般知识财产类推适用具体知识财产的保护方式,但是保护强度和力度不能超过具体知识财产。

【案例】 "好想你"起诉"真的好想你"一案。《法制日报》2009年1月9日报道,北京市高级人民法院作出了终审判决,不支持未注册商标寻求跨类保护。2006年2月,河南新郑奥星实业有限公司以其在第29类"枣片"上在先使用"好

---

①　有关"其他科技成果"的规定见《民法通则》第97条第2款。
②　李唯同:《保护未注册商标需走向"实质正义"——访北京大学法学院副教授韦之博士》,http://221.233.232.178/jywjw/sina/show.asp? url=FinanceNews/review/20050321/11141446155.shtml,2009年1月15日访问。

想你"商标为由,指责河南郑州帅龙红枣食品有限公司在第30、32类上抢先注册与"好想你"近似的"真的好想你"商标,违反了商标法规定,向商标评审委员会申请撤销争议商标。商标评审委员会于2007年12月作出争议裁定书,认为"真的好想你"与"好想你"文字构成相似,指定使用商品与奥星公司在先使用的"枣片"商品具有基本相同的功能、用途,均属于食品加工行业,可能造成消费者的混淆和误认,作出撤销争议商标——"真的好想你"的决定。"真的好想你"商标权人帅龙公司不服,以商评委为被告提起诉讼。2008年6月,一审法院判决中作出同样认定,2008年7月商标权人向北京高院提起上诉。北京高院认为,撤销争议商标是错误的。在本案中,北京高院坚持了对未注册商标的保护力度不能超过注册商标的基本宗旨,未给予未注册商标跨类保护。

区分一般知识财产和具体知识财产的法律意义如下:第一,区分知识产权法律关系。一般知识财产是一般知识产权的客体,具体知识财产是著作权的客体、专利权的客体、商标权的客体、商业秘密权的客体。第二,保障知识产权的开放性。一般知识财产是知识产权具有开放性的基础。一般知识财产包括具体知识财产之外的所有知识财产,具体内容是不可列举穷尽的,并随着社会的发展可不断增加新的内容。第三,完善法律适用。在具体知识产权得以覆盖的情况下,人们可以根据具体知识产权主张权利并获得救济;但针对具体知识财产之外的一般知识财产的侵害行为,无法依据具体知识产权法律制度实现权利救济,需要以一般知识财产和一般知识产权制度进行救济。在法律适用方面,法律有关于具体知识财产的规定,则应优先适用具体知识产权规则,在没有具体知识产权规则,或者知识产权规则不明确时,适用一般知识财产和一般知识产权规则。

二、可分知识财产和不可分知识财产

以进行分割是否会影响知识财产的价值、性能及用途为标准,可以将知识财产分为可分知识财产和不可分知识财产。可分知识财产是不可分知识财产的对称,是指可以分割并且不因分割而损害其效益或改变性能、用途的知识财产。汇编作品为典型的可分知识财产。不可分知识财产是指按照知识财产的性质不能分割或分割就会改变其效益或者性能、用途的知识财产。如一幅画、一个注册商标等均为不可分知识财产。我国《专利法》第31条第2款规定:"一件外观设计专利申请应当限于一项外观设计。同一产品两项以上的相似外观设计,或者用于同一类别并且成套出售或者使用的产品的两项以上外观设计,可以作为一件申请提出。"由此可知,当申请人就一件外观设计申请一项专利时,该外观设计为不可分的知识财产;当将用于同一类别并且成套出售或者使用的产品的两项以上外观设计作为一件申请提出时,该外观设计为可分的知识财产。值得讨论的是,一个由多项权利要求构成的专利是可分知识财产还是不可分知识财产呢?这不仅仅是一个理论问题,美国权利申诉法院认为:"一项专利的每一个权利要求都使专利权人得到一个专有权。某人获得默示许可,可以使用由一组权利要求所覆盖的产品,但仅仅因为该事实而不能使其获得默示许可,以使用与其他产品组合而成的由另一组权利要求所覆盖的产品。"[1]问题是,是否真如法院所说,一项权利要求就构成了一项专有权呢?笔者认为,一项专利包含了其所有的权利要求,所有的权利要求之上也只能成立一个专有权,我们称之为专利权。因此说"一项专利的每一个权利要求都使专利权人得到一个专有权"是错误的。但是在知识产权许可领域,是否知识产权人针对一项权利要求进行了许可,就等于针对全部权利要求进行了许可,或者说可以利用默示许可制度来推定知识产权人进行了许可呢?也是否定的,针对一项权利要求进行的许可,实质是对许可进行了技术范围的界定,实施人应该按照许可范围为实施行为。如果把房屋的一间出租,承租人不能据此主张根据默示许可自己也可以承租另外一间。

区分可分和不可分知识财产的法律意义如下:可分知识财产之上的知识产权为可分知识产权,此类知识产权的显著特性是可以根据权利人的自由意志划分,如汇编作品的著作权和未注册商标之上的知识产权。但是由于国家对知识产权的管制,一般情况下,无论客体是否可分,商标权和专利权是不可分的。不可分知识财产之上的权利为不可分知识产权。一般情况下,最常见的作品为不可分知识财产,如一幅画、一篇文章等。无论是可分知识财产还是不可分知识财产,知识产权的效力范围都及于知识财产的全部,因此权利人不能就知识财产的某一部分单独主张知识产权。专利是典型的不可分知识财产,根据专利申请的单一性原则和一发明一专利原则,申请人向专利局提出的申请的专利技术必须是不可分的,如果具有可分性,应该进行分割,分别提出专利申请,分别确权。在商标法领域,由于我国实行"一类一标"原则,一次只能注册一个商品类别的商标。因此,商标为不可分知识财产,商标权为不可分知识产权。但未注册商标为可分知识财产,其权利为可分知识产权。

三、公开知识财产与隐秘知识财产

以公开还是隐秘为标准,可以将知识财产分为公开知识财产和隐秘知识财产。公开知识财产,是指通过合法途径已经被公开,任何人都可以了解和掌握的

---

[1] Stukenborg v. United State, 372 F. 2d 498, 504 (Ct. Cl. 1967). 转引自〔美〕Jay Dratler, Jr:《知识产权许可(上)》,王春燕等译,清华大学出版社2003年版,第191页。

知识财产。此类知识财产之上的知识产权为公开知识产权。专利权、商标权为绝对的公开知识财产之上的知识产权,简称公开知识产权。隐秘知识财产,是指权利人采取了特定保密措施而未公开的知识财产。此类知识财产一般不易为其他人了解和掌握,其上的知识产权为隐秘知识产权。商业秘密权为绝对的隐秘知识产权。著作权情况较为复杂,如果作品已经完成但尚未发表,为隐秘知识财产,而已经公开发表的作品则为公开知识财产。

区分公开知识财产和隐秘知识财产的主要法律意义在于公开知识财产和隐秘知识财产的构成要件不同,保护模式也有区别。

四、个体知识财产和社区知识财产

以知识财产的权利主体为社区还是个体为标准,可以将知识财产分为个体知识财产和社区知识财产。个体知识财产是指权利人为个体的知识财产。此处的个体是泛指一切自然人、法人和非法人组织以及他们之间以及他们相互之间的联合。此类主体为传统知识产权法所确认的主体,也是现行的国际法和国内法普遍承认的主体。社区知识财产是指权利人为社区的知识财产。社区是指由生活在一定地域范围内的人们所形成的一种社会生活共同体。社区知识财产主要包括非物质文化遗产权利和遗传资源两种基本形式。与个体知识财产相比,社区知识财产的最显著特点就是权利人为社区,而不是哪一个具体的人或者组织。社区知识不是单靠社会成员的个人奋斗而完成的,而是由整个社区的世代努力而在长期的生产与生活过程中共同完成的。对于创造社区知识的特定社区或群体而言,他们应该享有权利。在目前,许多国家还没有专门针对社区知识财产的立法,因此社区知识财产属于一般知识财产,是一般知识产权的客体。本质上而言,社区知识财产是一种集体智慧的结晶,而非个人创造。

区分个体知识财产和社区知识财产的主要法律意义在于个体知识财产和社区知识财产的权利主体、权利行使和利益分享等制度有所不同。

五、创造性知识财产与传承性知识财产

以知识是创造性知识还是传承性知识为标准,可以将知识财产分为创造性知识财产与传承性知识财产。创造性知识财产就是以创造性知识形成的知识财产。创造性知识是现代知识产权法保护的客体。现行各类知识产权法保护的主要是创造性知识,但商业秘密保护法保护客体则不一定是创造性知识财产。传承性知识财产是指主要是依靠传承而非创造而获得的知识财产。随着人们对于知识的认识的加深和继承性知识在社会经济生活中的作用的加强,越来越多的国家和国际组织主张应该以知识产权来保护继承性知识。继承性知识是整个人

类共同遗产的错误观念应该摒弃。传承性知识的主体为社区，社区应该对这些知识享有权利。我国《著作权法》提及对民间文艺的保护，遗憾的是，具体制度到目前并没有构建出来。传承性知识财产包括一部分商业秘密和全部的非物质文化遗产。

区分创造性知识财产与传承性知识财产的主要法律意义在于明确两种制度设计的目的不同，创造性知识财产的制度设计目的在于鼓励创新，而传承性知识财产的制度设计的目的在于传承。

第三编　知识产权概述

第七章
知识产权的起源、概念和特征

第一节 知识产权的起源与概念

知识产权是人所熟知但并不了解的概念。一提起知识产权,人们立刻想到的是专利权、商标权和著作权,而不是知识产权本身。这种现象也造成了专利权、商标权和著作权等这些概念因缺乏一个统率性概念而被分别地、孤立地加以阐释。这带来了两个明显的弊端:第一,隔断了各项具体知识产权之间的实质联系;第二,阻碍了知识产权权利体系的形成以及与之相对应的知识产权基本法或者知识产权法典的形成。本编的目的就在于找到和阐释这个统率性概念,即知识产权概念本身。因此,本章从知识产权的概念起源和称谓说起,为构建知识产权权利体系打下基础。"知识产权"这一概念形成于 18 世纪的德国,由 Johann Rudolf Thurneysen 提出后[①]在全球范围内得到普及,但关于知识产权的定义却一直处于争论之中。对知识产权概念界定,就如同周公说梦,不同国家的不同学者按照自己的方式解说这个"梦",读者们却越来越迷惑。直至有人提出干脆不要这个概念,直接探讨知识产权的本质。然而,如果连基础概念我们都无法界定又谈何本质。我们必须慎重迈出界定知识产权概念的第一步,为深入理解知识产权制度提供一个概念与逻辑的认识基础,并为探究知识产权的本质和法律性质提供方向和可能。无疑,搞清知识产权是什么,是研究知识产权的第一步。

---

① 齐爱民、朱谢群:《知识产权法新论》,北京大学出版社 2008 年版,第 1 页。

一、知识产权的起源与称谓

(一)知识产权的起源

"知识产权"这一概念,是人们在发现著作权、商标权与专利权这三种权利有着某种共同属性后,抽象而成的一个法学概念。作为正式法律术语的使用,知识产权是从1967年7月14日在瑞典首都斯德哥尔摩签订的《成立世界知识产权组织公约》开始使用的。知识产权并非起源于任何一种民事权利,而是起源于封建社会的"特权"。这种特权,或由君主个人授予,或由封建国家授予,或由代表君主的地方官授予。知识产权正是在这种看起来完全不符合"私权"原则的环境下产生的,而逐渐演变为今天绝大多数国家普遍承认的一种私权,一种民事权利。① 从这一点上看,也可以发现,从起源上讲,知识产权就并非什么自然权利。有学者认为,传统的自然权利,如人身自由权,没有人认为其有终止期。但是,专利权从一开始就被看做是随时可以由现行法塑造、限制并最终取消的权利。②

(二)知识产权称谓之争

关于知识产权的概念称谓使用,从国际社会进行知识产权立法之初至今都存在一定程度的混乱。知识产权的概念称谓指代的对象混乱,既包括知识财产又包括知识产权。《成立世界知识产权组织公约》的标题中使用了"Intellectual property"这一概念,应为知识财产,但被我国官方翻译为"知识产权"并沿用至今。如果说这是我国翻译而产生的问题,《公约》本身对知识财产和知识产权也存在认识上的问题。该《公约》第2条第8款对"Intellectual property"这一概念进行界定时,却明确将它解释为一种权利,原文为"intellectual property shall include the rights relating to"。这说明该《公约》的起草者对知识财产和知识产权本身就没有区分。TRIPS协议也存在着以"rights(权利)"来解释"Intellectual property(知识财产)"的现象。TRIPS协议第1条在定义中使用了"intellectual property"一词,该词应为"知识财产"。根据该条的规定,知识财产指的是协议第二部分第1至7节所包括的有关知识财产的所有范畴。而在协议第二部分第1至7节将著作权与相关权利(copyright and related rights)、商标(trademarks)、地理标识(geographical indications)、工业设计(industrial designs)、专利(patents)、集成电路布图设计(layout-designs of integrated circuits)、未披露信息(undisclosed information)等并列,也就是将著作权和其后六种知识财产并列用。根据权利和

---

① 郑成思:《知识产权论》,法律出版社2003年版,第2页。
② 〔澳〕彼得·德霍斯:《知识财产法哲学》,周林译,商务印书馆2008年版,第11页。

权利客体相区别的基本原理,我们主张知识产权仅指权利本身,而权利客体应该使用知识财产这一概念。

知识产权概念称谓混乱的第二个表现是概念称谓不一。郑成思先生使用"知识产权";吴汉东先生主张使用"无形财产权";而"智力成果权"这个概念曾在我国改革开放之初被广泛使用。在我国台湾地区,学者和立法都使用了"智慧财产权"这个概念。"知识产权"、"智力成果权"、"无形财产权"和"智慧财产权"虽然称谓各不相同,但却指向了同一种权利。概念称谓的选择,反映了法律对待一个事物的基本态度,因此在界定知识产权概念之前,首先应确定概念称谓。任何一个概念都是由词语表现出来的。概念的词语表现就是概念的称谓,也叫概念的名称。在几何学上,一个概念可以由不同称谓来指代,比如"等边三角形"和"等角三角形"都表示同一个概念。但法学则不然,一般情况下,一个概念仅应对应一个称谓。

我国早期使用的智力成果权,是指公民、法人对自己创造的智力活动成果依法享有的人身权利和财产权利,诸如著作权、专利权、商标权、发现权①、发明权和其他科技成果权利的总称。《未成年人保护法》第 36 条第 1 款规定:"国家依法保护未成年人的智力成果和荣誉权不受侵犯。"该法使用了智力成果概念。"智力成果权"概念来自前苏联,本身就带有计划经济体制和意识形态意义,并非是一个建立在突出个人主义哲学和私有权观念之上的概念。② 智力成果权概念把权利客体定性为"智力成果",体现的是智力成果的价值不能用货币衡量这个价值判断。这说明,智力成果权是计划经济时代形成的一个偏重于精神属性的权利,并不突出财产价值,只是存在于相应的荣誉证书、光荣称号、奖金等制度中,体现的是集体对个人的奖励与肯定,不是现代意义上的知识产权。而"无形财产权"概念仅限于学者主张,不是立法概念。

(三) 我国立法上知识产权概念称谓的确定

我国立法上选择了知识产权这一称谓。1986 年我国《民法通则》颁布,正式使用"知识产权"这一概念,取代"智力成果权"。这不仅是立法称谓的选择,而且体现了立法价值的转变,表明中国政府已经把知识作为一项财产,而不仅仅是值得鼓励和奖励的智力成果了。知识产权在我国是一个外来语,为英文"Intellectual Property Rights"的对译,而这个英文在我国台湾地区被翻译为"智慧财产

---

① 我国《民法通则》第 97 条第 1 款规定:"公民对自己的发现享有发现权。发现人有权申请领取发现证书、奖金或者其他奖励。"尽管该规定出现在《民法通则》第五章第三节"在知识产权"之中,但以此规定产生的发现权不属于知识产权,因为发现权仅具有署名和获得奖励的权利内容,而不具备控制、复制、收益和处分的权能,因此,可以说发现权属于智力成果权,但是不属于知识产权。

② 易继明:《知识产权的观念:类型化及法律适用》,载《法学研究》2005 年第 3 期。

权"。从对译的严格程度来说,我国台湾地区的翻译更为可取,"Intellectual Property"对应"智慧财产",或者"知识财产",而"Rights"对应"权"。但知识产权这个概念已经为我国立法所用,并深入人心,因此不必更换。就英文词源来看,"知识产权"一词的对应英文是"Intellectual Property Rights"。根据权利与客体相区分的原理,"Intellectual Property"为知识财产,是知识产权客体,"Intellectual Property Rights"才是知识产权。

二、知识产权的界定方法

(一)知识产权概念的界定方式评析

知识财产和知识产权是知识产权法的两个基础概念。遗憾的是,无论是在国际还是在国内理论界和立法界都未形成被大家所接受的对知识产权的定义。这被学者认为迄今为止知识产权法学仍然是一门体系化程度贫弱的学科,仍处于未成熟的阶段,即范式前状态。① 目前关于知识产权概念的主要观点,可以分为以下几种:

1. 客体领域界定方式。所谓客体领域界定方式,是指从知识产权客体所隶属的领域角度对知识产权进行定义的方式。这是我们看到的最为常见的知识产权定义方式之一。客体领域界定方式由国际著名法学家比利时的皮卡弟首倡,他将一切领域的来自知识活动的权利概括为知识产权。② 尽管许多人不同意这种主张,但是作为一个理想目标,这一学说仍为国际组织所秉承。世界知识产权组织认为:"知识产权广而言之,意味着智力活动在工业、科学、文学和艺术领域所产生的合法权利。"③该定义突出的是两点:第一,智力活动,说明知识产权因智力活动而产生;第二,领域限制。智力活动在工业、科学、文学和艺术领域的成果才是知识产权,在其他领域的则不能获得知识产权,如计算方法等。这个概念可谓大而全,似乎把一切由智力活动产生的可能权利都涵盖进去了,似乎为的是避免遗漏。但弊端也始于此,过于"大"的概念难免流于"空",仔细想想,这个定义似乎并没有告诉我们什么是知识产权。这个概念的界定也无疑是宣传性质的,是一个口号,不是理性定义。从逻辑上看,这种定义方式并不严谨的,因为"智力活动在工业、科学、文学和艺术领域所产生的合法权利",显然不限于知识产权,还包含大量的其他权利。因此,以客体领域界定方式定义知识产权并不妥。

---

① 李琛:《法的第二性原理与知识产权概念》,载《中国人民大学学报》2004年第1期。
② 吴汉东:《无形财产权的若干理论问题》,载《法学研究》1997年第4期。
③ 参见郭寿康:《知识产权法》,中共中央党校出版社2002年版,第5页。

2. 客体范围界定方式。所谓客体范围界定方式,是指从知识产权客体的范围角度对知识产权进行定义的方式。知识产权指的是人们可以就其智力成果所依法享有权利。① 这是从知识产权的客体出发,将客体归纳为"智力成果"而为的界定方式。有学者对知识产权客体范围持不同意见,从而从不同方面对知识产权进行界定,认为"知识产权是基于创造性智力成果和工商业标记依法产生的权利的统称"②。尽管为了和前者区别,后者将知识产权客体分为创造性智力成果和工商业标记,但从定义方式而言,仍属于客体范围界定方式。吴汉东教授认为,"知识产权是人们对于自己的智力活动创造的成果和经营管理活动中的标记、信誉依法享有的权利"③。将客体范围进一步扩大到"信誉",也属于客体范围界定方式。这种方式曾在我国知识产权法学界处于主流地位,是我国知识产权法学发展史上的重要学说。与客体领域界定方式相比,客体范围界定方式的最大优势在于从知识产权客体的角度,在一定程度上消除了知识产权界定方面的模糊性,明确了知识财产的客观范围。但这也成为了这种方式的主要不足,它仅揭示了知识产权客体范围,并没有揭示知识产权客体的法律性质。

3. 客体本质界定方式。所谓客体本质界定方式,是指从知识产权客体的本质角度对知识产权进行定义的方式。为了回答到底什么是知识产权,学者们开始从知识产权客体的本质角度对知识产权进行界定。日本学者大多认为知识产权是基于信息产生的权利,而北川善太郎则认为"信息与知识产权具有同质性"④。我国学者张玉敏先生认为,"知识产权是民事主体依据法律的规定,支配其与智力活动有关的信息,享受其利益并排斥他人干涉的权利"⑤。该主张也是从知识产权客体的本质角度出发对知识产权进行界定。值得肯定的是,此种界定方式是建立在对知识产权的客体进行深度反思的基础之上的。而张玉敏先生的定义中就知识产权的属性进行了界定——"享受其利益并排斥他人干涉",是一个巨大的进步。然而遗憾的是,知识产权客体的本质不是信息,而是思想。如果将知识产权客体的本质界定为信息,那么将导致知识产权客体和信息财产权客体不能区分,因为信息财产权的客体才是信息。其次,这种理论并未消除知识产权的模糊性,反而是增加了这种模糊性,让人更无法从可操作层面理解知识产权。

---

① 郑成思:《知识产权法教程》,法律出版社 1993 年版,第 1 页;齐爱民:《现代知识产权法学》,苏州大学出版社 2005 年版,第 6 页。
② 刘春田:《知识产权法》,中国人民大学出版社 2002 年版,第 6 页。
③ 吴汉东:《知识产权法》,法律出版社 2004 年版,第 4—5 页。
④ 〔日〕北川善太郎:《著作权市场的模式》,王福珍译,载《著作权》1999 年第 4 期。
⑤ 张玉敏:《知识产权的概念和法律特征》,载《现代法学》2001 年第 5 期。

4. 权利范围界定方式。所谓权利范围界定方式,是指从知识产权的权利范围角度对知识产权进行定义的方式。这种方式和权利客体范围方式显然不同,它是从权利范围出发,而非从客体范围出发。权利范围界定方式主要是国际知识产权组织采取的一种界定方式。"迄今为止,多数国家的法理专著、法律,乃至国际条约,都是从划定范围出发,来明确知识产权这个概念,或给知识产权下定义的。"①《世界知识产权组织公约》和 TRIP 协议都选择了权利范围界定方式。《世界知识产权组织公约》第 2 条第(8)款规定,知识产权包括下列权利:著作权;邻接权;专利权;与科学发现有关的权利;与工业品外观设计有关的权利;商业标记权;与防止不正当竞争有关的权利;以及一切其他来自工业、科学及文学艺术领域的智力创作活动所产生的权利。由于该公约规定不得对此项进行保留,并且世界上大部分国家都加入该公约(我国也已于 1980 年加入该公约),因此,该公约对知识产权划定的权利范围为世界上绝大多数国家所遵从。世界贸易组织的 TRIPS 协议也采取了权利范围界定方式,它认定的知识产权的权利范围为:版权与邻接权;商标权;地理标志权;工业品外观设计权;专利权;集成电路布图设计;未披露的信息专有权。

与世界知识产权组织划定的知识产权范围相比,TRIPS 协议划定的知识产权范围中没有科学发现权。这主要是因为,一方面,TRIPS 协议主要是为调整贸易关系而达成的,而科学发现权与贸易无关,本质上也不属于知识产权。另一方面,TRIPS 协议增加了集成电路布图设计权、强调突出了"未披露过的信息专有权"。权利范围界定方式的弊端十分明显,采用这种方式的国际组织的性质和目的不同,就可能导致划定的知识产权范围不同。另外,对于条约而言,划定了权利的具体范围就能有效起到定纷止争的作用,它不需要从理论上对这个概念加以澄清。但这并不意味着理论研究和争论的终结,相反它为理论探索提供了方向。因此,并不能以国际组织和国际条约采用了这个方式为由,就盲目推崇这种界定方式。

5. 无形财产权界定方式。无形财产权界定方式是指从无形财产权角度对知识产权进行界定的方式。根据无形财产权学说,知识产权客体是无形财产,知识产权是无形财产权的一种,是基于无形财产享有的权利。在我国知识产权法学的研究历程中,无形财产权学说不得不提。此学说由于吴汉东先生的提倡,而在我国知识产权法学研究历程上凸显出来并独树一帜。无形财产权说认为,社会财富正在发生变化,财产已越来越多地无体化、非物质化,无形财产已成为现代社会重要的财产类型。知识产权一词在众多非物质性财产面前已力不从心。

---

① 郑成思:《再论知识产权的概念》,载《知识产权》1997 年第 1 期。

因此,应建立一个大于知识产权范围的无形财产权体系,以包容一切基于非物质形态所产生的权利。①

无形财产权学说立足于知识产权领域之内和之外的新兴的权利形态,是法学规制社会新问题的应变之道。但是,这种方式在界定知识产权概念方面,有三个问题值得深思:第一,无形财产的范围过于庞大,尤其是在社会迅速信息化转型的今天,信息已经作为一种新的财产形式登上了历史舞台。而这种财产和知识财产有着本质的区别,将二者纳入无形财产权这个固定的框架,将不利于厘清它们的本质并构建合适的规则。第二,国际社会对无形财产的理解并不一致。例如,无形财产在日本就是指智力创造性成果,而在法国则是指财产权利,在英国则泛指具有财产意义的抽象物。由此看来,国际社会对无形财产的理解分歧是巨大的。在国际社会尚未达成广泛的一致前,以无形财产权方式界定知识产权概念,将不利于国际交往和国际贸易的进行。第三,无形财产权这个概念已被知识产权取代,而不是相反。在20世纪60年代以前,人们尚未真正接受知识产权这个概念之前,一般将对创造性智力成果享有的权利称为"无形财产权"(intangible property)。但到20世纪60年代,知识产权成为国际上通用的法律术语,虽然仍有西方学者继续采用无形财产权,但已经不占主导地位了。有鉴于此,日本知识产权战略专门要求,统一使用知识产权概念,而放弃其他概念。②

上述学术主张,是我国较为通行的几种界定知识产权概念的方式。这些学说均在一定程度上起到了推动我国知识产权法学研究的历史贡献。然而,在界定知识产权这一基础概念之时,我们不得不思考一个基础性问题,即界定概念的目的和基本方法。界定知识产权这一基础概念,不仅要追求逻辑圆满和定义完整,更应追求其在法律规范上的功能和目的;同时还要以科学的界定方法为指导。

(二) 知识产权概念界定方法

概念是对事物本质属性的反映或者描述,每一个概念都有属于它自己的外延和内涵。"知识产权"概念的界定方法,应该从形式逻辑的基本要求出发,可以从物权法理论中吸收营养。物权法关于"物权"概念的界定,采取了"定义 = 客体属性 + 权利内容"的方式,此种方式和形式逻辑与定义的要求十分契合。我国《物权法》第2条第3款规定:物权,是指权利人依法对特定的物享有直接支配和排他的权利。这个几近完美的物权概念全面表现了它应具备的规范功能。而从方法论角度看,物权这个概念的界定方法是:第一,界定权利客体。第二,界

---

① 吴汉东:《财产的非物质化革命与革命的非物质财产法》,载《中国社会科学》2003年第4期。
② 参见《日本知识产权战略大纲》第三章。

定权利本质属性。物权客体是物,物权内容是直接支配并排除他人干涉,这两点都能从定义中得到明确体现。物权客体的界定,使得物和知识财产、信息财产区分开来,而物权本质属性的界定,可以使物权和其他财产权利区分开来。在界定知识产权概念的方法上,应坚持"定义=客体属性+权利内容"的基本方法。对知识产权的界定,要从知识产权的客体出发,并反映基本的权利内容。

三、知识产权的定义

（一）知识产权的定义

总的来看,知识产权的定义应采取概括其本质的抽象方式,避免列举方式的挂一漏万。笔者认为,知识产权是指权利人依法垄断特定知识财产并排除他人干涉的权利。知识产权客体为"知识财产",而权利属性为"垄断并排除他人干涉"。这个概念具有高度的概括性和开放性,可以将各种知识财产囊括其中,并能够为未来出现的新型知识财产预留空间。从外延上看,知识产权概念含义很广,客体可以包括一切人类智力创作的成果[①],既包括原始取得的知识产权,也包括继取得的知识产权;既包括一般知识产权,也包括具体知识产权;既包括完全知识产权,又包括定限知识产权。

知识产权是权利集合,而非单项权利。所谓权利集合,是指人们为了一定的目的,冠以一个独立名称的一类权利的联合。单项权利,是指组成权利集合的不可划分的权利。从权利集合和单项权利的关系来看,权利集合是由单项权利构成的,属于单项权利的横向联合。单项权利的不可划分,不是指权能的不可划分,而是其本身不可再划分为其他权利类型。以所有权为例,有学者认为所有权是权利集合,提出所有权是由各项权能组成的集合体,所以所有权的权能是指构成所有权的权利。[②] 这个主张在我国物权法学上并不占主流,人们普遍认为所有权是单项权利,而非权利集合。就宏观意义而言,知识产权是一项权利的集合,而非单项权利。知识产权是由著作权、专利权、商标权、商业秘密权和非物质文化遗产权利构成的一个权利集合。如果抹杀知识产权的权利集合性质,则会直接导致上述各项具体知识产权的独立权利性质被否认。这是和人们的常识和社会实践不相符的。在知识产权体系中,各项具体知识产权是单项权利。判断一项权利是独立权利还是权利集合,关键看权利所统摄的客体是一类还是几类。如果一项"权利"涵盖了属性不同的几项客体,该权利名为权利,实为"权利集

[①] 参见郑成思:《知识产权法》（第三版）,法律出版社2003年版,第58—63页。
[②] 参见钱明星:《物权法原理》,北京大学出版社1994年版,第150页；王涌:《所有权概念分析》,载《中外法学》2000年第5期。

合"，如知识产权。知识产权的客体为知识财产，从它们之间的关系看，这些知识财产分别表现出彼此不同的特征和属性，因此被划分为作品、专利、商标、商业秘密和非物质文化遗产。与知识财产被划分的客体类型相对应，知识产权被划分为著作权、专利权、商标权、商业秘密权和非物质文化遗产权利，这些权利为单项权利。它们的区别在于著作权、专利权、商标权、商业秘密权为具体知识产权，而非物质文化遗产权利为一般知识产权。它们都属于单项权利，而不是权利集合。因为，著作权、专利权、商标权、商业秘密权，均分别只有一类。尽管这些类型的客体还可以具体划分，如我国《著作权法》第3条将作品分为以下几项：文字作品，口述作品，音乐、戏剧、曲艺、舞蹈、杂技艺术作品，美术、建筑作品，摄影作品，电影作品和以类似摄制电影的方法创作的作品，工程设计图、产品设计图、地图、示意图等图形作品和模型作品，计算机软件以及法律、行政法规规定的其他作品。但是这些作品和其他的知识财产相比，属于同一类。尽管它们在事实上千差万别，但是在法律上，它们是同样的，都是作品，都是著作权客体。换个思维方式，作品之间的差别是被法律所忽略的，从而才能抽象出作品这个概念，才得以形成著作权制度。专利、商标和商业秘密也是如此。而非物质文化遗产权利作为一般知识产权也属于单项权利。

  组成知识产权的各项具体知识产权，如著作权、专利权、商标权、商业秘密权和非物质文化遗产权利，均为单项权利，非权利集合。如果将上述各项具体知识产权界定为权利集合，则意味着它们的具体权能都演变为了具有独立性的权利，必然滋生和制造知识霸权。令人痛心的是，这种错误认识在我国带有普遍性。在知识产权法学界，学者们纷纷提出了著作权、专利权和商标权是权利集合的主张。在著作权领域，有学者认为，"版权为一项集合权利，包括诸如复制权、发行权、放映权、广播权、信息网络传播权等十三项经济权利，版权购买可能仅针对其中一项或几项权利，因此首先应当在合同中予以明确"[1]。有学者认为商标权是个集合概念，从权利内容上讲，包括专有使用权、禁止权、转让权、使用许可权。在专利权领域，有学者提出"专利权是一个集合概念"，并明确提出"就其内容而言，包括独占权、转让权、许可权、标记权、专利产品的进口权"[2]。还有学者认为："以某技术方案为行为方式形成了一个行为的集合，对这些行为进行规范，进而形成了一个权利的集合，这个权利的集合就是某技术的专利所有权。"[3]

  导致上述错误认识的主要原因是把知识产权人有权实施的行为，或者有权

---

[1] 张薇：《论电视纪录片中的版权管理》，载《电视研究》2007年第8期。
[2] 沈伟：《专利权质押的几个法律问题》，载《甘肃理论学刊》1999年第3期。
[3] 王涌：《所有权概念分析》，载《中外法学》2000年第5期。

禁止他人实施的行为都当成权利来对待了。反映在立法上就是对可以为的"行为"直接以"权"代之进行立法。这种情形直接造成了人们把一项专利权当做几项民事权利的错误认识,造就了知识霸权。享有一项权利(绝对权)和有权为某项行为是有着天壤之别的概念。有权为某种行为,一般并没有排他效力,而享有一项权利(绝对权),则产生排他效力。专利权中的"销售"就是很好的一个例证。专利权人有权销售专利产品,但把专利权人有权为的销售行为定性为"销售权",则存在明显的错误。而就著作权而言,作为一项权利,只能进行权能划分,而不能再划分出12项权利;并且,即便是权能划分,也只能是控制、复制、收益和处分四项基本权能,这样才能坚持财产法的同等保护原则,而不至于和物权法相距过远。从我国立法上看,我国《著作权法》第10条规定,著作权人拥有12项相互独立的权利,按照该条第2款和第3款的规定,这12项权利可以单独实施许可和转让。这相当于将著作权扩大了12倍,显然不妥!将各项具体知识产权界定为权利集合的弊端主要有:第一,权利集合说把各项具体知识产权的权能理解为单独的"权利",混淆了权利与权能二者之间的基本关系,犯了机械主义的错误。第二,权利集合说把各项具体知识产权的权能理解为独立的"权利",过度加强了权利人的权利,有违社会公平。权利集合说把控制、复制、收益、处分等权能作为权利理解时,那么一项权利就变成了四项权利。这无疑为知识霸权的滋生提供了土壤。

(二)知识产权定义的特征

1. 知识产权的主体为"知识产权人"。"知识产权人"泛指一切获得知识产权的人,包括自然人、法人和非法人组织等一切民事主体。自然人和法人是典型的民事主体。尽管我国《民法通则》没有赋予非法人组织以主体资格,但是《合同法》、《著作权法》以及《民事诉讼法》都确认了这些组织的主体资格。所以,知识产权概念中的"权利人",即知识产权人应该包括非法人组织。应当指出的是,"知识产权人"这一概念,既包括完全知识产权人,又包括定限知识产权人,但是不包括普通许可中的被许可人。

2. 知识产权客体为知识财产。物权客体是有体物,知识产权客体是知识财产。知识产权是一种民事权利,只能存在于特定的一项知识财产之上。比如,两个客体之上应有两项知识产权,而不能设定一项,因此汇编作品被当做一个作品看待。但这个要求也有所突破,浮动抵押设立在一个企业知识财产的总和的基础之上。一般而言,知识产权客体包括作品(著作权)、专利(专利权)、商标(商标权)、商业秘密(商业秘密权)和非物质文化遗产(非物质文化遗产权利)等。知识财产必须是既有的、特定的、独立的,尚未实际产生的知识财产,不能成为知识产权客体。英美法国家的知识财产可以琳琅满目,但大陆法系国家却应该按照体系化的要求,建立知识财产体系。有人认为知识财产属于"动产",但这种认识至少和现行法矛盾。根据我国现行法的规定,物可以分为动产和不动产。根据我国《担保法》第92条的规定,不动产是指土地以及房屋、林木等地上定着物。而动产是指不动产以外的物。很明显,不动产和动产是"物"的分类,而不是针对它的上位概念——财产进行的分类。知识财产是和"物"相区分的另外一种财产,因此,它既不属于动产,更不属于不动产。

3. 知识产权是一种支配权。对物可以"支配",对知识财产也可以"支配"。知识产权是对特定知识财产依法进行控制和支配的权利。具有法律意义的支配,并不来自于身体、四肢进行的物理支配,而是来自于支配意思。[①] 通过意思的支配(理论支配),得到法律的确认和保护,称之为支配权(如物权和知识产权以及信息财产权)。知识产权作为一种具体的支配权,主要内容包括:权利人享有对知识财产进行商业性利用,还可以选择决定以何种方式进行商业性利用,并可以按照自己的意志依法进行处分的权利,并且还可以排除他人未经授权的使用以及非法干涉。

4. 知识产权是一种对世权。一方面,这是指知识产权是一种能够对抗不特定第三人侵害的权利。排除他人干涉是所有权利都具备的一种效力,不仅绝对权,即便对债权而言也是如此。另一方面,知识产权是一种对世权,它还包括知识产权能够对第三人发生效力,从而具备优先于在后设定的知识产权的效力。

第二节 知识产权的法律特征

我国学界对知识产权概念和基本法律特征都存在着重大分歧和争论。目前,学界较普遍地认为知识产权特征有:客体的无形性(或权利的无形性)、法律(或国家)授予性、专有性、地域性、法定时间性等。对于上述认识,有不少学者提出了批评。笔者认为,知识产权法律特征和知识产权的法律性质是两个不同的法学范畴。知识产权法律性质,是作为一项民事权利的知识产权所固有的法律属性。而知识产权的法律特征是指作为一项民事权利的知识产权具有的法律上的独特征象。研究知识产权的法律特征,是为了将此类权利和相关类似权利区别开来,如区别物权和信息财产权。因此,应该仅从权利本身入手,而不宜去牵扯主体和客体。从理论上看,主体和客体是法律关系的要素,却不是权利的要

---

① 康德和黑格尔认为,有法律意义的控制不是肢体的占有,而是意志占有。我国民法学界张俊浩先生认为占有是指通过意志占有,而不是肢体等强力占有。

素。因为主体并不能体现权利的特征,同一个主体既可以拥有物权,也可以拥有知识产权,还可以拥有信息产权,更可以拥有人身权;客体的本质和法律性质也不能构成权利的特征。我们关注知识产权的法律特征,是关注作为一项权利的知识产权本身,而不是其他。

客体的无形性不是知识产权的特征,而是知识财产的特征。而权利的无形性不能构成知识产权的特征,因为只存在客体是否有形的问题,并不存在权利是否有形的问题,或者说没有有形的权利。法律或国家授予性,本身是针对知识产权而言的,但也并非知识产权的特征,依照近代以来的民族国家的宪政理念,宪法不确认或者说不授予的权利都是不存在的或者说是不被认可的。专有性也是如此,没有哪项权利不是专有的(包括债权)。有鉴于此,笔者认为,知识产权具有期限性、地域性、超地域性、独立性和可共用性五个法律特征。

一、期限性

（一）期限性的概念

知识产权的期限性是指知识产权的效力受法律规定的期间的限制。超过这个期间,知识产权绝对消灭,知识财产成为公共领域的知识,而不再是法律意义上的财产。知识财产是建立在前人取得的成果基础之上的,因此知识产权制度的目的既在于鼓励创新,肯定权利人的创造性劳动,同时也要承担传播思想、知识和文化的作用。因此创造性知识财产之上的知识产权,如专利权、著作权和商标权具有期限性。一般而言,传承性知识财产,即非物质文化遗产之上的知识产权不具有期限性。除此之外,商业秘密权和遗传资源权利也不受期限的限制。

（二）期限性的成因

知识产权权利期限的规定,目的在于平衡知识产权人和社会公众的利益。知识产权是权利人对知识财产享有的一种垄断权,而任何知识的进步必然是以公有领域的知识为基础的。脱离开人类的知识积累,无论是作品,还是技术方案都无从完成。如果权利人获得的知识财产,可以永远有效,则意味着后人利用这些财产就要付出经济代价,或者不能使用。这影响了社会精神财富的增加,影响他人自由创造知识财产。如果不规定权利期限,"说严重些,人类的子孙将深陷各个知识专有权的图圄中而无从进步,这显然有违人类追求进步的公益"[①]。因此,各国法律都毫不例外地规定了知识产权的有限期间。

---

① 参见齐爱民:《现代知识产权法》,苏州大学出版社2005年版,第18页。此部分为朱谢群博士撰写。

(三) 知识产权期限性和物权永续性的比较

知识产权的期限性是它区别于物权的基本特征。物权具有永续性,物权存在的期间并无法律限定,物在物权在,直至物的消亡。物权只受物的存在时间限制,除此之外不受限制。而期限性是法律对知识产权的存在期间的一个限制,故此日本法将知识产权称为是有限制的财产权,而物权是没有限制的财产权。

二、地域性

(一) 地域性及其体现

尽管在18、19世纪就有人提出"知识财产应当穿越国界和水域,但仍然是财产"①,但是,时至今日各国知识产权法仍固守着地域性,并将其作为根本特征。知识产权地域性是指知识产权仅在确认它的主权国家的地域范围内有效。严格讲,知识产权的地域性应为法域性。知识产权的效力受地域限制,哪个国家或者地区的法律确认它,它就仅在哪个国家或者地区范围内有效。超过这个法域范围,知识产权无效,或者说不存在,知识财产为公共领域的知识,而不在是法律意义上的财产。知识产权的地域性具体体现在知识产权的取得、权利行使和权利保护三个方面:

1. 知识产权取得的地域性。知识产权取得的地域性,是指同一知识财产依照法律规定的程序和条件,可在不同法域分别取得相互独立的知识产权。人类社会缔结的众多的国际公约和条约以及国内法的有关规定,使知识财产可以在不同法域获得授权成为现实。知识财产可以在不同法域分别被授予知识产权,而物却不可能同时在不同法域被授予物权。从这个角度看,知识产权的地域性同时又构成了跨地域性;而物权的地域性才是纯粹的地域性。

2. 知识产权行使的地域性。知识产权行使的地域性,是指权利人可以在确认知识产权的不同法域内分别行使其权利。"如果一个人就同一项技术在中国、美国、欧共体都取得了专利权,那么,他可以将在美国的专利权转让,而保留在中国和欧共体的专利权,并将在欧共体的专利权许可他人使用。"②如在英语语系的国家内,作者可以将其作品分别授权不同国家的出版社进行发表。而对于物权而言,这在根本上是不可能的,因为一个物,只能同一时间在一个法域出现,并被利用。

3. 知识产权保护的地域性。知识产权保护的地域性,是指权利人的知识产

---

① 〔澳〕布拉德·谢尔曼、〔英〕莱昂内尔·本特利:《现代知识产权法的演进》,金海军译,北京大学出版社2006年版,第133页。

② 张玉敏:《知识产权的概念和法律特征》,载《现代法学》2001年第5期。

权只有在获得授权的法域内得到保护。如果权利人只在美国取得了某项技术的专利,那么中国的企业在中国境内实施该项专利并不构成侵权,因为"在认定侵权与否时,只认专利的'国籍'"①。如专利一样,无论是著作权、商标权、商业秘密权和非物质文化遗产的保护都是只认"国籍"。知识产权的"国籍",是指授予知识产权的法域,而不是知识产权人的国籍,比如微软公司在中国拥有诸多知识产权,这些知识产权的"国籍"为中国,而不是微软公司的国籍美国。

(二) 地域性的成因

知识产权地域性的根源是知识产权法的地域性,知识产权法的地域性根源于法律的地域性。根据近代民族国家的基本理念——国家主权理念,国家与国家之间无论大小贫富都是平等的,任何一个国家不能凌驾于其他国家之上。每个国家的司法系统只愿意承认和执行自己国家颁布的法律。基于私法领域的公平原则,为了保护创造者的权利,于是便建立了知识产权制度。这个法律制度当然就带有鲜明的地域性。知识产权的地域性带有明显的民族国家的政治特色。根据国家主权观念,每个国家都没有承认他国法律的义务,任何一个国家都不能要求别国执行自己的法律。这就是知识产权地域性的政治基础。"各国家、地区这时对在此同一智力成果上是否设定知识产权、设定何种知识产权以及所设定的知识产权的具体内容(如果设定某种知识产权)等问题的答案显然不可能相同,具体说,在甲国被设定此种知识产权的某个智力成果,在乙国及其他更多国家中可能被设定彼种权利甚至不被设定权利,即使被设定相同名称的知识产权,其具体权利内容也不会完全一致。"②设想如果世界上所有国家都无条件认可他国的法律并执行,那么,知识财产也就没有地域性可言了。尽管知识产权的地域性并不是知识产权本身不可缺少的属性,也不是知识产权本身所固有的属性,而是人为的因素造成的,但并不能因此认为知识产权的地域性是可有可无的,相反它是诸多知识产权规则形成的基础。

知识产权的地域性还有其自身的原因。知识产权是封建社会的封建君主、封建国家授予的一种特权,授予这种特权的敕令只能在发出敕令的君主或国家权力所及的地域内有效。这就是知识产权地域性的起源。到了资本主义社会,虽然知识产权发生了质的变化,由君主赐予的"特权"成为依法产生的"私权",但"地域性"却发展成了知识产权的一个法律特征。

---

① 郑成思:《知识产权法》(第二版),法律出版社 2003 年版,第 225 页。
② 参见齐爱民:《现代知识产权法》,苏州大学出版社 2005 年版,第 18 页。此部分为朱谢群博士撰写。

(三) 知识产权地域性和域外效力

知识产权的地域性和知识产权法的域外效力密切相关。许多学者认为,知识产权的地域性与域外效力构成矛盾,即在坚持知识产权地域性的前提下,知识产权法就不应该具有域外效力;而承认了知识产权法的域外效力就等于否认了知识产权的地域性。笔者认为,知识产权的地域性和知识产权法的域外效力是两个层面的问题,二者可以并存。一般情况下,就知识产权授权具有严格的地域性,而在知识产权权利行使方面,则越来越多的国家倾向于承认外国法的域外效力。

三、超地域性

(一) 超地域性的概念

知识产权的超地域性是指知识产权人在全球不同法域均可获得知识产权授权和保护的特性。换个角度看,知识产权的超地域性就是知识产权的域外确权和国际保护问题。知识产权具有地域性,在一国取得的知识产权在国外一般不能当然地受到保护。于是,产生了知识产权的域外确权和国际保护问题。知识产权的国际保护是指以多边国际公约为前提,协调各国国内知识产权法律制度,从而在相对统一的基础上对知识产权提供的一种跨法域的超地域性保护。知识产权的国际保护是以知识产权国际公约为基础的。知识产权的超地域性有两个方面的内容:第一,超法域授权,即知识产权人可以在不同法域获得授权;第二,通过承认知识产权法的域外效力使知识产权得到国际保护。第二种情况已在本书第一章论及,这里着重阐述第一种情形。当进入垄断资本主义阶段,一方面,垄断资本家希望开辟国外市场以便获得国外垄断利润,另一方面,全球经济一体化趋势进一步加强。当1873年奥匈帝国准备在维也纳举办世界商品博览会,大多数接到邀请的国家都因担心其本国国民的发明或商标在超地域性的博览会上得不到保护,都不愿意参加。知识产权地域性制度的不利一面便暴露出来。对于资本家而言,他们因手里的知识产权不能受到目标国家的法律保护而惴惴不安。于是,知识产权的国际保护问题被提上日程。在它的推动下,有了1883年的《巴黎公约》和1886年的《伯尔尼公约》。而世界知识产权组织和世界贸易组织把知识产权的国际保护推向了高潮。同一知识财产可以获得多国的分别授权,为知识产权的国际保护洞开了大门。由于知识产权具有严格的地域性,为了寻求其他国家的法律保护,知识产权人必须按照国际公约或者条约的规定,分别到目标国获得授权。知识产权的超法域授权就是指不同的法域按照自己国家的法律规定,分别对知识产权人进行授权。知识产权的超法域授权的目的是国际社会共同努力解决知识产权的地域性对知识产权保护带来的障碍,但此种解决方案并不是以突破地域性为前提,而恰恰是选择了尊重知识产权的地域性。无论是《巴黎公约》、《伯尔尼公约》确立的"国民待遇原则"还是"独立性原则"都是以知识产权的地域性为前提的,而并不是放弃知识产权的地域性。根据国民待遇原则,各国给予缔约国开始按照和本国国民相同的条件,对外国人授予知识产权;而根据独立性原则,缔约国按照自己的法律保护知识产权,保护程度以及补救方法完全由被要求给予保护的国家的法律规定,而不是适用外国的法律。因此,可以说,无论哪种保护都没有突破或否定地域性,而是建立在充分尊重知识产权的地域性的基础之上的,是与地域性密切结合在一起的。①

不同国家和地区进行跨国法域授权的目的在于,在跨国的区域范围内对知识产权实行统一保护,这是为知识产权国际保护打开的第二扇大门。就《欧洲共同体专利公约》、《比荷卢统一商标法》和《班吉协定》中的跨国知识产权而言,虽然它们所确立的知识产权超越了一国范围,但并没有否定知识产权的地域性。因为,这些法律尽管是跨国的,但却构成了"同一法域"。依据这些法律所取得的知识产权,充其量不过是在该法域范围内有效,超出该法域范围,仍然无效。如前所述,知识产权的地域性严格讲是法域性,因此《欧洲共同体专利公约》、《比荷卢统一商标法》和《班吉协定》中的跨国知识产权,并没有"突破"知识产权的地域性这一特征。总之,知识产权的国际保护使得具有严格地域性的知识产权获得了"超地域性"特征。② 由此可见,知识产权的超地域性和地域性并存,并以地域性为基础。

知识产权的国际保护和知识产权国际化不同。知识产权的国际保护是以承认知识产权的地域性为基础,而知识产权国际化恰恰是主张取消知识产权的地域性。目前,推动知识产权国际化的主要力量是私人集团。从本国立场出发,许多发达国家的政府也参与其中,比如美国。所谓知识产权的国际化就是指建立一种无条件相互承认知识产权的机制,使一国政府授予的知识产权带有超地域性,能够得到全球各国政府的承认和保护。这表面上看似无比美好的天下一家亲的主张,实际上是发达国家和跨国公司攫取最大收益的利器。其实质就是美国政府授予的知识产权在全球得到各国政府的无条件承认和保护。这一点已经引起我国学界的警惕,有学者认为,"应当说,在当代知识产权保护中,独占主义有抬头之势,特别是发达国家在知识产权保护上有一种全球保护主义思想,这种状况可能会损害发展中国家知识产权制度中维持的已有平衡……这种全球保护

---

① 吕岩峰:《知识产权之冲突法评论》,《法制与社会发展》1996年第6期。
② 同上。

主义思想值得警惕"①。

从理论上看,科学技术是全人类集体智慧的结晶。萨顿认为,"科学从根本上说是超地域性的,或许我们应该说它是超越国度的"②。李约瑟也认为,人类科学的发展是一个"朝宗于海"的过程,"不同文明的古老的科学细流,正像江河一样奔向近代科学的大海"③。但这并不能以此来主张知识产权的国际化,如同不能主张知识财产为全人类的共有财产是一样的道理。知识产权的地域性是知识产权国际保护的前提和基础,知识产权的国际化是行不通的,是私人利益集团为了获得最大收益而鼓噪的一种与知识产权基本属性相冲突的主张。

四、独立性

（一）独立性的概念

知识产权的独立性是指不同法域的法律确认的同一知识财产之上的知识产权,相互独立,互不关涉。知识产权的独立性是以地域性为前提的,没有知识产权的地域性就没有独立性。地域性着重于知识产权的授权和行使可以分法域进行;独立性着重于不同法域确认的知识产权,为独立的知识产权,互不干涉和牵连。任何国家和地区都不能以其他确认知识产权的国家撤销授权或者宣告无效,或者被征收,或者知识产权超过保护期为由拒绝保护权利人在该国依法取得的知识产权。

（二）独立性的内涵

同一项知识财产在不同的法域内被分别授予的知识产权相互独立,各法域依照自己的法律对本国或者本地区确认的知识产权进行独立保护。具体而言,知识产权的独立性包含获得授权独立性和受到保护的独立性两个方面：

第一,知识产权获得授权的独立性。同一知识财产在不同法域能否获得授权,由目标法域的法律所独立决定。对于须经批准授权的知识产权,权利人欲在哪个法域享有权利,就必须依照相关国际公约和条约的规定,遵照目标法域的知识产权法的要求实施特定行为,如提出申请等。对于无需批准而可以获得授权的知识产权,也不意味着必然会获得授权,也需要按照该法域的相关法律规定决定其是否能获得知识产权。"如拉什迪的《撒旦的诗篇》在英国受著作权法保护,但在阿拉伯国家则为禁书,伊朗穆斯林宗教领袖霍梅尼甚至颁发宗教敕令,

---

① 冯晓青:《知识产权法利益平衡理论》,中国政法大学出版社2006年版,第80页。
② 〔美〕乔治·萨顿:《科学的生命》,刘琦君译,商务印书馆1987年版,第24页。
③ 潘吉星:《李约瑟文集》,辽宁科学技术出版社1986年版,第195页。

判处作者死刑。"①

第二,知识产权受到保护的独立性。在某一法域获得的知识产权,由该法域按照自己的法律独立进行保护。不同法域按照自己的法律确认知识产权并对知识产权提供独立保护。在著作权保护方面,有的国家保护期限为作者终生与死后50年,有的国家则为70年等,各法域对知识产权的保护,只需按照自己的法律进行,不受其他国家法律规定的影响。就商业秘密而言,TRIPS协议虽然要求其成员保护商业秘密,但是保护的程度和方式均由各成员的法律决定。

总之,尽管国际社会在知识产权方面缔结了许多重要的公约,但是没有任何一个公约赋予了知识产权人在一国获得的知识产权,在所有缔约国均产生效力。哪些知识财产能获得授权,哪些知识财产不能获得授权,获得一法域承认的知识产权的期限与保护方式,都要由目标法域的法律来决定。目前,有关保护知识产权的国际公约,如《巴黎公约》,最大的贡献在于国民待遇原则的确认,这恰恰是知识产权独立性的表现。同时,知识产权的独立性,还意味着授权国家,须尽保护义务;没有确认授权的国家,没有对知识产权进行保护的义务。

五、可共用性

(一) 可共用性的概念

知识产权的可共用性是指知识产权人可同时在同一地域或者不同地域实施知识财产,也可授权不同的人同时在同一地域或者不同地域实施知识财产的特性。共用性概念来自于多人在同一地域或者不同地域基于知识产权而同时使用知识财产这一基本事实。知识产权的可共用性被郑成思先生称为"无形性",而张玉敏先生称之为"可分授性"。尽管受到诸多争议和质疑,郑成思先生在论及知识产权的特点时,仍是把知识产权的无形性放在首要位置。笔者认为,郑先生论及无形性的旨趣主要在于,揭示知识产权的权利行使不受知识产权客体的限制这一道理,而并不在于权利客体是否可以复制。

(二) 可共用性的界定

物权作为财产权,权利人的行使是严格受到物权客体"物"的限制,"一台彩电,作为有形财产,其所有人行使权利转卖它、出借它或出租它,标的均是该彩电本身"②,一个有效的行使,需要立足于该彩电本身。但"彩电"是有形的,严格受时空条件限制,直接针对"彩电"本身的权利的行使,也就直接受到时空的限制,

---

① 张玉敏:《知识产权的概念和法律特征》,载《现代法学》2001年第5期。
② 郑成思:《知识产权法——新世纪初的若干研究重点》,法律出版社2004年版,第180页。

它本身不允许同一地域或者不同地域的多人同时享有其利益。而知识产权行使则截然不同,它的最大特色就是能够满足同一地域或者不同地域的多人同时享有其利益的要求,于是在知识产权行使上,也就表现出了"无形性"或者"可分授性",权利人可以许可在同一地域或者不同地域的多数人同时实施,通过这些许可行为,最大限度地实现权利人的利益。

知识产权的可共用性,包括以下五个面的基本内容:

第一,知识产权人在相同地域或者不同地域分别实施知识财产。

第二,知识产权人许可相同地域的不同人实施同一知识产权权能。如著作权人将一件作品的出版权分别授予同一地域不同的出版社实施,专利权人将专利权通过普通许可授予同一地域不同的企业实施等。

第三,知识产权人许可相同地域的不同人实施不同的知识产权权能。"如著作权人将一件作品的出版权授予某出版社,将改编权授予某作家,而将摄制电影的权利授予某电影制片厂"[1],而上述的出版社、作家和电影制片厂在同一地域。

第四,知识产权人许可不同地域的不同人实施同一知识产权权能。如商标权人将注册商标分别授予不同地域的不同企业使用,专利权人将专利权通过普通许可授予不同地域的不同企业实施等。

第五,知识产权人许可不同地域的不同人实施不同的知识产权权能。"如著作权人将一件作品的出版权授予某出版社,将改编权授予某作家,而将摄制电影的权利授予某电影制片厂"[2],而上述出版社、作家和电影制片厂不在同一地域。

知识产权的可共用性,是知识产权区别于物权的又一显著特征,这一特征是由知识财产的可传播性特征所决定的,但是其内容却和知识财产的可传播性完全不同。

---

[1] 张玉敏:《知识产权的概念和法律特征》,载《现代法学》2001年第5期。
[2] 同上。

第八章
知识产权的性质和效力

第一节　知识产权的本质和法律性质

一、知识产权的本质：经济工具论

知识产权的本质是指作为一种法律形式的知识产权所固有的根本属性。从具体方式上看，知识产权的本质是国家调控经济的工具。这种观念就是知识产权工具论。根据马克思主义观点，知识产权作为一种法律形式，主要是反映和调整特定历史时期的生产关系。2002年9月英国知识产权委员会《知识产权与发展政策的整合》指出：知识产权的规则是政治经济的产物。认识知识产权的本质，对于正确理解国家知识产权政策，以及知识产权政策与知识产权、知识产权法的关系，贯彻国家知识产权战略至关重要。

（一）确立经济工具论理论依据

从国家层面看，知识产权不是一种文化现象，而是一种国家调节社会利益，尤其是调节经济的工具。知识产权和所有权一样，都是人们用以配置资源的一种制度方式，都是"用来确定每个人相对于稀缺资源使用时的地位的经济和社会关系的制度工具"[①]。知识是文化现象，而经过法律对知识之上的权利的确认，创造出的知识产权制度就不再是文化现象，而是一种社会利益平衡器。对知识产权的经济学分析首推美国经济学家、诺贝尔经济学奖获得者阿罗（K. J. Arrow），他在其名著《信息经济学》中对信息不完全专有性进行了系统的分析。他认为，已获得的信息应该免费地，除去传递信息的成本，为公众获得。这保证了

[①] 〔美〕巴泽尔：《产权的经济分析》，费方域、段毅才译，上海三联书店1997年版，第84页。

信息得到最优的使用,可是却不能为研究投入提供激励。阿罗的研究为知识产权工具论奠定了基础:即政府应平衡知识的创造和传播与社会福利之间的关系,政府应把知识产权当做政府配置资源的方式和工具。①

(二)经济工具论具体表现

首先,知识产权是国家激励本国知识资源的创造与推广、促进经济持续发展的工具。世界各国经济增长的主要原因是知识产权。科学技术创造了产业,知识产权保护科学技术。在现在这个时代,知识不仅是力量,而且也是财产。然而,有了技术并不一定有经济增长。经济增长往往是先进技术带来的,但仅有先进技术也不意味着直接的经济增长。只有技术得到广泛和高效应用,才会推动经济发展。法经济学主张任何法律的制定和执行都要有利于资源配置的效益并促使其最大化。知识产权法就是刺激技术在社会上应用的推进器。在知识产权制度的刺激下,不但创新不断发生,而且创新被迅速应用于社会。最早应用知识产权这个经济杠杆的国家是英国,早在四百年前英国就颁布了《垄断法》,利用专利制度刺激经济的发展。美国是充分运用知识产权经济杠杆最成功的国家之一,它的创新能力居于世界前列,经济实力占据全球领先地位。

其次,知识产权是国家维护国家利益、促进公共利益的经济工具。促进公共利益是知识产权的重要宗旨。由于知识财产不仅关系到知识产权人的个人利益,也关系到社会公众的利益,如重要科技对人类文明的意义和重要的药品对人类健康的意义等,因此知识产权法必须在个人利益和公共利益中寻求平衡,而这一目标的实现,离不开国家的作用。而知识产权滥用破坏了这个利益平衡,并且愈演愈烈。这意味国家必须作出某种努力,而不是袖手旁观。从这个角度看,知识产权的本质是国家调节社会利益的工具。

再次,知识产权是政府调整公私行为从而调整经济结构、引导本国经济发展方向的工具。以政府为主的公共机构,在一定时期为实现特定的目标,通过知识产权制度以及其他配套措施的建立和变革,通过社会的公私行为所作出的有选择性的约束和指引而调整社会利益和经济结构,促进本国经济向知识经济方向发展。"在国家层面看,知识产权是政府公共政策的制度选择,是一种社会政策工具。"②19世纪以来,随着工业的发展和国家调控机制的进一步扩大,法律对于民事权利的确认在成为国家实现管理的职能的工具。

最后,知识产权是促进国际经济、科学技术与文化交流与合作,使本国产业赢得国际竞争的工具。"在国际层面,知识产权保护要求处理好遵循国际规范

---

① 邹薇:《知识产权保护的经济学分析》,载《世界经济》2002年第2期。
② 吴汉东:《利弊分析:中国知识产权战略的政策科学分析》,载《法商研究》2006年第5期。

与适当保护本国利益之间的关系,各国在不同时期选择知识产权保护策略时无疑都是从各自特定的利益出发的。"①

实践中,我国颁布的《国家知识产权战略纲要》就是国家把知识产权制度作为调节生产关系的一种工具的体现。国务院于2008年发布的《国家知识产权战略纲要》指出,实施国家知识产权战略,大力提升知识产权创造、运用、保护和管理能力,有利于增强我国自主创新能力,建设创新型国家;有利于完善社会主义市场经济体制,规范市场秩序和建立诚信社会;有利于增强我国企业市场竞争力和提高国家核心竞争力;有利于扩大对外开放,实现互利共赢。必须把知识产权战略作为国家重要战略,切实加强知识产权工作。可以看出,知识产权工具论跃然纸上。同时,纲要还指出,国家知识产权战略的重点之一是完善知识产权制度。这说明了知识产权制度与知识产权工具论的关系,即知识产权制度是知识产权工具论的一种具体形式。

二、知识产权的法律性质

知识产权的法律性质,是指作为一项民事权利的知识产权所固有的法律属性,是判定某项权利是否构成知识产权以及它属于何种类型的知识产权的标准。知识产权具有物权的某些属性、特征,在很多方面与物权相仿,是一种类似于物权的权利。② 下面主要从四个方面对知识产权的法律性质进行阐述:

(一) 知识产权是私权

知识产权是私权。私权是知识产权的首要法律性质。TRIPS协议在其"序言"部分再次重申:"全体成员承认知识产权为私权。"其目的在于保障知识产权人的利益。知识产权和物权一样,都属于民事权利。由于知识产权只有短短的几百年历史,人们对它的认识还不彻底。加之典型的知识产权,如专利权和商标权都是政府授予的,因此在法律性质方面,难免有公权和私权的争论。新中国成立以来有相当长的一段时间不承认知识产权是私权,批判"知识私有"观念,理由是技术发明创造成果或创作成果的获得离不开在全社会成员的知识宝库中吸收营养,因而这种智力创造成果是一种具有社会性质的产品,应由每一个社会成员共同享有、无偿使用。这是受当时纯粹的"公共产品"观念的影响造成的。③尽管知识产权首先是作为封建社会的地方官吏、封建君主授予的一种特权而存

---

① 王先林:《跨国公司在华知识产权滥用》,载《商务周刊》2005年第21期。
② 陈华彬:《论物权的性质》,http://www.civillaw.com.cn/article/default.asp?id=23033,2008年8月24日访问。
③ 冯晓青、刘淑华:《试论知识产权的私权属性及其公权化趋向》,载《中国法学》2004年第1期。

在的,但是社会的发展早已赋予了它崭新的意义。"知识产权正是在这种看起来完全不合乎'私权'原则的环境下产生,而逐渐演变为今天绝大多数国家普遍承认的一种私权,一种民事权利。"①人类社会发展进入资本主义后,"特权"被法律权利所取代,知识产权演变为依法产生的私权。我国在学理上和立法上都采纳了知识产权是私权这一基本定性的理论。

明确知识产权的私权属性有三方面的重要意义:第一,私权属性的认定是知识财产进入市场进行交易的前提。从法律上看,商品交换的唯一前提是任何人对自己产品的所有权和自由支配权。② 只有确立知识产权的私权属性,即在性质上和物权同处于一个水平和状态,才能保障知识财产进入市场。从这个意义上讲,确认知识产权的私权属性就是为了使知识财产获得和"物"一样进入市场的公平机会。第二,私权具有对抗公权力侵害的属性,因此私权属性的确立,对于保护权利人的知识财产避免因国家行政机关的不当介入和侵害具有重要意义。第三,私权属性的确立,说明知识产权和物权在法律性质上是一致的,都是私权并且都是财产权。因此应该从同等保护原则出发,对物和知识财产提供同等保护,而不应该对任何一方搞特殊,不要打着私权的名义搞特权,进行特殊保护。知识产权是私权,其保护的是私益,因此知识产权法的保护水平和方式就不应该偏离财产法的保护原理,既不能把知识产权保护无限拔高,推行"神圣化",也不应该把知识产权保护"妖魔化",认为知识产权是穷国的毒药。

(二) 知识产权是财产权

知识产权是知识产权人控制特定知识财产并享受财产利益的权利。诚然,这种权利不仅仅局限于财产权,例如,著作权中的署名权即为人身权,但从权利主体来看,知识产权主要是一种财产权(本书围绕财产权进行)。在我国民法学界,许多学者主张知识产权是物权,或者"准物权",也是因为看到了知识产权的财产权特性。而今,知识产权作为一类独立的民事权利,已为我国学界和立法上的基本认识和主张。郑成思先生认为,财产权包括物权和知识产权,而不包括债权。他认为,即便德国法也未把物权和债权统一到财产权上。如果硬要把非常不同的物权和债权统一到财产权的旗下,就只能抽干了物权和债权的全部不同(绝对权和相对权的不同,对世权和对人权的不同),归结为都属于经济利益的权利这一空洞的基点上。但即使在这一点上,也是不正确的,债不仅包括财产利

---

① 郑成思:《知识产权论》,法律出版社1998年版,第4—5页。
② 《马克思恩格斯选集》第46卷(上),人民出版社1979年版,第454页。

益(debt),还包括非财产性质的责任、义务(obligation)。① 笔者认为,财产权是人对财产的直接支配权,具有绝对、排他的法律性质,是和债权并列一种民事权利。知识产权和物权同为财产权。《法国民法典》第二卷为"财产以及所有权的各种变更"。在该卷第二章"动产"中规定了"债",但是明确限定在"可以追索的债或以动产物品为标的的债"②,也就是明确排除了非以财产利益为给付内容的债,如以赔礼道歉、消除影响、排除妨碍为内容的债。可以看出,即便是法国法也不当然地认为债权为财产权。财产权制度具体表现为"一系列独立的、完整的和平行的具体财产权利"③,如知识产权、物权和信息财产权。美国司法部和联邦贸易委员会于1995年4月6日联合发布的《知识产权许可的反托拉斯指南》认为,"知识产权既不特别地免于反托拉斯法的审查,也不特别地受到怀疑,而是应适用统一的标准和法律原则"。这个规定本身就蕴含了知识产权并非什么特殊财产权利的理念。

知识产权为民事权利的一种,知识产权人可以依自己的意志直接控制知识财产,则当然可以直接享受由知识财产带来的利益。知识产权主要是一种财产权,是以财产利益为内容的权利,不同的知识产权类型,知识产权人享有的财产利益也不相同。具体而言,完全知识产权人享有知识财产的全部利益,包括因使用价值和交换价值产生的用益和担保利益。完全知识产权人可对知识财产加以控制、复制、收益和处分,也可交由他人复制、收益和处分,并享受通过这些行为所带来的利益。用益知识产权人,仅可以享受知识财产的使用价值产生的利益,表现为自己使用和许可他人使用,并享受利益。而担保知识产权人享受就知识财产的交换价值产生的担保利益。

（三）知识产权是绝对权

知识产权是一种绝对权。以权利人可以对抗的义务人的范围不同为标准,民事权利可以分为绝对权和相对权。绝对权是指义务人不确定、权利人无须通过义务人实施一定行为即可实现的权利,如物权、人身权。由于绝对权的权利人可以向一切人主张权利,可以对抗他以外的任何人,因此又称为对世权。相对权是指义务人为特定人,权利人必须通过义务人实施一定行为才能实现的权利,如债权。由于相对权的权利人只能向特定的义务人主张权利,他对抗的是特定的

---

① 郑成思:《再谈应当制定"财产法"而不制定"物权法"》,载中国社会科学院《要报》2001年9月号。
② 参见《法国民法典》第529条。
③ 马俊驹、梅夏英:《财产权制度的历史评析和现实思考》,载《中国社会科学》1999年第1期。

义务人,因此又称为对人权。① 知识产权为绝对权(对世权),是可以对抗一切人的权利,对知识产权的侵害可成立侵权行为之债。绝对权包含两方面的内容:一是积极权能,即权利人享有行使或不行使的选择权及其采取具体的行为方式的选择权;二是消极权能,即权利人在其权利受到不当限制或者侵害时,依法享有排除该不当限制或者侵害的权利,包括采取自助和自卫行为以及请求行政与司法救济等方式。

(四) 知识产权是支配权

1. 支配权是知识产权的本质属性之一。我国民法学界和知识产权法学界较为一致的观点是认为知识产权是支配权。物权概念中的支配,就是指依据自己的意志独立对物加以管领或者处置。② 实际上,并不是所有民事客体都是可以支配的,如对债权的客体"给付"就不可支配,因为我们不可能支配他人的行为。③ 知识产权概念中的支配,是指依据自己的意志独立对知识财产加以管领或者处置。物权的保护对象是物质财产,权利人通过对物的实际占有就可以实现对物的支配,因而占有成为物权的重要权能。而知识产权的保护对象是知识财产,不能像对物质财产那样通过物理占有获得支配,但是可以通过意志占有实现支配。自 18 世纪以来,资产阶级在生产领域中开始广泛采用科学技术成果,从而在资本主义市场中产生了保障知识产品私有的法律问题。资产阶级要求法律确认对知识的私人占有权,使知识产品同物质产品一样成为自由交换的标的。在这种情况下,便产生了与传统财产制度相区别的新的财产方式——知识产权。④ 对于知识产权作为"支配权"的理论基础,不同的学者有不同的见解。根据始自康德和黑格尔的意思支配说,知识产权可以成为支配权的一种,源于权利人可以通过"意思"对知识财产进行"支配"。

知识产权的支配权属性和物权的支配权属性既有联系,又在具体表现方面有着诸多显著区别。二者都属于绝对权,二者的权利客体的法律性质一样,同为财产。但在权利内容方面,二者存有较大区别。物权作为支配权,法律对其权利内容限制较少,但对知识产权限制较多,尤其表现在知识产权不行使方面。知识财产的本质为思想,因此权利人不享有无条件拒绝使用(包括授权他人使用)知识财产的权利。知识产权法上的非自愿许可制度就是以校正不使用(包括授权

---

① 佟柔:《中国民法》,法律出版社 1990 年版,第 39 页;王利明:《民法》,中国人民大学出版社 2000 年版,第 46 页。
② 王利明:《再论物权的概念》,载《社会科学研究》2006 年第 5 期。
③ 李琛:《法的第二性原理与知识产权概念》,载《中国人民大学学报》2004 年第 1 期。
④ 吴汉东:《试论〈民法通则〉中的知识产权制度》,http://www.civillaw.com.cn/article/default.asp?id=7961,2008 年 8 月 26 日访问。

他人使用)为目的而形成的一项权利限制制度。并且,知识产权这种支配权还获得了垄断效力,这是物权所不具备的。

2. 支配权理论的意义。知识产权法上的支配权理论,具有以下几个方面的意义:第一,与债权区分。债权只是请求权,知识产权都是支配权。第二,揭示知识产权的效力与功能。支配权确定了权利人对知识财产的归属和利用的一种垄断与支配。第三,界定知识产权的性质。支配权是绝对权,具有对世性,权利人对知识财产的合法垄断必然要求排除他人干涉;支配权还要求确定支配的范围,即表明主体对客体的控制和处置。

三、知识产权作用机制

知识产权发挥作用机制是指知识产权发挥社会作用的方式和方法。知识产权的授予在于鼓励知识创造。这是从宏观角度对知识产权发挥作用的机理进行考察。人类社会机制的构造,以人和人的需要为出发点和归宿,知识产权也是如此。劳动创造了财富。在理论上,我们把人的劳动分为智力劳动和体力劳动,这实际上是一个理论模型,并非现实。体力劳动创造的财富是"物",由物权法调整,智力劳动创造的财富是知识财产,由知识产权法调整。学者 G. P. 纳布罕(G. P. Nabham)认为知识产权法很重要的目的在于将知识转换为适于市场的商品。① 笔者认为,知识产权法发挥作用的机制呈现出一个由思想到商品的过程,详解如下:(1) 大脑形成了一种思想;(2) 思想被表达出来;(3) 被表达出来的思想因符合法律的规定被规定为财产,这就是知识财产;(4) 法律为知识财产确权,便是知识产权;(5) 知识产权人行使知识产权得到知识产品。简单看,所谓知识产权就是这样一个从思想到财产再到权利,最后到商品的过程。一句话,知识产权发挥作用的过程就是从思想到商品的过程。

第二节 知识产权的效力

知识产权的效力,是指法律赋予知识产权的强制性作用力与保障力。知识产权的效力是知识产权属性的外在表现,集中体现着知识产权依法成立后所发生的法律效果。知识产权的效力,直接影响着知识产权人以及知识产权人与被许可人及第三人之间的利益关系,在整个知识产权法中占有重要地位。知识产权的效力集中体现在控制效力、排他效力、优先效力、独立处分力、追及效力、垄

---

① 孙祥壮:《传统知识的世界保护及对我国的启示》,载《知识产权文丛》(第9卷),中国方正出版社2003年版,第193页。

断效力等方面。

一、控制效力

（一）控制效力概念

知识产权控制效力，是指知识产权所具有的保障知识产权人对知识财产依法控制并享受其利益的作用力。知识产权的控制效力，体现的是知识产权人与特定知识财产之间的关系，是"支配权"的体现。知识产权具有控制效力，意味着知识产权人得以自己的意志直接对特定知识财产进行控制、复制、收益和处分，并实现利益。在法律规定的范围内，知识产权人既可直接为各种控制行为，还可以通过债权行为和知识产权行为将知识财产交由他人并授权其为一定的行为。对知识财产的控制，通常表现为直接对知识财产为一定的行为，如复制、收益或者处分等，控制力强调的是这种行为受到法律的确认和保障。

（二）控制效力的程度与内容

不同种类的知识产权，控制效力的程度有所不同：完全知识产权具有完全的控制力；而定限知识产权具有不完全的控制力。不同的知识产权的控制力的内容也有差别：完全知识产权是对知识财产的使用价值与交换价值有着完全的控制力；用益知识产权对知识财产的使用价值部分有控制力；而担保知识产权则是对知识财产的交换价值的全部或一部分有控制力。[①]

（三）控制效力与知识财产利益实现

知识产权人对利益的享有，有赖于知识产权的控制效力。知识财产的价值，可以大致分为使用价值与交换价值两类，知识财产的利益可以分为归属利益、利用利益与融资担保利益。对知识财产利益的享有，就要通过对知识财产的不同价值的控制来实现。知识产权也可以根据权利人享有利益的不同而分为完全知识产权、用益知识产权与担保知识产权。完全知识产权人享有的是知识财产的归属利益，而归属利益涵盖了用益利益与担保利益。而用益知识产权人则享有用益利益，担保知识产权人享有担保利益。

二、排他效力

（一）排他效力的概念

知识产权排他效力，是指同一知识财产上不能有两个以上同一内容或性质不相容的知识产权同时存在。史尚宽先生认为："商标权、商号权及专利权等绝

[①] 关于知识产权效力内容的论述，参考了刘得宽先生有关物权效力的论述。刘得宽：《民法之理论体系与其展开》，载《民法诸问题与新展望》，台湾荣泰印书馆股份有限公司1980年版，第76页。

对权,亦有排他性。然非直接支配物之权利,故非物权,应适用各该特别法之规定。"①知识产权的排他效力源于知识产权的支配权属性,是为保障权利人支配权的实现,法律必赋予知识产权排他效力。如果否认知识产权的排他效力,一则势必妨害权利人对于知识财产的有效支配,二则也势必损及知识财产的安全交易和使用。因此,将排他性作为知识产权的一项效力十分必要。

(二)排他效力的内容

从内容上看,知识产权排他效力可以分为成立上的排他效力与实现上的排他效力两个方面。知识产权成立上的排他效力是指同一知识财产之上,不能有两个以上同一内容或性质不相容的知识产权同时存在,已存在的知识产权,具有排除互不相容知识产权再行成立的效力。知识产权实现上的排他效力,又称"知识产权相互间的优先效力",是指同一知识财产之上存在的相容知识产权之间,居于优先位序的知识产权得以排他地实现的效力。何种知识产权优先实现,并不单纯决定于其成立的时间先后,更主要的是决定于当事人的意志与法律的规定,例如,成立在后的定限知识产权优先于完全知识产权而实现,后发生的知识财产留置权优先于先设定的抵押权而实现等。② 知识产权和物权一样具备排他效力。

(三)排他效力的表现

知识产权排他效力,或者表现为对相斥知识产权在成立上的排他效力,或者表现为对相容知识产权在实现上的排他效力,而不同类型的知识产权在排他效力上也有强弱之分。

1. 完全知识产权之间的排他效力。由于完全知识产权是对知识财产的全面控制权,同一知识财产之上,不可能存在两个内容相同的全面控制权,因此,完全知识产权之间具有成立上的绝对排他效力,即一个知识财产之上只能存在一个完全知识产权。值得注意的是,知识产权于成立上的排他效力,只是指同一知识财产之上不得同时成立或存在两个以上的内容相同的完全知识产权,如两个著作权或者两个发明专利权,但是并不排斥在同一知识财产之上,既成立著作权也成立商标权。此外,也并不排除数个权利人共有一个知识产权的情况。

2. 用益知识产权之间的排他效力。用益知识产权是对他人的知识财产进行使用、收益的知识产权。由于知识财产具有不同于物的特性,对知识财产的使用和收益并不以占有为前提,但是由于用益知识产权只有通过独占许可和排他

---

① 史尚宽:《物权法论》,中国政法大学出版社 2001 版,第 10 页。
② 刘保玉:《物权的效力问题之我见(修订稿)》,载《山东大学学报(哲学社会科学版)》2000 年第 2 期。

许可才能得以实现,因此用益知识产权也具有成立上的排他性。如一个知识财产之上,成立一个排他许可之后,便不可能再成立许可,因此用益知识产权于成立上具有排他效力。

3. 担保知识产权之间的排他效力。担保知识产权,不具备成立上的排他效力。因为知识财产的交换价值可能远远大于担保债权的价值,应该允许权利人按照知识财产的价值,多次设立担保权。担保知识产权的成立,以登记为要件,均可以在同一知识财产之上发生并存现象。但是,任何一种担保知识产权,均有实现上的排他效力。在约定担保知识产权并存的情况下,排他效力的基本规则是"设立在先原则"和"同时同序原则"。① 但是在有法定担保知识产权(知识财产留置权)和约定担保知识产权(知识财产抵押权)并存的情况下,一般采用的是法定担保知识产权优先原则。

4. 用益知识产权与担保知识产权之间的排他效力。用益知识产权的设立目的在于控制知识财产的使用价值,而担保知识产权的设立目的在于控制知识财产的交换价值,所以二者可以并存。具体看,担保知识产权中的质押权要求出质人和质押权人均不得使用质押知识财产,而知识财产留置权的规则也是如此,因此,不发生用益知识产权与质押权、留置权并存问题。用益知识产权与担保知识产权的并存主要表现为用益知识产权和知识财产抵押权的并存。由于用益知识产权和抵押权,一为针对使用价值,一为针对交换价值,因此二者不发生成立上的排他效力,但可发生实现上的排他效力。其效力规则的一般原则是"时间在先,权利在先原则",即成立时间在先的权利,优于成立时间在后的权利实现。

5. 完全知识产权与定限知识产权之间的排他效力。完全知识产权之间成立上的排他效力是绝对的,属于排他效力最强的知识产权。但完全知识产权与用益知识产权及担保知识产权之间,却绝对不具有成立上的排他效力,因为一般情况下,定限知识产权本来就是完全知识产权人设立的,而其中的留置权是依法设立的。完全知识产权无实现的排他效力,一旦定限知识产权成立,完全知识产权就受定限知识产权的限制,换句话说,恰恰是定限知识产权排除了完全知识产权的实现效力,而不是相反。因此可以说,完全知识产权无实现上的排他效力。

三、优先效力

(一)优先效力的概念

所谓知识产权优先效力,是指知识产权优先于债权的效力,即同一知识财产之上既有知识产权,又有债权的,知识产权具有优先于债权而实现的效力。知识

---

① 参见刘保玉:《论担保物权的竞合》,载《中国法学》1999年第2期。

产权优先效力的基本规则是无论成立先后,知识产权的效力均优先于债权。

值得一提的是,所谓知识产权之间的优先效力,其实是知识产权之间的排他效力问题,而知识产权和物权不发生排他和优先效力问题,即便是在特殊情况下,物权人和知识产权人的权利均指向了一个物,如作者的手稿,其实两种权利的客体并不相同。物权人的权利客体为看得见、摸得着的画稿实物;而知识产权人的权利客体为抽象的"画"。从行使上看,物权人应该容忍著作权人行使著作权至少一次,取得复制件后,知识产权人就可以自由行使权利了。

(二)优先效力的具体情形

1. 知识财产之上已成立债权,后成立知识产权的,知识产权优先。例如,以同一知识财产签订了数个排他许可合同,最后一个排他许可合同被登记而产生用益知识产权,那么,最后一个产生的用益知识产权优先于前面的数个排他许可的合同债权。

2. 用益知识产权人较债权人有优先实现的权利。同一知识财产之上既有用益知识产权,又有债权的,用益知识产权人较债权人有优先实现的权利。例如,在同一知识财产之上,用益知识产权和债权并存的,用益知识产权优先于债权而实现。

3. 债务人的知识财产上设有担保知识产权的,担保知识产权人享有优先受偿的权利。这种权利可称为"别除权"。例如,在债务人的知识财产之上成立知识财产留置权,那么在该知识财产留置权进入实现阶段,无论债务人的财产是否够清偿其他债务,知识财产留置权人对于留置的知识财产享有优先受偿权。

4. 非属于债务人的知识财产,知识产权人有取回的权利,这即为取回权。例如,知识产权人已与被许可人签订独占许可合同,并已经到主管部门递交了登记申请,但登记尚未完成。此时,被许可人资不抵债宣告破产时,知识产权人可以解除知识产权合同,并撤回许可登记。

四、独立处分力

(一)独立处分力的概念

知识产权独立处分力,是指权利人凭借其享有的知识产权,可独立处分知识财产的效力。以《法国民法典》为肇端的近代民法以后的财产权制度,是同封建的人格关系、身份关系彻底地分离开来了的纯粹的财产权。[①] 其中,物权作为纯

---

① 陈华彬:《论物权的性质》,http://www.civillaw.com.cn/article/default.asp?id=23033,2008年8月24日访问。

粹的财产权,其独立性,或者说独立被权利人处理的效能首先被确立起来。物权人可以凭借物权制度对物进行占有、使用、收益和处分。这个制度的背景是,此前世界各国的财产关系,如奴隶制的财产关系和封建制的财产关系,其实并不仅仅是一种财产关系,这种财产关系被嵌入人身关系之内,包含大量的人身因素,因此,个人往往不能独立处置自己的财产。

(二) 确立知识产权独立处分力的必要性

确立知识产权的独立处分效力在我国十分必要。《法国民法典》开创的纯粹的财产权制度,使得物权从人身权之下脱离出来,获得了独立处分力。然而,知识产权却遇到了问题,因为知识产权是在人的思想之上建立起来的,曾被认为本质上是属人的,而不是什么财产,更不能形成财产权。新中国成立之初,受苏联的影响,把知识产权称为"智力成果权",强调智力属性,就是强调属人的属性,而忽视其财产性。与债权相比,尽管债权也可以让与,但是很多债权却受到限制,不具有独立处分力。根据大多数国家的法律规定,基于特别信任关系发生的债权,如因雇佣、租赁所引起的债权由于具有强烈的人身信任关系,所以就不得让与他人。如果让与,可以构成合同解除的原因。① 而知识产权则不然,无论是完全知识产权、用益知识产权,还是担保知识产权,均可以让与他人,一般情况下此种处分并无限制。可以说,知识产权的"独立处分力"是知识产权的一种效力。

五、追及效力

知识产权追及效力,是指无论知识产权的客体知识财产被何人控制,都不能妨碍知识产权人权利的行使,知识产权人可以追及到任何控制其知识财产的人并向其主张权利。而债权没有追及力,"债务人把他的财产转让给第三人时,一般债权人不得对它再行使权利"②。

【案例】 甲的画稿已经卖给乙,并约定自结清价款时所有权转移。由于乙房屋正在装修之中,仍由甲进行保管。丙夜入画室,将该画偷走并赠送给丁。此案中,甲无从主张物权的追及效力,因为他仅对画稿有债权(保管),而所有权是乙的了。但根据知识产权的追及效力,甲仍然不丧失知识产权,有权向丁主张行使知识产权,如要求复制等。乙闻讯后,得依据物权的追及效力向丁主张所有权。于是,知识产权的追及效力与物权的追及效力就得以区分了。在该案中,物

---

① 陈华彬:《论物权的性质》,http://www.civillaw.com.cn/article/default.asp?id=23033,2008年8月24日访问。

② 〔日〕梅谦次郎:《民法要义·卷之三》,第2—5页(复刻版)。转引自陈华彬:《论物权的性质》,http://www.civillaw.com.cn/article/default.asp?id=23033,2008年8月24日访问。

权的追及效力在于要求丙返还画稿——"物",而知识产权的追及效力在于恢复控制知识财产,如"复制"一份。

六、垄断效力

知识产权垄断效力,是指知识产权人可以凭借其权利,限制其他人进行模仿或者创造行为的法律效力。垄断效力是知识产权特有的法律效力,物权和信息财产权均不具备。从行为角度看,知识产权是禁止他人模仿甚至创造的一种权利。知识产权排除了市场竞争,表现出一定的垄断效力。知识产权的垄断效力是法律所许可的,因此不适用《反垄断法》的规定,不属于《反垄断法》确认的垄断行为。

【案例】 一个农民在自家地里种植樱桃到市场出售,他并没有权利禁止邻人在自己的土地上种植樱桃参与市场竞争;但是,如果这个农民通过基因改良而获得了一种的樱桃品种,并获得了知识产权(专利权),那么没有这个农民的许可,任何人无权种植这种新品种的樱桃。①

第三节 知识产权侵权行为与归责原则

一、知识产权侵权行为的概念和构成要件

(一)知识产权侵权行为的概念

所谓知识产权侵权行为,是指行为人实施的加害他人知识产权而应依法承担民事责任的行为。侵权行为只能针对绝对权发生,如物权、人身权、知识产权和信息财产权,而不能发生于债权。知识产权侵权就是实施侵犯他人知识产权的行为,须承担民事责任。

(二)知识产权侵权行为的构成要件

知识产权法是民事特别法,知识产权侵权责任应遵守民事侵权责任的一般原理,同时也可以根据其特点保有并优先适用其特殊规则。

1. 侵权行为四要件说。侵权行为构成要件的四要件说为我国学界的通说。我国《民法通则》第106条第1款规定:"公民、法人由于过错侵害国家、集体的财产,侵害他人财产、人身的,应当承担民事责任。"许多学者据此认为,我国民法确立的侵权行为构成要件为四个:"违法行为"、"过错"、"实际损害"以及"违

---

① 〔澳〕彼得·德霍斯:《知识财产法哲学》,周林译,商务印书馆2008年版,第146页。

法行为和实际损害之间的因果关系"。因此我国有关知识产权侵权行为的构成要件就"合乎逻辑地"遵循了这样一个思路:第一阶段,《民法通则》及我国通行民法理论规定的侵权责任遵循着"四要件"包括"违法行为"、"过错"、"实际损害"以及"违法行为和实际损害之间的因果关系"的一般构成要件。侵权行为的"四要件说"就成为我国知识产权三部主要法律所采用的知识产权侵权的构成要件。这样的侵权行为构成要件给裁判知识产权案件的法官们带来了很大的困扰,权利人也只能"眼睁睁地看着有关活动从准备到生产,直至进入流通领域(即有了'实际损害'),才能'依法'维权"[1]。于是,司法及执法实践中的无奈促使了人们的思想朝第二个阶段发展,即根据知识产权的特点规定并优先适用其特殊规则,对此,我国法院采取了过错推定原则。然而,过错推定原则仍然不能解决"即发"侵权行为的问题。终于,侵权行为"四要件说"弊端毕现。

2. 侵权行为二要件说。根据有无损害结果的发生,侵权行为可以分为侵权行为和侵害行为。从英美法系的制度构建,可以更加清晰地认识我国法面临的问题。英美国家使用的法律英语中有两个概念都被我们翻译为"侵权"——"infringement"和"tort"。而这两个概念本身有着巨大的不同,其构成要件也泾渭分明。前者包含一切民事侵权行为,后者主要包含需要负财产损害赔偿责任的侵害行为。[2]"在英美法系法院中,认定 infringement（侵权）,从来不需要去找'过错'、'实际损失'这类要件,只要有侵权事实即可。"[3]"而'Tort',则含有'错误'、'过失'的意思,只有错误或过失存在,'Tort'才可能产生。"[4]而 infringement 尤指侵害知识产权,即侵害了专利、商标、版权的排他权。因此,所谓知识产权领域侵权的构成要件是不需要"过错"和"实际损害"的。这一"特殊规则"其实并不特殊,它本来就应该是民事侵权责任的一般规则之一。也就是说,一般知识产权侵权行为的构成要件有两个:第一,行为人实施了一定的行为;第二,行为人实施的行为侵害了他人的知识产权。

而我国《民法通则》规定的侵权行为实质应为须承担损害赔偿的侵权行为,即侵害行为,其构成要件为四要件,即:第一,行为人主观过错;第二,行为人实施了侵害知识产权的行为;第三,行为人实施的侵害行为造成了权利人的损害;第四,损害和行为人的行为之间有因果关系。在我国法学界,许多学者曾认为,我国《民法通则》第106条,与《法国民法典》和《德国民法典》的相关规定保持了一

---

[1] 郑成思:《知识产权——应用法学与基本理论》,人民出版社2005年5月第1版,第207页。
[2] 同上书,第200页。
[3] 同上书,第200—201页。
[4] 同上书,第201页。

致,但事实上我国的规定与国外的这两条,不仅不近似,而且有极大差异,可谓天壤之别。《法国民法典》第 1382 条规定:"任何行为使他人受损害时,因自己的过失而致使损害发生之人,对该他人负损害赔偿责任。"而《德国民法典》第 823 条规定:"因故意或者过失不法侵害他人生命、身体、健康、自由、所有权或者其他权利者,对他人因此而产生的损害,负赔偿责任。"无论是《法国民法典》,还是《德国民法典》,仅仅针对的是因过错而需要承担赔偿责任的侵权行为,而并不是针对一切侵权行为。而我国《民法通则》第 106 条,恰恰针对的是一般侵权行为,而不限于承担赔偿责任的侵权行为。这使得看起来相似的制度构建,失之毫厘,差之千里。并且,在侵权行为的构成要件这个问题上,两大法系保持了实质性的一致。

(三) 知识产权侵权阻却性事由

违法阻却性事由是大陆法系法学理论和立法上确立的一个重要概念。阻却性事由是指排除符合构成要件的行为的违法性的事由。一般而言,大陆法系法学判断一个行为是否构成侵权,需要构成要件和阻却性事由正反两个方面进行判断。从正面看,符合侵权行为构成要件的行为,为知识产权侵权行为。但有原则就有例外,很多行为尽管符合了侵权行为的构成要件,但行为本身却具有阻却性事由,因此并不被认为构成侵权,不承担侵权责任。需要指出的是,我国目前的私法中并没有明文使用"阻却性事由"一词,但学者认为不可抗力、紧急避险、正当防卫以及私力救济为典型的侵权行为阻却性事由。具备侵权行为阻却性事由的行为与侵权行为一样,都造成了一定的损害,但前者并不承担侵权责任,这就是侵权行为阻却性事由的作用和意义。

(四) 知识产权侵权促成性事由

1. 概念。知识产权侵权促成性事由是指不符合知识产权侵权构成要件,但因对知识产权人商业利益造成实质性损害,而由法律明确规定视为侵权的事由。知识产权侵权促成性事由有助于适当提高知识产权保护水平,但也可能成为知识霸权的温床。因此,知识产权侵权促成性事由应坚持严格的法定主义。一般而言,一个符合知识产权侵权构成要件且无阻却性事由的行为,应被认定为知识产权侵权行为。但为了强化知识财产保护,理性提高保护水平,于是产生了一种法定的例外情形,即即便一个行为没有构成侵权,但鉴于该行为对知识产权人的商业利益影响过大而被视为侵权。这些情形或者事由为知识产权侵权促成性事由,如未经许可在电视台播放电影作品等。

2. 知识产权侵权促成性事由的构成要件。知识产权侵权促成性事由需要具备以下构成要件:(1) 行为并未直接侵害知识产权。行为人所实施的行为不在知识产权权利范围之内,即未直接侵害知识产权。(2) 主观过错。知识产权侵权促成性事由要求行为人应具备主观过错。(3)对知识产权人的商业利益造成直接损害。知识产权法的兴盛与发达的主要原因是其在产业上的作用,知识产权促成性事由也主要是保护知识产权人的商业利益。知识产权侵权促成性事由针对的是知识产权人商业利益受损的事实,因此所造成的损害也仅表现为财产损失,不包括人格利益损失。(4)法律规定。知识产权侵权促成性事由的具备,将使得一个本不构成侵权的行为被视为侵权,与行为人有着重大的利害关系,并和法律所保障的正义和秩序密切相关,因此知识产权人所主张的促成性事由应该由法律直接规定,法律未规定的,不构成促成性事由。

二、知识产权侵权行为的归责原则

(一)归责原则概述

"归责"是指行为人因其行为或物件致他人损害的,应依何种根据承担责任。归责原则是指判定侵权行为人承担民事责任的基本规则,是判断侵权行为人是否承担法律责任的根据。此种根据体现了法律的价值判断,即法律应依行为人的过错还是应以已发生的损害结果为价值判断标准,抑或以公平考虑等作为价值判断标准,而使行为人承担侵权责任。①

一般而言,归责原则可以分为以下三种:过错责任原则、严格责任原则以及无过错责任原则。所谓过错责任原则是指行为人是否承担民事责任取决于其是否具有主观过错的责任承担原则。过错原则适用于一般侵权行为,是承担民事赔偿责任的归责原则,但凡民事赔偿责任的承担,应以行为人具备过错为要件。我国《民法通则》第106条第2款规定,错误地扩大了过错责任原则的适用范围,使其从《法国民法典》和《德国民法典》上规定的民事赔偿责任的归责原则上升到民事责任承担的一般原则。按照过错责任原则,行为人是否应承担民事赔偿责任,是以行为人主观上是否有过错为判断依据的。行为人主观上有过错,就应承担民事赔偿责任,行为人主观上无过错,即使其行为造成了相对人的人身和财产损害也不承担民事赔偿责任。过错推定原则是过错责任原则的一种,是指行为人无法证明自己没有过错的,推定其存在过错并承担责任的一种归责原则。

所谓严格责任原则是指行为人是否承担民事责任和其是否具有主观过错无关的责任承担原则。和过错责任原则一样,严格责任原则适用于一般侵权行为,是承担民事责任的归责原则。一般而言,承担民事赔偿责任适用过错责任原则,而民事赔偿责任之外的民事责任的承担,不以行为人具备过错为要件,适用严格责任原则。

---

① 王利明:《侵权行为法归责原则研究》,中国政法大学出版社1992年版,第17页。

所谓无过错责任原则是法律直接规定的实施特殊侵权行为的行为人,没有过错也要承担民事责任的原则。在我国民法学界,严格责任原则往往被认为是无过错责任原则的另外一个称谓。其实,尽管二者有某些相同之处,但它们是两种不同的归责原则。从相同之处看,二者都是承担民事责任不需要过错。而二者的区别表现在适用的行为方面。严格责任原则针对的是一般侵权行为,而无过错责任原则针对的是特殊侵权行为。根据我国《民法通则》的规定,采取无过错责任原则的特殊侵权行为包括职务行为(第 121 条)、因产品侵权行为(第 122 条)、高度危险作业侵权行为(第 123 条)、环境污染侵权行为(第 124 条)、动物致人损害的侵权行为(第 127 条)、监护人承担责任的侵权行为(第 133 条)。而针对一般侵权行为而言,并无无过错责任原则的适用余地。

(二) 知识产权侵权行为归责原则

就知识产权侵权行为而言,归责原则体系为:以严格责任为普遍原则,以过错责任为损害赔偿责任的归责原则。知识产权侵权行为是一般侵权行为,因此从行为属性上就排除了无过错责任原则的适用。严格责任是普遍原则,即只要行为人实施了侵权行为就应当承担民事责任,如停止侵权等。而过错责任为特别原则是指,需要承担损害赔偿责任的知识产权侵权行为适用过错责任原则,只有在行为人有主观过错的条件下,行为人才因实施侵权行为而向权利人承担赔偿责任。为了加强对知识产权的保护,有的国家立法规定侵犯专利权的,就视为有过失,如日本《专利法》第 103 条规定,因为专利发明的内容是向社会公开的,从事这个行业生产的人理应先进行检索和了解。在过错责任原则下,权利人不但可以要求行为人停止实施专利,并且可以要求行为人返还因实施专利而获得的利益。

我国知识产权立法采纳了以严格责任为普遍原则,以过错责任为特殊原则的归责原则体系。我国《专利法》第 70 条明确规定:"为生产经营目的使用、许诺销售或者销售不知道是未经专利权人许可而制造并售出的专利侵权产品,能证明该产品合法来源的,不承担赔偿责任。"根据该规定,行为人没有过错的,不承担赔偿责任,但是仍应承担停止侵害、消除危险等民事责任。在著作权领域也是如此,国家版权局认为:"我国民法通则和著作权法未规定侵害著作权适用无过错责任原则。因此,出版社应仅在有过错并造成损害后果的情况下,才就出版抄袭制品一事与抄袭者共同承担损害赔偿责任。如果出版社没有过错,应由抄袭者独自承担损害赔偿责任,但出版社应当停止出版发行抄袭作品,并依法返还不当得利。"[①]在商标权领域,我国《商标法》第 56 条第 3 款规定:"销售不知道是

[①] 参见《国家版权局"关于出版社出版抄袭制品应承担何种责任"的答复(权办[1996]73号)》。

侵犯注册商标专用权的商品,能证明该商品是自己合法取得并说明提供者的,不承担赔偿责任。"这一规定被学者简称为,"善意侵权"不承担赔偿责任。但是无论是"善意"还是"恶意",并不能改变行为的侵权性质,"善意侵权"仍属侵权。按照此规定,实施恶意侵权的人,即明知而实施侵权行为的人应承担赔偿责任,而"善意侵权"的侵权人因善意而免除赔偿责任,但仍应承担停止侵权、封存、没收、销毁侵权商标标识等民事责任。这就是严格责任的适用结果。

建立和完善严格责任和过错责任相配合的民事责任归责原则体系,才能有效制止侵权行为的发生,如即发侵权;又可以保障权利人的切实利益,使有过错的行为人承担赔偿责任。

第九章
知识产权请求权

第一节 知识产权请求权的概念与发生

一、知识产权请求权的概念和特征

知识产权请求权是指知识产权已经受到侵害或者有受到侵害的危险时,知识产权人为保障其权利的圆满状态和充分行使,而享有的要求侵害人为一定行为或者不为一定行为的权利。知识产权请求权,也被称为知识产权的妨害排除效力。参照我国《民法通则》等法律的有关规定,知识产权的妨害排除效力包括要求停止侵害、排除妨碍和消除危险等。知识产权的妨害排除效力,从权利形式上看构成知识产权请求权的一部分。知识产权请求权制度是知识产权自身产生的、对自身的救济制度。除此之外,侵害知识产权的行为还构成侵权行为,适用侵权法规范,承担侵权法上的各种义务和责任。知识产权请求权这个概念有以下特征:

第一,知识产权请求权的基础权利为知识产权,没有知识产权,则不可能产生知识产权请求权;

第二,知识产权已经受到侵害或者将要受到侵害,是知识产权请求权的产生依据。知识产权请求权的产生,既可以针对正在进行的侵权行为,也可以针对已经实施的侵权预备行为,还可以针对即将发生的潜在侵权行为——一种危险状态。当上述情形发生,知识产权人可以行使知识产权请求权。

第三,知识产权请求权以要求他人停止侵权、停止侵权的预备行为或者消除侵权危险等为内容。如制止正在进行的商标假冒行为、盗版行为或者侵犯专利权的行为等;销毁、封存为生产侵犯权利人专利权的专门工具等;禁止制造为生产侵犯权利人专利权的专门工具等。

第四，知识产权请求权的目的旨在阻止现实或潜在的侵权行为的进行或发生，而不是获得赔偿。①

二、知识产权请求权的理论基础

请求权系由基础权利而发生。② 以权利发生的因果关系为标准，可以将请求权划分为原权请求权和派生请求权。原权请求权，是一项独立的权利，是指以请求为一定行为或者不为一定行为为内容的权利，如债权。派生请求权，是指基于他人侵害原权的事实而发生的对原权进行救济的权利。派生请求权是私权救济的制度常态，任何一项私权如果缺乏请求权制度加以保护，那么该权利的保护则是不周延的。非但如此，请求权制度的确立还是构建完善的私权体系的需要。派生请求权可以分为绝对权请求权和相对权请求权。相对权请求权以相对权的存在为基础，是基于相对权存在并受到侵害两个要件而产生的权利。知识产权请求权为派生请求权中的绝对权请求权，系由侵害知识产权而发生。绝对权请求权以绝对权为基础权利，是基于绝对权存在并受到侵害而产生的权利。在大陆法系，物权、人格权、知识产权均为绝对权，均有与之相应的请求权制度，物权请求权、人格权请求权、知识产权请求权，其中物权请求权最为人们所熟悉。在学理上，以上三种请求权统称绝对权请求权。"只要绝对权受到侵害，不管行为人有无过失，不论该行为是否构成侵权行为，绝对权人就当然有权行使这些绝对权请求权，完全不受侵权行为法的种种严格的要求，从而使绝对权能够自行或通过诉讼机制使自己保持或者恢复其圆满状态……一言以蔽之，民法立法，必须给绝对权配置绝对权请求权。"③

知识产权请求权只有在发生绝对权侵害的情形下才产生。对知识产权的侵害，同时在实体法上产生两项救济方式：一项为知识产权请求权，一项为债权。知识产权请求权是知识产权自身所具备的救济功能。除此之外，债也是救济侵害知识产权的一种制度。根据侵权之债的一般原理，对知识产权的侵害产生一个债，债权人根据债的存在而享有债权（请注意，不是债权请求权，而是债权本身）。所以，当知识产权受到侵害后，知识产权人可根据知识产权请求权和债权主张救济。如果侵害人未能满足知识产权人的债权主张，则基于该事实而发生

---

① 知识产权受到侵害后，获得赔偿的请求为债权的内容，即产生的侵权之债的内容，不是知识产权请求权。

② 王泽鉴：《民法总则》，中国政法大学出版社 2001 年版，第 92 页。

③ 崔建远：《绝对权请求权亦或侵权责任方式》，载《法学》2002 年第 11 期。

知识产权人的债权请求权。值得注意的是,债权请求权适用诉讼时效。在对知识产权的侵害导致知识财产灭失的情况下,则只发生债权,而不能发生知识产权请求权。知识产权请求权旨在回复到知识产权被侵害前的状态,而不是获得赔偿;获得赔偿是债权的功能。如果根据债权并没有获得赔偿,则知识产权人可行使债权请求权。

【案例】 乙偷窃甲的画稿一幅,从知识产权法角度看,甲可主张实体法上的两种救济方式:第一种是知识产权请求权,甲可以此请求乙"归还知识财产";第二种是债权,甲可以侵权之债请求乙履行债的内容,即赔偿因知识财产失窃造成的损失。在乙既不能满足甲的知识产权请求权(甲已将该画稿原稿出售,第三人不知去向),又不能满足甲的债权的情形下,则债权请求权产生。根据债权请求权,甲可以向乙主张给付知识财产所值价款,并支付对债权不履行造成的其他损失。当然,在该案中,甲同时还享有物权请求权,即针对画稿原稿的侵害而产生的请求权。

三、知识产权请求权立法考察

(一)大陆法系知识产权请求权制度

1. 日本法上"差止请求权"。日本法建立的知识产权请求权制度最为完备。日本法学界根据知识产权与物权同为绝对权的属性以及侵权行为的违法性,普遍主张建立知识产权请求权制度,并将知识产权请求权称为"差止请求权"。日本法建立了完备的知识产权请求权制度,在专利法、商标法、著作权法等知识产权特别法以及反不正当竞争法等法律中都加以明确规定。《日本专利法》第100条第1款规定,专利权人或者独占实施权人享有请求停止或预防侵害的请求权。《日本商标法》第36条规定,商标权人或者专有使用权人享有停止或预防侵害请求权,权利内容包括要求废弃侵犯行为的形成物、拆除为侵犯行为所提供的设备以及其他预防侵犯的必要行为。《日本著作权法》第112条和第117条都规定了知识产权请求权制度,根据该法第112条的规定,著作权人(包括邻接权人)享有请求停止侵害或预防侵害的请求权,权利内容包括要求废弃构成侵权行为的形成物、侵权产生的物、仅供实施侵权行为的机械或器具等。此外,《日本反不正当竞争法》第3条、《日本实用新型法》第27条和《日本外观设计法》第37条都规定了知识产权请求权制度。

2. 德国法上类推适用。在德国,无论是立法(包括民法和知识产权法)还是学界都没有明确提出知识产权请求权这一概念。但是,这并不等于在司法上的制度缺失,相反,德国法通过类推适用的方法来确立知识产权请求权制度。将物权请求权制度类推适用于知识产权的方法,不仅在司法领域确立了知识产权请求权制度,而且还明确赋予了知识产权与物权相同的保护方法和保护水平。德国学者沃尔夫认为:"其他的绝对权利也可以通过不作为及排除妨害请求权得到保护,从德国的民法典和单行法律当中可以得出德国先进法律的一个基本原则,即每一个绝对权都与《德国民法典》第1004条的适用相应,通过不作为请求权和排除妨碍请求权而得到保护。"①《德国商法》第37条规定,排除妨害和消除危险的物权效力类推适用于商号权。此外,德国法还规定著作权、专利权等类推适用民法典关于物权请求权的规定。值得注意的是,《德国专利法》第129条确立了专利权人的停止侵害请求权,这属于对类推适用方法的突破,直接对知识产权请求权加以规定。

3. 我国台湾地区的知识产权请求权制度。我国台湾地区"民法"在立法上也确立了知识产权请求权制度。我国台湾地区"著作权法"第84条第1款规定:"著作权人或制版权人对于侵害其权利者,得请求排除之,有侵害之虞者,得请求防止之。"我国台湾地区"商标法"第61条和"专利法"第81条分别就商标权和专利权确立了停止侵害请求权。

(二)英美法系"禁令"制度

英、美知识产权法律都接纳了衡平法建立的禁令制度。英美法系的禁令制度起源于衡平法院的特殊救济,属于衡平法制度。但是,从英美法系的权利救济来看,衡平法制度和普通法制度并不是截然分开的,禁令制度也是如此,它既可以用于保护衡平法上的权利又可以用于保护普通法上的权利。从产生之初看,禁令制度仅适用于财产权利而并不适用于人身权利。依禁令效力发生的时间,禁令可以分为永久性禁令(a permanent or perpetual injunction)和临时性禁令(a temporary in injunction)。英美法系国家为了加强对知识产权的保护,普遍建立了知识产权禁令制度,禁令和损失赔偿是英美法系知识产权保护的主要民事诉讼救济措施。

(三)TRIPS协议有关规定

作为规范知识财产贸易的主要国际协议,TRIPS协议既规定了大陆法系的知识产权请求权内容,也规定了英美法系的禁令制度。TRIPS协议主要是从各国行政机关保护知识产权的角度间接规定了知识产权请求权。该协议第46条规定:"为了对侵权活动造成有效威胁,司法当局有权在不进行任何补偿的情况下,将一经发现正处于侵权状态的商品排除出商业渠道,排除程度以避免对权利持有人造成任何损害为限。或者,只要不违背现行宪法要求,应有权责令销毁该

---

① 崔建远:《绝对权请求权或侵权责任方式》,载《法学》2002年第11期。

商品。司法当局还应有权在不进行任何补偿的情况下,责令将主要用于制作侵权商品的原料与工具排除出商业渠道,排除程度以尽可能减少进一步侵权的危险为限。"这虽然是关于司法的规定,但是却为当事人行使废弃请求权铺平了道路。

TRIPS 协议对临时禁令作了明确规定。该协议第 44 条规定:"司法部门应有权责令一方当事人停止侵权行为,包括在海关批准进口之后,立即禁止侵犯一项知识产权的进口商品在其管辖范围内进入商业渠道。"第 50 条规定:"司法部门应有权采取及时和有效的临时性措施,以便防止发生对任何知识产权的侵权行为。"这种临时措施包括了临时禁令制度。

(四) 我国知识产权法上的临时禁令制度

我国知识产权法并没有明确确立知识产权请求权制度,而是选择了英美法系的临时禁令制度。我国知识产权法规定的"诉前临时措施"曾引起了学界和司法部门的广泛关注,它突破了我国民事诉讼中有关保全对象的局限,率先建立了临时禁令制度。我国知识产权领域建立的临时禁令制度是指人民法院为了避免权利人或利害关系人损失的发生或扩大,根据权利人的申请,裁定被告或侵权人为一定行为或禁止为一定行为的强制措施。该制度的建立对保护申请人的权益,及时制止侵害知识产权的行为具有重要意义。然而,我国建立的临时禁令制度与国外的临时禁令制度相比,仍存在着较为明显的不足,比如制度设计比较原则、抽象,不易具体操作和把握,并有许多地方需要进一步完善。在适用范围方面,首先应扩大临时禁令制度的适用范围,并将临时禁令制度适用于所有的知识产权侵权诉讼,这也是对美国、日本和德国等国家先进立法经验的借鉴。并且应放宽审查条件,在申请人提供担保的前提下,不仅适用于避免造成难以弥补的损失,而且适用于避免造成损失或者使损失扩大的情形。①

四、确立知识产权请求权制度的意义

确立知识产权请求权有以下重大意义:

(一) 完善知识产权权利体系

物权请求权的产生是健全物权法体系的需要,使物权保护不必完全依赖于其他制度以及诉讼法。同样,这个理由也适用于确立知识产权请求权。只有建立了完整的知识产权请求权理论,才得以在知识产权法内部对权利进行救济,才能形成完善的知识产权权利体系。

---

① 参见陈莹:《临时禁令——知识产权的及时雨》,载《律师世界》2003 年第 7 期。

(二) 回复知识产权权利的圆满状态

根据知识产权请求权理论,他人对知识产权的侵害,将可能导致两类权利产生:一类是债权,侵害知识产权之债中的债权;一类是知识产权请求权。在保护目的上,二者有着明显差别,侵害知识产权之债中的债权可以获得赔偿,而知识产权请求权的目的则直接指向知识产权圆满权利状态的回复。

(三) 正确适用诉讼时效制度

对他人造成知识产权的侵害而产生的债权,权利人依据该债权可获得赔偿,如果侵权人并未按照侵权之债履行,则权利人可以行使依据侵权之债的债权请求权(派生请求权,而非债权)而要求侵权人赔偿损失、赔偿因债务不履行造成的其他损失等,但该债权请求权受诉讼时效的限制。超过诉讼时效,则法律不予保护;而知识产权请求权旨在恢复知识产权的圆满状态,为绝对权请求权,不受诉讼时效的限制,只要在知识产权的有效期间内,即可获得法律保护。

第二节 知识产权请求权的性质

一、性质争论与评析

知识产权请求权性质的争论,与物权请求权的性质争论一致。关于知识产权请求权的性质,主要有两种主张:第一种主张为"债权说"。"债权说"认为,知识产权请求权为债权。这是因为,知识产权请求权是针对特定人行使的请求对方为一定行为或者不为一定行为的权利,故属于债权。第二种主张为"知识产权作用说"。"知识产权作用说"认为,知识产权请求权是知识产权的作用,而非独立的权利,其依存于知识产权而存在、消灭。

知识产权请求权与债权一样,都是向相对人请求为一定行为或者不为一定行为的权利,但这并不能说明知识产权请求权为债权,只能说明知识产权请求权和债权一样均为请求权。从权利的实质内容上看,知识产权请求权与债权也是不同的概念,知识产权请求权为回复知识产权圆满状态的权利,而债权为要求和接受给付的权利。而知识产权作用说,从根本上否认了知识产权请求权的独立性,也不足取。

二、知识产权请求权性质的界定

(一) 请求权

知识产权请求权的性质为请求权。知识产权是知识产权请求权的基础性权利,知识产权请求权和知识产权有一定的依附关系,如随知识产权发生、移转和消灭而发生、移转和消灭。但是,这两种权利属性却是有区别的。知识产权为支配权,而知识产权请求权为请求权,因此,分别为不同权利。请求权是权利人请求他人为一定行为或者不为一定行为的权利。知识产权请求权是知识产权已经受到侵害或者有受到侵害的危险时,知识产权人为保障其权利的圆满状态而要求侵害人为一定行为或者不为一定行为的权利。知识产权请求权、物权请求权和信息财产权请求权同为财产权请求权,属于绝对权请求权的一种。

（二）派生请求权

知识产权请求权为派生请求权。请求权可以分为原权与派生权。原权是指基于法律规范之确认,不待他人侵害而已存在的权利,又称第一权利。派生权,是指基于他人侵害原权利而发生的权利,也称第二权利。请求权可以分为原权请求权和派生请求权。作为原权的请求权是权利本身的内容,如债权具备请求权内容。而派生请求权是指基于基础权利受到侵害或者不能实现而产生的请求权。作为债权内容的请求权和作为债权不能实现的请求权并不相同。

【案例】 乙偷窃甲的电脑一台,从民事法律关系角度看,甲可主张实体法上的两种救济方式:第一种是物权请求权,甲可以此请求乙"物归原主";第二种是债权,甲可以侵权之债请求乙履行债的内容,即给付电脑所值的价款。在乙既不能满足甲的物权请求权(甲已将该电脑出售,第三人构成善意取得),又不能满足甲的债权的情形下,则债权请求权产生。根据债权请求权,甲可以向乙主张给付电脑所值价款,并支付对债权不履行造成的其他损失。

三、知识产权请求权与诉讼时效

知识产权请求权不适用诉讼时效制度,不受诉讼时效的限制。各国立法例普遍将绝对权请求权排除在时效限制之外,或单独规定专门的、时间较长的绝对权时效。《德国民法典》第 194 条第 1 款规定请求权"因时效而消失",但并不等于说,请求权包括债权,也不等于说只有债权请求权一种时效。我国知识产权司法实践中,对知识产权请求权不适用诉讼时效的限制。对当事人行使知识产权请求权,只要作为基础权利的知识产权在合法的有效期内(如专利权在 20 年期限内),被控侵害行为存在,即可获得法院支持。"即使是持续侵权的行为到起诉时已超过两年,法院也作出停止侵权、排除妨碍的裁判。"[1]值得注意的是,因侵害知识产权而产生的债权请求权(如损害赔偿请求),则适用诉讼时效,超过

---

[1] 蒋志培:《知识产权请求权及其相关内容》,http://www.e-law.cn/article/pages/9042.html,2008 年 6 月 8 日访问。

两年诉讼时效的赔偿请求,法院不予支持。

《最高人民法院关于全国部分法院知识产权审判工作座谈会纪要》(法[1998]65号)指出:"审判实践表明,某些知识产权侵权行为往往是连续进行的,有的持续时间较长。有些权利人从知道或者应当知道权利被侵害之日起二年内未予追究,当权利人提起侵权之诉时,权利人的知识产权仍在法律规定的保护期内,侵权人仍然在实施侵权行为。对此类案件的诉讼时效如何认定?与会同志认为,对于连续实施的知识产权侵权行为,从权利人知道或者应当知道侵权行为发生之日起至权利人向人民法院提起诉讼之日止已超过两年的,人民法院不能简单地以超过诉讼时效为由判决驳回权利人的诉讼请求。在该项知识产权受法律保护期间,人民法院应当判决被告停止侵权行为。"但侵权损害赔偿却是受时效限制的,该座谈会纪要(法[1998]65号)同时指出:"侵权损害赔偿额应自权利人向人民法院起诉之日起向前推算二年计算,超过两年的侵权损害不予保护。"

有人认为专利申请权与专利权的权属纠纷的诉讼请求应受诉讼时效限制,理由是:(1)《专利管理机关处理专利纠纷办法》第10条规定:"请求调处专利权属纠纷和第5条第2项规定的纠纷的期限为两年,自专利权授予之日起计算。"(2)该办法第11条规定:"请求调处专利申请权纠纷的期限为两年,自专利局公开或公告专利申请之日起计算。"据此得出结论,该办法规定的期间和我国《民法通则》规定的诉讼时效相同,因此被认为是诉讼时效。有人认为:"如有证据可以证明实际得知日的,仍应以实际得知日作为诉讼时效的起算日。"①笔者认为,请求调处专利申请权与专利权纠纷的时间限制不是诉讼时效,因为二者都不是权利人向人民法院主张保护自己权利的期限,而是向"专利管理机关"主张保护权利的期限,因此不是诉讼时效。

【案例】 在我国知识产权法司法实践中,确有判决认为知识产权请求权应适用诉讼时效。②某锅炉厂诉至人民法院,要求判决变更该厂锅炉职工潘某85102032号非职务发明专利为该锅炉厂职务发明专利。在审理中,二审法院认为,根据《民法通则》的规定,当事人应于两年的诉讼时效期间内起诉,否则法律不予保护。因此判决该厂的诉讼已经超过了诉讼时效,自知道或者应当知道已过两年零七个月。这属于对《民法通则》关于诉讼时效的规定的误解。所幸的是,该案中的发明本身就不是职务发明。③

---

① 李国光:《知识产权诉讼》,人民法院出版社1999年版,第389—390页。
② 胡佐超:《专利纠纷典型案例评析》,知识产权出版社2000年版,第75—85页。
③ 张晓都:《论知识产权的时效》,载《法律适用》2001年第6期。

第三节　知识产权请求权的内容

针对不同的妨害方式,会产生不同的知识产权请求权。知识产权请求权为绝对权请求权不受诉讼时效的限制。知识产权请求权的内容可以划分为:返还请求权、停止侵害请求权、排除妨碍请求权和消除危险请求权。

一、返还请求权

返还请求权,是指当非权利人控制知识财产而妨害权利人行使知识产权时,知识产权人享有请求返还知识财产的权利。在这里需要探讨的是,在确立了物权请求权的返还请求权后,还有无必要在知识产权请求权领域确立返还请求权。试看以下两个案例:案例1:某甲泼墨成一画,并应某乙的请求,交某乙鉴赏几日。后,某甲欲发表其作品。问:某甲如何行使权利?某甲对于自己作品手稿享有物权(所有权),因此,该案中,某甲可行使作品手稿之上的物权请求权。在某甲行使物权请求权的情形下,某乙应返还某甲作品手稿。故某甲借助物权请求权实现了知识产权的目的(出版)。案例2:某甲泼墨成一画,售与某乙。后某甲欲发表而向某乙索画,遭某乙断然拒绝。问:某甲如何行使权利?该案中,基于某甲将作品手稿出售给某乙的事实,某甲已经丧失了对作品手稿的物权(所有权),当然不再享有物权请求权,因此不能向某乙主张物权请求权上的返还请求权。但是,某甲对作品本身仍享有知识产权(著作权),根据知识产权请求权理论,某甲可以请求某乙返还知识财产,通过行使知识产权请求权保护自己的知识产权。在此种情形下,某乙可以选择向某甲提供手稿,或者提供作品复印件。若某乙选择提供复印件,则必须满足真实、完整和清晰,并适于出版的条件。由此观之,在物权请求权中确立了返还请求权的背景下,构建知识产权请求权中的返还请求权还十分必要。此两种返还请求权最本质的差别是,物权人行使物权请求权上的返还请求权,被请求人应返还原物;而知识产权人行使知识产权请求权上的返还请求权,被请求人可以返还作品手稿,也可以提供符合条件的作品手稿复印件。

二、停止侵害请求权

停止侵害请求权,是指当他人妨害知识产权时,知识产权人可以请求除去妨害的权利。以商标权为例,针对他人假冒使用自己注册商标的行为,商标权人可以径行向侵害人主张停止侵害。若商标权人的要求不能得到满足,商标权人可以向法院起诉。法院依法作出停止侵害、排除妨碍的判决,作用类同于英美法系的"永久性侵权禁令"。知识产权人行使停止侵害请求权必须针对的是已经发生的侵害行为。对于将来发生的侵害，知识产权人不得主张停止侵害，只能为消除危险请求。

三、排除妨碍请求权

排除妨碍请求权是指因为知识产权行使受到他人的妨碍，而形成的以排除这种妨碍为目的的请求权。排除妨碍是物权保护的重要方法[①]，同时也适于知识产权保护。它主要针对妨碍知识产权行使的行为或者事实状态而采取的一种措施。当知识产权行使受到现实的妨害时，知识产权人可以请求排除妨碍。排除妨碍请求权所针对的是妨害人的"妨害行为"，与后面的"消除危险请求权"针对他人造成的"危险状态"不同。排除妨碍，就是请求法院判决强行排除妨碍人的妨害行为，如扣押专业技术人员导致无法进行专利产品的生产或者实施等。"妨害行为"多为作为，但也可以表现为不作为，如许可人拒绝对排他被许可人提供必要的技术支持等。

四、消除危险请求权

消除危险请求权，即当他人对知识产权人的权利有妨害危险时，知识产权人可以请求除去妨害的原因和危险从而预防妨害发生的权利。由于知识产权的特殊性，在知识产权诉讼中，消除危险的要求较为常见。可见，消除危险是知识产权人的基本权利主张之一。消除危险请求权针对的是现实的侵害知识产权危险，如非专利权人生产、购买实施专利的专门工具。在危险发生情况下，专利权人有要求对方停止一定实施行为，如销毁、封存为生产侵犯权利人专利权的专门工具，禁止制造为生产侵犯权利人专利权的专门工具等。

假想危险不能成为行使消除危险请求权的依据。是否构成侵害知识产权的"危险状态"是判断能否行使消除危险请求权的要件。由于消除危险请求权针对的是"危险状态"，而不是现实的侵害行为，因此，判断何为"危险状态"关涉当事人双方的利益。"危险状态"毕竟不是现实的侵害，对它的防范属于防患未然。应结合主客观两种标准对是否构成"危险状态"加以确认：第一，主观要件。有侵害知识产权的意图，是认定"危险状态"的主观要件。在认定是否具有主观意图时，应采过错推定。如果不能证明自己没有主观意图，应认定为具备主观意图。第二，客观要件。有与侵害知识产权有关的行为或者事实状态发生，是认定"危险状态"的客观要件。有与侵害知识产权有关的行为或者事实状态，包括大

[①] 参见我国《物权法》第35条。

量持有侵权产品、已经发布销售清单、购置了专用生产工具等。只要具备了上述两个要件,知识产权人就可以行使消除危险请求权。

根据基础权利的因果关系,可以将知识产权请求权分为完全知识产权请求权和定限知识产权请求权。完全知识产权是指权利人对自己的知识财产所享有的专有并排除他人干涉的权利,而定限知识产权是指权利人在他人专有的知识财产之上享有的被限定于某一特定方面或某一特定期间的知识产权。当权利受到侵害,或有受到侵害的危险,完全知识产权人根据其完全知识产权享有完全知识产权请求权,而定限知识产权人根据其定限知识产权享有定限知识产权请求权。定限知识产权请求权包括用益知识产权请求权和担保知识产权请求权。

第四节　知识产权请求权的实现

知识产权请求权因被请求人为一定行为或者不为一定行为而实现。但在以下几种情形下,知识产权请求权则发生"转化",通过"转化"实现受侵害知识产权的救济。

一、知识产权请求权与给付不能

知识产权请求权,在内容上为请求他人为一定行为,在形式上与债权相同。因此,也存在着债权领域中给付不能的类似问题。所谓给付不能,是指实现给付的内容为不可能。此处的不可能,是社会观念或法律观念上的不可能。能与不能,可出于法律上或事实上的理由,亦可出于社会经济上的理由。如行为人为实施侵权产品而耗资数千万元购置生产设备和流程,此时,权利人行使消除危险请求权,而要求销毁生产设备,为经济上的不可能。因为将其封存或者销毁虽非物理上不可能,但将造成巨大资源浪费,损害社会经济发展。因此,应被认为构成给付不能。但是,如果知识产权人要求封存生产设备,应被法院支持。生产设备被封存,可能导致知识产权人与投资人之间的知识产权许可谈判,正常经济秩序有望开始。

二、知识产权请求权与事实许可

知识产权请求权的目的在于回复知识产权的圆满状态,因此最直接的要求为停止侵害和排除妨碍。但在诸多情形下,知识产权请求权不能直接得到法院的支持。因为,除了保护知识产权之外,法院还必须考虑更多利益,如公共利益和社会经济资源的充分利用。在行为人已经投入了巨大资本,或者与"在先权利"相比,"在后权利"已经具有巨大经济价值等类似情况下,法院往往并不作出支持知识产权请求权的判决而是促成行为人为知识产权付费,并获得许可;这样权利人的知识产权也得以发挥作用。这在诉讼技巧上需要突出调解的应用。另一方面,在调解不成的情况下,法院可以借鉴"事实许可"(详见本书第十三章)的机理,通过判决建立知识产权人和行为人之间的知识产权许可关系,从而,避免社会经济资源的巨大浪费,也避免行为人受知识产权人的要挟而走向另一种不公平。

在知识产权冲突的处理方面,保护在先权利是原则,但如何保护在先权利,能够兼顾"在后权利"的重大利益,也值得考量。因此,也就不能简单机械地裁判支持知识产权人的知识产权请求权而结案。当两项权利发生冲突时,作为执法者的法官和作为冲突当事人的双方,必须在维护法律公正的前提下,使权利客体综合效益最大化。例如,由被告向原告赔礼道歉,被告与原告签订使用许可协议,赔偿原告的经济损失,支付使用费,维持被告已经获取的权利。此处理方法有利于实现客体效益之最大化。①

三、知识产权请求权与债权请求权

知识产权请求权,如返还请求权、停止侵害请求权等,仅在有返还和停止侵害的可能情况下,才得以行使。如果作品手稿已经烧毁,侵权行为已经完成,则只能转化为不当得利请求权或损害赔偿请求权等债权请求权。

四、知识产权请求权与代偿请求权

所谓代偿请求权,是指债务人履行不能时,如果不能的事由可归责于第三人,那么,债权人可向债务人请求给付第三人的赔偿或者让与向第三人主张赔偿请求权的权利。根据代偿请求权,债权人可以:第一,请求债务人让与从第三人所得的赔偿价额;第二,请求债务人让与其对第三人的赔偿请求权。在知识产权请求权发生给付不能的情形下,若给付不能因第三人引起,而给付义务人已经从第三人处获得赔偿的,则知识产权请求权人得以向给付义务人主张给付第三人获得的赔偿,在没有获得赔偿的情况下,知识产权请求权人得以向给付义务人请求让与损害赔偿请求权。

---

① 参见曹新明:《论知识产权冲突协调原则》,载《法学研究》1999年第3期。

第十章
知识产权的分类和体系

第一节 知识产权的分类

知识产权是一个内容非常庞杂的权利体系。依据不同分类标准,可以将知识产权分成不同类别。

一、公法与私法上的知识产权

(一)公法与私法划分

公法与私法划分源于古罗马。古罗马法学家乌尔比安认为,公法和私法的划分标准是法律所保护的利益,保护国家利益的法律为公法,保护私人利益的法律为私法。虽然乌尔比安关于公法和私法划分的标准未必能得到后继者遵从,但是公法和私法的划分本身却深入人心。

(二)公法上的知识产权

公法上的知识产权,是指公法规范确认的知识产权。有的法律虽然并没有直接使用知识产权概念,但从其他概念中,是可以推导其确认和保护知识产权的内涵的,如宪法确立的财产概念。在我国,较集中规定知识产权规范的公法主要有《宪法》、《刑法》、《科技进步法》、《反不正当竞争法》以及《反垄断法》。

《宪法》作为国家根本大法,是全面调整社会关系的法律,因此,对知识产权的确认和调整是应有之义。我国《宪法》第13条规定:"公民的合法的私有财产不受侵犯。"作为公民基本权利的财产权是指公民对私人财产的权利,包括物权和知识产权以及信息财产权。我国《宪法》第20条规定:"国家发展自然科学和社会科学事业,普及科学和技术知识,奖励科学研究成果和技术发明创造。"该条是明确的知识产权规范,对科学成果和技术发明两类知识财产给予了宪法确认。《宪法》第 22 条规定:"国家保护名胜古迹、珍贵文物和其他重要历史文化遗产。"以上规定,是知识产权的宪法渊源。我国《刑法》中也有大量知识产权条款。1997 年第八届全国人民代表大会第五次会议通过了《刑法》的修订案,将"侵犯知识产权罪"作为一个独立的犯罪类别规定于"破坏社会主义市场经济秩序罪"之中。修订后,我国《刑法》对于侵犯知识产权犯罪的规定,大体上可以分为四类:第一类是侵犯商标权的犯罪。包括:未经注册商标所有人许可,在同一种商品上使用与其注册商标相同的商标,情节严重构成犯罪的;销售明知是假冒注册商标的商品,销售金额数额较大构成犯罪的;以及伪造、擅自制造他人注册商标标识或者销售伪造、擅自制造的注册商标标识,情节严重构成犯罪的。第二类是侵犯专利权的犯罪。主要是指假冒他人专利,情节严重的行为。第三类是侵犯著作权的犯罪。主要指未经著作权人许可,复制发行其文字作品、音乐作品、电影电视录像作品、计算机软件及其他作品,出版他人享有专有出版权的图书,未经录音录像制作者许可,复制发行其制作的录音录像,或者制作、出售假冒他人署名的美术作品等形式侵犯著作权,违法所得数额较大或者有其他严重情节构成的犯罪。第四类是侵犯商业秘密的犯罪。《刑法》规定,以盗窃、利诱、胁迫或者其他不正当手段获取权利人的商业秘密;披露、使用或者允许他人使用以前项手段获取的权利人的商业秘密;违反约定或者违反权利人有关保守商业秘密的要求,披露、使用或者允许他人使用其所掌握的商业秘密,给商业秘密权利人造成重大损害的,构成侵犯商业秘密罪。我国《刑法》关于商业秘密的规定,在我国早于任何一部私法,因此,被认为我国商业秘密的最早法源。我国《科技进步法》是为了促进科学技术进步,推动科学技术为经济建设服务而颁布的一部法律。该法第 3 条明文规定:"国家保障科学研究的自由,鼓励科学探索和技术创新,使科学技术达到世界先进水平。国家和全社会尊重知识、尊重人才,尊重科学技术工作者的创造性劳动,保护知识产权。"并规定了一系列相关鼓励措施和制度。我国《反不正当竞争法》为知识产权提供了反不正当竞争的保护。该法第 10 条规定:"本条所称的商业秘密,是指不为公众所知悉、能为权利人带来经济利益、具有实用性并经权利人采取保密措施的技术信息和经营信息。"我国《反垄断法》第 55 条规定:"经营者依照有关知识产权的法律、行政法规规定行使知识产权的行为,不适用本法;但是,经营者滥用知识产权,排除、限制竞争的行为,适用本法。"

公法上的知识产权法律属性仍然是私权。换句话说,公法上的知识产权的存在和知识产权的私权属性并不矛盾。公法规范确认的权利不等于"权力",而私法规范赋予"权力"的现象也是存在的。因此,不能以产生于公法规范为依据,认为知识产权的性质为公权力。

(三) 私法上的知识产权

私法上的知识产权,是指私法规范确认的知识产权。知识产权法本身是私法,但是除知识产权法之外,仍然有大量私法规范确立了知识产权并提供保护。在我国最典型的是《民法通则》和《合同法》。1986年4月通过的《民法通则》第五章对"知识产权"作了专节规定,从而建立起我国知识产权法律规范体系。我国《民法通则》系统而全面列举了公民和法人所享有的各项知识产权,包括著作权(版权)、专利权、商标专用权、发明权以及其他科技成果权。[①] 我国《合同法》第17章"技术合同"中,有大量知识产权条款。如该法第326条是关于职务技术成果归属于单位的规定,第327条是关于非职务技术成果归属于个人的规定,第339条是有关委托开发完成的发明创造的专利申请权归属于研究开发人的规定、第340条是关于合作开发完成的发明创造专利申请权属共有的规定,等等。无论是《民法通则》,还是《合同法》,抑或其他私法所确立的知识产权,都和知识产权法上的知识产权具有同等地位。

二、普通法与特别法上的知识产权

(一) 知识产权普通法和特别法的划分

知识产权基本法为普通法。目前,我国知识产权基本法缺位,但我国《民法通则》第5章第3节规定的知识产权规范,在性质上属于普通法规范。知识产权特别法是指对特定主体、事项或在特定地域、特定时间有效的知识产权法律。我国现行的专利法、商标法、著作权法等均为知识产权特别法规范。

(二) 普通法上的知识产权

知识产权普通法确认的知识产权为普通法上的知识产权。尽管世界上将知识产权制度纳入民法典的国家并不占多数,但已经呈现出一种趋势,越来越多的国家和学者坚持了此种主张。大陆法系的一些国家尝试将知识产权制度纳入本国的民法典,如《意大利民法典》、《俄罗斯民法典》、《荷兰民法典》等。我国学界在民法典的起草过程中,也就这个问题进行了广泛而深入的讨论。从我国现行法看,知识产权是被整体纳入《民法通则》的。这种模式尽管并不多见,但从实际效果看,未显现有什么不好,至少是推进了知识产权的保护。还有一种方式就是将从各类知识产权中抽象出一些共同规则,规定在民法典的相应章节,另外,也有人主张,在民法典总则中规定权利客体时,就知识财产进行规定。无论上述何种模式,规定的知识产权,都属于普通法上的知识产权。

---

① 参见我国《民法通则》第5章第3节。

（三）特别法上的知识产权

特别法确认的知识产权，为特别法上的知识产权。普通法上的知识产权和特别法上的知识产权的最大区别是，普通法上确认的知识产权，直接冠以"知识产权"称谓，而特别法则冠以"著作权"、"专利权"或"商标权"等特别权利称谓。目前，国际上一般情况都是以特别法形式确认和保护知识产权。如我国颁布的《专利法》、《商标法》和《著作权法》等都是知识产权法特别法。从世界范围来说，制定知识产权特别法仍然是大陆法系国家知识产权立法的主要模式。

（四）法律适用

从法律适用关系上看，普通法中的知识产权和特别法上的知识产权若发生冲突，一般而言，应适用特别法的规定，采取特别法优于普通法的原则。

三、国际法与国内法上的知识产权

（一）国际法和国内法划分

按照制定和实施法律的主体不同，法可划分为国际法和国内法。国内法是指一个主权国家制定的实施于本国的法律；国际法是国际法律关系主体参与制定或公认的适用于各个主体之间的法律。

（二）国际法上的知识产权

国际法律规范上确立的知识产权为国际法上的知识产权。随着国际社会在经济、科学技术和文化等方面日趋紧密的交流和合作，保护知识产权的国际公约逐渐增多。国际公约的增多，促进了国际法中的知识产权发展。目前，并没有统一的保护知识产权公约，而国际上的知识产权公约其实都是部分性的，如工业产权公约、版权公约等。《保护工业产权巴黎公约》是各种工业产权公约中缔结最早、成员国也最广泛的一个综合性公约，涵盖了国际社会对专利和商标等工业产权的确认和保护制度。在国际法中的著作权法领域，最重要的公约首推《保护文学艺术作品伯尔尼公约》。

由于国际社会的高度重视，国际法上的知识产权制度发展较为成熟，有许多理论和制度，值得我国立法借鉴。但是，国际社会的知识产权霸权问题越来越严重，应引起我们高度重视，不能简单移植所谓国际社会的惯例和保护标准，应进行理性分析，在扬弃的基础上加以借鉴和吸收。

（三）国内法上的知识产权

国内法确立的知识产权为国内法上的知识产权。国内法上的知识产权，既包括公法上确立的知识产权，也包括私法规范确立的知识产权，是公法和私法规范确立知识产权的总和。

（四）法律适用

国际法中的知识产权和国内法上的知识产权若发生冲突，一般而言，应适用国际法的规定，采取国际法优于国内法的原则。在民商法范围内，我国缔结的条约和国内法不同的部分，可以在国内直接适用国际法规范，但我国政府声明保留的条款除外。

四、单一主体与共同主体知识产权

（一）单一主体和共同主体的划分

根据权利人的人数是单数还是多数，可以将权利人划分为单一主体和共同主体。所谓单一主体就是权利人为一人的主体；共同主体是指权利人为两人或者两人以上的主体。权利人为两人或者两人以上的知识产权，为共同主体知识产权。

（二）单一主体知识产权

单一主体知识产权，是指权利人为单一主体的知识产权。这种知识产权由于权利人单一，因此在权利行使方面也较为简单，按照意思自治原则由权利人自由行使。当然任何权利的行使，都会受到知识产权法上的公共利益制度与知识产权禁止滥用制度的约束。

（三）共同主体知识产权

共同主体知识产权，是指权利人为两人或者两人以上的知识产权。从权利人角度看，就是共有知识产权，或称知识产权共有。这种知识产权由于权利人为多数人，因此在权利行使方面的规则较为复杂。

许多国际组织和国家的知识产权立法中，都明确规定允许知识产权共有。《商标国际注册马德里协定》就明确规定了商标共有。我国《商标法》经过2001年修订后，第5条专门规定了商标权共有。专利共有，是指专利权为多个民事主体所共同拥有。[①] 专利权共有的原因，或者是由于多数主体作为申请人共同申请，或者是出于法律的直接规定，或者是由于其他法律行为或者事件而引发，如购买和继承等。我国应积极构建共同主体知识产权制度，使这种权利归属形式得到法律的确认和调整。

五、不同主体类型知识产权

根据权利主体的不同类型，可以将知识产权分为国家知识产权、企业知识产权、自然人知识产权、复合主体知识产权。

---

① 李琛：《知识产权关键词》，法律出版社2006年版，第94页。

（一）国家知识产权

国家知识产权是指权利人为国家的知识产权。一般情况下,国家并不直接参与民商事活动,但是出于调控经济和维护国家安全以及公共利益等目的,国家可以直接参与民商事活动。这时国家的身份就不是公权力机构,而是一个法人。一般而言,国家知识产权集中于与国计民生和国家安全、公共安全有关的高科技领域和非物质文化遗产等社区知识产权领域。我国《民法通则》第73条规定:"国家财产属于全民所有。"《物权法》第56条规定:"国家所有的财产受法律保护。"上述立法中的"财产"包括知识财产,国家为知识产权人。

（二）企业知识产权

企业知识产权是指权利人为企业的知识产权。目前情况下,企业是最为广泛的知识产权主体,企业知识产权是最为普遍的知识产权种类。企业的目的在于通过参与民商事活动,获得利润。在知识经济时代,知识产权对于企业的经营而言是必不可少的制胜武器。因此,大量的知识产权由企业拥有,如商标权、专利权、商业秘密权和著作权。企业知识产权形式的存在激励了创新,推进了知识产权应用和经济发展,但是知识产权滥用也由企业造成。因此应该一分为二地看待企业知识产权,在积极促进和保护企业知识产权的同时,注意规制其权利行使行为,防止知识产权滥用。

（三）自然人知识产权

自然人知识产权是指权利人为自然人的知识产权。自然人知识产权,既包括权利人为单一主体的知识产权,也包括权利人为共同主体,但是每个主体都是自然人的知识产权。从目前来看,自然人知识产权所占比例并不高,尤其是一些具有经济效益的知识产权,往往也会由自然人知识产权,通过转让等方式变为企业知识产权。尽管任何一个创新的主体都是自然人,但是由于职务成果等规则的限制,自然人知识产权已经不在知识产权中占有主要位置。因此应该对自然人知识产权施行鼓励政策,如年费和税费优惠等,以促进个体创新。

（四）复合主体知识产权

复合主体知识产权,是指权利人并非为单一类型主体,而是多种主体形式联合的知识产权。这种知识产权行使规则更为复杂,一般原则是在没有约定的情况下,采所有主体平权原则,平等决定知识产权行使。国家、企业、自然人三类主体的分别联合,并不为复合主体,但国家、企业、自然人相互之间的联合,则为复合主体。当然,这种复合仍然是共同主体的一种形式。

六、独立知识产权与附从知识产权

以知识产权是否具有独立性为标准,可以将知识产权分为独立知识产权与附从知识产权。独立知识产权,又可以称为主知识产权,是指不以其他权利存在为前提而独立存在的知识产权,如完全知识产权、用益知识产权等;而附从知识产权,又称从知识产权,是指从属于其他权利、存在是为了配合其他权利实现的知识产权,如担保知识产权、从属专利权和从属商标权等。

独立知识产权是可以独立存在的,而附从知识产权是不可以独立存在或者不能独立实施的。

七、一般知识产权与具体知识产权

以权利内容为具体的类型化利益还是一般的抽象利益为标准,可以将知识产权分为一般知识产权与具体知识产权。

(一) 一般知识产权

1. 一般知识产权及其立法依据。一般知识产权,是指权利人基于一般知识财产而享有的知识产权。尽管立法上对一般知识产权和具体知识产权的划分不十分明确,但相关规定已经出现。《日本知识产权基本法》是保护一般知识产权的典型立法。法律名称是"知识产权基本法",说明该法既保护具体知识产权,又保护无法归入具体知识产权的一般知识产权。从该法知识产权定义也可以看出,该法确立了一般知识产权制度。该法第2条规定,"本法所称'知识产权'是指发明专利权、实用新型专利权、育种者权、外观设计专利权、著作权、商标权以及其他有关知识产权的法律法规所规定的权利或同法律保护的利益相关联的权利"。该规定中"其他有关知识产权的法律法规所规定的权利或同法律保护的利益相关联的权利"非具体知识产权,而为一般知识产权。我国《民法通则》也规定了一般知识产权。《民法通则》第5章第3节以"知识产权"为名,这里的"知识产权"显然不限于具体知识产权。笔者认为,"知识产权"的章节名,体现的是对一般知识产权的抽象和概括,是我国民法保护一般知识产权的立法依据。该节的具体规定才是关于具体知识产权的,如著作权(版权)、专利权、商标专用权、发现权、发明权以及其他科技成果权。我国《科技进步法》第3条明文规定,国家保护知识产权。这里的"知识产权",泛指一切知识产权,而无论其是一般知识产权还是具体知识产权。

2. 一般知识产权的范围。一般知识产权的范围十分广泛,但凡存在于具体知识产权之外的知识产权,均为一般知识产权,如未注册商标之上的权利,未获得注册的商标之上的权利、未获得授权的专利之上的权利,在先使用人的权利,会展标志、域名等商业标记之上的权利等具体知识产权之外的知识产权。我国商标法以注册为原则,未经注册不产生商标权。但是无论民法还是商标法以及反不正当竞争法都对未注册商标给予保护,权利人对未注册商标仍享有权利,只是此种权利不是商标权而已。这种权利就属于一般知识产权。未获得授权的专利之上的权利的情况和未注册商标之上的权利的情况十分类似,均是未能获得法律的确权而处于具体知识产权(商标权和专利权)之外,此时两种客体之上的权利为一般知识产权。我国《商标法》第9条规定,申请注册的商标不得与他人在先取得的合法权利相冲突。但并未对他人使用的未注册商标是否构成"在先取得的合法权利"作出解释。该法第31条规定:"申请商标注册不得损害他人现有的在先权利,也不得以不正当手段抢先注册他人已经使用并有一定影响的商标。"从第31条规定看,《商标法》对在先使用的商标提供了保护,但"在先取得的合法权利"的规定并不包括他人在先使用的商标。根据我国《专利法》第69条的规定,在专利申请日前已经制造相同产品、使用相同方法或者已经作好制造、使用的必要准备,并且仅在原有范围内继续制造、使用的,不视为侵权。通过该规定赋予了在先使用人继续使用的权利,该权利为一般知识产权。我国《民法通则》第97条规定了"其他科技成果"之上的权利,为一般知识产权。

还有一类非常重要的一般知识产权是非物质文化遗产权利。非物质文化遗产权利是指权利人对非物质文化遗产所享有的依法控制并排除他人干涉的权利,属于一般知识产权。非物质文化遗产可以划分为不同种类由不同的具体知识产权进行保护。我国国务院办公厅颁布《关于加强我国非物质文化遗产保护工作的意见》的附件《国家级非物质文化遗产代表作申报评定暂行办法》第2条将非物质文化遗产划分为民俗活动、表演艺术、传统知识和技能等三大类。专利权保护模式主要适用于非物质文化遗产中的狭义传统知识的保护,主要涵盖《保护非物质文化遗产公约》中的第四类和第五类非物质文化遗产。商业秘密保护也是适用于狭义传统知识的一种保护模式。著作权保护模式主要涵盖《保护非物质文化遗产公约》中的第一类和第二类非物质文化遗产,以民间文艺为主。我国著作权法将民间文艺确认为作品,由著作权模式加以保护。商标权保护模式适用于商业开发中的一切非物质文化遗产的保护,尤其适用于保护土著社区特殊符号和标记。①

3. 一般知识产权的性质。一般知识产权具有渊源权的性质。一般知识产权的存在,不仅具有全面保护知识产权的意义,而且可引导产生新的各种具体知识产权,从而使知识产权制度具有开放性,适应社会生活的需要。整体性的知识财产利益需要通过各种具体知识财产来加以体现,法律需要确认各种具体的知识财产和对应的知识产权。但是,实定法通过具体知识产权的确认和列举,无法穷尽知识财产利益,所以,还需要一般知识产权制度加以补充。并且,具体知识

---

① 齐爱民:《非物质文化遗产的商标权保护模式》,载《知识产权》2006年第6期。

产权之总和并不足以构成一般知识产权,而只是一般知识产权的一部分。但是,一旦一个知识财产利益被类型化并确认为具体知识产权,它就脱离了一般知识产权的怀抱。

4. 一般知识产权的功能。笔者之所以主张确立一般知识产权制度,在于一般知识产权制度具有下列独特的基本功能:

(1)解释功能。一般知识产权确定了应受法律保护的知识财产利益的基本属性,即凡属知识财产所生的合法利益,无论是否被法律所明确承认,均受法律保护。在面对新的知识财产利益,需要对某类型的具体知识产权作出扩大解释时,一般知识产权便可作为扩大解释的标准。

(2)创造功能。一般知识产权的主要功能,在于弥补具体知识产权的不足。具体知识产权是类型化的,也是固定而僵化的。从这个角度看,具体知识产权是封闭的。只有确立一般知识产权制度,让现实生活中不断涌现的新知识财产利益在被法律类型化之前,受到一般知识产权保护,而不是被排除在保护之外,如非物质文化遗产权利。尽管未注册商标不能受到商标权保护,但其作为一种知识财产,仍可以受到我国诸多法律的保护,包括《商标法》。但保护的具体路径上,选择的是一般知识产权,而不是具体知识产权(如商标权)。

(3)补充功能。一般知识产权是一种弹性权利,可以对尚未被具体知识产权所确认和保护的其他知识财产利益进行补充保护。一般知识产权的补充功能在于,不仅对具体知识产权没有规定的知识财产利益进行保护,而且能对具体知识产权的缺乏明确规定的知识财产利益或者具体知识产权权能的某一方面作出补充。

由上可见,正是一般知识产权的上述功能的发挥,完善了现行知识产权法,弥补了其漏洞,并且使得知识产权和知识产权法具有了开放性,以适应社会的不断发展。

(二)具体知识产权

具体知识产权,是指权利人基于具体的、类型化的、被法律直接规定的知识财产而享有的知识产权。由于具体知识产权都是在知识产权特别法上加以规定的,因此又可以称为特别知识产权。具体知识产权可以分为著作权、专利权、商标权、商业秘密权。著作权是指著作权人对其文学、艺术和科学作品享有的依法垄断并排除他人干涉的权利。专利权是指权利人对其发明创造享有的依法垄断并排除他人干涉的权利。商标权是指权利人对其注册商标所享有的依法垄断并排除他人干涉的权利。商业秘密权是指权利人对其商业秘密所享有的依法垄断并排除他人干涉的权利。具体知识产权,是被法律所确认的、类型化的知识产权。若法律有关于具体知识产权的规定,则应优先适用具体知识产权规则,在没有具体知识产权规则,或者知识产权规则不明确时,才使用一般知识产权规则。

八、有期限知识产权与无期限知识产权

以知识产权是否具有期限性为标准,可以将知识产权分为有期限知识产权与无期限知识产权。

(一)有期限知识产权

有期限知识产权,是指知识产权的存在期间,受到法律的限制,超过法定期间即失去效力的知识产权。专利权、著作权和商标权具有期限性。我国专利权的期限和著作权的期限非常明确:发明专利权的保护期限为20年,实用新型专利权和外观设计专利权的保护期限为10年,均自申请日起计算;自然人作品的著作财产权保护期限为作者终生与死后50年,法人作品的著作财产权保护期限为50年,一般从作品首次发表时开始计算。无论是专利权还是著作权的保护期限都不得延展。商标权虽有期限性,但是和专利权与著作权相比,又有所不同。从全球各国的立法来看,商标法都允许商标进行续展注册,而且续展次数不限。但这并不等于打破了商标权无期限性,恰恰相反,续展以商标权的期限性为基础。

(二)无期限知识产权

无期限知识产权,是指知识产权的存在期间并不受法律限制,可以永续存在的知识产权。并不是所有的知识产权都具有期限性特征,传承性知识财产之上的知识产权不具有期限性,商业秘密权也不具有期限性。一般认为,商业秘密是永久性的,除非商业秘密本身已经泄露,或者已经失去价值。而对于传承性的知识财产而言,即非物质文化遗产和遗传资源而言,它们是随社区存在而承袭的,如果限以期间,则是对人们生活或者生产方式的掠夺,至少会给他们造成重大影响。并且,一般情况下,非物质文化遗产和遗传资源等知识财产和社会公共利益并无巨大冲突,从这一点上看,也没有给予期间限制的必要。

九、完全知识产权与定限知识产权

以知识产权的内容为标准,可以将知识产权分为完全知识产权与定限知识产权(详见本章第二节)。

第二节　知识产权体系

一、知识产权体系的概念与特征

本章的目的不在于厘定著作权、专利权、商标权、商业秘密权和非物质文化遗产权利等概念,而是从这些概念出发,探寻和它们每一个都密切相关,但又是以往不曾涉及的另外一些概念,正是这些概念铸造了知识产权体系。

(一) 知识产权体系概念

所谓知识产权体系是指由法律确认的各类型知识产权组成的科学体系。权利体系概念的确立始于18世纪后半叶的自然法理论,17、18世纪的自然法理论将权利体系分为人权与公民权利两大类,由此开始了权利体系的研究探讨。知识产权体系这一概念涵盖了知识产权的各种类型,侧重的是各类知识产权之间的关系及其形成的一个整体。

(二) 知识产权体系的特征

知识产权体系具有以下两方面特征:

第一,从宏观结构上讲,知识产权体系是由各类知识产权构成的一个有机整体。知识产权体系不是各类知识产权的简单相加,而是一个自足的逻辑体系,是由各类知识产权组成的一个有序系统。

第二,从微观结构上讲,体系之内的知识产权,彼此联系,相互依存。

二、构建知识产权体系的必要性

(一) 推进知识产权自身发展的需要

纵观全球知识产权立法,尚未形成严谨科学的知识产权体系。就物权而言,无论是德国、瑞士、日本还是我国台湾地区都继受了源于潘德克顿法学理论的物权概念和体系,这使得各类物权得以在此制度空间中按照人类理性和逻辑要求进行排列并相互保持平衡。但遗憾的是,知识产权却无科学自足的权利体系,缺乏对著作权、专利权、商标权以及商业秘密权等知识产权之间的逻辑联系的阐释以及体系本身对这些具体权利的平衡和制约。构建科学的知识产权体系,就是探寻各项知识产权的共同性,勾勒知识产权的全貌,使每一个具体的权利都能安身于宏观的权利体系,并保持平衡和受到制约。这对于完善知识产权理论和指导知识产权立法十分必要。

(二) 贯彻知识产权法定原则的需要

根据知识产权法定原则,每一项具体的知识产权必须由法律明确规定,法律没有明确规定的,不能构成知识产权,充其量是需要保护的私法利益而已。知识产权体系的构建,是贯彻知识产权法定原则的前提。只有在知识产权的权利体系中,才能实现各项权利的有序定位,才能实现"法定"。

（三）规范知识产权行使的需要

构建知识产权体系,是保护权利人行使知识产权和限制权利人滥用知识产权的需要。当前,权利人行使知识产权的最重要形式是知识产权许可。知识产权许可可以分为独占许可、排他许可和普通许可。在三种许可中,被许可人取得的具体权利内容不同,权利性质和权利人地位则不同。根据独占许可和排他许可,被许可人获得的权利,可以对抗许可人和其他一切人,并拥有独立的诉权;而根据普通许可,被许可人获得的权利,仅能对抗许可人,并无对世性,不能对抗其他人,也没有独立的诉权。普通许可中的被许可人只有在知识产权人授权的情况下,才能享有诉权。根据独占许可和排他许可,被许可人获得的权利性质为定限知识产权,属于绝对权;而根据普通许可,被许可人获得的权利性质为债权,属于相对权。构建科学的知识产权体系,是利用知识产权制度而并非仅仅利用合同法制度规范知识产权许可中各方当事人的关系,调整各方行为和平衡各方利益的需要。构建科学知识产权体系,有利于我们排除知识产权体系之外的非权利类型,一方面有利于在立法和司法实践中抵制"泛权化倾向",另一方面也有利于确认和保护被许可人的权利,具有重大意义。

（四）实现权利同等保护的需要

知识产权体系内的各权利种类之间是独立和平等的,法律应该对知识产权体系之内的所有权利类型给予同等保护。知识产权法贯彻对完全知识产权和定限知识产权同等保护的原则,即对知识产权人的完全知识产权和他人依法取得的定限知识产权同等保护。完全知识产权并没有优越定限知识产权的法律地位。

（五）制定知识产权法典的需要

科学知识产权体系的构建对知识产权法典的制定有着重大意义。当代各国知识产权立法以制定特别法为主,尚没有私法意义上的知识产权基本法出现。已有的知识产权法典名为法典,实为知识产权法律汇编(如《法国知识产权法典》)。重要原因之一,就是知识产权体系尚未建立。坚持对知识产权划分上的逻辑统一,从而厘清知识产权各种权利类型及其之间的关系,并抽象出共同规则,是制定知识产权法典的重要基础。

三、二元知识产权体系及其结构

（一）二元知识产权体系的概念

所谓二元知识产权体系是指以完全知识产权和定限知识产权为基本结构构建的知识产权体系。在大陆法系民法领域中，物权体系一般采取"自物权—他物权"二元结构。在立法层面，以"自物权—他物权"二元结构作为物权体系的立法范式也已逾百年。笔者主张借鉴物权"自物权—他物权"的二元结构体系，构建知识产权体系。

（二）二元知识产权体系的法哲学基础

在法哲学上，黑格尔提出了精神产品转让后的权利结构问题。黑格尔认为："精神产品可以让渡给别人，但其让渡后的新所有人对该产品的权利可以有以下两种情况：一种是产品的新所有人可以完全地占有该产品，即他可以把产品所具有的思想内容和所包含的技术上的发明变成自己的东西，甚至把得到这些东西作为自己的最终目的。另一种情况是，新所有人不能完全占有该产品，尽管他可以自由地使用该产品，但他对该产品只具有一部分权利，而其他权利则保留在该产品的著作者手中，因为著作者坚持他们仍是这一作品的原创者，他们没有把该产品的全部复制方法让渡给他人，而是保留了一部分在自己手中。所以，他们声称自己还是该精神产品的所有者。"①黑格尔所谓的全部转让为现代法意义上的知识产权转让，而"新所有人不能完全占有该产品，尽管他可以自由地使用该产品"则包含了用益知识产权的设定理念。可以说，黑格尔的理论为知识产权二元结构的确立奠定了法哲学基础。

（三）二元知识产权体系的萌芽

在我国知识产权法学界，吴汉东教授提出了"本权"与"他权"的划分问题，可谓二元知识产权体系的萌芽。吴汉东教授不仅对"本权"与"他权"进行了概念界定，并且对这二者之间的关系进行了说明，知识产权二元划分初显端倪。吴汉东教授认为，"创造者的权利即知识产权应为本权，是对知识财产依法进行全面支配的权利；传播者、使用者的权利则为他权，是根据法律规定或本权人的意思对他人知识财产进行有限支配的权利。根据利益衡平原则，本权与他权的关系表现为：主体之间公平相待，交换应该是有偿互利的，但合理使用除外；知识财产利益合理分享，在法定范围内应该兼顾各方当事人的利益，这具象为创造者权

---

① 〔德〕黑格尔：《法哲学原理》，杨东柱等译，北京出版社2007年版，第35页。

利、传播者权利、使用者权利三者之间的协调"①。还有学者认为,知识产权为一种特殊的物权,并把知识产权分为知识产品所有权、用益知识产品权和担保知识产品权。②遗憾的是,这种理论走到了知识产权体系的门口,却又折回去了。很明显,知识产权和物权是两类不同的权利,将二者混淆,是个基础错误。

(四)日本相关立法

日本知识产权法上出现了完全知识产权和用益知识产权的立法。根据日本知识产权法的规定,就专利、实用新型和外观设计而言,法律普遍确立了完全知识产权和用益知识产权制度。《日本专利法》规定了专用实施权和通常实施权两种实施权。专用实施权人源自专利法的直接规定或独占许可合同,专用实施权人可以依专利法规定或设定行为约定的范围内,独占实施该发明专利,并排除专利权人在内的任何人的实施。通常实施权源自普通许可合同,专利权人可以重复许诺通常实施权。相对于专利权而言,专用实施权和通常实施权是直接由法律规定的用益知识产权。《日本实用新型法》第 16 条规定:"实用新型权人,享有实施注册实用新型的权利。"根据该法,实用新型权人享有的实用新型权为完全知识产权。该法第 18 条规定:"实用新型权人,可以根据实用新型权,设立专用实施权。专用实施权人,在其设立行为所规定的范围内,专有以实施该注册实用新型的权利。"该法第 19 条规定了通常实施权。该条规定:"实用新型权人,可以将该实用新型权的通常实施权,许诺给他人行使。"根据上述规定,实用新型权属于完全知识产权,而专用实施权则属于用益知识产权。日本法上构建的专用实施权和通常实施权制度旨在保护获得实施权的被许可人的利益,被许可人依法进行登记后就具备对抗第三人的条件。

(五)二元知识产权体系的结构展开

根据权利人享有利益的不同,可以把知识产权分为完全知识产权和定限知识产权,定限知识产权分为用益知识产权和担保知识产权。

1.完全知识产权。完全知识产权调整的是知识财产归属关系。吴汉东教授将完全知识产权称为"本权",是指"创造者的权利"。完全知识产权的取得可以分为原始取得和继受取得。原始取得的主要方式为劳动,依这种方式取得的知识产权是完全独立的。继受取得的主要方式是转让,通过转让取得的知识产权也是不受限制的(指财产权部分)。笔者认为,无论是通过何种取得方式,都

---

① 吴汉东:《关于知识产权私权属性的再认识——兼评"知识产权公权化"理论》,载《社会科学》2005 年第 10 期。

② 参见仲相、司艳丽:《知识产权法中物权理论的应用》,载《烟台大学学报(哲学社会科学版)》2002 年第 3 期。

不影响权利本身的性质,因此无论是基于原始取得还是继受取得,知识产权人对自己的知识财产所享有的专有权均为"完全知识产权"。完全知识产权是"对知识财产依法进行全面支配的权利"①,具备知识产权的全部权能。

2. 定限知识产权。定限知识产权调整的是知识财产利用关系。吴汉东教授将定限知识产权称为"他权",认为"他权"是"传播者、使用者的权利",是指"根据法律规定或本权人的意思对他人知识财产进行有限支配的权利"②。还有学者主张"自然人、法人或者其他组织依据本法典取得的知识产权,是一项独立的物权,可以进行质押或作为其他物权的客体"③。笔者认为,所谓定限知识产权是指权利人在他人专有的知识财产之上享有的被限定于某一特定方面或某一特定期间的知识产权。定限知识产权可以分为用益知识产权和担保知识产权。

(1) 用益知识产权。所谓的用益知识产权,是指权利人依法对他人的知识财产享有的控制、复制和收益的权利。通常情况下,被许可人往往通过独占许可和排他许可获得用益知识产权。确立用益知识产权的基本目的在于使被许可人通过知识产权的独占许可和排他许可成为"知识产权人"。

(2) 担保知识产权。日本民法和我国台湾地区民法对担保物权的设计被认为是遵照了"法定担保物权—意定担保物权"的路线。④ 这一路线同样适用于担保知识产权。按照法定权利优先于意定权利的顺序进行排列,担保知识产权的顺序分别为:知识财产留置权、知识财产质押权、知识财产抵押权。

(3) 用益知识产权和担保知识产权的比较。用益知识产权与担保知识产权作为定限知识产权,具有主体特殊性、范围限定性、期限有限性等共同特征,但存在以下几个方面的不同:第一,就制度设置目的而言,用益知识产权制度旨在发挥知识财产的使用价值,而担保知识产权主要旨在于发挥知识财产的交换价值与担保功能。因此,用益知识产权行使与救济方式主要体现为确保权利人对知识财产的充分利用,而担保知识产权的权能则以价值保全与实现为特征。第二,就所处的地位而言,用益知识产权具有独立性,而担保知识产权具有附从性。用益知识产权一般而言能够独立地存在,其产生于存续不以其他权利的存在为条件。而担保知识产权的主要意义在于担保主债权的履行,故前者的产生、存续、消灭以及效力范围往往以主债权为依据。第三,就行使条件而言,用益知识产权的行使需要以权利人对知识财产的实际控制为前提,因为控制是对知识产权加

---

① 吴汉东:《关于知识产权私权属性的再认识——兼评"知识产权公权化"理论》,载《社会科学》2005 年第 10 期。
② 同上。
③ 曹新明:《中国知识产权法典化研究》,中国政法大学出版社 2005 年版,第 311 页。
④ 常鹏翱:《物权法体系结构探讨》,载《法学杂志》2005 年第 3 期。

以利用与收益的前提。担保知识产权的行使则无需主体实际控制知识财产,譬如作品抵押权人即使没有控制作品仍得以就其被拍卖后的价金优先求偿。

3. 完全知识产权与定限知识产权的比较。完全知识产权与定限知识产权是两种独立的权利类型。完全知识产权与定限知识产权具有相同的法律性质和基本特征,但存在着以下几个方面的重大差异:第一,就价值理念而言,完全知识产权制度调整的是知识财产归属关系,主要维护知识财产的静态安全。而定限知识产权制度调整的是知识财产利用关系,偏重于促进与实现知识财产的动态安全。第二,就产生而言,完全知识产权人是知识财产的最终支配者,故定限知识产权往往由完全知识产权派生。第三,从行使效力来看,定限知识产权优先于完全知识产权。"竞合"是指两种以上内容相互冲突的知识产权并存于同一知识财产之上的状态。在知识产权领域,权利竞合主要体现为完全知识产权与定限知识产权之间竞合。譬如,作者将作品授权电影公司拍摄期间,电影公司(定限知识产权人)与作者(完全知识产权人)都对该作品享有权利,两种权利发生冲突之时,定限知识产权效力优先。因为定限知识产权是基于定限知识产权人与完全知识产权人通过约定或者基于法律的直接规定而产生的,构成对完全知识产权的限制。

知识产权权利体系是知识产权制度走向成熟的标志。知识产权权利体系的基本顺序结构为"完全知识产权—定限知识产权"。

第十一章
知识霸权

在国际社会的政治经济对抗中,发展中国家处于弱势。这种由经济实力决定的政治力量的不对称,最终又以掌控制定规则的领导权的形式作用于知识产权领域。"在跨国公司极力推崇和实践的知识产权经营管理过程中,知识产权几乎沦为一种商业工具和竞争手段,甚至完全抛弃了法律赋予的高尚目的和社会寄予的道德底线。"①将阶级立场分析方法运用到国际知识产权法律规则的构建上,无疑是尖锐而深刻的,它更清晰地使我们看到了知识霸权导致的血淋淋现实。我国已经颁布国家知识产权战略大纲,这是我国保护和开发知识产权的国家战略,受到全球高度评价。在认真保护知识产权的同时,应警惕与防范"知识霸权"。从20世纪90年代末开始,知识霸权带来的问题就越来越突出。知识霸权无论在我国学界还是新闻媒体上都已经不是一个陌生的词汇了,它促使人们开始用理性审视反思现有知识产权制度。有人提出"微软违法的实质是使用传统的产权保护体系获得巨额利润,应当与微软同时受到审判的是现行的知识产权体系"②。我国《国家知识产权战略纲要》已经意识到知识霸权带来的问题,明确提出"制定相关法律法规,合理界定知识产权的界限"③。保护知识产权,反对知识霸权必将成为世界潮流。

---

① 袁真富:《知识产权的异化及其治理》,载《知识产权研究》(第18卷),知识产权出版社2007年版,第75页。
② 段永朝:《微软判决对中国的影响》,载《光明日报》2000年5月17日。
③ 参见我国《国家知识产权战略大纲》第14条。

第十一章 知识霸权

第一节 知识霸权概述

一、知识霸权的概念和法律特征

（一）知识霸权的概念

"霸权"是国际关系中的一个常用概念,是指一个具有超强政治、经济和军事实力的国家或者国际组织对其他国家或整个国际体系进行的控制与支配。从当前形式看,霸权的具体表现就是通过制定法律规则得以确立,如 TRIPS 协议类的国际社会必须遵守的规则。有学者认为,"霸权是强者对弱者的领导与支配,强国制定和维持国际规则,并且安排着国际进程的轨迹和方向"[①]。农业社会中霸权的支撑力量是军队,工业社会霸权的支撑力量是机器等物质资料,信息社会霸权的支撑力量则演变为知识。谁控制着知识,谁就能控制国际社会;谁能制定知识规则,谁就拥有国际经济中的支配地位。

"知识霸权"是指国际和国内立法所确立的、权利内容超出正当界限的知识产权。知识霸权既可由国际规则确立,亦可由国内立法确立。在国际上,美国、欧盟和日本三大集团凭借超强政治、经济或军事实力,为了攫取利益,通过制定国际规则确认知识霸权。在很大程度上,知识产权问题已不是学术问题而是政治问题。美国是打造知识霸权的旗手,欧盟和日本则是同盟。美国打造知识霸权的醉翁之意并不在于看重知识产权这瓶"酒",而在于"美国利益"这个"山水"。在利益驱动下,我们看到美国一面无限拔高对自己有利的知识产权,而压制甚至反对对自己不利的知识产权,主张不给予保护。把知识产权"神圣化"的美国,却极力反对保护遗传资源和非物质文化遗产,仅勉强同意给予所谓的合同法保护。但如果我们主张用合同法保护《泰坦尼克号》的著作权,他们肯定不干,并会以动用经济制裁的"私刑"相威胁。所以说,知识霸权掩盖的是极少数发达国家谋求巨大经济利益和世界支配地位,从而构建适合于其私利的美丽新世界的强烈诉求。无奈的是,我们眼睁睁看着美国的美梦正在变成现实。我们不妨听一听善良而卓识的学者发自心底的呼唤:"我们现在的知识产权制度代表着民主进程的失败!"[②]

（二）知识霸权的法律特征

第一,形式合法性。知识霸权是国际或者国内法上确立的知识产权内容,实

[①] 倪世雄等:《当代西方国际关系理论》,复旦大学出版社 2001 年版,第 292 页。
[②] 〔澳〕彼得·达沃豪斯、约翰·布雷斯维特:《信息封建主义》,刘雪涛译,知识产权出版社 2005 年版,第 12 页。

质上具有非正当性,却具有形式上的合法性。知识霸权的这个特征使得知识霸权具有隐蔽性,并和知识产权滥用区别开来。

第二,实质上的非正当性。知识霸权的非法不在于形式而在于实质。亚里士多德说过:"过度就是邪恶。"知识霸权是国际或者国内法上确立的知识产权内容,具有形式上的合法性;但在实质上却是非正当的。知识霸权的主要表现形式有两种:一是将非知识产权权利内容作为知识产权权利内容加以规定,如所谓的出租权、展览权、销售权、进口权等;二是将知识产权的权能作为独立权利进行规定,如将专利权中的复制权能割裂而变为制造、销售等权利。

二、知识霸权与相关概念

(一)知识霸权与知识产权弊端

1. 知识产权弊端的概念与表现。知识产权弊端是指知识产权制度本身带来的风险或者不利因素。知识产权弊端有如下两个方面的具体表现:

(1)市场乃至政府被"劫持"。知识产权制度通过对思想的确权,把权利人置于支配市场的地位,结果是竞争受到损害,所以如果互联网上交易的基本方法受制于专利,那么无论是通过缴纳专利许可费,还是在现有的专利基础上进行发明或者使用效率较低的方法,都会增加交易成本,因为市场被垄断了。并且我们看到,存在政府被"俘获"的现象。[①] 这是由于物权是对物的支配,而知识产权却是在一定程度上对思想的法律控制,还有一点就是因为物是确定的,存在与不存在,价值有无和大小,一般而言都比较容易确定;而知识产权却不同,往往是经过几个专家的评议,认为符合的,国家就对此进行确认,将这种表达出来的"思想"赋予财产的地位。也就是说,如果评审专家的评审出了偏差,那么被确认的财产实际上并不是真正的财产,或许是他人的,或许是公知的技术等。在这种情况下对市场进行的控制,显然是对正常经济秩序的损害,于是对社会而言,知识产权是一种有风险的权利,它可能劫持市场乃至政府。

(2)威胁自由。公共研究项目是人类战胜疾病和获得粮食都必需的。但是如果因为围绕所要使用的蛋白质分子周围有太多的知识产权,而使科学家们不再去研究蛋白质分子的时候,此时基本的自由,即研究的自由就受到了干涉。[②] 从这一点上看,知识产权有可能带来威胁自由,并从而威胁人类生活的风险。

2. 区别对待。虽然并不是每种知识产权都会发展成为威胁市场和政府、威

---

① 〔澳〕彼得·达沃豪斯、约翰·布雷斯维特:《信息封建主义》,刘雪涛译,知识产权出版社2005年版,第3页。

② 同上。

胁自由的私权,但是跨国公司或者大的企业却是有这种能力,南非艾滋病患者因本地企业无力购买美国专利而无药医治而失去生命是公知的事实。对于知识产权弊端,我们应该做的是通过完善知识产权法律制度和执法环节,尽量减少弊端发挥作用的机会;但我们必须正面现实,知识产权弊端是不会清除的,因为他根植于知识产权制度本身。而知识霸权,则是我们不能容忍的,是应该坚决予以清除的,并且是可以清除的。因为知识霸权是极少数国家刻意追求的结果。消除知识霸权的形式就是修法,包括国际法和国内法。

(二) 知识霸权与知识产权滥用

与权利滥用禁止相比,遏制知识霸权尤为困难,因为知识霸权是以合法形式存在的。知识产权滥用和知识霸权相互联系。首先,二者都是以合法有效的知识产权存在为前提;其次,二者具有共同目的,通过知识产权这个桥梁追求高额利润和控制市场。然而,二者区别也十分明显,表现如下:

第一,表现形式不同。知识霸权是以合法形式存在的,行使知识霸权的行为不构成非法或侵权。而知识产权滥用则构成非法。

第二,防范方式不同。防范知识霸权主要是国家的任务。国家应该积极争取国际知识产权规则制定的领导权,通过制定新的具备正当性的知识产权国际规则逐步消除已经存在的知识霸权,并遏制知识霸权的形成。而对于知识产权滥用之禁止,则是当事人的责任,受到权利滥用侵害的当事人依照自己的判断实施一定的行为对抗权利滥用或者通过私力救济和公力救济获得补偿。

第三,后果不同。由于知识霸权获得了合法形式,因此对知识霸权的行使,在个案中行为人不承担不利法律后果。对于知识产权滥用,知识产权人须承担不利法律后果。

【案例】 举一个例子来说明"知识产权"、"知识霸权"和"知识产权滥用"之间的关系。比如高通公司利用其在 CDMA 技术领域享有知识产权获得丰厚的利润,属于知识产权正当行使;但是如果高通公司凭借其知识产权人地位,肆意决定显失公平的专利使用费或者转让费,这就是"知识滥用";如果高通公司为了获取额外的利润而主张所有的 CDMA 手机的生产必须由其"监制",并提出知识产权"监制权",通过游说美国政府而使"监制权"成为 TRIPS 协议规定的专利权中的一项内容,则该权利为知识霸权。

三、知识霸权的产生

(一) 知识霸权产生的原因

知识霸权的产生,主要是由不同国家的"知识地位"的两极分化和发达国家企业追求最大收益造成的。世界上约80%以上的科技人员、科技成果都集中在发达国家[①],知识和技术被垄断在少数发达国家,甚至是少数发达国家的少数企业手中。这些企业在经济利益的驱动下,刻意"制造"知识霸权来攫取高额收益。发达国家里,存在着一支强大的游说力量,宣称所有的知识产权都是对商业有益,使公众受益最大,也是技术进步的催化剂。他们相信并争辩说,既然知识产权是好的,那么保护得越多就越好。[②] 而这些要求是发展中国家无力对抗的。于是,具备知识优势的发达国家获得制定全球性知识生产和传播的游戏规则的控制权,他们故意扩张和混淆知识产权的应有内涵,知识霸权便在国际社会产生了。

(二)知识霸权的形成

自20世纪80年代以来,在美国以及国际性大企业的游说下,知识产权保护日趋强劲。为达到自己的目的,美国单方面实行以"特别301条款"为表现形式的"大棒"政策,迫使许多国家或地区提高知识产权保护水平。美国"特别301条款"是美国按照自己的标准,给它认为没有为知识产权提供充分有效保护的国家和地区划分等级,对不同等级的国家实行不同的贸易报复和制裁。"特别301条款"始见于《1974年美国贸易法》第182条,《1988年综合贸易与竞争法》第1303条对其进行了补充。根据"特别301条款",美国贸易代表办公室(简称"USTR")每年发布"特别301评估报告",根据自己的法律和贸易需要,对美国的贸易伙伴的知识产权保护情况进行全面评价,然后根据美国发现的问题的严重程度,给这些国家划分等级,如"重点国家"、"重点观察国家"、"一般观察国家",以及"306条款监督国家"。美国"306条款监督"制度是广义的"301条款"的一个内容,该制度为1997年美国贸易代表办公室在"特别301条款"的年度审查报告中创设。该制度建立在《1974年美国贸易法》第306条的基础上,通过该制度美国政府得以监督贸易伙伴国家执行知识产权协议的情况,若发现其没有令人满意地执行协议中的条款,则可将其列入"306条款监督国家"。这是美国将对其实施贸易报复的"最后通牒"。这些国家被列为"306条款监督国家"这个等级后,美国即可不经过调查和谈判自行发动贸易制裁等一系列贸易报复措施。而这个判定不是由双方或者中立方来裁决的,而是由作为当事人一方的美国单方面决定的。只要美国认为因未遵守双边知识产权保护协议,就会被美国列为"306条款监督国家"。被美国贸易代表办公室列入"重点国家"并公告后

---

① 程玲珠:《当代世界科技发展的若干趋势与特点》,载《人民日报》1991年2月28日。
② 〔美〕约翰·巴顿(John Barton):《专家论坛:知识产权制度保护谁》,http://www.cas.ac.cn/html/Dir/2004/04/29/2605.htm,2008年9月5日访问。

的 30 日内,美国对其展开 6—9 个月的调查并进行谈判,迫使该国采取相应措施检讨和修正其政策与法律,否则美国将实施贸易报复措施。被列入"重点观察国家"、"一般观察国家"则不会立即面临报复措施或要求磋商,这是美国对这些国家的知识产权政策、法律和执行情况的一种警示态度。而一旦被列入"306条款监督国家",美国可不经过调查和谈判自行发动贸易报复,因而比被列入"重点国家"还具有威胁性。还有另一个值得关注的问题是,这些国家的知识产权政策、立法以及执法,都现实地按照美国的要求或者意愿在进行。

在美国政府孜孜不倦的努力下,最终形成了全球范围内的以"合法形式"表现出来的知识霸权体系,TRIPS 协议是这个体系的真实写照。知识霸权的形成,绝非保护知识产权的需要。一百多年来,美国长期游离于《伯尔尼公约》之外,并非其不知知识产权保护的重要性,他们只是根据自己的国内经济发展状况和国际贸易的实际情况而制定自己保护知识产权的策略,目的是找到知识财产保护的最有利的恰当方式,以实现其自身利益的最大化。熟悉历史的人知晓,美国曾一度是盗版最为严重的"无赖"国家,并因此而发展起来了。[①] 美国现在调转船头,经济得势之后在全世界推行最高、最苛刻的知识产权保护标准,也是基于经济利益的驱动,因为目前美国已经是最大的知识产权出口国了。美国一手炮制的知识霸权,给发展中国家与欠发达国家的经济发展、国际贸易造成了很大障碍,同时也给发达国家的弱小企业的正常发展增添了不少麻烦。[②]

四、知识产权正当性探析

(一)雾里看花:问题缘起

不审势即宽严皆误。反对知识霸权,必须探寻和明晰知识产权正当性。在知识产权法的研究方面,最大的失误在于人们往往注重知识产权制度带来的外部效应,而不是关注制度本身是否具有正当性。日本学者富田彻男告诫过:"初看起来知识产权是一种先进制度,然而实际却是一种既能促进也能延滞国家产业的制度。"[③]在积极推进知识产权制度建设的同时,应警惕因过分保护知识产权而给本国的科技进步和经济发展造成严重的障碍。要积极参与知识产权国际规范的制定与修改,并运用合理与适当的法律对策对付西方跨国公司不适当利

---

① 朱建华:《知识产权保护水平越高越好吗?》,http://www.66wen.com/03fx/faxue/faxue/061114/28254.html,2008 年 11 月 2 日访问。
② 曹新明:《知识产权制度伦理性初探》,载《江西社会科学》2005 年第 7 期。
③ 至淇:《知识产权保护的合理中线》,载《第一财经日报》2006 年 4 月 21 日。

用知识产权而对我国进行的市场和技术垄断行为。① 笔者对上述论断表示赞同,但这个判断并不是从知识产权本身出发,而是从知识产权的功能出发而得出的结论,治标不治本。从这个角度,犹如雾里看花,我们永远无法见到知识产权的真貌。尽管见效快,但问题层出不穷。笔者主张直面知识产权本身,寻找知识产权规则的正当性。

(二) 知识产权正当性

1. 本体论上知识产权的正当性。本体论上的知识产权正当性是指知识产权作为一项法律制度是否具有存在方面的正当性。本体论上的知识产权的正当性,解决的是知识产权是否应该存在的本体论问题。如果知识产权具有本体论的正当性,知识产权制度应该存在,反之,知识产权制度则不应存在。人们对知识产权制度的正当性作出了积极的理性思考,并逐渐形成了不同的认识,最具有典型性的是劳动理论、人格理论、效益(激励)理论等学说。目前,我国知识产权法学界对知识产权正当性的研究主要集中在本体论角度。

2. 认识论上知识产权的正当性。认识论上的知识产权正当性是指知识产权作为一项法律确认的权利,确立的权利内容或者说权能方面的正当性。认识论上知识产权的正当性,解决的是知识产权的权利范围问题。换句话说,就是知识产权内容的范围界限何在的问题。权能到底有哪些?从认识论角度揭示知识产权的正当性,是构建正当国际知识产权秩序的基础。

最高人民法院2007年颁布的《最高人民法院关于全面加强知识产权审判工作为建设创新型国家提供司法保障的意见》第16条指出"准确界定知识产权权利人和社会公众的权利界限",反映出厘清认识论上知识产权正当性在司法实践中的重要意义。从权利产生角度看,知识产权是法律强行对无形的思想划定一个明确的界限予以保护的结果。法律是追求正当性的,这个界限在哪里,该如何划,是知识产权正当性的基础。

知识产权正当性问题,在哲学领域表现为知识产权的伦理性问题,从本质上讲,法律是一个民族文化的表现,根植于这个民族的生活习惯和宗教伦理。知识产权的伦理性问题有很多表现,如对人类基因的开发和研究获得专利权从而使人(至少是人的一部分)沦为财产权的客体,等等。1998年5月,帕金·埃尔默以3亿美元组建塞莱拉公司,宣称用3年时间完成人类基因组的序列测定,最初的意图是要垄断人类基因组信息。这招致了强烈的反对,被认为严重违反人类伦理。知识产权法对知识产权正当性的关注,不同于哲学对知识产权伦理性的

---

① 王先林:《专家论坛:知识产权制度保护谁》,http://www.cas.ac.cn/html/Dir/2004/04/29/2605.htm,2008年9月5日访问。

关注,它更多的是关注法律的可操作性层面,具体说就是知识产权具体权能的构建。从法律的视阈看,如果知识产权的权能具有正当性,我们可以说知识产权具有法律上的正当性。但这还不等于它就因此具有哲学上的伦理性,只有这种正当性是完全符合伦理要求的,才能达到哲学上的伦理性要求。我们对法律视野中的知识产权正当性的追求,是实现哲学上伦理性的基础。

(三) 客观自然法理论

"自然法的观念是西方漫长的历史演化中居于核心地位的基本理念,它因对人与世界的深刻认识而成为推动历史进步的内在动力,它既是人类自我理解的风向标,同时也是法治世界建构的导航器。"[1]对于通过拟制形成的知识产权而言,则更需要以自然法,尤其是客观自然法的理念加以审视。

1. 客观自然法概述。与人性自然法思想相比,客观自然法理论终于实现了自我超越,它使自然法显得更加公正、可信、普遍和中立。在西方历史上,希腊雅典是客观自然法思想的发源地。发源于这里的客观自然法思想通过后来的罗马法得到了延续并发扬光大。罗马客观自然法具有三大特点:第一,公正和正义是客观存在的;第二,公正和正义存在于自然法;第三,国家立法随时可以变化,但衡量其是否具备正义的标准是其是否符合自然法。在东方历史上,老子说,"大道废,有仁义",突出"道"是自然法的思想。而儒家认为,礼是最高的自然法。

2. 自然法与知识产权正当性。自然法是自然的正义,是客观存在的,既不能废除,也不能取消。人是有理性的,通过理性这个工具人可以无限接近自然法。罗马政治学家和思想家西塞罗在其名著《国家法律篇》中说:"事实上有一种真正的法律与自然相适应,它适用于所有的人并且是不变而永恒的。通过它的命令,这一法律号召人们履行自己的义务;通过它的禁令,它使人们不去做不正当的事情。它的命令和禁令永远在影响着善良的人们,但是对坏人却不起作用。用人类的立法来抵消这一法律的做法在道义上绝不是正当的,限制这一法律的作用在任何时候都是不容许的,而要想完全消灭它则是不可能的⋯⋯它不会在罗马立一项规则,而在雅典另立一项规则,也不会今天是这个规则,而明天又是另一种规则。"[2]西塞罗告诫人们,认定法应该遵循自然法和自然理性,人类的立法只能依从这个理性,而不能用来抵消它。这正是我们研究知识产权正当性的出发点和归宿。孟德斯鸠在其名著《论法的精神》中说:"法是由事物的性质产生出来的必然关系。在这个意义上,一切存在物都有它们的法。"我们探寻知识产权的正当性,就是寻找知识产权之上的原有法,即知识产权的本来面貌。

---

[1] 魏敦友:《自然法的观念——渊源、历史与逻辑》(摘要),复旦大学 2003 年博士后出站报告。
[2] 〔法〕孟德斯鸠:《论法的精神》(上册),张雁深译,商务印书馆 1961 年版,第 1 页。

第二节 典型领域知识产权保护水平分析

关于知识产权保护水平的争论集中表现在计算机软件最终用户责任、音乐作品著作权、权利内容以及赔偿额的确定等四个方面。

一、计算机软件最终用户责任

（一）计算机软件最终用户的概念

所谓"计算机软件最终用户"是指以满足生活和生产需要，而使用计算机软件产品的个人、法人以及其他组织。这个概念表明，第一，计算机软件最终用户使用的是计算机软件产品，而非知识产权法上的计算机软件；第二，计算机软件最终用户是和软件生产商和经营者相区别的概念，他们只是使用软件，并不向公众提供计算机软件复制品。微软公司于2008年10月20日针对中国用户启动了 Windows XP 专业版正版验证计划（WGA）以及 Office 正版验证计划（OGA），被我国网民称为"黑屏计划"。微软的黑屏计划，主要是通过更新补丁的技术手段提醒用户正在使用盗版软件，未通过正版验证的 Windows XP 将被强制每小时黑屏一次，未通过正版验证的 Office 将被弹窗强制提醒，并被强制插入"不是正版"的提醒栏。微软公司实施"黑屏计划"的理论武器就是计算机最终用户责任，也即计算机软件最终用户责任理论是使用盗版构成侵权的理论基础。然而事实真的如此吗？

（二）计算机软件最终用户责任的概念

计算机软件最终用户责任是指计算机软件最终用户因未经授权或者超出授权使用计算机软件作品而产生的法律责任。在计算机软件交易中，把针对最终用户的交易称为"大众市场交易（Mass-market license）"，其中"拆封许可（Shrink-wrap license）"是最为常见的交易方式。在"拆封许可"交易模式下，最终用户在零售店购买一个光盘，只要拆开了包装的塑料封面，就意味着接受了隐藏在包装之内的、卖方事先拟定的著作权许可协议。因此，卖方和买方之间便被认为是知识产权许可关系。在这种定位下，使用盗版软件便被认定为著作权侵权，因为使用者未得到权利人许可。我国无论在立法上，还是在司法实践中都深受这种观点的影响。我国最高人民法院在2002年10月15日起施行的《关于审理著作权民事纠纷案件适用法律若干问题的解释》中第21条对最终用户使用未经授权软件的责任问题作出了规定："计算机软件用户未经许可或者超过许可范围商业使用计算机软件的，依据《著作权法》第47条第（1）项、《计算机软件保护条例》第24条第（1）项的规定承担民事责任。"《著作权法》第47条是关于侵权行为的规定,《计算机软件保护条例》第 24 条也是关于侵权行为的规定。据此可知,我国确立了计算机软件最终用户的法律责任制度。

(三) 计算机软件最终用户责任剖析

计算机软件最终用户责任理论的提出,是为了加强著作权人利益的保护,打击盗版行为,目的在于为认定"使用盗版"构成侵权提供依据。然而,一个制度的形成必须符合正当性和基本的逻辑要求。计算机软件最终用户责任问题归根结底在于最终用户购买计算机软件产品的行为性质。最终用户购买计算机软件产品,往往看到生产商的一个"计算机软件著作权许可协议",但生产商单方的意愿并不能决定交易行为的法律性质。笔者认为,生产商的"计算机软件著作权许可协议"并不能表明购买者和生产商以及销售商之间进行的是知识产权许可,只能说明计算机软件生产商希望这种交易是知识产权许可,而以便实施对最终用户的控制和所谓的"反盗版"。根据著作权法的基本原理,最终用户使用侵权作品并不构成侵权。日本著名学者中山信弘曾有评论:"著作权中并不包含使用权。因此,阅读(即使用)非法盗印的书,对著作权法不构成任何侵权行为。"①同样,运行计算机软件也不构成对计算机软件作品的"使用",而是对计算机软件产品的使用,使用盗版的计算机软件也不会引发任何知识产权侵权,侵犯复制权的是擅自制作计算机软件产品的人,不是购买者。考虑到计算机软件的特殊性,立法上才将符合特定条件的部分最终用户使用侵权作品的行为"视为"侵权行为,而不是直接规定为侵权行为,如日本法和我国台湾地区的立法。我国台湾地区"著作权法"将最终用户使用未经授权软件"视为"侵权的要件有二:第一,最终用户"明知"其使用的软件是侵权软件;第二,最终用户"直接营利使用"该侵权软件。即认为不明知的直接营利以及间接营利和非营利的使用都不被视为侵权。

综上所述,计算机软件最终用户责任理论不是建立在著作权法的理论基础之上,而是和著作权法的基本原理相左。一般意义上的计算机软件最终用户责任是不能也不应确立的。事实上,TRIPS 协议也并未规定什么计算机软件最终用户责任。TRIPS 协议明确将计算机程序规定为文字作品进行保护,而对于使用侵权文字作品的最终用户,著作权法历来是不过问的。② 一句话,计算机用户责任是部分人基于反盗版的目的,而强扭的"瓜",与著作权法的基本原理不符。无论是国际法还是国内法上确立的计算机软件最终用户责任,都是知识霸权的

---

① 〔日〕中山信弘:《软件的法律保护》,郭建新译,大连理工大学出版社 1988 年版,第 66 页。
② 寿步:《中国应摒弃超世界水平的软件保护》,http://news.zol.com.cn/2002/0129/35446.shtml,2008 年 11 月 11 日访问。

体现。

二、音乐作品著作权

当前,卡拉 OK 的音乐使用问题成为社会关注的焦点。音乐作品是指歌曲、音乐等能够演唱或者演奏的带词或者不带词的作品。目前,不仅国内而且在整个亚洲,"卡拉 OK"已经发展成为一个深受青年人喜爱的行业。我国卡拉 OK 经营行业 80% 以上的 KTV 经营者使用 VOD 系统。目前全国 17 万家左右 KTV 使用的歌曲总存量约 43 亿首。中国音乐著作权协会调查显示,VOD 系统供应商在大量复制这些受著作权法保护的音乐电视作品时,几乎从未得到过相关著作权人的授权和许可。① 有人认为,应《著作权集体管理条例》和《著作权法》向卡拉 OK 征收版权费。但是这个行为似乎并不顺利,诸多卡拉 OK 营业场所拒绝配合。笔者认为,《著作权集体管理条例》和《著作权法》并不是向卡拉 OK 经营者收取许可费用的依据。卡拉 OK 经营者是从 VOD 系统供应商处购买 VOD 系统(包括音乐),如果卡拉 OK 经营者不存在明知是盗版而使用的主观故意,则不应被视为侵犯著作权。卡拉 OK 经营中,侵权发生的实质性阶段是 VOD 系统供应商复制他人音乐作品制作 VOD 系统阶段,侵权人为 VOD 系统供应商而非卡拉 OK 经营者;如果卡拉 OK 经营者本身也是 VOD 系统供应商,应承担侵权责任。但是如果卡拉 OK 经营者不是 VOD 系统供应商,则只有在明知而故意使用的情况下才应被"视为"侵权,并承担责任。在卡拉 OK 经营者自行购买了唱片进行营业的情况下,卡拉 OK 经营者的行为也不构成侵权,除非他明知是侵权唱片而购买并用于营利性使用。除此之外,笔者认为一般的经营者在营业场所播放音乐不需要获得著作权人的许可并支付许可费用。因为对书的阅读、对音乐的聆听和对计算机软件的运行都不属于对知识财产的使用,而是对购买产品的使用。

【案例】 某甲购买一专利咖啡壶、一把椅子和一个音乐光盘经营一个家庭式咖啡屋。请问:上述三项财产都能还是都不能用于经营目的呢?一般认为,椅子和壶用于经营场合不成为题,但把一个音乐光盘用于经营有人就认为侵害了著作权。然而,根据同等保护原则,坚持对不同知识财产同等保护、同等对待。音乐光盘的法律性质是"物",而非"作品",就如同专利咖啡壶和有商标的椅子的法律性质是"物",而非"专利"和"商标"一样。根据同等保护原则,我们必须对三者进行同样的对待。如果因为光盘上有音乐就给予知识产权的特殊保护,

---

① 刘声:《卡拉 OK 音乐作品受版权保护,著作权人损失年逾 20 亿元》,载《中国青年报》2008 年 7 月 8 日刊。

那么椅子上有商标、壶上有专利是否也要给予特殊保护,是否还要求经营者获得商标许可和专利许可呢?对于经营者而言,他在市场上购买了三个"物",他有权利按照他们的用途决定把他们用于生产还是生活。但是,经营者并没有购买知识财产,如音乐作品,因此他不可以复制并出售该光盘上的音乐,也不可以授权他人制造专利咖啡壶,更不能授权他人使用椅子上的注册商标。而把光盘、椅子和咖啡壶用于生产还是生活,应奉行意思自治原则,由物权人自行决定。而把音乐著作权看做比专利权和商标权更特殊的权利,并给予特殊对待,是违背同等保护原则的,是知识霸权的体现。

第三节　反对知识霸权的基本态度与策略

从20世纪70年代末实行改革开放政策以来,中国知识产权保护取得重大进展,知识产权制度逐渐建立起来,推动了经济的健康发展和社会的全面进步。① 然而,在国际社会上,不和谐的知识霸权音符混杂其中,作为发展中国家的中国也深受其害。"像封建主义一样,它奖励行会,而不奖励进行发明创造的个人。这种制度使民主制度下的公民成为侵略者,而他们侵犯的本来是属于人类共同遗产的知识,这些知识本应属于他们生来就该享有的受教育权的范围内。具有讽刺意味的是,信息封建主义,由于消灭了知识的公共性,将最终剥夺知识经济的生产力。"②然而,消灭知识霸权,不是一句简单的口号,从一开始就出现并在国际协议中被确认而取得"合法地位"的知识霸权,不会轻易退出历史舞台。反对知识霸权也绝非仅仅是法律层面的问题,这是不同国家争夺制定国际经济规则领导权的争夺,必定有一段艰难的路程要走。

一、基本态度:区分知识产权与知识霸权

反对知识霸权的前提是区分知识产权和知识霸权。我们主张认真保护知识产权,坚决反对知识霸权。知识产权是一种具有正当性的市场优势,但是它不是制造垄断的工具。人类知识是延续和继承的,没有哪一项知识单靠个人创造而成。但凡人类的发明创造,多是"站在前人的肩膀上"。因此不能为了某国或者某企业的商业利益,就置全人类的福祉和基本文明准则于不顾,而通过种种施压手段制定规则,建立超过正当界限的知识产权权利内容或权能,并凭借这些权能

---

① 国务院新闻办公室2005年《中国知识产权保护的新进展》白皮书。
② 〔澳〕彼得·达沃豪斯、约翰·布雷斯维特:《信息封建主义》,刘雪涛译,知识产权出版社2005年版,第255页。

榨取利益、掠夺弱者,如专利法上的所谓进口权就是最为典型阻碍商品自由流通和企业自主销售的知识霸权。

我们既不能认为事实上发达国家占有经济优势,而发展中国家处于劣势就把知识产权斥之为"霸权"[1];也不能因为发展中国家需要改革开放,需要参与全球经济就屈从于某种国际压力而把知识霸权当做知识产权。知识霸权是人为地将某些不该有的内容强加给知识产权,如专利法上的进口权、著作权法上的出租权等都是非正当的。从当前形式看,知识霸权有愈演愈烈之势,已经引起发展中国家的普遍警觉和关注。因"知识霸权"所引起的惊恐与反思,并不是落后者的观念,也绝非中国知识产权法制进步征程中的一段插曲,而是我们理性对待知识产权的开端,是理性觉醒的开始。

二、基本原则:国家利益原则

国家利益是指一切能满足民族国家全体人民物质与精神需要的利益。在国际交往中,应坚持国家利益原则,从我国的国情和我国人民的基本利益出发,根据科学的知识产权原理,最大限度地争取制定知识产权规则的参与权和领导权,构建科学合理的知识产权保护和交易的新规则。"国家作为国际贸易的'影子主体',具有自己独立的利益目标。这种利益目标是最终的,是一种比私人和集团利益目标更高一层次的利益目标⋯⋯作为国际贸易活动的控制者,国家既可以利用政治、外交手段为国与国之间的贸易打通渠道。提供保证,也可以出于政治利益、外交利益制定自己的贸易政策。"[2]WTO 规则的运行建立在正视国家利益的客观性差别的基础之上,发展中国家也应该借助 WTO 规定的"其他缔约国不应谋求发展中国家作出有害其经济健全或发展的让步"等原则,建立合理的国际经济新秩序,从而实现发展目标。邓小平同志对外战略思想中最重要的就是国家利益原则,他强调中国在复杂多变的国际环境中要始终把握正确的方向,最大限度地实现了国家利益。

国家利益是客观存在的,只要民族国家不消亡,就有不同的国家利益。各国政府代表着本国利益,总是站在本国的立场上,制定和推动有利于本国的国家贸易政策的形成。发展中国家应有效利用 WTO 贸易与发展委员会(Committee on Trade and Development)为自己谋求合法利益,在知识产权法和国际知识产权规则制定上,应以国家利益为准则,积极构建科学合理的知识产权制度。目前,我国正在修订《商标法》和《专利法》,国务院新闻办公室 2007 年 4 月 17 日举办的

---

[1] 韦之:《知识霸权的反思》,载《群言》2001 年第 4 期。
[2] 连忧蔚、李会明:《WTO 与国家利益原则》,载《重庆工商大学学报(社会科学版)》2003 年第 4 期。

记者招待会上,国家知识产权局新闻发言人尹新天在答记者问中明确承认正在听取美国政府的意见,而主持《商标法》修改的机关也曾主动去征求美国政府的意见。① 至少从表面上看,这种做法与国家利益原则不符。

三、两条路径:直接与间接

中国国家知识产权战略已经制定并开始实施,但从总体上看,专利权、商标权和著作权并不是我国的优势。中国要在国际竞争中避免处于过于劣势的地位,既要从宏观上反对知识霸权,也要从微观上寻找具体路径。郑成思先生提出,反对知识霸权有两条路可走:一是力争在国际上降低现有专利、商标、版权的知识产权保护水平。这条路径为直接路径;二是力争把中国占优势而国际上还不保护(或者多数国家尚不保护)的有关客体纳入国际知识产权保护的范围,以及提高中国占优势的某些客体的保护水平,如非物质文化遗产。这条路径为间接路径。②

直接路径,即力争在国际上降低现有专利、商标、版权的知识产权保护水平十分困难。从1967年到1970年《伯尔尼公约》的修订过程看,从世界贸易组织TRIPS协议的形成历史看,走这条路几乎是不可能的。就间接路径而言,是可行的。至少在三个方面我们占有优势资源:地理标志、遗传资源和非物质文化遗产。把它们纳入知识产权保护,并适用发达国家确立的高保护水平,对我们有利。我们既可以借此对抗发达国家的知识霸权,也可以借此发展自己。郑成思先生认为,非物质文化遗产是知识之"源",而今天的各种智力创造为知识之"流"。TRIPS协议只保护"流"不保护"源"的做法,并不全面。如果我们只是在发达国家推动下对他们的长项(专利、驰名商标等等)加强保护,对自己的长项则根本不保护,那么在国策上将是一个重大失误。

四、印度策略:非暴力不合作

印度是反对知识霸权的发展中国家的优秀代表。印度反对知识霸权走的是直接路径,采取的是非暴力不合作策略。

(一)非暴力不合作的概念和特征

非暴力不合作运动(Nonviolent and Noncooperation Movements)是甘地领导的印度人民反抗英国殖民统治的运动。甘地倡导以和平方式抵制政府采取总罢

---

① 郭少峰、李静睿:《〈商标法〉修改征求美方意见》,http://www.rwang.cn/web/2007-4-19/20074190010289.htm,2008年9月17日访问。
② 参见丁曼丽:《知识产权保护更要保护"源"》,载《市场报》2006年3月6日第一版。

业、抵制英货、抗税等非暴力手段进行斗争。在反对知识霸权中的非暴力不合作运动，是指将接受既定的知识产权法条件，而是通过拒绝与知识霸权者合作的方式反对知识霸权。反对知识霸权中的非暴力不合作概念有两个法律特征。第一，肯定知识产权本身。"非暴力"是指并不把矛头直接指向"知识产权"本身，避免了国际关系的过度紧张。第二，拒绝与知识霸权合作。"不合作"是指拒绝与知识霸权合作。在有选择的情况下，尽可能和折衷主义者以及正当性知识产权主义者合作，而拒绝与知识霸权合作。

（二）非暴力不合作的提出[①]

2003年5月，印度总统阿卜杜尔·卡拉姆（Dr. A. P. J. Abdul Kalam）发表反知识霸权讲话为标志，印度成为反对知识霸权的发展中国家的中心。印度总统卡拉姆发表的讲话，含蓄批评了知识产权，并提倡采用开放源代码设想，被认为是以非暴力不合作方式反对知识霸权的开始。也有人基于此将卡拉姆总统称为"信息时代的圣雄甘地"。圣雄甘地通过"非暴力不合作"，反对英国工业霸权；而卡拉姆总统则呼吁针对美国知识霸权应采取"非暴力不合作"策略。据卡拉姆总统自己声称，他是在与比尔·盖茨摊牌，意见破裂后，发表这番讲话的。卡拉姆总统指出，最为不幸的是，整个印度似乎仍然信赖现有的知识产权解决方案。而正是基于信息技术对人类社会的重大影响，卡拉姆总统才要求开放源代码，并宣称开放源代码软件的时代，一定要到来，这是符合印度亿万人民利益的必由之路。这是公开鲜明地表达与前两个中心完全独立的、完全站在发展中国家立场的知识产权观。

五、基本主张：建立国际经济新秩序

（一）国际经济新秩序的提出和演进

国际经济秩序是指在一定世界格局基础上形成的国际经济行为规则和相应的保障机制，通常包括国际规则、国际协议、国际惯例等。第二次世界大战后，在两极格局的基础上形成了一种国际政治秩序，与这种已有的国际政治旧秩序相联系的还有一个国际经济旧秩序。这是在广大发展中国家处于无权地位的情况下，按照主要发达资本主义国家的需要和意志建立起来的一种经济秩序。因此，改变不合理的旧秩序，建立公正、合理的新秩序，就成为维护世界和平和发展的重要工作。邓小平指出：世界上现在有两件事情要同时做，一个是建立国际政治

[①] 参见姜奇平：《为印度对抗知识霸权的宣言叫好》，http://www.ccmedu.com/bbs8_45763.html，2008年9月6日访问。

新秩序,一个是建立国际经济新秩序。①

旧的国际经济秩序是在广大发展中国家处于无权的地位,由少数大国按照发达国家的意愿和利益建立起来的。由我国政府提出并主张的国际经济新秩序是指建立公正合理的国际政治经济新秩序。2005年9月15日,联合国成立60周年首脑会议举行第二次全体会议,我国国家主席胡锦涛发表题为《努力建设持久和平、共同繁荣的和谐世界》的重要讲话,力争推动公正和平,共同发展的新经济秩序的形成。

(二)国际经济新秩序与知识霸权的消灭

国际经济新秩序是以公正和共同发展价值理念为中心建构起来的一种和谐秩序。而在目前国际经济环境下,知识产权贸易已经成为主要的贸易形式,因此建立国际经济新秩序,首先就应建立国际知识产权贸易新秩序。就应该理性对待由美国少数大企业集团草拟并代表了他们利益的TRIPS协议②,进行必要的改革和修正。关于发展中国家为什么签署TRIPS协议的答案与民主有很大关系——或者毋宁说与民主的失败有很大的关系更为准确。说得更直白一些,我们现在的知识产权制度代表着民主进程的失败。少数美国公司是知识游戏的主角,他们攫取了确定美国贸易议程的方法,并与欧洲和日本的跨国公司合作,起草了知识产权的原则,这些原则成为TRIPS协议的蓝图。然后通过贸易强权压制发展中国家的反抗。③

重构国际经济新秩序,理性对待TRIPS协议,才能消灭知识霸权。知识霸权反映的是处于不同发展阶段的国家对制定国际经济规则的领导权。对制定国际经济规则的领导权的争夺的根源,是各国以及集团之间展开的经济竞争,乃至生存竞争。各国和集团对制定规则的领导权的争夺上,是一个长期而复杂的历史过程,是"阵地战"。领导权的争夺,是不同国际力量在对抗中所展开的斗争的集中表现。而在这场旷日持久的战斗过程中,知识产权法学者起着重要的中介作用。

---

① 《邓小平文选》第三卷,人民出版社1993年版,第92页。
② 〔澳〕彼得·达沃豪斯、约翰·布雷斯维特:《信息封建主义》,刘雪涛译,知识产权出版社2005年版,第3页。
③ 同上书,第12页。

第十二章
知识产权与相关权利

知识产权与物权、信息产权和信息财产权的关系十分密切。本书拟从权利客体这个逻辑起点出发,采用分析法学的方法对上述四种类型权利进行比较,以期在理论上厘清它们之间的界限,为我们既能充分了解什么是知识产权,也能从整体上把握现代财产权制度奠定基础。法律是从客体的属性和特点出发来设计权利制度的,客体属性和特点的不同必然直接影响权利内容。因此,在知识产权与相关权利的关系问题上,本章从权利客体的区别入手。

第一节 知识产权与物权

知识产权与物权的关系问题是财产法的核心问题之一。知识产权的重要性已经得到全球的普遍承认,知识产权法也由一个区区技术法上升为调节知识经济的基本大法,因此人们的注意力往往被知识产权的特殊性所吸引而忽视了它和物权之间的联系和共性。有学者认为,由于过分强调知识产权的特殊性,目前我国在知识产权的研究中,尚未有效运用物权法的原理原则去平衡权利人、被许可人和第三人之间的利益关系,权利转让制度、许可使用制度和质押担保制度还不够完善。① 但知识产权和物权毕竟存在区别,为了区分知识产权和物权,日本法特别强调发明、外观设计等精神产品不能成为物权,特别是所有权的客体。② 要理清知识产权和物权的关系,须先从客体说起。

---

① 张玉敏:《知识产权的概念和法律特征》,载《现代法学》2001年第5期。
② 参见邓曾甲:《日本民法概论》,法律出版社1995年版,第46页。

第十二章　知识产权与相关权利

一、物权的客体：有体物

（一）有体物的概念和范畴

物质和能量作为社会资源是被纳入物权法予以保护的。物权法上的"物"，是一个法律概念，并非指物理上存在的"物"，而是指物的一部分——"有体物"，以及不属于物的"能量"。物权法保护有体物的观念，已经发展成为物权法的一种传统，直接影响了《德国民法典》和其后的众多国家颁布的民法典。学者们又把物权法上的有体物划分为有形物和无形物。有形物是指具备外观形态的有体物，如建筑、汽车等；无形物是指没有具体外观形态的有体物，如光、电、热、能和气体等。由于光、电、热、能和气体是一种具体的物质存在，并且光、电、磁等自然力发生移转，其上的财产利益亦随之移转，从而新的支配关系得以建立。

（二）有体物与知识财产

从静态角度看，有体物和知识财产风马牛不相及。但无论在我国大陆，还是在我国台湾地区，直至当今，仍有不少学者将知识产权划入物权客体。我国学者谢在全先生将财产归属法分为"广义的物权法"和"狭义的物权法"。"广义的物权法"是"规范财产本身归属于权利主体之法律"，以广义"所有"之归属秩序为内容。"广义"的原因在于，"财产"不仅包含有体物，而且还包含了专利、注册商标和著作等等权利。[①] 这种主张的基础为特殊权利（如著作权、专利权、商标权等）是"物"。时至今日，我国台湾地区的法院仍然将知识产权作为准物权看待，认为"商标权人所享有之商标专用权系属智慧财产权之范畴为一无体财产权，为准物权，应适用物权法定主义，其权利种类及内容不得自行创设。故商标法上明文规定之商标移转、授权、让与、设定质权及排除侵害请求权外（我国台湾地区'商标法'第61条第1项参照），当事人不得再创设法律所未规定之新种类物权"[②]。虽然笔者并不赞同商标权为准物权的主张，但我们不应忽视知识产权和物权同为财产权的内在关联。

（三）有体物与信息财产

在信息财产保护早期，人们主张以物权保护信息财产，即把信息财产作为物权客体。我国在保护信息财产方面有两种立法例：我国台湾地区采取物权方法保护模式，我国大陆采取物权客体保护模式。所谓物权方法保护模式，即采用物权保护方法保护电磁记录的模式。我国台湾地区"刑法"第323条规定："电能、热能及其他能量或电磁记录，关于本章之罪，以动产论。""电磁记录"是网络环

---

① 谢在全：《民法物权论》，中国政法大学出版社1999年版，第2—3页。
② 我国"台湾台北地方法院民事判决"2005年度智字第63号。

境下新生的一种财产性客体,是信息财产的一种,虽不能纳入物的范畴,但应以物权保护的方法给予保护。此种保护模式比较灵活,既解决了"电磁记录"的法律保护问题,又坚持了现有物权法物必有体的客体理论。弊端是回避了电磁记录的法律性质。在核心问题并未被触及的情况下,在保护方式上采取"物(动产)"的方式,虽然有操作性,但欠缺理论上的周延。电磁记录和电、热、光、磁等能量不同,这些能量为物权法的客体,已无太大争议。电磁记录和有体物最大的区别在于有体物是物质存在,而电磁记录并非具体的物质存在。"电磁"是一种物质存在,而"电磁记录"是一种数字化的信息,不是物。我们可以把"电磁"纳入物权法范畴予以保护,但不可以把"电磁记录"纳入物权客体范围。罗马法以来的只有有体物才是物权法保护客体的思想,是现代物权法的基础和理论灵魂,放弃或者突破了这一点,物权法就丧失了独立性。

我国大陆对"计算机软件复制品"采用物权客体保护模式。所谓物权客体保护模式就是将"计算机软件复制品"规定为物权的客体,纳入物权法范畴给予保护的一种模式。物权客体保护模式与物权方法保护模式的最大区别在于前者认为信息财产为物权客体,而后者并不认可;两者最大共同之处在于在保护方式上均采取物权保护方式。我国《著作权保护条例》第16条规定,软件合法所有人对软件复制品享有所有权。该条例第16条"越俎代庖"物权法规则规定了软件复制品之上的权利为所有权,且规定了此种权利的特殊内容。如果说此种"越俎代庖"是为解决现实存在的复杂问题而被迫采取的无奈之举,那么规则本身的正确与否却值得进一步商榷。

计算机软件复制品可以分为有物质载体的计算机软件复制品(如以光盘或者磁盘形式存在的软件复制品)和无物质载体的计算机软件复制品(直接通过计算机进行交易的软件复制品)。以书为例,信息与载体作为一个整体而存在,是书构成动产适用物权法规定的基本理由。尽管购买图书是为了购买其中的"信息",书的价值也在于"信息",但"书"是被当做"物"对待的,是物权客体,因此购书者获得书的所有权。同样道理,光盘或者磁盘上的权利仍然为所有权。这种保护方法的实质是给作为无体物的信息披上有体物的外衣,以迎合物权法物必有体理念,从而得以适用物权法的规定。但无物质载体的计算机软件复制品,如同精灵用手指在空气中写的"书",无法纳入物权保护范围。抛开了载体的外衣,计算机软件复制品就不再是有体物,不能作为所有权客体而存在。信息财产的物权客体保护模式的弊端也在于此。我国台湾地区的立法或许正是注意到了电磁记录不是有体物这个问题,才作出在保护方式上将电磁记录视为动产的规定。信息财产非但不适于物权法保护,而且也不能纳入准物权范畴予以保护。通说认为准物权主要是指采矿权、渔业权和水权等权利。① 准物权主要是对一定自然资源的利用权。无论从权利内容还是权利客体看,信息财产之上的权利和准物权都是截然不同的概念。

二、知识产权和物权的联系

（一）静态联系

具体说,知识产权和物权的静态联系主要表现在三个方面：

第一,从性质上讲,知识产权和物权均为财产权,属于绝对权和对世权。长期以来,我国物权法界都有将知识产权归入"准物权"的传统。

第二,从客体性质上讲,尽管知识产权和物权客体的物理性质不同,但是法律性质一致,二者均为财产。

第三,产生方式相同。从产生方式来讲,物权是法律对权利人以意志占有有体物的确认,将此种事实状态确认为一种权利——所有权；而知识产权是法律对权利人以"意志"占有知识财产的确认,这被笔者称为"控制"。人们往往将"专利技术"想象为物②,单从结果看,专利技术被法律确认为财产,而不是被确认为物。

（二）物权是知识产权的母权

相对于知识产权而言,物权是一种母权利。早期各国曾普遍主张将知识产权作为区别于物的另一种客体纳入所有权范畴,或者直接把特殊权利视为物,这样知识产权就不是一项独立权利,而是物权(主要是所有权)的客体。③ 在缺少信息财产保护专项立法的情况下,我国台湾地区将电磁记录视为"动产"予以保护,我国《计算机软件保护条例》将软件复制品作为物权客体而给予保护,都是在物权法框架下,为解决信息财产保护问题而不得已而采取的权宜之计。这说明了物权作为一种母权,不仅对于知识财产,而且对于信息财产也具有示范意义。唯有当物权制度不能或者不足以保护时,才分别形成了知识产权和信息财产权制度。从这个角度看,物权作为母权孕育了知识产权和信息财产权。

1. 物权孕育知识产权。物权作为一种权利观念孕育了知识产权。从民事权利发展史上看,早期的财产权利往往被认为是所有权,至少被统称为所有权。在18世纪的欧洲大陆国家把著作权称为"精神所有权",在法国,精神所有权被

---

① 参见谢在全：《民法物权论》,中国政法大学出版社1999年版,第52页。
② 王涌：《所有权概念分析》,载《中外法学》2000年第5期。
③ 同上。

理解为一种排他的、可对抗一切人的权利,是所有权的一种。① 狄亚斯(Dias)认为,普通法上,所有权概念是针对物(thing)而言的,是对于物的所有权,而物可以分为有形之物(corporeal thing)和无形之物(incorporeal thing)。有形之物即实在的物,无形之物即特定的权利。因此所有权又可以分为有形的所有权(corporeal ownership)和无形的所有权(incorporeal ownership)。在普通法上,版权(copyrights)、专利权(patents)被视为物,所以,它们是所有权的客体,对它们的拥有即是对它们的所有权。② 在知识产权形成的早期,知识产权孕育在物权的母体之中,作为物权的一部分存在,没有独立地位。一直到现在,还有学者认为知识产权就是智力成果的所有权,并直接使用专利所有权、商标所有权和著作所有权的称谓。③ 在我国民法学界,学者们往往倾向于将知识产权作为准物权的一类,即它是权利人对知识财产的支配权,物权的一般原理也适用于知识产权。这一点也印证了知识产权孕育于物权之中,即便在获得独立之后,仍具有诸多和物权一致的特性。

2. 知识产权从物权中脱胎而出。随着社会的发展和知识产权在社会发展中地位的加强,人们逐渐意识到它和物权相比的特殊性,也逐渐舍弃了不符合逻辑的"权利的所有权"理念,开始按照分析法学的理论认真对待和区分权利与权利客体,并根据客体的不同属性对权利进行划分,这种划分的结果是知识产权获得了独立,从物权"腹中"分娩诞生,成为了一项新类型的权利。"历史的错误终究不可能消解当下。在昔日为知识产权辩护的历史背景不复存在,知识产权作为一个独立的权利类型业已成为无可争辩之事实的当下语境。"④

虽然知识产权已从物权中脱胎而出,但一条脐带至今还残留在物权的腹中,这便是权利质。在大陆法系民法典上,权利质是作为担保物权的一项制度加以规定。知识财产质押是权利质的主要形式,是大陆法系国家物权法上普遍存在的一项担保权制度。我国《担保法》第75条规定,依法可以转让的商标专用权,专利权,著作权中的财产权可以设立质押权。我国《物权法》第223条规定,可以转让的注册商标专用权、专利权、著作权等知识产权中的财产权可以设定质押权。该规定中,一个"等"字,就将所有具体知识产权涵盖其中了,而克服了《担保法》封闭式列举的弊端。为了阐释权利质中"占有之转移",许多法学家煞费苦心,例如,史尚宽先生认为:"权利质权依债权证券之交付、质权设定之通知或

---

① 尹田:《法国物权法》,法律出版社1998年版,第122页。
② 王涌:《所有权概念分析》,载《中外法学》2000年第5期。
③ 同上;杨紫烜:《财产所有权客体新论》,载《中外法学》1996年第3期。
④ 黄汇:《知识产权制度去"智力化"的两种解释进路》,载《知识产权》2007年第1期。

其他方法,使发生占有之移转或其类似之效力。"① 这样解释的目的就在于说明权利质权是物权,而非其他权利。可见物权影响的根深蒂固和习惯势力的强大。笔者认为,无论从哪个方面来说,知识财产质押都应该属于知识产权,而不是物权。经过修订后的《荷兰民法典》终于有勇气走出了物权的窠臼,而在第三编"财产法总则"中规定了质押权。权利的担保(如质押和抵押)是规定在第三编"财产法总则"之中,而非第五编"物权法"。这个体例变化背后的思想和理论基础是,放弃知识财产质押权为物权的传统认识,这是知识产权质押从物权法上升到财产法总则的唯一依据。

这意味着大陆法系开始正视知识财产质押权与物权的区别。我们必须正视知识产权已经诞生的事实,它已经是独立于物权的一种新类型权利,而不应再把知识产权放入物权的母腹之中。也就是说,应该辩证地看待知识产权和物权的关系,既不能因为物权孕育了知识产权,而因此主张以物权取代知识产权;也不能因知识产权从物权中脱胎而成为一种独立的权利,就抹杀两种权利之间的内在关系。

(三) 物权是知识产权发挥作用的途径

对知识产权和物权的联系和区别的比较,往往有个固定的思维模式,即把它们作为横向的、平起平坐的权利类型来进行比较。这固然没有错,但是却忽略了它们还有另一层互动关系:从权利实现角度看,物权是知识产权发挥作用的途径和桥梁。知识产权发挥作用的主要途径有两个:一个是物权,一个是信息财产权。知识产权的客体是知识财产,知识财产的本质是思想,思想在经济发展和社会生活中发挥作用,须借助一定的载体。能担当此任务的载体有两种:一种是物,一种是数据电文。知识产权是如何通过物权发挥作用的呢?企业获得知识产权之后,根据知识财产的性质结合一定的"物"制造为产品。这被德霍斯描述为,"抽象物"是获取无限种类和数量的有体物之源泉。② 利用知识财产制造"产品"的过程,是知识财产和物质载体结合为一体的过程,在这个过程中,知识财产不见了,原来的物质也不见了,而是一个个新"物"出现了,这就是"产品"。这些产品(如纸质书、专利产品等)在法律性质上就是"物",是物权客体。作为知识产权客体的知识财产和客体"物化"后的产品的法律性质截然不同:知识财产是知识产权客体,是思想;而其"物化"后的产品,是"物",不再是知识产权客体。这些由知识财产制造的"物"由物权来调整,其上的权利为"物权"。这个由知识财产到物的循环,同时从知识产权到物权的循环,说明了从动态角度看,物权是

---

① 史尚宽:《物权法论》,中国政法大学出版社 2000 年版,第 388 页。
② 吴汉东:《法哲学家对知识产权法的哲学解读》,载《法商研究》2003 年第 5 期。

知识产权发挥作用的途径。

三、知识产权和物权的区别

知识产权和物权的区别，基于二者客体的本质不同，并在不同方面有不同的体现：

第一，权利客体不同。从客体上讲，知识产权的客体为知识财产，而物权客体为有体物，二者物理属性不同。

第二，权利期限不同。一般讲，知识产权是一种有限存在的权利，而物权（所有权）具有永续性，只要客体存在，所有权就得以存续。

第三，权能不同。从权能来看，所有权和完全知识产权均分为四项基本权能，但是二者并不完全相同。所有权的第一项权能为"占有"，而知识产权为"控制"。除此之外，知识产权的使用为复制，因此其使用权能被界定为"复制"。收益权能和处分权能二者均具备，但是内容和行使方式也各不相同。

第四，效力不同。与知识产权相比，物权不具有垄断性。物权旨在保护个人在从事某种交易或生意的过程中所聚集的财富，并不禁止他人也从事某种交易或者生意。[①] 但是知识产权恰恰相反，它就是禁止他人模仿甚至创造的一种权利，比如著作权法和商业秘密保护法禁止他人模仿，但是不仅指他人独立创造，而专利法不但仅指模仿，而且还仅指他人独立创造。也就是说，知识产权可以排除市场竞争，表现出一定的垄断效力。

第二节 知识产权与信息产权

一、信息产权的概念

（一）信息产权概念的提出

信息产权是知识产权的上位概念，是指根据知识产权法以及信息产权法的规定而产生的权利，如根据知识产权法产生的专利权、著作权、商标权、商业秘密权以及根据信息产权法产生的遗传资源权利、数据库特殊权利等。[②] 知识产权法向信息产权法发展演化的动向，早在20世纪就被国内外的很多学者所关注。"信息产权"的理论于1984年由澳大利亚学者彭德尔顿教授（Michael Pendleton）在其专著 *The Law of Industrial and Intellectual Property in Hong Kong* 一书中作了

---

① 〔澳〕彼得·德霍斯：《知识财产法哲学》，周林译，商务印书馆2008年版，第11页。
② 参见郑成思：《信息知识产权与中国知识产权战略若干问题》，载《环球法律评论》2006年第3期。

初步阐述;1987年郑成思先生在《计算机、软件与数据库的法律保护》一书中对"信息产权"作了较为全面的论述。

（二）信息产权概念出现的社会背景

当代信息技术和生物技术两大科技给知识产权法带来了深刻的变革。这种变革的具体表象是知识产权客体的不断扩张。郑成思先生认为,知识产权必然向信息产权发展和演化。随着信息技术与生物技术的发展,计算机软件、微生物新品种、动植物新品种、域名、数据库、遗传资源、非物质文化遗产等逐渐纳入知识产权客体范围予以保护。这使得知识产权保护的客体由"创造性"的信息逐步扩张到"无创造性"的信息。这一演变过程,引发了人们对知识产权的重新思考和定位,信息产权就是这个新定位的结果。知识产权客体拓展的结果是越来越多的"无创造性"的客体进入到知识产权保护范围,这种变化对于知识产权法保护客体来说是本质性的。知识产权向"信息产权"演变的这一发展过程,被我国学者称为知识产权的去智力化。从知识产权法的宗旨和基本原则出发,对没有创造性的财产给予知识产权保护,非但不会抹杀知识产权法个性而导致其死亡,相反促进了知识产权法的革新,使知识产权法发挥更大的作用。

二、信息产权与知识产权的关系

（一）信息产权是知识产权的扩展

郑成思先生认为,"信息产权"指的是知识产权的扩展。这虽然不是对信息产权的界定,但却告诉了我们信息产权和知识产权的关系以及信息产权的实质。从外延看,信息产权大于知识产权。笔者认为,广义的信息产权法包括知识产权法和狭义的信息产权法。狭义的信息产权法仅指对无创造性知识财产进行知识产权保护的法律规范,如数据库保护法。"无创作,无版权"一向是德国知识产权界和我国知识产权界的教条。1996年欧盟发布的《数据库保护指令》,提供毫无创作的数据库以"准版权"或"特殊权"保护。没有创作就不应该得到知识产权保护的传统知识产权理论初显困惑。[①] 而信息产权理论的提出对于因应社会的信息化发展,解决现实的社会问题和促进知识产权制度的更新有着重大现实和理论意义。在此理论指导下,将数据库保护法视为信息产权法的组成部分水到渠成。于是,知识产权扩展到信息产权,保护客体由创造性的知识财产扩展到无创造性的知识财产。

---

① 周林:《知识产权与信息法》,http://www.iolaw.org.cn/shownews.asp? id = 4904,2005年1月8日访问。

(二) 知识产权是信息产权的核心

虽然知识产权已经或正在扩展为信息产权,但迄今为止知识产权仍然是信息产权的核心。从客体角度看,传统知识产权的客体,即创新性智力成果占绝大多数,仍然是知识财产的核心部分。若主张"以信息产权取代知识产权"则属于被假想的胜利冲昏了头脑。

第三节 知识产权与信息财产权

供给人类发展的基本资源可以分为物质、能量和信息。由于受到社会发展阶段的历史局限,信息作为一种社会资源的开发、利用与保护直到信息社会才凸显出来。而早在农业社会和工业社会,物质和能量就获得了物权法的确认和保护。郑成思先生曾经指出:"信息社会既然已经(或将要)把信息财产作为高于土地、机器等有形财产的主要财产,这种社会的法律就不能不相应地对它加以保护。"[①]法律保护信息资源的最基本模式就是确立信息财产权。

一、信息财产与知识产权法

面对信息财产交易规则的建立和保护问题,人们首先想到的是知识产权法。传统知识产权法理论认为,知识产权客体的本质是信息。而信息财产也是信息,因此应该由知识产权法加以调整和保护。发达国家有学者指出:"作为保护财产性信息的法律,版权法被认为是知识产权法诸分支的先导和信息保护法中的中心。类似的观点认为,信息经济的主要产品是由版权法来保护的。"[②]但以知识产权法调整信息财产及其交易的主张,却引发了诸多无法解决的理论困惑和实践难题。第一,这种理论观点却和已有国家的信息立法相矛盾。比如,1995年《俄罗斯信息基本法》第1条规定:"本联邦法不影响《著作权和邻接权法》所调整的关系。"第二,这种主张在实践中不可行。例如,信息产品制造商在网络上出售电子版《红楼梦》,我们以曹雪芹尚健在为假设条件。从法律关系角度看,曹雪芹为《红楼梦》的著作权人;制造商拥有其制造的所有信息产品(即电子版的《红楼梦》);购买者为其购买的单个电子版《红楼梦》(单价10元人民币)的权利人。曹雪芹和制造商之间是著作权许可关系,可能是独占、排他和普通三种许可中的任何一种;而制造商和购买者之间是买卖合同关系,通过该合同信息产

---

① 郑成思、朱谢群:《信息与知识产权的基本概念》,载《河南省政法管理干部学院学报》2004年第5期。

② 郑胜利、袁泳:《从知识产权到信息产权》,载《知识产权》2000年第5期。

品的财产权完全转移。若认为信息产品之上的权利为著作权,则就会发生常识性错误,把制造商和购买者之间的关系认定为著作权许可关系。而事实上,购买者恰恰是不能翻印该电子信息产品的,因此购买者获得的肯定不是知识产权许可,这在购买者购买纸质书籍的情况下可以得到验证。购买者对其购买的电子版的《红楼梦》拥有什么权利?我们试着进行以下分析:首先,购买者获得的权利不是物权,因为没有物质存在;其次,购买者获得的权利不是知识产权,如果曹雪芹健在的话,单价10元人民币不可能购买到著作权。于是,一个可怕的权利空白地带产生了:电子版的《红楼梦》之上的权利究竟是什么?这个问题的实质是信息之上的权利类型问题。

二、信息财产与债权法

长期以来信息是在债权法领域被作为服务的一部分加以保护的。

(一)信息和服务

从逻辑上看,信息财产不是行为。这种提法似乎既荒唐又无必要。但是长期以来,民法是把信息和行为(服务)绑定在一起纳入债权法领域。债权法保护模式是指在没有赋予信息一种独立的民事法律关系客体地位的情况下,将信息作为服务的一部分而纳入债权法保护模式。在物权法和知识产权法均不能保护信息的情况下,债权法保护模式为信息交易提供了基本的法则。与知识产权法和物权法相比,债权法在保护范围上具有更大的包容性。尽管没有使用信息这一概念,但技术咨询服务合同等专业知识的提供,实际上是以信息为内容的契约。从这个意义上说,作为无体物的"信息"早已登上了历史舞台,只不过它披着"服务"的外衣罢了。尽管债权法为信息交易提供了一定程度的保护,但这种保护本身存在着诸多弊端。其中最突出的两个问题:一是在没有合同约定的情况下,无法追究侵权人的损害赔偿责任;二是无法追究产品责任,这是因为产品责任主要是针对产品设计的,而不包括服务。

(二)信息财产和服务

在信息财产出现之前,信息不具有独立性,不能单独进行交易,是作为服务的一部分存在的。服务是指提供以赢利为目的行为。传统法将信息作为服务来看待,主要原因是信息在进行交易之前往往是不确定的。计算机信息交易和数字内容产业的发展改变了这一切,信息作为一项独立的财产形式进入到人们的生活,法律必须对此作出反应。此种情形下,信息财产已经不同于以往的信息,主要区别在于:第一,信息财产具有独立性;第二,信息财产在进入交易领域之前就已经确定,网上进行交易的信息财产绝大部分是一种批量生产的、标准化的产品,如瑞星公司在线提供的电子版的杀毒软件。因此在法律性质上,信息财产已经从"服务"中独立出来,成为一项独立的客体。但对于信息财产交易而言,信息是确定的并且是标准化的,因此信息财产不是服务。

(三) 信息产品法律性质为信息财产

关于信息财产是否属于产品,在国内外争议很大。否认信息产品是财产的学者认为信息根本不是财产。如果有人违反保密关系,衡平法将对损害给予补救。在 1978 年 Oxford v. Moss 案件中,美国法庭认为机密信息不能构成 1968 年《盗窃法》第 4 条意义上的财产。然而越来越多的国家倾向于承认信息财产为产品。在英、法、美的司法实践中,已经有将书籍和航空(海)地图和计算机软件作为信息产品的判例出现。① 承认计算机软件是财产的学者认为,软件是有价值的。这一点即便是反对将信息作为财产的学者也不否认。② 信息财产不仅仅是知识,而且是可以以物质形式记录的知识,它拥有物质的存在方式,占据了磁带、磁盘或硬盘驱动器的空间,使物质事件得以发生,能为感觉所感知,因此它属于财产。③ 基于实用主义,越来越多的学者认为信息财产不仅仅是财产,而且构成产品质量法上的货物。在 St Slbans 案中,Scott Baker 法官和 Iain Glidewell 爵士认为,载于磁盘或其他类似媒介而供应的程序,但没有任何硬件,也应被看做货物或者产品。美国一家上诉法院,通过判例将经过记录的计算机软件纳入了《美国统一商法典》第 2 条确认的货物范围。④ 我国学者认为,"无论是工业产品还是农业产品,完成品还是半成品,动产还是不动产,有形产品还是无形产品,只要造成了消费者的损害,都能导致产品责任的发生,都可以成为发生产品责任的'产品'"。⑤ 还有学者明确提出产品包含无体物,认为产品"不仅包括动产,还包括不动产,不仅包括工业新产品,也包括农业产品,不仅包括物质产品,而且包括精神产品,不仅包括有体物,而且也包括了无体物。"⑥

信息产品是一种批量的、标准化的信息,它为事先可以控制而且存在潜在危险的一种产品,用途非常广泛,并不限于一般的著作,仅仅为学习和研究提供参考,而是在工业、服务及日常生活领域发挥着重要的实际作用。购买计算机软件复制品的目的是应用,如果该软件在设计、制造等方面存在问题,则影响与危害

---

① 参见邢宝宇:《WTO 与中国产品责任的客体研究》,载《浙江省政法管理干部学院学报》2001 年第 6 期;〔英〕戴恩·罗兰德、伊丽莎白·麦克唐纳著:《信息技术法》(第二版),宋连斌、林一飞、吕国民译,武汉大学出版社 2004 年版,第 158 页。

② 〔英〕戴恩·罗兰德、伊丽莎白·麦克唐纳著:《信息技术法》(第二版),宋连斌、林一飞、吕国民译,武汉大学出版社 2004 年版,第 155 页以下。

③ 同上书,第 156 页。

④ 同上书,第 163 页以下。

⑤ 郑素梅、陈泽锋:《关于我国产品责任制度的若干思考》,载《兰州学刊》2005 年第 4 期。

⑥ 贺光辉:《对我国产品责任法中产品范围的再思考》,载《宜宾学院学报》2005 年第 8 期。

与一般产品无异,甚至更为严重。因此只有将信息财产认定为产品,才可以追究生产者或者销售者的产品责任。笔者主张立足于信息产品交易这一现实的新情况,突破债权法保护模式,寻求一种新的、对权利人和交易另一方更加有利的保护模式,即信息财产权保护模式,承认信息是财产,并授予财产权。

三、信息财产界定

(一) 信息财产概念提出

"近代法无论过去还是现在都没有在其体系中对信息给予适当的定位和评价。甚至,无论是欧洲大陆法系还是英美法系都不知道有信息这个概念,更谈不上构建与之相适应的法律制度"。① 在近代法上,并未把"信息(information)"作为独立的民事法律关系客体。信息往往是"依附于"行为而进入债法领域的。自从计算机开始广泛应用以来,由计算机创造或者可以通过计算机传递的信息开始进入了交易领域,并且越来越普遍。信息开始独立于行为而存在,法律开始对这一实质变化作出反应。从法律性质来看,信息财产(information property)有别于民事法律关系的传统客体——物、行为、智力成果和人身利益。当前最主要的财产已经变为信息,而成为财产(property)的信息,主要是计算机信息(computer information)。信息财产交易是在这个转变中出现的新型交易模式。② 信息财产(计算机信息)交易大量发生的事实,反映出作为商品的"信息财产"已经登上了历史舞台。由于人们对信息财产的认识还不能达到对物质和能量认识的深度,加之信息财产是信息时代的一个新生事物,使得在法律上界定"信息财产"并进行相应的权利设计成为一项十分复杂的工作。

信息财产的绝妙之处就在于可以无限复制和迅速传递。耗资上亿美元的好莱坞大片复制只需几美分,这种高固定成本和低边际成本的经济现象,让信息生产商最为担忧:如果"拷贝"挤掉了合法利益,生产商将血本无归。利用因特网,信息财产(计算机信息)可以被瞬间拷贝并传至世界各地,因此很多信息生产商把因特网看作一个巨大的、无法控制的拷贝机。当信息财产的出售方因侵权现象之普遍和后果之严重而担忧之时,最终用户却为自己对购买的信息财产(计算机信息)享有什么权利而伤透脑筋。

(二) 信息财产的界定

俄罗斯和美国信息立法是全球信息财产立法的典范,分别代表了两种对待

---

① 〔日〕北川善太郎:《网上信息、著作权与契约》,渠涛译,载《外国法译评》1998年第3期。
② See Raymond T. Nimmer, Intangibles Contracts: Thoughts of Hubs, Spokes, and Reinvigorating Article 2, 35 *Wm. & Mary L. Rev.* 1337, 1337—1338 (1994).

信息的基本法律主张。俄罗斯将信息作为"物",以所有权模式进行保护;而美国将信息作为"信息产权"的客体,主要以知识产权模式予以保护。

1. 1995年《俄罗斯信息基本法》的规定及其评述。《俄罗斯信息基本法》第6条规定,信息资源是财产的组成部分和所有权的客体。该法第2条规定,信息资源包括单独的资料和独立的资料集合,以及信息系统中的(图书馆、档案馆、数据库等系统中的)资料和资料集合;该法第6条第1款还明确规定,有关信息资源所有权的关系由俄罗斯联邦民法调整。[①] 根据《俄罗斯信息基本法》,最终用户对信息财产享有的权利为所有权,信息财产可以作为一种商品进行转让,并适用民法的所有权转让的规则。《俄罗斯信息基本法》的规则设计,目的在于解决最终用户购买信息财产的权属问题,保障最终用户的合法权益,促进信息财产交易。1995年《俄罗斯信息基本法》的权利设计,根源在于对信息财产的法律性质的把握。把信息财产纳入物权进行保护的根本原因,就是在法律性质上把信息财产认定为"物"。这就是《俄罗斯信息基本法》的基本立场。这个立场最大的可取之处在于它明确排除了信息财产的购买者不是"购买",而是获得知识产权许可的错误观点。

然而遗憾的是,它并未因此而走上正确的道路,无论从信息财产的法律性质上,还是从权利设计上,1995年《俄罗斯信息基本法》都落入了物权法的窠臼。将信息财产之上的权利确认为物权,似乎和信息财产交易的实际情况"相符"。通过信息财产交易,购买者得到了一种产品和产品之上的"所有权",而非得到一种知识产权许可。但这种权利设计违背了物权法的基本原理。从权利客体性质上看,物权客体是物质实在,而信息财产并非物质实在,是信息。如果把信息财产之上的权利界定为物权,势必得出"物"包含"信息"的结论,这和物必有体观念直接矛盾。因此信息财产之上的权利不可能为物权。而从实践上看,信息财产交易已经大量存在,并非偶发事件或者冷僻事物,必须直面信息财产及其交易,不能假以其他权利制度,如物权保护信息财产,否则最终将导致传统物权法的混乱和崩溃。

2. 美国UCITA有关规定及其评述。美国UCITA关注的焦点是如何促进信息产业的发展,主要目的是构建一整套清晰的调整计算机信息交易的法律体系,生成、修改、转移或许可计算机信息的协议是美国UCITA的唯一调整对象。美国UCITA起草人Nimmer和Ring解释道:如果一个合同涉及计算机信息和其他的东西,UCITA只适用于交易中涉及的计算机信息的部分,除非获取计算机信

---

① 齐爱民:《捍卫信息社会中的财产——信息财产法原理》,北京大学出版社2009年版,第269—272页。

是交易的主要目的。① UCITA 第一次在立法上确立了"计算机信息（Computer information）"的法律概念。该法第 102 条规定，"计算机信息"是指利用计算机生成的，或者可供计算机使用和处理的电子信息，包括信息的拷贝和与信息拷贝有关的文档。② 该条第(36)款从进一步把握计算机信息的内涵的角度出发，对"信息"进行了界定："信息"是数据、文本、图像、声音、计算机集成电路布图或计算机程序，以及它们的集合。为了区分信息和知识，该条第(39)款规定：知识"是对事实的实质性理解"。从计算机信息交易这个角度看，可以说计算机信息是知识的载体。美国 UCITA 关于计算机信息的概念和界定，不仅给信息赢得了一个明确的法律身份和独立的客体地位，而且也厘清了我国学界长期以来争论不休的"信息"和"知识"的关系问题以及信息法和知识产权法的关系问题。"知识"由知识产权法调整，而计算机信息交易由 UCITA 调整。

美国 UCITA 明确了信息财产作为一种独立民事法律关系客体的法律地位，是针对信息财产交易的专门法，形成了信息财产保护制度的雏形。美国 UCITA 设计出和知识产权性质相一致的上位权利——信息产权（informational rights）来保护计算机信息。可以看出，该法名为计算机信息交易法，但革命性并不彻底，仍然停滞在知识产权和信息产权层面，而并未实现权利设计方面的实质性突破。这或许是该法到目前为止仅在两个州获得通过的原因之一。

3. 信息财产概念的界定。信息财产是指固定于一定的载体之上，能够满足人们生产和生活需要的信息。广义信息财产，应该包括纸面信息和计算机信息两大类，《俄罗斯信息基本法》采纳的是广义信息财产的概念。该法所谓的信息财产是一切文件信息，不仅包括计算机信息而且包括纸面信息。狭义信息财产仅指计算机信息，这是美国 UCITA 采纳的概念，美国 UCITA 仅仅针对计算机信息进行了立法，采取了狭义信息财产概念。笔者认为，当前最典型的信息财产是计算机信息，而非纸面信息。因此笔者采纳狭义概念，在无特别说明的情况下，将计算机信息和信息财产等同使用。理由如下：计算机信息又可以分为有物质载体的计算机信息（如光盘）和无物质载体的计算机信息（如网络传递的计算机信息）。由于当代信息的储存和分析主要是通过电子方式进行，加之纸面信息和有物质载体的电子信息已经由"物权"进行了保护，因此认为信息财产应限于无物质载体的、直接可以通过网络进行传递的计算机信息。根据美国 UCITA 的规定，计算机信息是指利用计算机生成的或者可供计算机处理的电子信息以及

---

① See Carlyle C. Ring, Jr. & Ray Nimmer, Series of Papers on UCITA Issues *11 (1999), at http://www.ucitaonline.com/docs/q&apmx.html.

② See U.C.I.T.A.102(a) (10).

相关拷贝和文档。信息财产是一种新类型民事法律关系的客体,具有法律上的确定性和独立性,是一种独立的财产形式。然而,信息财产(计算机信息)却处于权利空白地带:既不能受到物权法保护,又不能受到知识产权法保护。在此背景下,美国 UCITA 确立了信息产权法律制度。但美国 UCITA 确立的信息产权制度真能解决信息财产(计算机信息)的权属问题吗?从该法的立法宗旨和条文中的具体规定可以看出,这里的"信息产权"的核心仍然是知识产权。然而,这种设计和事实并不相符。事实上,信息财产(计算机信息)是一项独立的新类型财产,既不是物权客体,也不是知识产权客体,是一项新的权利客体,其上的权利笔者称为信息财产权。信息财产权的权利内容是权利人对特定信息财产的独占使用权。在法律无特别规定的情况下,信息财产权应适用或准用民法关于物权的一般规定,而不是知识产权。信息财产权与物权和知识产权构成信息社会财产权的三大组成部分。

(三) 信息财产的法律特征[1]

信息财产作为一类新的财产客体,具备以下法律特征:

1. 确定性。信息的确定性主要是指信息可以再现,可以反复调取使用的特性。所谓"确定性"是指将信息和载体(包括电子的和非电子的)结合为一体的特性。俄罗斯法上的"文件化信息"就是一种可以确定的信息。[2] 确定性特征的法律意义在于不能确定的信息,无法反复使用,不能成为资源意义上的信息。没有载体的信息,如口头信息因不能再现,不可以作为资源来储存,因而不能进入信息法领域。

2. 可控制性。信息财产的可控制性是指信息因依附于一定的载体得以固定并可被支配的特性。从法律意义讲,信息的"可控制性"主要是通过载体的形式获得。信息因依附于一定的载体得以固定,从而具有可控制性。信息可以通过载体,包括电子载体和非电子载体,固定下来,满足法律保护的确定性要求。非电子载体多表现为纸张,但并不以纸张为限。电子载体包括"电子手段、光学手段或类似手段生成、储存或传递的信息,这些手段包括但不限于电子数据交换(EDI)、电子邮件、电报、电传或传真"[3]。值得讨论的是,信息依附于一定的行为而成为法律行为客体的形式。在这种法律关系中,客体被认为是行为,而不是信息。技术咨询合同就是以提供信息的行为为合同的标的合同。技术咨询合同是

---

[1] 齐爱民:《论信息财产的概念与法律特征》,载《知识产权》2008 年第 2 期。
[2] 参见 2006 年《俄罗斯联邦信息、信息技术与信息保护法》第 2 条。该条规定:"文件化信息是指以文件形式保存在媒质上的可识别信息,具有可以确定该信息或者在俄罗斯联邦立法规定的情况下确定其物质载体的形式要件。"
[3] 参见《联合国贸法会电子商务示范法》第 2 条(a)项。

指当事人双方约定,咨询方运用自己所拥有的专业知识、技术、经验和信息为委托方完成咨询报告、解答技术咨询、提供决策的信息的工作,委托方向咨询方支付报酬的合同。有学者提出,"在信息契约里,只要信息被契约特定为给付的标的,它便得到一种界定,成为契约的对象"①。但这种界定,由于并没有达到"可控制"的目的,从而不能使信息本身成为信息财产,因此不属于信息财产权的客体。如电视机播出的电视节目,虽然通过电视表现了出来,但是未固定在电视之上,并且不能重复提取使用,因此不认为构成可控制性,也就不是信息财产法意义上的信息。

可控制性特征的法律意义在于不能控制的东西不能成为财产权的客体(但可能成为债权的客体)。信息成为信息法保护的客体,必须能为人所支配。不能为人所控制的东西,不能成为信息财产法上的信息。信息和民法上的物不同,它是一种客观存在,但是不是物质。

3. 独立性。信息财产的独立性主要是指信息与认识主体和认识对象相分离并独立成为一体的特性。信息的独立性有三层含义。第一层含义是指和认识主体相分离。信息财产法上的信息必须满足外在性,是外在于人而不是内在于人的。因此,信息必须与主体相分离。第二层含义是指和认识对象相分离。信息是人对自身及其外部世界的认识的表达,存在于人和外部世界之外,这在哲学上被称为信息的客观性。第三层含义是指信息必须独立成为一体。所谓独立成为一体,是指信息应能独立地满足人们生产、生活的需要。在社会实践中,信息能否独立满足人们的需要,应根据社会实践的具体情形确定。独立性的法律意义在于,信息可为财产权的客体,并且一个独立的信息财产之上,存在一个独立的信息财产权。

4. 价值性。信息财产的价值性是指能满足人的生产和生活需要的属性。信息能满足人的需要,也就是说信息必须对人有用,就是有价值。这种价值既包含了经济利益,也包含了精神利益。计算机软件作为计算机信息的一种,体现了经济利益,而个人信息则体现了精神利益。信息是人类认识自身和外部世界的一种表达,只要它具有能满足人的需要的属性,就可以成为信息法上的信息,对它的收集、储存和利用就应受到法律的规制。价值性的法律意义在于它将法律上保护的信息与闲言碎语区分开来。

5. 稀缺性。信息财产的稀缺性是指相对于人类的需要而言,信息总是少于人们能免费或自由取用的数量的情形。并非一切能满足人的需要的信息都必然能成为信息法上的信息。一般性的闲言碎语不能进入法律的领域,除了它不具

---

① 〔日〕北川善太郎:《网上信息、著作权与契约》,渠涛译,载《外国法译评》1998年第3期。

有满足法律保护的价值性要求外,实质原因是它不具有稀缺性。虽然一般性的闲言碎语对于生活而言也有其特殊的价值,比如对人的宽慰等,即虽然它有用,但它不是信息财产,因为它不具有稀缺性。一般性的闲言碎语,比如人们一般性的聊天内容、一般性的建议和"流言飞语",这些信息人们可以自由使用,处于公共领域(public domain),像阳光和空气一样,不受法律保护。稀缺性的法律意义在于,信息仅具有价值性仍不能成为信息财产,还必须满足稀缺性要件。正因为信息财产存在稀缺性这一特性,才需要研究如何最有效配置,才需要通过法律制度加以保障。

(四)信息财产类别划分

信息财产已经广泛应用在我们的生活当中,范围十分广泛,包括数字商品、虚拟财产,分为纸上信息产品(如电子报刊、电子杂志、电子书籍等)、图形图像产品(如电子照片、电子卡片、电子日历、电子地图等)、音频产品(如电子音乐唱片等)、视频产品(如在线电影、在线电视等)、电子票据和支付手段(如乘坐飞机的电子票、电子支票、电子货币等)以及虚拟财产。根据不同标准可以对信息财产进行不同分类。从信息财产法律性质的角度出发,笔者主要从以下两个方面对信息财产进行分类:

1. 有物质载体信息财产和无物质载体信息财产。以是否和载体结合为一个整体为标准,信息财产可以分为有物质载体信息财产和无物质载体信息财产。

(1)有物质载体信息财产。储存信息财产的介质种类很多,如光介质、磁介质以及具有类似功能的一切介质等。一切信息财产均储存于一定的介质之中。而这些储存海量的信息但只有毫末之身的介质又需要一定的载体为依托。有物质载体信息财产(information property on a tangible medium)是指储存介质和介质附着的载体作为一个整体而存在的信息财产,如磁介质与软盘、光介质与光盘。这种和介质以及载体结合为一个整体的信息财产在交易时被当做有体物对待,并赋予所有权保护,在交易时信息和载体一起发生转移。计算机软件一旦它被拷贝进一张软盘,与磁介质结合并被固定在载体之上,便变成了有形的、物理上的"物",其上的权利为物权。

(2)无物质载体信息财产。无物质载体信息财产(information property on a intangible medium)是指可以脱离存储的介质和载体而独立传递的信息财产,如计算机信息。以互联网为例,数以百万计的磁介质充当信息财产储存的介质,通过计算机指令,以脉冲的方式将磁介质进行磁化或者消磁,通过这个过程使得信息财产可以脱离介质和载体而自由传递。换句话说,在交易时,此类信息财产的转移,并不涉及储存介质的转移,更不涉及任何载体。这一点与有物质载体的信息财产完全不同。而此时,这种无物质载体的信息财产上的权利就不可能再是物权了,因为它没有任何"物质"因素,是单纯的信息,其上的权利为信息财产权(information property right)。本书中的所谓信息财产,就是指这种无物质载体信息财产,主要是计算机信息。这种分类的法律意义在于:有物质载体信息财产是被作为有形物对待的,是物权客体;无物质载体信息财产是信息财产权客体。

2. 标准信息财产和定制信息财产。以批量生产为标准,信息财产可以分为标准信息财产与定制信息财产。

(1) 标准信息财产。标准信息财产(standard computer information),又称批量生产的信息财产,是指信息财产开发商根据市场的普遍需要而事先设计的用于大规模批量生产和销售的信息财产。标准信息财产是针对不特定的人而生产的信息财产。在批量生产中获得的信息财产产品是可以进行区分的。通过一定的识别技术可以将这些完全一样的、作为商品而批量生产的信息财产进行区分开来。如中国即时通讯行业中腾讯公司开发的腾讯 QQ 软件在投放市场时,软件的每个复制品都由一个不同的账号和与之相对应的密码来控制,从而使这些复制品相互区分开来。随着数字化商品管理软件的开发,商品物流防窜货系统在不久的将来也可以应用在信息财产方面。这个系统可以为每一件信息产品注册一个身份码,这些身份码可以将同样的信息产品进行有效区分,从而使它们相互独立、区分和防止假冒和侵权。标准信息财产是批量生产的信息产品,构成法律意义上的产品。

(2) 定制信息财产。定制信息财产(custom-designed computer information),又称为个性化的信息财产(individual computer information),是指信息产品开发商根据个别用户的特殊需要而专门设计的信息产品。简单说,定制信息财产就是为特定人和特定目的定制的信息产品。美国法认为,网上交易的、标准信息财产构成法律意义上的产品,可适用产品责任的有关规定;而为特定目的定制的信息财产应视为"服务",不构成产品,不能适用产品责任的有关规定。对于那些批量生产和销售的,广泛运用于工业生产、服务领域和日常生活,与消费者利益息息相关的计算机软件,生产商处于控制危险较有利的地位,故有必要将普通软件列为产品,专用软件以提供职业服务为目的,应被排除在产品的范围之外。[①]这种分类的法律意义在于:标准信息财产是产品,适用产品责任法的有关规定;定制信息财产属于服务,不适用产品责任法的规定。

综上,信息财产的本质是信息,法律性质为财产,是信息财产权的客体。

[①] 参见高芙蓉:《对产品责任立法中产品范围的思考》,载《前沿》2000 年第 5 期。

四、信息财产权的确立

信息法是直接以"信息"为调整对象的法律规范。知识和信息是两种不同的法律关系客体,知识产权法和信息财产法是两门性质不同的法律。知识产权法是直接以"知识财产"为调整对象的法律规范。知识产权法上的"知识财产"本质是一种思想观念,不是信息。美国 UCITA 最重要的历史贡献是确立了信息产权(information rights)制度以保护购买者的权利。根据 UCITA 第 102 条第(38)款的规定,信息产权包括根据专利法、版权法、计算机集成电路布图法、商业秘密法、形象权法或其他法律创设的在信息上的权利,这些法律基于权利人在信息上的利益赋予其独立于合同之外的,控制或阻止他人利用信息或访问信息的权利。拥有信息产权的人通过许可证将信息财产权授予被许可方。最终用户对自己购买的信息财产也获得信息产权。信息产权不仅包括知识产权,也包括信息里的其他权利,那就是其他法律提供给某人允许其对信息进行控制或限制其他人对信息使用。① 这样的权利规则设计,在于解决最终用户购买的信息财产的权属问题。根据该理论,制造信息产品的人拥有信息财产的知识产权,而购买信息产品的人拥有以"信息的控制或限制其他人对信息的使用"为内容的信息产权。

然而,信息产权并不能解决我们遇到的信息财产的交易问题,因为根据美国 UNCITA 的规定,信息产权是和知识产权相一致的权利(详见本章第二节)。笔者主张构建信息财产权制度保护信息财产。对财产权的法律保护是为了激励有效率地使用资源,只有通过在社会成员间相互划分对特定资源使用的排他权,才会产生适当的激励。② 我国民法缺乏对无体物保护的明确规定,但理论和实务均持这种观点,即无体物非民法上之物,只能依所涉问题类推适用民法相关规定。③ 然而,信息财产既不同于有体物,又不同于知识财产。作为一种产品的信息财产之上应确立一种崭新的财产权——信息财产权。信息财产权是权利人直接支配特定的信息财产并排除他人干涉的权利。信息财产权是信息社会诞生的一种新类型的财产权形态,权利核心是支配权和排他权,权利客体为信息财产。信息财产是信息财产权的客体,与物质产品一样具有内在的价值和使用价值,和

---

① See Daniel A. DeMarco, Christopher B. Wick, Now UCITA, Now You Don't: A Bankruptcy Practitioner's Observations on the Proposed Uniform Computer Information Transactions Act, *American Bankruptcy Institute Journal*, Vol. 34, pp. 23—24(2004).

② 参见〔美〕波斯纳:《法律的经济分析》(上),蒋兆康译,中国大百科全书出版社 1997 年版,第 40—41 页。

③ 参见梁慧星、陈华彬:《物权法》,法律出版社 1997 年版,第 28 页。

物质产品不同的是没有物质形体。虽然信息财产需要一定的外部形式(介质和载体)得以表现,但信息财产和载体相互独立,并且有着不同的价值。信息财产的价值在于其本身,而不在载体。早在1998年美国加州高等法院就发布禁令,禁止离职员工向Intel的电子邮件地址寄送电子邮件,因为此寄送方式非法侵入了他人的动产。在本案中,法院将电子邮件系统当做动产予以保护①,而电子邮件系统的实质是一种信息财产。根据哈特的"承认规则",一个法律现象拥有某一或某些特征,就可以赋予其"社会压力为后盾"的方式"承认"这个法律现象②,明言之,就是以法律规范的形式予以确认。"市民社会之关系乃平等主体间之关系,人们缔结市民社会之财产关系和人身关系乃为获得积极的经济利益和人身利益……而这种利益之法律化就是权利。"③信息财产是一个有独立价值和财产利益的新类型民事法律关系客体,其上之权利形态——信息财产权应由法律予以确认。

　　承认信息财产作为一种新类型财产,是建立出卖人瑕疵担保责任的基础。美国UCITA对此做了专门规定。UCITA第402条规定了出卖人对信息内容的明示保证以及责任问题。该条(c)款规定,如果信息提供方违反了根据本法关于告知信息内容的规定而产生的明示保证或类似的合同义务,受害方有权获得依据本法规定或者约定的救济。除了明示保证外,该法第403条和第404条还规定了默示保证,默示保证主要是要求信息提供方承担计算机程序的可交易性的保证义务,主要内容有两个:一是向最终用户保证计算机程序能使用于所能使用的一般用途;二是信息的内容不会因为没有履行合理的注意义务而不准确。根据UCITA第8部分关于救济的一般规定,如果一方当事人违约,无论是否构成实质违约,受害方都可以解除合同或请求解除合同或拒绝接受合同项下的信息,并根据协议或直接依据该法请求司法救济。针对一个信息财产交易的违约行为,判断是否同时构成侵权时,应根据信息财产权利法(informational property rights law)的规定进行④,确认是否构成侵权以及应承担的责任。违约方承担的损害不累积计算,一般情况下,违约方承担的损害赔偿金额可以根据协议确定,无法确定的参考下列法定因素确定:订立合同时可预见的损失、实际损失、证明违约的费用、违约方直接或间接从合同中获得利益的数额等。⑤

---

① 参见杨立新:《电子商务侵权法》,知识产权出版社2005年6月版,第181页。
② 参见〔英〕哈特:《法律的概念》,张文显、郑成良等译,中国大百科全书出版社1996年版,第95—96页。
③ 刘凯湘:《论民法的性质与理念》,载《法学论坛》2000年第1期。
④ See UCITA 701(a).
⑤ See UCITA 804(a).

1996年《世界知识产权组织版权条约》第8条规定:"文学和艺术作品的作者享有专有权,以授权将其作品以有线和无线方式向公众传播,包括将其作品向公众提供使公众中成员在其个人选定的地点与时间可获得这些作品。"知识财产受知识产权法的保护,权利人享有通过授权以有线和无线方式向公众传播的专有权;但是对购买信息财产的大众而言,权利却处于空白状态:一方面,公众对其取得的交易客体不能享有知识产权;另一方面,由于公众取得的作品为信息,因此也不能享有物权。知识产权的限制并不是产生其他权利的障碍:尽管有版权限制,但书籍、录像带或激光唱片是被作为货物而赋予所有权保护的,同样道理,著作权的限制也不应该是信息财产成为货物的妨碍。于是,一种新类型的财产权——信息财产权必将诞生。

五、信息财产权与物权、知识产权的比较

(一)信息财产权与物权、知识产权的联系

信息财产权和物权、知识产权的联系主要表现在以下两个方面:从性质上讲,信息财产权和物权、知识产权均为财产权,属于绝对权和对世权;从客体性质上讲,尽管信息财产权、物权、知识产权的客体物理性质不同,但是法律性质却是一致的,三者均为财产。信息财产权和物权以及知识产权虽有区别,但并不影响信息财产权具备财产权的共性。信息财产权在特别法有规定时,依其规定;无规定时,应适用或准用民法关于物权的一般规定。王利明教授起草的《中国物权法草案建议稿》第2条第2款规定:"除法律、法规另有规定以外,无体物准用本法关于物权的规定。"

(二)信息财产权与物权、知识产权的区别

信息财产权和物权、知识产权的区别非常明显:

第一,客体不同。从客体来看:(1)信息财产权客体是信息财产,在经济学上称为信息产品,属于无体物的范畴;(2)物权客体是有体物;(3)知识产权客体是知识财产,是思想。

第二,权利内容不同。从权利内容看:(1)信息财产权是权利人对特定信息财产的独占使用权,注重的是对信息产品的控制。有学者认为,最终用户针对其获得的知识产品,只能为其自身的内部商务或个人事务目的而使用,不能因任何原因而为转售、销售或向第三方再许可等商业行为,不能对社会公众进行商业表演或展示该信息产品,也不能为商业目的向第三方以其他方式提供信息。[①] 这

---

① See John A. Chanin, The Uniform Computer Information Transactions Act: A Practitioner's View, *The John Marshall Journal of Computer & Information Law*, vol. 279, p.18(1999).

种观点需一分为二看待,一方面它提出了信息财产权是以信息产品为对象的所用主张,但另一方面,它混淆了信息财产和知识财产,使得特别警惕。根据我国《计算机软件保护条例》第 16 条的规定,软件复制品所有权的权利内容为软件的合法复制品所有人有权安装计算机软件进行使用、为了防止损坏而制作备份复制品、为了把该软件用于实际的计算机应用环境或者改进其功能、性能而进行必要的修改的权利,这些权利内容也是物权所不具备的。(2) 物权是权利人对物的直接支配权利,保护的是有体物,权利特性的设计是根据有体物只能由一个人直接占有利用的物理特性而设计的。(3) 知识产权产生的直接原因是赋予权利人控制权能。知识产权的设计使用了人为的设计禁止权的法律技术,对于他人行动自由的限制程度较大。① 知识产权制度设计的目的就在于使知识财产处于"专有领域",并赋予权利人获得合法的市场垄断权以获取经济上的利益。② 根据日本著名知识产权法学家田村善之教授的观点,"诱因支援型的知识产权法的目的并不是直接保护成果(信息),而是回复这些事实上已经存在于市场上的诱因本身的自律作用"。③

第三,权利行使方式不同。从权利行使方式上看:(1) 信息财产权人和物权人不能因享有信息财产权或者物权而行使知识产权人的权利。(2) 知识产权是通过自己实施也可以通过授权的方式行使权利。

六、信息财产权是知识产权发挥作用的途径

知识产权是如何通过信息财产权发挥作用的呢？首先,我们要在法律上认识数据电文这个概念。1996 年《联合国电子商务示范法》第 1 条规定:"本法适用于在商业活动方面使用的、以一项数据电文(data message)为形式的任何种类的信息(information)。"说明数据电文是信息的一种存在形式,并且这种形式是区别于物质存在形式的。该示范法第 2 条第 1 款规定:"'数据电文'系指经由电子手段、光学手段或类似手段生成、发送、接收或存储的信息,这些手段包括但不限于电子数据交换(EDI)、电子邮件、电报、电传或传真。"由此可以得出两个基本结论:第一,数据电文是信息存在的一种形式,而不是信息本身;第二,数据电文这种形式,"包括但不限于电子数据交换(EDI)、电子邮件、电报、电传或传真",也就是说,包括了现在的和将来可能产生的全部电子形式。这是一个开放

---

① 参见〔日〕田村善之:《知识产权法的理论》,李道道译,载吴汉东:《知识产权年刊》(创刊号),北京大学出版社 2005 年版,第 34 页。
② 参见郑成思:《知识产权、财产权与物权》,载《知识产权》1997 年第 5 期。
③ 〔日〕田村善之:《知识产权法的理论》,李道道译,载吴汉东:《知识产权年刊》(创刊号),北京大学出版社 2005 年版,第 27 页。

性概念,为纳入将来产生的新形式预留了广泛的空间。在这个意义上可以说,数据电文和电子形式是内涵和外延等同的概念。

企业获得知识财产之后,根据知识财产的性质制造不同的产品。在信息化时代,企业已经摆脱了物质的束缚,可以利用数据电文和知识财产相结合制造"信息产品"。这些信息产品在法律性质上就是"信息财产"(如电子书等)。知识财产和信息产品的法律性质是截然不同的:知识财产是知识产权客体,是思想;信息产品,是"信息财产",不再是知识产权客体,是信息财产权客体。由知识财产到"信息产品"的循环,同时从知识产权到信息财产权的循环,说明信息财产权是知识产权发挥作用的途径。

知识财产与物质载体结合后的产品,为"物",是物权客体。譬如蕴涵在产品(物权的客体)中的电影作品是知识财产——知识产权客体,但在电影胶片或者音乐光盘的交易中,发生所有权的转移,该项内容由物权法调整。但在电子条件下,知识财产是和数据电文相结合,而不是和物质相结合了,因此物权法失去了赖以发生作用的物理基础。信息财产交易的复杂性就在于能够使信息获得物权保护的桥梁——物质载体不复存在了。于是,只能另辟蹊径构建信息财产权制度保护信息财产。对最终用户而言,根据销售计算机软件复制品的合同,期待获得的是合同项下信息产品的信息财产权。

七、大陆法系财产权体系之完善

知识产权、物权和信息财产权是大陆法系财产权体系的三大组成部分。信息财产权的确立,是保护信息财产的现实需要,也是完善大陆法系财产权体系的理论需要。关于大陆法系财产权体系的构成主要有三种观点。第一种主张将财产权作三元划分,认为财产权包括物权、债权和知识产权[①];第二种主张二元划分,认为财产权包括物权和债权[②];第三种也主张二元划分,认为财产权包括物权和知识产权,而不包括债权。[③] 笔者赞同第三种观点,因为财产权是权利主体对一定独立财产的直接支配权利。财产权客体为财产,债权客体为行为,"行为"和"财产"是两种不同的权利客体,财产权和债权是两种不同的民事权利。物权法、知识产权法的保护范围均不能涵盖信息财产等无体物,大陆法系的财产权在保护信息财产等无体物方面出现了漏洞。这个漏洞不是法律制定之时就存

---

① 参见王利明:《物权立法:采纳物权还是财产权》,载《人民法院报》2001年8月27日。
② 参见陈华彬:《物权与债权二元权利体系的形成以及物权和债权的区分》,载《河北法学》2004年第9期。
③ 参见郑成思:《物权、财产权与我国立法的选择》,载《人大法律评论》2001年卷第二辑。

在的自始漏洞,而是随着社会信息化而产生的嗣后漏洞,是法律滞后性的必然结果。信息财产非但不能纳入现有的财产权法体系,而且也不能纳入债权法领域进行保护。只有通过立法确定权利人在信息财产之上的权利——信息财产权——为一项新生的财产权,才能建立信息财产的保护规则。

第四编　知识产权行使

第十三章
知识产权行使具体制度

第一节 知识产权行使概述

一、知识产权行使的概念和分类

(一) 知识产权行使的概念和特征

获得权利的目的在于行使。权利行使是指权利人为实现权利的内容而采取的正当行为。"在民法领域内,尤其在财产法关系中,权利人以行使权利实现权利内容,获得满足为其主要目的;义务人因履行义务,依义务本旨作为或不作为,以消灭义务内容为主要目的。行使权利与履行义务乃成为民事关系的最终目标与核心问题。"[①]所谓知识产权行使,是指知识知识产权人为实现知识产权的内容而采取的正当行为。正当性是权利行使的根本要求,不符合正当性要求的均不构成权利行使,而为权利不当行使或者权利滥用。

知识产权行使具有以下特征:

第一,知识产权行使的目的在于实现知识产权的内容;

第二,知识产权行使主体并不限于知识产权人,包括知识产权人委托的代理人及其他获得授权的人;

第三,知识产权行使为一种行为,包括事实行为(如实施)和法律行为(如转让或许可);

第四,知识产权行使是一种正当行为。行使知识产权的行为必须具有正当性。

---

① 施启扬:《民法总则》,台湾三民书局2001年版,第377页。

知识产权行使与知识产权享有、知识产权主张和知识产权实现是不同的概念。知识产权享有强调的是知识财产的归属关系,是指权利人享有知识产权这一事实。知识产权的享有主体,仅限于权利人,包括完全知识产权人和定限知识产权人,描述的是一种静态的法律关系。知识产权行使,强调的是知识财产的利用关系,属于一种动态的法律关系。知识产权行使强调的是为实现知识产权的权利内容所采取的行为,知识产权能否实现,权利人是否能现实地享有知识财产带来的利益要依赖行使的结果。行使知识产权的并不限于权利人,包括权利人委托的代理人及其他有权行使的人,但享有知识产权的却仅限于完全知识产权人和定限知识产权人。知识产权主张,是指向相对人或人民法院表示自己为知识财产之权利人的行为,范围较为狭小。知识产权实现是指知识产权内容的实现,着重指通过行使而使知识产权人获得利益。

(二)知识产权行使的分类

按照行使行为的性质不同,知识产权行使可以分为基于事实行为行使以及基于法律行为行使。所谓事实行为,是指行为人无需设立、变更或消灭民事法律关系的意图,但依照法律的规定能引起民事法律后果的行为。[①] 法律行为须以意思表示为基础,使其行为发生一定的法律效果。[②] 基于事实行为行使,如权利人将商业秘密的内容公开;而基于法律行为行使,如作者许可他人出版作品。基于事实行为行使和基于法律行为行使的主要区别在于:第一,生效要件不同。权利人欲通过法律行为行使知识产权,须满足法律行为的生效要件,如主体具有意思能力、意思表示真实自由、形式合法等,而通过事实行为行使则无需受此限制。第二,行使后果不同。权利人以法律行为实施知识产权后,往往取得与其意思表示一致的效果,如专利权利人与被许可人通过知识产权许可合同创设用益知识产权。而当权利人以事实行为行使权利时,其效果直接由法律规定,如商业秘密因公开而致使商业秘密权灭失。

二、知识产权行使方式概述

知识产权行使事关知识产权价值的实现,是知识产权关系中的核心问题。2006年国际保护知识产权协会(简称 AIPPI)撰写的法律文件——《与第三方签订的关于知识产权(转让,许可)的合同》(Q190)明确指出:"作为革新和创造的促进因素,知识产权对于世界经济发展起到了非常重要的作用;知识产权的权利拥有者渴望通过转让、许可、质押(下文称"交易")实现其专利权价值的方式更

---

① 董安生:《民事法律行为》,中国人民大学出版社2002年版,第122页。
② 施启扬:《民法总则》,台湾三民书局2001年版,第194页。

具灵活性。"① 总体来看,知识产权人行使知识产权,可采取融资、出资、实施、转让和许可五种方式。这五种方式大致可以分为两大类:第一类是以实现知识财产的交换价值为目的的行使方式,包括知识产权转让、知识产权融资和知识产权出资。其中,知识产权转让是指知识产权人依法通过签订合同将自己专有的知识产权转移给他人的法律行为。知识产权出资是指出资人以知识产权作为出资设立经济体的投资行为。知识产权融资,是指以知识产权为基础资产,以知识产权的许可使用费为支撑发行证券而进行的融资。第二类是实现知识财产的使用价值的行使方式,包括实施和许可他人实施两种。所谓实施是指知识产权人按照知识财产的特性,通过自己对知识财产的直接利用而实现知识产权的价值。知识产权许可是指按照法律的规定,或者知识产权人的许可方(licensor)与被许可人(licensee)签订协议,授权被许可方在一定时间和范围内使用其知识产权从事生产,并向对方收取许可费用(royalty fee)的活动。

三、知识产权行使的制度价值

知识产权行使制度的确立,有以下重大制度价值:第一,发挥知识产权的作用,实现知识产权战略。国家知识产权战略的核心在于知识产权的获得和行使。通过知识产权行使,才能发挥促进国民经济发展,提升企业竞争力的社会作用。

第二,实现知识产权人的利益,激发科技创新的积极性。通过知识产权行使,使知识产权人获得财产收益。通过财产利益来强化和刺激知识产权的开发,刺激企业、高校等单位和个人更多地关注知识财产,激发民族的科技创新的积极性和能动性。

第三,提升整个社会的经济活力。从宏观上看,知识产权行使可以促进与知识产权有关的行业有序、快速发展,提升整个社会的经济活力。

第四,孵化知识产权贸易市场。知识产权贸易是指以知识产权为标的的贸易,它涵盖了知识产权转让和知识产权许可两方面的内容。知识产权贸易可以称为知识财产交易,"标的物"为知识财产,贸易中转移的权利为知识产权。目前,知识产权贸易已经在国际贸易中占据了核心地位。因此,产品的贸易不是知识产权贸易,尽管该产品可能是知识产权实施所取得的。通过知识产权行使,可以孵化国内和国际知识产权贸易市场,为知识产权贸易合理规则的确立提供实践基础。

---

① 参见 AIPPI Q190 决议《与第三方签订的关于知识产权(转让,许可)的合同》,http://www.aippi-china.org/pdf/jyQ190.doc,2008 年 7 月 13 日访问。

四、知识产权行使与知识产权管理

知识产权管理的基本目的在于追求效益最大化,即知识产权的最有效行使。因此,可以说知识产权管理是知识产权行使的基本策略,是知识产权管理学的主要研究对象。对企业而言,开展经营而需要的核心资源已经不再是"物",而变为知识财产和信息财产。如何最优化管理知识财产成为企业面临的一个新课题。建立科学的现代企业知识产权管理制度,制订合适的知识产权策略,是企业开发知识产权的前提,也是企业有效行使知识产权的基础。

(一)知识产权管理的概念

知识产权管理,是指企事业单位和组织依法进行的知识产权计划、组织和协调活动,即通过建立知识产权管理办法对本单位内部的知识产权活动进行管理,以实现知识产权的最大利益。知识产权管理并不停留在开发和实施环节,而是贯穿于企业的开发、经营、销售和进出口各个环节。必须注意的是,知识产权管理和知识产权法都是围绕知识财产和知识产权展开的,但是二者有着本质上的不同。具体表现在:第一,知识产权管理的价值取向为效益,而知识产权法的价值取向为正义。第二,知识产权管理是依法进行的管理活动,知识产权法是国家立法,为知识产权管理提供法律依据。第三,知识产权管理表现为一系列的政策和制度,这些都不是法律,而是知识产权人内部的文件,仅对该单位内部有效,且无法律强制力;而知识产权法则是国家制定的确认和保护知识产权的法律,在整个法域内发生效力。第四,知识产权管理是科学,也是艺术,善意的谎言可能是激发潜能的管理艺术,却是和知识产权法的诚实信用原则相违背的,知识产权法律关系当事人之间应遵守诚实信用原则。

(二)企业知识产权管理的核心问题

企业在知识产权管理过程中,面临的核心问题有:

(1)企业实现生产和经营最关键的知识产权是哪一项?

(2)企业实现生产经营所需要的关键技术,是否得到知识产权法保护?

(3)企业所使用的他人知识产权,是否获得有效授权?

(4)企业对知识产权有何需求,现有知识产权及其组合是否能满足企业需求?

(5)企业应该从什么角度和策略开发和行使知识产权?

(三)电子数据库在知识产权管理中的作用

对知识产权进行有效管理,在技术上要求企业设立知识产权资产登记册,在有条件的情况下,应该建立相关电子数据库。这有利于企业摸清家底,知道自己掌握了什么技术,这些技术是否可以获得知识产权,或者是由自己或者其他竞争对手获得了知识产权,而其中哪些技术处于公有领域等。也可以协助企业辨识知识产权组合中的缺漏,并找出必要补救措施,采取补救行动,以制订更为科学的知识产权策略。更重要的是,可以直接统计企业的无形资产。在建立电子数据库时,应参照知识产权法所确认的具体知识产权的类别分门别类进行造册,如商标、版权、专利、商业秘密、非物质文化遗产等。在此基础上,区分自主知识产权和被许可使用的知识产权。通过这个分类统计,找出达成业务目标所用的关键性知识产权,并掌握它的权利归属。① 建立知识产权电子数据库的第二个目的在于,为技术创新提供参考,指明技术开发路线,明确技术开发方向。积极进行技术探测,将未申请专利的技术及早申请专利,实现由技术走向知识产权的道路。真正在商业战争中,有价值的不是技术,而是保护这项技术的知识产权。

第二节 知识产权实施

一、知识产权实施的概念和特征

(一) 知识产权实施的概念

知识产权实施是指知识产权人在法律允许范围内对知识财产进行利用并收益。《日本实用新设计法》第 2 条专门对实施给予了界定:"实施"是指制造、使用、转让、出租、为了转让或出租而展出或者输入新设计物品的行为。这里的"实施"相当于"行使"。本书是从狭义出发使用实施概念的,仅指直接对知识财产进行利用并收益,属于事实行为,而不包括转让等法律行为。

从知识产权起源看,知识产权往往是由权利人自己实施。因此对知识产权的保护直接体现了对创造人的保护,体现了鼓励创新的社会宗旨。但这种状况已经被改变。从目前情况看,知识产权已经不是个人的游戏,往往是大公司为了追求垄断利润而采取的集体行动,知识产权距离它的真正创造者渐行渐远。公司为了盈利而掌控着绝大部分知识财产。公司这个法律拟制的主体,吸收了创造者的人格,他们的创造被作为公司的创造而确权;或是公司利用雄厚的资本将他人在实验室中研制的知识财产购买一空,努力把自己打造成"创造知识的公司",知识财产由自由开发、自己实施的阶段迅速滑向组织开发(购买)、进行许可的阶段,亦如小农经济走向了资本主义的扩大再生产。"到 1958 年,杜邦已经在美国化学工业中居主导地位。杜邦雇用了约 4% 的美国工业化学家,还雇用

---

① 康博曦:《知识产权管理》,http://www.morganstanleychina.com/sc/toolbox/pdfs/freshfields.pdf,2008 年 8 月 4 日访问。

了大量的博士研究生,数量几乎相当于美国学术系统中的三分之一的博士研究生在为杜邦工作。"①其实,远远不止杜邦一家看到了知识游戏的利润,几乎所有的大公司都跻身于这场游戏竞赛之中,目的在于利用合法的知识产权制度获取垄断利润,企业知识产权战略如火如荼。知识财产被作为商品送上生产线进行大规模生产。这实现了知识财产的集中,大企业掌握了全球主要的知识财产。而企业掌握知识产权的目的在于创造利润。在这种背景下,鼓励和保护知识产权,就要兼具反垄断和反知识霸权的重要内容。这再次告诫我们应该理性看待知识产权保护问题,不应盲目主张提高保护标准,否则将导致更多的不合理。

(二) 知识产权实施的法律特征

知识产权实施是事实行为,非法律行为。知识产权实施的最大特征是直接行使,即知识产权人自己利用知识财产进行生产或经营。知识产权人在法律允许的范围内对知识财产进行利用并收取利益。知识产权人不需要义务人的积极帮助,便可实现自己对知识财产的自主支配和利用,从而满足其生产或生活的需要。这个特征将知识产权实施与其他行使方式区分开来。

二、知识产权实施分类

根据不同标准,知识产权实施可以分为不同类别。

(一) 单独实施和共有人实施

以知识产权主体为标准可以将知识产权实施分为单独实施和共有人实施。数人共有一"知识财产"时,知识产权的实施规则较为复杂。

【案例】 甲乙丙三人共同署名创作一美术作品。甲和乙不同意发表。问:丙有无权利发表该作品?

笔者认为,一般情况下,如不涉及甲和乙的隐私或者伤害甲和乙的其他重大利益,丙有权发表该合作作品,发表时应按照约定的顺序署名。鉴于知识财产的本身特点,对知识财产的实施,不会带来其他人的损失,也不会剥夺其他人的实施机会,因此无论哪一方,无论占有份额多少,正当实施的要求都应得到满足。

(二) 常规使用和非常规使用

以是否按照知识财产的基本用途进行实施,可以将知识产权实施分为常规使用和非常规使用。常规使用是指依照知识财产的本身性能进行使用。常规使用的情况下,如发生侵权,则按照许可的价格进行赔偿。非常规使用,是指并非

---

① 〔澳〕彼得·达沃豪斯、约翰·布雷斯维特:《信息封建主义》,刘雪涛译,知识产权出版社2005年版,第45页。

按照知识财产的本身性质进行的使用,如将美术作品用于商标,利用音乐进行广告等。常规使用和非常规使用进行区分的法律意义主要在于:在知识产权侵权行为中,侵权人实施常规使用的,可参照知识产权许可费用确定赔偿额;而侵权人实施非常规许可的,则不能参照许可标准。

【案例】 1999年12月18日湖北省歌舞剧院(以下简称"省歌")向武汉市中级人民法院提起诉讼,诉称蓝田公司未经其许可擅自使用其著作权作品歌剧《洪湖赤卫队》的插曲《洪湖水,浪打浪》的音乐进行产品广告,索赔人民币200万元。2000年4月《洪湖水,浪打浪》的词曲作者张敬安和欧阳谦叔以有独立请求权的第三人的身份提起参加之诉,请求蓝田公司赔偿人民币180万元,并驳回省歌的诉讼请求。后省歌撤诉,作者与蓝田公司达成和解。

在本案中,蓝田公司对音乐作品《洪湖水,浪打浪》的使用,为非常规使用,这种使用改变了音乐作品惯常使用的录制、表演等方式,而是用于商业广告。因此,在赔偿数额的确定上,就不能简单以著作权许可的费用标准来计算,而事实上,和解数额也近三十万元,远远超出著作权许可费。

区分常规使用和非常规使用的另一层意义在于:根据用益知识产权的基本理论和知识产权许可的基本规则,除非知识产权人给予用益知识产权人特别授权,否则用益知识产权人只能按照知识财产的性质使用知识财产进行常规使用,而不能以其他方式进行非常规使用,如将得到许可的名人美术作品用于申请注册商标,或者以得到许可的名人作品中的形象注册商标等,否则构成侵权。另外非自愿许可仅适用于常规使用,而不适用于非常规使用。

第三节 知识产权转让

一、知识产权转让的概念和分类

(一)知识产权转让的概念

在黑格尔看来,转让是财产权的本质要素。一切财产权都可以转让。知识产权转让,是指知识产权人基于自己的意志,依法将自己享有的知识产权转移给他人的法律行为。在知识产权行使方式中,转让并不多见。"在技术贸易中,真正由一方把自己的专利技术的所有权转让给另一方(即'卖专利')的情况非常少见;希望得到先进技术的人,通常也只想得到有关技术的使用权,很少有人会去'买'别人的专利,因为买专利要比只取得使用权的花费多得多。"① 也是基于这个原因,"中国1991年《著作权法》仅仅规定了著作权的许可而没有规定著作权的转让"。② 而知识产权转让一旦发生,则关涉权利的丧失和取得,可谓关系重大。国际保护知识产权协会认为,"知识产权的有效转让对于信息社会的发展和国际贸易及商业来说是非常重要的。通过这种方式,可以使贸易各方和经济本身作为一个整体充分地开发知识产权所能产生的利益"③。

知识产权转让具有以下特征:

第一,出让主体为知识产权人。一般而言,转让完全知识产权需要完全知识产权人作出,而转让定限知识产权则需要通过完全知识产权的授权。

第二,知识产权转让属于法律行为。知识产权转让是一种法律行为,是转让人和受让人双方达成的以转让知识产权为目的的行为。

第三,知识产权转让是指知识产权的全部移转。就知识产权转让而言,不可分知识财产之上的知识产权在进行知识产权转让时,只能全部转让,即转让在一法域内的全部权利,而不能在同一法域再行划分地域进行转让,如专利权、著作权和商业秘密权;可分知识财产之上的知识产权在进行知识产权转让时,可全部转让,也可部分转让,如商标权。就商标权而言,部分转让是针对商标的用途而言,即商标权人不必要一次转让全部的商品或者服务之上的商标权,而可以转让一部分商品和服务之上的商标权。部分转让意味着在同一种或者类似商品上注册的相同或者近似的商标权全部转移。我国《商标法实施条例》第25条第2款规定:"转让注册商标的,商标注册人对其在同一种或者类似商品上注册的相同或者近似的商标,应当一并转让。"知识产权是否全部转移,是区分知识产权转让和许可的标准之一。许多有限制的转让,名为"转让",实为"许可"。

第四,涉外知识产权转让的管制。中国单位和个人向外国人转让专利申请权或者专利权的,必须经国务院有关主管部门批准,否则无效。由于知识产权涉及国家经济,尤其是民族经济的发展,因此各国政府普遍关注涉外知识产权转让问题,并设立了管制制度。我国《专利法》第10条规定:"专利申请权和专利权可以转让。中国单位或者个人向外国人、外国企业或者外国其他组织转让专利申请权或者专利权的,应当依照有关法律、行政法规的规定办理手续。转让专利申请权或者专利权的,当事人应当订立书面合同,并向国务院专利行政部门登

---

① 郑成思:《知识产权法》,法律出版社1997年版,第57页。
② 李明德:《"知识产权滥用"是一个模糊命题》,载《电子知识产权》2007年第10期。
③ 参见 AIPPI Q190 决议《与第三方签订的关于知识产权(转让,许可)的合同》,http://www.aippi-china.org/pdf/jyQ190.doc,2008年7月13日访问。

记,由国务院专利行政部门予以公告。专利申请权或者专利权的转让自登记之日起生效。"所谓"中国单位",包括依法取得中国法人资格的各类法人和未取得法人资格的其他组织;所谓中国"个人",是指具有我国国籍的自然人。由于《专利法》未列入香港、澳门两个特别行政区基本法的附件三,因而受让方为香港、澳门两个特别行政区的"中国单位"和"中国个人"也应依照有关法律、行政法规的规定办理手续。

(二) 知识产权转让的分类

1. 以知识产权的种类为标准,知识产权转让可以划分为专利权转让、商标权转让、著作权转让和商业秘密权转让。由于非物质文化遗产是属于社区的,是和该社区的生活紧密相关的,甚至已经成为社区生活或者文化的一部分,本质上不具有可转让性,因此非物质文化遗产不能转让,只能许可。

2. 以知识产权体系为标准,知识产权可以分为完全知识产权转让和定限知识产权转让。定限知识产权中的担保知识产权具有从属性,不能单独转让,因此不存在单独的担保知识产权转让,所谓的定限知识产权转让往往是指用益知识产权转让。

二、知识产权转让的法律性质与法律适用

(一) 知识产权转让的法律性质

知识产权转让既包括了负担行为,又包括了处分行为。法律行为可分为负担行为与处分行为。[1] 负担行为是指设立债权债务的行为,又称债权行为,如买卖等;处分行为则指直接引起绝对权发生、变更和消灭的行为,它又分为物权行为(含准物权行为)、知识产权行为和信息财产权行为。知识产权转让是一个综合概念,既包含负担行为,又包括了处分行为。这里的负担行为,属于知识产权合同;而处分行为,是指可以直接引起知识产权的发生、变更和消灭的法律行为,即知识产权行为。

(二) 知识产权转让的法律适用

对知识产权转让法律性质的认定,关系到法律适用。根据我国现行法,调整知识产权转让的法律有民法和知识产权法两类。我国《民法通则》对"知识产权"作出了专节规定[2],但是仅停留在确认著作权、商标权和专利权以及发现权层面,并未对知识产权转让加以任何关注。在体系上,该章将债权列在第一节

---

[1] 参见梁慧星:《〈负担行为与处分行为的区分——以德国法为考察对象〉内容提要》,http://www.law-lib.com/flsz/sz_view.asp? no=1329,2008年7月7日访问。

[2] 参见我国《民法通则》第五章第三节。

"财产所有权和与财产所有权有关的财产权"之后,而在第三节"知识产权"之前,是否意味着债权的规则仅适用于第一节而不和第三节发生关系?事实上,无论是对"财产所有权"的侵害,还是对"知识产权"的侵害,抑或对"人身权"的侵害,均会发生一个债,均应适用第二节规定的债权规范。同时,既然知识产权转让是知识产权人处分其权利的表现,应类推适用我国《合同法》有关"处分"的规定。① 我国现行知识产权法(包括《专利法》、《商标法》、《著作权法》等)为知识产权转让确立了专门规范。在法律适用上,民法和知识产权法中的知识产权转让规则,属于一般法和特别法关系,在特别法与一般法不抵触的情况下,应优先适用特别法;特别法没有规定的,适用一般法的规定。

三、知识产权转让的法律结构

知识产权转让可以分为负担行为和处分行为,包括知识产权转让合同和知识产权行为两个方面的内容。知识产权转让合同是知识产权转让的基础行为。所谓基础行为是指引发此种转让的行为,即知识产权转让合同。在实践中,基础合同既可以是知识产权转让合同,也可以是知识产权赠与合同,或者"代物清偿"合同,它在"提示"了要转让的知识产权以后,立即"功成身退"。知识产权是否发生转移,依赖于双方当事人之间的知识产权行为是否发生。

【案例】 A 公司和 B 公司订立了一个知识产权独占许可合同,约定 A 公司将其知识产权许可给 B 公司,并进行了登记。其后,B 公司通过签订知识产权转让合同把此独占许可转让给 C 公司,并于当日把书面通知送达 A 公司。问:第一,A 公司和 B 公司之间行为的性质如何?第二,B 公司和 C 公司之间行为的性质如何?第三,在该案中,知识产权转让的基础合同是哪一个?

分析:第一,A 公司和 B 公司之间的行为性质为设定用益知识产权行为,其中独占许可合同为设定用益知识产权的基础合同,而登记为知识产权行为。仅有合同而无登记,则不发生用益知识产权设定效果,但二者之间的合同关系有效。登记后,A 公司为完全知识产权人,B 公司为用益知识产权人。第二,B 公司和 C 公司之间的行为为知识产权转让行为,转让的是用益知识产权。第三,知识产权转让的基础合同是转让合同,而不是独占许可合同。B 公司和 C 公司之间的转让合同生效,并办理登记手续,用益知识产权转让。在该案中,知识产权转让合同是用益知识产权转让的原因行为,而进行转让登记标志着用益知识产权转让完成(知识产权转让合同生效的结果)。

---

① 参见我国《合同法》第 51 条和第 132 条。

四、知识产权转让规则

（一）全部转让

知识产权（如著作权）中的精神权利不能转让，这是全球知识产权法的通例。就财产权而言，知识产权是否可以全部转让或者也只能部分转让呢？笔者主张，知识产权可以全部转让。知识产权主要是一项财产权，因此，知识产权人可以将自己享有的知识产权全部转让。在知识产权转让方面，国际上有两种立法例，一种是主张全部转让，一种主张只能部分转让。就知识产权转让而言，郑成思先生指出："在专利法领域，有一些国家只允许专利权的全部转让，而不允许部分转让。在版权领域，多数国家既允许版权的全部转让，也允许版权的部分转让，而且在法律条文中明示出版权所有人在转让时可作这两种（全部或部分转让）选择。这样作出规定的国家既有大陆法系国家（日本《著作权法》第61条），也有英美法系国家（英国1956年《版权法》第36条）。"[①]反对知识产权中的财产权全部转让的主张主要是基于其中的精神权利与财产权无法协调的问题。知识产权转让后，如果对转让的财产权与保留在著作权人手中的人身权不加协调，则财产权的转让就可能没有意义。为解决这一问题，许多承认和保护精神权利的国家采用"精神权利部分穷竭"的办法，即在著作权转让合同中明确写明转让权利的利用范围、利用目的、利用地域、利用时间及利用条件等。这个转让财产权的合同，同时也被认为是作者行使精神权利的合同，且经过该行使即告穷竭。[②] 针对知识产权转让，知识产权人不得凭借精神权利，主张对出让的知识产权及其合法行使给予限制。我国《计算机软件保护条例》对软件著作权中的署名权能否转让，并未作出明确规定。但第15条就有关继承进行规范时，规定署名权不能继承。一般而言，可以转让的方可继承，不可以继承的，一般不得转让。在实践中，转让计算机软件署名权的案例屡屡发生，尤其是在许多个人开发的软件在作为"技术产品"出售的情形，一般由受让方买断，其中明确包括署名权。[③] 笔者认为，软件著作权的署名权不能转让，因为署名权为精神权利。尽管"考虑本身署名权已经与实施技术开发者分离的因素，同样允许当事人约定在软件著作权转让时，将署名权一并转让，由受让方行使署名权，该类情况同样在软件交

---

① 郑成思：《版权法》，中国人民大学出版社1997年版，第304页。
② 同上书，第305页。
③ 参见谭筱清：《软件著作权转让认识上的误区》，http://www.chinacourt.org/html/article/200303/31/46978.shtml，2008年7月13日访问。

易中大量存在"①,但不能因此说明它存在的合理性和正当性,如同盗版在很多国家都普遍存在过,包括现在的中国和过去的美国,但不能因此说明盗版存在的正当性,更不能建议修改立法,承认"盗版"的合法性。因此,笔者认为知识产权中的精神权利不能转让。

(二) 无因性

知识产权转让与物权转让一致,均适用无因性原则。一般而言,知识产权转让,无论是完全知识产权转让还是定限知识产权转让必有其原因行为。客观上虽然有原因,但法律却不一定采取有因性原则。② 知识产权转让为知识产权行为,本身成立一个法律行为,属于绝对权行为;知识产权转让合同是知识产权行为的基础行为,属于另外一个法律行为,是相对权行为(债权行为)。在法律上,这两个法律行为的效力相互独立,知识产权转让合同(基础行为)不影响知识产权转让行为的效力,知识产权转让行为更不会影响知识产权转让合同(基础行为)的效力。基础行为无论是否有效,知识产权转让行为均为有效。无论知识产权转让合同是否成立、无效、被撤销或者解除等,均不影响知识产权转让行为的效力,也就是说,知识产权转让采取无因性原则(详见本书第十四章和第十五章)。

(三) 转让标志

知识财产为登记财产,因此知识产权转让须为登记。登记为知识产权行为的具体表现,是转让的标志。仅有知识产权转让合同的成立与生效,并不发生知识产权移转的法律效果,只有完成知识产权行为——办理登记手续之后,始发生知识产权转让的后果。即便转让的是无须登记而产生的知识产权,如著作权或者商业秘密权等,知识产权的转让也须登记,通过登记发生权利变动。

(四) 知识产权转让与期限性

知识产权转让必须在全部期限内进行转让还是可以在部分期限转让? 2001年修改之前的《著作权法》并没有著作权"转让"的规定,因此无论是在学界还是在实务界都在"准"与"不准"的问题上争论和徘徊。经过 2001 年的修改,我国《著作权法》明确规定著作权可以转让。我国著名学者许超先生认为,"著作权法上的'转让'不同于民法上的物权转移,是一种可逆转的安排,即出让人与受让人之间可在合同中约定某一项、几项或者全部非人身类著作权的转让'时间',且可短于相关权利的保护期。凡作此种约定的,在约定的时间结束后,被

---

① 参见谭筱清:《软件著作权转让认识上的误区》,http://www.chinacourt.org/html/article/200303/31/46978.shtml,2008 年 7 月 13 日访问。

② 崔建远:《关于准物权转让的探讨》,载《河南省政法管理干部学院学报》2003 年第 6 期。

出让的权利将自动回归出让人"[1]。但有学者认为,"此种安排实际上是一种'许可'"[2]。笔者赞同后者的观点,主张在知识产权全部期限内部分时间的"转让",名为"转让",实为"许可"。

(五)知识产权转让与地域性

知识产权转让和知识产权地域性关系密切。知识产权具有地域性,这个特征是否对知识产权转让构成影响呢?换个角度看,知识产权转让是转让在一国的知识产权,还是包括所有的已经申请的知识产权?自知识产权法形成的五百多年来,地域性为知识产权的根本特征之一。[3] 在物权领域,各国根据"物权平权原则",互相承认所有权。而知识产权则不同,一国一般不会承认依另一国法律产生的知识产权在本国的效力。这被称为知识产权的地域性。根据知识产权的地域性理论,专利权与商标权适用"权利登记地法"[4],著作权适用"权利主张地法"。[5] 就知识产权转让而言,也应如此,仅发生对应法域内的效力。比如,某外国人 A 所获得的中国专利权,只在中国有效,只能在中国进行许可与转让,也只能在中国提起侵权诉讼,并且,中国专利法所规定的保护期届满,该项权利即消灭。[6] 就知识产权转让而言,仅就依照同一个国家或者地区的法律产生的知识产权进行转移,而非就同一个客体在其他国家获得的知识产权一并转移。同时,"各国国家知识产权的转让是否生效是由各国国家相关法来评估认可的"[7]。

五、知识产权瑕疵担保

知识产权转让过程中的瑕疵担保,分为权利瑕疵担保和品质瑕疵担保。

(一)权利瑕疵担保

所谓知识产权权利瑕疵是指知识产权不存在、不完整或受到限制。我国《合同法》上的权利瑕疵主要是针对物的买卖,并不能当然适用于知识产权转让。从学理上看,知识产权转让的前提是出让人享有知识产权。因此,出让人对

---

[1] 唐广良:《修改九大内容,中国牵手世界,著作权法修改面向 WTO》,载《法制日报》2001 年 11 月 19 日。
[2] 同上。
[3] 郑成思:《知识经济、信息网络与知识产权》,http://cctv.com/tvguide/tvcomment/tyzj/zjwz/7764.shtml,2008 年 7 月 13 日访问。
[4] 参见郑成思:《知识产权与国际贸易》,人民出版社 1995 年版,第 244 页。
[5] 同上书,第 397 页。
[6] 参见王春燕:《论知识产权地域性与知识产权国际保护》,http://rucipr.com/ArticleView.aspx?id=96,2008 年 7 月 13 日访问。
[7] 参见 AIPPI:Q190 决议《与第三方签订的关于知识产权(转让,许可)的合同》,http://www.aippi-china.org/pdf/jyQ190.doc,2008 年 7 月 13 日访问。

自己出让的知识产权应负有权利瑕疵担保责任。为了避免受让的知识产权的权利瑕疵，受让人应该在签订知识产权转让合同时，要求出让方提供相应证明文件，并进行必要的登记查询，以查明真正权利人。知识产权转让合同应确立瑕疵担保条款，受让人尽可能首先通过合同制度保护自己的合法权益。《合同法》第150条规定了买卖合同中标的物权利瑕疵，但是我国知识产权法和相关法律并确立统一的知识产权瑕疵担保制度，而仅是在技术合同中有相关内容体现。我国《合同法》第349条规定："技术转让合同的让与人应当保证自己是所提供的技术的合法拥有者。"该规定为知识产权合同中权利瑕疵的立法依据。知识产权权利瑕疵担保条款应该具备以下内容：（1）出让方保证出让的知识产权无权利瑕疵，不受任何人追索和干预；（2）出让方承诺，一旦第三人就转让的知识产权向受让方主张权利，出让方应承担完全的责任；（3）在此基础上，出让方应以第三人身份参与诉讼；（4）一旦法院判决受让方侵权，出让方应承担全部侵权责任，并同时承担对受让方的违约责任。笔者主张，应在全部知识产权领域确立权利瑕疵担保责任。

就知识产权合同而言，另一类权利瑕疵比较严重，即合同项下的所谓"知识财产"实际上为"公有技术"。当事人关于转让已进入公有领域的技术的约定无效，因为该约定所涉及的"知识财产"存在根本性权利瑕疵，即私权不存在。但是技术提供方进行技术指导、传授技术知识，为对方解决特定技术问题的，可视为提供技术咨询和服务的合同。约定的技术转让费视为提供技术咨询和服务的报酬，但是该费用明显不合理的，可以根据当事人的请求合理确定。2004年最高人民法院颁布的《最高人民法院关于审理技术合同纠纷案件适用法律若干问题的解释》就此种情况进行了专门规定。第34条规定："当事人一方以技术转让的名义提供已进入公有领域的技术，或者在技术转让合同履行过程中合同标的技术进入公有领域，但是技术提供方进行技术指导、传授技术知识，为对方解决特定技术问题符合约定条件的，按照技术服务合同处理，约定的技术转让费可以视为提供技术服务的报酬和费用，但是法律、行政法规另有规定的除外。依照前款规定，技术转让费视为提供技术服务的报酬和费用明显不合理的，人民法院可以根据当事人的请求合理确定。"

在未来立法中应明确规定知识产权出让人的权利瑕疵担保责任。目前的实践中，在无明确法律规定之前，权利瑕疵担保责任是通过当事人双方约定的形式存在的，专利权转让合同是以合同条款约定转让方承担权利瑕疵担保责任。一般而言，权利瑕疵担保条款被称为专利权完整条款，包括以下几个方面的主要内容：（1）该专利权不受物权或抵押权的约束；（2）本专利权的实施不会受到另一个现有的专利权限制；（3）没有专利先用权的存在；（4）没有强制许可证的存在;(5)没有被政府采取"计划推广许可"的情况;(6)本专利权项下的发明为合法所得。

(二)品质瑕疵担保

知识财产品质瑕疵担保是指知识产权人在转让中对自己的知识财产负有的、保证出让知识财产内容完整、无误等可以按照规则或常规进行使用的义务。品质瑕疵原为合同法上的一个概念。物的瑕疵是指物不具备通常的良好特征和特性,不符合相关标准、说明或者惯例。不存在十全十美的物,任何物都存在瑕疵。物所具备的瑕疵需要达到一定的标准或者程度,才具有法律意义,物权人才需要承担品质瑕疵担保责任,如肉眼几乎无法辨别的材料色彩差异不构成品质瑕疵,除非因用途特殊而有明确约定。我国《合同法》第169条、第191条、第370条、第417条均使用了"瑕疵"这一术语。但从内容上看,均属于物的瑕疵,而并没有涉及知识财产。《合同法》第349条就技术的品质瑕疵进行了规定。该条规定:"技术转让合同的让与人应当保证自己是所提供的技术的合法拥有者,并且保证所提供的技术完整、无误、有效,能够达到约定的目标。"据此,笔者主张,知识产权人仍需对知识财产承担品质瑕疵担保义务。2004年最高人民法院颁布的《最高人民法院关于审理技术合同纠纷案件适用法律若干问题的解释》第14条第1款就技术合同价款的确定问题作出了解释,暗含了确认知识财产的品质瑕疵担保责任的精神。该解释规定,对技术开发和转让合同而言,要根据标的技术的研发成本、先进性、实施转化和应用的程度因素等确定合同价款。该解释突出了对技术成果"先进性"的考虑,是追求品质的一个体现。在知识产权转让中,知识产权人应负有出让的知识财产内容完整、无误、成熟等品质瑕疵担保义务,如果知识财产违背上述要求,或者不能产业化的,或者其内容为落后、被淘汰以及为法律所禁止的,构成知识财产品质瑕疵。

知识财产的品质瑕疵和知识财产设计水平以及产品瑕疵不同。如果作为著作权法保护客体的计算机软件设计水平和理念落后,导致信息产品"不好用"或者"不方便使用",是知识财产的设计水平问题,不属于知识财产瑕疵,更不属于产品瑕疵。但是计算机软件在设计上有功能方面的瑕疵,则构成知识财产的品质瑕疵,利用这样的计算机软件制造的知识产品为产品的品质瑕疵。

【案例】 在使用联想827手机的"拼音输入法"时,使用者会发现,当输入汉语拼音"yan"后,使用者按键,屏幕会自动提供备选的拼音,而不是按照"拼音输入法"的使用规则显示"研"以及相关的同音字。也就是说,在这个时候本应按键选字的功能却不能使用了。此处的问题是:这一瑕疵到底是知识财产品质瑕疵还是知识产品品质瑕疵?

对于使用者而言,联想 827 手机存在品质瑕疵,不能按照通常规则进行使用,销售者应该就该知识产品(手机)承担品质瑕疵担保责任。但消费者不能因此向软件著作权人主张知识财产品质瑕疵责任。因为知识财产的品质瑕疵担保责任仅发生于知识产权人(如开发商)和被授权人(如制造商)之间,从法律上看和消费者无关。产品的品质瑕疵是由于软件的品质瑕疵造成的,如果联想集团是通过转让取得的"拼音输入法"软件,则其可以要求出让人承担软件品质瑕疵责任,即知识财产品质瑕疵担保。

六、知识产权转让的几种特殊情况

在知识产权转让中,以下几种特殊情况值得讨论:

(一)禁止转让

在知识产权人转让法律禁止转让的知识产权时,转让合同因不能履行而不发生法律效力。

(二)无权处分

若转让人非知识产权人而为转让,构成无权处分,应参照适用我国《合同法》关于无权处分的有关规定。[①] 在知识产权转让合同签订之初,转让人享有知识产权,其后转让人的知识产权被宣告无效或者被撤销的情况下,构成嗣后不能,受让人有权解除合同,并有权向过错转让人主张违约责任。若转让人本不是知识产权人,但被错误登记为知识产权人的,应遵照公示公信原则处理,即善意的受让人取得知识产权,知识产权人不能对抗善意受让人,而应向转让人主张损害赔偿。在构成国家赔偿的情况下,知识产权人可以向有过失的登记机关请求国家赔偿。

(三)债权并存

在有多个知识产权转让合同并存的情况下,多个转让合同均为有效。先办理过户登记手续的受让人取得知识产权。未办理过户登记手续的受让人有权解除转让合同,并向转让人主张违约责任。

第四节 知识产权许可

一、知识产权许可概述

(一)知识产权许可的概念

在知识产权行使方式中,知识产权许可较为常见。知识产权许可贸易(又

[①] 参见我国《合同法》第 51 条和第 132 条。

称"许可证贸易")已经发展为国际技术贸易中最为普遍的一种,是最主要的国际贸易形式。所谓知识产权许可是指按照法律的规定或者约定,被许可人在一定时间和范围内使用许可人的知识产权,并向知识产权人支付许可费用的知识产权行使方式。从法律角度看,知识产权许可既包括债权行为,又包括设定权利的知识产权行为。在知识产权许可中,知识产权人为许可人,接受许可并按照许可合同使用知识财产的一方为被许可人。在知识产权许可这种权利行使模式中,需要对方的积极协助行为。因此,知识产权的许可又称为知识产权的授权行使或者间接行使。

（二）知识产权许可的法律特征

第一,许可人为知识产权人,无论是完全知识产权人还是定限知识产权人都可以成为许可人。

第二,知识产权许可是一种交易,包括债权行为和知识产权行为。

第三,知识产权许可为有限许可。首先,在知识产权许可关系中,知识产权的归属关系并不发生变化。在知识产权许可关系中,知识产权并不发生转移,知识产权人并不发生改变。未经知识产权人特别授权,被许可人无权就该知识财产再许可第三人使用,更不能将该知识财产转让。其次,知识产权的许可受到知识产权的有效期限的限制,一般知识产权许可合同的期限不能超出知识产权的有效期限。同时还受到知识产权地域性的限制,知识产权许可合同只能在知识产权有效法域内发生法律效力。

第四,知识产权许可通常是有偿行为。知识产权许可,也可以无偿,但通常是一种有偿行为。知识产权权利人通过转让,获得转让利益,实现知识产权的价值,这是知识产权许可的目的。

（二）知识产权许可和知识产权转让的区别

知识产权转让是指知识产权全部转移,而知识产权许可是指知识产权人仍保有知识产权,而将知识产权的部分权能授权给他人享有。另外,一般而言,法律对涉外知识产权转让给予较多限制,而对知识产权许可则较少限制。由于知识产权涉及国家经济,尤其是民族经济的发展,因此各国政府普遍关注涉外知识产权许可问题,并设立了管制制度。

【案例】 据《长沙晚报》报道,湖南师范大学生命科学院退休教授,81岁高龄的邹蕤宾花5年时间发明了保温焖包,并于2003年获得国家专利。2005年8月12日,邹老表示愿意将该专利无偿转让给单位或个人,希望能有更多的人使用保温焖包,为国家节省能源。

本案例中名为无偿"转让",实为"许可",即邹蕤宾老人将专利权无偿许可给相关企业实施专利权,制造专利产品。

【案例】 荷兰公司戴马特(Demart ProAlte Pv)与萨尔瓦多艺术家达利(Dali)在1986年签订了一项版权转让合同,约定在1986年到2004年期间,达利的四幅画在全世界的版权转让给该荷兰公司。1990年,《朝日新闻》在印制一份展览会目录及说明的小册子上,使用了这四幅画。小册子印制了8000册,并由大丸公司(Daimarukk)出售了7374册。于是荷兰公司诉《朝日新闻》及大丸公司侵犯其版权。

东京法院在判决书中,专门就日本《著作权法》第61条(1)款中所称"版权可全部转让,也可部分转让"作了解释,说明"部分转让"中的"部分",既包括有限的时间(有限期,例如只转让8年、10年),而后权利回归,也包括有限的空间(有限地域,例如只转让作品的日本版权,不转让作品的美国版权)。法院判决被告的行为构成对荷兰公司版权的侵犯,被告应按日本《著作权法》第114条(2)款承担赔偿责任。① 这里"部分转让",名为"转让",实为"许可"。日本将此称之为转让,而不是许可,因为在转让中,受让方显然可以取代转让方的法律地位,成为知识产权人。而根据用益知识产权理论,本案中被许可人荷兰公司为用益知识产权人。所以,被许可人的知识产权人地位并不一定依赖于知识产权转让,在许可中也可以实现。

(四) 知识产权人的主要义务

1. 瑕疵担保义务。知识产权人对知识财产负有权利瑕疵担保和品质瑕疵担保义务。我国《合同法》第349条规定:"技术转让合同的让与人应当保证自己是所提供的技术的合法拥有者,并且保证所提供的技术完整、无误、有效,能够达到约定的目标。"这里的技术转让,既包括转让也包括许可。其中,"技术转让合同的让与人应当保证自己是所提供的技术的合法拥有者",是指实施知识产权许可的知识产权人对知识财产独有权利瑕疵担保责任,必须保证自己享有知识财产的知识产权。同时,必须承担品质瑕疵担保责任,保证授权他人实施的知识财产完整、无误、有效,并能达到约定目标。

为了进一步明确知识产权人未尽权利瑕疵担保义务和品质瑕疵担保义务的法律后果,《合同法》第353条规定:"受让人按照约定实施专利、使用技术秘密侵害他人合法权益的,由让与人承担责任。但当事人另有约定的除外。"笔者认为,在我国缺乏知识产权合同专门性立法的情况下,可以此规定类推适用于全部知识产权转让和许可。从知识产权行使角度看,该规定既包括了知识产权转让,

---

① 参见郑成思:《〈合同法〉与知识产权法的相互作用》,载《法律适用》2000年第1期。

又包括了知识产权许可;从权利瑕疵和品质瑕疵角度看,既包括了知识产权人违反权利瑕疵担保义务的法律后果,又包含了违反品质瑕疵担保义务的法律后果。

首先,依照该条规定,被许可人依照约定实施知识财产,但却因此而侵害他人合法权益的,包括完全知识产权和用益知识产权,由知识产权人承担权利瑕疵担保义务,即承担停止侵权、损害赔偿等民事责任。其次,依照该条规定,被许可人依照约定实施知识财产,但却因此而侵害他人合法权益的,包括他人人身与财产安全的,被许可人不承担责任,而由知识产权人承担停止侵权、损害赔偿等民事责任。这是知识产权人违反品质瑕疵担保义务而应承担的法律后果。

2. 提供知识财产义务。在知识产权许可合同中,知识产权人有义务提供知识财产,并保障被许可人能够持续获得被许可的知识财产,以便实施许可。当被许可人因故无法得到被许可的知识财产,知识产权人负有继续提供的义务。知识产权人保证被许可人持续获得知识财产的义务,是知识产权许可合同中知识产权人的主要义务。这个义务并不因知识产权人曾经提供过该知识财产而终结。只要被许可人有现实需要,知识产权人不得拒绝提供被许可的知识财产。这也是知识产权许可合同和买卖合同的主要区别。一般情况下,在物的买卖关系中,卖方交付货物后,就不负再次交付的义务,这是买卖合同的应有之义。然而,在知识产权许可合同中,知识产权人负有保障被许可人可持续获得被许可知识财产的义务,因为知识产权许可合同是关于被许可人在一定期限之内持续使用知识财产的合同。

(五) 知识产权许可的法律适用

根据我国现行法,调整知识产权许可的法律有民法和知识产权法两类。我国民法(包括《民法通则》、《合同法》等)为知识产权许可确立了基本规则;我国现行知识产权法(包括《专利法》、《商标法》、《著作权法》等)为知识产权许可确立了专门规范。在法律适用上,民法和知识产权法中的知识产权许可规则,属于一般法和特别法关系。在特别法与一般法相冲突的情况下,应优先适用特别法的规定;特别法没有规定的,适用一般法的规定。

(六) 知识产权许可的分类

按照不同标准可以将知识产权许可划分为不同的种类。以知识产权人是否自愿为标准,可以将知识产权许可分为自愿许可和非自愿许可。自愿许可,是指经知识产权人同意而进行的知识产权许可。其中,以知识产权人是否明示为标准可以将知识产权自愿许可分为明示许可和默示许可。自愿许可的最大特征是当事人通过合同达成许可协议,或者被认为达成了许可协议,是当事人意思自治的表现。自愿许可是知识产权行使的主要方式,适用于一切知识产权范畴,包括著作权、专利权、商标权、商业秘密权和非物质文化遗产权利等。所谓非自愿许可是指基于法定事由,非经知识产权人同意而进行的知识产权许可。非自愿许可是法定的制度,虽然未经知识产权人同意而利用其知识财产,但该利用行为并不构成侵权。与自愿许可相比,非自愿许可不以作者的意思表示为要件,实质上是对知识产权的一种限制。非自愿许可可以分为法定许可、强制许可和事实许可。无论何种许可,都无需征得知识产权人同意,但须向知识产权人支付使用费。

按照被许可人获得的权利和所处的地位可以将知识产权许可分为独占许可、排他许可和普通许可。按照产生许可行为的法律性质,可将许可分为基于法律行为的许可和基于事实行为的许可。基于法律行为的许可,也即自愿许可,是指许可人通过法律行为将知识财产许可给被许可人使用。基于事实行为的许可,又称事实许可,是指许可人和被许可人之间通过一定的适法的事实行为成立的知识产权许可。以上分类不是决然孤立的,比如法定许可就是一种普通许可,只是这种普通许可不是基于当事人的协议,而是基于法律的直接规定。就用益知识产权的产生而言,独占许可和排他许可是产生用益知识产权的法律行为,而普通许可中,被许可人获得的权利是债权,而不是知识产权。

二、自愿许可中的默示许可

自愿许可分为明示许可和默示许可两种基本类型。明示许可,又称合同许可,是指知识产权人通过订立合同而实施的许可。这是较为普遍的知识产权许可类型(见本书第十四章"知识产权合同")。随着知识产权贸易的日趋成熟,默示许可在订立知识产权许可合同中的作用越来越不容忽视。有学者认为,"并非所有许可都是明示的和做成文件记录的书面协议方式,许可也可能是默示的。默示的许可可以仅仅是根据书面文件中的条款或者当时的情形而产生,也可以根据当时情形与明示条款相结合而产生"①。

(一)默示许可的概念和性质

1. 默示许可的概念。默示许可是指知识产权人非通过明示方式而是通过一定的行为来许可他人使用其知识财产的一种许可方式。在知识产权交易中,凡是从权利人的特定作为(甚至不作为)能间接地推知有许可的意思表示,均属默示许可,而不论此意思表示是否需要通知被许可人。在英美法系知识产权法上,默示许可是知识产权许可的一项制度。美国联邦最高法院在 De Forest 无线电话公司诉合众国案中对默示许可理论进行了如下阐述:"并非必须正式授予许可才能达到许可使用的目的。专利所有人使用任何语言或由其向他人实施任

---

① 〔美〕Jay Dratler:《知识产权许可(上)》,王春燕等译,清华大学出版社 2003 年版,第 183 页。

何行为,如果他人可以由此而正当推定专利所有人已同意其使用专利,进行制造、使用或销售,并且他人据此而实施行为则可以构成一种许可,并在侵权诉讼中构成一种抗辩。"①美国学者认为,并非所有的许可使用都采用明示和做成文件纪录的书面协议方式,许可也可以是默示的。②我国《合同法》明确承认了默示合同的法律效力。第236条规定:"租赁期间届满,承租人继续使用租赁物,出租人没有提出异议的,原租赁合同继续有效,但租赁期限为不定期。"我国法院主张,一方当事人向对方当事人提出民事权利的要求,对方未用语言或者文字明确表示意见,但其行为表明已接受的,可以认定为默示。不作为的默示是在法律有规定或者当事人双方有确定的情况下,才可以视为意思表示。③

2.默示许可的性质。默示许可源自默示承诺理论。在合同订立中,一般都需要受要约人作出明示承诺,但是在特定情形下,默示承诺也可以起到订立合同的效果。默示承诺,是指承诺人非出于明示,而是通过一定的行为来表示其意思的一种承诺方式。在知识产权许可中,默示许可主要是对知识产权人进行许可的一种推定,属于民事行为。一句话,默示许可是知识产权人对知识产权的行使。从合同法角度看,是以默示承诺的方式缔结知识产权许可合同。因此,默示许可仍是自愿许可的一种,而非知识产权的权利限制。

(二)默示许可的条件

默示许可由以下几个要件构成:

第一,知识产权人为相关行为。首先,知识产权人未为明示许可,因此不发生明示许可问题;如果知识产权人为明示许可,则只存在许可协议的形式为书面或者口头以及电子形式问题,而不发生默示许可问题。其次,实施人虽未为明示许可,但是为和知识产权许可相关的行为。知识产权人所为的相关行为包括任何语言或实施任何行为,该行为足以引起实施人的正当推定。一般而言,构成默示许可的"行为"包括"当事人的行为、可适用的书面协议或信件中的条款或内容、当事人的合理期待、公正与平等的指示等"。④

第二,实施人推定知识产权人为许可行为。由于知识产权人的相关行为存在,实施人正当推定知识产权人同意其使用知识财产。关于知识产权人的行为是否可以被推定为默示许可,要结合法律、政策和习惯加以具体判断。

第三,实施人已为实施行为。实施人不仅推定知识产权人为许可行为,并且

---

① 〔美〕Jay Dratler:《知识产权许可(上)》,王春燕等译,清华大学出版社2003年版,第183—184页。
② 吴汉东等:《西方诸国著作权制度研究》,中国政法大学出版社1998年版,第183页。
③ 《最高人民法院关于贯彻执行〈中华人民共和国民法通则〉若干问题的意见(试行)》第66条。
④ 〔美〕Jay Dratler:《知识产权许可(上)》,王春燕等译,清华大学出版社2003年版,第185页。

根据该推定已为实施行为。

满足以上三个要件,构成默示许可。默示许可制度的最大功能在于构成在知识产权侵权诉讼中的一种抗辩。"至于所构成的许可是免费的,还是应当支付合理费用的,则需取决于当时的情形。但此后当事人之间的关系,就由此发生的任何诉讼而言,都必须被认定为是契约关系而非侵权。"①

默示许可不仅可以针对已经完成的知识财产,还可以针对创作中的知识财产。如建筑师以书面协议表明其只能完成设计工作的19%,委托人应支付1万美元的报酬,这就相当于还有一个默示许可,即委托人可以委托其他人完成后续部分。该建筑师不得以著作权为由加以对抗。②

三、非自愿许可

法定许可、强制许可和事实许可均为非自愿许可。

(一) 法定许可的概念

1. 法定许可的概念。所谓法定许可,是指按照法律的规定,可以不经作者或其他著作权人同意而使用已发表的作品。目前,法定许可制度主要应用于著作权领域。法定许可不是著作权人实施著作权的主动方式,而属于被动方式。因此,有人认为法定许可是对著作权人的一种限制。法定许可仅为普通许可,使用人根据法定许可而使用他人作品的,应注明作者姓名、作品名称和出处并向著作权人支付使用费。

2. 法定许可的主要情形。根据我国《著作权法》的规定,"法定许可"有以下几种情况:(1) 为实施九年制义务教育和国家教育规划而编写出版教科书,除作者事先声明不许使用的外,可以不经著作权人许可,在教科书中汇编已经发表的作品片段或者短小的文字作品、音乐作品或者单幅的美术作品、摄影作品,但应当按照规定支付报酬,指明作者姓名、作品名称,并且不得侵犯著作权人依照著作权法享有的其他权利;(2) 作品在报刊刊登后,除著作权人声明不得转载、摘编的外,其他报刊可以转载或者作为文摘、资料刊登;(3) 录音制作者使用他人已经合法录制为录音制品的音乐作品制作录音制品,可以不经著作权人许可,但应当按照规定支付报酬;著作权人声明不许使用的不得使用;(4) 广播电台、电视台播放他人已发表的作品;(5) 广播电台、电视台播放已经出版的录音制品,可以不经著作权人许可,但应当支付报酬。当事人另有约定的除外。

---

① 〔美〕Jay Dratler:《知识产权许可(上)》,王春燕等译,清华大学出版社2003年版,第183—184页。

② 同上书,第187页。

3. 法定许可和合理使用的比较。合理使用是指使用人无需征求知识产权人的许可,而对知识财产进行的非商业性使用。各国著作权法和国际条约均确立了合理使用制度,该制度也被称为"著作权的限制"。在著作权法领域,从合理使用和法定许可的联系看,二者都是对著作权人的行使权利的一种限制。但具体又有所不同,主要区别如下:

第一,设立目的不同。法定许可制度的设立目的是促进"物尽其用"而将著作权交由适格者行使;而合理使用制度的设立目的在于促进新的创造,因此对知识产权给予限制。

第二,表现形式不同。法定许可是著作权的被动行使,是在不征求著作权人的意见的情况下,而将部分作者权利交由适格者行使;合理使用则重在对知识产权进行限制,非知识产权行使,而属于知识产权限制制度。

第三,适用范围不同。法定许可和合理使用分别有不同的适用情形,不可混淆。法定许可为著作权法上的制度,而合理使用则为知识产权法的基本原则。一般认为,合理使用的范围如下:(1)为个人学习或研究而使用有著作权的作品;(2)为科学研究或课堂教学目的而复制少量有著作权的作品;(3)为评论、新闻报道的需要而引用或复制他人的作品;(4)以绘画、雕刻、摄影等方式复制长期陈列于公共场所的艺术作品;(5)公共图书馆或其他非营利的资料中心为保存版本而复制某一作品;(6)因法律诉讼需要而复制某些作品等。[①]

第四,是否支付报酬不同。根据法定许可而使用他人作品时,应当按照规定,向著作权人支付使用费,并应当注明作者姓名、作品名称和出处。一般而言,对他人知识财产的合理使用,无需支付报酬。

(二) 强制许可

1. 强制许可的概念。目前,强制许可制度主要应用于专利权领域,是非自愿许可的一种。所谓强制许可,是指专利行政部门依照专利法规定,不经专利权人同意,直接允许其他单位或个人实施其发明创造的一种许可方式。强制许可不经专利权人许可,而是由专利行政部门依法进行的许可,因此也为被动方式。和法定许可一样,强制许可仅为普通许可。根据强制许可而实施专利权的,应当按照法律的规定,支付许可费。强制许可主要是基于本国的特殊情况而不经过专利权人同意而为的许可,因此一般而言此类产品主要在内国销售。我国《专利法》第53条:"除依照本法第48条第(2)项、第50条规定给予的强制许可外,强制许可的实施应当主要为了供应国内市场。"

2. 强制许可的范围和费用。根据《专利法》第48条规定,强制许可仅适用

---

① 参见吴汉东:《论合理使用》,载《法学研究》1995年第4期。

于发明专利或者实用新型专利的实施。强制许可应该支付合理的使用费。我国《专利法》第57条规定:"取得实施强制许可的单位或者个人应当付给专利权人合理的使用费,或者依照中华人民共和国参加的有关国际条约的规定处理使用费问题。付给使用费的,其数额由双方协商;双方不能达成协议的,由国务院专利行政部门裁决。"

3. 强制许可的情形。强制许可的主要情形如下:

(1) 拒绝合理实施。具备实施条件的单位以合理的条件请求发明或者实用新型专利权人许可实施其专利,而未能在合理长的时间内获得这种许可的,构成拒绝合理实施。我国《专利法》第48条第1款规定,专利权人自专利权被授予之日起满3年,且自提出专利申请之日起满4年,无正当理由未实施或者未充分实施其专利的,可以强制许可。其中,"无正当理由"就包括了他人请求许可而遭拒绝,知识产权人又不实施的情形。

(2) 关联专利实施。一项取得专利权的发明或者实用新型比前一已经取得专利权的发明或者实用新型具有显著经济意义的重大技术进步,实施又有赖于前一发明或者实用新型的实施的;该专利权人或者前一专利权人均可以请求强制许可。

(3) 国家紧急状态。在国家出现紧急状态或者非常情况时,可以请求实施强制许可。

(4) 公共健康目的。我国《专利法》第50条规定:"为了公共健康目的,对取得专利权的药品,国务院专利行政部门可以给予制造并将其出口到符合中华人民共和国参加的有关国际条约规定的国家或者地区的强制许可。"

(5) 公共利益目的。为了公共健康之外的其他公共利益的目的,可以请求实施强制许可。

(6) 消除垄断行为。《专利法》第48条第2项规定:"专利权人行使专利权的行为被依法认定为垄断行为,为消除或者减少该行为对竞争产生的不利影响的。"

(三) 事实许可

事实许可,又称基于事实行为的许可,是指许可人和被许可人之间通过一定的适法的事实行为成立的知识产权许可。从当事人意愿来看,事实许可中知识产权人无进行知识产权许可的意愿,但基于某种原因按照知识产权许可进行处理。因此,事实许可属于非自愿许可。

与基于法律行为许可相比,事实许可的主要特征有:

第一,事实许可因事实行为而成立,没有经历"要约—承诺"的合同订立过程;

第二,事实许可具有对抗知识产权侵权的效力;

第三,事实许可是在客观上构成的一种知识产权许可关系,类推适用知识产权许可的法律规定。

(二) 事实许可的理论基础与形成

事实许可来源于事实合同理论。1941年,德国著名学者豪普特首次提出事实合同理论。他认为,契约关系的创设,可以因事实过程而成立,而不必过问当事人的意思。拉伦茨教授对此予以高度评价,认为当事人无须真正的意思表示,依交易观念和事实行为,即能创设合同关系。当代社会知识产权许可的重要性和普遍性向我们昭示了建立事实许可制度的必要性和重要性。事实许可制度在一定层面上以"客观的一定事实过程"为标准认定许可关系的成立。确立事实许可制度,发展了知识产权许可理论,能更有效地调整当事人之间发生的知识产权纠纷,以适应保护知识产权的需要。当然,事实许可只是合同许可这个一般规则的例外,在现实生产和生活中,起主要作用的仍然是合同许可。对于知识产权而言,尤其是在专利领域,确有事实许可存在。并且,我国《专利法》第60条规定:"未经专利权人许可,实施其专利,即侵犯其专利权,引起纠纷的,由当事人协商解决;不愿协商或者协商不成的,专利权人或者利害关系人可以向人民法院起诉,也可以请求管理专利工作的部门处理。"依此规定,如果未经专利权人许可,实施其专利,当事人协商解决并签订了专利权许可合同,则行为的性质就被改变了,由"侵权"变为事实许可。在实施人进行了赔偿之后,知识产权人就不能再次主张侵权而销毁产品。

【案例】 公园里,一个女孩儿正在荡秋千。她没有像平时那样前后荡,而是拉着链子的一端左右摇着秋千。没过几天,她的父母收到了一封知识产权执法处的来信。信中称,监视器已拍下了他们女儿荡秋千时所使用的方法,该方法属于一项专利的主题,玩趣公司已经申请了包含该方法的一项专利。他们要么缴纳专利许可费,要么将面临专利侵权诉讼。[1]

关于专利权人提出的多么无理的要求暂且不谈[2],就解决方案而言,却有人性化的一面,解决方案,是供选择的,尽管这个选择在本质上是"要钱还是要命"。但无论如何,它毕竟给我们提供了一种解决问题的可选择方案,即在构成

---

[1] 〔澳〕彼得·达沃豪斯、约翰·布雷斯维特:《信息封建主义》,刘雪涛译,知识产权出版社2005年版,第1页。

[2] 因为侵犯专利权的只可能是提供此种专门荡秋千方法的企业,如专门以此种方法招揽游人的公园,无论如何都不可能是一个自己随便当荡秋千的小姑娘。如同按照专利公告的技术方案,制造一些家用的器具,并仅仅限于个人使用,而不会构成对专利权的侵犯一样。当然,笔者的上述认识,或许会招致许多批评。

了实施他人专利的前提下,可以选择缴纳专利许可费的方案。这在事实上承认了一个自己并没有意识的,但早已存在的专利权许可。这种情况,就是笔者所谓的事实许可。

郑成思先生对事实许可也有论及,他认为,"某个第三者长期无偿地使用着别人的一项专利技术,而专利权人却始终未出来制止,那么,我们是否可以把这种沉默看作是一种暗示性的'同意'呢?按照一些国家的判例,确实把它看作暗示'同意'"①。

（三）事实许可的构成要件

事实许可制度毕竟是建立在推断的基础之上,而不是真正的事实。郑成思先生强调,就"第三者长期无偿地使用着别人的一项专利技术,而专利权人却始终未出来制止"的情形,也不能排除特殊情况,比如专利权人因受到胁迫或者其他障碍而不能主张权利的,就不应被推断为暗示同意。一个未经授权而实施知识产权的行为,到底是属于事实许可,还是属于知识产权侵权呢?这必须分析事实许可的构成要件。笔者认为,事实许可的构成要件包括以下三个方面:

第一,实施人未经许可而实施知识产权。未经许可实施知识产权是认定事实许可关系的前提。未经授权,是指没有依法取得知识产权人的有效授权,包括完全没有授权、超出授权范围等情形。但同时,未经许可而实施知识产权也是知识产权侵权行为的构成要件,因此,单凭这个要件并不能判断一个未经许可而实施的行为是构成事实许可还是知识产权侵权。

第二,知识产权人明知而容忍。知识产权人明知实施人未经授权而实施知识产权的情况,并选择了容忍。知识产权人明知实施人的行为,非但不去制止而是对该行为进行了"容忍"。权利人的容忍是构成事实许可的法定条件之一。如果知识产权人未知或者不应当知道,则诉讼时效自知道或者应当知道时起算,此时不发生事实许可问题,而是知识产权人决定是否提起知识产权侵权之诉的问题。若知识产权人知道了实施行为的发生而容忍该行为的,则实施人的行为性质就由侵权转变为事实许可。"容忍"和"宽恕"不同,"容忍"是明知而忍受的心理状态,而"宽恕"是明知而原谅,甚至希望事态发生的心理状态。如果知识产权人对实施人进行了"宽恕",则实施人的行为不构成侵权,而构成了免费许可。

【案例】 比尔·盖茨在1998年7月《财富》杂志上与美国另一巨富沃伦·巴菲特有这样一段谈话,他说:"虽然中国每年的电脑销量为300万台左右,但人们不花钱买软件。总有一天,他们要付钱的,只要他们想偷,我希望他们偷我们

---

① 郑成思:《知识产权法》(第二版),法律出版社2004年版,第226页。

的,他们将会偷上瘾。因此,我们可以算计出来未来十年的某天,我们将怎样去收钱。"笔者认为,"既然中国人喜欢盗版,就让他们盗吧"这句话说明了盖茨的"容忍"和"无奈";而"重要的是,要盗我们的软件"这句话属于"渴望",道出了比尔·盖茨渴望被中国人盗版的内心秘密;而"早晚他们会付钱给我们"则属于恶意的"纵容",明确了比尔·盖茨的"原谅"和"故意"心态。事实也是如此,从那时起到现在,微软持续提供盗版软件的免费升级。这说明,比尔·盖茨为了将来利益,心甘情愿地渴望被中国人"盗版",并在行为上提供帮助和支持,那么中国人的盗版也就不成其为盗版了,谁都无法要回送给别人的东西。

第三,非常规损害。除符合上述两项要件之外,一般还要求没有给知识产权人造成非常规的严重损害。在事实许可中,要求实施人未经许可实施知识产权,没有给权利人造成其他严重危害。实施人未经授权而实施他人知识产权,会对知识产权人造成的财产损失主要是许可费损失等常规损害,事实许可制度可以对许可费的损失进行弥补和填平。如果除了常规损失之外,还对知识产权人造成了其他危害的,如泄露商业秘密等,则事实许可制度不能对权利人的损害进行填平,因此一般不适用事实许可。

(四)事实许可与默示许可之比较

事实许可和默示许可都是在知识产权人没有明示情况下被认定为许可成立。但事实许可与默示许可不同,二者的主要区别为:

第一,从性质上看,二者明显不同。事实许可属于非自愿许可,知识产权人无许可的推定情节,但是基于知识产权人的不作为(容忍)而视为知识产权许可,以对抗知识产权侵权;默示许可属于自愿许可,知识产权人无明示的许可,但是根据其行为(主要是积极的作为)来推定其有许可的意思,以对抗知识产权侵权。

第二,从适用范围角度看,事实许可主要是针对实施人和知识产权人没有相关业务往来的情况,而默示许可主要是针对实施人和知识产权人有一定的业务往来的情况。

第三,从产生的角度看,事实许可是对许可的强制认定,而默示许可则是对许可的内心意思的"发现",属于推定。

(五)事实许可制度的意义

第一,为解决未经授权而实施知识产权的问题,提供一种和平解决途径。知识产权侵权是一种影响商誉的行为。一般而言,被认定侵权之后,侵权产品也将面临销毁等处理措施。这在一方面造成了实施人商誉的重大损失,一方面也客观上使社会产品受损。事实许可制度可以为未经授权的知识产权实施提供一种新解决方案,一种和平解决方案。在发生未经授权而使用他人知识产权的情况下,如果知识产权人事后对此行为明知而加以容忍,则应该认为此前的实施行为构成事实许可。但实施人向知识产权人支付许可费的义务不能免除,具体数额应该根据情况以及诉讼时效来认定。这种方案的最大优势在于不是把所有未经授权而实施知识产权的行为都认定为侵权,而是给纠纷双方提供了可选择路径:许可或者侵权。如果知识产权人明知而表示容忍(无需追认),实施人又无争议并愿意支付许可费的,可按照事实许可关系进行认定和处理。

第二,为解决权利冲突,提供一种新的出路。对于知识产权而言,权利冲突现象尤为突出。知识产权权利冲突,是指两个以上的知识产权人对于同一知识财产分别享有不相容的知识产权从而引发的权利冲突。知识产权的法律冲突发生在知识产权领域内,包括商标权、专利权、著作权以及企业名称权等同类知识产权或不同类知识产权之间的冲突。一般而言,解决知识产权权利冲突,应依照保护在先权利原则、维护公平竞争原则和诚实信用等基本原则。如国家工商局(1999)第81号文《关于解决商标与企业名称中若干问题的意见》第6条规定:"处理商标与企业名称的混淆,应当适用维护公平竞争和保护在先合法权利人的原则。"可见,处理知识产权权利冲突,并不是保护在先权利这一个原则可以决定的,维护公平竞争原则和诚实信用原则也非常重要。因为在先权利人如果急于行使在先权利,则可能使在后权利处于一种长期不稳定状态。因此,法律往往给在先权利人行使在先权利规定一个期限,超过这个期限行使的,或者不被支持,或者不受保护。

以商标权和著作权冲突为例。我国《商标法》第31条规定:"申请商标注册不得损害他人现有的在先权利,也不得以不正当手段抢先注册他人已经使用并有一定影响的商标。"根据该法第41条的规定,已经注册的商标,损害他人现有的在先权利的,自商标注册之日起5年内,商标所有人或者利害关系人可以请求商标评审委员会裁定撤销该注册商标。但是超过5年期限的呢,法律并未作出规定。这容易引发实践上的争议,并作出两种截然不同的解释和适用:第一种认为超过5年,在先权利人的权利就不受保护;第二种认为超过5年,在先权利人的权利就不受行政保护,在先权利人可以起诉,寻求私法保护;第三种认为超过5年,当事人不能主张撤销该注册商标,但是当事人可以依法向商标权人请求支付许可费。笔者认为第三种主张最为合理,为了维护在后权利人的权利和维护公平的竞争秩序,不宜撤销注册商标,但是商标权人应该向在先权利人支付许可费,可以结合诉讼时效的有关规定处理。

【案例】 著名设计师李建忠于1970年应其工作单位滨湖印刷厂的要求,

为常德卷烟厂设计"芙蓉"烟盒/条包装图案作品,并于当年投入生产。后来,芙蓉系列香烟(包含芙蓉王系列)在国内赢得了引人注目的信誉和利润。常德卷烟厂也将李建忠设计的芙蓉花图案和美术字先后注册了商标,但始终拒绝承认李为设计者,对李的财产权主张更是明确拒绝。李建忠于2007年末找到笔者协助,申请撤销上述商标。然而此时已经超过了法律规定的5年期。笔者认为,如果据此认定常德卷烟厂可以把李建忠的作品据为己有,并以商标权在手而禁止李建忠行使著作权,则违背知识产权法的基本宗旨和立法目的。这意味着李建忠的作品由于被他人注册了商标,自己的著作权就消灭了。即便为了维护在后权利人的权利和维护公平的竞争秩序,不宜撤销常德卷烟厂的注册商标,常德卷烟厂作为商标权人也应该向著作权人李建忠支付许可费,理论依据就是事实许可。并且,著作权人李建忠拥有对该作品进行许可的权利,如将作品许可给他人注册商标或者作为产品外观设计,以及出版发行等。

四、独占许可、排他许可和普通许可

根据知识产权许可对许可人的限制,如自己能够实施或重新进行许可,可以把知识产权许可分为独占许可、排他许可和普通许可。

(一) 独占许可、排他许可和普通许可的概念

1. 独占许可。所谓独占许可,又称独家许可,是指知识产权人授予被许可人独家实施知识财产的权利,自己既不实施,又不得再次进行授权的知识产权许可。独占许可是对知识产权人限制最大的许可。被许可人对许可合同下的知识财产享有独占实施权,许可人自己也不得实施,并不得再次进行许可。通常,独占许可的被许可人可以自己的名义起诉,并且有再许可他人实施知识产权的权利。经过登记,被许可人获得用益知识产权。

2. 排他许可。所谓排他许可,是指知识产权人授予被许可人排他地实施知识财产的权利,知识产权人保留了实施的权利但不能再次进行授权的知识产权许可。就排他许可而言,在一定法域和期限内,被许可人和许可人均有权对知识财产进行实施。排他许可对知识产权人的限制次于独占许可,但大于普通许可。在排他许可中,被许可人和许可人均可以实施许可合同下的知识财产,但许可人不得将这项知识财产转让给第三人或者再次许可给第三人实施。和独占许可一样,排他许可的被许可人可以自己的名义起诉,并且有再许可他人实施知识产权的权利。经过登记,被许可人获得用益知识产权。

3. 普通许可。所谓普通许可,是指在一定期限和一定法域内,许可人既可自己实施,也可以将知识财产同时许可给多人实施的许可形式。普通许可对于

许可人没有限制,许可人既可以自己实施,还可以对多人再次进行许可。依据普通许可,被许可人获得债权,而不能获得用益知识产权。在普通许可中,许可人可以将知识产权转让给第三人,而受让人受该许可合同的限制。通常,普通许可的被许可人不能以自己的名义起诉或者主动参加知识产权人的诉讼,并且也不能再许可他人实施。

(二)独占许可、排他许可和普通许可之比较

独占许可、排他许可和普通许可,是知识产权许可的三种基本方式,都是知识产权人的行使方式。独占许可和排他许可应明示,当事人双方对知识产权许可方式没有约定或者约定不明确的,认定为普通许可。知识产权许可合同约定受让人可以再许可他人实施的,再许可一般为普通许可。

这三种许可也存在明显的区别。在独占许可中,只有被许可人一方为实施人。在排他许可中,许可人和被许可人两方均可为实施人,但第三人不得实施。而在普通许可中,有权实施的人除被许可人外,还有许可人和其他一切得到授权的人,理论上表现为不特定多数人。

五、本许可和再许可

(一)本许可和再许可的概念

以知识产权许可的实施主体为标准,可以将知识产权许可分为本许可和再许可。所谓本许可,即指知识产权人实施的许可,包括独占许可、排他许可和普通许可;再许可,又称分许可,是相对于本许可而言的,指被许可人再次实施的许可。任何一项知识产权许可都可能涉及再许可问题。在普通许可、排他许可和独占许可中,似乎排他许可和独占许可和再许可存在矛盾,因为这种情形下的再许可,似乎和排他以及独占相违背。实则不然,所谓独占许可和排他许可,限制的是许可人的权利,而不是被许可人,对于被许可人而言,恰恰是通过独占许可或者排他许可获得一个用益知识产权,此时被许可人同时也是定限知识产权人,他是否能够进行再许可,取决于法律的规定和他与完全知识产权人的约定。

(二)再许可的条件

普通许可、排他许可和独占许可是以对许可人的限制为标准进行的分类。在独占许可和排他许可中,许可人的权利行使被限制了,如果同时限制被许可人的再许可,并没有实际意义:许可人的利益不会因再许可而受损,被许可人的利益却可以因再许可而增加。因此,应该将独占许可和排他许可中被许可人的再许可确定为一项权利内容,在无相反约定的情况下,原则上被许可人有进行再许可的权利。

第五节 知识产权出资

知识产权资本化正逐步发展成为一种经济现象。知识产权资本化不仅是资本革命,而且逐步演变成为知识产权行使的一种法律形式。知识产权资本化使知识产权的作用得到更加全面的发挥,这意味着在公司法上知识财产获得了和"物"同样的法律对待。然而,知识财产毕竟不是物,它对资本维持原则带来的冲击是现实存在的,因此有必要对知识产权出资比例进行合理限制。这并不违背同等保护和同等对待原则,而是资本维持原则的必然要求。

一、知识产权出资的概念

出资是指出资人为设立一个经济组织体而依照法律规定转移财产权利给新设立的经济组织体,以获得资产受益、重大决策和选择管理者权利的行为。广义的出资泛指出资人为设立一切经济组织体而进行的出资,包括公司、合伙等。狭义的出资仅指出资人为设立公司而进行出资。为设立一个经济体,设立人可以货币、土地使用权等出资,还可以依法以知识产权进行出资。所谓知识产权出资是指出资人以知识产权作为出资设立经济体的投资行为,是知识产权行使的一个具体方式。在高科技经济体的设立方面,知识产权出资是惯常方式。根据同等保护原则,所有财产应该同等对待、不受歧视,因此应该允许知识财产出资,并应该允许所有知识财产都可以进行出资,不受知识财产种类的限制。但鉴于公司设立的特殊性,公司法对出资人的出资往往给予必要限制。

二、知识产权许可与出资

知识产权出资属于知识产权行使行为,是知识产权人实现知识产权的重要方式。有学者认为出资的具体方式应当包括"转让"和"许可"两种方式,主张除了转让之外,知识产权的三种许可方式均可以用于出资。"以知识产权使用许可方式出资,是一种较为普遍的经济和法律现象。出资方以知识产权使用许可方式出资,如果是独占许可,则出资者不得再以该知识产权向第三人投资,也不得自己使用或许可他人使用该知识产权;如果是排他许可,则出资者可以与所投资的企业同时使用该知识产权,但不得再许可任何第三方使用,也不得以此知识产权向第三人投资;如果是普通许可,则投资者保留自己使用、许可他人使用、向第三人投资等权利。"[1]在公司设立时,一般的债权出资是被禁止的,因为债权作

---

[1] 参见刘春霖:《论知识产权的出资方式》,载《河北经贸大学学报》2005年第3期。

为一种请求权,其本质为信用,与现实的财产不同。知识产权许可中,由于办理了登记,而使知识产权许可人获得了一个绝对权,即用益知识产权,因此,无论何种许可,经登记,均可用于出资。也不能作为设立公司的出资形式。但"普通许可方式会给接受该知识产权出资的公司带来诸多不确定因素,其风险过大,宜慎重选择"①。

（一）完全知识产权出资

知识产权人以完全知识产权出资的实质,是出资人丧失出资财产的绝对权,而公司获得出资财产绝对权。移转知识产权归新设立的公司享有。以移转知识产权的方式进行出资,符合《公司法》规定,也符合公司法的基本原理,知识产权人通过移转知识产权而获得出资人的资格。值得注意的是,这里的知识产权移转仅指知识产权中的财产权移转,知识产权中的人身权不能转让。知识产权和物权同为财产权,知识产权移转的法律效果,与所有权移转的法律效果相同。出资人（原知识产权人）丧失知识产权,而新设立的公司取得知识产权。

（二）用益知识产权出资

以用益知识产权出资的行为,实质上就是设定或者转让用益知识产权。知识产权人通过独占许可、排他许可和普通许可,经过登记在知识产权上设定的用益权,其性质为绝对权。出资人以用益知识产权出资的,其并未丧失完全知识产权,新设立的公司只取得了用益知识产权。出资人以用益知识产权方式出资的,则知识产权人再向第三人转让该知识产权的,就受到其设定的用益知识产权的限制。有学者认为,除了我国《公司法》有关出资人转让出资须经其他出资人同意的限制外,还因为若"原知识产权权利人继续享有股东的权利,则知识产权实施权就脱离了知识产权主体,这与知识产权法的基本原则相悖"②。笔者认为,知识产权人（出资人）得以享有股东的权利,不是因为他是完全知识产权人,而是因为他把用益知识产权转移给了公司,设定用益知识产权之后,完全知识产权名为完全,实际上受到了限制。知识产权人只能转让设定了用益知识产权的知识产权,也就是用以出资的用益知识产权的效力不受知识产权人转让行为的影响。要做到这一点,在实践中就必须对用益知识产权出资进行登记,以产生公信力。

---

① 参见刘春霖:《论知识产权的出资方式》,载《河北经贸大学学报》2005年第3期。
② 参见刘春霖:《根据公司资本制度和资本确定原则确定知识产权出资主体适格研究》,http://www.66wen.com/03fx/faxue/faxue/0849/53570.html,2008年7月5日访问。

三、知识产权出资范围

（一）《中外合资经营企业法》有关规定

我国1979年颁布《中外合资经营企业法》第5条规定："合营企业各方可以现金、实物、工业产权等进行投资。"1990年4月4日,该法进行了修正,但是关于知识产权出资的内容没有变化。根据该规定,设立中外合资经营企业,出资人以知识产权出资的,其范围仅以工业产权为限。工业产权的范围,有狭义和广义两种不同理解。狭义工业产权仅指专利权和商标权；根据《保护工业产权巴黎公约》第1条规定,工业产权范围包括专利权、商业标记权（商标、厂商名称、货源标记、原产地名称等）以及反不正当竞争的权利等,这属于广义工业产权。至于是否包括商业秘密,曾引起了广泛的争论,但从立法的演进看,1979年《中外合资经营企业法》是把商业秘密排除在外的。

（二）《中外合资经营企业法实施条例》有关规定

2001年修订的《中外合资经营企业法实施条例》第22条第1款前句规定："合营者可以用货币出资,也可以用建筑物、厂房、机器设备或者其他物料、工业产权、专有技术、场地使用权等作价出资。"可见,该《实施条例》将知识产权出资的范围由工业产权扩大到工业产权和专有技术。该《实施条例》第25条规定："作为外国合营者出资的工业产权或者专有技术,必须符合下列条件之一：（一）能显著改进现有产品的性能、质量,提高生产效率的；（二）能显著节约原材料、燃料、动力的。"值得注意的是,该《实施条例》将"专有技术"和"工业产权"并列,虽然扩大了知识产权出资的范围,但从立法技术上讲,并不妥当。第一,"专有技术"和"工业产权"不是同位阶的概念。"专有技术"是权利客体,"工业产权"是权利。第二,从内容看,"专有技术"和"工业产权"都涵盖了专利技术,外延部分重叠。

（三）《公司法》有关规定

我国《公司法》对知识产权出资的规定,也呈现一个逐步演化的过程,在这个过程中,知识产权出资的范围逐步扩大。直到经过2005年《公司法》的修订,全部知识产权均可用于出资。1993年我国颁布《公司法》,将知识产权出资的范围限制在工业产权和非专利技术两项。该法第24条规定："股东可以用货币出资,也可以用实物、工业产权、非专利技术、土地使用权作价出资。"该法以"非专利技术"取代了"专有技术"这一概念。专有技术是一个比非专利技术外延大很多的概念,专有技术包括专利技术和技术秘密,而非专利技术则主要是指技术秘密,当然还包括没有取得专利的公知技术。以"非专利技术"取代"专有技术",是一种历史进步。2005年修订后《公司法》第27条规定："股东可以用货币出资,也可以用实物、知识产权、土地使用权等可以用货币估价并可以依法转让的非货币财产作价出资;但是,法律、行政法规规定不得作为出资的财产除外。"至此,全部知识财产均可以作为出资财产,这对于著作权有着重大的突破意义,因为长期以来,我国法律虽未禁止以著作权出资,但却于法无据。随着社会的发展,数字内容产业已经突显出来,产业的基础资源就是受著作权保护的作品,因此,著作权出资对于这个行业意义重大。

四、知识产权出资比例限制

我国《公司法》曾采严格限制知识产权出资比例的立法范式,将知识产权出资比例明确限制在一定额度之内。1993年《公司法》第24条规定:"以工业产权、非专利技术作价出资的金额不得超过有限责任公司注册资本的20%,国家对采用高新技术成果有特别规定的除外。"根据国务院的有关规定,对高新技术公司知识产权出资比例放宽至35%。[①] 我国立法对出资比例的限制,是出于降低知识产权价值"高估"对注册资本制度的影响,维持一个真实的注册资本总额、从而保障债权人的利益的目的。但比例限制却也带来了很大的负效果,它被认为是对知识财产构成一定的"立法歧视",不具备操作性和合理性,增加了知识产权出资的难度;而且还致使价值大的知识财产反而无法进行出资,因为知识财产的价格超过了注册资本的20%。2005年修订后的《公司法》,并没有直接限制知识产权出资金额的条款,这无疑是出于对知识产权出资的鼓励。但考虑到公司经营问题,还是走了另外的限制路线,即规定货币出资的最低金额。该法第27条第3款规定,"全体股东的货币出资金额不得低于有限责任公司注册资本的30%。"该条的规定既鼓励了知识产权出资,又能保障公司的正常运营。

五、知识产权出资价格确定

知识产权出资不像货币出资和实物出资那样数额确定,往往需要通过一定的范式(如商定或者评估)来确定价格。对知识财产的评估作价比货币和实物等困难得多,并且可能会发生"高估"或者"低估"现象。设立公司的强势一方往往利用自己的优势地位对自己一方的知识产权出资"高估",而对对方的知识产权出资"低估"。我国相关法律对知识产权出资的价格确定方式也历经了一个

[①] 国家科学与技术委员会和国家工商管理局在1997年颁布了《关于以高新技术成果出资入股若干问题的规定》,比例限制被提高到35%。1999年,科技部和国家工商管理局颁发了《关于以高新技术成果作价入股若干问题的通知》,该通知规定:"高新技术成果作价金额在500万人民币以上,且超过公司注册资本35%时,由科技部认定"。这就为超过35%留有了余地,但需要得到科技部的认定。

发展变化过程。《中外合资经营企业法》对知识产权出资的价格问题采取了双方评议商定的方式。该法第5条第4款规定:"上述各项投资应在合营企业的合同和章程中加以规定,其价格(场地除外)由合营各方评议商定。"《中外合资经营企业法实施条例》对知识产权出资的价格问题除采取了双方商定的方式外,还提出了第三者评定的方式。该《条例》第22条第1款后句规定:"以建筑物、厂房、机器设备或者其他物料、工业产权、专有技术作为出资的,其作价由合营各方按照公平合理的原则协商确定,或者聘请合营各方同意的第三者评定。"1993年《公司法》对知识产权出资的价格问题采取了评估作价的方式。该法第24条同时规定:"对作为出资的实物、工业产权、非专利技术或者土地使用权,必须进行评估作价,核实财产,不得高估或者低估作价。"根据该法第28条的规定,"有限责任公司成立后,发现作为出资的工业产权、非专利技术的实际价额显著低于公司章程所定价额的,应当由交付该出资的股东补交其差额,公司设立时的其他股东对其承担连带责任。"2005年修订后《公司法》第27条第2款规定:"对作为出资的非货币财产应当评估作价,核实财产,不得高估或者低估作价。法律、行政法规对评估作价有规定的,从其规定。"最终,我国对知识产权出资选择了评估作价的方式。

六、知识产权有效期和公司经营期

知识产权出资中,知识产权的有效期和公司经营期的冲突是一个棘手问题。大陆法系的公司法以资本确定原则、资本维持原则、资本不变原则为基本原则。就有期限的知识产权而言,出资人以知识产权进行出资,往往容易导致和公司经营期的冲突问题。若知识产权有效期小于公司经营期,则相当于出资人在实质上抽回了出资,这是公司法严格禁止的。我国《公司法》第36条规定:"股东在公司登记后,不得抽回出资。"关于知识产权有效期和公司经营期冲突的解决,可遵循以下思路:若为商标权许可出资,可以要求商标权人尽续展义务的方式得以解决;若以专利权许可和著作权许可的方式出资,由于此二项权利本身存续期间就是固定而有限的,因此应由出资各方事先约定补救措施。当然,以用益知识产权出资,许可期限的约定应根据公司设立的宗旨和资本维持原则的要求等因素来约定。工商行政管理机关应通过登记、年检等手段,加强对知识产权出资的监管。

七、知识产权出资登记

出资人以知识产权为设立公司的出资行为,就是以知识产权来换取公司股权。因此,无论是以完全知识产权还是用益知识产权出资,均必须完成财产权利的转移或者设定,也就是,进行登记。知识产权人以完全知识产权出资的,应该进行知识产权移转登记;知识产权人以用益知识产权出资的,应该进行设定用益知识产权登记。《公司登记管理条例》第 14 条规定:"股东以货币、实物、知识产权、土地使用权以外的其他财产出资的,其登记办法由国家工商行政管理总局会同国务院有关部门规定。"

八、知识产权出资与公司债务承担

根据我国《公司法》规定,公司以其全部资产对外独立承担责任。此规定有以下两层含义:第一,公司财产独立。第二,公司以其独立财产对外承担责任。出资人以知识产权使用许可的方式出资,当公司发生债务纠纷时,债权人可否得以对作为出资的该知识产权主张权利呢?作为债务人的公司如何"以其全部资产对公司的债务承担责任"呢?[①] 笔者认为,在知识产权出资方面,公司以其全部资产对公司的债务承担责任时,债权人可以将公司拥有的知识产权或者用益知识产权折价、拍卖或者变卖受偿。因此,在理论上,知识产权出资与公司债务承担不存在冲突。

第六节 知识产权融资

一、知识产权证券化的概念和特征

(一)知识产权证券化的概念

知识产权融资的主要方式有知识产权担保(详见本书第二十二章)和知识产权证券化。知识产权证券化(Intellectual Property Securitization),是指以知识产权为基础资产,以知识产权的许可使用费为支撑发行证券而进行的融资。知识产权证券化是资产证券化的一种。所谓资产证券化(Asset Securitization)是指将流动性较差的资产,转换为证券以促进融资的行为。目前,美国和欧盟已经发展成为世界上两大资产证券化市场。近年来,资产证券化在亚洲也得到快速发展,并出现了新的形式,如以知识产权进行融资。1997 年,美国 Pullman Group 以美国歌手戴维·鲍伊(David Bowie)所出版唱片的特许使用权为支持发行证券,成功地从资本市场融资 5500 万美元,拉开了知识产权证券化的序幕。此后,又有 Athlete's Foot 的商标权证券化案、Chrysalis 的音乐著作权证券化案以及 Dre-

---

① 参见刘春霖:《论知识产权的出资方式》,载《河北经贸大学学报》2005 年第 3 期。

amWorks 电影著作权证券化案等诸多成功商业案例出现。① 基础资产的选择对于知识产权证券化意义重大。知识产权证券化的成功依赖于作为基础资产的知识产权能产生可预测的、稳定的许可使用费(经济学上被称为现金流)。在基础资产的选择上,往往需要对知识产权进行实质查证和严格评估,历史收入记录良好、市场潜力广阔、市场份额占有率高、技术含量高并能有效保护的知识财产是理想对象。

(二) 知识产权证券化的特征

1. 知识产权不发生转移。知识产权证券化一般是以未来产生的知识产权许可费用(经济学上称为"现金流")为基础进行资产证券化。在知识产权证券化后,知识产权仍归知识产权人享有,因而不会导致知识产权的转移或者丧失。这一点显示了和知识财产质押相比较的优势,如果以知识产权为质押进行贷款,一旦贷款人无力偿还贷款,知识产权就将会被折价、变卖或者拍卖。

2. 知识产权证券化是一种融资方式。知识产权证券化是一种以知识产权为基础资产的融资方式,为知识产权人提供了以知识产权为依托的融资新途径,实现了知识财产和金融的有效融和资金需求与供给的良性循环。

3. 参与知识产权证券化的主体较多。在知识产权资产证券化的过程中,主要的参与人是发起人、特定目的机构和投资者。此外,还存在服务人、履行受托和管理职能的受托人、承销商、资信评级机构和信用增级机构等其他参与人,参加证券化过程的主体较多,法律关系较为复杂。

(三) 知识产权证券化的意义

1. 鼓励创新,促进转化。知识产权证券化有利于知识产权人充分实现知识产权的交换价值,从而达到鼓励全社会进行自主创新的目的;知识产权证券化可以从一定程度上改变我国目前知识产权,尤其是专利转化率不高的现状,具有促进知识产权转化,充分利用知识产权、提高知识产权转化率、促进科技进步的社会意义。

2. 加强融资,促进评估。知识产权证券化可以为知识产权人提供更多的融资渠道,从而实现资金需求与供给的良性循环;知识产权证券化还可以使知识产权评估进一步建立在市场需求的基础之上,从而指导知识财产的市场定价。

二、知识产权证券化的基本流程

知识产权证券化与传统资产证券化的整体框架基本相似。简单说,知识产

---

① 马一星:《了解知识产权证券化的法律风险》,http://stock.hexun.com/2008-05-19/106064386.html,2008 年 7 月 6 日访问。

权证券化的基本流程是特定目的机构(Special Purpose Vehicle,简称 SPV)[①]将知识产权人的一种或者几种知识产权作为基础资产,并基于该基础资产在社会上公开发行证券。2003 年,美国药业特许公司收购了 13 种药品专利的专利许可费收益权,并以这些专利许可使用权为基础资产进行了资产证券化处理。为了实施本次资产证券化,美国药业特许公司新设立了一个特定目的机构——特拉华商业信托,作为发行此次证券化的通道。由新成立的特拉华商业信托作为特定目的机构发行了 7 年期和 9 年期两种总值达 2.25 亿美元的可转期投资债券,瑞士信贷第一波士顿参与了债券的设计和承销,由 MBIA 保险公司提供担保。[②]

知识产权资产证券化操作的基本步骤如下:

第一,出售知识产权收益权能。知识产权人将知识产权未来一定期限的收益权能以合同的形式出售给特定目的机构。知识产权人通过出售知识产权的收益权能获得融资,特定目的机构通过购买获得证券化的基础资产。

第二,组成知识产权资产池。一般情况下,进行证券化的知识产权为多种,并非一种,因此将这些知识产权汇集在一起便构成基础资产,这些基础资产在经济学上被称为"资产池"(Assets Pool)。

第三,证券发行和销售。特定目的机构以基础资产(知识产权的收益权能)为依托发行证券,由证券承销商负责向投资者销售知识产权证券。证券承销商将证券发行收入划转给特定目的机构后,特定目的机构再按合同约定划转给知识产权人,实现知识产权人的融资目标。

第四,收益和清偿。知识产权人委托资产管理公司或亲自对知识产权资产池进行管理,负责收取由资产池产生的现金收入。由资产池产生的现金收入将全部存入托管银行的专用账户,用于对特定目的机构和投资者的付费和清偿所发行的有价证券。知识产权人偿还投资者本息,向各机构支付中介费用后,剩余部分则全部归其所有。

三、特定目的机构的法律地位和作用

目前,根据我国法律的相关规定,特定目的机构须为国有独资公司。依照《公司法》有关规定,国有独资公司也有发行公司债券的资格。特定目的机构在资产证券化运作中处于一个核心的地位,是专门为实现资产证券化而设立的信

---

① 特定目的机构的组织形式主要有合伙、信托和公司三种,比较常见的是特定目的信托(Special Purpose Trust,简称 SPT)和特定目的公司(Special Purpose Corporation,简称 SPC)。

② 参见王瑜:《知识产权资产证券化》,http://www.148com.com/html/lunwen/05/05/20080324/374747.html,2008 年 7 月 7 日访问。

用级别较高的机构。特定目的机构的基本操作流程就是从知识产权人处购买基础资产,以自身名义发行资产支持证券进行融资,再将所募集到的资金用于偿还购买发起人基础资产的价款。特定目的机构的作用,关键在于通过风险隔离降低了证券交易中的风险。在这一阶段,评级机构和其他信用增级机构通常会为发起人提供咨询、分析资产的信用质量和设计交易的结构。①

四、知识产权证券化展望

从目前情形来看,知识产权证券化在整个资产证券化市场中所占份额还不大,但它显示出的发展潜力却是巨大的,被世界知识产权组织称为是一个新的发展趋势。人类社会正在向信息社会转型,知识财产在企业资产价值中的比重已经上升到70%以上。这势必导致企业将融资的重心由"物"向"知识财产"和"信息财产"转移。知识产权证券化正是这种历史潮流的产物。可以预见,知识产权证券化的前景非常广阔,并会逐步发展成为知识产权的主要行使方式之一。

到目前为止,我国尚未出台有关资产证券化的法律。目前,《证券法》、《公司法》、《企业债券管理条例》、《企业债券发行与转让办法》等法律和行政法规,都未对资产证券化进行规定。为了保障和促进资产证券化乃至知识产权证券化,我国应适时修改相关融资程序、资产抵押、投资主体方面的规定,加快进行资产证券化法的研究和制定,对特定目的机构的法律地位、性质和经营范围以及证券发行、二级市场转让、监管等核心问题作出明确规定。

---

① 原晓青、杨永波:《在中国实施资产证券化的障碍分析》,载《海淀走读大学学报》2004年第3期。

第十四章
知识产权合同

第一节 知识产权合同概述

一、知识产权合同的概念和特点

（一）知识产权合同的概念

我国尚未对知识产权合同进行专门立法。在三大合同法并行的时代,《技术合同法》以及相关实施条例和细则成为规范专利等技术许可合同的专门法律。随着1999年我国《合同法》颁布,合同法实现了统一。《技术合同法》以及相关解释被废止,《合同法》单设"技术合同"一章。由此看来,知识产权合同立法不但没有得到加强,反而被削弱了。郑成思先生在《〈合同法〉与知识产权法的相互作用》[①]一文中明确使用了"知识产权合同"这一概念。笔者认为,知识产权合同是指自然人之间、法人之间以及自然人与法人之间,就知识财产的创造或者知识产权的转让和许可而达成的债权债务关系的协议。

（二）知识产权合同的特点

第一,知识产权合同的主体。知识产权合同的主体具有广泛性,凡是一切法人、自然人、其他组织都可以成为知识产权合同的主体。知识产权合同的一方主体应为知识财产的权利人,或者有能力从事知识财产开发的人。

第二,知识产权合同的客体为知识财产。知识产权合同是围绕知识财产进行的,是关于知识财产的开发或者知识产权的转让和许可的合同。具体讲,知识产权合同涉及所有具体知识产权和一般知识产权,包括著作、专利、商标和注册

---

① 参见郑成思:《〈合同法〉与知识产权法的相互作用》,载《法律适用》2000年第1期。

商标、商业秘密和非物质文化遗产等。这说明知识产权合同和一般民事合同不同,涉及的客体为知识财产,权利为知识产权。

第三,知识产权合同的内容。知识产权合同的内容涉及知识产权开发、知识产权转让和知识产权许可三大类。因此,知识产权合同又可以分为知识产权开发合同、知识产权转让合同、知识产权许可合同。

第四,知识产权合同是双务有偿合同。知识产权合同是一种双务合同,当事人双方互负义务。同时,知识产权合同为有偿合同,当事人获得一方的知识财产,以支付对价为条件。

第五,知识产权合同是双方当事人达成的债权债务关系的协议。在知识产权合同的定义上,笔者把知识产权合同界定为"债权债务关系"。而我国《合同法》在起草过程中,关于把合同界定在"债权债务关系"之内,还是界定在"民事权利义务关系"之内,一直存在争论。[①]《合同法》最终选择了"民事权利义务关系"。这为物权行为和知识产权行为的存在在《合同法》上留有了空间。这里的知识产权合同仅属于债权债务关系,而不包括知识产权合意和登记等知识产权行为。因此,依据知识产权合同仅能设定债权,而不能发生知识产权变动的直接效果。

【案例】 某甲拥有"内燃火道采暖炊事两用炉"实用新型专利权,与某乙订立合作开发合同,谋求开发专利产品。合作开发合同约定:(1)双方组建联合体,生产专利产品。(2)某甲的专利权由某甲和某乙在北京实施。(3)某甲提供专利权以及配套技术;某乙提供场地、设备和资金。随后产品进行了生产,但双方因利润分配发生纠纷,某甲遂提出终止合同,某乙不同意。某甲遂以某乙未完全履行合同为由,诉至人民法院,要求确认合作开发合同无效,并判令某乙禁止使用该技术,并赔偿经济损失20万元。一审法院经审理判决,某甲和某乙签订的合作开发合同终止履行;某乙向某甲支付专利使用费,并停止使用某甲提供的专利技术与配套技术。一审法院判决后,某乙上诉。二审法院经审理判决,撤销一审判决,并驳回某甲之诉讼请求。理由是,某甲与某乙签订的合同名为合作开发合同,实为合伙合同,是关于合作开发专利产品的个人合伙合同。一审法院以专利技术实施许可法律关系来处理欠妥,故按照个人合伙合同的规定依法改判。笔者认为,该案的关键是区分合伙合同,还是知识产权合同。首先要厘清该案的法律关系,区分知识产权合同和一般民事合同(合伙合同)。某甲和某乙订立合同的目的是开发专利产品,某乙的出资形式为场地、设备和资金,而某甲的

---

① 参见郑成思:《〈合同法〉与知识产权法的相互作用》,载《法律适用》2000年第1期。

出资形式为专利权许可(用益知识产权)。可见双方订立合同的目的并不是知识产权许可合同,而是设立个人合伙的合同。因此,某甲和某乙二人之间的关系为个人合伙合同关系,双方纠纷应当按个人合伙合同处理。[①]

二、知识产权合同与《合同法》

(一)关于知识产权合同是否纳入我国《合同法》的争论

从1995年3月出台的合同法"专家建议稿",以及1995年7月出台的全国人大法工委的合同法"试拟稿"来看,二者都包括了一大部分版权合同、商标合同和专利合同的内容。但颁布的《合同法》却在"分则"部分中,除规定了技术合同之外,几乎排除了其他所有知识产权合同。我国九届全国人大二次会议关于《合同法》的说明中,这样解释这个原因:《合同法》中第123条规定"其他法律对合同另有规定的,依照其规定",这条规定几乎等于将知识产权合同交还给了知识产权法。但由于种种原因,《合同法》还是保留了"技术合同"。但是,《合同法》第355条规定:"法律、行政法规对技术进出口合同或者专利、专利申请合同另有规定的,依照其规定。"根据该规定,不仅其他法律有规定的,即便是行政法规另有规定的,技术合同也适用其他规定。这被认为,在实质上把专利合同从分则中"摘"了出去,比其他知识产权合同更彻底。[②]

由此看来,鉴于知识产权合同的特殊性,除涉及技术的知识产权合同外,其他所有知识产权合同都被排除在《合同法》之外。但知识产权合同毕竟为合同的一种,在知识产权法没有规定的情况下,应类推适用《合同法》的规定,尤其是《合同法》总则的规定。"《合同法》中虽未包含多数知识产权合同(而且将来即使补充分则,也未必补入),但《合同法》总则中的大多数原则(即除去显然只适用于有形物交易或服务贸易的外),仍然适用于知识产权合同。"[③]我国《合同法》第124条规定:"本法分则或者其他法律没有明文规定的合同,适用本法总则的规定,并可以参照本法分则或者其他法律最相类似的规定。"

(二)技术合同的概念与分类

1. 技术合同的概念。我国《合同法》分则第18章对我国原《技术合同法》的内容进行了修正和补充,对"技术合同"作出了较为详尽的规定。《合同法》第18章内容涉及技术合同概念、内容、职务技术成果的归属、技术合同的无效具体规

---

① 案例来自罗东川:《技术合同法条文释义与案例评析》,http://www.chinaiprlaw.com/flfg/flfg1.htm,2008年8月8日访问。
② 参见郑成思:《〈合同法〉与知识产权法的相互作用》,载《法律适用》2000年第1期。
③ 同上。

则,并对技术开发合同、技术转让合同、技术咨询合同和技术服务合同以及当事人的权利义务、违约责任等内容作了具体规定。根据《合同法》第322条规定,技术合同是当事人就技术开发、转让、咨询或者服务订立的确立相互之间权利和义务的合同。

2. 技术合同的分类。我国《合同法》以技术合同的内容为标准对技术合同进行了分类,这个分类被称为立法分类。根据技术合同的不同内容,我国《合同法》第18章分别规定了"技术开发合同"、"技术转让合同"、"技术咨询合同和技术服务合同"。这个分类标准的意义在于,不同的技术合同适用的具体规则不同。学理上,笔者以技术合同有无"标的物"为标准将技术合同分为两类:一类是以技术成果为标的物的技术合同,一类是仅以行为为标的而无标的物的技术合同。"技术开发合同"、"技术转让合同"属于以技术成果为标的物的技术合同,"技术咨询合同和技术服务合同"属于仅以行为为标的的技术合同,在这类合同中,并无标的物存在。以标的的性质为标准,可以将技术合同分为以知识财产为标的的技术合同和以行为为标的的技术合同。合同标的是指合同当事人权利义务指向的对象,如房屋、知识财产等。从字面上理解,技术合同中当事人权利和义务所指向的对象应该是"技术"。但从法律角度看,事实并非如此简单。技术开发合同、技术转让合同中当事人的权利义务指向了一种具体的技术,但技术咨询和服务合同则不然,在这类合同中,当事人的权利和义务并不指向某种具体的物或者知识财产,而仅仅是提供咨询和服务的行为而已。提供技术咨询和服务,往往是公有技术,而非知识财产。而公有技术是不能交易的,但针对具体问题提供公有技术的服务行为,却是可以交易的。因此,对于技术咨询和服务合同而言,如果认为它有标的物,并且标的物为技术,那么会导致合同的无效,至少是可能被撤销。从学理上看,技术咨询和服务合同也并不是提供技术的合同,往往是提供一种意见,在很多时候并不需要说明理由。这个分类的法律意义在于,以技术成果为标的物的技术合同属于知识产权合同;仅以行为为标的的技术合同不属于知识产权合同,而仅仅是一般的债权合同。

【案例】 这是在20世纪80年代曾经流传一时的一个案例。某厂进口的一台机器坏了,怎么都修不好,最后请了一位外国工程师来修理。但见该老兄左瞅右瞧,沉思片刻,随即拿起粉笔,果断地在机器上划了一道线,称在此处将线圈去掉若干即可。试之果然,工程师也就依约收取了修理费一万美金。有人质疑,划一道线就收一万美金,这忒贵了!工程师答:划一道线,收一美金,知道在哪儿划线,收九千九百九十九美金。

这就是一个典型的技术服务合同的案例。有学者认为"知道在哪儿划线,就变成了know-how",这值得推敲。在这个合同中,并不存在所谓的know-how。如果认定该合同的标的物为know-how,则需要外籍工程师向该工厂提供详细的技术方案,而该外籍工程师实施的却只是"提供技术的行为",因此他并不需要向该厂提供解决问题的技术方案。但是该案中,无论该工程师是依据商业秘密、专利技术、还是专利申请技术以及公有技术,该工程师的技术提供行为均有效。① 这个案例既说明了技术服务合同的标的是提供技术行为,也说明了提供技术的行为和提供知识财产的区别。②

(三)技术合同的标的

由于技术合同涵盖范围广,类型复杂,导致人们对技术合同标的认识也不一致。就技术合同标的的认识已经形成了多种观点,较有代表性的是技术说、技术成果说、提供技术的行为说。

1. 技术说。技术说认为技术合同的"标的物"为技术。该说认为技术是一种特殊商品,它可以满足人们生产、生活的需要,具有使用价值,可以进行交换。技术也是一种智力劳动成果,与一般物权不同,具有无形财产的特点。例如,作为技术合同中的技术秘密,权利人对其不享有物的所有权,而仅享有该项技术秘密的使用权和转让权。③ 还有人基于此提出科学技术说,认为技术合同的"标的物"不仅包含技术而且也包含科学。这种主张认为,技术咨询合同的标的既有技术问题,也有科学问题,因此科学和技术都是技术合同的标的。但从立法规范技术合同的直接目的来看,是对技术的开发、转让和许可、服务等进行规范,并不涉及科学。技术说将技术合同的标的界定为技术,但大部分技术咨询合同和技术服务合同是以公有技术为客体的,那么是否意味着这些合同会存在欺诈而无效呢?因为根据民法基本原理,重大误解(误将公有技术认为是私有技术)可以撤销合同。因此,技术说有着较为明显的不足。

2. 技术成果说。技术成果说影响最大,认为技术合同的"标的物"为技术成果。2004年12月24日公布的最高人民法院《关于审理技术合同纠纷案件适用法律若干问题的解释》(以下简称《解释》),并于2005年1月1日起施行。该《解释》秉承了合同法总则对分则的指导精神,在这个前提下,寻求技术合同的特殊性解决方案,并注意保持了与TRIPS协议和国际惯例的一致性。《解释》起

---

① 值得注意的是,即便是他人的专利技术、专利申请技术,技术服务方也是可以自由进行咨询和服务。否则就妨碍了技术的传播。但除权利人外,其他任何人都无权实施和转让。
② 参见金海军:《知识产权的界线划在哪里——〈知识产权法的经济结构〉再读记》,载《电子知识产权》2005年第12期。
③ 罗东川:《技术合同法条文释义与案例评析》,http://www.chinaiprlaw.com/flfg/flfg1.htm,2008年8月8日访问。

草的实体法依据,是《合同法》和《专利法》,该《解释》草案由最高人民法院民三庭(知识产权庭)拟定,由最高人民法院审判委员会讨论通过。该《解释》第1条规定:"技术成果,是指利用科学技术知识、信息和经验作出的涉及产品、工艺、材料及其改进等的技术方案,包括专利、专利申请、技术秘密、计算机软件、集成电路布图设计、植物新品种等。"就本质而言,技术成果应当是一种技术方案,不包含技术内容的其他智力创造成果(如作品)。技术成果与知识财产是交叉概念,许多技术成果可以申请专利权,如果被授权,则成为专利技术;许多技术成果本身就是商业秘密中的技术秘密,是知识财产的一种,但也有许多技术成果已经进入公有领域,是公有技术,不是知识财产。虽然《解释》对技术成果进行了详细的界定,但这并不意味着《解释》认为技术合同的标的就是技术成果。相反,它从未作出这样的解释,但它也并没有对此作出任何否定。正是由于司法解释上的含糊,导致理解上的分歧。技术成果说与技术说无论在标的的性质上还是范围上,并无区别,只是强调了技术合同的"标的物"应该为一种成果。"技术成果是一种无形财产,是技术合同的重要标的"[1],但不是全部。

3. 提供技术行为说。提供技术行为说主张技术合同的"标的"既不是科学,也不是技术,也不是技术成果,更不是技术商品,而是提供技术的行为。这种观点认为,只有行为才是技术合同的标的。"标的"这个概念多用于民事诉讼法,指当事人之间纠纷所指向的实体法律关系或者请求法院裁判的对象。[2] 在民法领域,一般认为标的和客体同义,至少没有区分的功能和必要。所谓标的,又称民事客体,是指作为法律关系内容的民事权利和民事义务共同指向的对象或者主体之间得以形成法律关系内容的目标性事物。[3] 一般认为民事法律关系客体包括物、行为、人身利益和知识财产。标的物和标的(客体)不是一个概念,是指具体的事物,比如主体权利义务所指向的"物"和"知识财产"。我国《合同法》第133条:"标的物的所有权自标的物交付时起转移,但法律另有规定或者当事人另有约定的除外。"这里的标的物仅指物权法上的"物",因为有"所有权"这个概念在先。每一个法律关系都有客体(标的),但是不一定有"标的物"。例如,在知识产权许可合同中,客体(标的)是许可人和被许可人之间因知识产权许可而发生的关系,而在这种情况下,"标的物"是合同项下的知识财产。但在技术咨询合同中,客体(标的)是咨询方和被咨询方之间因技术咨询而发生的关系,而

---

[1] 陈永辉:《最高人民法院民三庭庭长蒋志培就〈关于审理技术合同纠纷案件适用法律若干问题的解释〉答记者问》,http://www.51zy.cn/366913065.html,2008年8月15日访问。
[2] 参见江伟、徐继军:《民事诉讼标的新说——在中国的适用及相关制度保障》,载《法律适用》2003年第5期。
[3] 参见龙卫球:《民法总论》,中国法制出版社2001年版,第127页。

在这种情况下,"标的物"并不存在。因此,提供技术行为说是符合传统民法的客体理论的。但不能因此否认技术合同存在"标的物",如专利、商标等。笔者认为,技术合同的标的为"提供技术的行为"。在技术合同中,有一部分技术合同是有知识财产的,如专利和作品等,而一部分技术合同是没有知识财产的,如技术咨询合同。

(四)技术成果概说

1. 技术成果的概念。技术成果,是指利用科学技术知识、信息和经验作出的产品、工艺、材料及其改进等技术方案,包括专利、专利申请、技术秘密和其他能够取得知识产权的技术成果(如植物新品种、计算机软件、集成电路布图设计和新药成果等)。

2. 技术成果的外延。2004年最高人民法院《关于审理技术合同纠纷案件适用法律若干问题的解释》以开放式的规定对技术成果的外延进行了列举:专利、专利申请、技术秘密、计算机软件、集成电路布图设计和植物新品种等6种技术成果。(1)专利技术。专利是指经国家主管行政机关审查批准而授予专利权的技术,包括发明、实用新型和外观设计。专利技术是专利法保护的客体,也是知识产权合同的客体。(2)专利申请。该《解释》将专利申请单列,理由是"已经申请专利但尚未获得授权的技术特别是处于专利临时保护期的技术,既不属于技术秘密又不是专利,是一种处于特定阶段的有特殊法律意义的技术成果"[①]。(3)技术秘密。技术秘密又称专有技术(know-how),是指专利技术以外的实用的、能产生商业价值的秘密的技术。《解释》第1条第2款规定:"技术秘密,是指不为公众所知悉、具有商业价值并经权利人采取保密措施的技术信息。"这个界定采取了三要件说,实际上是改变了我国《反不正当竞争法》第10条和《刑法》第219条确认商业秘密的构成要件的四要件说主张,将"能为权利人带来经济利益、具有实用性"两个要件,统一规定为"具有商业价值"。商业秘密保护法保护的客体,是知识产权合同的客体。(4)计算机软件。我国《计算机软件保护条例》第2条规定:"计算机软件(简称软件,下同)是指计算机程序及其有关文档。"计算机软件主要是著作权保护的客体。(5)集成电路布图设计。集成电路布图设计是TRIPS协议规定的知识产权保护对象之一。我国《集成电路布图设计保护条例》第2条规定:"集成电路布图设计(以下简称布图设计),是指集成电路中至少有一个是有源元件的两个以上元件和部分或者全部互连线路的三维配置,或者为制造集成电路而准备的上述三维配置。"根据我国现行法的规定,

---

① 中林:《技术合同法条文释义与案例评析》,http://www.chinaiprlaw.com/flfg/flfg1.htm,2008年8月8日访问。

集成电路布图设计专有权是一种新型的知识产权。布图设计权利人享有下列专有权:第一,对受保护的布图设计的全部或者其中任何具有独创性的部分进行复制;第二,将受保护的布图设计、含有该布图设计的集成电路或者含有该集成电路的物品投入商业利用。① (6) 植物新品种。和集成电路布图设计一样,植物新品种也是由知识产权专门法进行保护的。我国《植物新品种保护条例》第2条规定:"本条例所称植物新品种,是指经过人工培育的或者对发现的野生植物加以开发,具备新颖性、特异性、一致性和稳定性并有适当命名的植物品种。"建立知识产权专门法保护植物新品种的目的在于保护植物新品种权,鼓励培育和使用植物新品种,促进农业、林业的发展。②

还有观点认为,我国《合同法》规定的技术成果包括"公有技术"。所谓公有技术,是指已经丧失了专利技术的新颖性和专有技术的秘密性而为公众所知的技术。公有技术不是知识产权法保护的客体,但却可以和技术咨询行为相结合,成为技术咨询合同的客体。值得注意的是,公有技术和行为结合后,性质被行为所吸收,因此技术咨询合同的标的为行为,而不是公有技术。因此,可以说,我国《合同法》确立的技术合同,有的是以技术成果为标的物,有的则没有标的物,仅有行为。

三、知识产权合同与技术合同的比较

知识产权合同和技术合同是两个交叉概念。关于商业秘密和专利技术的开发、转让和许可合同,既可以称为知识产权合同,也可以称为技术合同。但是知识产权合同和技术合同有着明显的区别:

第一,标的性质不同。知识产权合同的标的为知识财产,是一种和"物"一样,独立于人之外的财产;而技术合同的标的,既可以是独立于人之外的"技术",又可以是人的行为。在技术咨询和技术服务合同中,标的即为行为,是咨询行为。在这种咨询中,往往提供的是公知技术,而不是"新技术"或者"私有技术"。③ 技术合同的标的技术,并不必然受到知识产权法的承认,也就是说,技术和知识财产是两个不同性质和范畴的概念。技术这个概念无论是从内涵上还是外延上都涵盖了公有技术,而知识产权的客体是无论如何都排除公有技术的,因

---

① 参见《集成电路布图设计保护条例》第7条。
② 参见我国《植物新品种保护条例》第1条。
③ 如果将技术咨询合同的标的认定为技术而不是行为,则会导致诸多技术咨询合同因面临标的为公知技术而构成"欺诈",从而导致合同无效。但事实并非如此,技术咨询合同有着十分有用的积极作用,没有人会真的怀疑它的效力。只是技术咨询合同的标的是行为,是信息提供行为,而不是技术。如果一味认为凡是技术合同的标的都是技术,则只能导致技术咨询合同无效的荒谬结论。

为公有技术不能成为技术合同的客体。

第二,标的范围不同。一方面,知识产权合同的标的为知识财产,分为作品、专利、商标、商业秘密和非物质文化遗产;而技术合同的标的仅涉及受专利法保护的客体和商业秘密法保护的部分客体,不能涵盖著作权许可和商标权许可合同。另一方面,技术合同还包括了对公知技术的提供,如技术咨询合同。

第三,宗旨不同。知识产权合同的概念明确指向知识财产,而技术合同的概念则指向技术,并不一定指向知识财产,但凡关于技术的合同就可以称之为技术合同,在范围上都涵盖了提供公知技术的服务的行为。与技术合同相比,知识产权合同是一个鼓励创新的法律概念,并且和知识产权战略相吻合,笔者主张应广泛使用知识产权合同概念。

第二节 知识产权合同的订立与内容

一、知识产权合同的订立原则

知识产权合同的订立,应遵守民法的基本原则、财产法的共有原则和知识产权法的特有原则。除此之外,还应该遵守在订立阶段的特有原则:促进科学技术进步原则、利润分享原则、合理原则和禁止反悔原则。

(一)促进科学技术进步原则

促进科学技术进步原则是当事人知识产权合同的订立原则。我国《合同法》确立了订立技术合同的促进科学技术进步原则。促进科学技术进步原则是指当事人订立知识产权合同应遵循有利于科学技术的进步,加速科学技术成果的转化、应用和推广的原则。知识产权合同的直接目的在于知识财产的取得、变动和许可,国家建立知识产权合同制度的目的之一即是在于在一定程度上推动由技术向知识产权的转变。因此,当事人订立知识产权合同,应当有利于推动科学和技术的进步,促进科学和技术与产业的结合,有利于新的知识产权的形成。《合同法》第323条规定:"订立技术合同,应当有利于科学技术的进步,加速科学技术成果的转化、应用和推广。"这个规定与我国《科学技术进步法》确立的促进科技进步的宗旨相吻合。我国2008年通过的《国家知识产权战略纲要》也重申了促进科学技术进步的理念。《合同法》确立促进科学技术进步原则的基本目的在于鼓励和引导开创新的知识财产,并在科学技术创造和产业之间架起一座桥梁,促使科学和技术成果转化为生产力。

在知识产权合同中,贯彻促进科学技术进步原则的重要作用还在于,避免以公知技术实施转让或者许可的欺诈行为的发生。作为知识产权合同的基本原则,但凡与此违背的合同均无效。

【案例】 某厂与某研究所就"柴油添加剂生产技术"订立技术转让合同。某厂向某研究所支付技术转让费15万元。某研究所也向某厂交付了技术资料等,并派有关技术人员到有关部门进行指导。但在合同实施过程中,购买者对产品反映不良,造成产品大量退货和积压,给该厂造成经济损失。经查,某研究所提供的技术被有关部门鉴定为淘汰技术,在产业上禁止使用。某厂遂诉至人民法院:请求法院确认技术转让合同无效;判令被告返还技术转让费和赔偿经济损失。法院判决该技术转让合同无效,某研究所应将15万元技术转让费退回某厂,并赔偿某厂经济损失10万元。

本案中,某研究所提供的技术,不是专利技术,而是公知技术,并且是被禁止使用的淘汰技术。从合同标的上看,转让或者许可公知技术的合同,因涉嫌合同欺诈而无效;而转让或者许可淘汰技术的合同,因标的违法而无效。①

(二) 利润分享原则

在确定转让费和许可费方面,应遵从利润分享原则。知识产权人处于事实垄断地位,知识产权的转让费和许可费往往是由知识产权人确定的。因此,法律有必要规定知识产权许可费的确定原则。利润分享原则为确定知识产权转让费和许可费的确定原则。麻省理工学院的马丁·魏茨曼曾提出分享工资理论,以促进工人工作积极性,从而实现企业和工人的双赢。分享工资,是指工人的工资与企业的经济效益指标挂钩、随经济效益水平而同比例增减的劳动报酬制度。分享经济增长的红利、分享企业发展的好处,已经成为西方民众的基本共识。目前,分享工资理论已经发展成为主流的工资理论。在知识产权许可中,保障知识产权的实现,促进他人利用知识产权的积极性和工人的工资与企业的效益一样,是可以调和的一组矛盾。这个调和的工具就是利润分享。所谓利润分享原则是指在知识产权许可中,转让费和许可费的确定应坚持知识产权人和被许可人共享知识财产实施所获得利润的原则。1987年颁布的《上海市专利许可合同管理办法》第15条规定:"使用费的支付应本着利润分享的原则,根据研制成本、技术难易程度、合同种类、实施后预计产生的经济效益等因素,由当事人双方协商议定。"值得注意的是,这里的"利润"不应该是被许可人从事生产的全部净利润,而应该是被许可人使用知识产权人的知识财产从事生产的全部净利润减去被许可人没有使用知识产权人的知识财产从事生产的全部净利润得到的数额。

---

① 案例来自罗东川:《技术合同法条文释义与案例评析》,http://www.chinaiprlaw.com/flfg/flfg1.htm,2008年8月8日访问。

知识产权人应该在这个数额范围内,实现和被许可人的利润分享,否则将产生过高的许可费用,可能受到反垄断法的规制。

(三) 合理原则

对知识产权合同的条款,应符合合理原则,禁止不合理的限制条款出现。1995年,美国司法部和联邦委员会联合发布了《知识产权许可的反托拉斯指南》,针对知识产权许可行为可能引起的反垄断行为,表明了鲜明的规制态度。首先,应将限制行为分为"本身非法"和"可能违法"。其次,应根据"合理原则"对限制行为进行分析,是否合理的判断标准为:(1)专利许可中的有关规定必须是依附于专利许可协议中的合理的主要目标;(2)限制范围不能超过为达到一定目的所必需的合理范围。① 根据合理原则,"限制出口地区"、"限制出口价格"或者"限制原料来源"等做法被认为是"不合理的",是反垄断法规制的对象。根据我国法律的精神和知识产权实践的具体情况,笔者认为,知识产权许可中,不合理的限制条款主要有:

1. 要求被许可方接受同实施知识财产无关的附带条件,如搭配销售;

2. 在法律许可以及与被许可知识财产不相冲突的情况下,限制被许可方对许可实施的知识财产进行发展和改进;

3. 双方交换改进知识财产的条件不对等;

4. 限制被许可方销售使用知识财产制造的产品的渠道、数量及价格;

5. 要求被许可方在知识产权失效后,继续支付许可费。

上述不合理限制条款,在知识产权许可合同中属于无效条款,但是,其无效一般不影响合同其他内容的效力。

(四) 禁止反悔原则

允诺禁反言原则是英美法系衡平法上发展出来的一个合同法原则,目的在于弥补传统合同法的不足,确立没有约因的允诺以法律效力。允诺禁反言原则(Promissory Estoppel)是指合同当事人应该坚守诺言,不得反悔。该原则是1947年英国大法官丹宁(Lord Denning)所确立的。在一个判决中,丹宁在判决书中阐述了"允诺禁反言"制度的基本要求,判断是否应该贯彻该原则,应该看以下几个方面的情况:允诺、信赖、损害、正义。美国《第二次合同法重述》第90条规定,允诺禁反言的构成要件为:第一,允诺人能够合理预测到允诺能引起受允诺人或第三人的行为或负担;第二,受允诺人或者第三人切实地实施了此种行为或负担;第三,允诺人不履行允诺将导致不公。满足以上三个条件的允诺,均应得

---

① 王先林:《若干国家和地区对知识产权滥用的反垄断控制》,载《武汉大学学报(社会科学版)》2003年第2期。

到履行。①

知识财产的本质为思想,因此,在知识产权许可合同中,知识产权人一旦履行了合同,提供了知识财产,并进行了必要的技术指导,被许可人就掌握了该知识财产。此时,如果被许可人反悔,则知识产权人实施许可的目的落空。在知识产权合同中,不允许允诺人对已使受诺人产生信赖的诺言进行反悔。一般适用于以下两种情形:一种是当事人签订知识产权合同,但签订后不进行知识产权转让或者许可登记。按照知识产权行为理论,在上述情形中,知识产权转让合同虽成立有效,但由于没有知识产权行为,知识产权转让不发生;而在知识产权许可中,学理认为,唯有普通许可可以生效,不以登记为要件,而实践中,即便是普通许可,也往往被要求履行备案登记手续。《上海市专利许可合同管理办法》第18条规定:"专利许可合同的许可方应在合同生效后3个月内,向上海市专利管理局提交合同文本一式两份,并填写专利许可合同备案登记表,由上海市专利管理局报送中国专利局备案。已申请专利技术的许可合同,按前款规定,办理临时备案登记手续,专利申请被批准后再另行补办备案手续。"并不对是独占许可、排他许可和普通许可加以区别对待,无论是何种形式的许可,均应履行登记备案。如果存在两个内容相同的知识产权许可合同,如果根据合同内容判断两个合同构成矛盾的,那么履行登记备案的效力高于没有履行手续的。

另一种是被许可人实际掌握知识财产后,即提出解除合同。被许可人可能出于自己的利益,在实际掌握知识财产之后,要求解除合同,这样可以免除嗣后的知识产权许可费用。这种情形也是禁止反悔原则加以限制的。

根据禁止反悔原则,知识产权当事人签订知识产权合同后,应该主动履行备案登记手续,即履行备案登记手续,完成"允诺"是当事人的法定义务。我国《合同法》仅在赠与合同中规定了禁止反悔原则,范围十分有限。作为一个法律制度,禁止反悔原则应明确在合同法总则加以规定,适用于一切类似合同关系,如知识产权合同。但这并不意味着知识产权合同的所有内容都当然有效,并应该得到贯彻和执行,如果被许可人对许可合同提出合理质疑,也可以通过协商或者法定程序解除合同,或者撤销合同,或者宣告合同无效。

二、知识产权合同的订立方式

根据《合同法》总则的规定,知识产权合同的订立的主要方式是要约和承诺,按照《招标投标法》的规定,符合条件的知识产权项目应该进行招标投标。

---

① 付春明、李晓琳:《英美合同法上的"允诺禁反言"原则及其对我国的借鉴》,http://www.soulw.com/Html/jingjifa/165840898.html,2008年8月20日访问。

(一) 要约和承诺方式

从合同的订立过程看,一般需要经过要约和承诺两个阶段,知识产权合同也不例外。

1. 要约与要约邀请。要约是指当事人一方向另一方提出的订立知识产权合同的意思表示。提出要约的一方,称为要约人,接受要约的一方,称为受约人。要约的构成要件如下:第一,内容具体确定;第二,表明经受要约人承诺,要约人即受该意思表示约束。[①] 要约邀请是希望他人向自己发出要约的意思表示。寄送的价目表、拍卖公告、招标公告、招股说明书、商业广告等为要约邀请。商业广告的内容符合要约规定的,视为要约。[②]

2. 承诺。承诺是指受要约人同意要约的意思表示。承诺的法律效力在于,承诺一经到达要约人,合同即告成立。承诺应当具备以下要件:(1)承诺须由受要约人向要约人作出;(2)承诺须在规定的期限或合理期限内到达要约人;(3)承诺须与要约在实质性内容上一致;(4)承诺须表明受要约人决定与要约人订立合同;(5)承诺的方式必须符合要约的要求。如果要约中明确要求承诺必须以一定方式作出的,则承诺人应遵从这个要求以特定方式作出承诺;如果承诺人未遵守上述形式要求,则不构成有效的承诺。如果要约没有规定承诺的方式,则应遵从交易习惯和惯例确定承诺的方式。受要约人可以通过口头或书面(包括数据电文)的方式表示承诺;也可以行为方式表示承诺。《合同法》第22条规定:"承诺应当以通知的方式作出,但根据交易习惯或者要约表明可以通过行为作出承诺的除外。"

承诺期限是受要约人作出承诺的有效期间。承诺的期限可分为两种:一种是要约规定了承诺期限的,一种是要约未规定承诺期限或者未规定要约有效期的。第一,要约规定了承诺期限的。要约规定了承诺期限或者要约的有效期限的,受要约人应当遵守。《合同法》第23条第1款规定,承诺应当在要约确定的期限内到达要约人。第二,要约未规定承诺期限或者未规定要约有效期的。《合同法》第23条第2款规定,要约没有确定承诺期限的,要约以对话方式作出的,应当即时作出承诺,但当事人另有约定的除外;要约以非对话方式作出的,承诺应当在合理期限内到达。关于逾期承诺,《合同法》第28条规定,要约人在接到该种承诺时,如果及时通知承诺人承认该承诺有效的,合同成立。如果要约人接到逾期承诺后未通知承诺人该承诺有效的,则只能作为新的要约,而不发生承诺的效力。若承诺在承诺期限内作出,但因在途期间耽误的,为承诺迟到。《合

---

① 参见《合同法》第14条。
② 参见《合同法》第15条。

同法》第 29 条规定:"受要约人在承诺期限内发出承诺,按照通常情形能够及时到达要约人,但因其他原因承诺到达要约人时超过承诺期限的,除要约人及时通知受要约人因承诺超过期限不接受该承诺的以外,该承诺有效。"

承诺一经生效,合同即为成立。承诺可以撤回,但承诺的撤回必须在承诺生效前或与承诺同时到达,才能有效。

(二) 招标与投标方式

知识产权项目招标投标合同,是指招标人为获得某项知识财产,按照《招标投标法》的规定发标,由投标人的竞争投标而缔结的一种合同。根据我国《招标投标法》第 3 条的规定:"在中华人民共和国境内进行下列工程建设项目包括项目的勘察、设计、施工、监理以及与工程建设有关的重要设备、材料等的采购,必须进行招标:(1) 大型基础设施、公用事业等关系社会公共利益、公众安全的项目;(2) 全部或者部分使用国有资金投资或者国家融资的项目;(3) 使用国际组织或者外国政府贷款、援助资金的项目。"但凡作为上述项目或者其一部分的知识产权合同,均应采取招投标方式签订合同。

知识产权项目招标,是指订立知识产权合同的一方当事人采取招标公告的形式,向不特定人发出的,以吸引或邀请相对方发出要约为目的的意思表示。招标人招标的目的在于引起投标人的竞争,从而选择对自己最为有利的投标人和合同内容。关于招标公告的性质,两大法系均认为构成要约邀请。知识产权项目投标,是指投标人按照招标公告的要求,在规定的期间内向招标人发出的以订立合同为目的、包括合同全部条款的意思表示。在法律性质上,投标为要约。

招标人经过开标和评标程序,进入定标阶段。所谓定标,是指招标人通过对投标人的投标进行审查、鉴别、评比、对比、优选及对投标人资格等情况的调查了解而确定中标人。从法律性质上看,定标为承诺。

三、知识产权合同的主要条款

知识产权合同的内容表现为合同的主要条款,是当事人权利和义务的体现,也是当事人履行合同、判断违约责任的主要依据。我国《合同法》第 324 条详尽规定了技术合同的主要内容,参酌这一条的规定,笔者主张知识产权合同的主要内容如下:

(1) 合同名称。合同名称指知识产权合同标的涉及项目的名称,当事人应当准确约定,如著作权转让合同等。

(2) 知识财产的内容、范围和要求。知识产权合同的标的是知识财产。当事人在订立知识产权合同时,应对知识财产作出明确而具体的规定及要求。

(3) 履行的期限、地点和方式。一般而言,履行期限是指提供知识财产一方向相对人提供知识财产的期限。期限的约定应该具体明确,以免发生纠纷;履行地点是指知识财产的提供地。履行方式是指当事人采用提交知识财产的方式和手段。履行方式的确定,与合同标的,即知识财产的属性有关,应根据知识财产的属性,确定适当的履行方式,如对商业秘密的履行应该注重保密。

(4) 与知识财产有关的信息的保密事项。有些知识产权合同所涉及的知识财产的信息,一旦公开对当事人的权益将造成损害,需要对上述信息进行保密的,双方当事人可以在合同中对保密事项、保密范围、保密期限以及违反保密责任等加以规定。

(5) 风险责任的承担。知识产权合同的标的为知识财产,尤其是在知识产权开发合同中,约定的知识财产为开发方负责完成的并于将来提供的智力成果,这势必存在潜在的不能实现或者不能完全实现的危险。就技术开发而言,属于一种探索未知的创造性活动,既有成功的可能,也存在着失败的风险。因此,知识产权合同可以对风险的承担进行约定,明确风险责任。

(6) 知识产权的归属、使用以及收益分成办法。知识产权合同履行的结果可能创造出一项或几项知识财产,当事人应当在合同中约定知识财产的权利归属,和使用方式,以及收益分享办法。

(7) 验收标准和方法。知识产权合同的履行,即为知识财产的提供。在知识产权开发合同中,取得的知识财产是否符合合同的约定,需要进行专业验收。当事人应就验收标准、验收办法以及期限作出明确约定。

(8) 价款、报酬或者使用费及其支付方式。知识产权合同的价款、报酬和转让费以及许可使用费,应由当事人根据意思自治原则和市场的具体情况商定。并可以对费用的支付方式进行具体的规定,可供选择的方式有一次总付、分期支付,或者提成支付等。

(9) 违约金或者损失赔偿的计算方法。知识产权合同当事人可以在合同中约定违约金以及违反合同的损害赔偿的计算办法,可同时约定违约金是否可以与损害赔偿同时适用等具体问题。

(10) 解决争议的方法。知识产权合同当事人可以在合同中约定发生争议时的解决方式(如仲裁)等。

(11) 名词和术语的解释。知识产权合同的标的具有较强的专业性,往往需要在合同文本中就所使用的一些专业名词术语、简化符号和特有概念进行解释,以免引发争议。

上述条款为知识产权合同应当具备的基本条款,但并不要求知识产权合同具备上述条款才有效。但是,知识产权合同,应同时遵守合同法和知识产权法的强行性规定,否则无效。

四、当事人的法定义务

(一) 不得限制技术竞争和技术发展

知识产权合同的内容不得限制技术竞争和技术发展,这是促进科学技术进步原则的要求,是知识产权合同当事人的一项法定义务。我国《合同法》第343条规定:"技术转让合同可以约定让与人和受让人实施专利或者使用技术秘密的范围,但不得限制技术竞争和技术发展。"从知识产权合同看,往往涉及对知识财产使用范围和方式的限制,尤其是知识产权许可合同,但是,这种限制不得限制技术竞争和技术发展,否则合同无效。

【案例】 某化工公司向某农药厂转让一种高效氯氰菊酯制备技术秘密。在化工公司的一再要求下,双方在技术转让合同中规定了在农药厂不得对该项技术秘密做任何技术改进。农药厂在使用过程中,对技术进行了改进。化工公司以农药厂违约为由向法院提起诉讼,要求赔偿损失,被法院依法驳回诉讼请求。理由是该约定妨碍了技术进步,属于违反法定义务而无效的条款。①

(二) 知识产权人的技术指导义务

知识产权合同中的知识产权人应该对相对人进行必要的技术指导,提供必要的技术资料等,帮助被相对人(如被许可人)使用知识财产。知识产权人的技术指导义务,为法定义务,不需要合同约定便成为知识产权许可关系中的内容之一。我国《合同法》第345条规定:"专利实施许可合同的让与人应当按照约定许可受让人实施专利,交付实施专利有关的技术资料,提供必要的技术指导。"

(三) 相对人的保密义务

知识产权人与相对人订立知识产权合同,往往涉及未公开的秘密。有的知识财产本身就是技术秘密或者营业秘密,如商业秘密;有的知识财产的开发过程中的阶段性东西,如创意、研究计划等为秘密性财产。如果相对人随意公开这些秘密,将给知识产权人的开发以及权益带来重大影响。因此,知识产权合同的当事人在订立合同中可以约定相对人承担保密义务。保密义务也是知识产权合同中当事人的法定义务。我国《合同法》第350条规定:"技术转让合同的受让人应当按照约定的范围和期限,对让与人 提供的技术中尚未公开的秘密部分,承担保密义务。"《最高人民法院关于印发全国法院知识产权审判工作会议关于审理技术合同纠纷案件若干问题的纪要的通知》(以下简称"《知识产权审判工作

---

① 蒋志培:《技术合同法条文释义与案例评析》,http://www.chinaiprlaw.com/flfg/flfg1.htm,2008年8月18日访问。

纪要通知》")第 18 规定:"技术合同无效或者被撤销后,当事人因合同取得的技术资料、样品、样机等技术载体应当返还权利人,并不得保留复制品;涉及技术秘密的,当事人依法负有保密义务。"

第三节 知识产权合同的成立与效力

一、知识产权合同的成立

（一）知识产权合同的成立要件

知识产权合同的成立是指知识产权合同因符合一定的要件而被法律认为客观存在。合同成立必须符合法定和约定的构成要件,否则,法律将视其为不成立。知识产权合同也不例外。知识产权合同的成立要件,是指依照法律和当事人约定,构成知识产权合同所必不可少的条件。知识产权合同的成立要件分为实质要件（一般要件）和形式要件（特别要件）。

（二）知识产权合同成立的实质要件

1. 合同成立的实质要件。合同成立的实质要件是指合同成立都需要具备的共同条件。关于合同的实质要件,英美法通常认为包括协议、约因和意向;大陆法系认识并不一致,如依《法国民法典》第 1108 条,合同的成立须具备当事人同意、缔约能力、标的及原因四个条件。然而有的学者认为上述条件实质上是合同的有效条件而不是合同的存在条件。[1] 笔者认为,在确定合同成立要件之前应该对合同的成立与生效加以区分。合同成立的实质要件包括:(1) 当事人确定。存在特定的双方或多方当事人是合同成立的前提条件。(2) 标的确定、可能、妥当、合法。标的确定是指标的的内容是可以确定的,可能是指标的是可以履行的,不是自始不能履行的,妥当是指不违背社会善良风俗和社会公共利益,合法是指合同标的不能违反法律的强制性规范。(3) 意思表示一致,即双方当事人达成合意。

2. 知识产权合同成立的实质要件。知识产权合同的成立须具备如下条件:第一,签订知识产权合同的当事人确定,并且其中一方为知识产权人。第二,订约当事人就知识产权合同主要条款达成一致。第三,合同项下的知识财产确定、可能、妥当、合法。根据我国《合同法》第 12 条第 1 款规定:"合同的内容由当事人约定,一般包括以下条款:(一) 当事人的名称或姓名和住址;(二) 标的;(三) 数量,(四) 质量;(五) 价款或者报酬;(六) 履行期限、地点和方式;

---

[1] 尹田:《法国现代合同法》,法律出版社 1995 年版,第 34 页。

(七)违约责任;(八)解决争议的方法"。当事人就知识产权合同的主要条款达成合意,合同成立。合同欠缺的内容,可以根据《民法通则》第88条的规定加以解释或填补。

(三)知识产权合同成立的形式要件

1. 合同成立的形式要件。合同成立的形式要件,是指依照法律规定或当事人约定,合同成立所必须具备的特定的形式条件。合同成立所必须具备的形式一般是指"要式"。[1] 要式行为是指根据法律的规定或当事人的约定必须具备了一定形式才成立或生效的行为。一般来讲,法律规定的或者当事人约定的形式主要是指书面形式。各国关于合同形式的立法和理论普遍认为,法律行为以何种方式作成,一般采取不要式主义为主,要式主义为辅的原则。合同的形式一般由当事人自由选择,但法律有时因行为本身关系重大,或为了举证的方便,要求必须具备法律规定的形式。所谓的法律规定的形式,就是依法律规定,某种法律行为必须具备的形式。在学说上就是要式主义。法定方式的功能主要有三点:第一,对于法律行为当事人而言:(1)警示作用,使法律行为相对人谨慎作出法律行为,以避免仓促、轻率;(2)证据保全作用,有助于确定法律行为是否成立及其内容。第二,对于第三人而言,有公示作用。有助于第三人知晓某种权利义务关系。第三,对于公益而言,有助于办理登记,提高登记的正确性。[2] 为了实现上述功能,民法规定了不同的法定方式,其中以书面方式为主。一般认为书面就是经过签名的文书,而文书一般认为是具有形体,可以在上面为特定意思内容的表示,具有相当的安全性和可信赖性,尤其重要的是当事人可以在上面签名以达到认证(authentication)的目的。[3] 书面所能履行的传统功能有:(1)保证有形证据和当事人受其意愿约束的存在;(2)有助于当事人注意到缔结合同的后果;(3)提供各方面都可阅读的文件;(4)提供经久不变的文件和交易记录;(5)允许文件复制,以便各方当事人意识到其缔结合同的后果;(6)可通过签名对文件进行认证;(7)提供法院和公力机关可接受的文件形式;(8)固定当事人的意愿,提供记录;(9)以有形的形式存储数据;(10)便于控制和以后的会计审计,税务或法定的要求;(11)在书面作为生效要件的情况下,使法律权利与义务生

---

[1] 有学者认为要物行为也是合同成立的要件。但从立法实践上看,大多数国家将要物作为法律行为的生效要件。本文从之。

[2] 王泽鉴:《民法总则》,作者自刊1983年版,第259页。

[3] Halina S. Dziewit, James M. Graziano and Christopher J. Daley, The Quest for Paperless Office Electronic Contracting: State of the Art Possibility but Legal Impossibility? 5 *Santa Clara Computer & High Technology Law Journal*, Feb, 1989, p.78.

效。① 而根据我国《电子签名法》的规定,一项数据电文也可以成为书面形式,只要它具备了书面形式的功能。该法第 4 条规定:"能够有形地表现所载内容,并可以随时调取查用的数据电文,视为符合法律、法规要求的书面形式。"

2. 知识产权合同成立的形式要件。对于知识产权合同的成立而言,还需要具备形式要件。所谓知识产权合同成立的形式要件是指知识产权合同成立所必需的形式要求或者条件。我国《合同法》第 10 条规定:法律、行政法规规定采用书面形式的,应当采用书面形式。当事人约定采用书面形式的,应当采用书面形式。我国《合同法》关于订立合同的形式要件的要求,适用于一切知识产权合同,包括知识产权开发合同、知识产权转让合同以及知识产权许可合同。根据我国《著作权法实施条例》第 32 条的规定,版权合同应采用书面形式。根据我国《专利法》第 10 条的规定,转让专利权和专利申请权的合同应采书面形式。按照我国《商标法》第 40 条的规定,商标合同应采用书面形式。

书面形式的目的在于督促当事人慎重,并防止反悔和为将来提供履行证明和纠纷解决证据的作用。因此,对于已经履行的知识产权合同,当事人不应主张其因未采取书面形式而不成立。我国《合同法》第 36 条规定:"法律、行政法规规定或者当事人约定采用书面形式订立合同,当事人未采用书面形式但一方已经履行主要义务,对方接受的,该合同成立。"书面形式是合同成立的要件,法律规定或者当事人约定应采用书面形式的合同,未采用书面形式,则合同不成立。因此,签订知识产权合同,是否采用了书面形式,是知识产权合同能否成立的法定要件。

随着社会信息化转型,越来越多的交易在网络空间发生。因此,我国《合同法》第 11 条规定:"书面形式是指合同书、信件和数据电文(包括电报、电传、传真、电子数据交换和电子邮件)等可以有形地表现所载内容的形式。"这个界定直接将数据电文纳入了书面形式,体现了法律对信息技术的接纳和认同。但是,发生于网络空间的数据电文毕竟千差万别,有着不同的形式,因此,我国《电子签名法》对数据电文与书面形式之间的关系进行了规定。该法第 4 条规定:"能够有形地表现所载内容,并可以随时调取查用的数据电文,视为符合法律、法规要求的书面形式。"这就等于将符合一定条件的数据电确认为书面形式。在数据电文的书面形式认定上,应优先适用《电子签名法》的规定,而不是《合同法》。

二、知识产权合同的有效

合同成立与合同有效是两个不同的法律概念。合同成立是指当事人对合同

---

① Guide to Enactment of the UNCITUAL Model Law on Electronic Commerce, para. 48.

的内容达成一致。合同有效是指合同因符合法律规定的有效要件而有效。合同生效即合同产生法律效力。我国《合同法》第44条、第45条和第46条从立法上对合同的成立和有效进行了区分。在大多数情况下,依法成立的合同,即为有效合同,而有效合同自成立时即具备了生效的要件。《合同法》第44条第1款规定:"依法成立的合同,自成立时生效。"因此,人们往往把合同的成立、有效和生效发生混淆。但是合同成立并不等于有效,合同有效也不等于生效。一份已经成立的合同,如果不符合法律规定的有效要件,则不发生法律效力,即无效。有效的合同是否生效,主要取决于当事人双方的约定。知识产权合同的有效要件可以分为实质要件和形式要件。

(一) 实质要件

知识产权合同有效的实质要件有:第一,当事人在订立合同时必须具有相应的缔约能力。限制行为能力人纯获利益的合同,或者与其年龄、智力、精神健康状况相适应而订立的知识产权合同有效。这是因为许多少年和精神障碍者拥有某些天分和特长,甚至常人所不及,因此与其年龄、智力、精神健康状况相适应而订立的知识产权合同为有效,其他属于效力待定,由监护人承认后有效。第二,合同当事人的意思表示真实。第三,合同具有合法性,不违反法律或者不违反社会公共利益。

(二) 形式要件

我国《合同法》第44条规定:"依法成立的合同,自成立时生效。法律、行政法规规定应当办理批准、登记等手续生效的,依照其规定。"这里的生效,应为有效。专利、商标的转让合同,都要求申请及批准;专利、商标的许可合同,又都要求备案。无论备案、批准还是登记,都是以书面形式为基础的。我国《合同法》未整体规定知识产权合同,参照原《中华人民共和国技术合同法实施条例》(《合同法》颁布后废止)第13条的规定精神,笔者主张以下知识产权合同应履行行政审批手续方为有效:第一,列入国家计划或者省、自治区、直辖市计划的重要科技项目订立的知识产权合同,由国务院主管部门或者省、自治区、直辖市主管机关审批。第二,就易燃、易爆、高压、高空、剧毒、建筑、医药、卫生、放射性等高度危险或者涉及人身安全和社会公共利益的技术项目订立的知识产权合同,应遵照国家有关的特别规定,办理审批手续。第三,内容涉及国家安全或者重大利益需要保密的技术订立的知识产权合同,由核定密级的机关审批。

(三) 知识产权合同成立与有效之比较

1. 体现的意志不同。知识产权合同的成立是一个事实,体现的是当事人的意志,合同成立后,并不一定产生法律效力;合同的有效体现的是国家或者说法律对合同的评价。

2. 构成要件不同。知识产权合同的成立的实质要件,是有订约当事人、达成合意。而知识产权合同的有效要件则主要是:当事人有订约能力、意思表示真实、合同合法。除此之外,在形式要件上,知识产权合同的成立和有效也不相同,成立的形式要件主要是书面形式,而有效的形式要件主要是履行批准、备案和登记等手续。

3. 效力及产生的法律后果不同。知识产权合同成立的效力为对当事人产生法律约束力。由于知识产权合同的成立是一个事实判断,合同成立以后,如果当事人对自己的要约与承诺随意撤回,则可引发缔约过失责任。知识产权合同的有效是一个价值判断,即知识产权合同发生法律效力。如果当事人撤回要约或者承诺,或者不履行合同,则发生违约责任。

4. 适用法律不同。知识产权合同的成立,适用《合同法》第2章关于合同的订立的规定;而知识产权合同的有效,则适用《合同法》第3章关于合同效力的规定。

三、知识产权合同的生效与失效

依法成立的合同,可能有效、无效和效力待定。而合同的有效,仅是法律对合同效力状态的一种宏观承认。当事人可以对合同的效力是否对当事人产生作用作出约定,即对合同的生效作出约定,如附条件和附期限的合同。合同是否可以履行,除看其是否成立、有效外,还要看它是否生效。所谓知识产权合同的生效是指知识产权合同效力的切实发生。合同的生效着重在当事人之间发生履行效力。知识产权合同的失效是指有效的知识产权合同效力的丧失。合同的失效和无效不同。一般情况下,合同的无效有溯及力,被确认无效的合同自始无效;合同的失效无溯及力。

当事人对合同的效力可以约定附条件。附生效条件的合同,自条件成就时生效。附解除条件的合同,自条件成就时失效。当事人对合同的效力可以约定附期限。附生效期限的合同,自期限届至时生效。附终止期限的合同,自期限届满时失效。[①]

四、知识产权合同的效力待定

知识产权合同的效力待定,是指知识产权合同已成立,但其效力是否发生尚处于待定的状态。对于知识产权合同的效力待定,有以下两点需要加以阐明:第一,知识产权合同已经成立,不成立的合同不发生效力待定问题。第二,知识产

---

① 参见我国《合同法》第45条、第46条。

权合同的效力处于不确定状态,可能因为第三人的嗣后行为而有效,也可能因之无效。效力待定的合同,与无效合同和可撤销的合同是有区别的。无效合同,自始无效。因此,"效力"已经确定,是确定的"无效"。而就可撤销合同而言,其未被撤销之前,为有效,因撤销而归于无效。所以,无论是否撤销,可撤销合同的效力也是确定的,或者有效,或者无效。效力待定合同的最大特点就是其效力的不确定性,即效力发生与否处于悬而未决的状态。

根据我国《合同法》的规定,知识产权合同的效力待定,可分为三类:

一是限制民事行为能力人订立的知识产权合同。限制民事行为能力人订立的知识产权合同,经法定代理人追认后,该合同有效。这是针对限制行为能力人签订的双务合同,或者与其年龄、智力、精神健康状况不相适应的知识产权合同而言。限制行为能力人签订的上述合同,为效力待定合同,须由法定代理人承认后有效。[①]

二是无权代理人以本人名义订立的知识产权合同。行为人没有代理权、超越代理权或者代理权终止后以被代理人名义订立的合同,未经被代理人追认,对被代理人不发生效力,由行为人承担责任。[②] 法人或者其他组织的法定代表人、负责人超越权限订立的合同,除相对人知道或者应当知道其超越权限的以外,该代表行为有效。[③]

三是无处分权人处分他人知识财产而订立的合同。无处分权的人处分他人财产,经权利人追认或者无处分权的人订立合同后取得处分权的,该合同有效。[④]

五、知识产权合同解释

(一)知识产权合同解释的概念

合同之所以需要解释,是因为语言文字有多义性以及当事人表述的不周延性,不解释难以明了订立合同的真实意思。知识产权合同解释,是指当事人或者有权机关就知识产权合同的内容进行的阐释。

(二)知识产权合同的解释方法

根据我国《合同法》第125条的规定,合同解释的方法包括:文义解释、整体解释、目的解释、习惯解释和诚信解释。《合同法》第41条还规定了格式合同的

---

① 参见我国《合同法》第47条。
② 参见我国《合同法》第48条。
③ 参见我国《合同法》第50条。
④ 参见我国《合同法》第51条。

特殊解释规则。我国《合同法》确立的合同解释方法,适用于知识产权合同。所谓文义解释,是指通过对合同所使用的文字词句进行解释,以确定合同的真实内容的解释方式。整体解释,是指对合同各个条款的解释,不能孤立进行,而是应考虑到条款之间的关系,把个别条款放在整体的背景下进行解释,以探求当事人的真意。目的解释,是指合同所使用的文字或某个条款可能作两种解释时,应采取其中最适合于合同目的的解释。习惯解释,指合同所使用的文字词句有疑义时,应参照有关的习惯和惯例进行解释。诚信解释,是指解释合同应遵循诚实信用的原则。我国《合同法》第 41 条专门规定了格式合同的解释方法:对格式条款有两种以上解释的,应作出不利于提供格式条款一方的解释。[1]

（三）合同"最终解释权"

当事人对合同内容的理解有争议的时候,就必须对合同作出解释。当事人双方的解释意见,都不是最终的解释。法院依据案件事实,对合同作出的司法解释才是最终的解释。因此,法院拥有合同的"最终解释权"。

第四节　知识产权合同的变动与履行

知识产权合同变动包括变更、解除和撤销三种情形。

一、知识产权合同变更

（一）知识产权合同变更的概念

所谓知识产权合同的变更是指知识产权合同当事人对知识产权合同的条款进行增减和修改,即合同内容的改变。

（二）知识产权合同变更的情形

1. 当事人双方协商一致,可变更知识产权合同。但经过批准、备案和登记手续的合同的变更,需要经过同样的手续方为有效。

2. 当事人一方履行合同不符合约定的,相对方有权要求该当事人按照实际履行情况,对合同进行变更。

3. 知识产权合同的审批手续被取消的,应根据具体情况对知识产权合同予以变更。

4. 对于知识产权开发合同而言,无法完全获得预期的知识财产的,知识产权合同可以变更。

---

[1] 参见梁慧星:《合同解释方法与所谓"最终解释权"》,http://www.civillaw.com.cn/article/default.asp? id＝7601,2008 年 8 月 16 日访问。

5. 知识产权合同已经履行了一部分,但是无法继续履行的,可以变更。这种情况的典型是著作权合同中,创作者死亡,但是作品前几集已经上市。面对这个情况,可以进行知识产权合同变更。

6. 因重大误解,或者合同内容显失公平,或有一方当事人的欺诈和胁迫的情况的,知识产权合同可以变更。

二、知识产权合同解除

（一）知识产权合同解除的概念

知识产权合同的解除是指在合同目的无法实现,或者合同履行已经不具有现实意义的情况下,当事人终止合同效力的行为。在一方当事人根本违约的前提下,也应该允许对方当事人解除合同。我国《合同法》第 93 条第 1 款规定:"当事人协商一致,可以解除合同。"

（二）知识产权合同解除的条件

1. 当事人双方协商一致,知识产权合同可以解除。但经过批准、备案和登记手续的合同的解除,需要履行相关手续。我国《合同法》第 96 条第 3 款规定:"法律、行政法规规定解除合同应当办理批准、登记等手续的,依照其规定。"

2. 当事人约定的解除合同的条件成就时,解除权人可以解除合同。根据我国《合同法》第 95 条第 1 款规定:"法律规定或者当事人约定解除权行使期限,期限届满当事人不行使的,该权利消灭。"

3. 知识产权合同当事人一方根本违约,致使对方当事人签订知识产权合同的目的落空,当事人一方有权通知违约方解除合同。根据我国《合同法》第 94 条的规定,根本违约的情形主要有:

（1）因不可抗力致使不能实现合同目的,可以解除合同;

（2）在履行期限届满之前,当事人一方明确表示或者以自己的行为表明不履行主要债务;

（3）当事人一方迟延履行主要债务,经催告后在合理期限内仍未履行;

（4）当事人一方迟延履行债务或者有其他违约行为致使不能实现合同目的。

（三）知识产权合同解除权的行使

根据我国《合同法》第 96 条规定,当事人一方主张解除合同的,应当通知对方。合同自通知到达对方时解除。对方有异议的,可以请求人民法院或者仲裁机构确认解除合同的效力。

（四）知识产权合同解除后果

根据我国《合同法》第 97 条规定,合同解除后,尚未履行的,终止履行;已经履行的,根据履行情况和合同性质,当事人可以要求恢复原状、采取其他补救措施,并有权要求赔偿损失。

三、知识产权合同的撤销

(一) 知识产权合同撤销的概念

知识产权合同的撤销,是指一方当事人行使撤销权,以其单方意思表示而终止合同。享有撤销权的当事人,可以通过单方行为撤销合同,而使合同关系归于消灭。

(二) 合同撤销的主要情形

我国《合同法》第54条规定了合同当事人一方可请求撤销合同的情形:因重大误解订立的;在订立合同时显失公平的;一方以欺诈、胁迫或者乘人之危,使对方在违背真实意思情况订立的合同。

1. 重大误解。重大误解是错误的一种。错误含义广泛,其内容包含了动机错误、内容错误〔意义错误〕、表示错误〔弄错〕、传达错误、受领人错误。[①] 自1986年《民法通则》开始,我国立法及学理均采用"误解"这一概念。根据我国《合同法》第54条及《民通意见》第71条的规定,我国法上可以撤销的错误有以下特征:第一,主观上有构成重大误解的错误才可以主张撤销合同;第二,因错误"造成重大损失";第三,赔偿以过错为前提。

2. 显失公平。显失公平主要表现在酬金或者转让费和许可费方面。知识产权合同的签订应贯彻公平原则,如果酬金或者转让费和许可费显失公平,当事人一方有权请求人民法院或仲裁机构予以变更或撤销知识产权合同。

3. 欺诈和胁迫、乘人之危。我国《合同法》第54条第2款规定:一方以欺诈、胁迫的手段或者乘人之危,使对方在违背真实意思的情况下订立的合同,受损害方有权请求人民法院或者仲裁机构变更或者撤销。

4. 效力待定合同中的撤销权。在效力待定合同中,为了保护善意相对人的利益,法律赋予了一定条件下的善意相对人的撤销权。根据我国《合同法》第47条的规定,限制民事行为能力人订立的效力待定合同,相对人可以催告法定代理人在1个月内予以追认。合同被追认之前,善意相对人有撤销的权利。撤销应当以通知的方式作出。我国《合同法》第48条规定,行为人没有代理权、超越代理权或者代理权终止后以被代理人名义订立的效力待定合同,相对人可以催告被代理人在1个月内予以追认。合同被追认之前,善意相对人有撤销的权利。

[①] 参见〔德〕迪特尔·梅迪库斯:《德国民法总论》,邵建东译,法律出版社2001年版,第567—571页。

撤销应当以通知的方式作出。

（三）合同撤销权的行使

我国《合同法》第 55 条规定,有下列情形之一的,撤销权消灭:第一,具有撤销权的当事人自知道或者应当知道撤销事由之日起 1 年内没有行使撤销权;第二,具有撤销权的当事人知道撤销事由后明确表示或者以自己的行为放弃撤销权。①

（四）合同撤销的法律后果

根据我国《合同法》的规定,被撤销的合同自始没有法律约束力,但不影响合同中独立存在的有关解决争议方法的条款的效力。合同无效或者被撤销后,因该合同取得的财产,应当予以返还;不能返还或者没有必要返还的,应当折价补偿。有过错的一方应当赔偿对方因此所受到的损失,双方都有过错的,应当各自承担相应的责任。当事人恶意串通,损害国家、集体或者第三人利益的,因此取得的财产收归国家所有或者返还集体、第三人。②

四、知识产权合同的履行

知识产权合同的履行是指知识产权合同生效后,当事人双方按照合同的约定全面完成各自应尽义务,使合同目的得到全部实现。知识产权合同履行应遵守合同履行的一般原则。合同履行的一般原则是指所有类型的合同履行必须遵守的一般原则,包括亲自履行原则、适当履行原则和实际履行原则等。

由于知识产权合同的特点,在知识产权合同的履行中,尚有以下问题值得注意:

1. 期限不明确的履行。知识产权合同未约定履行期限或者约定不明确的,当事人可协商确定;当事人协商不能达成一致的,应遵从惯例;如无惯例,或者可以即时履行的,承担义务的一方可以随时向另一方履行义务,享有权利的一方也可以随时要求另一方履行义务,但应当给另一方以必要的准备时间。

2. 地点不明确的履行。知识产权合同未约定履行地点或者约定不明确的,当事人可协商确定;当事人协商不能达成一致的,应遵从惯例;如无惯例,按照以下规则进行:知识产权开发合同中,在研究开发方所在地履行;知识产权转让合同,在受让方所在地履行;知识产权许可合同,在被许可方所在地履行。2001 年《知识产权审判工作纪要通知》第 24 条规定,当事人对技术合同的履行地点没有约定或者约定不明确,依照《合同法》第 61 条的规定不能达成补充协议的,技

---

① 参见我国《合同法》第 55 条。
② 参见我国《合同法》第 56 条、第 57 条、第 58 条和第 59 条。

术开发合同以研究开发人所在地为履行地,但依据《合同法》第 330 条第 4 款订立的合同以技术成果实施地为履行地;技术转让合同以受让人所在地为履行地;技术咨询合同以受托人所在地为履行地;技术服务合同以委托人所在地为履行地。但给付合同价款、报酬、使用费的,以接受给付的一方所在地为履行地。

3. 验收标准不明确的履行。在知识产权合同中,没有约定知识财产的验收标准或者约定不明确的,当事人应协商解决;如果当事人不能协商一致的,有国家标准或者专业技术标准的,按照国家标准或专业技术标准履行;没有标准的,可参照行业要求履行。《知识产权审判工作纪要通知》第 25 条规定,技术合同当事人对技术成果的验收标准没有约定或者约定不明确,在适用《合同法》第 62 条的规定时,没有国家标准、行业标准或者专业技术标准的,按照本行业合乎实用的一般技术要求履行。当事人订立技术合同时所作的可行性分析报告中有关经济效益或者成本指标的预测和分析,不应当视为合同约定的验收标准,但当事人另有约定的除外。

第五节　知识产权合同的无效

一、知识产权合同无效的概念

知识产权合同的无效,是指知识产权合同因违背国家法律、法规和政策的规定,而不发生法律约束力。但凡不具备知识产权合同有效要件的,均为无效知识产权合同。知识产权合同被确认全部无效的,自订立之时起,就不发生法律效力。知识产权合同部分无效的,如果不影响其余部分的效力,则其余部分仍然有效。

二、知识产权合同无效的主要情形

(一) 因违反法律、法规或者损害国家利益和社会公共利益而无效

根据我国《合同法》第 52 条的规定,双方当事人签订的合同因违法或者损害国家利益、公共利益而无效。就知识产权合同而言,违法性和损害国家利益以及社会公共利益的情形主要有:

1. 知识产权合同项下的知识财产,违反宪法等其他法律法规的规定,或者是内容淫秽,有害公序良俗的;

2. 知识产权合同项下的知识财产,就技术特征和实施后果而言,违反国家法律法规规定或者损害国家利益和社会公共利益的;

3. 知识产权合同项下的知识财产涉及国家安全或者重大经济利益而需要

国家有关部门批准,而未取得批准的。

(二)因非法垄断技术、妨碍技术进步而无效

我国《合同法》第329条规定:"非法垄断技术、妨碍技术进步或者侵害他人技术成果的技术合同无效。"判断知识产权合同是否有效,除了一般合同的无效情形外,还应当遵循知识产权合同特有的原则,即促进科学技术进步原则。滥用技术和竞争优势,妨碍科学和技术进步的知识产权合同,属于损害国家和社会公共利益的合同,为无效知识产权合同。

2004年颁布的《最高人民法院关于审理技术合同纠纷案件适用法律若干问题的解释》第10条规定:下列情形,属于《合同法》第329条所称的"非法垄断技术、妨碍技术进步":(1)限制当事人一方在合同标的技术基础上进行新的研究开发或者限制其使用所改进的技术,或者双方交换改进技术的条件不对等,包括要求一方将其自行改进的技术无偿提供给对方、非互惠性转让给对方、无偿独占或者共享该改进技术的知识产权;(2)限制当事人一方从其他来源获得与技术提供方类似技术或者与其竞争的技术;(3)阻碍当事人一方根据市场需求,按照合理方式充分实施合同标的技术,包括明显不合理地限制技术接受方实施合同标的技术生产产品或者提供服务的数量、品种、价格、销售渠道和出口市场;(4)要求技术接受方接受并非实施技术必不可少的附带条件,包括购买非必需的技术、原材料、产品、设备、服务以及接收非必需的人员等;(5)不合理地限制技术接受方购买原材料、零部件、产品或者设备等的渠道或者来源;(6)禁止技术接受方对合同标的技术知识产权的有效性提出异议或者对提出异议附加条件。

(三)因侵害他人合法权益而无效

我国《合同法》第52条的规定,双方当事人签订的合同因损害第三人利益而无效。所谓侵害他人合法权益,是指侵害另一方或者第三方的知识产权。当事人一方侵害他人知识产权的情形主要有:

1. 当事人非权利人,并且未经授权而与他人订立知识产权转让或者许可合同;

2. 单位职工未经单位同意而私自使用、转让其利用工作关系取得的职务知识财产的;

3. 单位未经职工个人同意而使用、转让职工的非职务知识财产的;

4. 约定将自己的知识财产以他人名义申报发明奖、自然科学奖、科学进步奖、合理化建议奖和技术改造奖,或者向科学技术行政部门申请科技成果登记的。

【案例】 GW-540技术为原告北京助剂研究所开发的技术成果。被告张亚红利用工作之便，私自复印了助剂所GW-540技术的全部技术资料，并于1992年与某企业签订"技术转让合同"，转让费10万元。1994年，原告北京助剂研究所向人民法院起诉。法院经审理认为，被告和他人所订立的"技术转让合同"无效，并赔偿原告全部经济损失。[①]

三、知识产权合同无效的确认

知识产权合同的无效，对当事人权益影响甚巨。因此，确认知识产权合同无效的权力只能由国家机关或者人民法院行使。除国家有关行政机关和人民法院外，其他单位和个人无权确认。当事人认为知识产权合同无效的，或者所签订的知识产权合同符合我国《合同法》所列无效合同要件的，当事人可以请求国家有关行政机关或者人民法院确认知识产权合同无效。

四、知识产权合同无效的法律后果

一般而言，知识产权合同被确认无效后，合同尚未履行的，不再履行；正在履行的，应停止履行。对于已经履行的知识产权合同，被确认无效后，发生以下法律后果：

（一）恢复原状

恢复原状是指将当事人的关系恢复到履行合同以前的状态。知识产权合同有其特殊性：

1. 一方当事人返还另一方当事人所交付的技术资料或样品，并不得存留复制品。

2. 知识产权合同被确认无效后，当事人一方不得继续实施对方的知识产权。

（二）赔偿损失

如果知识产权合同的无效是由一方或者双方当事人的过错引起的，应各自根据过错，向对方承担赔偿责任。

（三）追缴知识财产

对于故意损害国家利益和社会公共利益，后果严重的知识产权合同，被宣布无效的，有关机关应对知识产权合同项下的知识财产予以追缴，由国家依法取得

---

① 案例来自罗东川：《技术合同法条文释义与案例评析》，http://www.chinaiprlaw.com/flfg/flfg1.htm，2008年8月8日访问。

该知识财产的知识产权。

（四）追缴财产

对于已经实施并取得财产的因违反国家利益和社会公共利益而无效的知识产权合同,已经取得的财产应全部收缴。

（五）互负保密义务

知识产权合同被确认无效后,一方或双方在一定期限内负有对对方的技术秘密进行保密的义务。

第六节　知识产权合同的违约责任

一、知识产权合同的违约责任概念

知识产权合同的违约责任是指知识产权合同当事人违反知识产权合同的约定而依法应承担的责任。违反知识产权合同的责任,是一种违约责任,是当事人之间承担的一种财产责任,目的在于使相对人的经济损失得到补偿。违反知识产权合同的责任,和人身利益无关,因此,不适用赔礼道歉等责任承担方式。知识产权合同的违约责任和知识产权合同责任不同。合同责任为根据合同而产生的民事责任,包括范围较广,通说认为主要包括违约责任、保证责任、非违约方未尽到防止或减轻损害的义务而承担的民事责任、因非可归责于当事人的原则导致合同的变更或解除而产生的民事责任等。①

二、违反知识产权合同的行为

违约责任存在的前提是违反知识产权合同的行为。违反知识产权合同的行为是指知识产权合同当事人违反知识产权合同约定的行为。违反知识产权合同的行为的构成要件如下：

1. 知识产权合同有效。知识产权合同有效,是当事人承担违约责任的前提；知识产权合同成立后,当事人反悔的,则发生缔约过失责任；而知识产权合同无效,则自始无效,对当事人不发生法律效力。

2. 当事人实施违反合同的行为。当事人违反合同的行为,包括作为和不作为。不履行合同的行为,包括不履行、不能履行、不适当履行和迟延履行等行为,以及擅自变更和解除合同的行为。这个条件还要求,实施不履行知识产权合同的人应为合同的当事人,否则不构成违反知识产权合同的行为。当事人违反合

---

① 参见马俊驹、余延满：《民法原论》,法律出版社 1998 年版,第 651—652 页。

同的行为包括:(1)不履行合同义务。不履行知识产权合同约定的义务,包括主观的不愿意履行,还包括客观的不能履行。客观的不能履行还包括不可抗力情况下的合同不能履行。无论是哪种不履行合同的行为,都是对合同的违反,都是违反知识产权合同的行为。(2)履行合同义务不符合约定条件,如不履行、不能履行、不适当履行和迟延履行等。(3)擅自变更、解除合同的行为。

三、违约责任的归责原则

知识产权合同的违约责任的归责原则是指基于一定的归责事由而确定知识产权合同违约方是否承担违约责任的准则。"违约责任的归责原则"决定着行为人承担违约责任的行为的构成要件、免责事由和损失赔偿的范围,因此是一个十分重要的概念。从各国立法实践上看,违约责任的归责原则可以分为两类:过错责任原则和严格责任原则。过错责任原则是指以行为人的过错为承担违约责任的要件的归责原则;严格责任原则是指无论行为人是否存在主观过错,只要违反合同则应承担违约责任的归责原则。

我国《合同法》确立了严格责任的归责原则。《合同法》第107条规定:"当事人一方不履行合同义务或者履行合同不符合约定的,应当承担继续履行,采取补救措施或者赔偿损失等违约责任。"该规定采取了严格责任的归责原则[①],以"不履行合同义务或者履行合同不符合约定"的客观行为为归责要件,而不论行为人是否有过错。该规定为我国《合同法》关于"违约责任归责原则"的总括性规定,适用于知识产权合同。有人认为我国《合同法》确认的是无过错责任原则,笔者并不赞同。这个观点在理论上是站不住的。侵权行为分为一般侵权行为和特殊侵权行为,过错责任是行为人就其一般侵权行为而承担侵权责任的归责原则,而无过错责任是行为人就其特殊侵权行为承担侵权责任的归责原则。可以说,无过错责任原则是针对特殊侵权行为而生成的一项归责原则,并不具有普适性。而严格责任是与过错责任相对立的一种归责形式。一般认为,大陆法系沿袭了罗马法后期的传统过错原则,强调要有债务不履行的归责事由(即过错)才承担合同责任,因不可归责于债务人的事由导致债务不履行时,债务人可免除责任;而英美法系则奉行严格责任原则,认为只要没有法定的免责事由,当事人违约后即要负损害赔偿责任,主观上无过错并不能成为抗辩事由。[②]

---

① 参见梁慧星:《从过错责任到严格责任》,载《民商法论丛》第8卷,法律出版社1997年版,第4—5页。
② 田韶华:《论我国合同法上的严格责任原则》,《河北法学》2000年第3期。

四、严格责任原则下的免责事由

根据我国合同法的规定,严格责任下的免责事由应以以下情形为限:

(一) 不可抗力

不可抗力作为法定的免责事由,是指不能预见、不能避免并不能克服的客观情况,通常包括自然灾害、战争等。此种情形虽导致当事人一方违反知识产权合同,但可以主张免责。我国《合同法》规定,当事人因不可抗力不能履行合同的,应当及时通知对方,以减轻可能给对方造成的损失,并应在合理期限内提供证明。

(二) 债权人原因

由债权人原因引起的债务人违约,债务人可主张免责或者减轻责任。《合同法》第120条规定:"当事人双方都违反合同的,应当各自承担相应的责任。"由于违约责任均为财产责任,因此双方承担的违约责任是可以抵消的,也就是债务人因债权人的原因违约而承担的责任得到减免。

(三) 约定免责条款

知识产权合同约定的免责条款,为知识产权合同的一部分,发生法律效力。我国《合同法》对此从否定不合理免责条款的角度进行了肯定。根据我国《合同法》第53条的规定,合同中的下列免责条款无效:第一,造成对方人身伤害的;第二,因故意或者重大过失造成对方财产损失的。据此可知,在这两个条件之外的免责条款只要双方达成一致,即可生效力。

五、违约责任的承担方式

知识产权合同违约责任的承担方式,是指知识产权合同当事人承担违约责任的形式。根据我国《合同法》的规定,当事人承担知识产权合同违约责任的方式主要有:

(一) 继续履行

当事人一方不履行知识产权合同义务或者履行合同义务不符合约定条件时,当事人另一方在违约方有履行能力的情况下,可以要求违约方继续履行。

(二) 采取补救措施

当事人一方不履行知识产权合同,或者合同义务不符合约定的,当事人另一方有权要求违约方采取补救措施。这种情况在英美法系被称为违约补救。我国《合同法》第112条规定:"当事人一方不履行合同义务或者履行合同义务不符合约定的,在履行义务或者采取补救措施后,对方还有其他损失的,应当赔偿损失。"

(三) 违约金

违约金是指由于当事人一方不履行或者不完全履行合同义务,依照法律规定或者双方的约定,应向对方当事人支付的一定数量的金钱作为补偿。根据我国《合同法》第114条规定,当事人可以约定一方违约时应当根据违约情况向对方支付一定数额的违约金,也可以约定因违约产生的损失赔偿额的计算方法。约定的违约金低于造成的损失的,当事人可以请求人民法院或者仲裁机构予以增加;约定的违约金过分高于造成的损失的,当事人可以请求人民法院或者仲裁机构予以适当减少。当事人就迟延履行约定违约金的,违约方支付违约金后,还应当履行债务。

（四）定金

所谓定金,是指合同当事人为了确保合同的履行,依据法律和合同的规定,由一方按照合同标的额的一定比例预先给付给对方的一定数量的金钱。我国《担保法》第89条规定:"当事人可以约定一方向对方给付定金作为债权的担保。债务人履行债务后,定金应当抵作价款或者收回。给付定金的一方不履行约定的债务的,无权要求返还定金;收受定金的一方不履行约定的债务的,应当双倍返还定金。"我国《合同法》第116条规定,当事人既约定违约金,又约定定金的,一方违约时,对方可以选择适用违约金条款或者定金条款。

（五）赔偿损失

赔偿损失,是指知识产权合同当事人一方违约应该赔偿由于违约而给对方造成的经济损失。我国《合同法》第107条规定,当事人一方不履行合同义务或者履行合同义务不符合约定的,应当承担继续履行、采取补救措施或者赔偿损失等违约责任。我国《合同法》第113条第1款规定:"当事人一方不履行合同义务或者履行合同义务不符合约定,给对方造成损失的,损失赔偿额应当相当于因违约所造成的损失,包括合同履行后可以获得的利益,但不得超过违反合同一方订立合同时预见到或者应当预见到的因违反合同可能造成的损失。"

承担赔偿损失的责任,必须符合下列条件:

(1) 损失必须是违反合同约定而引起的损失;
(2) 必须有违反合同的行为;
(3) 必须有损失事实存在。

第七节 知识产权开发合同

一、知识产权开发合同概述

（一）知识产权开发合同的概念和特征

知识产权开发合同是指当事人之间就知识财产的研究与创造所订立的合

同。知识产权开发合同包括委托开发合同和合作开发合同。知识产权开发合同的标的物为知识财产。但是在合同签订之时,合同项下的知识财产并不存在,因此该合同风险必然存在,在合同条款中,应该对合同风险进行约定。知识产权开发合同的主要合同目的是为了获得新的知识财产,因此,应该在合同中对获得的知识财产的权属进行约定。知识产权开发合同项下的新的知识财产,包括作品、商标、商业秘密和可以申请专利的专利技术。就可以申请专利的专利技术达成的开发合同在我国《合同法》上被称为"技术开发合同",它旨在开发新技术、新产品、新工艺或者新材料及其系统。① 知识产权开发合同项下的知识财产,仅以创造性知识财产为限,继承性知识财产,如非物质文化遗产不存在研究与创造问题,也不是研究与创造能够获得的。知识产权开发合同可以分为委托开发合同和合作开发合同两大类。

(二) 知识产权开发合同与加工承揽合同的比较

知识产权开发合同与加工承揽合同不同。加工承揽合同表现为重复性劳动,是对重复的技术或成果的再现;而知识产权开发合同为创造性劳动,是对新知识财产的追求。

【案例】 1990 年 7 月,某研究所与某机械厂签订了"XB 型砂磨机研制合同",合同约定:研究所负责提供设计参数,如达到验收要求,机械厂继续改进,研究所不再另付研制费用;机械厂应于 1991 年 1 月完成研制任务,届时向研究所提供样机两台,样机保修一年。研究所如约付预付款 14 万元。但鉴于机械厂的样机未达到约定的要求而拒收。研究所向法院起诉,要求机械厂退回预付的 14 万元,并赔偿损失 2 万元。法院受理后,一种意见认为该案属于技术开发合同纠纷;另一种意见认为属于加工承揽合同纠纷。②

按照《合同法》第 251 条的规定,加工承揽合同是指承揽人按照定作人的要求完成工作,交付工作成果,定作人给付报酬的合同。承揽包括加工、定作、修理、复制、测试、检验等工作。承揽合同具有以下几个特征:第一,合同标的物是"物",而知识产权开发合同的"标的物"为知识财产。这是知识产权开发合同和加工承揽合同的最大不同。第二,加工承揽合同的标的物往往具备特殊的属性,以满足定作人的特殊需要,如定制一把超大的水壶等。一般情况下,该特殊属性,加工承揽合同的标的物的特殊属性,不足以形成一种新的技术成果,更不能

---

① 参见我国《合同法》第 330 条。
② 中林:《技术合同法条文释义与案例评析》,http://www.chinaiprlaw.com/flfg/flfgl.htm,2008 年 8 月 8 日访问。

成为一项知识财产。第三,承揽人工作具有独立性,不受定作人的指挥管理,但不得随意交由他人进行。第四,承揽人自担风险。承揽人应以自己的风险独立完成工作,对工作成果的完成和交付负全部责任。而知识产权开发合同中,尤其是合作开发合同中的开发风险则由双方当事人约定,或者合理分担。

具体讲,知识产权开发合同是就研究开发新知识财产所签订的合同,它的目标是知识财产,因此必然在成果上要求"新";而加工承揽合同是为了满足特殊的生产和生活需要而订立的合同,目标是产品的某方面的特殊属性,如超大、超长和超重等,但这些属性并不能产生新的技术,属于重复性劳动。在本案中,研究所需要的一台新机器是当时国内市场所没有的,因此属于开发"新技术","样机"实为新技术的载体,不是新技术本身。因此,合同约定由研究所提供开发经费和设计参数,并按照设计参数验收,并接受样机;而机械厂的主要义务按期完成研究开发工作,并交付研究开发成果——两台样机。由此认定,本案合同应为知识产权开发合同,并且属于委托开发合同,而不是加工承揽合同。

(三) 知识财产创造人的人身权

鼓励创新和发明创造是知识产权法的基本宗旨之一,对于知识财产的创造人员,应当给予精神和物质的奖励。在有关知识财产的文件上,知识财产的创造人员有署名的权利,并且有获得荣誉和接受奖励的权利。上述权利是法定权利,不以约定为限,是知识创造者的基本权利。我国《合同法》第328条规定:"完成技术成果的个人有在有关技术成果文件上写明自己是技术成果完成者的权利和取得荣誉证书、奖励的权利。"知识财产的创造者享有的上述人身权,但并不享有对知识财产的财产权。

二、委托开发合同

(一) 委托开发合同概述

委托开发合同,是指当事人一方委托另一方进行研究与创造从而获得新的知识财产而签订的合同。在委托开发合同中,研究开发人以自己的名义、技术和劳务独立完成研究开发工作,并提供研究成果。除有合同约定,委托人不得干涉开发人的研发过程。委托人向研究开发方提供研究开发经费,并支付报酬,验收研究开发人提供的研究成果。该研究成果就是可能的知识财产。经验收鉴定,该研究成果为适用的、达到生产要求的新成果,则为一项独立的知识财产;如果不能形成一项独立的新成果,则多处于公有领域,属于公有技术,不能成为知识财产。知识产权开发合同失败。

(二) 委托人的主要义务

第一,委托人应按照合同的约定,支付研究开发经费和报酬。委托方支付的研究开发经费仅用于研究创造工作;委托方向研究开发方支付的报酬,是研究开发方的收入。

第二,委托方按照合同的约定,提供技术资料、原始数据、完成协作事项。知识产权开发合同约定由委托人提供技术资料、原始数据、完成协作事项的,委托人应完成上述事项。委托合同未约定上述事项的,当事人可以补充约定;不能达成一致的,按照合同项下的知识财产的本质特点、惯例以及有利于合同完成的方法来确定;按照以上方法仍然无法确定的,由研究开发人承担。

第三,按照约定接受研究开发成果。对于研究开发人提供的研究成果,委托人经过验收后,应该按照合同的约定接受,不得延迟,否则发生的开发人的损失和知识财产灭失的意外均由委托人承担。

(三)研究开发人的主要义务

第一,按照约定制定和实施研究开发计划。委托开发合同约定了研究开发计划的,研究开发人应该按照约定实施研究计划。

第二,合理使用研究开发经费。研究开发经费是研究开发工作使用的专项经费,开发人应当按照合同约定的方式和用途使用。在合同无具体约定的情况下,应根据开发项目的实际需要,尽到善意注意义务,专款专用。研究开发经费不得挪作他用。

第三,按期完成研究开发工作,提供研究成果。开发人应按期完成研究开发工作,并提供研究开发成果。开发人不得在向委托人提供研究开发成果前,将研究开发成果公开、转让或者许可给第三人。在提供研究开发成果的同时,应提供与该成果有关的技术资料,并进行必要的技术指导,帮助委托人掌握研究开发成果。

(四)委托开发合同的违约责任

除了一般的知识产权合同的违约责任外,委托开发合同中的违约责任还有其特殊性。

首先,委托人违反约定造成研究开发工作停滞、延误或者失败的,应当承担违约责任。委托人违反约定造成此情况的具体情形主要有:

(1)委托人迟延支付研究开发经费或者报酬,造成研究开发工作停滞、延误的,开发人不承担责任。委托人逾期不支付研究开发经费或者报酬的,研究开发人有权解除合同。合同解除后,委托人应当返还研究开发人提供的阶段性技术成果或者资料,支付逾期的经费和报酬,并赔偿因此给研究开发人造成的经济损失。

(2)委托人逾期不提供技术资料、原始数据或者完成协作事项的,研究开发人有权解除合同,委托人应当赔偿因此给研究开发人造成的损失。

（3）委托人提供的技术资料、原始数据或者完成的协作事项有重大缺陷，而导致研究开发工作停滞、延误、失败的，委托人应当承担责任。

（4）委托人逾期不接受研究开发成果的，研究开发人有权处分研究开发成果。所获得的收益在扣除约定的报酬、违约金和保管费后，退还委托人。所得收益不足以抵偿有关报酬、违约金和保管费的，有权请求委托人赔偿损失。

其次，研究开发人违反约定造成研究开发工作停滞、延误或者失败的，同样应承担违约责任。研究开发人违反约定造成此情况的具体情形主要有：

（1）采取补救措施。研究开发人未按计划实施研究开发工作的，委托人有权要求其实施研究开发计划并采取补救措施。研究开发人逾期不实施研究开发计划的，委托人有权解除合同。开发人应当返还研究开发经费，赔偿因此给委托人造成的损失。

（2）开发经费的目的外使用。研究开发人将研究开发经费用于履行合同以外的目的的，委托人有权制止并要求其退还相应的经费用于研究开发工作。因此造成研究开发工作停滞、延误或者失败的，研究开发人承担责任。经委托人催告后，研究开发人逾期未退还经费用于研究开发工作的，委托人有权解除合同。研究开发人应当返还研究开发经费，赔偿因此给委托人造成的损失。

（3）开发人过错。于研究开发人的过错，造成研究开发成果不符合合同约定条件的，研究开发人应当支付违约金或者赔偿损失；造成研究开发工作失败的，开发人应当返还部分或者全部研究开发经费，支付违约金或者赔偿损失。

三、合作开发合同

（一）合作开发合同概述

合作开发合同，是指当事人各方就共同出资进行研究与创造工作，共担风险，共享开发成果而订立的合作合同。在合作开发合同中，当事人共同出资进行研发活动，并共享成果。笔者认为，当事人各方是否均需要直接参与研究开发活动，不是合作开发合同的充分条件，只要各方共同出资、共担风险、共享研究开发成果，就构成合作开发。但当事人一方仅提供资金、设备、材料等物质条件或者承担辅助协作工作，而由另一方进行研究开发的合同，开发成果归一方所有的合同，不是合作开发合同，而是委托开发合同。

（二）合作方的主要义务

1. 合作各方均应按照合同的约定进行投资，包括以知识财产出资。合作方采取知识财产进行出资的，应该明确约定出资形式，并应折算成相应的金额，明确当事人在投资中所占的比例。

2. 合作各方均应负担开发风险。合作方共担开发风险，当开发工作不成功,损失由各方分担,而不能由直接负责开发工作的一方承担,除非开发方有明显过错。

3. 协作配合研究开发工作。合作开发的直接目的在于通过合作,共同努力获得新的知识财产,因此,合作各方应协作配合开展研究工作。

(三)违约责任

合作开发合同的当事人违反约定造成研究开发工作停滞、延误或者失败的,应当承担违约责任。合作方一方逾期不履行约定义务,另一方有权解除合同,并要求赔偿损失。我国《合同法》第93条和第94条规定了解除合同的条件,但鉴于合作开发合同的特点,因知识产权开发合同项下的知识财产已经由他人公开,致使知识产权开发合同的履行没有意义的,当事人可以解除合同。当事人解除合同的,应当按照约定承担因解除合同产生的赔偿责任。没有约定或者约定不明确的,由过错方承担责任。双方都没有过错的,由当事人合理分担。

(四)开发风险承担

在知识产权开发合同履行过程中,因出现无法克服的技术困难,致使研究开发失败或者部分失败的,该风险责任由当事人分担。当事人一方发现有可能致使研究开发失败或者部分失败的情形时,应当及时通知另一方并采取适当措施减少损失;没有及时通知并采取适当措施,致使损失扩大的,应当就扩大的损失承担责任。我国民法理论至今对"风险"的概念界定并不一致,我国《合同法》在不同意义上使用了"风险"这一概念。笔者认为,所谓风险,是指因不可归责于双方当事人的原因而发生的或者可能发生的财产损失。所谓合作开发合同中的开发风险就是指在合作开发合同中,由于不可归责于双方当事人的原因,致使合作开发失败或者部分失败而造成的损失。知识产权开发的失败或者部分失败构成风险的,应具备以下条件:第一,按照国内行业标准和参照国际标准,研究工作本身具有相当难度;第二,开发人积极履行合同,并尽注意义务;第三,相关领域专家认为研究开发工作失败属于合理范围之内。①

合作开发合同中的开发风险的负担,是指在合作开发合同中,因为不可归责于双方当事人的原因,致使合作开发失败或者部分失败而造成的损失由谁承担。我国《合同法》确立了风险负担规则。该法第338条规定:"技术开发合同履行过程中,因出现无法克服的技术困难,致使研究开发失败或者部分失败的,该风险责任由当事人约定。没有约定或者约定不明确,依照《合同法》第61条的规

---

① 中林:《技术合同法条文释义与案例评析》,http://www.chinaiprlaw.com/flfg/flfg1.htm,2008年8月18日访问。

定仍不能确定的,风险责任由当事人合理分担。当事人一方发现可能致使研究开发失败或者部分失败的情形时,应当及时通知另一方并采取适当措施减少损失。没有及时通知并采取适当措施,致使损失扩大的,应当就扩大的损失承担责任。"

第八节 知识产权转让合同

一、知识产权转让合同的概念和分类

(一)知识产权转让合同的概念

所谓知识产权转让合同,是指知识产权人为将自己的知识产权转移给他人而签订债权债务关系的协议。知识产权转让合同是一项债权债务关系协议,该合同的签订并不意味着知识产权转让的完成,而是转让的开始;知识产权的转让以登记为标志。我国《合同法》第342条规定:"技术转让合同包括专利权转让、专利申请权转让、技术秘密转让、专利实施许可合同。"笔者认为,我国《合同法》上的技术转让概念失之过宽,容易引起实践中的混乱和混淆。从转让和许可区分的角度看,该条的规定,既包括了知识产权转让,又包括了知识产权许可。从其后的具体规范角度看,合同法上的知识产权转让不仅包括了债权行为规范而且还包括了知识产权行为规范。关于知识产权转让和知识产权许可的规范有着巨大的差别,不可能适用一样的调整规范,而债权行为和知识产权行为更是不能同日而语,因此技术合同这个概念将上述行为囫囵吞入,是不科学的。笔者所称的知识产权转让合同仅指知识产权的完全转移而签订的债权合同,而不包括许可。

(二)知识产权转让合同的分类

1. 从知识产权的种类角度看,知识产权可以划分为专利权、商标权、著作权、商业秘密权等,因此知识产权转让合同包括专利权转让合同、商标权转让合同、著作权转让合同、商业秘密权转让合同等形式。由于非物质文化遗产不能转让,因此也就无所谓的非物质文化遗产转让合同。

专利权转让合同有广义和狭义之分,广义的专利权转让合同包括专利申请权转让合同,而狭义的专利权转让合同不包括专利申请权转让合同。专利权转让合同,是指专利权人将自己所享有或者持有的专利权转移给受让人,而受让人支付约定价款的合同。专利申请权转让合同,是指对发明创造享有专利申请权的人,将该项权利转移给受让人,而受让人支付约定价款的合同。专利权转让合同和专利申请权转让合同,受专利法和合同法总则以及技术合同的规定调整。

商标权转让合同,是指商标权人将自己所享有的商标权转移给受让人,而受让人支付约定价款的合同。商标权转让合同,受商标法和合同法总则的调整。著作权转让合同,是指著作权人将自己所享有著作权转移给受让人,而受让人支付约定价款的合同。著作权转让合同的签订,受著作权法和合同法总则的调整。商业秘密权转让合同,是指商业秘密权利人将其享有的商业秘密权转移给受让人,而受让人支付约定的价款的合同。商业秘密权转让合同,受商业秘密保护法和合同法总则的调整。由于我国没有颁布商业秘密保护法,有关商业秘密的转让遵从《合同法》的有关规定。

2. 从知识产权的体系角度看,知识产权可以分为完全知识产权和定限知识产权。因此,知识产权转让合同可以分为完全知识产权转让合同和定限知识产权转让合同。定限知识产权中的担保知识产权具有从属性,不能单独转让,因此不存在单独的担保知识产权转让合同,所谓的定限知识产权转让合同往往是指用益知识产权转让合同。

二、知识产权转让合同的特征

(一)知识产权转让合同主体

知识产权人为出让人,包括享有专利权、商标权和著作权等知识产权的一切权利人。知识产权转让中的受让人可以是自然人,也可以是法人或者其他组织。

(二)当事人双方就知识产权转让意思表示一致

知识产权转让合同的目标是实现知识产权的转移:知识产权人转让知识产权,受让人接受该知识产权。有人主张根据知识产权的具体权能,将知识产权转让划分为全部权利的转让和部分权利的转让。笔者认为,知识产权转让仅指全部权利转让,部分权利转让名为"转让",实为"许可"。因此,本书中的知识产权转让仅指财产权的全部转移。也有人主张知识产权的转让可以分为合同转让和其他转让。其他转让形式主要有因继承、继受等方式下的知识产权转让。笔者认为,因继承、继受等方式发生的知识产权变动,属于知识产权转移[1],而非转让。

(三)知识产权转让合同为有偿合同

知识产权人转让知识产权给受让人,理论上讲可以有偿,也可以无偿。但一般情况下,均是有偿转让。知识产权权利人通过转让,获得转让利益,实现知识产权的价值,这是知识产权转让的目的。

---

[1] 因继承和继受而发生的知识产权移转,不属于知识产权的行使,不在本章讨论之列。

（四）知识产权转让合同为要式合同

根据合同的成立是否需要特定的法律形式，可以将合同分为要式合同和不要式合同。要是合同是指必须采用特定形式才能成立的合同。不要式合同是指当事人无需采取特定形式就可以成立的合同。知识产权转让合同应为要式合同，因为知识产权转让关系重大，而不要式合同不易举证，日后形成纠纷将难以举证。国外许多立法考虑到知识产权客体的特殊性，都将知识产权的转让合同采要式行为主义，要求必须签订书面知识产权转让合同。我国《著作权法》规定著作权的转让"应当订立书面合同"①，我国《专利法》和《商标法》均有转让相关权利采书面形式的规定。② 此外，许多国家立法还进一步规定了著作权转让合同的登记制度，并采取了登记对抗主义的立法模式，如日本。笔者认为这一制度较为合理，一方面由于著作权可以在不同地方、不同时间被多次、重复转让；另一方面受让方享有的著作权并不像受让财产所有权可以基于对所有物的占有来表明自己的权利，如果不以某种方式将这种转让行为公示，受让方在受让著作权之后其权利将易受侵犯，且使著作权转让的法律关系处于不稳定的境地。我国著作权法中并没有明确规定著作权转让登记制度，仅在《著作权法实施条例》中规定著作权转让合同"可以向著作权行政管理部门备案"。

三、知识产权转让合同的有效

登记是知识产权转让的有效要件，但是却非知识产权转让合同的有效要件。这一点，曾在我国立法上出现了偏差。我国1995年《担保法》第79条规定："以依法可以转让的商标专用权，专利权、著作权中的财产权出质的，出质人与质权人应当订立书面合同，并向其管理部门办理出质登记。质押合同自登记之日起生效。"这个偏差被我国《物权法》所纠正。《物权法》第227条规定："以注册商标专用权、专利权、著作权等知识产权中的财产权出质的，当事人应当订立书面合同。质权自有关主管部门办理出质登记时设立。"国际保护知识产权协会的相关文件专门明确了登记和转让合同之间的关系，规定"任何双方签订的合同不应以此合同在任何登记部门的登记作为生效条件"③。

---

① 参见我国《著作权法》第25条。
② 参见我国《专利法》第10条、《商标法》第39条。
③ 参见AIPPI:Q190决议《与第三方签订的关于知识产权（转让，许可）的合同》，http://www.aippi-china.org/pdf/jyQ190.doc,2008年7月13日访问。

第九节　知识产权许可合同

一、知识产权许可合同的概念和分类

（一）知识产权许可合同的概念

所谓知识产权许可合同，是指知识产权人为将自己的知识产权许可给他人使用而签订的债权债务协议。知识产权许可合同是一项债权债务关系协议，该合同的签订并不意味着知识产权许可的完成，一般而言，知识产权许可合同均须登记备案。尤其是在独占许可和排他许可中，在办理了登记备案手续后，被许可人才能获得用益知识产权，否则仅能获取债权。在合同有效期内，知识产权人负有维持知识产权有效的义务以及积极应对他人提出的知识产权无效请求的义务。这是知识产权人权利瑕疵担保义务的一个体现。从全球范围看，知识产权法制成熟的国家往往是制定知识产权许可合同的单行法，而不是放在合同法之中，如德国于2002年制定了专门的著作权合同法，名称为《加强作者和表演者合同地位的法律》。①

（二）知识产权许可合同的分类

1. 根据具体知识产权形态的分类。知识产权可以划分为专利权、商标权、著作权、商业秘密权和非物质文化遗产权利等，因此知识产权许可合同包括专利权许可合同、商标权许可合同、著作权许可合同、商业秘密权许可合同和非物质文化遗产权利许可合同等形式。

专利权许可合同有广义和狭义之分，广义的专利权许可合同包括专利申请技术许可合同，而狭义的专利权许可合同不包括专利申请技术许可合同。专利权许可合同，是指专利权人依法将自己享有专利权的发明、实用新型或者外观设计技术方案许可被许可人在一定时间和地域范围内使用，而被许可人向专利权人支付约定价款的合同。专利申请技术许可合同，是指专利申请权人就已经提出申请并被国家专利局受理的专利技术，许可给被许可人在一定时间和地域范围内使用，而被许可人支付约定价款的合同。商标权许可合同，是指商标权人依法将自己所享有的商标权的注册商标许可给被许可人在一定时间和地域范围内使用，而被许可人支付约定价款的合同。著作权许可合同，是指著作权人依法将自己享有著作权的作品许可给被许可人在一定时间和地域范围内使用，而被许可人支付约定价款的合同。商业秘密权许可合同，是指商业秘密权利人依法将

---

① 李明德：《"知识产权滥用"是一个模糊命题》，载《电子知识产权》2007年第10期。

其享有商业秘密权利的商业秘密许可给被许可人在一定时间和地域范围内使用,而被许可人支付约定价款的合同。非物质文化遗产权利许可合同,是指非物质文化遗产权利人依法将其享有权利的非物质文化遗产许可给被许可人在一定时间和地域范围内使用,而被许可人支付约定价款的合同。

2. 根据被许可人获得的权利和所处的地位的分类。按照被许可人获得的权利和所处的地位可以将知识产权许可合同分为独占许可合同、排他许可合同和普通许可合同。(1)独占许可合同。所谓独占许可合同,又称为独家许可合同,是指在一定期限和一定的区域内,被许可方对许可使用的知识财产享有独占使用权,许可人不得许可第三人在该时间、地区使用此知识财产,也不得将此知识财产转让,并且许可人自己也不得实施知识产权的许可合同。(2)排他许可合同。所谓排他许可合同,是指在一定期限和一定的区域内,被许可方对许可使用的知识财产享有排他使用权,仅许可人和被许可人可以在该时间、地区使用此知识财产的许可合同。(3)普通许可合同。所谓普通许可合同,是指在一定期限和一定区域内,许可人除许可给被许可人使用外,还可以自己继续使用,并且可以将知识财产许可给其他人使用的许可合同。

二、知识产权许可合同的特征

第一,许可人为知识产权人。知识产权人为许可人,包括享有专利权、商标权和著作权等知识产权的一切权利人。

第二,知识产权许可合同是当事人双方就知识产权许可达成的意思表示一致的债权合同。

第三,知识产权许可合同为有偿合同。一般情形下,知识产权人许可合同为有偿合同。

第四,知识产权许可合同为要式合同。知识产权许可合同应为要式合同,需要书面形式(包括数据电文形式)才能成立。

三、许可期限

知识产权许可合同的许可期限由当事人确定,但是除了非物质文化遗产和商业秘密之外,其他的知识财产都是有期限的。因此一般情况下,知识产权许可合同的期限受到知识产权的有效存在期限的限制。

(一)存续期间届满或者被宣告无效

如果知识产权有效期届满或者被宣布无效的,知识产权人不得就该知识财产与他人订立知识产权许可合同。已经订立的许可合同,为无效合同,并发生无效合同的法律后果。我国《合同法》第344条规定:"专利实施许可合同只在该专利权的存续期间内有效。专利权有效期限届满或者专利权被宣布无效的,专利权人不得就该专利与他人订立专利实施许可合同。"这个规定可类推适用于所有有期限的知识产权许可合同,我国著作权法和商标法有类似规定。

(二) 知识产权嗣后无效无溯及力

在签订知识产权许可合同之后,知识产权被确认无效的,分以下具体情况来处理:第一,被确认和宣告无效的知识产权,为自始不存在。第二,对在确认之前,已经履行的知识产权许可合同或者转让合同,不具有追溯力。但是因知识产权人存在主观恶意给他人造成损失的,应当给予赔偿。《最高人民法院关于印发〈全国法院知识产权审判工作会议关于审理技术合同纠纷案件若干问题的纪要〉的通知》第15条规定:"技术转让合同中既有专利权转让或者专利实施许可内容,又有技术秘密转让内容,专利权被宣告无效或者技术秘密被他人公开的,不影响合同中另一部分内容的效力。但当事人另有约定的除外。"

(三) 超出知识产权存续期间的部分无效

超过知识产权有效期限的,超过的部分无效。如果知识产权是有效的,但是知识产权许可的期限超过了知识产权的存续期间,那么,超过部分无效。超过知识产权存续期间的合同为部分无效的合同,并不影响其他未超过部分的效力。

四、许可费

(一) 许可费的合理性与合法性

知识产权是权利人依法获得的一种垄断效力的权利。在知识财产的创造过程中,本身就包含了创造和投资。因此,要求他人支付许可费才能使用知识财产是合理的;我国《专利法》第12条规定:"任何单位或者个人实施他人专利的,应当与专利权人订立实施许可合同,向专利权人支付专利使用费。被许可人无权允许合同规定以外的任何单位或者个人实施该专利。"我国著作权法和商标法等知识产权法律也有相同规定。

毋庸置疑,知识产权人在市场上处于一种垄断地位,他要求的许可费是一种垄断价格。然而,目前国际社会一致认为,虽然知识产权许可费是一种垄断,但这种垄断非但没有妨碍社会的进步,反而促进了社会的进程,法律应对此加以容忍并确认其合法性。因此,作为经济宪法的反垄断法并不把知识产权许可作为垄断的情形对待,反垄断法也不适用于知识产权许可使用费。知识产权人收取知识产权许可费是合法的。但是,在没有监督和制约的情况下,权利人往往就会越过合理的界限,要求过高的许可使用费。而知识产权法的目的固然在于保护权利人的知识产权,但更深层次的目的则在于促进知识的传播和共享。过高的许可使用费,则会和这个根本目的背道而驰。在美国 Deere & Co . v. Int'l Harvester Co. 案中，美国联邦巡回上诉法院认可了地方法院提出的评价使用费份额和理性的因素包括：销售率、市场份额、费用节余以及出售相关产品的附带受益，至少有一个法院认为："过度的令人难以忍受的使用费构成专利权滥用。"[1]过高的专利许可费是一种滥用市场支配地位的行为，需要反垄断法予以规制。

可见，制约机制仍是需要的。比如说，权利穷竭原则就在一定程度上制约和限制了这种垄断价格。权利穷竭原则的目标在于保障商品的自由流通，而商品自由流通必然对垄断价格构成威胁，这反过来促使知识产权人积极行使权利，并积极寻求市场价格实施许可。

（二）许可费的支付方式

知识产权许可使用费的确定往往比较复杂，一般由当事人根据知识财产的经济效益和社会效益、产业化程度等因素协商确定。我国《合同法》第325条规定："技术合同价款、报酬和使用费的支付方式由当事人约定，可以采取一次总算、一次总付或者一次总算、分期支付，也可以采取提成支付或者提成支付附加预付入门费的方式。约定提成支付的，可以按照产品价格、实施专利和使用技术秘密后新增的产值、利润或者产品销售额的一定比例提成，也可以按照约定的其他方式计算。提成支付的比例可以采取固定比例、逐年递增比例或者逐年递减比例。约定提成支付的，当事人应当在合同中约定查阅有关会计账目的办法。"

定额支付方式是指在订立知识产权许可合同时就明确约定知识产权许可费用的方式。定额支付方式既可采取一次付清方式，又可选择分期付清的方式。提成支付方式是指根据知识产权许可履行后产生的经济效益，按照约定比例支付许可费的方式。知识产权许可费按比例提成的，被许可人应如实向许可人提供计算许可费所需的资料和数据。并且，许可人享有查阅被许可人与合同有关的财务账册的权利。《上海市专利许可合同管理办法》第17条规定："专利使用费按比例提成时，被许可方应如实地向许可方提供计算使用费所需的数据。必要时，许可方可以查阅被许可方与合同有关的财务账册。"提成支付方式可以分为单纯提成支付和提成附加入门费的方式。单纯提成支付是指知识产权合同的许可费在被许可人实施知识财产并获得经济效益后，按照约定比例向知识产权人支付。提成附加入门费方式是指在约定知识产权许可费提成支付的基础上，当事人同时约定被许可人向知识产权人在合同生效后一段时间内支付一定数额的使用费，作为入门费的方式。提成附加入门费的方式是实践中使用比较普遍的一种方式，既保障了知识产权人的基本利益，又不至于在知识产权许可之初就设定过高的门槛。

---

[1] 郝明军：《论专利许可使用费与反垄断》，http://www.studa.net/jingjifa/070725/11082911.html，2008年8月20日访问。

第十五章
知识产权行为

具有高度抽象性和概括性的物权行为理论源自德国民法,并为我国台湾地区民法所吸收借鉴。从逻辑上看,知识产权和物权一样同为财产权,并且为绝对权,因此,必有其抽象的相通规则。其中,知识产权行为就是从物权行为演变而来的一个全新的概念,是对物权行为理论的继承和发展。

第一节 知识产权变动模式概说

知识产权行为理论是知识产权的变动模式理论的核心。知识产权行为的目的是变动知识产权,而知识产权合同则是在当事人之间产生给付义务。债权法上的行为为负担行为,不能当然地发生财产权变动的效果;而物权法上的行为为处分行为,通过处分行为权利人可以实现物权的变动。这个规则对于知识产权照样适用:知识产权法上的行为为处分行为,通过知识产权行为,权利人可以完成知识产权的变动。

一、知识产权变动概述

(一) 知识产权变动的概念和种类

知识产权变动,是指知识产权的设立、变更和消灭。知识产权的设立,是指权利人创设一个本不存在的知识产权,如通过劳动创设著作权、通过设定抵押而创设知识财产抵押权、通过设定许可而创设用益知识产权等。知识产权的移转,是指已经存在的知识产权在权利人之间的流转,如知识产权的转让、赠与和继承等。知识产权的变更,又称客体变更,是指在权利主体不变的情况下知识产权客体的部分改变。知识产权的消灭,即知识产权的存在效力的丧失,即知识产权终止。

（二）知识产权变动与知识产权行为

知识产权行为乃为知识产权变动而设。根据知识产权行为理论,知识产权变动依独立于债权合同而存在的知识产权行为而发生。知识产权行为是当事人借以发生知识产权变动的主要法律途径。但发生知识产权变动的法律途径并不限于法律行为,还有各种事实行为,如创作。

二、知识产权变动模式选择

（一）可供参考的主要知识产权变动模式

纵览全球物权变动模式的规定,可供参考的主要知识产权变动模式为:法国债权意思主义模式、德国物权形式主义模式和债权形式主义模式。①

1. 法国债权意思主义模式

债权意思主义认为,当事人达成债权合意,知识产权即发生变动。在这种模式下,交付、登记只是一个事实。《法国民法典》1538条规定:"当事人就标的物及其价金相互同意时,即使标的物尚未交付,价金尚未交付,买卖即告成立,而标的物的所有权亦于此时在法律上由出卖人移转给买受人。"第1138条规定:"自标的物应交付之日起,即使尚未显示交付,债权人即成为所有人,并负担该标的物的风险,但如交付人延迟交付,则标的物受损的风险由交付人承担。"按照该规定,类推于知识产权,知识产权自双方当事人达成债权债务合同时发生转移。这种模式虽然简化了交易,易于为普通老百姓所接受,但是交易风险过高,不宜为我国知识产权变动规则所采用。正是由于这个原因,在1855年,法国颁布了《不动产登记法》对上述规则进行了修补,重新规定了登记的效力:规定不动产物权依法律行为发生的各项变动,不经登记不得对抗第三人。这就使交付和登记具有了对抗效力,即已经成立的物权变动产生对抗第三人的效力。登记和对抗的这种效力被称为"公示对抗主义"。

2. 德国物权形式主义模式

德国物权变动的形式主义模式认为,当事人达成债权合意,物权不发生变动,而是当事人在此基础上达成物权合意,才发生物权变动。在这种模式下,交付、登记就是物权合意的表现,因此,交付和登记也发挥着决定权利变动的效力的作用。德国法学家萨维尼力倡形式主义模式。萨维尼认为,物权行为和债权行为是相互区分的,唯有物权行为才是物权变动的理由和根据。这样一来,交付和登记就被赋予了物权变动的意义。《德国民法典》第873条第1款规定:"为

---

① 参见梁慧星:《中国物权法研究》,法律出版社1998年版,第177—179页。

转让土地的所有权,为以某项权利对土地设定负担以及为转让此种权利或者对此种权利设定负担,权利人和相对人之间必须达成关于发生权利变更的合意,并且必须将权利的变更登记到土地登记簿中,但法律另有规定的除外。"类推于知识产权法而言,在形式主义模式下,知识产权非因达成债权合同而发生变动,而是因实施知识产权行为而发生变动。

3. 债权形式主义模式

债权形式主义,是指物权因法律行为而变动时,除有债权的合意之外,还必须履行登记或交付的法定形式,才可生效。奥地利、瑞士和韩国民法典均采用债权形式主义。依此模式,物权因法律行为发生变动需要当事人之间的债权合意和登记或交付两个要件,在债权合同生效后,依法进行交付或者不动产登记方产生物权变动的效力;如果债权无效,那么即使移转的物权也无效。债权形式主义是建立在物权行为和债权行为相区分的基础之上的,是对债权意思主义和物权形式主义的一个折衷。

（二）我国物权变动模式

我国现行法,如《民法通则》、《担保法》、《合同法》等法律对物权变动模式的选择并不一致。我国《民法通则》采取了物权形式主义模式,第72条规定:"按照合同或者其他合法方式取得财产的,财产所有权从财产交付时起转移,法律另有规定或当事人另有约定的除外"。而我国《担保法》采取的是债权意思主义,该法41条规定:"当事人依本法第42条规定的财产抵押的,应当办理抵押物登记,抵押合同自登记之日起生效。"（该条由于和《物权法》第187条的规定相抵触,应适用《物权法》第187条的规定）而"抵押合同自登记之日起生效"的规定,为债权意思主义的模式体现,因为该法把抵押权生效要件,混同于合同生效要件。我国《物权法》采取了物权形式主义模式,该法第6条规定:"不动产物权的设立、变更、转让和消灭,应当依照法律规定登记。动产物权的设立和转让,应当依照法律规定交付。"该法第9条第1款规定:"不动产物权的设立、变更、转让和消灭,经依法登记,发生效力;未经登记,不发生效力,但法律另有规定的除外。"第23条规定:"动产物权的设立和转让,自交付时发生效力,但法律另有规定的除外。"

三、我国知识产权变动模式的选择

在我国民事立法上,债权意思主义已被放弃,我国《物权法》采取的是物权形式主义,第9条规定的"依法登记,发生效力;未经登记,不发生效力"中的"效力"应该指成立效力,而不是对抗效力。类推我国《物权法》的规定,我国知识产权变动也应该采取知识产权形式主义模式,即当事人达成债权合意,知识产权不发生变动,而是当事人在此基础上达成知识产权变动合意,知识产权才发生变动。在这种模式下,交付、登记就是知识产权合意的表现。

根据德国民法,法律行为可以分为债权行为和物权行为。债权行为是负担行为,而物权行为在性质上为处分行为。知识产权行为理论,就是针对此种权利变动模式而提出的,它解决的是关于知识产权行为和知识产权合意的基本理论问题。一方面,区分知识产权行为和债权行为,有利于在合同生效而知识产权行为尚未发生的情况下,保护当事人的合同债权。另一方面,区分知识产权行为和债权行为,有利于保护知识产权人的权利。

【案例】 2007年,法国达能公司欲强行以40亿元人民币的低价并购杭州娃哈哈集团有限公司的其他非合资公司51%的股权。2007年12月,娃哈哈和达能之间在杭州进行的仲裁裁决已经作出。裁决书([2007]杭仲字第154号)确认终止《商标转让协议》,商标权并未变动,仍由娃哈哈集团享有,驳回了达能要求对娃哈哈集团履行合资合同中的商标转让协议的请求。1996年2月29日杭州娃哈哈集团与杭州娃哈哈食品有限公司签订《娃哈哈商标转让协议》,该协议因未被商标局核准,因此商标权转让不能实现。根据商标法的规定,商标转让必须经过核准,未经核准登记不发生商标转让的效力。我国《商标法》第39条规定:转让注册商标经核准后,予以公告。核准登记与否与转让协议的效力无关,而是关乎商标权能否完成转让。转让协议的效力和权利转移本身是两个法律问题,不能混为一谈。从性质上看,商标转让的核准登记为知识产权行为,唯有通过登记公示才能转让商标权。因此,该仲裁裁决适用法律正确。

第二节 知识产权行为的概念与特征

从制度层面对知识产权行为理论进行研究,不仅影响着知识产权的体系化和法典化,而且影响着我国民法典的体系选择和制度设计。知识产权意思表示和合意制度是知识产权法上的基本制度,是知识产权总则的核心要素。

一、知识产权行为的概念与表现形式

(一) 知识产权行为的概念

知识产权行为是指以变动知识产权为目的,并引起知识产权法上的效果的法律行为。知识产权行为是法律行为的下位概念。民事法律行为是指以意思表

示为要素并能引起民事法律关系的设立、变更和消灭的法律事实。① 法律行为的目的旨在引起法律效果的实现。民事法律行为作为法律事实的一种,可发生物权法上、债权法上、人身法上和知识产权法上的法律效果,如物权行为、债权行为、婚姻行为和知识产权行为。知识产权行为是这样一种民事法律行为,它具有民事性,是变动知识产权的意思表示,目的十分明确,有设立和变动知识产权的效果,是知识产权法上的一种主要法律事实。知识产权行为是以意思表示为要素的行为,属于民事法律行为。知识产权行为是引起知识产权变动的一种法律行为。知识产权行为以变动知识产权为目的,是当事人借以发生知识产权变动的主要法律途径。

知识产权行为理论是对物权行为理论的继承和发展。19世纪初,德国学者萨维尼提出了物权行为理论。他以施舍为例,说明了物权行为的独立性和无因性。路人向乞丐施舍一枚硬币时,"交付"使这枚硬币的所有权发生移转,除此之外,没有任何的其他法律关系的存在,比如债权关系。于是,"交付"即为所有权发生转移的唯一依据。据此,萨维尼断言,"交付"是一个物权法上的契约。物权行为的独立性就这样被"发现"了。② 自那时起,物权行为的概念及其内涵就一直都处于激烈的争论之中。我国学界有代表性的界定为,物权行为是指以物权变动为目的的法律行为。该定义说明,物权行为的目的和效果在于发生物权变动的法律后果。根据萨维尼的观点,私法上的契约存在于一切法律制度中,那么在知识产权法领域也应有立足之地。类推于物权行为,知识产权行为的目的和效果在于发生知识产权的变动,这就与知识产权变动有关的债权合同区分开来。

我国《民法通则》第72条为知识产权行为的立法依据。该条规定:"财产所有权的取得,不得违反法律规定。按照合同或者其他合法方式取得财产的,财产所有权从财产交付时起转移,法律另有规定或者当事人另有约定的除外。"依据该条第2款关于"按照合同或者其他方式合法取得财产"的规定,取得财产的方式是合同方式或者其他方式,财产包括物和知识财产,发生转移的财产之上的权利,应包括物权和知识产权。因此,该规定既包括了物权行为,也应包括知识产权行为。

(二) 知识产权行为的表现形式

法律行为可以通过口头形式、书面形式、数据电文形式等来表现,知识产权行为也是如此。值得注意的是,一般而言,知识产权行为是通过登记来表现出来

---

① 马俊驹、余延满:《民法原论》,法律出版社1998年版,第236页。
② 王利民:《物权行为理论评析》,载《大连海事大学学报(社会科学版)》2004年第1期。

的。也可以说,变动知识产权的合意是记载在当事人实施的登记行为中。无知识产权变动合意,即无登记行为的发生;而无登记行为的发生,则无知识产权变动合意的表现。

二、构建知识产权行为理论的意义

(一)区分知识产权行为与债权行为

德国物权行为理论的目的是区分物权行为与债权行为(物权行为的独立性),并使物权行为的效力不受债权行为瑕疵的任何影响(物权行为的无因性),对于债权行为的效力是否受物权行为的影响,是完全不予考虑的。[①] 同样,构建知识产权行为理论的目的也在于区分知识产权行为和债权行为,明辨二者的关系和各自的法律效果:根据知识产权行为独立性原理,知识产权行为与债权行为是相互独立的,根据知识产权行为无因性原理,知识产权行为的效力不受债权行为瑕疵的影响。如果没有知识产权行为理论,在保护知识产权时,将不得不将债权法的原理运用于明显不属债权法上的法律行为(如知识财产抵押权的设立行为等),导致知识产权制度和债权制度同时受损。

(二)建立科学的知识产权变动模式

根据知识产权行为理论,知识产权的变动不能因知识产权转让或者许可合同的成立而直接发生,而是基于变动知识产权的知识产权行为而发生。变动知识产权的法律行为与债权行为为两项相互独立的法律行为,仅有当事人之间的债权行为,不能发生变动知识产权的后果。从知识产权转让的角度看,一个知识产权转让过程应在理论上被分割为两个阶段:第一阶段是订立知识产权转让合同。知识产权转让合同订立的法律效果仅仅是双方之间产生债权债务关系,产生给付义务。因此,这一阶段的行为被称为债权行为。第二阶段是订立知识产权变动合意。为了变动知识产权,双方当事人在此阶段进行关于知识产权变动的意思表示,若形成知识产权合意(意思表示一致),并在此基础上进行登记,则导致知识产权的变动。

【案例】 李士华因发明而获刑。2000年发明人李士华(以下简称"李")研制出第一台甘蔗联合收割机。2004年12月,李士华与独资企业柳州市汉森公司(以下简称"汉森公司")签订合作开发、生产年产500台甘蔗联合收割机项目协议书。

2005年汉森公司先后向国家知识产权局申请两项发明专利和五项实用新

[①] 王利民:《物权行为理论评析》,《大连海事大学学报(社会科学版)》2004年第1期。

型专利。2006年1—6月,汉森公司违反协议,停止向李按月支付4000元报酬。

2006年,李士华在腾龙厂原有技术图纸以及汉森公司试制机的基础上,与迁山公司技术人员一道共同改进技术,小批量生产出14台定型机。2007年,汉森公司向柳州市公安局报案。李士华被判决构成非国家工作人员受贿罪和侵犯商业秘密罪,以非国家工作人员受贿罪,判处被告人李士华有期徒刑7年。

本案中李士华之所以获刑,主要是因为知识财产的归属不清,法院从专利申请权人这一点出发,判断知识财产应归属汉森公司。在区分知识产权行为和债权行为的前提下,知识财产的归属将变得十分明确。如果李士华在汉森公司不支付费用后,积极解约,并到有关部门进行撤销登记,则知识财产的返还就能获得一个"可见"的外观形式,容易得到认可。李士华应该积极向国家专利局提出变动专利申请权的人的申请,以保护自己的权益;同时,应依法提起民事诉讼,要求汉森公司赔偿损失。

(三)保障交易安全

知识产权行为理论最重要的价值或者功能,在于保障交易安全。知识产权行为的无因性,给交易双方提供了直接的交易便捷,交易双方无须无限地检索真正的权利人,只要可以办理登记就可以实现交易目的。知识产权行为的无因性使知识产权交易变得相对便捷,同时也提高了安全性。无论债权行为因何种原因发生何种变故(包括无效或者被撤销),已经发生的知识产权变动的效力都不受影响。这样,一方面,受让人可以确定地获得知识产权,无须担心由于债权行为的瑕疵而使交易目的流产;另一方面,受让人在获得知识产权之后实施的对知识产权的处分,就属于处分行为,并不会因为债权行为被撤销而成为无权处分,从而保护第三人的利益和交易安全。

三、知识产权行为的特征

知识产权行为的特征是和债权行为相对而言的。与物权行为一样,知识产权行为具备独立性和无因性两个基本特征。

(一)独立性

知识产权行为的独立性,又称为分离原则或区分原则,是指在发生知识产权变动时,作为知识产权变动原因的债权行为与知识产权行为相互独立。知识产权行为与债权行为是两种不同的法律行为,知识产权行为独立于债权行为。以知识产权转让为例,知识产权转让合同是债权行为,仅发生债法上的法律效果,即当事人互负债务、互享债权的效力,但不能发生知识产权转移的效力。受让人要获得知识产权,尚待双方完成另一法律行为——知识产权行为(登记)方可。

而正是知识产权行为引发了知识产权法上的知识产权变动的法律效果。知识产权的独立性,即原因行为与知识产权行为相互独立。

知识产权行为表现为知识产权登记。在知识产权变动中,登记是实现权利移转的标志。对于不承认知识产权行为的人来说,登记只不过为知识产权转让合同的履行方式,是债权合同所发生的结果。因此,登记仅仅是一个事实,而不是法律行为。根据知识产权行为理论,知识产权行为为要式行为,登记本身为知识产权行为的形式要件,是知识产权行为的一部分。

知识产权行为独立性理论有以下法律意义:

(1) 债权行为是否有效,应按债权法所确立的要件加以判断。不得以知识产权变动成就与否,而否定或者肯定债权合同的效力。

(2) 知识产权行为是否有效,应按法律行为的一般原理加以判断,不受债权行为效力的影响。由于知识产权行为是法律行为的一种,所以法律行为的成立和生效要件也适用于知识产权行为。知识产权行为的成立要件是,当事人就设立、变更、消灭知识产权的意思表示达成一致。知识产权行为的生效要件包含如下几点:首先,行为人须有相应的民事行为能力。其次,设立、变更、消灭知识产权的意思表示真实。最后,该行为不违反法律法规和社会公共道德与秩序。

(3) 知识产权行为引起知识产权变动。债权行为有效,并不能意味着知识产权的移转。唯有实施了知识产权行为,有知识产权合意并进行了登记的,知识产权才发生变动。以登记公示作为移转知识产权的外部特征,有利于确定知识产权的归属,也有利于保护第三人。

(二) 无因性

法律行为的目的在于实现特定的法律效果,因而大多数的法律行为都是有因行为。但也有一些法律行为是无因行为,如物权行为和知识产权行为等。

知识产权行为的无因性,又称为抽象原则,是指知识产权行为的效力不受原因行为的影响,即作为原因行为的债权行为无效或被撤销并不影响已经发生的知识产权行为的效力。知识产权行为的无因性进一步阐释了知识产权行为与债权行为的关系问题。知识产权行为与债权行为并非毫无关系,事实上,债权行为是产生知识产权行为的原因,而知识产权行为是债权行为的结果。但在法律上,无因性就是在于明确知识产权行为的效力不受债权行为效力的影响。根据知识产权行为无因性原理,知识产权行为的效力与债权行为(或其他原因行为)的效力没有牵连关系,即债权行为的无效或者被撤销不必然导致知识产权行为的无效或者被撤销。知识产权行为的无因性源自知识产权行为的独立性,因知识产权行为的意思表示独立于债权行为的意思表示,因此知识产权行为的效力不受债权行为的效力的影响。而知识产权行为的无因性即指债权行为的效力不能约束登记行为的效力。

总的来看,知识产权行为无因性原理的提出,在于保护交易安全。知识产权行为为无因行为,这样规定的目的在于保护交易双方的交易安全,而且还有利于保护第三人的利益。

(三)知识产权行为独立性和无因性的关系

知识产权行为的独立性的提出,目的在于确立知识产权行为的无因性。知识产权行为理论的提出,是为了截断债权行为和知识产权变动的法律联系,以达到使知识产权变动脱离债权行为而在法律上独立存在的目的,以此稳定知识产权秩序,保障交易安全。知识产权行为的独立性,是指知识产权行为与债权行为独立存在;而知识产权行为的无因性,是指知识产权行为的效力不受债权行为的影响。从相互关系看,知识产权行为的独立性是知识产权行为无因性的前提和基础,而知识产权独立性的提出,则是为提出知识产权无因性做铺垫。

第三节 知识产权行为的构成要件与分类

一、知识产权行为的构成要件

知识产权行为的构成要件,指构成知识产权行为的必备条件。满足知识产权行为构成要件的行为,才是知识产权行为,并能发生相应的法律效果。知识产权行为为要式行为,须符合两项要件:一是知识产权变动的意思表示要件,另一是登记要件。用一个直观的公式表示:

知识产权行为 = 知识产权意思表示 + 知识产权登记

一般情况下,双方当事人变动知识产权的意思表示一致,也就是达成知识产权合意。但在知识产权抛弃中,仅有单方意思表示也可以构成知识产权行为。无论是意思表示一致,还是单方意思表示,均需要完成法律行为的形式要件——登记。在登记中,当事人变动知识产权的意思被明确记载下来。

二、知识产权行为的分类

(一)以债权行为是否存在为标准分类

以是否有债权行为存在为标准,可以将知识产权行为划分为单独的知识产权行为和与债权行为并存的知识产权行为。

1. 单独的知识产权行为。单独存在的知识产权行为,即与债权行为无关的知识产权行为。单独存在的知识产权行为为无原因行为,不基于债权行为而发生。此种知识产权行为的独立性十分明显,如知识产权抛弃等。

2. 与债权行为并存的知识产权行为。与债权行为并存的知识产权行为,即以债权行为为原因行为的知识产权行为。与债权行为并存的知识产权行为中,设定担保知识产权的行为,独立性和无因性基于法律的直接规定,而不受争议。但是,"一手交钱,一手交货"交易中,知识产权行为的独立性和无因性容易受到怀疑并引发争议。

(二) 以追求法律效果为标准分类

按照法律行为所具体追求的法律效果,知识产权行为可分为知识产权的设立、转让、变更和抛弃等行为。

1. 知识产权设立。知识产权的设立属于原始取得。所谓知识产权的设立,是指设立完全知识产权和定限知识产权的情形。完全知识产权的设立主要是指通过创新知识财产而设立知识产权。定限知识产权的设立是指知识产权人对其享有的知识产权的内容加以一定的限制,从而产生新的知识产权,而知识产权人仍保有其权利。这种形式可以具体分为通过许可合同设定用益知识产权和通过担保合同设定担保知识产权两种方式。如当事人双方依据许可合同进行登记后,被许可人便获得了用益知识产权。而目前我国的情况是,由于知识产权法没有规定登记与不登记的效力区别,造成许多许可合同,包括专利许可、商标许可、著作权许可合同并未在相关登记机关进行登记,而未登记的被许可人在遇到侵权提起诉讼时,往往遭到被控侵权人以"许可合同仅具有合同法上的债权,无权对抗第三人"的抗辩。

2. 知识产权转让。知识产权转让是知识产权的取得方式之一,属于继受取得。知识产权的继受取得中的"移转的继受取得",包括知识产权的转让和赠与等情形。通过知识产权的转让,原知识产权人丧失知识产权,而新知识产权人获得知识产权,从而实现在当事人之间的知识产权的移转(详见本章第五节)。

3. 知识产权变更。知识产权客体的变更着重于知识财产的变化。在著作权法领域,典型的知识产权客体的变更是作品的修订。作品的原版和修订版是同一个知识财产,其上只有一个知识产权。当侵权人非法复制作品原版和修订版均有的内容时,只发生针对一个作品的侵权行为,而不能认定为侵犯了两个作品的著作权,也不得主张侵权人针对两个作品进行赔偿。在商标法领域,删减注册商标适用的商品或者服务项目也属于知识产权客体的变更。我国商标申请实行"一标一类"制度,其中的"类"可以包括多个项目,如一个申请人可以在同一类别上(如第5类包括医用化学药品、中成药、中药材、药酒、医用营养物品、空气净化制剂、兽药、农药、卫生巾、牙填料)申请注册商标。需要删减注册商标适用的商品或者服务项目时,可以申请商标变更。根据我国法律的规定,专利获得授权后,在法定情形下,说明书和权利要求书可以修改。发明专利权的保护范围以其权利要求的内容为准,说明书及附图可以用于解释权利要求。如果对说明书和权利要求书的修改导致了技术方案的实质变动,如删除一项或者几项权利要求,则构成专利权的客体变更。

并非所有的知识产权的客体或客体的所有方面都能发生变更。如商标一旦获得注册,其商标图案/文字构成就不能申请变更。知识财产的改变,分两种情况:一种通过改变形成新的知识财产,而原知识财产仍然存在,如改编等。此时,就有两个作品出现了,而不是一个取代另一个,因此原知识产权不受影响。这种情况,不属于知识产权的变更,而是另一个知识产权的原始取得。另一种情况是通过改变形成了新的知识财产,但是原来的知识财产被取代了,如图书经过修订而得到一个修订版。这种情形属于知识产权的变更。

4. 知识产权抛弃。知识产权的抛弃是指通过法律行为而使知识产权消灭。知识产权的抛弃与知识产权转让不同。从法律关系角度看,知识产权转让中,知识产权虽与原权利人分离,但又与其他主体结合;而知识产权的抛弃中,知识产权与原权利人分离后,并不与新的权利主体结合。一般而言,物权的抛弃以物权人对物的抛弃为外观表现,而知识产权抛弃并无具体的外观表现,因此法律对知识产权抛弃往往要求明确的意思表示。美国《统一计算机信息交易法》第207条规定:"抛弃是抛弃方同意的记录中记载的,例如通过表示同意而抛弃,并且该记录确认了对信息产权的抛弃。"由此可以看出,知识产权的抛弃必须是明确的意思表示,并且须经书面形式(包括纸面和数据电文)作出。值得注意的是,知识产权抛弃是一个法律行为,而非事实行为。比如,知识产权人死亡不能被认定为知识产权抛弃。知识产权人死亡,发生继承;如果知识产权人无继承人的,则归国家享有。

第四节 知识产权意思表示与合意

法律行为的核心要素为意思表示。这一点既说明意思表示对于法律行为的重要性,同时也使我们注意到法律行为。除此之外,还包含意思表示之外的其他要素。这正是意思表示和法律行为的区别。知识产权行为为要式行为,由知识产权意思表示和登记构成。也就是说,知识产权意思表示需要与其他法律事实(登记)相结合才能构成知识产权行为,这正是知识产权行为与知识产权意思表示的区别。

一、知识产权意思表示的概念及其构成

（一）知识产权意思表示的概念

民法上的意思表示，就是指要获得一定法律后果的意思的外部表达。[①] 知识产权意思表示，是指要获得知识产权变动的法律后果的意思的外部表达。知识产权意思表示是表意人变动知识产权的内心活动的外部表达。

（二）知识产权意思表示的构成

按照意思表示的基本理论，知识产权意思表示应有两个最基本的要素：主观要素和客观要素。其中，主观要素是指表意人的"意思本身"，而客观要素为表意人的"意思表达"。知识产权意思表示的主观要素又可以分为行为意思、表示意思和法效意思。知识产权行为意思是指表意人对于自己变动知识产权的行为，有着清醒的认识。例如，在有意识的沉默和无意识的沉默中，唯有前者可能被推定为同意或者拒绝变动知识产权的意思表示。再如，一个精神病人，无论作出的变动知识产权的意思表示的其他构成要素如何健全，均因缺乏行为意思而不成立。表示意思是指意思表意人将其举止，包括作为和不作为作为表达的意思。简单地说，表示意思就是表意人确切地以某种特定方式传达意思表示的意识。无表示意思则无意思表示。知识产权意思表示的表现形式为登记，通过登记明确其变动知识产权的意思，因此，鲜有存在欠缺表示意思的情形。知识产权法效意思是指变动知识产权的表意人，欲获得一定私法上效果的意思。法效意思是区分于儿戏和交易的直接基础。法效意思的实质在于一个人是否有获得特定法律后果的意思。[②]

知识产权意思表示的客观要素即表示要件。所谓表示要件即指意思表示的外部表达，功能在于让他人了解。按照意思表示理论，每个可以被外部认识的举动，只要其是明确或隐含地与潜在的法律上的意思相关联，都构成表示要件。例如，说、写、举手、点头或摇头以及其他可以按照经验判断其所含意思的各种举止或举动。这些在理论上被划分为明示、推断表示和默示。[③] 对于知识产权意思表示的表示行为而言，仅为明示。因为知识产权登记中，明确记载了产生或者变动知识产权的原因，如转让、许可、设定担保等，因此，不存在推定或者默示的情形。

[①] 米健：《意思表示分析》，载《中国法学》2004年第1期。
[②] 同上。
[③] 同上。

二、知识产权合意的概念和特征

（一）知识产权合意的概念

知识产权合意,是指当事人以变动知识产权为目的而达成的意思表示一致。在知识产权变动实践中,知识产权合意往往是通过登记行为而得以体现的。与物权合意一样,知识产权合意是对一定的生活事实的高度抽象。无论是理论上,还是实践中,依双方法律行为而发生的知识产权变动,不仅需要知识产权人的"意思",而且需要相对人的"同意"。当事人之间因变动知识产权而达成的意思表示一致即为知识产权合意。知识产权合意是一种合同。德国民法专门创造"合意"这一概念,目的在于区别于债权法上的"合同"。知识产权合意的内容旨在直接对一项知识产权进行转让、变更或者消灭。

（二）知识产权合意的特征

从知识产权合意与债权合同存在的区别角度,我们可以看出知识产权合意的法律特征：

第一,知识产权合意的目的和法律效果在于知识产权的变动,而债权合同的目的和法律效果在于创设债权。一般情形下,知识产权合意（变动知识产权的意思表示一致）为知识产权行为的基本要素,对此应没有疑义。在知识产权转让过程中,知识产权人和受让人共同进行知识产权权利移转登记的行为,隐含了知识产权人为转移知识产权的意思表示和受让人为接受转移的意思表示,双方意思表示一致,才为登记行为。而债权合同的目的和法律效果在于创设债权。

第二,知识产权合意,非完整的法律行为,而是法律行为的构成要素,非法律行为本身。知识产权合意和登记一起构成了知识产权行为,即知识产权行为为要式行为,须为登记才成立。而一般情况下,债权合同可以是一个完整的法律行为,即债权合同为法律行为本身。

（三）知识产权合意理论的意义

根据萨维尼的物权行为理论,以履行买卖合同或其他以所有权转移的合同为目的的"交付",并不仅仅是一个履行事实,而是一个导致所有权转移的"物权合意"。这使得物权合意,从债权合同中解脱出来,成为独立的一类合同。与此相同,知识产权合意也从债权合同中独立出来。知识产权合意概念的创立,使得知识产权法的诸多规定和制度,从债权法中解脱出来,与之相适应,知识产权变动就有了知识产权法上的独特依据。知识产权是私权,知识产权法本质上是私法。因而法律首先要肯认的是权利人的意思,这也是意思自治原则的基本要求。现实生活中,人的意思表示是多样的,有债权法上的意思表示,也有物权法上的意思表示,还有继承法上的意思表示、婚姻法上的意思表示,当然也有知识产法上的意思表示。通过意思自治原则，私法把权利后果的产生最终和个人的意思相结合，从而实现个体的自治和社会的民主。

三、知识产权合意的具体规则

（一）知识产权合意的撤回与撤销

关于知识产权合意的具体规则，可比照适用法律关于物权合意的规定。根据《德国民法典》第873条的规定，由于物权合意不含有债法性因素，因此原则上不具有拘束力，可以被自由地撤回。但在以下情形下，物权合意不可撤回："在登记前，当事人只有在意思表示作成公证书，或是向土地登记处作出的，或已向其提交时，或在权利人已向另一方当事人交付符合《土地登记法》规定的登记同意书时，才受合意的拘束。"①据此规定，在不动产物权变动中，当事人双方达成一定的形式要件时，合意具有拘束力。拘束力的后果是再也不能单方面撤回合意。

知识产权合意不负有债法上的义务，因此可以自由地被撤回。在撤回的时间上，应在登记之前还是在提出登记申请之前，应有所分辨。笔者以为，为了保障交易安全，遵守诚实信用原则，当事人依照知识产权合意，提出申请后，当事人所为的知识产权合意即为不可撤回。在提出登记申请之前，任何一方都可以单方面无理由地撤回知识产权合意。② 知识产权合意自登记之日起生效。生效后不得随意撤销，仅就法定事项，如登记错误才能申请撤销。

（二）知识产权合意的附条件和附期限

知识产权合意可以附条件和附期限，当条件和期限成就，当事人依约提出登记申请。登记是知识产权变动完成的标志。

（三）知识产权合意与登记

知识产权行为为要式行为，知识产权行为的构成要素为知识产权合意和登记。在知识产权上设定定限知识产权（用益知识产权和担保知识产权）以及对知识产权进行转让均应进行登记。在知识产权变动中，知识产权合意与登记应该一致。实践中，知识产权合意与登记不一致的情形主要有两种：一种是内容的不一致，即合意内容与登记内容不一致；另一种是时间的不一致，即合意与登记之间存在的时间差。就内容不一致而言，未登记的合意内容不成立，仅登记的内容发生法律效力。若画家将自己的三幅作品用于知识财产质押，则仅登记的生效，未经登记的仅发生债权合同的效力。就时间不一致而言，又可以分为以下两

---

① 参见《德国民法典》第873条第2款。
② 知识产权合意被撤回的，意味着债权合同的无法履行。债权人可以主张相对人承担违约责任。

种情况:

第一种,合意达成后至登记前,当事人失去相应行为能力的情形。此种情形的发生,不会直接影响知识产权合意的有效性。此时,当事人的财产监管人或者监护人取代了当事人的地位。在登记申请提出前,可决定是否撤回合意;在登记申请提出后,可决定是否撤回申请,但撤回申请应接受登记机关的审查。

第二种,合意达成后至登记前,当事人死亡的情形。若当事人死亡,而死亡前尚未提出登记申请的,则知识产权合意消灭。如果财产监管人或者继承人仍然希望交易实现的,则须重新与相对人达成知识产权合意。因为如果已经死亡的当事人未提出登记申请,而任由其财产监管人或者继承人以死亡当事人的名义提出登记申请,则构成无权处分。若当事人死亡前已经提出登记申请的,则当事人的财产监管人或者继承人,可决定是否撤回申请,但撤回申请应接受登记机关的审查。因为尽管当事人已经死亡,但是登记申请由其提出,此处分为有权处分。

第五节 知识产权登记

知识财产具有无形性,波及面广;而知识产权是一种具有排他性的垄断权,因此该权利对第三人影响巨大,需要一定的登记程序以便让第三人知晓。登记制度是知识产权法上的一项重要制度。知识产权法主要调整有关知识产权的设立和变动所形成的民事关系,而知识产权的设立和变动大都需要通过登记进行公示而完成。没有登记,大多数知识产权不能有效地设立和变动。由于当事人变动知识产权,会涉及第三人的利益(尤其是专利权垄断性最高),因此应贯彻登记制度,将知识产权变动的事实通过登记这一公示方法向社会公开。2008年12月24日宣布,日本内阁决议通过了《专利法实施令等部分修正法令》。修改后的《专利法》明确了独占实施许可和临时通常实施许可的"登录"手续,即登记手续。当前,无论从理论研究方面,还是立法实践上,知识产权登记制度都不十分完善。完善登记制度,是我国知识产权立法所要面临的重要课题。

一、知识产权登记的概念与性质

(一) 知识产权登记的概念

"登记"是"登录、记载"的意思,也就是说要把一定的事实登记记载在簿册之上。知识产权登记是指登记申请人根据法定的程序将知识产权的变动登记在登记机关的登记簿上并获得公示效果的行为。我国知识产权法上,专利法和商标法对知识产权登记制度贯彻较为彻底,而著作权法则并不完善。因此,下面以著作权为例阐述知识产权登记制度的重大意义。我国著作权法并未实施强制登记制度,而是采取了自愿登记制度,著作权人按照自己的意思决定是否进行著作权登记。登记制度的不完善,致使在著作权领域"一女多嫁"或者"一权多卖"的交易现象十分突出。交易活动的安全成为人们关注的焦点。歌曲《老鼠爱大米》的创作人杨臣刚先后对该歌曲的著作权进行了两次转让和一次专有使用许可,从法律规范的漏洞来看,主要是因为没有完善的登记制度。尽管著作权的产生无需登记,但是其转让应该要登记。《日本著作权法》第 77 条规定,著作权的转让,必须在文化厅著作权登录簿上登记,否则对第三方无效。物权的转移是以交付和登记为公示的,而著作权的转移只能以登记为公示。物权的转移往往具有直观性(动产以交付为公示方式),而著作权的转移却不具有直观性。在交易中,进行著作权变动登记是十分必要的。著作权人获得著作权不必以登记为要件,但是其著作权的行使,尤其是转让或者设定定限著作权应该进行登记。

(二) 知识产权登记与知识产权备案

知识产权备案制度和知识产权登记制度密切相关。知识产权备案,是指双方当事人依照法律的要求和法定程序,将有关知识产权转让和许可的相关文书报送知识产权行政管理部门存档备查的法律制度。我国《著作权法实施条例》第 25 条规定:"与著作权人订立专有许可使用合同、转让合同的,可以向著作权行政管理部门备案。"此处规定的是"可以"备案,即备案只是一个自愿程序而已。而我国商标法对商标使用许可合同确立了强制备案制度。我国《商标法》第 40 条第 3 款规定:"商标使用许可合同应当报商标局备案。"

知识产权备案和人民法院进行的驰名商标备案不同。根据 2006 年《最高人民法院关于建立驰名商标司法认定备案制度的通知》的规定,由人民法院认定的驰名商标,由各高级人民法院将一、二审法律文书连同认定驰名商标案件的统计表报送最高人民法院民三庭备案。该备案的主体为各高级人民法院和最高人民法院民三庭,非由当事人发动,亦非到知识产权行政管理部门登记。本书涉及的知识产权备案并不包括这种备案形式。至于"备案"与"登记"有何区别,不备案是否影响合同效力,专门法及行政法规中无明文规定。在许多外文中,"备案"与"登记"是一个词。① 一般而言,备案仅适用于知识产权许可等对知识产权本身影响不大的处分,而登记的适用范围则为知识产权设立、变更和终止的全部环节。备案和登记的共同之处表现在:(1) 登记机关相同。知识产权备案和登记的机关是知识产权行政管理机关。(2) 从行政管理角度看,知识产权备案制度和知识产权登记制度都是我国知识产权法上确立的有关知识产权变动的两种

---

① 参见郑成思:《〈合同法〉与知识产权法的相互作用》,载《法律适用》2000 年第 1 期。

行政管理方式,都属于无须经过审批的一种行政管理方式,都是知识产权行政管理部门实施的知识产权管理活动。(3)从私法效果看,二者都是知识产权行为的构成要素,均具有公示公信的法律效果。因为根据我国《政府信息公开条例》的有关规定,无论是登记还是备案,这些掌握在知识产权行政管理部门的政府信息均应向公众公开。但备案制度和登记制度并不相同,二者的主要区别在于审查方式不同。对于备案而言,唯有形式审查一种,而登记可以分为实质审查和形式审查两种。在本书中,就知识产权变动的公示而言,在无特别说明的情况下,为行文方便在使用"登记"一词时包含了"备案"。

（三）知识产权登记的性质

在知识产权法上,登记是民事事实还是行政行为始终都有争议。有人认为知识产权登记行为是出于民事目的,因此应被认定为民事实施;也有人认为,登记是一种行政行为,理由是知识产权登记行为是行政机关所为的行使公权力的行为。笔者认为,登记是个复杂的行为结合,既有民事事实,也有行政行为。而从民事主体实施行为的角度看,属于民事事实;从行政部门进行审批并接受登记的角度看,是一个行政行为。从民事角度看,知识产权登记是指当事人依据知识产权意思表示或者合意,向知识产权登记机关所为的设立和变动知识产权的登记并获得公示效果的行为。知识产权登记是建立在契约基础之上的,以知识产权的变动为例,可分为两个阶段:第一个阶段是当事人之间达成知识产权合意（一般表现为非书面）;第二个阶段为当事人实施知识产权登记行为。登记机关根据当事人的登记申请,对当事人之间的登记行为进行审查,作出是否登记的决定。从行政机关的角度看,行政机关的行为是对当事人之间的行为的确认,是国家行政管理机关依申请作出的一种具体行政行为,体现了国家行政权力对知识产权形成和变动关系的合理干预,属于行政确认行为。但这丝毫不影响当事人之间的登记行为的民事性质。但对于知识产权登记是知识产权行为的生效要件还是构成要素,历来存有争议。笔者认为,作为一种法律行为的知识产权行为,除了变动知识产权的合意外,是否还应包括登记,或者说,知识产权行为应该由知识产权合意和登记构成。知识产权变动合意记载在登记簿之中,是从登记中推导出来的。我国台湾地区民法典要求不动产交易的当事人除订立债权合同外,还应就知识产权变动成立书面契约,这种立法例并不多见。① 因此,登记是知识产权行为的构成要素。作为知识产权行为构成要素之一的"登记",指的是当事人之间进行的登记行为,而非行政机关进行的批准行为。当事人双方确定登记内容,通过提出登记申请实施登记行为。行政机关的所作所为,不过是对当

---

① 我国台湾地区"民法典"第760条规定:"不动产物权之移转或设定,应以书面为之。"

事人登记行为的认可。

二、知识产权登记的阶段与过程

（一）概述

根据知识产权登记的实际运作过程，可以将知识产权登记分为申请人的登记行为和登记机关的登记行为。申请人的登记行为是基础，登记机关的登记行为是对申请人登记行为的审查和确认。没有申请人的申请，登记机关的登记行为无从开始。登记的程序包括申请、受理、审查、簿记四个环节。[①] 簿记的完成，即登记簿的记载是判断登记是否完成的唯一依据，登记完成时才能发生登记的法律效力。

（二）登记申请

1. 登记申请的概念。登记申请是指申请人向登记机关递交的，旨在引起登记启动机制的书面请求。登记申请是最常见的登记启动机制，一般应采书面形式。书面形式包括数据电文形式，根据我国《电子签名法》第 4 条的规定，"能够有形地表现所载内容，并可以随时调取查用的数据电文，视为符合法律、法规要求的书面形式"。以引发登记的因素为标准，登记启动机制大致可以分为两类：一为受动机制，即登记机关必须在外界因素的引致下，才能依据职权从事登记行为；一为主动机制，即登记机关无需外部因素的介入，依法直接从事登记行为。[②] 而从知识产权登记角度来看，以受动机制为原则，必须在当事人的申请的前提下，登记机关才能启动登记程序；以主动机制为例外，对商标未经续展而注销登记、专利权等超过法定期限的登记等事项采取主动机制。

2. 登记申请性质。登记申请的程序法意义在于启动登记程序。从实体法角度看，登记申请是基于权利人享有知识产权的事实而实施的一种民事行为。登记申请，唯有权利人可以提出。登记申请与登记请求不同。所谓知识产权登记的请求，是指一方当事人根据债权合同而提出的要求对方当事人履行登记义务或协助履行登记义务的请求。基于我国法律在大多数情况下要求当事人双方共同为登记申请，因此交易双方负有相互协助登记的义务，一方不履行登记的义务，另一方向对方提出协助登记的请求。二者的区别具体表现在以下方面：第一，相对方不同。登记申请向行政管理部门提出，而登记请求向负有协助登记义务的相对人提出。第二，提起的主体不同。提起登记申请的主体通常为双方当

---

① 许明月、胡光志等：《财产权登记法律制度研究》，中国社会科学出版社 2002 年版，第 79 页。
② 常鹏翱：《不动产物权登记程序的法律构造（上）》，http://www.civillaw.com.cn/article/default.asp? id=27714,2008 年 8 月 2 日访问。

事人;而提起登记请求的则只可能是一方当事人。

(三)登记申请的提出和撤回

1. 登记申请的提出。登记申请的提出,是指当事人向登记机关提交书面申请的行为。当事人向登记机关提出申请,是登记程序开始的标志。当事人提出知识产权登记申请,应采书面形式,并遵照登记机关的"申请文件"形式要求。我国《著作权质押合同登记办法》第 17 条规定:"登记机关使用的《著作权质押合同登记证》、著作权质押合同登记申请表、著作权质押合同变更登记申请表、著作权质押合同撤销、注销通知书由国家版权局统一制订。"当事人提出登记申请,首先应递交申请书,其次应递交相关证明文件,如权利人的权利证书,以及债权合同等。

申请的方式一般为共同申请,即当事人双方共同向登记机关申请登记。对于确权登记(如知识产权设立的登记)而言,则为单方申请,如发明人申请发明专利权,商标使用者申请注册商标登记等。对于当事人的申请,符合形式条件的,登记机关应予受理。我国《专利权质押合同登记管理暂行办法》第 6 条规定,申请办理专利权质押合同登记的,当事人应当向中国专利局寄交或面交下列文件:

(1)专利权质押合同登记申请表;

(2)主合同和专利权质押合同;

(3)出质人的合法身份证明;

(4)委托书及代理人的身份证明;

(5)专利权的有效证明;

(6)专利权出质前的实施及许可情况;

(7)上级主管部门或国务院有关主管部门的批准文件;

(8)其他需要提供的材料。

2. 登记申请撤回。根据意思自治原则,登记申请的提出和撤回均是申请人自己的事务,由当事人自主决定。申请人在登记机关完成登记之前,当事人可以撤回登记申请。但登记一旦完成,该登记就不可撤回。撤回申请的形式应采书面,仅需明确表示撤回申请的意思,而无需撤回理由。共同申请的,应该由申请人共同撤回;单方申请的,单方可提出撤回。

【案例】甲将专利权转让给乙和丙。申请已经提出,丙反悔,向登记机关单方提出撤回登记。问:丙的撤回是否有效?答案是否定的。因为该登记申请为共同申请,而共同申请的一方,又有多个申请人,因此,撤回的申请须共同申请的多数人乙和丙协商一致,再与对方当事人协商取得一致,共同向登记机关提出,方为有效。否则,不产生撤回的效力。若乙和丙协商一致,但专利权人甲不同意撤回的,该申请不得准许撤回。但应作出中止登记程序的决定,在当事人协商一致后,或者法院以及仲裁机关确认法律关系后,再作出同意撤回申请或者完成登记的决定。若登记机关要求申请人及时作出补足材料等行为的,申请人过期未完成的,视为撤回申请。

(四) 先申请原则

若有多个申请存在,则登记机关应贯彻"先申请原则"。针对同一知识财产,如果有数人提出知识产权变动的申请,应该根据申请时间的先后,决定是否进行登记。对最先提出申请的,予以登记。登记后,知识产权变动已经发生,具有排斥在后登记的要求的效力。登记申请的受理以日为计算单位,以登记机关收到申请文件之日为受理日。我国《专利权质押合同登记管理暂行办法》第6条规定,中国专利局以收到上述文件之日为登记申请受理日。

(五) 登记审查

登记机关对登记的审查,应本着尊重意思自治的原则,尊重私人利益,除非为了维护国家利益或者社会公共利益,不得过多干预私人利益。然而,知识产权不仅涉及个人利益,往往涉及他人和社会公共利益,因此在初始审查方面,往往十分严格。登记审查应当采用何种方式,向来有争议。较为典型的代表主张可以分为形式审查和实质审查。一般而言,形式审查是指登记机关仅就登记申请是否符合形式规定进行的审查;而实质审查则相反,是指既审查形式上的合法性,又审查实质上的合法性的一种综合审查。我国知识产权法上的登记审查,应采用实质审查与形式审查相结合的方式。对于初始登记,如知识产权设立的登记而言,需要进行实质审查,如专利法和商标法的规定;对于知识产权变动的登记而言,应以形式审查为必要。

(六) 登记审查后处理

登记机关经过登记审查,应分别不同情况,作出登记、暂缓登记和拒绝登记的处理。

1. 登记。登记申请完全符合法律的规定的,则登记机关应该予以登记,将知识产权的设立和变动记载于登记簿中。我国《专利法实施细则》第54条规定:"国务院专利行政部门发出授予专利权的通知后,申请人应当自收到通知之日起2个月内办理登记手续。申请人按期办理登记手续的,国务院专利行政部门应当授予专利权,颁发专利证书,并予以公告。期满未办理登记手续的,视为放弃取得专利权的权利。"我国《专利权质押合同登记管理暂行办法》第11条规定:"经审查合格的专利权质押合同准予登记,并向当事人发送《专利权质押合同登记通知书》。"遗憾的是未对登记的后果作出规定。

2. 暂缓登记。登记机关经过审查,认为登记申请不符合法律规定的要件(包括形式要件和实质要件),登记机关可以中止登记程序暂缓登记,要求当事人进行补正。暂缓登记并不是对登记申请的否定,而是给予当事人改正登记申请的瑕疵的机会,登记申请并不丧失法律效力。

3. 拒绝登记。登记机关经过审查,认为登记申请存在根本性缺陷而不能补救,或者在法定期限内登记申请的瑕疵没有得到补正时,登记机关应该拒绝登记,驳回登记申请。登记机关的驳回登记的通知,应该以书面形式作出,并写明理由、法律依据以及当事人的救济途径。根据我国《专利权质押合同登记管理暂行办法》第8条的规定,有下列情况之一的专利权质押合同,中国专利局不予登记:

（1）出质人非专利文档所记载的专利权人或者非全部专利权人的;
（2）专利权被宣告无效、被撤销或者已经终止的;
（3）假冒他人专利或冒充专利的;
（4）专利申请未获授权的;
（5）专利权被提出撤销请求或被启动无效宣告程序的;
（6）存在专利权属纠纷的;
（7）质押期超过专利权有效期的;
（8）合同约定在债务履行期届满质权人未受清偿时,质物的所有权归质权人所有的;
（9）其他不符合出质条件的。

我国《专利权质押合同登记管理暂行办法》第11条规定:"经审查不合格或逾期不补正的,不予登记,并向当事人发送《专利权质押合同不予登记通知书》。"我国《著作权质押合同登记办法》第10条规定,有下列情形之一的,登记机关不予登记:

（1）著作权质押合同内容需要补正,申请人拒绝补正或补正不合格的;
（2）出质人不是著作权人的;
（3）质押合同涉及的作品不受保护或者保护期已经届满的;
（4）著作权归属有争议的;
（5）质押合同中约定在债务履行期届满质权人未受清偿时,出质的著作权中的财产权转移为质权人所有的;
（6）申请人拒绝交纳登记费的。

当事人不服登记机关驳回申请决定的,有权在法律规定的期限内,请求登记机关复审,或者向法院提起诉讼。

三、知识产权登记的法律特征和分类

（一）知识产权登记的法律特征

知识产权登记具有以下法律特征：

第一，登记的效力在于知识产权的设立和变动。知识产权登记仅限于知识产权，而不包括物权法上的不动产登记与动产登记。

第二，登记是当事人实施的民事行为。登记是当事人为了设立和变动知识产权而实施的民事行为。

第三，登记机关完成记录行为，登记完成。当事人已经提出登记申请，登记机关也已经接受该申请，但是仅凭当事人的申请行为并不能获得登记的效力。只有有关登记部门完成登录、记载等手续，登记行为才告成就，才能发生登记的法律效力。

【案例】 某甲申请办理作品质押登记，登记申请符合法定条件，已经被领导批准。但因工作人员的疏忽，该被批准的申请，没有及时办理完成。在此情形下，担保债务到期，问某甲是否得以知识财产质押权清偿债权？答案是否定的。因为登记行为尚未完成，知识财产质押权未成立，某甲尚不是知识财产质押权人，因此不能主张享有质押权而优先受偿。

第四，登记是一种公示方式。登记是知识产权设立和变动的公示方法，因此应向社会公示、公开。不能仅将登记理解成"登录与记载"，而应将"登记"作为一种公示方法，向社会公开，供不特定人进行查询，这样才能起到公示作用。我国《专利权质押合同登记管理暂行办法》第12条规定："中国专利局设立《专利权质押合同登记簿》，供公众查阅。"

（三）知识产权登记的分类

依照不同的标准可以将知识产权登记分为不同的类型。

1. 依据知识产权变动的不同方式，可以将知识产权登记分为确权登记、变更登记和注销登记。确权登记，又称初始登记，是指申请人依法定程序提出的，请求知识产权行政管理部门确认其知识产权的登记。变更登记，是指当事人依法定程序提出的，请求知识产权行政管理部门确认其知识产权变更的登记。注销登记，是指当事人依法定程序提出的，请求知识产权行政管理部门注销其知识产权的登记。

2. 以行政部门审查的内容为标准，可以将知识产权登记分为实质审查登记和形式审查登记。实质审查登记，是指知识产权行政管理部门对当事人提出的申请予以实质性审查以决定是否核准的登记。根据我国《商标法》第27条和

《专利法》第12章的规定,注册商标的登记和发明专利的专利权登记为典型的实质审查登记。形式审查登记,是指知识产权行政管理部门对当事人提出的申请予以形式审查就可以决定是否核准的登记。知识产权行政管理部门进行的形式审查,主要看递交的材料是否齐全和真实,并不对备案和登记的事由进行实质审查。我国《专利权质押合同登记管理暂行办法》第9条规定的登记为典型的形式审查登记。该条规定:"中国专利局在受理专利权质押合同登记申请之后,依照国家法律、法规的规定,审查下列内容:(1)质押合同条款是否齐全;(2)是否出现第八条所列的不予登记的情况;(3)是否按要求补正;(4)其他有必要审查的内容。"

3. 以行政部门是依据当事人申请还是依职权进行登记为标准,将登记分为依申请而登记和依职权而登记两种。依申请而登记,是指知识产权行政管理部门基于当事人提出的申请而进行的登记。一般情况下,知识产权行政管理部门进行的登记多为依申请而登记。依职权而登记,是指知识产权行政管理部门基于自己的职权而主动进行的登记。依职权而登记是为了更好地实现知识产权行政管理部门的职能,也是为了弥补依申请而登记的制度不足。在法律有明文规定的情况下,知识产权行政管理部门可以依职权主动进行知识产权登记,如商标到期未续展,工商管理总局依职权进行的注销登记。

四、知识产权登记的功能

登记制度的建立体现了国家对知识产权确权和权利变动的干预,通过登记将知识产权的设立、移转、变更的情况向社会公开。具体而言,登记的功能如下:

(一)促进了知识财产制度的形成

知识产权登记制度促进了由智力成果到权利对象的转变进程。有学者认为,登记制度促进了知识产权对象的闭合,意味着知识产权的成熟。[①] 登记制度的重要意义在于无论治理成果是以何种形式存在,经过登记就转变为一种权利对象,一种财产。于是,知识产权的客体统一于权利对象。那么,权利对象的共性是什么?权利对象,又称权利客体,可以分为行为、人身利益和财产(包括物、信息财产和知识财产),知识财产作为一种权利对象,共性是财产。知识产权统一建立于"财产"这个共性之上。"知识产权之所以成为独立的权利群,其连接因素不在于权利产生的劳动过程,而是权利对象自身的共性。"[②] 这个共性就是

[①] 〔澳〕布拉德·谢尔曼、〔英〕莱昂内尔·本特利:《现代知识产权法的演进》,金海军译,北京大学出版社2006年版,第230—242页。

[②] 李琛:《对智力成果权范式的一种历史分析》,载《知识产权》2004年第2期。

财产。

(二) 设立知识产权

在知识产权领域,著作权、商业秘密权和非物质文化遗产权利的设立不以登记为必要,但专利权和商标权以登记为取得的必要条件。我国《作品自愿登记办法》第 2 条规定:"作品实行自愿登记。作品不论是否登记,作者或其他著作权人依法取得的著作权不受影响。"但登记有利于维护作者或其他著作权人和作品使用者的合法权益,有助于解决因著作权归属造成的著作权纠纷。

定限知识产权的设立,应以登记为必要。无论是用益知识产权,还是担保知识产权,也无论是在何种具体知识产权之上设立何种定限知识产权,均应进行登记,否则不产生设立知识产权的效力。根据《日本专利法》的规定,独占实施许可合同订立后,要在日本专利局进行登记和公示才能产生专利权变动的效力。

我国《著作权质押合同登记办法》第 3 条规定:"以著作权中的财产权出质的,出质人与质权人应当订立书面合同,并到登记机关进行登记。"我国《商标法》第 40 条第 3 款规定:"商标使用许可合同应当报商标局备案。"根据该条的规定,通过商标独占许可和排他许可设立用益知识产权,需要进行备案。我国 1996 年实施的《专利权质押合同登记管理暂行办法》第 3 条规定:"以专利权出质的,出质人与质权人应当订立书面合同,并向中国专利局办理出质登记,质押合同自登记之日起生效。"该规定中,设立担保权应进行登记的要求是值得肯定的,但是"质押合同自登记之日起生效"的规定则是明确错误的,因为该规定将登记作为了合同的生效要件,而不是专利权质押权的成立要件。《专利实施许可合同备案管理办法》第 5 条规定,当事人应当自专利实施许可合同生效之日起 3 个月内办理备案手续。第 20 条规定,专利合同备案的有关内容由国家知识产权局在专利登记簿上登记,并在专利公报上公告以下内容:合同案号、让与人、受让人、主分类号、专利号、专利申请日、授权公告日、合同性质、备案日期、合同履行期限、合同变更等。以上规定中,对于独占许可和排他许可应予以登记,而对于普通许可,备案为已足,无需登记。因为登记是绝对权的设立和变动方式,而与债权无关。

设立知识产权为什么必须公示?通过登记设立知识产权,可以确定知识产权归属,定分止争。一方面,知识产权的设立对社会经济影响甚大,这种影响尤以专利权和商标权为最,因此不能允许当事人随意创设知识产权。另一方面,知识产权是一种绝对权,具有排他效力,直接关系到第三人的利益和交易安全。著作权制度直接关乎个人的思想表达自由,关乎宪法所保障的基本人权,因此无论国际公约,还是国内立法均采取了便于个人权利获得的自愿登记制度,以促进思想表达。但这对交易安全价值却是一种牺牲。两种价值比较而言,思想的自由表达处于优位,故笔者赞同著作权自愿登记制度。

【案例】 甲为乙公司技术人员,在乙公司负责申请专利事宜。在由甲负责开发的专利技术申请专利过程中,甲将自己登记为专利权人。后来甲从乙公司辞职,并将专利权转让与丙。丙在查阅专利权证书和登记簿时,均发现专利权人为甲,于是和甲签订了专利转让合同,并支付了全部价款,甲和丙办理了专利权人变更登记。问:乙公司能否向丙主张自己为专利权人?因为登记是专利权设立的标志,在登记簿上记载的专利权人,为法律上的专利权人,因此乙公司的主张不能得到法院支持。

(三)转让和变更知识产权

从法律效果来看,经过公示的知识产权要发生变动,必须经过同样的公示方式才能产生期望的法律效果。我国《商标法》第39条规定:"转让注册商标的,转让人和受让人应当签订转让协议,并共同向商标局提出申请。受让人应当保证使用该注册商标的商品质量。转让注册商标经核准后,予以公告。受让人自公告之日起享有商标共用权。"商标使用许可合同应当报商标局备案。我国《专利法》第10条规定:"转让专利申请权或者专利权的,当事人应当订立书面合同,并向国务院专利行政部门登记,由国务院专利行政部门予以公告。专利申请权或者专利权的转让自登记之日起生效。"也就是说,未经登记,知识产权视为未变动。相反,如果登记已经变动,但知识产权事实上并未变动,则在法律效果上被认为知识产权已经变动。甲乙双方在订立了知识产权转让合同后,受让人并未交付价款,但已经办理了知识产权登记过户手续的,知识产权发生移转。通过登记变动知识产权,可以防止欺诈行为的发生,保护交易安全,维护交易秩序。

【案例】 甲乙为某专利的共有人。后来,甲对乙提出来放弃专利共有权,以感谢乙对自己的帮助,并留有书面合同,但尚未来得及进行登记,甲去世。后来乙在该专利的许可中,获得了12万元的许可费。甲的继承人要求分割许可费,乙则以甲放弃专利权为由予以抗辩。问:甲的继承人索要许可费的请求能否被法院支持?答案是能得到支持。因为甲虽然表示放弃专利共有权,但是却没有进行登记,因此,其专利共有权不消灭,乙也不能经由合同而取得甲享有的专利权。在这个案例中,登记起到了界定知识产权的作用,而非合同。

【案例】 甲男为科技人员,研制出了一项技术并申请了专利。在申请专利时,发明人为甲,而专利权人记载为其女友乙女。后来该申请通过审查取得了专利权。甲欲实施该专利时,乙女提出异议,称自己为专利权人,甲无权实施该专利。甲男诉至人民法院。最后,法院判决该专利权归甲男享有。判决生效后,甲男对该专利实施许可。乙女起诉,认为虽法院判决专利权人为甲男,但甲男并未进行专利权人变更登记,因此,甲男尚不是专利权人,而不应为实施许可的行为。

我们认为,甲男为讨好乙女,把专利权人登记为乙女之名,不存在错误登记,专利权人应为乙女。在本案中,法院判决专利权人为甲男,理由并不充分。判决生效后,甲应该依据生效判决到专利局变更专利权人,进行专利权人变更登记。但在变更登记之前,登记记载的专利权人为法律上的权利人。因此,乙女的行为应该获得法院支持。该案例中,法院的判决不是知识产权的权利凭证,并且不能径行改变登记的效力。欲实现判决内容,必须依据判决进行变更登记。同样,在这个案例中,登记起到了界定知识产权的作用,而非判决。

(四) 消灭知识产权

消灭知识产权的登记分为两种情形:第一,经登记而设立的知识产权消灭时,应当进行注销登记;第二,虽然其产生未经登记,但如果在权利行使过程中已经进行登记的,则其权利消灭时,应当进行注销登记。注销登记分为依申请而登记和依职权而登记。无论何种登记,其效力都是知识产权消灭。

五、知识产权登记的效力

(一) 登记要件主义

就登记效力而言,在不同的法律制度背景下,不同的国家立法有不同的主张。总的来看,我国知识产权法采登记要件主义。但是,我国知识产权法并未明确规定登记的法律效力,这导致了司法实践上的不一致。

【案例】 专利权人蒋某与南京希科集团有限公司签订专利独占许可合同,但未登记。随后,专利权人蒋某又将该专利权转让给珠海汇贤有限公司,后者又与安信纳米生物科技(深圳)有限公司签订专利独占许可使用合同,该专利许可合同进行了登记备案。珠海汇贤有限公司起诉南京希科集团有限公司,未经其同意生产、销售被控侵犯专利的产品。一审法院认为,专利权人蒋某与南京希科集团有限公司签订的专利许可合同无效,主要原因是合同主体存在问题,并且未办理备案登记,因此南京希科集团有限公司构成侵权。二审法院认为,南京希科集团有限公司与专利权人蒋某签订的专利许可合同合法有效,并可以对抗在后的专利权人珠海汇贤有限公司,因此不构成侵权,遂撤销原判,驳回珠海汇贤公司的诉讼请求。上述案件一、二审法院截然相反的判决,其实质就在于司法过程中人们对登记的理解并不一致,对登记的效力也缺乏统一的认识。①

在登记的效力方面,有要件主义和对抗主义的区别。登记要件说认为,登记是知识产权变动的生效要件,未经登记,知识产权不发生变动;登记对抗说认为,未经登记,知识产权的变动只能在当事人之间发生效力,但不能对抗第三人。在商标许可方面,最高人民法院《关于审理商标民事纠纷案件适用法律若干问题解释》第19条就登记的效力作出了规定。该条规定:"商标许可合同未经备案的,不影响合同的效力,但当事人另有约定的除外。商标使用许可合同未在商标局备案的,不得对抗善意第三人。"可以看出,最高人民法院在商标许可合同中的登记效力采取的是登记对抗主义。笔者认为,我国知识产权法应采取登记生效要件模式,也就是登记发生设立和变动知识产权的法律效力。知识产权登记要件主义也是和我国《物权法》相一致的。我国《物权法》采取了登记要件主义,该法第14条规定:不动产物权的设立、变更、转让和消灭,依照法律规定应当登记的,自记载于不动产登记簿时发生效力。

以下案例可以帮助我们阐释这两种主张的区别:

【案例】 甲为专利权人,通过合同约定将专利权转让给乙。乙支付了价款,但尚未办理登记。甲又将该专利转让给第三人丙,丙未付款但办理了转让登记。上述两种模式的区别如下:在登记要件主义的模式下,甲、乙未办理登记,乙不能取得专利权。在登记对抗主义模式下,是否登记当事人可自愿选择,虽未办理登记,乙仍可取得专利权,但是不登记不可以对抗第三人。在本案中,甲和丙办理了登记,因此,即便在登记对抗主义模式下,丙仍然取得专利权。根据我国《商标法》第39条:"转让注册商标经核准后,予以公告。受让人自公告之日起享有商标专用权。"这说明我国在商标法领域采取的是登记要件主义。

(二) 登记公信力

登记公信力,是指登记记载的权利人,应被推定为法律上的权利人的效力。尽管事实证明登记记载的知识产权不存在或存在瑕疵、错误,但对于信赖该知识产权登记的人,法律仍然承认登记的法律效果。具体来说,知识产权登记的公信力表现在以下两个方面:第一,登记记载的权利人为法律上的权利人。当事人是否为权利人,以登记记载为准。第二,公示记载的效力高于其他事实。根据权利推定性规则,登记对任何第三人来讲都是正确的。因此,在实际权利人与登记

---

① 邱永清:《专利许可合同登记制度之型构——以登记功能为基点的分析》,载《法律适用》2007年第9期。

权利发生不一致的情况下,对第三人而言,登记权利人为法律上的权利人。法律确认登记公信力的目的在于维护交易安全,即对信赖登记的第三人加以保护。因此,如果在实际权利人和登记权利人发生权利纷争,则不能适用公信力规则。

第五编　完全知识产权

第十六章
完全知识产权概述

第一节 完全知识产权的概念和地位

一、完全知识产权的概念和特征

（一）完全知识产权的概念

完全知识产权是指权利人对自己的知识财产所享有的专有并排除他人干涉的权利。从民事法律关系角度看，完全知识产权的主体是知识产权人，客体是知识财产，内容是知识产权人对其知识财产享有的专有并排除非权利人干涉的权利。作为一种私法上的财产权利，完全知识产权和所有权具有相同的功能。

（二）完全知识产权的法律特征

与定限知识产权相比，完全知识产权具备以下特征：

1. 自权性。完全知识产权是知识产权人对自己的知识财产所享有的专有权利，无需任何中介的介入就可以直接、无条件地控制并实现其权利。完全知识产权的这一特征，使它和定限知识产权区别开来。

2. 完全性。顾名思义，完全知识产权是完整的知识产权，而定限知识产权是不完整的知识产权。完全知识产权人在法律允许的范围内享有对知识财产的控制、使用（复制）、收益和处分的所有权能。而定限知识产权则为不完整知识产权，只具备完全知识产权权能中的某个或者某些方面。

3. 期间法定性。完全知识产权的效力期间仅受法律的限定，不得约定；而定限知识产权的效力期间有法定也有约定。

4. 单一性。完全知识产权虽然具备四项权能，但它不是这些权能的简单累加，而是一项权利。对其中任何一项权能的侵害，都构成对完全知识产权的侵害。

5. 弹力性。弹力性又称可回复性,是指完全知识产权的权能可以通过设定定限知识产权而与完全知识产权暂时分离,当定限知识产权消灭时,那些离开完全知识产权的权能便复归原位,完全知识产权回复到原来的圆满状态。

完全知识产权具有控制、复制、收益和处分四项基本权能(详见本书第十七章)。

二、完全知识产权的地位

在知识产权体系内,完全知识产权处于核心地位。定限知识产权基于他人的完全知识产权而产生,没有完全知识产权就不能产生定限知识产权。居于核心地位的完全知识产权与定限知识产权相互运动,基础是完全知识产权的弹力性。市场经济的发展结果是使完全知识产权不断向定限知识产权转化,即将知识财产的使用收益权能(使用价值)转化为用益知识产权,而归属于用益知识产权人;将知识财产的处分权能(交换价值)转化为担保知识产权,而归属于担保知识产权人。从而,完全知识产权人取得对价或者获得融资,以此来实现知识财产的价值。而一旦定限知识产权消灭,其分离的权能则复归原位。

第二节 知识产权共有

一、知识产权共有的概念和法律特征

(一) 知识产权共有的概念

所谓知识产权共有,是指两个或两个以上的知识产权人对同一项知识财产共同享有一个知识产权。共有主体称为共有人,各共有人之间因财产共有形成的权利义务关系,称为共有关系。知识产权共有的客体称为共有财产。在知识产权共有关系中,共有财产为知识财产,不是物,在所有权的共有关系中,权利人共有的是物,因此可以称为"共有物";而知识产权共有关系中,客体为知识财产,可以简称为"共有财产",但不能称为"共有物"。

财产的所有形式可分为单独所有和共有两种形式。[1] 在法国,共有是针对同一财产的同一性质的数个权利的集合。[2] 看得出来,共有的定义并没有将其

---

[1] 王利明:《财产共有》,http://www.civillaw.com.cn/article/default.asp?id=12149,2008年8月25日访问。

[2] 尹田:《法国物权法》,法律出版社1998年版,第266页。

限定在物权范畴。其实,所有权以外的共有的情况早已引起各国和地区的民法典的广泛关注,如我国台湾地区"民法"第 831 条、《德国民法典》第 741 条等。日本学界认为,知识产权以财产权为主,因此可成立共有。① 在我国大陆法学界,对知识产权共有也早有论及。江平先生认为,共有是指两个以上的公民、法人对同一项财产共同享有所有权、使用经营权及知识产权等民事权利。② 根据具体知识产权的种类,可以将知识产权共有关系分为著作权共有、专利权共有、商标权共有、商业秘密权共有和非物质文化遗产共有。每个共有人对知识产权所享有的控制、复制、收益和处分的权利,不受其他共有人的侵犯。无论是何种共有形式,在共有关系终止时,均需要对知识财产进行估价,并进行价金分割。

（二）知识产权共有的表现形式

我国《民法通则》第 78 条确认了两种共有形式,即按份共有和共同共有,这是两种基本的共有形式。③ 在实践中,我国申请专利的表格为申请人留了三个空档,并且不够的仍可以另行作出补加,说明我国专利法是主张专利权共有的。我国《合同法》也确认了知识产权共有规则,该法第 340 条规定:合作开发完成的发明创造,除当事人另有约定的以外,申请专利的权利属于合作开发的当事人共有。而在著作权领域,合作作品就更为常见。我国《商标法》明确规定了商标权共有。该法第 5 条规定:"两个以上的自然人、法人或者其他组织可以共同向商标局申请注册同一商标,共同享有和行使该商标专用权。"可以说,无论是在立法上,还是在实践中,知识产权共有是大量存在的。除此之外,我国《专利法》第 15 条明确规定了专利权共有。

（二）知识产权共有的法律特征

知识产权共有具有如下法律特征:

第一,主体的复合性。知识产权共有的主体不是一个人,而是两个或两个以上的人。

第二,权利的单一性。在知识产权共有关系中,数人就同一知识财产享有同一个知识产权。虽然权利人是多数的,但知识产权只有一个。如果数人对同一知识财产享有不同的知识产权,则不构成知识产权共有,如完全知识产权人和定限知识产权并存的情况。

第三,客体的特定性。知识产权共有的客体,即共有知识财产必须是特定

---

① 〔日〕纹谷畅男:《知识产权法概论》（日文）,有斐阁株式会社 2006 年版,第 81 页。
② 江平:《民法教程》,中国政法大学出版社 1988 年版,第 205 页。
③ 王利明:《财产共有》,http://www.civillaw.com.cn/article/default.asp? id = 12149,2008 年 8 月 25 日访问。

的。但是并不要求客体单一,因为在共同集成的场合下,客体就不是一个,而是多个知识财产的集合。共有关系存续期间,共有知识财产不能分割,共有人也不能约定由各个共有人分别就知识财产的某一部分享有知识产权,如对一幅画的不同部分,对一曲音乐的某个创作片段。每个共有人的权利及于整个知识财产。

第四,内部关系的可分性。在知识产权共有人的内部关系中,如共有关系终止后变价分割共有财产,或者对共有财产获得的收益的分享方面,是按照一定的份额进行的。也就说,无论是按份共有还是共同共有,从内部关系看,共有人之间的关系都是可分的。而在外部关系上,因各共有人享有一个知识产权,因此表现出来是不可分的。知识产权共有是社会经济生活中大量存在的一个现象,一个复杂的创造性智力劳动,往往并非单个个体或者组织可以完成,需要多个个体和组织的联合,于是就产生了知识产权共有。知识产权法需要确认和规范知识财产共有关系,确立知识产权共有制度,正确解决共有人之间的权利义务关系,从而促进知识经济的发展和国家知识产权战略的实施。

二、知识产权共有的取得与效力

(一)知识产权共有的取得方式

在理论上,知识产权共有的取得方式可以分为原始取得和继受取得两大类。

1. 原始取得。知识产权共有的原始取得,即共有之知识产权系首次形成,不依靠任何原知识产权人的权利而取得的方式。对知识产权的原始取得,我国《商标法》、《专利法》、《著作权法》和《合同法》都有明确的规定。

2. 继受取得。知识产权共有的继受取得,即共有的知识产权以原权利人的知识产权为依据,通过某种法律事实而取得的方式。知识产权共有的继受取得主要包括三种方式:

(1)转让取得。即通过交易或者其他合法途径(如赠与或遗赠),取得共有知识产权。具体又可以分为三种情形:第一,通过合同的方式取得共有知识产权份额;第二,两个以上主体约定,作为共同受让人受让知识产权;第三,从单一主体的知识产权人处取得一定的知识产权份额。

(2)继承取得。即自然人通过继承遗产的方式取得共有知识产权。具体又可以分为两种情形:第一,多数继承人继承同一知识产权;第二,继承已经死亡的共有知识产权权利人的份额。

(3)承继取得。即法人或者非法人组织通过合并、分立的方式取得共有知识产权。《民法通则》第44条第2款规定,"企业法人分立、合并,它的权利和义务由变更后的法人享有和承担"。这里的"权利",当然包含知识产权,尤其是对科技企业和品牌企业而言。因此,当一个企业分立为两个或者两个以上的企业时,可以形成知识产权共有。当一个企业吸收或者合并其他企业,被合并的企业是知识产权共有人的,则合并后的企业取代原共有人的地位成为新的知识产权共有人。

(二) 知识产权共有的效力与法律适用

1. 知识产权共有的效力。知识产权共有的效力及于客体的全部,而不是份额。《日本民法典》第 249 条规定:"各共有人,可以按其共有部分,使用全部共有物。"知识财产的利用,并不需要对物质实体的占有,这为共有人自由独立地使用共有知识财产提供了可能。因此,知识产权共有人的权利效力与共有人所持份额无关。在没有合同特别约定的情况下,共有人使用共有知识财产不必征得其他共有人同意。但是,由于著作权的行使与权利人的人格利益有着密切联系,所以《日本著作权法》第 65 条第 27 项规定,著作权共有利用作品应征得各个共有人的同意。但该条第 3 项和第 4 项同时也规定,共有人没有正当理由不得拒绝整体同意,如在 1 人反对的情况下,不能妨碍合意的成立,并且可以为权利的行使而设立代表人。①

在知识产权共有的权利行使方面,知识产权共有人可自行实施知识财产,不必征得其他共有人的同意,但是知识产权共有人为份额转让、权利转让、利用知识财产进行担保和进行许可等行为的,须征得其他共有人的同意。为了便于权利的行使,日本知识产权法,如著作权法、专利法等均主张设立代表人制度,由选定的代表人决定权利是否可以行使。

2. 知识产权共有的法律适用。知识产权共有的法律适用的一般规则为:知识产权法有特别规定的,适用知识产权法的特别规定;知识产权法无特别规定的,适用民法物权编关于共有的规定。鉴于知识产权法与公共利益的密切关系,对共有往往有特别的规定。当知识产权法对知识产权的共有有特别规定的时候,优先适用这些规定。《日本民法典》第 264 条规定了所有权以外的财产权的共有及其法律适用。该条规定:"本节规定,准用于数人有所有权以外的财产权情形。"

三、知识产权按份共有

(一) 知识产权按份共有的概念

按份共有,是指两个或两个以上的共有人按照各自的份额分别对共有知识财产分享权利和承担义务的一种共有关系。例如,甲、乙事先约定了专利权的共有份额,在获得授权后,甲、乙之间的共有关系为按份共有关系。在知识产权按

---

① 〔日〕纹谷畅男:《知识产权法概论》(日文),有斐阁株式会社 2006 年版,第 83 页。

份共有中,如果各共有人的份额约定不明确,则推定其份额均等。在按份共有中,每个共有人对知识财产享有权利和承担义务的基础是份额,份额不同,权利和义务不同。但各个共有人的权利不是局限在自己的份额上,而是涵盖知识财产的全部。

(二)知识产权按份共有人权利行使

原则上,知识产权共有人行使权利,在不妨害其他共有人权益的基础上,可以单方决定行使,如自行实施知识产权,但须承担告知其他共有人的义务;对于关系重大的权利行使则需要共同协商决定。无论是按份共有人还是共同共有人,享有的知识产权均涵盖知识财产的全部,而不是特定份额。因此,不能将按份共有人的权利行使仅限定在知识财产的某些份额之上。日本学界认为,商标权共有人不是按其所持份额使用商标,原则上可以全面地、自由地使用商标,共有人虽可以通过合同规定每人的所持份,但该所持份只与注册费缴纳、商标权转让或许可费分配有关,与商标的使用无关。商标权在取得和转让上受到法律的限制。① 笔者认为,知识产权按份共有人并不能按照份额行使权利,因为所有权利人只拥有一个权利,除了转让份额外,权利是不能按照份额来行使的。各共有人在行使共有财产的权利时,特别是处分共有财产时,全体共有人应采取协商方式,尊重所有共有人的意志。但在协商不能达成一致的情况下,例如就知识产权转让和设定定限知识产权等重大事项而言,应该按照份额表决,即以份额为票数,表决结果以所占份额的多少认定,份额多的表决为全体权利人的表决;行使转让权和设定定限知识产权等重大事项之外的事项,在不妨碍其他共有人行使的前提下,每个共有人都可以单独行使,如普通许可。无论是何种方式行使知识产权,行使后所获得的利益,均应按照约定或者份额进行分配。我国《专利法》第15条规定:"专利申请权或者专利权的共有人对权利的行使有约定的,从其约定。没有约定的,共有人可以单独实施或者以普通许可方式许可他人实施该专利;许可他人实施该专利的,收取的使用费应当在共有人之间分配。除前款规定的情形外,行使共有的专利申请权或者专利权应当取得全体共有人的同意。"另外,笔者赞同确立权利行使代表人制度,以便节省权利行使的成本,促进权利的实施。

原则上,按份共有人可以转让其份额。在同等情况下,其他按份共有人有优先购买的权利。参照《民法通则》第78条的规定,按份共有人转让其份额的,"其他共有人在同等条件下,有优先购买的权利"。按份共有人死亡以后,其份

---

① 〔日〕谷纹畅男:《商标法50讲》,魏启学译,法律出版社1987年版,第166页。转引自汪泽:《商标权共有制度研究》,http://www.civillaw.com.cn/article/default.asp?id=14394,2008年8月25日访问。

额可以作为遗产由继承人继承。

四、知识产权共同共有

（一）知识产权共同共有的概念

知识产权共同共有,是指两个或两个以上权利人,对特定知识财产不分份额地共同享有一个知识产权。知识产权共同共有,往往依据共同的研发关系而产生。在共同共有中,共有财产不分份额,各共有人平等地享受权利。我国《合同法》第340条规定:合作开发完成的发明创造,除当事人另有约定的以外,申请专利的权利属于合作开发的当事人共有。此处的"共有",应为共同共有,而不是按份共有。根据《物权法》第103条的规定,"共有人对共有的不动产或者动产没有约定为按份共有或者共同共有,或者约定不明确的,除共有人具有家庭关系等外,视为按份共有"。我国《婚姻法》有"夫妻在婚姻关系存续期间所得的知识产权的收益,为夫妻共同财产,归夫妻共同所有"[①]的规定,但不能以此认定夫妻关系存续期间一方的知识产权,为夫妻共有,共有的客体为"夫妻在婚姻关系存续期间所得的知识产权的收益",是许可费用和转让费用等收益,而不是知识财产。一般情况下,由于知识财产的个人属性,往往被认为是个人财产,而不是夫妻共同财产。

（二）知识产权共同共有人权利行使

有关重大事项的权利行使,共同共有人应该按照人数进行表决,一人一票,表决结果以多数票为全体权利人的表决结果;行使转让权和设定定限知识产权等重大事项之外的事项,在不妨碍其他共有人行使的前提下,每个共有人都可以单独行使,如普通许可。无论以何种方式行使知识产权,行使后所获得的利益,均应按照约定进行分配。而在"共有"的行使上,我国《合同法》第340条规定:"当事人一方转让其共有的专利申请权的,其他各方享有以同等条件优先受让的权利。合作开发的当事人一方声明放弃其共有的专利申请权的,可以由另一方单独申请或者由其他各方共同申请。申请人取得专利权的,放弃专利申请权的一方可以免费实施该专利。合作开发的当事人一方不同意申请专利的,另一方或者其他各方不得申请专利。"最高人民法院《关于贯彻执行〈中华人民共和国民法通则〉若干问题的意见(试行)》第89条规定:"共同共有人对共有财产享有共同的权利,承担共同的义务。在共同共有关系存续期间,部分共有人擅自处分共有财产的,一般认定无效。但第三人善意、有偿取得该项财产的,应当维护第三人的合法权益,对其他共有人的损失,由擅自处分共有财产的人赔偿。根据

---

① 参见我国《婚姻法》第17条。

法律规定或依据共有人之间的协议,可以由某个共有人代表或代理全体共有人处分共有财产。无权代表或代理的共有人擅自处分共有财产的,如果其他共有人明知而不提出异议,视为其同意。"

共同共有关系存续期间,各共有人无权请求分割共有财产,部分共有人擅自划分份额并分割共有财产的,应认定为无效。共同共有因协议分割(包括权利分割、变价分割和作价分割)、知识财产超过保护期限而消灭。

第十七章
完全知识产权权能

第一节 知识产权权能概述

知识产权的权能是指知识产权的权利内容。在知识产权法形成的早期,知识产权(在本节中,无特别说明指完全知识产权)曾被作为所有权的一种特殊形式。在18世纪,欧洲大陆国家把保护文学、艺术作品的权利定性为"精神所有权"。在法国,精神所有权被理解为一种排他的、可对抗一切人的权利,是所有权的一种。[①] 在我国,有学者明确提出智力成果属于所有权客体,其上的权利应为所有权。[②] 而大多数民法学者认为知识产权是准物权的一种。尽管社会发展的实践已经证明知识产权是不同于所有权的一类新的权利,但从知识产权摆脱所有权阴影,获得独立的艰辛过程也可以看出,知识产权和所有权必有某些方面的共同或者共通之处。从权能方面看,知识产权和所有权具有一致性。

一、知识产权权能与权利之间的关系

(一)知识产权权能的概念

知识产权的权利内容包括积极权能和消极权能两个方面的内容。知识产权的每项权能都是知识产权这个权利的不可缺少的组成部分,是知识产权的作用的体现。

(二)物权理论中的权利和权能

有关权利和权能的理论始见于所有权。民事权利,是指民事主体为实现某

---

① 尹田:《法国物权法》,法律出版社1998年版,第122页。
② 参见杨紫烜:《财产所有权客体新论》,载《中外法学》1996年第3期。

种利益而依法为某种行为或者不为某种行为的可能性。根据《民法通则》第71条的规定,所有权包括占有、使用、收益和处分四项权能。但我国《民法通则》并未就权利和权能之间的关系进行明确界定。在学理上,笔者认为权能与权利之间是隶属关系,是部分和整体之间的关系。但是权利并不等于权能的简单相加。整体是构成事物的诸要素的有机统一,部分是整体中的某个或某些要素。整体不是部分的简单相加,而是部分的有机统一。组成整体的部分以一定的结构形式互相联系、相互作用共同构成一个整体,并使得这个整体获得超越部分的某种新的属性和规律。权能是部分,权利是整体。整体由部分组成,权利由权能组成。这是关于权利与权能关系的基本原理。

在物权领域,法院会按照诚实信用原则来解释权利和权能之间的关系,大陆法系和英美法系都是如此。这种解释,从实践的角度进一步厘清了权利和权能之间的关系,即权利的实现是权利的行使而不是权能的行使。但是在知识产权领域却相反,学界普遍接受的恰恰是你没有购买的权能就是你不能行使的权能。并且,还有学者走得更远,明确从理论高度提出专利权的几项权能都是相互独立的主张,认为如果某人经过专利权人许可只是获得了制造该专利产品的授权,那么,他只享有制造该专利产品的权利,而不享有使用、许诺销售、销售、进口该产品的权利,如果他自己擅自进行上述任何一种行为都构成侵权。① 这种认识人为地将知识产权的权能与权利之间进行了切割,与民法关于权利与权能的基本原理相背,是知识霸权滋生和繁殖的温床。我们不禁要问,制造权是真的可以单独被分离出去,而专利权人还保留使用权、允诺销售权和销售权以及进口权吗?如果是这样,制造权还有什么价值和意义呢?或者说,有哪个企业只购买制造权呢?专利权人凭借此权利对被许可人的使用和销售进行控制是违背诚实信用原则并可能构成权利滥用的行为;就被许可人而言,如果必须按照专利权的意旨进行经营,则失去了自由生产的机会,而这和市场经济的本质存在矛盾。

(三) 知识产权理论中的权利与权能

知识产权的权能和权利是部分和整体之间的关系,知识产权的权能是组成知识产权的部分,知识产权是由知识产权权能组成的整体。从权利实现的角度看,知识产权的实现过程是权利的行使过程,而非权能的行使过程。因此,不能机械看待二者的关系,更不能将它们人为地割裂开来。然而在知识产权法产生的早期,有国家的《专利法》将权利限制条款与专利权人的"制造权"、"使用权"等平起平坐地列出一套"临时进入他国领土权"、"非商业性使用权"之类;在《著

---

① 侯仰坤:《产品专利与方法专利的对比分析》,http://www.civillaw.com.cn/article/default.asp?id=37280,2008年9月9日访问。

作权法》中,与作者的"复制权"、"翻译权"等平起平坐地列出一套"学习使用权"、"合理引用权"、"免费表演权"之类。后来,人们慢慢意识到:"非商业使用权"、"学习使用权"之类,已不再是权利人的权利,而是权利人之相对人的权利。[①] 所以,深入研究知识产权领域权利与权能之间的关系,权能之间的关系以及权能的划分与分离具有重大理论和现实意义。

我们需要讨论的是,所谓权利的行使,究竟是指整体还是部分?如果是指整体则为权利的行使,在行使中权能的作用得到自然发挥;如果是部分则为权能的行使,那么权能的相对独立性就增强了,对某项权能的行使就不能必然得出权利人行使了另外一项权能。如果允许所有权人或者完全知识产权人将占有(或者控制)、使用(或者复制)、收益和处分分别行使,授权甲占有或者控制、乙使用(或者复制)、丙收益和丁处分,这显然既不符合理性,又不符合生活实践。何况无论是法律实践还是日常生活中,我们都用的是"权利行使",而不是"权能行使"的概念。如果权利人通过合同约定,以有偿的方式将财产(如美术作品的原稿等)许可给甲进行展览,但是事后却向甲主张返还所有的展览收益,因为收益权并没有明文约定给甲,所以甲只能展览,不能收益。这是明显有违诚信原则的,无论哪个国家的哪个法院都会驳回权利人的诉讼请求,判定甲享有收益权。但是在专利法领域,却有制造权和销售权的划分,通说认为如果只获得了制造权那么有权制造产品,但是如果没有获得销售权,则制造的产品不得进行销售。到目前为止,这种不当规则仍然为学界通说,并被写入本科教材。

二、知识产权权能的分类

(一)积极权能和消极权能

知识产权的权能可以分为积极权能和消极权能两种基本形式。知识产权的积极权能是指知识产权人为实现权利、享有利益而可能行使的对知识财产的各种支配行为。知识产权消极权能是指权利人禁止他人实施具体的侵害行为并排除他人具体的干涉的权利内容。

(二)积极权能和消极权能之间的关系

积极权能和消极权能是互补关系。积极权能与消极权能相互独立,积极权能和消极权能的内容都是稳定的,二者互不干涉,互不交叉,也不发生转化。积极权能是以权利人主动实施权利获得利益为内容,而消极权能则是以保护权利免受侵犯为内容。单有积极权能,而没有消极权能,权利行使便因处处受到妨害而无法实现;单有消极权能,没有积极权能,权利本身变得没有实际价值和意义。

---

① 参见郑成思:《知识产权与物权的权利限制》,载《法制日报》2004年9月2日。

只有将积极权能和消极权能统一于权利之中,所有权和知识产权才得以顺利实现。以专利权为例,专利权的积极权能指向的行为是"按照特定技术方案来生产产品",而专利权的消极权能所指向的行为是"禁止他人按照特定技术方案来生产产品"。

三、知识产权权能的扩张与知识霸权

在知识产权法几百年的发展中上,最突出的现象之一就是知识产权的扩张。一方面,这种扩张具有普遍性,涉及著作权、专利权和商标权等最为主要的具体知识产权;另一方面,表现为权利保护客体范围的扩展、权利期限的延长,最为主要的是知识产权权能的增加。有学者认为,"知识产权私权的发展史,也就是知识产权的扩张史"①。知识产权的扩张,有一个正当性尺度,超过了该尺度,知识产权就变为知识霸权。

郑成思先生指出,著作权是一个历史的概念。技术和经济的发展不断赋予著作权新的权利内容:随着新技术的发展,新著作权的权能不断形成,如音像复制权、播放权、制片权、邻接权;而随着商品经济的发展,形成了改编权、发行权、追续权、连载权等权能;在国际交往逐步扩大的基础上,翻译权和最终使用权也被列入其中。② 国际公约中的著作权权能也不是一成不变的,《伯尔尼公约》的1948年文本和1928年文本相比,在必须保护的经济权利中增加了"公开表演权",而1928年文本只是作为可选择保护的权利。③ 专利权发展演变的一个重要特点是权能的扩张。以我国《专利法》的修改为例,《专利法》每一次修改,专利权的新权能都会增加,如1992年对《专利法》进行修改,设立进口权,并且增加了方法专利权的产品使用和销售权能。而商标权的扩张主要表现在转让权和反淡化方面。

总之,各项具体知识产权的权能是一个逐步扩张的过程,并且这种扩张趋势到今天仍没有停止。从制度层面看,无止境的扩张是知识产权法尚处于幼稚阶段还不成熟的表现;从深层次看,是美国等知识产权出口国追求经济利益最大化、刻意制造知识霸权的结果。

---

① 冯晓青:《试论知识产权扩张与利益平衡》,载《湖南文理学院学报(社会科学版)》2004年第2期。
② 参见郑成思:《著作权的概念与沿革》,载《中华人民共和国著作权法讲习》,中国国际广播出版社1991年版,第68—87。
③ 冯晓青:《试论知识产权扩张与利益平衡》,载《湖南文理学院学报(社会科学版)》2004年第2期。

第二节　知识产权的积极权能

一、知识产权的积极权能概述

（一）知识产权积极权能的概念

知识产权的积极权能是指知识产权人为实现权利、享有利益而可能行使的对知识财产的各种支配行为。知识产权的积极权能和所有权的积极权能具有一致性，但也有区别。知识产权的积极权能分为控制、复制、收益和处分四项。

（二）积极权能之间的关系

1. 所有权积极权能之间的整合关系。根据我国《民法通则》的规定，所有权的四项积极权能为占有、使用、收益和处分。无论是立法还是从民法理论上，均没有将所有权的权能割裂开来作为独立权利的主张。也就是说，在物权法领域，学界普遍认为所有权的权能之间是整合关系，是不能割裂开来看待的。如果将权能之间的关系以及权能和权利之间的关系割裂开来，那么所有权就不是一项权利，而是一个权利的集合了。这是和民法的基本原理相违背的。

2. 知识产权积极权能之间的整合关系。在知识产权领域，这个问题却被凸显出来。我国学界普遍认为知识产权权能之间非整合关系，而是分离关系，知识产权的各项权能之间是相互独立的。有大量学者提出著作权、专利权和商标权都是权利集合，并分别包含许多单独的权利。笔者认为，把各项具体知识产权定位为权利的集合，没有任何理论和立法根据。权利和权能之间的基本关系是整体和部分之间的关系，权利的内容并不止于抽象的存在，而是通过若干具体形式加以体现的，这些形式即权能。因此，权能是没有绝对的独立性的，是不能主张制造权、使用权、许诺销售权、销售权和进口权相互独立的，更为严格地说，将这些权能冠以"权"的称谓本身就存在问题，而这个错误的称谓又在实践中强化了人们的错误认知。因此，各项具体知识产权权能之间也是整合关系，不是分离关系，是不能截然分开的。

（三）知识产权权能分离

1. 权能分离的基本理论。所谓权能分离，又称权能与权利分离，从范围看，仅限于积极权能与权利的分离，消极权能则无单独分离的价值。权利分离的结果是创设一种新的绝对权，如用益物权和用益知识产权，而不是创设债权，因为债权为设定负担，而不是处分权利本身。权能和权利是部分和整体之间的关系。当发生权能分离时，被分离出去的权能游离出该整体作为相对独立的存在。但当此种权能尚在整体当中，则总是以某种方式与其他部分结合着为一个整体而存在。

所有权包含了占有、使用、收益和处分四项积极权能。这四项权能与所有人结合在一起虽然常见,但由于每项权能都因其特定的内容和相对独立性而具有可分性,因而在实际生活中,四项积极权能的部分或全部权能根据法律规定或所有人的意志经常与所有人发生或长或短的分离,并不会使所有人丧失对财产的所有权。四项积极权能与所有权发生分离,并不影响所有权人在本质上对物的全面、总括的支配权,权能仅仅是行使所有权的一个手段而已,而不是所有权的简单总和。况且,所有权人依仗所有权的弹力性,可使分离出去的权能最终回复至所有人本人,而不致丧失所有权。四项权能的分离与回复,恰是所有人行使所有权、发挥物的效益以满足自己生产、生活需要或实现财产利益的体现。值得一提的是,四项积极权能的运动,也证明了所有权是静态财产权只是相对而言,即所有权内部也常常处在运动状态中。

2. 知识产权权能分离的概念。知识产权权能的分离,是指构成知识产权的控制、复制、收益和处分权能中的一项或数项暂时脱离开原知识产权人而为他人所享有。知识产权的部分权能或全部权能,可通过设定定限知识产权或者其他形式与知识产权发生分离。

知识产权的权能分离,可因法律的规定或权利人所为的法律行为而发生。知识产权的四项权能都有其相对独立性,都可以和知识产权发生分离。知识产权的四项权能中的一项或数项权能暂时脱离财产所有人时,知识产权人并不会因此丧失知识产权。知识产权的权能分离是实现知识产权价值的重要方式。"如同所有权与其权能分离一样,在原始主体依然存在的情况下,还会产生一个或数个拥有部分权利的不完全主体,即财产权的诸项权能为不同主体所分享。当然,这种权利与权能的分离,对知识产权与所有权来说有着完全不同的内容和意义。所有权的标的物,既为独立的特定物,在一定时空条件下就只能为某一特定主体所控制利用。所有权与其权能的分离,意味着占有人即非所有人是物件的实际支配者,而原所有人只能是不直接支配物件的'空虚权利主体'。但知识产权的标的,是非物质形态的精神产物,在一定时空条件下可能被多数主体利用,包括原始主体自己使用与授权继受主体共同使用。"[①]

同所有权一样,知识产权权能的分离也是由社会物质生活条件所决定的。知识产权权能的分离,是人类社会的发展已经由生产力低下、生产规模狭小的农业社会发展到工业社会和信息社会的必然。在新的生产条件下,知识产权人无法由自己直接行使知识产权的各项权能,权能分离成为知识产权人行使知识产

[①] 吴汉东:《关于知识产权本体、主体、客体的重新认识》,载《法学评论》2000 年第 5 期。

权的重要方式,权能分离不仅是一种方式,而且已经发展为一种社会经济现象,成为当代社会知识产权实现的重要表现形式。

知识产权的控制权能发生分离,是知识产权人进行独占许可的情况下实现的。在独占许可中,只有被许可人有权实施知识财产,并享有依法保护知识财产的权利,因此,获得了对知识财产的支配权,知识产权人不得干涉。复制权能同知识产权的分离最为普遍。根据知识产权许可,知识产权人(许可人)将知识财产的复制权能转让给被许可人。处分权也可以与知识产权分离。如股份有限公司的股东以知识财产进行出资后,股东在事实上就仅享有对该财产的收益权,而丧失了处分权。收益权也可以与知识产权发生分离。这在知识产权人自愿的前提下,是完全可以的,也是可能的。如无偿许可排他使用,就属于此种情况。

当然,知识产权的四种权能都可以和知识产权发生分离,但是不能同时都发生分离。如果同时都发生了分离,则知识产权就不存在了。一般而言,复制权能的分离形式最为普遍。

二、控制权能

借鉴所有权积极权能之构建理论,立足于知识财产的实际,笔者主张把知识产权的积极权能划分为控制、复制、收益和处分四项权能。

(一) 控制权能的概念

所谓控制权能,就是通过自己的意思支配和控制知识财产并决定其命运的权能。控制权能的功能相当于所有权的"占有"。知识产权往往被作为一种区别于物权的财产权,它的客体是无形的,因而不发生有形控制的占有。[①]"在权利的具体权能上,知识产权不能靠占有来加以支配,而只能靠法律拟制的'特权'来加以控制。"[②]思想是不受身体与四肢等物理手段来"占有"的,但这并不是说知识财产不能控制,而是通过意思加以控制的(即康德所说的理论占有)。

(二) 控制权能和占有权能的联系

知识产权的控制权能和所有权的占有权能具备相同的法律功能。通说认为,所有权的四项基本权能是占有、使用、收益和处分。这是经过人类社会的长期理性思维和生活实践而得出的并指导我国民事立法实践的科学结论。其中,使用权能有着特殊的意义,与日常生活中的"使用"相比有着不同的内涵。有学者认为,所有权中的使用权能,是指"不毁损其物或变更其性质,而依物之用法

[①] 吴汉东:《无形财产权的若干理论问题》,载《法学研究》1997年第4期。
[②] 黄汇:《知识产权制度去"智力化"的两种解释进路》,载《知识产权》2007年第1期。

以供需用之事实作用"①。有学者认为,使用权能指依据所有物的性能或用途,在不毁损所有物本体或变更其性质的情形下对物加以利用,从而满足生产和生活需要的权能。②可见,使用权能是按照物的物理属性和用途加以应用的权利内容。与占有权能一样,根据所有人的意思或者法律规定,使用权能可以转移给非所有人行使,如借用,租赁等,但最终应复归于所有人。③对所有权的使用权能应从以下几个方面加以认识:第一,从使用价值出发界定使用权能。使用权能的确立,主要是从使用价值的实现角度出发的。所谓的使用权能主要是建立在使用价值的基础之上的,因此才有"不改变其性质"的提法。因为交换价值的实现,如提供担保,一般而言不会影响到物的性质。而就交换价值的实现而言,法律一般未从使用权能的角度加以特别关注。因此,在使用权能中一般不包含担保功能。第二,使用权能中"使用"与生活中的"使用"相区别。使用权能中的"使用",是以使用价值的发挥为基础,主要是指依物的性能或用途对物加以利用。而实际生活中的"使用",则范围要广泛得多,包含了以使用价值的实现为基础的使用,也包含了以交换价值的实现为基础的使用。但是并不是生活中的所有使用,都是使用权能的体现。比如按照艺术品的式样和质地仿制一件赝品,这属于"复制"行为,在现实生活中,也可以说"使用",但已经不是使用权能意义上的使用了,并且可能导致侵权。第三,使用权能与用益权不同。使用权能仅仅是一项权能,它必须包括在一项权利内,不能独立地转让;而用益权却是一项独立权利,可以独立转让。用益权不仅包括对于物的使用权能,而且还包括对物的占有权能和收益权能。④

(三) 控制权能和占有权能的区别

知识产权的控制权能和所有权的占有权能有着十分重要的区别,其中最显著的区别在于,知识产权人控制的是知识财产,本质是思想;而所有权人占有的是物,本质为物质。这一点对于法律实务而言很重要。以知识产权确权之诉(确认之诉)为例,由于知识财产的本质是思想,是无形的,因此不可能被任何人通过物理上的强力"占有"而加以控制,因此,一般情况下,往往通过知识产权归属的确认,就可满足当事人的要求,实现当事人的权利。⑤除非知识财产的载体具有唯一性,才有必要通过给付载体的判决来实现知识财产的控制。当知识财产是密封的材料记载的商业秘密时,或当知识财产为著作等过于复杂脱离载体

---

① 史尚宽:《物权法论》,中国政法大学出版社 2000 年版,第 63 页。
② 梁慧星、陈华彬:《物权法》,法律出版社 2005 年版,第 121—122 页。
③ 温世扬、廖焕国:《物权法》,人民法院出版社 2005 年版,第 216 页。
④ 参见孙宪忠:《物权法》,社会科学文献出版社 2005 年版,第 177 页。
⑤ 参见林广海:《专利权属确认之诉的特点辨析》,载《人民司法》2006 年 12 期。

就难以再现时,法院依法判令争议的一方"返还"相关材料是十分必要的。而所有权的确认往往和返还直接联系,在对方占有物的情况下,仅仅确认所有权,不要求返还,则不能直接行使权利。

三、复制权能

(一) 复制权能的概念

所谓知识产权的复制权能,是指权利人对知识财产加以反复利用,或者反复再现的行为资格。复制权能在功能上相当于所有权的使用权能。与所有权的使用权能一样,知识产权的复制权能也是建立在知识财产的使用价值的基础之上的。但这并不排除知识产权交换价值的实现,如以知识产权进行出资和融资、担保知识产权的设立等。从法律性质上看,作为知识产权的权能的复制的实现,有两种主要方式:第一,通过事实行为,自己实施;第二,通过负担行为和处分行为,授权他人实施。

国外关于知识产权的保护形式问题上,长期有着是采取垄断形式还是有限的复制权形式的分歧。① 而无论是"垄断"还是"复制权"的选择,都是以复制为知识产权的使用权能为基础的。知识产权往往被作为一种区别于物权的财产权,它不发生有形损耗的使用。② 知识产权法学创始人皮卡弟认为,知识产品可以无限地再生③,说的就是知识产权的复制。郑成思先生一贯主张的知识产权的"可复制性(replicability)",深意应不止于知识产权的客体可以被复制,而在于阐释知识产权的使用方式是复制的深刻道理。史尚宽先生说,知识产权的客体可为多次复制而不磨损,说的一方面是知识产权的客体的可复制性,另一方面则是知识产权人行使权利的方式为自己复制或者授权复制,而非对产品的使用。权利的行使方式是由权利的客体决定的,"知识产权法的对象必须是易于重制或者重现的"④,与此相应,知识产权的使用方式就是复制。复制是知识产权人实现知识财产的使用价值的手段。在这里,"复制"这个概念是作为一种抽象的活动来使用的,它包括著作权法、专利法、商标法和商业秘密保护法以及非物质文化遗产保护法上的复制行为。

---

① 〔澳〕布拉德·谢尔曼、〔英〕莱昂内尔·本特利:《现代知识产权法的演进》,金海军译,北京大学出版社 2006 年版,第 187 页。
② 吴汉东:《无形财产权的若干理论问题》,载《法学研究》1997 年第 4 期。
③ 〔俄〕E.A.鲍加特赫等:《资本主义国家和发展中国家的专利法》,载《国外专利法介绍》,知识出版社 1980 年版,第 2 页。转引自吴汉东:《知识产权法》,中国政法法学出版社 2004 年版,第 1 页。
④ 〔澳〕布拉德·谢尔曼、〔英〕莱昂内尔·本特利:《现代知识产权法的演进》,金海军译,北京大学出版社 2006 年版,第 59 页。

"知识产权之所以能成为某种财产权,是因为这些权利的客体被利用后,能够体现在一定的产品、作品或者其他物品的复制活动上。"①这就是知识产权的复制权能。从权利客体角度看,表现为知识财产可以由一定的有形物去复制,从权利的行使方式上看,恰恰是权利人行使复制权能,自己或者授权他人去实施复制。复制是建立在知识财产的可传播性的基础之上的。根据知识财产的这一特性,权利人可以在同一时间将知识财产在相同或不同的地域进行复制性使用,这种权能的行使,可以自己进行(在不同地域开设工厂等),也可以授权不特定多数人实施。

一般而言,作为著作权使用权能的复制被认为是最为严格意义上的复制,是对作品的"拷贝"。但著作权法也并不是机械地使用复制的原始内涵。我国《著作权法》第 10 条规定,复制是指著作权人有权以印刷、复印、拓印、录音、录像、翻录、翻拍等方式将作品制作一份或者多份;我国台湾地区"著作权法"第 3 条将"复制"称为"重制",规定:"重制,是指以印制、复印、录音、录影、摄影、笔录或其他方法有形之重复制作。于剧本、音乐著作或其他类似著作演出或播送时予以录音或录影;或依建筑设计图或建筑模型建造建筑物者,亦属之。"作为商标权使用权能的复制被认为是对注册商标标志的同一性重复使用。具体说,就是商标权人复制出无数商标予以标注商品或者服务的行为。作为专利权复制权能的复制,是指反复利用同一技术方案,实施保持同一性的制造行为。在承认方法专利和产品专利的区分的情况下,对于方法专利而言,此种复制行为就是按照技术方案反复制作同样的产品,而对于产品专利而言,这种"产品"也必须是能够进行大批量生产的,即本身具有可"复制"的特征。商业秘密法上的复制行为也是指权利人对商业秘密的反复利用;而非物质文化遗产作为一种一般知识产权,其不同种类分别由不同的具体知识产权法予以保护,在复制权能方面没有特殊之处。知识产权人对知识产权的复制权能的行使,包括自己实施与授权他人实施两种情况。更具体的分析则是:知识产权人自己实施为复制权能,授权他人实施为控制权能和处分权能,而他人获得授权后的实施则又为复制行为。

(二) 复制权能的体现

以下就著作权、商标权和专利权的复制功能加以说明:

1. 著作权的复制功能。在著作权领域,复制是著作权的使用权能是《伯尔尼公约》明文规定的。《伯尔尼公约》第 9 条规定:"1. 受本公约保护的文学艺术作品的作者,享有授权以任何方式和采取任何形式复制这些作品的专有权利。2. 本同盟成员国法律得允许在某些特殊情况下复制上述作品,只要这种复制不

---

① 郑成思:《知识产权法》,法律出版社 2004 年版,第 192 页。

损害作品的正常使用也不致无故侵害作者的合法利益。3. 所有录音或录像均应视为本公约所指的复制。"

阅读不构成作品的使用,而是书籍(民法上的"物")或者电子书籍(信息财产)的使用。著作权法上的使用仅指复制,包括出版和发行。以美术作品为例,作者自行或者将美术作品授权出版社进行"复制",为知识产权的使用权能,而购买到复制品(如挂历)的买主挂在家中对居室加以装点和帮助计算日期,则为物权的使用权能,因为买主购买的是物,而不是著作权。以计算机软件为例,作为计算机软件上的著作权的使用权能为自己或者授权他人进行"复制",从而生产出无数相同的计算机软件产品;而购买者对计算机软件产品(光盘)的使用,为物权的使用权能,是安装进入计算机并运行程序,进行生活或者生产活动。因此,无论从哪里购买了光盘而进行了何种性质的使用(生产或者生活),都不构成知识产权侵权,除非购买光盘的人对光盘中的计算机软件进行"复制"。随着国家和社会信息化转型的深入进展,知识产权的复制权能的实施,变得更加便利。与工业社会的印刷、照相、录音、录像、复印等复制方式相比,数字技术提供了更为高效的复制效果。

2. 商标权的复制功能。在商标权领域,商标权人将注册商标自己"复制"、"粘贴"在一件件商品之上,为商标权人的使用,而购买商品的人将商品放在自己家中展示,以及放在营业场所展示,如装饰居室、装饰酒吧等营业场所,均为物权的使用权能的实现,与作为知识产权权能的使用无关。因此,无论如何使用一个带有商标的产品,都不会导致知识产权(商标权)侵权(但可能构成反不正当竞争法上的不正当竞争行为)。

3. 专利权的复制功能。对于专利的使用而言,也是一种复制。我们讲知识产权的客体具有"可复制性",显然是指包括专利在内的一切客体。英国最早的专利法《技术和制造品法》和《形式法》就把专利权视为一种复制权。① 郑成思先生指出,"对于专利权人也一样,他的专利必须能体现在可复制的产品上,或者制造某种产品的新方法,或者新产品本身。没有这些有形物,专利权人也无从判断何为'侵权'"。②

除此之外,商业秘密权和非物质文化遗产的权利也是如此,它们的使用均表现为自行复制或者授权他人进行复制。知识产权的复制权能在功能上等同于所有权的使用权能,也就是说,"复制"是知识产权的最主要使用方式。

---

① 〔澳〕布拉德·谢尔曼、〔英〕莱昂内尔·本特利:《现代知识产权法的演进》,金海军译,北京大学出版社 2006 年版,第 121 页。

② 郑成思:《知识产权法》,法律出版社 2004 年版,第 192 页。

(三) 复制权能与使用权能的联系和区别

知识产权的复制权能和所有权的使用权能在功能上是一致的,但二者存在着重大的区别。为了将人们对知识财产的"使用"和对物的使用加以区别,日本著名学者中山信弘明确将"使用权"排除在著作权的权能之外。他认为:"著作权中并不包含使用权。因此,阅读(即使用)非法盗印的书,对著作权法不构成任何侵权行为。"①详言之,知识产权的复制权能与所有权的使用权能区别如下:

第一,物权的使用多指对产品本身的消耗性使用,而知识产权的使用则是指对知识财产的重复性利用。物权行使是通过使用而消耗物本身,通过此种消耗实现物的价值。在很多情况下,通过使用,原物彻底被消耗掉了,如以砖头建造房屋,砖头的所有权被新的房屋的所有权吸收了,砖头不再是一个物了,而是房屋的一部分,因此砖头上的所有权消灭了,房屋所有权形成了。知识财产在使用中,从物理上看是不能被耗损的,但是其财产价值仍会被消耗。许多学者认为,在很多情况下,知识财产的价值会因使用而增值,是一个错误的认识。知识会在使用中被增值是公认的。但是财产不可能在使用中增值,因使用而导致价值消耗是财产的基本规律和原理。一项专利,在一个国家进行实施,如果该实施人生产的产品已经满足了全国的需求,那么该专利所剩的财产价值在该国几乎为零。理论上讲,在一个固定的区域,知识财产的许可越多,财产价值则变得越小。以专利 A 的许可与财产价值之间的关系为例,专利 A 本身有一个财产价值(以"A 值"表示)。由于专利 A 有较多的许可,因此被评估出较高现值(以"A 现值"表示)。那么,尽管现值较高,但专利 A 的价值却是通过许可而减少了,两者之间应满足以下公式:A 值 > A 现值。许可越多,A 现值越高,说明专利 A 被消耗的价值越多,其剩余价格就越小。这表明知识财产的财产价值在实施或者许可中被消耗了。

第二,知识产权的复制,不以知识财产的物理耗损为代价;而所有权的使用,则是以物理耗损为代价的。知识产权复制权能实施的结果是通过生产"复制"出成千上万的产品,如以美术作品印制挂历。而物权的行使结果虽然是可以得到新的物,但都是以自身的耗损作为代价的。因此,如仿制一个有体物,实质上是对该有体物的造型的复制。该仿制只可能构成知识产权侵权,而不可能构成物权侵权。原因之一就是复制是知识产权的基本权能,但不是物权的权能。

第三,知识产权的复制,可以跨越空间的限制,在相同或者不同的地方,同时授权不特定的主体实施;而所有权则不同,一个物的所有权,在同一时间只能为一个主体(至多为特定的多数主体)所使用。如一个苹果只能被一个人"使用",

---

① 〔日〕中山信弘:《软件的法律保护》,郭建新译,大连理工大学出版社 1988 年版,第 66 页。

而一间房屋,可以同时供多人使用,但不可能在多个地方同时为多人所使用。

四、收益权能

(一)收益权能的概念

知识产权的收益权能是指权利人享有和获取因使用知识财产形成的利益的权能。知识产权的收益权能和所有权的收益权能具备同样的功能,权利人对知识产权的收益,为事实行为。知识产权人对知识产权的收益权能的实现,就是通过自己实施或者授权他人实施而享有收益,包括因设定用益知识产权和担保知识产权、进行普通许可、转让、出资、融资等享有收益。

(二)收益权能的内涵

知识产权人通过权利的行使而享有利益的行为,不是法律行为,不以意思表示为要素。知识产权的权能可以分离,因此,知识产权人自己可以实现知识财产的价值并享有利益,也可以通过授权他人行使并享有利益。

五、处分权能

(一)处分权能的概念

知识产权的处分权能,是指对知识财产进行处分的权能,包括法律处分和事实处分。知识产权的处分权能和所有权的处分权能具备同样的功能。有学者认为,知识产权不同于物权,主要原因在于客体是一种思想,而非物质,因此不发生消灭智力成果的事实处分。笔者认为,知识产权的处分权能以法律上的处分为主,只有在不违背公共利益的前提下,允许权利人为事实处分。[①] 一旦知识财产得以通过载体表现出来并为公众所感知,权利人可能因该知识财产存在于多项载体之中,而丧失事实上的处分权,仅享有法律上的处分权。而就用益知识产权人而言,限于知识财产的性质,仅能对知识财产进行法律上的处分,无法进行事实上的处分。权利人对知识财产实施处分的行为,在民法上称为处分行为。知识产权人对知识产权的处分,包括设定用益知识产权和担保知识产权,转让、出资、融资、抛弃等。

(二)知识产权的处分权能与所有权的处分权能的关系

知识产权的处分权能和所有权的处分一样既包含法律上的处分,也包含事实上的处分,但二者有一点重要的区别,即知识产权的处分权能受到更多的限

[①] 有鉴于此,有学者认为,知识产权不同于物权,主要原因在于客体是一种思想,而非物质,因此不发生消灭智力成果的事实处分。参见吴汉东:《无形财产权的若干理论问题》,载《法学研究》1997年第4期。

制。根据所有权的处分权能,所有权人可以决定在物理上消灭所有物,如吃掉一个苹果,烧毁一把坐椅。但是,知识产权的处分权能要受到公共利益的限制,在与公共利益相违背的情况下,知识产权人不得对知识财产进行事实上的最终处分,只能进行法律上的处分。这是因为知识财产不同于物,法律对它的保护具有相对性,经过一段时间之后,大多数知识财产都会进入公共领域,成为人类的共有资源。正是从这一点看,日本学界把知识产权作为相对的财产权,而把所有权称为绝对的财产权。

第三节 知识产权的消极权能

一、知识产权的消极权能概述

(一)知识产权消极权能的概念

知识产权的消极权能是指权利人禁止他人实施侵害行为并排除他人干涉的权利内容。知识产权的消极权能和所有权的消极权能具备同样的功能,均是以排除他人干涉为基本内容。

(二)知识产权消极权能与请求权的关系

无论从知识产权还是从所有权来看,权利的消极权能和请求权并不是相同概念。就知识产权而言,消极权能和请求权有以下区别:

第一,性质不同。知识产权的消极权能是知识产权这种民事权利的一个部分,或者说是一部分内容;而知识产权请求权,是民事权利的一种。

第二,产生不同。知识产权的消极权能随知识产权的产生而产生;而知识产权请求权则因知识产权受到侵害而产生。

第三,目的不同。知识产权的消极权能是知识产权的一部分,知识产权的消极权能没有利他的存在目的;而知识产权请求权的存在目的是利他的,它是以救济受到侵害的知识产权为目的。

二、一种解释方法的否定

用对消极权能的否定来反推积极权能的方法是一种错误的解释方法。我国知识产权法学界和司法实践中,存在着一种解释积极权能的方法,即从消极权能来反推积极权能的解释方法。这种解释方法从理论上错误地割裂了权利与权利之间的关系、积极权能与消极权能之间的关系,在实践中,打破了利益平衡,危害相对方的权益。在物权领域,所有权的积极权能和消极权能划分已经是一个古老的话题,二者的关系也被阐发得十分清楚。我国《民法通则》对所有权的积极权能给予了明确的列举,因此就不存在从否定消极权能来推导积极权能的必要。但是,在知识产权法领域,由于并没有知识产权基本法问世,立法不可能对知识产权的积极权能进行界定,加之立法的含混模糊,使得知识产权的权能也变得模糊不清,于是就出现了在司法实践中"出于需要"的解释,这些解释方法中,最引人注目的是用对消极权能的否定来反推积极权能的解释方法。这种解释方法的具体做法是对列举的侵权行为进行否定,然后冠以"权"字,从而反推出需要的"积极权能"。比如根据《专利法》第11条禁止未经授权而制造专利产品的规定,就推演出"制造权"权能,而根据《商标法》第7章关于禁止他人未经授权使用注册商标的规定,就推演出"禁止权"权能。这个方法的逻辑错误是不言而喻的,但其表现却具有迷惑性。

在知识产权单行立法上,除了著作权法之外,一般均不从正面规定知识产权的积极权能,而是从侧面规定消极权能,如禁止他人侵犯。我国知识产权立法都对典型侵权行为进行了列举规定。世界上各国立法不直接规定专利权的权利内容,而是笼统承认其为独占权,这是因为专利权具有太高的垄断性,因此为了不至于过度地影响竞争和社会利益,才没有明确列举。有鉴于此,法律明确列举应被禁止的侵权行为,即对消极权能中的典型部分加以列举旨在保护专利权人的利益。在我国,许多学者甚至包括大批知识产权法教科书,均采取了通过对消极权能的否定反推积极权能的方式,对具体知识产权的积极权能进行推断。如根据我国《专利法》第11条的规定,将专利权的权能推定为"制造权"、"使用权"、"允诺销售权"、"销售权"和"进口权"。根据我国《商标法》第7章的规定,将商标权的权能总结为"专用权"、"禁止权"等。①

我国学界运用的从对消极权能的否定来反推积极权能的解释方法值得反思。从知识产权的消极权能来推断积极权能在方法论上的错误,可以所有权为例进行验证。我国《民法通则》第73条后半句的规定为禁止侵犯方式中对典型侵权行为的列举。该法第73条后半句规定:"禁止任何组织或者个人侵占、哄抢、私分、截留、破坏。"但我们不能因此将国家财产所有权的权能归纳为侵占权、哄抢权、私分权、截留权和破坏权,这是显而易见的。从结果上看,这种解释方法恰恰打破了立法者刻意维持的平衡,使得利益的天平极大地向专利权人倾斜。如果把排除侵权行为的能力也作为权利来对待,那么专利权就摇身变成很多独立的权利,而每个权利都可以对同一个被许可人进行许可和收费。这在理论上看,是和权利与权能的基本关系原理相违背的,从实践上看严重损害了相对

---

① 参见吴汉东:《知识产权法》,中国政法大学出版社2004年版,第184页;齐爱民:《现代知识产权法》,苏州大学出版社2005年版,第377页。

方的权益,而落入知识霸权的圈套。我国《专利法》的规定是正确的,而学者解释乃至某些司法解释出了偏差。如果权利人之外的人,或者未经授权的人实施了专利权,进行了制造、使用、许诺销售、销售、进口其专利产品的任何一项行为,均构成对权利人专利权的侵犯,属于侵权行为。但是并不意味着我国专利法把侵权行为的禁止当做积极权能。权能的独立性是相对的,而不是绝对的。所有权的权能分为占有、使用、收益和处分,但是我们不能因此说上述四项权能是独立的,你获得了使用权能,但是如果你没有获得收益权能,你则只能使用但是不能收益,这是与理不合,与法相悖的。因为权利是独立的,而权能划分是相对的。对于专利权而言,其权能为控制、复制、收益和处分。所谓的"制造权"、"使用权"、"许可权"、"许诺销售权"、"销售权"、"进口权"等充其量为专利权的复制权能的内容而已,连独立存在的权能尚且不算,何谈独立的权利。以对消极权能的否定来反推积极权能的解释不仅违背了积极权能和消极权能之间的关系原理,而且严重割裂了积极权能之间的关系,使专利权人的权利过于膨胀,并导致知识霸权滋生,打破了知识产权法保护的利益平衡,危害了被许可人的权益。

第四节 著作权权能

一、著作权的积极权能

著作权的积极权能包括控制、复制、收益和处分四项。

（一）控制权能

著作权的控制权能是指著作权人通过自己的行为控制作品的权能。顾名思义,控制权能以著作权人控制作品为内容,如发行是控制权能的体现。参照我国《著作权法》第10条规定,发行是指著作权人有权以出售或者赠与方式向公众提供作品的原件或者复制件。著作权人有权发行其作品,也有权决定不发行其作品,这是著作权人的控制权能的体现。当然,这并不排除发行还具有复制权能的内容,因为权能作为组成权利的部分,彼此之间本来就不是能截然划分的,而是互相渗透的。所以,可以说发行是著作权四项基本权能中的控制权能和复制权能的综合运用。

（二）复制权能

著作权的复制权能,是指著作权人得以按照作品进行重制或者反复使用的权能。复制有广义和狭义之分。复制权能的"复制"采广义说,是指对作品进行重制或者反复使用。而狭义的"复制",在我国《著作权法》第10条有明确的规定。广义的复制涵盖了我国《著作权法》第10条列举的所有典型行为,包括:

(1) 复制,是指著作权人有权以印刷、复印、拓印、录音、录像、翻录、翻拍等方式将作品制作一份或者多份;(2) 公开表演,即著作权人有权公开表演其作品,包括以及用各种手段公开播送作品的表演;(3) 放映,即著作权人有权通过放映机、幻灯机等技术设备公开再现美术、摄影、电影和以类似摄制电影的方法创作的作品等;(4) 广播,即著作权人有权以无线方式公开广播或者传播作品,以有线传播或者转播的方式向公众传播广播的作品,以及通过扩音器或者其他传送符号、声音、图像的类似工具向公众传播广播的作品;(5) 信息网络传播,即著作权人有权以有线或者无线方式向公众提供作品,使公众可以在其个人选定的时间和地点获得作品;(6) 摄制,即著作权人有权以摄制电影或者以类似摄制电影的方法将作品固定在载体上;(7) 改编,即著作权人有权改变作品,创作出具有独创性的新作品;(8) 翻译,即著作权人有权将作品从一种语言文字转换成另一种语言文字;(9) 汇编,即著作权人有权将作品或者作品的片段通过选择或者编排,汇集成新作品。该条规定的"应当由著作权人享有的其他权利",属于开放式条款。因为根据意思自治原则,只要不违反法律原则和强行性规范,著作权人如何实施著作权完全出于自愿。因此,从理论上讲,著作权人行使权利的具体行为是多种多样的。

(三) 收益权能

著作权的收益权能是指著作权人享有和获取因使用作品而形成的利益的权能。我国《著作权法》第10条规定著作权人可以依照约定或者著作权法的有关规定获得报酬,即为规定了著作权的收益权能。根据该条第2款的规定,著作权人可以许可他人行使12种实施权利的行为,可依照约定或者著作权法的规定获得报酬。根据该条第3款的规定,著作权人可以全部或者部分转让上述12种"权利",并依照约定或者本法有关规定获得报酬。而该条第3款,明显地受到了知识霸权的影响。通过该款的规定,著作权人享有将上述12项权利行使的方式,当做独立权利进行转让的权利。这使得著作权摇身变化为12项独立权利了。这显然成几何级数地扩张了著作权人的权利,并大大超过了必要的限度。按照亚里士多德的过度即邪恶的理论,这种扩张应该是非正当的,构成知识霸权。

(四) 处分权能

著作权的处分权能,是指著作权人对作品进行法律处分的权能。对著作权的法律处分,最为典型的就是转让。我国《著作权法》第10条第3款规定:"著作权人可以全部或者部分转让本条第一款第(五)项至第(十七)项规定的权利,并依照约定或者本法有关规定获得报酬。"除此之外,我国《著作权法》第3章还就"著作权许可使用和转让合同"进行了专门规定。我国《著作权法》第10条第

3款将转让和获得报酬规定在同一条,说明了这两项权能联系的紧密性。

二、著作权的消极权能

著作权的消极权能是指著作权人排除一切人对其权利进行干涉的权能。我国《著作权法》主要采取了从正面规定积极权能的方式,并未规定著作权的消极权能。目前的知识产权立法,很多细节上反映出知识霸权,但是同样地在很多细节上也存在重大漏洞,比如著作权消极权能的立法缺失等。我们既不能因为存在知识霸权就降低对知识产权的应有保护,也不能因为知识产权立法上的漏洞就主张保护水平太低而否认知识霸权的存在。

尽管我国《著作权法》第五章针对侵权行为规定了"法律责任和执法措施",但是这并不能取代著作权的消极权能。根据著作权的消极权能,当事人可以采取自助行为排除他人的干涉。"法律责任"是法院或者仲裁机关根据法律和事实依法作出的判决或者裁决确定的责任,而著作权的消极权能是权利人可以直接行使的内容,不必等待有权机关的判决或者裁决。

三、我国相关立法评析

(一) 12项权利和12项行为之争

我国《著作权法》第10条列举了12项著作财产权。关于这12项内容,学者有不同的理解。有人根据立法文字来判断,认为它们就是权利,而著作权是权利集合;有人认为,它们是权利的权能,知识产权比所有权的权能又显得更为得精细,仅著作财产权一项就可包含诸如复制权、出版权、发行权、出租权等12项具体的权能。①笔者认为,这12项内容,既不是权利,也不是权能,而是对12项权利行使的行为方式的列举。我国台湾地区的"著作权法"对此规定得十分清楚,该法第3条"用词定义"中分别界定了重制、公开口述、公开播送、公开上映、公开演出、改作、散布、发行、公开发表等行为,并无"权"字出现,如采用了"重制",而不是"重制权",严格区分了权利行使的具体行为和权利本身。建议我国将来进行《著作权法》修订时,应将第10条"著作权包括下列人身权和财产权"的表述修改为"著作权包括人身权和财产权,著作权人有权为以下行为"。而在修订之前,笔者主张应将第10条列举的12项著作财产权解释为12种著作权人行使权利的方式或者行为,不能解释为12项权能,更不能解释为12项权利。

(二) 几类特殊"权能"分析

1. "出租权"。参照我国《著作权法》第10条的解释,出租是指有偿许可他

---

① 黄汇:《知识产权制度去"智力化"的两种解释进路》,载《知识产权》2007年第1期。

人临时使用电影作品和以类似摄制电影的方法创作的作品、计算机软件。同时该条还规定,计算机软件不是出租的主要标的的不构成出租。我国《著作权法》关于"出租权"的规定来源于《伯尔尼公约》第 11 条"租赁",但是比《伯尔尼公约》走得更远。《伯尔尼公约》第 11 条规定:"至少对计算机程序和电影作品来说,缔约方应该规定,其作者或者合法继承人有权允许或禁止将他们具有著作权作品的原件或复制件向公众出租。对于电影作品来说,除非是这样的出租已经导致对此类作品的广泛复制,从而严重地损害了缔约方为作者或其合法继承者提供的关于复制的独占权,否则该缔约方可以不承担这一义务。对于计算机程序来说,这一义务不适用于程序本身不是出租的实质对象的情况。"很明显,第一,《伯尔尼公约》并未明确提及"租赁权"。在《伯尔尼公约》中,租赁仅仅是一个行为,但到了我国《著作权法》,出租却变成了一项独立的权利,即"出租权"。第二,《伯尔尼公约》保护所谓电影的"租赁"时,还进行了利益平衡,即"对于电影作品来说,除非是这样的出租已经导致对此类作品的广泛复制,从而严重地损害了缔约方为作者或其合法继承者提供的关于复制的独占权,否则该缔约方可以不承担这一义务"。而我国《著作权法》却将这个平衡条件置之不顾,而突兀地规定了"出租权",问题不可谓不触目。

出租到底是不是著作权人的权利内容呢？将之与物权的租赁权进行比较就会发现问题的症结所在。在物权领域,租赁是指出租人(物权人)将租赁物交付承租人使用、收益,承租人支付租金的合同关系。即出租人将物权的客体——出租物交付给承租人,由承租人使用收益。同样的道理,在知识产权领域中的"出租",是指出租人(知识产权人)将被租赁的知识财产交付承租人使用、收益,承租人支付租金的合同关系。也就是说,所谓知识产权的出租,实质应在于出租人将知识产权的客体——知识财产许可承租人使用收益。而这正是知识产权许可,并不是什么"出租"或者"租赁"。举例而言,如果本人出租作品《知识产权法总论》15 天,供出版社印制成书,索价可能在 2—10 万元,但若是出租《知识产权法总论》这本书 15 天,则可能只有 2—10 元的收入。除了租金的差异,更为重要的是,从客体角度看,著作权的租赁,租赁的客体为作品,而书的租赁中,租赁的客体为物;从使用方式角度看,出版商的租赁,目的是复制和发行,而读者对书的租赁,目的在于阅读。这个天壤之别,被理论界和立法给混淆了。知识财产的租赁,名为租赁,其实就是许可,是短期或者暂时性的许可,应该是许可承租人使用知识财产,是在短时间内授权承租人实施复制,因此,这种"租赁"的实质是"许可"。无论是立法上,还是在司法实践中,所谓的"出租权"都是把物的出租权划归了知识产权人。将"出租权"列为著作权的权能,缺乏正当性和合理性,是知识霸权的表现。

2."展览权"。根据我国《著作权法》第 10 条的规定,展览是指公开陈列美术作品、摄影作品的原件或者复制件的行为。作品的展览一定要借助一定的载体(物质载体和电子载体)。在我国《著作权法》第 10 条中规定的原件和复印件都是以一定的物质为载体的,在民法性质上都为"物"。我国台湾地区"著作权法"第 3 条规定:"原件是指著作权受此附着之物。"该法明确界定了原件的法律性质,即原件为物,属于物权客体,当由物权法保护。

无论是知识产权还是所有权,都有进行展览的权利内容。然而,知识财产的本质是思想,对特定的表达出来的思想进行展示,必须借助某些条件,如物质载体加以固定和再现。我国《著作权法》第 10 条将对原件或者复印件的公开陈列作为对作品的展览。我国《著作权法》注意到了著作权人的展览权,也注意到了物权人的展览权,并规定原件的展览权归著作权人享有,即当作品的原件的所有权已经发生转移的情况下,著作权人享有作品的展览权,而所有权人享有原件的展览权。因此,著作权人此时的展览权只能以复制件的形式来行使。根据我国《著作权法》第 10 条的规定,展览的权利归知识产权人享有。该法第 18 条规定:"美术等作品原件所有权的转移,不视为作品著作权的转移,但美术作品原件的展览权由原件所有人享有。""美术作品原件"是物权的客体,对其的展览是所有权使用权能的应有之义。这里需要区分的是对作品的展览和对原件以及复印件的展览。对作品的展览为著作权人有权进行的行为,是作者展示自己作品的行为。和展览行为同时进行的往往是著作权人身权中的署名行为。而原件所有权人,可以展览原件,在必要的情况下,也可以通过复印件(拍照等方式)参展。我国《著作权法》第 18 条将原件的展览权认定归属于所有权人,并不等于否定了著作权人的展览行为,著作权人的展览行为是不受剥夺和限制的,在原件所有权已经转移的情况下,著作权人可以通过摄影、录制等形式记载自己的作品,并进行展览。我国台湾地区"著作权法"第 27 条规定:"著作权人有公开展示其未发行之美术著作或摄影著作之权利。"这个规定并没有涉及原件和复印件,因此反而不会引发展览到底是所有权人的权利还是著作权人的权利的争论。如果认为,作品原件之上的展览权为作品的展览权,将对物权人的处分权能构成重大限制,因为物权人将不能在事实上处分该物。以壁画为例,如果物权人拆除了壁画,则构成著作权侵权。事实上,作品原件展览权和作品展览权并不是一回事,因此,并不构成侵权,以案例为证。

【案例】 1982 年,湖北晴川饭店工程指挥部(以下简称"晴川饭店")与湖北省美术院约定由蔡迪安等四人为饭店大堂创作《赤壁之战》壁画。壁画完成后,晴川饭店全部支付了合同价款。后由于晴川饭店的经营需要,壁画被拆毁。

蔡迪安等四人诉至武汉中院，要求晴川饭店赔偿作品被毁的损失。武汉中院认为：创作人蔡迪安等四人是《赤壁之战》壁画的美术作品的著作权人，晴川饭店是壁画实物的所有权人。湖北高院认为：《赤壁之战》壁画原件的拆毁不是导致蔡迪安等四作者的著作权丧失或受损的原因，晴川饭店拆毁《赤壁之战》壁画原件的行为，不构成对蔡迪安等著作权的侵害。故二审均驳回了著作权人的主张。①

本案中，作者蔡迪安等对《赤壁之战》壁画展览权的行使，是通过拍照的形式进行的，他们通过拍照记载了《赤壁之战》壁画的艺术表现形式，并将此发表于国内美术专业公开出版物上，并参加壁画作品展览，壁画作品作者署名均为蔡迪安等。而对于壁画实物的展览权，是由所有权人享有的，否则晴川饭店的大堂就成了壁画展览馆了。在本案中，湖北高院认为，《赤壁之战》壁画原件的拆毁不是导致蔡迪安等四作者的著作权丧失或受损的原因，不构成对蔡迪安等著作权的侵害。案件分析准确，判决正确。就展览权而言，一定要区分作品的展览权和作品原件和复印件的展览权。而通过复制件进行展览，往往是著作权人行使展览权的方式。从广义的复制范围来看，作品的展览权属于复制权能的一种形式。如果原件所有人以拍照的形式等在专业刊物上发表该壁画，属于侵权行为。

第五节　商标权权能

一、商标权的积极权能

商标权的积极权能包括控制、复制、收益和处分四项。

（一）控制权能

我国《商标法》并没有明确规定控制权能。该法第51条规定："注册商标的专用权，以核准注册的商标和核定使用的商品为限。"根据此条前半句的规定，注册商标权是一种专用权，这不仅揭示了商标权的属性，也间接规定了商标权的控制权能。TRIPS协议第16条第1项规定："注册商标的所有者应享有一种独占权。"其中"独占权"和我国法上的"专用权"含义相同，但是"独占"更多地体现了"控制"的内涵。

（二）复制权能

我国《商标法》第51条规定："注册商标的专用权，以核准注册的商标和核

---

①　高鄂：《美术作品著作权人无权限制所有权人的处分权》，http://www.dz148.cn/Article_Show.asp? ArticleID=442，2008年8月31日访问。

定使用的商品为限。"根据此条后半句的规定,商标权的复制权能就是将注册商标标注在核定使用的商品上。也有学者据此归纳出"专用权"的权能来。实际上,这就是知识产权的复制权能。我国台湾地区"商标法"第 6 条专门规定了商标的使用,该条规定:"本法所称商标之使用,系指为行销之目的,将商标用于商品或其包装、容器、标贴、说明书价目表或其他类似物件上,而持有、陈列或散布。商标于电视、广播、新闻纸类广告或参加展览会展示以促销其商品者,视为使用。"复制权能既可以自己行使也可以授权他人行使。我国《商标法》第 40 条规定:商标注册人可以通过签订商标使用许可合同,许可他人使用其注册商标。有学者据此归纳出"许可权"。其实,这只不过是知识产权复制权能的内容,不是单独的权能。

（三）收益权能

收益权能的实现主要分两种情况,一种是因自己使用而获得收益,另一种是通过授权他人使用而获得收益。我国《商标法》并未直接规定商标权人的"收益权能"。但是从其他相关规定中,我们可以推论出商标权的收益权能。我国上海家化厂"美加净"商标评估为 1385 万元人民币,与美国庄臣(Johnson)公司合资,并被迫改用"明星"商标。使用后一商标的 1994 年该厂销售额为 0.6 亿元,迫于形势被迫出巨资收回"美加净"后,1994 年销售额一度升为 5.2 亿元人民币,而 1995 年超过 7 亿。① 从 0.6 亿元到 7 亿元的巨大差距,就很好地体现了"美加净"商标的价值,也证明了商标权人自己使用商标获得的巨大收益。商标权获得收益的第二个方式就是进行使用许可和转让。我国《商标法》第 40 条规定:商标注册人可以通过签订商标使用许可合同,许可他人使用其注册商标。这是关于商标权许可合同的规定,尽管商标权许可合同可以为无偿合同,但往往十分少见,而绝大部分商标权许可合同都是有偿的。由此也可推导出商标权收益权能的存在。

（四）处分权能

知识产权的处分权能主要为法律处分,转让是最为普遍的一种处分方式。商标权的处分权能也主要体现为商标权转让。我国《商标法》第 39 条规定:"转让注册商标的,转让人和受让人应当签订转让协议,并共同向商标局提出申请。受让人应当保证使用该注册商标的商品质量。转让注册商标经核准后,予以公告。受让人自公告之日起享有商标专用权。"处分权能往往与收益权能并存。例如,"可口可乐"商标达到数百亿美元、"海尔"、"红塔山"和"芙蓉王"商标也被评估为数百亿人民币,对上述商标权的转让必然会以相当的费用为对价。也

---

① 参见郑成思:《知识产权法论》,法律出版社 2003 年版,第 387 页。

就是说,商标权人在行使处分权能的同时,也行使了收益权能。而从逻辑上看,往往是为了行使收益权能才对商标权进行处分。

二、商标权的消极权能

商标权的消极权能则是指商标权人有权排除其他人对商标权以及权利行使的干涉。我国《商标法》和 TRIPS 协议都对商标权的消极权能作出了较为详细的规定。我国《商标法》第 52 条规定了商标权的消极权能,并列举了侵犯注册商标专用权的典型侵权行为。TRIPS 协议是从独占和禁止他人使用两个方面界定商标权的权能的。第 16 条第 1 项规定:"注册商标的所有者应享有一种独占权,以防止任何第三方在未经其同意的情况下,在商业中对于与已注册的商品或服务相同或相似的商品或服务采用有可能会导致混淆的相同或相似的符号标记。在对相同或相似的商品或服务采用相同的符号标记时,就推定混淆的可能性已经存在。上述权利不得损害任何已经在先存在的权利,也不得影响缔约方在使用的基础上授予权利的可能性。"

一般认为,构成商标权侵权的行为主要包括:(1)未经商标注册人的许可,在同一种商品或者类似商品上使用与其注册商标相同或者近似的商标的;(2)销售侵犯注册商标专用权的商品的;(3)伪造、擅自制造他人注册商标标识或者销售伪造、擅自制造的注册商标标识的;(4)未经商标注册人同意,更换其注册商标并将该更换商标的商品又投入市场的;(5)给他人的注册商标专用权造成其他损害的。

笔者认为,第一种、第三种和第四种侵权行为,属于侵犯商标的复制权能,第二种和第四种侵权行为值得深入讨论。第二种侵权行为为"销售侵犯注册商标专用权的商品"。严格从理论上分析,销售商品是不会侵犯知识产权的,因为发生知识产权侵权应发生在制造环节,而不是流通环节。但是,放弃流通环节,显然是对知识产权高水平保护不利的,如在制造环节并没有被发现或者没有被制止的侵权行为制造了大量的产品,如果不在销售环节予以制止,则不但放纵了侵权行为,而且使权利人忍受侵害,极为不公。因此,法律将"销售侵犯注册商标专用权的商品"给予惩罚是应当的。但是,就此规定而言,却有待改进。"销售侵犯注册商标专用权的商品"的规定,并没有体现对主观状态的认定。明知而销售和尽了注意义务而销售,应该适用不同的规定,承担不同的责任。比如,明知而销售,应该承担侵权损害赔偿责任,而尽了注意义务而销售,应该承担停止侵权的责任,并不承担损害赔偿责任。我国《专利法》第 70 条规定:"为生产经营目的使用、许诺销售或者销售不知道是未经专利权人许可而制造并售出的专利侵权产品,能证明该产品合法来源的,不承担赔偿责任。"再则,此种情况,如同我国台湾地区"著作权法"将销售计算机软件复制品规定为视为侵权一样,我国《商标法》也应该将此规定为"视为"侵犯商标权,而不宜直接规定为侵犯商标权。

第六节 专利权权能

一、专利权的积极权能

专利权的积极权能包括控制、复制、收益和处分四项。我国《专利法》并没有明确规定专利权的权能,在其第7章"专利权的保护"中,对专利权的保护范围和消极权能进行了规定。该法第59条规定:"发明或者实用新型专利权的保护范围以其权利要求的内容为准,说明书及附图可以用于解释权利要求的内容。外观设计专利权的保护范围以表示在图片或者照片中的该产品的外观设计为准,简要说明可以用于解释图片或者照片所表示的该产品的外观设计。"这条实质是关于客体范围的限制。

(一)控制权能

我国《专利法》第12条规定,任何单位或者个人实施他人专利的,都需要和专利权人签订实施许可合同。从这条的规定可以推论,专利权人对其专利享有控制权能。

(二)复制权能

专利权的复制权能可以分为自己使用和授权他人使用两种基本形式。我国《专利法》第11条规定的制造、使用、许诺销售、销售专利产品为专利权人有权实施的行为的规定,并非权能,也绝非权利。我国《专利法》第12条对授权他人使用作出了明确规定:"任何单位或者个人实施他人专利的,应当与专利权人订立实施许可合同,向专利权人支付专利使用费。被许可人无权允许合同规定以外的任何单位或者个人实施该专利。"

(三)收益权能

与专利权的复制权能相对应,专利权的收益权能可以分为因自己使用而收益和授权他人使用而收益两种基本形式。我国《专利法》第13条规定:"发明专利申请公布后,申请人可以要求实施其发明的单位或者个人支付适当的费用。"

(四)处分权能

专利权的处分权能也主要体现为专利权转让。转让权是指专利权人享有的将专利权依法转让的权利。尽管法律并没有规定是全部转让还是部分转让,但应推定只能进行全部转让。转让权是知识产权的处分权能的表现。我国《专利法》第 10 条第 1 款规定:"专利申请权和专利权可以转让。"

二、专利权的消极权能

我国《专利法》对专利权的权能的规定上,主要是从消极权能方面进行的。《专利法》第 11 条规定:"发明和实用新型专利权被授予后,除本法另有规定的以外,任何单位或者个人未经专利权人许可,都不得实施其专利,即不得为生产经营目的制造、使用、许诺销售、销售、进口其专利产品,或者使用其专利方法以及使用、许诺销售、销售、进口依照该专利方法直接获得的产品。外观设计专利权被授予后,任何单位或者个人未经专利权人许可,都不得实施其专利,即不得为生产经营目的制造、销售、进口其外观设计专利产品。"这是对专利权的消极权能的确认,并列举了典型的侵权行为。在前面已经论述,不应从上述消极权能的规定之中,直接倒推出积极权能。所谓制造权、使用权、许诺销售权、销售权只不过是专利权复制权能的具体体现,更不能割裂开来。在实施专利权许可过程中,不应对所谓制造权、使用权、许诺销售权、销售权分别许可或者分别收费。

我国《专利法》第 63 条规定,假冒他人专利的,应承担民事责任。这条规定的是因假冒而侵权的情况,假冒他人专利,包括以非专利产品冒充他人专利产品、以非专利方法冒充他人的专利方法的两种。这被认为构成专利权侵权,因为法律要求假冒人承担民事责任。笔者认为,此种情况,应该属于视为侵权,理由是假冒人的确实施了假冒行为,但是假冒行为本身并没有使用专利权人的专利权,仅仅是"假冒"而已,因此应为视为专利侵权,而不宜直接规定为权利侵权。

我国 1984 年《专利法》对于方法专利权的保护仅限于该方法的使用,而不涉及保护依照该方法取得的产品。这种保护被认为是不充分的,"因为任何人使用或者销售该方法所获得的产品都不构成侵权"[①]。笔者认为,任何人使用或者销售该方法所获得的产品本身不构成侵权,但是由于侵权人对专利方法的使用,往往处于生产阶段,并未有产品上市,知识产权人不易查明,因此,应该本着加强知识产权保护的宗旨,将使用或者销售该方法所获得的产品的行为视为侵权。此种保护到产品的保护方式,本身已经是过高的保护,是加强对专利权保护的需要。在这个基础上,再要求更高的保护,则是非正当的。

三、我国相关立法评析

在专利权领域,争论最大的莫过于"进口权"、"允诺销售权"和"销售权"几种权能了。我国《专利法》第 69 条规定,专利权人进口或者经专利权人许可而

---

① 吴汉东:《知识产权法》,中国政法大学出版社 2004 年版,第 186 页。

进口的专利产品视为不构成侵权；或者依照专利方法直接获得的产品售出后，使用、许诺销售或者销售该产品的不视为侵权。这是有关平行进口和销售的规定。专利产品是指至少是由一项专利权的实施而获得的产品，包括了由一项专利权实施得来的产品，也包含多项专利权实施获得的产品。条文中"不视为侵权"的字样特别引人注意。"不视为侵权"的意思是本身是侵权的，但是由于具备知识产权侵权阻却性事由，才不被认定为侵权。面对这一规定，不得不让人思考："专利权人制造、进口或者经专利权人许可而制造、进口的专利产品"还要"不视为侵权"？难道"专利权人制造、进口或者经专利权人许可而制造、进口的专利产品"本身是侵权的吗？"视为"二字在这里纯属误用。更引人注意的是该条对平行进口的规定，依照该条的规定，"专利权人进口或者经专利权人许可而进口的专利产品"不视为构成侵权，那么，相反是不是意味着非专利权人进口或者未经专利权人许可而进口的专利产品构成侵犯专利权呢？该条没有给予直接回答，但是从其内涵来反推应该得出这个结论。这也就是我国知识产权法学界学者们普遍主张的所谓"进口权"。对"进口权"应如何评价呢？

"进口权"是不是专利权人的一项权利，专利产品的平行进口制度是否应该建立，是世界各国所共同面临的一个很棘手的问题。我国专利法关于平行进口的规定来自 TRIPS 协议第 28 条。该条第 1 项规定："一项专利应为专利权人提供如下的独占权：（a）对产品专利，专利权人有权禁止第三方在未经其同意的情况下从事下列行为：制造、使用、为销售而提供、出售，或为上述目的进口该产品；（b）对方法专利，专利权人有权禁止第三方在未经其同意的情况下使用该方法，以及使用、为销售而提供、出售或为这些目的而进口至少是由该方法所直接获得的产品。"看得出来，TRIPS 协议企图通过规定平行进口制度，给予专利权超强、超高的保护。平行进口制度的建立与否，关系到专利权人利益和社会公众利益之间的平衡。专利产品的平行进口是指进口商在一国购得合法投放市场上的专利产品，而未经进口国专利权人的许可，而对该国进行进口的行为。一般而言，专利权人要求禁止平行进口，尤其是发达国家的大企业以及跨国公司，因为专利权人的独占利益，被平行进口冲淡了；而对平行进口的禁止，则明显阻碍自由贸易，导致专利权人的垄断，进而影响社会公众的利益。平行进口根本不是专利法上的问题，是产品流通问题而已。权利穷竭理论认为，某项专利产品被合法售出之后，专利权人就不再对该产品的使用和销售享有控制权，即专利权人的"控制权能""穷竭"于产品。按照专利权权利穷竭理论，任何人不因合法销售专利产品而构成侵犯知识产权。另外，从知识产权客体理论出发看，合法销售专利产品，包括进出口，也不构成侵权。专利权的客体是一种知识财产，根据知识财产的实施而得到的产品，有物质载体的就是"物"，属于物权范畴，反对平行进口就是把物权的客体给予了知识产权保护,与知识产权基本理论相违背。因此,平行进口是商品自由流动的基本要求,是市场经济的基本规律,是不应该被禁止的。

第七节 商业秘密权权能

一、商业秘密权的积极权能

商业秘密权的权能可以分为积极权能和消极权能。长期以来,在知识产权界关于商业秘密能否作为一种财产来对待一直是有争论的,但是 TRIPS 协议对这个问题在国际贸易领域做了肯定的回答。该协议第 1 部分第 1 条明确将商业秘密列入知识产权的范围。商业秘密权,同专利权一样,是一种积极的权利,而不仅仅是一种防御性的消极权利。[1] 但是各国立法却重点规定了商业秘密权的消极权能。

控制权能对于商业秘密而言极其重要。商业秘密权的控制权能既表现为对一切人进行保密,也包括经过许可而使特定的人获得。基于商业秘密权的控制权能,任何人不得披露其商业秘密,商业秘密权的复制权能同样可以分为自己使用和授权他人使用两种基本形式。商业秘密权人授权他人使用商业秘密的方式准用专利权许可的规定。根据我国《反不正当竞争法》第 10 条的规定,所谓"使用",是指行为人将商业秘密运用于生产、经营活动。根据商业秘密权的复制权能,任何人不得使用或者允许别人使用权利人的商业秘密。收益权能是商业秘密权的一项主要权能,关系到权利人利益的实现。除此之外,商业秘密权人还可以依法对商业秘密进行处分,当然与其他具体知识产权一样,此处的处分主要是指法律处分,如转让或者公开(在法律效果上,类同于抛弃)。

二、商业秘密权的消极权能

我国《反不正当竞争法》第 10 条和《刑法》第 219 条对商业秘密权的消极权能进行了较为详细的规定,并对典型侵犯商业秘密权的行为给予了列举,这些行为主要表现为不当获取、不当披露、不当使用、间接使用等,具体分析如下:

(一) 禁止非法获取行为

根据我国《反不正当竞争法》第 10 条第 1 项的规定,禁止非法获取是指权利人有权禁止他人以盗窃、利诱、胁迫或者其他不正当手段获取自己的商业秘密。本项规定既体现了商业秘密权积极权能中的控制权能,也体现了商业秘密权的

---

[1] 郑成思:《知识产权法》(第二版),法律出版社 2003 年版,第 5 页。

消极权能。基于知识产权的控制权能,商业秘密权人有权控制其商业秘密,基于消极权能,商业秘密权人有权排除他人盗窃、利诱、胁迫或者其他不正当手段获取。所谓"盗窃"是指秘密窃取,包括直接偷窃商业秘密的文件,采用不为他人知悉的方式监听、模拟、照相、复印等手段获取他人的商业秘密。商业秘密之所以能成为财产,是因为具有秘密性、保密性和商业价值性,缺一不可。一般而言,"盗窃"是针对以物质载体或者电子载体为存在形式的商业秘密,对于权利人保存在大脑中的商业秘密是无法"盗窃"的,如果是以醉酒或者哄骗的方式,骗取权利人的商业秘密,构成以"其他不正当手段获取权利人的商业秘密",而不构成"盗窃"。所谓"利诱"是指以给予某种利益为诱饵,诱使非权利人泄露他人商业秘密的行为,一般表现为利诱企业员工泄露企业商业秘密,也包括许可人泄露已经进行独占许可和排他许可的商业秘密。所谓"胁迫"是指行为人以给另一方当事人或者其近亲属的生命、身体健康、名誉、财产等方面造成损害为要挟,迫使另一方当事人违背真实意愿而透露商业秘密或者交出有关材料的行为。上述妨害商业秘密权的行为,是商业秘密权的消极权能的排除对象。商业秘密与专利技术不同,如果他人经过正当手段研发出同样的商业秘密,就可以使用,并可以申请专利。这些正当手段包括独立发现、以反向工程发现、从公开使用或展出的产品中得来等。

(二)禁止披露与使用行为

根据我国《反不正当竞争法》第10条第2项的规定,禁止披露与使用包括进行披露以及自己使用或者允许他人使用非法获取的权利人的商业秘密。"披露"是指通过口头、书面或者网络等一切方式,将商业秘密公之于众,使不特定的多数人知悉该商业秘密,从而打破商业秘密的秘密性要件。在商业实践中,"技术信息和经营信息"通常包括设计图纸、程序设计、产品配方、制作工艺、制作方法、管理与技术诀窍、客户名单、货源情报、产销策略、招标投标中的标底及标书内容等信息。保密是商业秘密权的控制权能的主要形式之一,禁止披露是商业秘密权的消极权能的必然要求。商业秘密权主体有权对其商业秘密予以保密,并要求他人不得破坏这种保密性。商业秘密权人可以通过以下方式行使这一权能:其一,对商业秘密进行秘密控制、收益与管理,从而防止他人非法窃取;其二,有权要求相关当事人(例如,劳动者、被许可使用人等)采取必要措施予以保密。

(三)禁止第三人恶意获取和使用行为

第三人恶意获取和使用侵犯商业秘密权。第三人恶意获取和使用可以分为直接和间接两种情形。非法获取以及披露与使用为直接侵犯商业秘密、明知或者应知他人直接侵犯商业秘密的,而利用该行为对该商业秘密进行获取、使用或者披露,是间接侵权行为。无论是直接还是间接侵害行为都是商业秘密权消极权能排除的对象。

第八节 非物质文化遗产权利

非物质文化遗产是一个古老的文化现象,进入知识产权法领域却是新近的事情。目前,在全球范围内,很多发展中国家开始通过宪法和其他相关法律确认非物质文化遗产之上的权利。菲律宾1987年《宪法》第17章14条规定:"政府应当承认、尊重和保护土著文化社区保存和发展其文化、传统和制度的权利。"泰国1997年《宪法》第46章规定:"业已形成传统社区的成员享有保存或恢复其自身风俗习惯、本土知识、艺术或该社群和民族的优良文化的权利。"厄瓜多尔1998年《宪法》第84条承认对社区祖传的知识享有"集体知识产权",其《知识产权法》(1989年第83号令)第377条对土著和本土社区的集体知识产权建立了专门法保护体系。巴西1998年《宪法》第231条规定:"必须承认印第安人的社会组织、风俗习惯、语言和传统,以及他们对其依传统占有的土地的原始权利。联邦有责任区别它们、保护它们并保证尊重他们的所有财产。"委内瑞拉1999年《宪法》第124条规定:"确认和保护土著知识、技术和革新的集体知识产权。任何有关基因资源以及与其相关的知识的工作都必须是为了集体的利益。禁止对这些资源和祖传知识登记专利。"[①]上述规定在非物质文化遗产保护的权利确认方面迈进了一大步,但距离构建具有操作性的权利制度,尚有距离。

一、非物质文化遗产权利的确认

在非物质文化遗产的权利确认方面,WIPO在《为保护传统知识的特殊体制的要素》中提供了两种选择:一种选择是无论传统知识是处于什么形式或者状态,均应赋予权利,就像保护商业秘密无须任何形式的注册一样,只要产生它的条件存在,就应持续保护。另一种选择是依靠一国政府机构编辑登记的传统知识资料来确定权利。程序是形式审查或者实质审查提交的非物质文化遗产的资料和适用的法律文件后自动登记。我国走的是第一种和第二种主张相结合的路线,权利保护采纳的是第一种,但同时政府大力倡导和推广非物质文化遗产的登记。2005年,国务院办公厅《关于加强我国非物质文化遗产保护工作的意见》第3条要求建立非物质文化遗产名录体系,紧接着在2006年国务院批准文化部确

[①] 〔阿根廷〕Carlos Corre:《传统知识与知识产权——与传统知识保护有关的问题与意见》,文希凯等译,http://yyknowhow.com/html/2006/0526/2386.html,2007年3月20日访问。

定了第一批国家级非物质文化遗产名录(共计518项),并予以公布。WIPO 提供的两种选择各有利弊。第一种选择主张无需登记而保护权利,这对非物质文化遗产传承人而言具有吸引力,但实际操作中也会引发问题,若有多主体对同一非物质文化遗产主张权利则争议在所难免。第二种选择具有较强的操作性,一些发达国家和一些发展中国家已经就非物质文化遗产进行登记并文献化的重要性达成共识,而且对于社区或者政府而言,对非物质文化遗产进行分类、登记和文献化不仅可以阻止生物剽窃,而且提供了一个可分享利用这些知识所带来利益的基础。但其弊端也非常明显,因非物质文化遗产一旦在文献中公布,则新颖性丧失。对于传承人而言,文献化并不能证明和促进他们分享利益,鉴于文献化的知识将被视为现有技术的组成部分,它甚至已排除了分享利益的可能性。更为重要的是传统社区对属于自己的一些纯精神和宗教性质的资料有着强烈的保密意识。①

二、非物质文化遗产权利的权能

有关非物质文化遗产权利的属性,有积极说和消极说之分。发展中国家政府一般持积极说,认为对非物质文化遗产给予保护的方式在于构建一个积极的权利机制,赋予特定主体对非物质文化遗产的绝对权,通过该权利的行使,权利主体可以控制社区之外的人的商业开发和利用,以实现开发人和权利人之间的利益分享,从而达到促进非物质文化遗产的合理使用和开发的目的。而发达国家政府多持消极说,认为保护方式在于构建防止滥用的保护机制,保护的目的在于阻止未经许可的使用以及将非物质文化遗产据为己有的"剽窃"等的滥用行为。不同国家在非物质文化遗产开发中的不同利益,导致了这些国家的不同立场,笔者赞同积极说,因为只有权利明确了,才能给予实质性保护,尤其是利益分享。非物质文化遗产传承人的权利是知识产权的一种新类型,可以分为财产权利和精神权利两类。就财产权利而言,主要有以下几种:控制权能,即权利人控制非物质文化遗产的权能;复制权能,是权利人决定是否进行披露、如何使用以及是否许可对非物质文化遗产进行商业开发的权能;收益权能,是指从自己或者授权他人使用非物质文化遗产而获得利益的权能。值得注意的是,由于非物质文化遗产是社区权利,一般不能转让,也不可抛弃。精神权利则主要包括以下几种:第一,署名权。署名权是指在非物质文化遗产或者其作品上署名的权利。第二,保护非物质文化遗产完整权。它是指保护非物质文化遗产不被歪曲和篡改,防止贬损、歪曲和侵犯的权利以及获得尊重的权利等。

---

① WIPO,"Elements of a Sui Generis System for the Protection of Traditional Knowledge", document WIPO/GRTKF/IC/3/8, March 29, 2002.

第十八章
知识产权的发生和变动

第一节 知识产权的发生

一、一般知识产权的发生

一般知识产权采自动发生主义。所谓自动发生主义,是指因知识财产的形成而自动获得知识产权并受到保护的制度。知识财产的形成属于法律事实中的事件,创造人因其知识财产的形成,而自动获得知识产权而受到法律的保护,并不需要履行特定的手续。"不是根据注册、登记等手续而发生。是针对他人的不正当竞争行为而产生的,得到社会认可的财产权。"[1]只要知识财产满足了法定的构成要件,其上的一般知识产权与创造同时发生,不需要申请、审查、注册、公示等。因为,无论是作品还是专利抑或商标和商业秘密,不管是否获得国家的认可,均不影响其本身具备的实质功能和作用,其财产价值因创作完成而确定。因此,即便未经过国家机关的认可,这些财产之上的权利仍受到知识产权法的保护,这就是一般知识产权制度。

二、具体知识产权的发生

具体知识产权情况较为复杂,一部分采取自动发生主义,一部分采取国家审查主义。所谓自力发生主义是指知识产权的发生,直接基于知识财产完成的事实,而无需国家审查的制度。所谓国家审查主义是指知识产权的发生,不是基于知识财产完成的事实,而是基于国家行政机关的审查和授权行为的制度。著作

---

[1] 〔日〕纹谷畅男:《知识产权法概论》(日文),有斐阁株式会社2006年版,第87页。

权、商业秘密权和非物质文化遗产权利采自动发生主义,上述权利基于作品、商业秘密和非物质文化遗产形成的法律事实而发生,不需要国家行政机关的审查和授权。而专利权和商标权则采国家审查主义,必须经过国家行政机关的审查和授权,权利才得以发生。非经国家行政机关授权,仅发生一般知识产权,而不发生专利权和商标权。

第二节 知识产权的原始取得

知识产权的取得,是指权利人根据一定法律事实获得特定知识财产的支配权。知识产权的取得,是在权利人与其他人之间发生以特定知识财产为客体的知识产权法律关系开始的标志。同所有权的取得一样,知识产权的取得分为原始取得与继受取得。

一、知识产权原始取得的概念

所谓知识产权原始取得,是指根据法律规定,权利人不依赖于其他人的知识产权而直接取得知识财产的知识产权或不依赖于原知识产权人的意志而取得知识财产的知识产权。知识产权原始取得的最大特征在于它不依赖于其他权利人的知识产权,而是通过劳动等方式"创造"一个知识财产,并享有权利。财产权的取得,必须符合法律的规定。权利人可以基于一定的法律事实,如劳动创造一个物或者知识财产,从而直接取得该项财产的所有权或者知识产权。取得财产权的这种方式称为原始取得。

二、知识产权原始取得的划分

知识产权的原始取得可以被划分为两种情形:一种是不以其他知识产权的存在为前提的取得情形;一种是不受其他知识产权人意志的影响而取得的情形。

(一)不以其他知识产权的存在为前提而取得的情形

权利人取得的知识产权,是初始存在的知识产权,并不以其他知识产权的存在为前提的取得方式,为原始取得。如经过劳动创作一幅画,作者可以享有著作权。此种方式强调的是权利人的知识财产是从无到有的,并不是从他人手中得来的。因此,对他人雕塑的临摹、摄影等方式而获得的作品,属于原始取得。在这些情况下,该作品非经知识产权人的劳动是并不存在的,因此权利人的知识产权是不以其他知识产权的存在为前提的。值得注意的是,定限知识产权尽管以他人完全知识产权为基础,但由于它是和完全知识产权不相同的一种权利,故定限知识产权的设立,为原始取得。

（二）不受其他知识产权人意志的影响而取得的情形

权利人取得的知识产权,是不受其他知识产权人意志的影响的取得方式,为原始取得。如注册商标权利人购买他人的作品,而为注册商标申请,并取得商标权的情况下,表面看起来为继受取得,似乎商标权是建立在著作权之上的,但从法律上来看,注册商标权人并不受该作品的著作权人的意志的影响,因此仍属于知识产权的原始取得。类似情况在物权领域也普遍存在,如房主购买建筑材料建造一栋楼房,当属原始取得,而不因建筑材料系购买所得而被认为是继受取得。在专利权领域,申请人购买他人的技术成果,申请专利权的行为一旦获得授权,该专利权的取得为原始取得,而非继受取得。尽管,该专利权是由专利权人向他人购买的技术成果而申请的,但是"申请"是取得专利权的唯一途径,并且该"申请"已经不受原技术成果权利人的意志支配。

三、知识产权原始取得的方式

（一）知识产权原始取得方式的概念

知识产权原始取得方式是指具体的知识产权原始取得的方法或者途径。在物权法上,所有权原始取得的主要方式有:生产、收益、先占、添附、没收、拾得遗失物和发现埋藏物、善意取得等。就知识产权法而言,原始取得的方式以劳动生产为主。生产是指权利人通过自己的劳动获得知识财产的活动。值得注意的是,作为知识产权原始取得方式的生产,在很多情况下,是许多创作人员共同完成的,因此,知识产权共有的情况相当普遍和突出。权利人通过劳动(以创造性劳动为主),以国家认可或授予为条件取得知识产权的方式,是最为主要的知识产权的原始取得方式。

（二）知识产权原始取得的方式

知识产权的原始取得分两种情况:一种是依据创造事实而取得,比如著作权,一种是知识产权登记机关——行政机关基于当事人的申请而授予他产权(此种行为的性质为行政行为),如商标权和专利权。可见,知识产权的原始取得和所有权不同,所有权的原始取得一般不需要法律的批准,而知识产权的原始取得,在很多情况下,需要法律的确权。"创造性活动是权利产生的'源泉'(source),而法律(国家机关授权活动)是权利产生的'根据'(origin)。"[①]但是并非所有知识产权都需要国家确认,如著作权、商业秘密权、非物质文化遗产权利等无需国家审查和批准。在知识财产的生产活动中,劳动行为,无论是创造性的还是非创造性的,法律性质都属于事实行为,而非法律行

---

① 吴汉东:《关于知识产权本体、主体、客体的重新认识》,载《法学评论》2000 年第 5 期。

为。一切民事主体,包括自然人、法人和非法人组织都可以成为知识产权的主体,都可以通过原始取得方式取得知识产权。在知识产权司法实践中,对于知识产权原始取得的确权争议,主要应确认知识财产是什么,知识财产的完成人是谁,知识产权归属于谁。

第三节 知识产权的继受取得

一、知识产权继受取得的概念

知识产权继受取得,又称传来取得,是指权利人通过实施某种法律行为或者通过某种法律事实而从原知识产权人那里取得知识产权。知识产权的继受取得是以剥夺原权利人的知识产权为基础的。知识产权继受取得的最大特征在于它是依赖于其他权利人的知识产权的,没有其他人的知识产权,也就没有继受取得方式的实现。简单说,知识产权的继受取得就是从他人手中取得知识产权。因此,就继受取得的情形而言,一方让渡了权利,即意味着丧失了权利主体资格;另一方继受了权利,则标志着其成为新的财产所有权主人。[①]

二、知识产权继受取得的主要方式

尽管知识产权是财产权,但是毕竟知识产权还有人身权因素。值得注意的是,无论以何种方式继受取得知识产权,都不能取得知识产权的人身权,尤其是署名权。在继受取得的具体方式上,所有权取得和知识产权取得没有显著差别。所有权继受取得的主要方式有:买卖、互易、赠与、继承、遗赠等。而知识产权的继受取得方式,主要包括:

(一)知识产权转让

所谓知识产权转让,是指知识产权人基于自己的意志,依法将自己专有的知识产权转移给他人的法律行为(详见本书第十三章)。

(二)知识产权赠与

知识产权赠与是指权利人通过赠与的方式,自愿将其知识产权转移给新权利人。知识产权赠与合同为无偿合同,因此与知识产权转让相比,赠与人一般不承担品质瑕疵担保责任。

(三)知识产权互易

知识产权互易是指权利人以金钱之外的某种财产与他方的知识财产相互交

[①] 吴汉东:《关于知识产权本体、主体、客体的重新认识》,载《法学评论》2000年第5期。

换,而取得知识产权。知识产权互易与知识产权转让并无本质区别,只是在互易合同中,知识产权人要求的是对方提供金钱之外的其他财产。

(四) 知识产权继承

知识产权继承是指继承人按照法律的直接规定或者遵照遗嘱的指定,取得被继承人死亡时遗留的知识财产,而取得知识产权。继承发生在法定继承人范围之内,一般是基于亲缘等关系而产生的。

(五) 知识产权遗赠

知识产权遗赠是受遗赠人按照被继承人生前所立的合法有效的遗赠的指定取得遗赠的知识财产,从而取得知识产权。

(六) 知识产权承受

知识产权承受,是指法人或非法人组织发生变更和终止,而由其他的法人或非法人组织取得知识产权的方式。

在知识产权司法实践中,对于知识产权继受取得的确权争议,主要应确认继受取得是否合法有效。

第四节　知识产权消灭

一、知识产权消灭的概念和种类

知识产权消灭是指知识产权因一定的法律事实而不复存在。知识产权消灭有两种法律后果:(1)知识产权的绝对消灭。即作为知识产权客体的财产不复存在或者进入公共领域。(2)知识产权的相对消灭。即知识产权主体消灭、知识产权被依法转让等情况下,民事主体一方知识产权消灭,但另一方取得知识产权。依不同的标准,可以将知识产权的消灭划分为以下几类:

(一) 绝对消灭和相对消灭

以导致知识产权消灭的原因是主观还是客观原因为依据,可以将知识产权消灭划分为绝对消灭和相对消灭,又称客观上之消灭与主观上之消灭。绝对消灭是指知识产权人对某特定知识财产的知识产权因知识财产超过有效期限或被权利人抛弃而永久性消灭。知识产权人抛弃知识财产的,自抛弃时起,知识产权消灭,该财产进入公共领域,知识产权消灭任何人得以自由使用。知识产权的相对消灭,是指知识产权人丧失对某特定知识财产的知识产权,但该知识产权转归其他人享有。此种情形下的知识产权的消灭的实质为即知识产权的转让、赠与等。

（二）因法律行为而消灭与因其他原因而消灭

以导致知识产权消灭的行为是法律行为还是事件为依据，可以将知识产权消灭划分为因法律行为而消灭与因其他原因而消灭。因法律行为而消灭是指权利人因法律行为而导致的知识产权的丧失，如转让、赠与和抛弃。因其他原因而消灭，是指权利人因法律行为之外的原因而导致的知识产权的丧失，如作为知识产权人的自然人死亡和作为知识产权人的法人的终止等。

（三）自愿消灭与强制消灭

以导致知识产权消灭是出于知识产权人自愿还是被强制为依据，可以将知识产权消灭划分为自愿消灭与强制消灭。所谓知识产权的自愿消灭是指知识产权人自愿放弃知识产权的情形，如权利转让和权利抛弃等。知识产权的强制消灭是指基于某种原因而被强制剥夺知识产权的情形，如征收和强制执行等。

二、知识产权消灭的法律事实

（一）知识产权客体灭失

作为知识产权法律关系客体的知识财产的灭失，可能导致知识产权的消灭。如果一项知识财产仅以唯一的载体为表现，若该载体灭失，而该复杂的知识财产不足以靠记忆得以重现，该知识财产即灭失，其上的知识产权自然也不复存在。值得说明的是，不是每一个知识财产和其上的知识产权都会因载体的灭失而灭失和消灭。比如，现代人所做的一首五言绝句，进入知识产权法领域的途径是必须满足知识财产的法律特征，载体特征是其中之一。如果唯一的原稿灭失的，由于五言绝句非常容易记忆，因此，该知识财产并未灭失。

（二）进入公共领域

知识产权可以分为有期限知识产权和无期限知识产权。对于有期限知识产权而言，超过法定期间即进入公共领域，失去法律保护效力。专利权、著作权和商标权具有期限性。专利权的期限和著作权的期限是非常明确的：发明专利权的保护期限为20年，实用新型专利权和外观设计专利权的保护期限为10年，均自申请日起计算；自然人作品的著作财产权保护期限为作者终生与死后50年，法人作品的著作财产权的保护期限为50年，一般从作品首次发表时开始计算。无论是专利权还是著作权的保护期限都不得延展。商标权虽有期限性，但是和专利权与著作权相比，又有所不同。从全球各国的立法来看，商标法都允许商标进行续展注册，而且续展次数不限。商业秘密权和非物质文化遗产权利被认为是无期限的，权利人不会因期间的经过而丧失权利。但商业秘密可因泄密而进入公共领域，而非物质文化遗产可因全球化而丧失保护。

（三）知识产权转让

知识产权转让是知识产权消灭的最为主要的原因之一。所谓知识产权转让，是指知识产权人基于自己的意志，依法将自己专有的知识产权转移给他人的法律行为(详见本书第十三章)。

（四）权利抛弃

一般情况下，法律允许财产的权利人以单方的意思抛弃自己所享有的财产权。知识产权人抛弃其知识产权的，知识产权随之消灭。知识产权的权利抛弃和物权不同，如将画稿抛弃，先占的人可以获得被抛弃的画稿的物权，但是，任何人不可以获得被抛弃的著作权而成为新的著作权人。再者，物权的抛弃无需明示，对物的抛弃构成权利抛弃；而对知识产权的抛弃需要明确的意思表示，非以明确意思表示，如对载体的抛弃不能认为是对知识财产和知识产权的抛弃。并且，抛弃知识产权的权利行使为知识产权行使的特殊方式，仍需要遵守知识产权法的基本原则，如不得损害国家、集体和他人利益。

（五）知识产权主体消灭

原则上，作为知识产权主体的公民死亡或法人终止，不会引起知识产权的绝对消灭。公民死亡(包括自然死亡和宣告死亡)后，其财产由继承人继承，或由受遗赠人接受遗赠，知识产权发生转移；法人终止(如解散、被撤销)后，其财产也转由其他有权的法人或者自然人享有。我国《著作权法》第20条规定："作者的署名权、修改权、保护作品完整权的保护期不受限制。"据此，作者死亡的，其上述权利仍受法律保护。该法第19条对财产权作出了专门规定，作者死亡后，财产权按继承法的规定移转。著作权人为法人或其他组织的，法人或者其他组织变更、终止的，由承受其权利义务的法人或其他组织保存；没有承受者的，归国家。笔者认为，无人继承的著作权无论是个人的，还是法人或者其他组织的均应归国家享有。

（六）国家机关行为

国家有关机关依法采取的行为导致知识产权消灭的，分为两种情况：第一种，人民法院通过审判程序，依法判决当事人的知识财产归国家或他人享有。在此情形下，知识产权人的知识产权丧失。第二种，知识产权行政管理部门通过法定程序确认知识产权无效或者被撤销的，当事人未提起诉讼的，知识产权消灭。

第十九章
权利限制与知识产权滥用

第一节 知识产权权利限制概述

有权利必有限制。对权利进行限制,就是在利益平衡理念的指导下采取的避免一种"合法"侵害他人权益的事件发生。表面上看,限制显然与权利的本旨诉求背道而驰,但权利并非存在于一个真空之中,而是在无数权利的交织关系之中,只有对权利人的权利进行正当的限制,才能保护权利人免受他人权利的伤害,也才能使权利成为利益之舟,而不至于沦为伤害之剑。首先,宪法会对基本权利进行必要的限制,如公益限制、法律保留、比例原则等。公民的基本权利受限制是20世纪以来宪法的重要特征。其次,民法对民事权利皆有限制,如诚实信用原则和禁止权利滥用原则的限制。最后,知识产权法在赋予知识产权人以财产权的同时,也对这种财产权的范围和行使方式给予了一定的限制。

一、知识产权权利限制的概念和分类

(一) 知识产权权利限制的概念

所谓权利限制是指法律在确立权利的同时,对权利进行约束和制约的制度。有学者认为,"权利限制即是指权利诸方面受到的来自权利人以外的约束,既有来自公法上的约束,也有来自私法上的约束"[①]。这个概念界定存在两方面的问题:第一,"权利人以外"和"公法、私法"不是对应概念,"权利人以外"对应的应该是"其他人或者组织";第二,"公法、私法"上的约束和"权利限制"不对称。并不是公法和私法上的"约束"都是权利限制,比如说对滥用的禁止也是"约束"但

---

① 刘明江:《论知识产权的权利限制》,载《河南工业大学学报(社会科学版)》2007年第4期。

不是限制,对义务的规定也属"约束",也并非限制。知识产权权利限制是指法律对知识产权人享有的知识产权的权利内容以及权利行使进行的约束。知识产权权利限制制度的创设,旨在维护权利人与社会公众之间的利益平衡,即权利人的知识产权与社会大众对知识传播的需要之间的平衡。对权利之限制,根本之道在于社会和谐。每个人都生活在社会关系之中,每个人都享有这样那样的权利,如果对权利不给予必要限制,权利就可能沦为伤害之剑,危及社会和谐。《德国基本法》第19条规定:"基本权利可由法律或依法予以限制。"日本知识产权法学界认为知识产权和物权最大的区别在于物权是绝对权,而知识产权则是有限的权利。这种有限性就表现为知识产权范围的限制,如期限性。

(二)知识产权权利限制的特征

知识产权权利限制有以下三方面特征:

第一,权利限制必须法定。法律限制原则是权利限制的基本原则之一,根据该原则,知识产权权利限制必须由法律明定。

第二,从内容上看,知识产权的权利限制可以分为权利内容的限制和权利行使的限制两个基本方面。

第三,知识产权权利限制制度的目的在于实现知识产权法的宗旨,即实现利益平衡。通过对权利人的权利给予限制,而达到保护社会公共利益和传播思想的目的,从而平衡知识产权和社会公益之间的关系。

(三)知识产权权利限制的分类

对权利限制有不同的认识主张,总体上可以分为外部限制说和内部限制说。所谓外部限制说是指主张权利限制为社会公益等外部因素对权利施加的影响的学说。外部限制说有利于我们明晰"权利"与"权利限制"之间的关系。内部限制说是指主张权利限制是权利本身具备的制约性因素对权利施加的影响的学说。内部限制说可以使我们明晰权利自身本存在界限的理念。笔者认为,就权利限制这个命题而言,应该是内部限制说所界定的范畴,而外部限制说着眼的应该是权利滥用机制。笔者主张将知识产权的权利限制分为动态限制和静态限制两种基本类型。所谓静态限制,又称狭义知识产权限制,是指法律对知识产权的权利内容给予的限制。所谓动态限制,又称行使限制,是指法律对知识产权行使给予的限制。

二、确立知识产权权利限制制度的必要性

从理论方面进行分析,限制权利的必要性可以分为两个方面:一个方面是权利限制的普遍性要求,另一个方面是权利的主观性要求。知识产权是民事权利的一种,限制权利的必要性理论同样适用于知识产权。

(一) 权利限制的普遍性要求

有权利必有限制是法治的基本理念。法律确认权利的同时,也要限制权利,并以此来维持不同权利之间的平衡,这是社会得以和谐发展的不二法门,也是社会民主程度趋向最大化的必经途径。可以说,对权利进行限制,已经成为一种理念和信仰。在我国,就知识产权而言,权利限制理论和立法都是走在物权法前面的。

(二) 权利的主观性要求

"客观法"(objektive Reeht)与"主观权利"(subjektive Recht)二分法源自德国法理论。面对权利被侵害,耶林呼吁我们应该为权利而斗争,他认为"法这一概念在客观的和主观的双重意义上被应用。所谓客观意义的法(Recht)是指由国家适用的法原则的总体、生活的法秩序。所谓主观意义的法即上文所言的对抽象规则加以具体化而形成的个人的具体权利。不论何种情形,法都将遇到必须克服的抵抗,即法必须通过斗争这一手段而获得自身之存在并得以主张"①。同时,我们应该看到权利的主观性带来的危害。"主观权利"容易导致权利人对权利的不同理解和任意使用,尤其是对权利内容的扩张理解。这将打破不同利益之间的平衡,破坏社会和谐。给权利划定的边界,限制的是权利本身,此时这种限制就成为权利的一部分内容。既然知识产权是这样的主观权利就应受到限制,它作为法定权利,就应该以法律限制。

三、知识产权权利限制的基本原则

知识产权的权利限制应遵从公共利益原则、法律限制原则和比例原则。公共利益原则是知识产权权利限制的基本目的,法律限制原则为知识产权权利限制的途径,而比例原则为限制知识产权的尺度。即根据公共利益的需要,对知识产权进行依法限制之时,应坚持比例原则,以对知识产权人的权利影响最小和最少为原则。

(一) 公共利益原则

保护公共利益是限制知识产权的目的所在。《美国宪法》第1条第8项规定:"国会有权利通过赋予作者在有限期间内对其作品和发明以专有权利,以此来促进科学和技术的发展。"这说明美国宪法确立保护知识产权的目的不仅仅在于保护权利,而是在于促进科学和技术的发展,即保护公共利益。因此为了促进科学和技术发展对知识产权进行限制就是美国宪法的应有之义。从法律角度

---

① 〔德〕鲁道夫·冯·耶林:《为权利而斗争》,胡宝海译,http://xaft.fyfz.cn/blog/xaft/index.aspx?blogid=365025,2008年9月21日访问。

看,公共利益应为一法域之内,被法律所提倡并首先保护的社会全体的利益。公共利益可以分为国家利益、社会利益、团体利益。尽管在不同领域,公共利益的认知存在差异,但无论在哪个领域,公共利益都是一个有正当性要求的概念,比如"盗版"可能成为某个民族中每个个体都享有的利益,但它不能成为公共利益。当公共利益和私人利益发生冲突之时,适用公共利益优先的原则,私人利益受到限制。因此,当知识产权与公共利益发生冲突时,应该根据公共利益的需要加以限制。

(二)法律限制原则

法律限制原则,是指对权利的限制,必须依法律明定。如果说,公共利益原则是限制权利的目的,那么法律限制则为限制权利的工具。国家对公民的权利进行限制,必须以法律方式为之,这是法治的基本要求,也是依法治国的基本要求。

法律限制原则的本意在于一切权利来源于法律,一切对权利的限制也应来源于法律的基本法理。在宪法领域,法律限制原则称法律保留原则,是宪政国家的一项限制公民基本权利的基本原则。

(三)比例原则

比例原则是指法律限制权利无论是手段还是程度都应在必要的范围内为之。比例原则又可以分为妥当性、必要性及均衡性三个方面的内容。妥当性是指限制权利必须有合法的目的,这个目的一般表现为公共利益或者合法的私人利益。必要性是指在所采取的限制方式中,应选取对权利限制最少的方法。均衡性是指对权利进行限制应对具体法益进行比较,基本方法是成全较大利益。根据均衡性的要求,对权利的过分限制是被禁止的。

第二节 知识产权内容限制

一、知识产权内容限制的概念

知识产权内容限制,是指法律对知识产权的权利内容给予的限制。知识产权人对知识财产的控制与社会公众对知识传播和分享的需求构成一对矛盾,这对矛盾对知识产权人来说利益攸关,对于大众而言,更可能是生命攸关,比如非洲国家数以百万计的艾滋病患者因不能得到专利药品的治疗而濒临死亡。建立知识产权权利限制制度的基本目的,在于根据公共利益原则的要求,限制知识产权人的权利,保护公众利益。如果说理想中的权利是一个光滑圆线,那么现实中的权利就是由于权利限制的存在,而呈现的锯齿型圆线,很多部分被切割了。这些被切割的部分就是限制所在。

二、知识产权内容限制的表现

对于权利内容限制的表现,有不同的认识和主张。有学者把"权能的限制"列为知识产权权利限制之首。[①] 无论何种知识产权,权能仅为控制、复制、收益和处分四项(详见本书第十七章),这四项权能是法律赋予的,并不受限制。笔者主张,权利内容限制主要体现在时间限制、地域限制和思想不受保护以及客体限制四个方面。

1. 时间限制。期限性是知识产权的基本特征之一,是指知识产权的效力受法律规定的期间的限制,超过这个期间,知识产权绝对消灭。知识产权的有效期届满后,知识财产进入公有领域,任何人都可以自由利用。正是因为知识产权有一定的期限性,知识财产才有最终将永久性地进入公有领域的特点,日本学者将知识产权称为有限的权利,以区别于所有权。对于知识产权保护期限的设定,并非任意,而是平衡个人权利与社会利益之间关系的结果,如果期限太长,则公共利益受限;如果期限太短,则知识产权人的开发成本可能都不能收回。从这个角度看,知识产权的期限是主观确定的,但却是有客观依据的。

2. 地域限制。地域性是知识产权的另外一个特征,是指知识产权的效力受颁布确认该知识产权的法律的主权国家或者地区的地域限制。超过这个法域范围,知识产权无效,或者说不存在。知识财产不存在,不等于说知识不存在,只是这种情况下,知识就是人人得以使用的处于公有领域的资源,而不是财产而已。

3. 思想不受知识产权法保护。思想与表达相区分是知识产权法的基本原则之一。知识财产的本质是思想,但是单纯的思想是不受知识产权法保护的。知识产权法保护的"思想"是被权利人固定化并表达出来的知识,是思想的功能化表达,而非思想本身。就知识产权法的立足基础而言,思想是不受保护的,任何人不能控制,无论是谁发现或者发明都被认为是处于公有领域的资源。知识产权法保护由思想决定的被表达出的知识,而不保护思想本身。亦如在物权领域,物权法保护"物"但不能说物权法保护"物质"。

发明或者发现某种思想的人,可以就思想在某个方面或者某几个方面的特殊用途——知识,主张知识产权保护。但任何人都不能控制和垄断思想。就是说,某人在事实上享有对思想的控制和处置的能力,并不等于他享有法律上的权利。他在事实上可以公开、可以保密,也可以将其广泛地传播,但依照法律的精神,他仅有广泛传播和应用的权利。因为法律是带有明确的人类价值维度的,一

[①] 参见刘明江:《论知识产权的权利限制》,载《河南工业大学学报(社会科学版)》2007年第4期。

切和人类发展根本抵触或者不相符的,都是法律所反对的。从思想和知识的关系看,知识是思想的功能性表达。知识产权法保护的恰恰是对思想的功能性表达,而不是思想本身,无论是专利、商标、著作等领域均是如此。一种思想可有诸多功能性表达。比如,中国画的思想是不受控制的,但是画家遵从该思想进行的创作而完成的作品才是画家的知识产权的客体。以此类推,在整个知识产权法领域,思想都是不受保护的,受保护的是思想的特定表达——知识。一个思想之上可以形成无数的知识,这些知识中能够被控制的知识是知识产权的客体。思想与表达的区分,即是从客体的角度对知识产权进行了限制。

4. 客体限制。知识产权法为了公益等目的,往往把一些本能获得知识产权保护的"知识"排除在知识产权的客体之外,这是从根本上对知识产权的限制,表现为权利的拒绝。我国《著作权法》第4条规定:"依法禁止出版、传播的作品,不受本法保护。"根据该条规定,被法律禁止出版和传播的作品,不得享有著作权保护。从另一个角度看,就是因与公共秩序相冲突,作品的著作权被彻底限制。我国《专利法》第25条第1款规定:"对下列各项,不授予专利权:(1)科学发现;(2)智力活动的规则和方法;(3)疾病的诊断和治疗方法;(4)动物和植物品种;(5)用原子核变换方法获得的物质;(6)对平面印刷品的图案、色彩或者二者的结合作出的主要起标识作用的设计。"我国《商标法》第10条和第11条分别规定了不得作为商标使用和不得作为商标注册的标志。权利内容限制,即知识产权自身限制的确立依据是公共利益原则,在保护知识产权的基础之上,对知识在公众中的传播予以保障,体现了知识产权法促进知识创造与传播,并最终促进经济发展、科学和文化事业进步的宗旨。①

第三节　知识产权行使限制

一、知识产权行使限制概述

(一) 知识产权行使限制的概念

知识产权行使限制是指法律对知识产权人行使知识产权的行为进行的限制。权利的行使限制是权利限制的重要方面,在知识产权限制制度中,权利行使的限制往往更为人们所关注。有学者认为:"知识产权的限制一般是对知识产权人的专有权利行使的限制。"②对知识产权的权利行使的正面规范的构建,是

---

① 冯晓青:《论知识产权的若干限制》,载《中国人民大学学报》2004年第1期。
② 同上。

把一系列的法律原则在知识产权行使中加以应用,但由于这些原则的抽象性和概括性,使得在很多情况下,知识产权行使仍然缺少可操作的规则。于是,就形成了限制权利行使的具体制度,如合理使用、法定许可等。除此之外,知识产权行使还受到反不正当竞争法和反垄断法的规制。①

有两个问题需要特别注意:第一,知识产权的行使限制,限制的是知识产权行使,而非一切和知识财产有关的使用行为。如对作品的阅读和欣赏不是著作权的"行使",因此它不受知识产权的权利限制制度的限制。第二,对权利的确认和行使进行限制均须依法进行。唯有如此,才能在权利人与社会公众之间维持利益平衡。对权利行使的限制,是基于特定目的对权利人的行为给予限制,此种限制表面上看是和权利人拥有的权利相悖的,只有法律明文规定的情况下,才能对权利的行使进行限制,否则将威胁权利存在的价值和意义。

(二)知识产权行使限制的一般规则

对知识产权限制主要是通过知识产权法(包括专利法、著作权法、商标法等)自身的规范来完成的。一方面,知识产权法明确规定了专利权、版权和商标权等具体知识产权的权利内容,另一方面,又构建了合理的行使制度,对知识产权行使予以限制。这样,既为知识产权划定了边界,又对权利的行使提供了具体的规范,最为核心的权利限制制度是合理使用和非自愿许可制度。

知识产权行使往往和商业活动有关,因此竞争法从反不正当竞争和反垄断两个方面对知识产权行使予以关注和限制。从反不正当竞争法角度看,它既给知识产权提供兜底保护,也对知识产权行使加以限制。知识产权人行使知识产权,故意损害竞争对手利益的,构成不正当竞争行为,为反不正当竞争法的禁止。② 知识产权行使的一个非常重要的形式就是许可,在知识产权许可关系中,权利人往往为了高额利益而实施垄断行为,从而受到反垄断法的规制。限制知识产权的不正当行使是反垄断法的主要目标之一,一些国家和地区采取了以反垄断法为主的控制措施。其中具有代表性的有美国司法部和联邦贸易委员会于1995年联合发布的《知识产权许可的反托拉斯指南》、欧共体委员会于1996年颁布的《技术转让规章》、日本公正交易委员会1999年重新颁布的《专利和技术秘密许可协议中的反垄断法指导方针》。③ 竞争法对于知识产权行使的限制,仅仅着眼于竞争法的目的,即禁止不正当竞争和垄断行为。知识产权人行使知识

---

① 参见郑成思:《反不正当竞争与知识产权》,载《法学》1997年第6期。
② 参见江帆:《竞争法对知识产权的保护与限制》,载《现代法学》2007年第2期。
③ 参见王先林:《若干国家和地区对知识产权滥用的反垄断控制》,载《武汉大学学报》2003年第2期。

产权,只要触及不正当竞争和垄断这条警戒线,无论其行使是否有权利依据,均为非法。对于没有达到不正当竞争和垄断的知识产权的不当行为,竞争法不予关注。

有学者主张物权法也对知识产权行使构成限制,认为"知识产权都要借助一定的载体表现出来,因而必定会存在知识产权与物权的冲突,所以,物中知识产权行使,必然受到物的所有权的限制。例如,美术作品的展览权依法由物权人来行使,而著作权人则无法行使"①。笔者认为,物权法并不能限制知识产权行使,倒是知识产权法限制了物权的行使,比如物权人不能大量"复制"作品进行商业性利用,否则构成对知识产权的侵害。而就展览行为而言,著作权人可以通过拍照等方式来实现,因而不发生物权法限制知识产权的问题。

知识产权行使应当遵守知识产权行使的原则,并受到适当的限制,但任何人不得妨害知识产权的正当行使。若妨害知识产权人行使权利的,则在实体法上,产生了知识产权请求权,知识产权人可以行使知识产权请求权而要求排除妨碍。本书主要从著作权、专利权和商标权三项具体知识产权阐明知识产权行使限制。

二、著作权行使限制

(一) 合理使用

合理使用是著作权法首先建立起来的一个权利限制制度。所谓合理使用,是依法律明确规定的情形下,实施人可直接使用著作权人的作品而无需获得许可并不支付使用费的使用方式。从权利人相对的人而言是合理使用,而从权利人角度而言就是著作权的限制。我国《著作权法》第 22 条规定的"合理使用"包括以下情形:

1. 为个人学习、研究或者欣赏,使用他人已经发表的作品;
2. 为介绍、评论某一作品或作说明某一问题,在作品中适当引用他人已发表的作品;
3. 为报道时事新闻,在报纸、期刊、广播电台、电视台等媒体不可避免地再现或者引用已经发表的作品;
4. 报纸、期刊、广播电台、电视台等媒体刊登播放其他报纸、期刊、广播电台、电视台等媒体已经发表的关于政治、经济、宗教问题的时事性文章,但作者声明不许刊登、播放的除外;
5. 报纸、期刊、广播电台、电视台等媒体刊登或者播放在公众集会上发表的讲话(作者声明不许刊登、播放的除外);

---

① 参见刘明江:《论知识产权的权利限制》,载《河南工业大学学报(社会科学版)》2007 年第 4 期。

6. 为学校课堂教学或者科学研究,翻译或少量复制已经发表的作品供教学或科研人员使用,但不得出版发行;

7. 国家机关为了立法、司法、执法的目的执行公务在合理范围内使用已经发表的作品;

8. 图书馆、档案馆、纪念馆、博物馆、美术馆等为陈列或者保存版本的需要,复制本馆收藏的作品;

9. 免费表演已经发表的作品,该表演未向公众收收费用,也不向表演者支付报酬;

10. 对设置或陈列在室外公共场所的艺术作品进行临摹、绘画、摄影、录像;

11. 将中国公民、法人或者其他组织已经发表的以汉语言文字创作的作品翻译成少数民族语言文字作品在国内出版发行;

12. 将已经发表的作品改成盲文出版。

(二) 非自愿许可

非自愿许可是指不经著作权人同意,只需支付使用费即可使用其作品的行为。从著作权人角度看,这是一种权利限制制度,在这种情形下,著作权人丧失了是否进行许可的决定权。著作权领域中的非自愿许可包括法定许可和强制许可两个主要内容。

1. 法定许可。法定许可,是指不经著作权人的同意,而是按照法律的直接规定使用受著作权保护的作品。法定许可使用作品必须具备以下条件:第一,许可使用的作品必须是已经发表的作品;第二,使用作品应当向著作权人支付使用费,并注明作者姓名、作品名称和出处;第三,著作权人未发表不得使用的声明;第四,不得损害被使用作品和著作权人的权利。法定许可的目的在于为教育与科研,或为了公共利益提供使用受著作权保护的作品的便利。我国《著作权法》第23条、第32条、第39条、第42条、第43条所规定的情形,如报刊转载、广播电视组织制作广播电视节目等为法定许可。

2. 强制许可。强制许可是指当著作权人在法定期限内没有实施知识产权,同时又没有授权他人实施的,使用作品的人可以在国家有关管理部门的指定授权下,使用已经发表的作品。法定许可和强制许可都属于非自愿许可,二者都要向著作权人支付使用费,并且一般情况下,使用人获得的许可均为普通许可。但二者也存在明显区别:第一,法定许可无需申请,而可以自动实施;强制许可必须向管理部门申请,获得管理部门的批准;第二,法定许可的具体情形是法定的,明确规定在法律之中;而强制许可是由著作权管理部门依法决定的。目前,我国《著作权法》中没有强制许可的规定。

三、专利权行使限制

专利法规定的权利行使限制制度主要包括合理使用制度、非自愿许可制度、不视为侵权制度和国家秘密限制。

(一) 合理使用制度

所谓合理使用,是依法律的规定,实施专利权人的专利而无需获得许可并不支付使用费的非生产经营使用方式。专利法上的合理使用制度包括以下两个方面的内容:

1. 非为生产经营目的的使用。尽管我国《专利法》第11条不是为权利限制而设立的条款,但从其规定的内容上看却是对专利权行使进行限制的最重要条款。我国《专利法》第11条规定:"发明和实用新型专利权被授予后,除本法另有规定的以外,任何单位或者个人未经专利权人许可,都不得实施其专利,即不得为生产经营目的制造、使用、许诺销售、销售、进口其专利产品,或者使用其专利方法以及使用、许诺销售、销售、进口依照该专利方法直接获得的产品。外观设计专利权被授予后,任何单位或者个人未经专利权人许可,都不得实施其专利,即不得为生产经营目的制造、许诺销售、销售、进口其外观设计专利产品。"从这个规定可以推知,专利的实施须出于生产经营目的,若非为生产经营目的,则即便使用了专利技术也不构成实施。换句话说,对专利的实施,只要出于非生产经营的目的,为合理使用,不承担侵权责任。非为生产经营目的的实施包括个人生活所需而实施专利获得少量产品,如按照管理部门公开的专利信息和资料利用专利技术制造榨汁机而仅为家庭使用等为合理使用,非为侵权。

2. 专为科学研究和实验目的的使用。目前,"专为科学研究和实验目的的使用"被规定在我国专利法上的不视为侵权制度之中。我国《专利法》第69条规定,专为科学研究和实验而使用专利产品或者专利方法的,不视为侵权。

(二) 非自愿许可制度

专利法上的非自愿许可包括指定许可和强制许可。

1. 指定许可。指定许可是我国专利法上的一个特色。所谓指定许可,是指管理部门为了国家或者公共利益,在不经专利权人的同意的情况下,而将国有企业事业单位的发明专利指定其他单位实施的许可制度。由于指定许可须以法律的规定为依据进行,因此也被称为专利法上的法定许可。必须注意的是,专利法上的指定许可和著作权法上的法定许可最大的区别在于前者是由管理部门指定,而后者则是由实施人根据法律的规定径自实施的。根据我国《专利法》第14条的规定,指定许可必须具备以下条件:

第一,专利权人必须为国有企业事业单位。这主要是出于国有企业事业单位财产的最终权利人是国家,在有必要的情况下,国家指定实施该专利不会侵害私人的财产利益。

第二,许可使用的专利必须为发明专利。"指定许可"客体的专利,仅限于发明专利,不包括实用新型和外观设计。因为一般来说,发明专利是与技术进步直接相关,也是能在根本上促进社会进步和经济发展的。而实用新型专利和外观设计专利通常不会对国家利益或公共利益产生较大的影响,因而没有必要指定许可。

第三,该专利技术为对国家利益或者公共利益具有重大意义的,且有推广之必要的。指定许可是对专利权的一种限制,根据权利限制的比例原则,除非确有必要,否则不可为之。

第四,决定权。指定许可的决定权,只能由国务院有关主管部门和省、自治区、直辖市人民政府在报经国务院批准后行使。其他任何国家机关都无权决定进行指定许可。

第五,指定许可单位。根据我国法的规定,个人不能作为被指定许可人,只有单位可作为指定许可中的被许可人。非指定实施单位和个人,不得擅自实施该发明专利。

第六,许可范围。管理部门在指定许可的同时,应为许可划定范围,而不能作出笼统的指定。指定许可人在实施过程中,不得超出批准的范围,包括时间范围、地域范围和行业或专业领域范围等。

第七,使用费。实施单位应当按照国家规定向专利权人支付使用费。

2. 强制许可。我国专利法确立的非自愿许可制度仅包括强制许可制度。所谓强制许可,是指应实施人的申请,国家专利管理部门根据具体情况,决定授权他人实施专利的一种法律制度。取得实施强制许可的单位或者个人应当向专利人支付合理的许可费。管理部门作出的给予实施强制许可的决定,应当及时通知专利权人,并予以登记和公告。给予实施强制许可的决定,应当根据强制许可的理由规定实施的范围和时间。强制许可的理由消除并不再发生时,管理部门应当根据专利权人的请求,经审查后作出终止实施强制许可的决定。强制许可为普通许可,被许可人不享有独占和排他的权利,并且只能由强制许可实施人自己实施,不得进行再许可。

根据我国专利法的规定,强制许可分为以下三种基本类型:

(1) 不实施的强制许可。不实施的强制许可,是指专利权人在合理长的时间内拒绝有条件实施专利的实施人的合理许可请求,而由管理部门作出的强制许可。我国《专利法》第48条规定,专利权人自专利权被授予之日起满3年,且自提出专利申请之日起满4年,无正当理由未实施或者未充分实施其专利的,可

以强制许可。根据此规定,不实施的强制许可应当具备以下条件:

① 专利权人自专利权被授予之日起满3年,且自提出专利申请之日起满4年没有实施专利;

② 专利权人在上述期间没有实施专利,缺乏正当理由;

③ 申请实施强制许可的专利,仅限于发明专利或实用新型专利,外观设计专利除外。

(2) 国家利益的强制许可。国家利益的强制许可,是指在国家出现紧急状态或者非常情况时,或者为了公共利益的目的,管理部门对发明专利或者实用新型专利作出的强制许可。根据我国《专利法》第49条规定,国家强制许可应当具备以下条件:

① 国家出现紧急状态或者非常情况时,或者出于公共利益的目的;

② 申请实施强制许可的专利,仅限于发明专利或实用新型专利,外观设计专利除外;

③ 管理部门直接作出强制许可。

(3) 依存专利的强制许可。所谓依存专利的强制许可,是指一项发明或者实用新型的实施依赖于另一专利的实施的,管理部门根据后一专利的专利权人的申请,而作出的给予实施前一发明或者实用新型的强制许可。根据我国《专利法》第51条的规定,依存的强制许可应当具备以下条件:

① 两项专利是相互依存关系,即一项发明或者实用新型的实施依赖于另一专利的实施;

② 依赖于另一项专利实施的专利比被依赖的专利具有更突出的经济意义和重大技术进步性;

③ 依赖于另一项专利实施的专利的权利人提出申请。

(三) 不视为侵权制度

不视为侵权是专利权限制制度的另一主要方面。所谓不视为侵权是指基于保护公共利益或者他人合法权益的目的,在一定条件下将侵犯专利权的行为视为不侵权的专利权行使的限制制度。根据我国《专利法》第69条的规定,不视为侵权分为五种情况。笔者认为,我国《专利法》第69条第1项规定的权利用尽和第4项规定的科研使用不属于不视为侵权,前者本身就不为侵权,因为权利穷竭了,是专利权人无权,而不是实施人不视为侵权,而就科研使用而言,属于合理使用,而不应为不视为侵权。因为知识产权法的宗旨在于促进科技发展,因此就科研使用本身的法律性质而言,不能认定为侵权,于是也就不发生不视为侵权的问题。因此,不视为侵权主要包括在先使用、临时过境和行政审批使用三种情况。

1. 在先使用。所谓在先使用制度,是指在他人申请专利权的申请日之前就已经制造相同产品、使用相同方法或者已经作好制造、使用的必要准备,并已经实施或着手实施的在先使用人,有权继续在原有范围内实施专利技术的制度。在先使用制度的确立目的在于实现专利权人和他人(在先使用人)之间的利益平衡。一方面,在先使用人独立地在申请日之前作出了发明创造并实施或着手实施,但未选择专利保护;另一方面,专利权人申请了专利权,符合国家鼓励专利申请以促进技术信息公开的科技政策和立法目的,所以确认申请人享有专利权。但是,为了兼顾在先使用人的利益,因此,确立了在先使用制度而对专利权人的专利权进行必要的限制。在先使用的权利,可以作为附随权利随着生产设施和生产能力的转让而一并转让。根据我国《专利法》第69条的规定,在先使用的构成要件为:

第一,在先使用人在专利权人的专利申请日之前就已经掌握了该专利技术。在先使用人既可以通过自行研究开发、设计而获得该技术,也可以通过技术转让而获得该技术。

第二,在先使用人在专利申请日之前,就已经实施了专利技术或者为实施专利技术做好了准备。

第三,在先使用人在专利权人就相同的发明创造取得专利权后,仅在原有范围内实施专利技术。在先使用人只能在原有范围内继续实施,而不得扩大生产规模以致抢占专利权人的市场份额。笔者认为,此种立法实质上干涉了在先使用人的发展权,属于不当。应该对在先使用人附加其他的义务,如以明确方式告知其技术非专利技术等方式来制约在先使用人和保护专利权人。

2. 临时过境。根据我国《专利法》第69条的规定,所谓临时过境,是指临时通过中国领陆、领水、领空的外国运输工具,依照其所属国同中国签订的协议或者共同参加的国际条约,或者依照互惠原则,为运输工具自身需要而在其装置和设备中使用有关专利的,不视为侵权的制度。

3. 行政审批使用。根据我国《专利法》第69条的规定,所谓行政审批使用是指为提供行政审批所需要的信息,制造、使用、进口专利药品或者专利医疗器械的以及专门为其制造、进口专利药品或者专利医疗器械的,不视为侵犯专利权。

(四) 国家秘密限制

1. 国家秘密限制的概念。国家秘密限制是指为了保护国家秘密而对专利权进行的限制。由于专利技术可能是涉及国家秘密的技术,我国《保守国家秘密法》第2条规定,"国家秘密是关系国家的安全和利益,依照法定程序确定,在一定时间内只限一定范围的人员知悉的事项"。就此可知,国家秘密是关系到国防建设、外交事务以及打击犯罪等国家根本或者重大利益的事项。由于涉及国家秘密的保护,因此在有关专利的涉外申请和转让、许可方面,我国《专利法》均进行了一定的管制。

2. 国家秘密限制的分类。国家秘密限制可以分为涉外申请之限制和涉外转让许可之限制。根据我国《专利法》第 4 条和第 20 条的规定,涉外申请之限制是指中国单位或者个人将其在国内完成的发明创造向外国申请专利的,应当先向国务院专利行政部门申请专利,委托其指定的专利代理机构办理,并按照国家的有关规定保守涉及国家安全或重大利益的秘密。我国《专利法》第 71 条规定,违反本法第 20 条规定向外国申请专利,泄露国家秘密的,由所在单位或者上级主管机关给予行政处分;构成犯罪的,依法追究刑事责任。

如果专利权人向外国人转让专利权或者为专利权许可,或者转让专利申请权的,有可能侵犯国家秘密,和对行业安全产生威胁。因此,我国《专利法》对境外转让给予了限制。我国《专利法》第 10 条第 2 款规定:"中国单位或者个人向外国人、外国企业或者外国其他组织转让专利申请权或者专利权的,应当依照有关法律、行政法规的规定办理手续。"

四、商标权行使限制

我国《商标法》只规定了商标权和商标侵权行为,并没有明确规定商标权的权利限制。但这并不意味着商标权是一项不受限制的绝对权利。TRIPS 协议第 21 条规定,成员可以确定商标转让和许可的条件,但不得采用商标强制许可的制度。这就在立法上排除了商标权的非自愿许可制度。对商标权行使的限制主要是合理使用制度。TRIPS 协议第 17 条规定:"缔约方可以规定对商标所赋予权利的例外,例如合理使用描述性词语等,其条件是这样的例外应考虑商标所有者和第三方的合法利益。"在商标权领域,所谓合理使用,是依法律的规定,使用他人的商标而无需获得许可并不支付使用费的方式。商标权行使的限制主要体现为以下三个方面:

(一) 非为生产经营目的使用

商标法和专利法被称为工业产权法,如果非工业生产经营目的的使用,一般为合理使用,非为侵权。我国《商标法》第 1 条规定:"为了加强商标管理,保护商标专用权,促使生产、经营者保证商品和服务质量,维护商标信誉,以保障消费者和生产、经营者的利益,促进社会主义市场经济的发展,特制定本法。"可见,商标法的立法目的在于保障商标在生产经营领域的使用,而非一切商标在一切领域的使用。我国《商标法》第 51 条规定:"注册商标的专用权,以核准注册的商标和核定使用的商品为限。"这更加说明了,商标专用权是用于生产经营目的,且仅用于核准注册的商标和核定使用的商品,如果超过了生产经营目的的使用,则与商标专用权无干。换句话说,对商标的使用,只要出于非生产经营的目的,为合理使用,非为侵权。非为生产经营目的而使用受商标权保护的注册商标,包括个人生活所需而使用注册商标(如家装)等为合理使用,非为侵权。

(二)为科学研究和实验目的使用

我国《商标法》并未直接规定为科学研究和实验目的的使用情况,因为在一般情况下,商标的使用被认为和科技进步无直接关系。其实,商标权的客体,直接和间接地和科技发生关联,并随着客体的扩展如三维商标、气味商标、声音商标和动画商标的出现,这种关联越来越紧密。为科学研究和实验目的使用商标,为合理使用,非为侵权。尽管商标还可以受到《著作权法》的保护,但无论是依照《著作权法》还是依照《商标法》的规定,以科学研究和实验的目的使用商标,为合理使用,如营销学上在商业案例中对某一商标的使用。而从功能特性上讲,商标不必具备发明和实用新型的新颖性、实用性和创造性,也无须具备我国《专利法实施细则》第2条对外观设计的"富有美感"的设计要求,但无论如何,三维商标的出现都意味着商标权的客体逐步向专利权的客体靠拢。而气味商标和声音商标的出现,更提高了商标的技术含量,加剧了靠拢的进度。也就是说,在厂家使用某种技术的时候,侵害的不是专利权,而是商标权了,比如以他人的三维商标为模型生产产品,在自己生产的产品中采用发出某种声音或者气味的技术等。因此,我们主张在专利法上确立合理使用制度,就应该同样把这样思维用于商标法。总之,为科学研究和实验目的使用商标为合理使用,而非侵权。

(三)显著性弱商标的合理使用

显著性弱商标的合理使用,是指因商标显著性弱而产生的、他人有权进行合理使用的权利限制制度。商标的显著性是一个程度问题,一般而言,一个任意性的词,比如联想在国外注册的商标"Lenovo"具有高度的显著性;而选用普通名称或者说明性用语为商标的,显著性就较弱或者没有显著性。1993年,贵州茅台酒厂与贵州醇酒厂发生了"贵州醇"是否侵犯"贵州"牌商标的诉讼就说明了这个问题。"贵州"商标就是一个显著性弱的商标。按照我国《商标法》的有关规定,地名不能由一家企业通过商标注册而被垄断,但由于使用而获得了显著性的,可以通过注册程序获得商标权。因此,"贵州"商标的合法性不容置疑,但由于它是一种显著性弱的商标,而显著性弱的商标就是用大家都需要使用的词汇或者图形注册而成的商标,因此其权利行使就受到合理使用的限制。因此,"贵州醇"酒名并不侵犯"贵州"牌商标。

世界上所有国家和地区的商标法,都无一例外地禁止将商品通用名称和图形作为商标,我国法禁止用县级以上行政区划名称或公众知晓的外国地名作为商标。然而,这并不绝对,上述商标因使用而获得"第二含义"(Secondary Meaning)或者"获得显著性"的,可以获得商标权。TRIPS协议第15条对此种情况进行了专门规定。但这样的商标要受到权利限制,即"第二含义"不能用以抵抗他人在原含义基础上的使用,这就是为什么"贵州醇"并不侵犯"贵州"牌商标的理由。换个角度看,就是他人对商标权人的商标权行使进行了限制。笔者非常赞同我国学者就《商标法》进行修订时增加商标合理使用的有关规定的主张。①

第四节　知识产权滥用

一、知识产权滥用的概念

(一) 知识产权滥用的概念

有权利,就有滥用。"权利之行使,必有一定界限,超过正当之界限而行使权利,即为权利之滥用。"②知识产权滥用是指知识产权人违背正当方式,而以不公平、不适当的方式行使知识产权,并给相对人造成损害的行为。在知识产权许可过程中,知识产权人往往利用许可合同,扩张其权利、限制被许可人的正常经营行为或者谋求垄断地位,知识产权滥用不断发生。近年来,美国的微软垄断案以及微软在欧盟和我国台湾地区受到的垄断指控、美国思科公司与中国华为公司之间的知识产权诉讼等一系列案件,隐藏在其后的是知识产权滥用向普遍化和严重化方向发展。从严格意义上讲,权利滥用中的权利本身应是合法获得的,但是知识产权滥用则含义更广,包括权利人通过不正当行为获得的专利权、商标权的,权利人据此行使知识产权,妨碍他人的正常经营的行为也属于知识产权滥用。从行为角度看,知识产权滥用不仅表现为积极的行为,而且也包含不作为,如专利领域的拒绝许可就是不作为构成的知识产权滥用。③

(二) 知识产权滥用的起源

无论是英美法系还是大陆法系都曾孕育出禁止权利滥用的法律原则和制度。一般认为,大陆法系的权利滥用禁止,起源于古罗马的自然法理念,在1804年《法国民法典》中首次成为用益权人的法律义务。1900年《德国民法典》使权利不得滥用义务成为权利人行使权利都必须承担的义务。第226条规定:"权利行使不得专以损害他人为目的。"自此,禁止权利滥用成为大陆法系权利行使的

---

① 张今:《论商标法上的权利限制》,载《法商研究》1999年第3期。
② 参见梁慧星:《民法总论》,法律出版社1998年版,第260页。
③ 参见我国《专利法》第48条。

基本原则。可以说，无论是 1804 年的《法国民法典》还是 1900 年的《德国民法典》，针对的权利主要是物权，而不包括知识产权。但是，随着社会的发展，当知识产权逐渐取代物权的核心财产权地位，人们发现知识产权的滥用比物权更为普遍，并且危害更严重。禁止知识产权滥用也逐步发展成为重要的知识产权法理论。

我国历来注重对权利滥用的禁止。我国《著作权法》第 4 条第 2 款规定："著作权人行使著作权，不得违反宪法和法律，不得损害公共利益。"我国《国家知识产权战略纲要》将滥用知识产权现象得到有效遏制列为我国知识产权战略的近五年目标。该《纲要》第 14 条明确指出："制定相关法律法规，合理界定知识产权的界限，防止知识产权滥用，维护公平竞争的市场秩序和公众合法权益。"这个规定既涉及知识霸权，又涉及知识产权权利滥用。其中，"合理界定知识产权的界限"是反对知识霸权的任务（详见本书第十一章）。2007 年颁布的《最高人民法院关于全面加强知识产权审判工作为建设创新型国家提供司法保障的意见》提出"既要切实保护知识产权，也要制止权利滥用和非法垄断"。知识产权滥用同样为 WTO 所高度重视。TRIPS 第 8 条确立了两项知识产权基本原则，第一项是公共利益原则，第二项是禁止知识产权滥用原则。该条第 2 项规定："为了防止权利所有者对知识产权的滥用，防止不合理地限制贸易或反过来影响技术的国际性转让的实施行为，可以采取适当的措施，其条件是这些措施与本协议的规定相一致。"

（三）知识产权滥用与知识产权行使

知识产权的正当行使不构成知识产权滥用这个命题似乎并不足道。但是，往往有人会有意无意地去搭这条船，制造知识产权滥用和知识产权的正当行使的混淆。在实践中，并不是每一项具体的知识产权都容易产生滥用行为。中国著作权法在著作权的归属上倾向于创作作品的作者，而非作者的雇主或者委托人。在知识产权许可中，作为个体的著作权人和作为占有市场优势地位的被许可人相比，往往处于弱势地位，需要法律加以特别关照。从著作权的角度看，著作权保护的是对于思想观念的表达，而非思想观念本身。这种保护方式，使得对任何一个主题或者创意的作品来说，市场上往往都可能存在着很多的替代品，这就消除了著作权人滥用著作权的可能性。就商标权而言，世界贸易组织《知识产权协议》第 21 条即规定，成员可以确定商标转让和许可的条件，但不得采用商标强制许可的制度。这表明，即使商标所有人拒绝许可也并不会构成商标权的滥用。就商业秘密而言，因其本身处于保密状态，不容易发生滥用，或者说即便存在滥用，也不易被发现。并且，从全球看，目前商业秘密的保护尚处于弱保护阶段，许多国家并未直接建立商业秘密权制度，而是通过反不正当竞争法提供保护。而反不正当竞争法并非赋予商业秘密以某种专有权利,而是赋予其所有人以制止不正当竞争的权利。按照这种保护方式,很难造成权利的滥用。而非物质文化遗产的权利尚未真正进入知识产权领域,处于权利保护的萌芽时期,尚谈不上权利滥用问题。因此所谓的知识产权滥用主要发生于专利权领域。专利权人对于技术方案享有的权利是一种排他性的权利,专利权人获得授权以后,他人即使独立开发了同样的技术,也不得进行商业性的使用。甚至是那些在先作出发明但没有申请专利的人,也会在使用该项技术时受到种种限制。这种权利本身就容易导致滥用行为的形成。①

(四)知识产权滥用与知识产权限制

知识产权滥用与知识产权限制是有明显区别的一对概念。具体讲,二者区别如下:

第一,从行为角度看,知识产权滥用表现为超出权利而为一定行为或者不为一定行为,而知识产权限制表现为被剥夺了某部分权利或者对权利的行使给予了某方面的限制。

第二,从法定角度看,根据法律限制原则,所有知识产权限制的具体方式都是法定的;而知识产权滥用的具体方式则不必由法律规定,而可以根据构成要件进行判断。

第三,从主被动角度看,知识产权滥用往往是知识产权人实施主动的行为(包括拒绝许可行为);而知识产权限制却是知识产权人不实施某种行为即可实现,主要表现为对表面"侵权"行为的容忍。

第四,从受侵害的权益看,知识产权滥用受到侵害的是相对人的权益;而权利限制中受限的是知识产权人的权利。

第五,从基本原则角度看,知识产权滥用由禁止权利滥用原则和诚实信用原则规制,而知识产权的权利限制的基本原则为公共利益原则、法律限制原则和比例原则。

二、知识产权滥用的表现形式

滥用知识产权的行为表现多种多样,但可以分为两大类:一是越权行使。越权行使即指知识产权人行使知识产权时超出了权利范围。二是限制竞争行为。知识产权人行使其知识产权时虽然没有超出法定权利范围,但不合理地限制了市场竞争的,该行为构成知识产权滥用。其中,越权行使是民商法规范予以禁止的,而限制竞争行为则是竞争法予以规范的。知识产权的权利人在实施许可的

---

① 李明德:《"知识产权滥用"是一个模糊命题》,载《电子知识产权》2007年第10期。

时候,附加了不合理的条件或者进行了不正当的限制,便会构成滥用。尤其是在知识产权的国际贸易中,知识产权许可带有欺骗性(落后技术或者淘汰技术的许可)或者技术欺压性(太多不平等条款)的事例并不在少数。在国际关系上,知识产权人在进行知识产权许可的同时,兜售西方文化及西方价值观;利用专利技术加紧对外层空间的利用、公海资源的开发,并把环境污染分享给发展中国家,等等。从知识产权的国际贸易和国内贸易的实践看,知识产权滥用在法律上主要有以下几种具体表现形式:

第一,越权行使。知识产权人超越法律规定的知识产权权限而行使知识产权。对于此类行为,一般比照民法侵权行为规范进行处理,符合侵权行为构成要件的,一般承担民事法律责任。

第二,拒绝许可。所谓拒绝许可,是指知识产权人拒绝对其知识产权实施许可,从而排斥竞争而垄断市场或者谋求不正当高价的行为。一般情况下的就某个具体企业的拒绝许可并不直接导致权利滥用,但是如果这种行为是为了排除竞争保持垄断地位,则是一种滥用行为。与拒绝许可常在一起发生的是,知识产权人常常刻意把污染型、耗能型、劳动密集型产业技术让渡给被许可方。在欧盟看来,拒绝许可的性质和拒绝提供产品的义务并无二致,均属于法律应该明令禁止的。

【案例】 面对我国 DVD 企业的快速发展,外国 DVD 专利技术的知识产权人相继组成联盟,最具影响力的是 6C、3C、1C(汤姆逊公司)和 MPEG-LA(16 个专利人组成的专利收费公司)等几个专利收费组织。其中由飞利浦、索尼、先锋三公司组成的 3C 联盟对四川鼎天集团公司按照《3C 专利全球许可协议》购买相关许可证的请求一直置之不理,最后导致鼎天集团被迫关闭了全部生产线,造成高达 3 亿元的创业投资的损失。

第三,搭售知识财产。所谓搭售知识财产,是指知识产权人将两种或两种以上的知识财产进行捆绑搭售,以致被许可人要想得到一种知识财产的许可,就不得不购买其他知识财产的许可。具有市场支配地位的企业从事知识财产搭售的危害是十分明显的。它限制了被许可人的选择自由,并且排挤了被捆绑的知识财产的知识产权人的市场竞争。6C 联盟(由东芝、三菱、日立、松下、JVC、时代华纳六公司组成)给中国 DVD 企业的收费清单上列出了一千多项专利,而实际上它仅仅拥有 6 项中国专利。并且要求我国企业购买"全球统一许可证",其实质上就是强制性的一揽子许可协议。这是典型的搭售知识财产。微软在其 Windows 操作系统中捆绑销售 IE 浏览器,美国司法部和联邦地区法院均认为它构成搭售。在欧盟微软垄断案中,欧盟委员会裁定微软滥用垄断地位,将媒体播放器和 Windows 操作系统捆绑销售,构成搭售,妨碍了市场竞争。笔者也认为上述行为构成搭售,但必须在理论上予以澄清的是,微软的上述行为构成搭售产品,而非搭售知识财产,与知识产权无直接关联。无论美国司法部和联邦地区法院之所以认定微软进行搭售,还是欧盟委员会裁定微软搞搭售,不是因为微软是知识产权人,而是因为微软是这些信息产品的制造人。试想,如果微软将上述两项知识财产均许可给某公司,而该公司进行了信息产品的捆绑销售,则无论在哪里进行诉讼,该公司的搭售都与微软无关。①

第四,价格高歧视与过高定价。价格高歧视,是指知识产权人在进行知识产权许可时,对被许可人实行与成本等无关的过高价格。过高定价,是指知识产权人在正常竞争条件下所不可能获得的远远超出公平标准的价格。我国《中外合资经营企业法实施条例》(2001年修订)第43条规定,合资企业订立的技术转让协议技术使用费应当公平合理。在国际贸易中,知识产权人实行不等价交换的事例屡见不鲜。价格差距本身是允许存在的,但如果它们是不正常的、与成本无关的,则构成价格高歧视,至少是过高定价。在6C联盟的一揽子许可协议中,我国企业每生产一台DVD就要缴纳15—20美元的专利费,而当前国际市场上DVD的销售价格已经跌至30—40美元。这是典型的价格高歧视,属于知识产权滥用行为。而在谈到知识产权滥用时,人们往往以"微软的Office 2000测试版在中国标价200元左右,在国外为免费赠送"为例,实际上,这是产品的价格歧视,而不是知识财产的价格歧视。因为作为产品制造人的微软,同时也是知识产权人,故导致了混淆。

第五,价格低歧视。价格低歧视,又称掠夺性定价,是指知识产权人为了掠夺市场,在进行知识产权许可时,对被许可人实行低于成本的过低价格以占领市场排挤竞争对手的行为。对产品的价格低歧视,在我国被称为倾销,是《反垄断法》、《反不正当竞争法》和《价格法》所明确禁止的滥用行为。微软在1998年开始故意在中国推广盗版软件,以此垄断中国市场的行为构成不正当竞争行为。面对微软的此种不正当竞争行为,中国在长达十年的时间内未能形成计算机操作系统和相应的办公软件产业的民族化,曾经的金山WPS办公软件产品也因无力与微软对抗而消失。对知识产权的价格低歧视也应该是法律所不允许的,因为它不仅直接排挤作为竞争对手的知识产权人,而且破坏正当竞争。

第六,非正当限制条款。非正当限制条款是指知识产权人在实施许可时,强迫要求被许可人接受与许可无关的、非正当的限制条款。这些非正当的限制条款包括固定价格、限制产量、划分市场等。国务院2001年发布的《技术进出口管

---

① 关于信息产品、信息财产、信息财产权及其与知识财产和知识产权的区别详见本书第五章。

理条例》第29条规定,技术进口合同中,不得含有下列限制性条款:(1)要求受让人接受并非技术进口必不可少的附带条件,包括购买非必需的技术、原材料、产品、设备或者服务;(2)要求受让人为专利权有效期限届满或者专利权被宣布无效的技术支付使用费或者承担相关义务;(3)限制受让人改进让与人提供的技术或者限制受让人使用所改进的技术;(4)限制受让人从其他来源获得与让与人提供的技术类似的技术或者与其竞争的技术;(5)不合理地限制受让人购买原材料、零部件、产品或者设备的渠道或者来源;(6)不合理地限制受让人产品的生产数量、品种或者销售价格;(7)不合理地限制受让人利用进口的技术生产产品的出口渠道。2007年的《最高人民法院关于全面加强知识产权审判工作为建设创新型国家提供司法保障的意见》第16条规定:"制止非法垄断技术、妨碍技术进步的行为,依法认定限制研发、强制回授、阻碍实施、搭售、限购和禁止有效性质疑等技术合同无效事由,维护技术市场的公平竞争。"

第七,限制竞争。限制竞争是指知识产权人相互联合形成市场垄断地位,谋求非正当利润的行为。以DVD专利技术为例,6C或3C各自的不同成员之间拥有的某些专利存在替代关系,据此可以认定其成员之间具有竞争关系。所以,无论是6C联盟还是3C联盟的协议本身就构成限制竞争协议。2004年,我国无锡两家DVD生产商于美国起诉3C联盟违反了美国的法律,构成限制竞争。

第八,滥用侵权警告。滥用侵权警告是指知识产权人为了排斥竞争,而故意制造借口发出侵权警告的行为。由于知识产权的特殊性,侵权警告往往给对方造成商誉和经济上的重大损失,因此,提起侵权警告已经成为"知识产权人"的一个"法宝"。构成滥用侵权警告,须满足以下要件:

1. 知识产权人实施侵权警告的行为。

2. 知识产权人实施侵权警告行为的方式是通过媒体等公开手段或者其他类似手段。这个要件说明滥用侵权警告的行为须满足公开性或者重大影响性的条件,比如通过互联网提出侵权警告,或者向对方的客户发送侵权警告或者副本。一般情况下,仅仅是向对方发出的侵权警告,该警告并没有扩散到对方的客户、媒体和社会,不构成滥用侵权警告。

3. 知识产权人具有主观加害故意。知识产权人明知或者应当知道对方的行为并不侵犯其知识产权,而因为出于不正当竞争的不当目的而故意为侵权警告。知识产权人发出侵权警告的目的不是为了对自己的知识产权进行保护,而是为了给竞争对手造成商誉和经济上的损失,从而实现排斥竞争的目的。

知识产权人对其滥用侵权警告的行为应承担停止侵害和损害赔偿责任。在滥用侵权警告中,并不要求对方已经遭受了现实的损失。只要知识产权人的侵权警告行为符合上述三个要件,就应认定构成滥用侵权警告。知识产权人对滥用知识产权警告行为承担的赔偿范围包括直接损失和间接损失。针对滥用侵权警告已经成为知识产权人滥用知识产权的主要形式之一的情形,我国应构建不侵权确认之诉制度,防止权利人滥用侵权警告。

第九,滥用诉权。诉权是公民的一项法定权利,滥用也可导致法律责任的产生。就知识产权领域而言,滥用诉权是指知识产权人为了排斥竞争而故意制造诉讼的行为。在侵权警告不灵的情况下,知识产权人滥用知识产权的另一个表现就是滥用诉权。

构成滥用诉权,须满足以下要件:

1. 知识产权人实施起诉行为。客观上讲,知识产权诉讼往往给被告的商誉等诸多方面将造成重大损失,严重妨碍和破坏被告的正常经营活动和参与市场竞争的能力。而一个诉讼的结束,往往需要几年时间,这个时间往往将大企业拖垮,小企业拖死。因此,知识产权人任意提起知识产权诉讼,可能构成知识产权滥用。

2. 知识产权人具有主观加害的故意。知识产权人明知或者应当知道对方的行为并不侵犯其知识产权,而因为出于不正当竞争的不当目的而故意提起诉讼。知识产权人提起诉讼的目的,并不是为保护知识产权,而是为了给竞争对手造成商誉和经济上的损失,从而实现排斥竞争的目的。我国企业遇到的最离谱的诉讼是前脚刚获得知识产权许可,后脚就被诉侵犯知识产权。这类情况属于典型的明知而为诉讼。

知识产权人对其滥用侵权警告的行为应承担停止侵害和损害赔偿责任。根据 2001 年颁布的《最高人民法院关于对诉前停止侵犯专利权行为适用法律问题的若干规定》第 13 条以及同时颁布的《最高人民法院关于诉前停止侵犯注册商标专用权行为和保全证据适用法律问题的解释》第 13 条的规定,申请人不起诉或者申请错误造成被申请人损失的,应该进行赔偿。知识产权人对滥用知识产权警告行为承担的赔偿范围包括直接损失和间接损失。

【案例】 LG、Philips 曾经控告我国台湾华映侵犯其多项美国专利。被告在惊讶之余发现,其中大多数专利实际上已经属于被告所有,于是据此以滥用诉权为名反诉 LG、Philips 滥诉,构成不正当竞争,要求赔偿 10 亿美元。[①]

【案例】 2003 年,我国商人陈伍胜听说美国政府强制推行接地故障漏电保护装置(GFCI),便开始利用我国自行研制的技术投资生产。由于产品在诸多方

---

① 魏衍亮:《知识产权评估问题研究》,http://www.sipo.gov.cn/sipo2008/yl/2007/200804/t20080402_365942.html,2008 年 8 月 24 日访问。

面均优于美国标准,引起美国莱伏顿公司的恐慌。2004年4月至7月,莱伏顿公司以侵犯其"558"专利权为由,分别在美国新墨西哥州、佛罗里达州和加州三地法院,先后起诉了通领科技集团(陈伍胜的企业)的4家重要客户。2007年,陈伍胜获得胜诉,该案被称为中国在美国赢得胜利的"知识产权第一案"。陈伍胜诉讼历时三年,为赢得诉讼聘请了一个强大的律师团,首席律师为前美国总统克林顿的同窗海森博士,其每月费用约10万美元。这场旷日持久的马拉松诉讼,使陈伍胜的企业通领科技一度陷入绝境。莱伏顿正是希望通过漫长的诉讼,消耗陈伍胜的时间和财力、延缓其产品进入美国市场,从而达到排除竞争的目的。在赢得诉讼后,被判决认定的赔偿数额也并不能当即获得。如果不是陈伍胜,我们看到的或许是莱伏顿的美国式微笑。

【案例】 2003年,全球最大的网络设备制造商思科系统公司和思科技术公司在美国德州马歇尔的联邦地区法院向我国最大的电信设备制造商华为技术有限公司及其在美国的两家子公司提起诉讼。思科在长达77页的起诉书中指控华为侵犯了其5项专利技术,并就此提出了21项诉讼请求,涵盖了从版权、专利、商标到不正当竞争等知识产权的几乎所有范畴。华为顶住了强大压力积极应诉,该案很快和解。因为思科的本意并不在权利的保护,而在于遏制华为的发展。

三、对知识产权滥用的法律规制

防止知识产权滥用,是一系列法律的共同任务。知识产权滥用要受到知识产权法自身规范的限制,但同时也会受到诸多法律部门的制约。为了加强对知识产权滥用的规范,2007年《最高人民法院关于全面加强知识产权审判工作为建设创新型国家提供司法保障的意见》第16条对知识产权滥用进行了集中规定。该条规定:"禁止知识产权权利滥用。准确界定知识产权权利人和社会公众的权利界限,依法审查和支持当事人的在先权、先用权、公知技术、禁止反悔、合理使用、正当使用等抗辩事由;制止非法垄断技术、妨碍技术进步的行为,依法认定限制研发、强制回授、阻碍实施、搭售、限购和禁止有效性质疑等技术合同无效事由,维护技术市场的公平竞争;防止权利人滥用侵权警告和滥用诉权,完善确认不侵权诉讼和滥诉反赔制度。"

(一)民商法上知识产权滥用的构成要件

民商法规范针对的是知识产权滥用中的越权行为,而不是制止知识产权人没有越界但损害正当竞争的行为。在认定是否构成权利滥用以及责任的承担方面,均比照适用侵权行为的规定。知识产权滥用的构成要件如下:

第一,行为人享有知识产权。知识产权滥用的前提是行为人享有知识产权。没有获得授权的人行使知识产权,无论其行为是否正当均不构成知识产权滥用,而适用一般的侵权法原理。

第二,知识产权人有过错,即行为人行使知识产权的方式失当。行为人(知识产权人)行使权利,非以正当方式,反而采取非正当方式,为滥用权利。"权利滥用"的实质在于通过不正当方式,不适当地扩张了其所享有的权利或者把权利的行使作为致害他人的手段。知识产权权利滥用中的越权行为,一般表现为以故意损害他人的方式行使权利、行使权利缺乏正当利益而致人损害、选择有害的方式行使权利、行使权利对他人的损害大于自己获得的收益、违反权利存在的目的而行使、违反侵权法的一般原则而行使权利等六个方面。

第三,知识产权人实施特定行为。知识产权滥用包括作为和不作为,但对于越权行为而言,仅指作为,不包括不作为。知识产权人必须在客观上采取了积极的行为,如实施权利超过界限等。

第四,行为人的滥用行为造成了损害。知识产权人的行为,侵害了他人权益或者社会利益。损害并不限于个人的财产损失,包括社会的、国家的、集体的或其他公民的一切合法的自由和权利。

第五,因果关系要件。知识产权人行使知识产权与他人权益或者社会利益的损害有直接因果关系。

(二)民商法具体规范

1.《民法通则》。我国民商事立法较为丰富。《民法通则》是调整民事关系的基本法,当然适用于知识产权行使,尤其是其确立的基本原则。我国民法的基本原则是指体现着民法的本质和内容的基本规则。我国民法的诚实信用原则和禁止权利滥用原则是禁止知识产权滥用的基本原则。我国《民法通则》第4条规定了诚实信用原则:"民事活动应当遵循公平、诚实信用的原则。"第6条规定了民事权利不得滥用的原则:"民事活动应当尊重社会公德,不得损害社会公共利益,破坏国家计划,扰乱社会经济秩序。"无论诚实信用原则还是禁止权利滥用原则都是权利人行使权利的基本原则,知识产权人行使知识产权,必须遵从这些原则。

2.合同法。我国现行《合同法》就技术合同进行了专章规定。该法第329条规定:"非法垄断技术、妨碍技术进步或者侵害他人技术成果的技术合同无效。"根据该法第334条的规定,技术转让合同不得限制技术竞争和技术发展。同时,该法第355条规定其他法律和行政法规对技术进出口合同或者专利、专利申请合同另有规定的,依照其规定。按照此规定,《技术进出口管理条例》规定的技术进口合同不得含有限制性条款的规定也适用。该《条例》第29条规定,技术进口合同中,不得含有下列限制性条款:(1)要求受让人接受并非技术进口必不可少的附带条件,包括购买非必需的技术、原材料、产品、设备或者服务;(2)要求受让人为专利权有效期限届满或者专利权被宣布无效的技术支付使用费或者承担相关义务;(3)限制受让人改进让与人提供的技术或者限制受让人使用所改进的技术;(4)限制受让人从其他来源获得与让与人提供的技术类似的技术或者与其竞争的技术;(5)不合理地限制受让人购买原材料、零部件、产品或者设备的渠道或者来源;(6)不合理地限制受让人产品的生产数量、品种或者销售价格;(7)不合理地限制受让人利用进口的技术生产产品的出口渠道。2001年7月修订的《中外合资经营企业法实施条例》也属于可以适用的行政法规。该《条例》第43条规定,合资企业订立的技术转让协议必须符合下列规定:(1)技术使用费应当公平合理;(2)除双方另有协议外,技术输出方不得限制技术输入方出口其产品的地区、数量和价格;(3)技术转让协议的期限一般不超过10年;(4)技术转让协议期满后,技术输入方有权继续使用该项技术;(5)订立技术转让协议双方,相互交换改进技术的条件应当对等;(6)技术输入方有权按自己认为合适的来源购买需要的机器设备、零部件和原材料;(7)不得含有为中国的法律、法规所禁止的不合理的限制性条款。

3. 对外贸易法。2004年修订并实施的《对外贸易法》第六章为"与对外贸易有关的知识产权保护"。这一章既强调了知识产权保护,还特别规定了禁止知识产权滥用的内容,是较为成功的立法例。该章第30条规定:"知识产权权利人有阻止被许可人对许可合同中的知识产权的有效性提出质疑、进行强制性一揽子许可、在许可合同中规定排他性返授条件等行为之一,并危害对外贸易公平竞争秩序的,国务院对外贸易主管部门可以采取必要的措施消除危害。"该法第32条、第33条还分别对滥用知识产权而构成不正当竞争和垄断的行为进行了禁止性规定。

(三)竞争法上知识产权滥用的构成要件

竞争法包括不正当竞争法与反垄断法,性质为公法。尽管笔者认为竞争法不是知识产权法,但竞争法中对知识产权滥用的规定值得一提。

我国《反垄断法》规范的垄断行为为权利人滥用其市场支配地位而为的垄断行为。民商法规范的是越权行为,主要是知识产权人实施的一种积极行为,而反垄断法规制的行为则不仅包括积极行为(作为),而且还包括消极行为(不作为)。反垄断法规制的知识产权权利人滥用市场支配地位的垄断行为,必须符合以下要件:

第一,知识产权权利人须为经营者。根据我国《反垄断法》第12条第1款的规定,经营者是指"从事商品生产、经营或者提供服务的自然人、法人和其他组织"。依此规定,不从事商品生产、经营或者提供服务的自然人或单位,如我国《科学技术进步法》上所称的"科学技术研究开发机构"不属于"经营者"。

第二,知识产权权利人在相关市场具有市场支配地位。根据我国《反垄断法》第12条第2款的规定,相关市场是指"经营者在一定时期内就特定商品或者服务(以下统称"商品")进行竞争的商品范围和地域范围"。我国《反垄断法》第18条规定,认定经营者具有市场支配地位,应当依据下列因素:(1) 该经营者在相关市场的市场份额,以及相关市场的竞争状况;(2) 该经营者控制销售市场或者原材料采购市场的能力;(3) 该经营者的财力和技术条件;(4) 其他经营者对该经营者在交易上的依赖程度;(5) 其他经营者进入相关市场的难易程度;(6) 与认定该经营者市场支配地位有关的其他因素。

第三,知识产权权利人滥用其市场支配地位。根据我国《反垄断法》第17条的规定,市场支配地位,是指经营者在相关市场内具有能够控制商品价格、数量或者其他交易条件,或者能够阻碍、影响其他经营者进入相关市场能力的市场地位。根据该条规定,具有市场支配地位的知识产权人(经营者)的下列滥用市场支配地位的行为为知识产权滥用行为:

(1) 以不公平的高价销售商品或者以不公平的低价购买商品;
(2) 没有正当理由,以低于成本的价格销售商品;
(3) 没有正当理由,拒绝与交易相对人进行交易;
(4) 没有正当理由,限定交易相对人只能与其进行交易或者只能与其指定的经营者进行交易;
(5) 没有正当理由,搭售商品,或者在交易时附加其他不合理的交易条件;
(6) 没有正当理由,对条件相同的交易相对人在交易价格等交易条件上实行差别待遇;
(7) 国务院反垄断执法机构认定的其他滥用市场支配地位的行为。

知识产权人实施的行为,符合上述三个要件才构成反垄断法上的知识产权滥用行为,即垄断行为。

(四) 竞争法具体规范

竞争法规范主要是针对知识产权人没有越权行使权利,但是却利用垄断地位损害市场竞争的情况。无论知识产权人是否越界行使权利,只要涉及不正当竞争和垄断的知识产权滥用,都可以适用竞争法进行规制。竞争法包括我国1993年颁布的《反不正当竞争法》和2008年颁布的《反垄断法》。

1. 反不正当竞争法。我国1993年制定实施的《反不正当竞争法》和知识产权关系密切。一方面,反不正当竞争法是知识产权法的"兜底条款",对知识产权起到附加保护的作用。正如郑成思先生所言,"实际上,单行的知识产权法与反不正当竞争法之间并不存在一个谁挤占了谁的位置的'关系'问题。而是后者(或后者的一部分内容)对前者如何给予补充的问题"[①]。但另一方面,知识产权的实施可能危及正当的市场竞争,因此,反不正当竞争法又是禁止知识产权滥用的法律。

2. 反垄断法。知识产权并不必然产生垄断,知识产权滥用则会产生垄断。《反垄断法》的核心是在保护知识产权的基础上,禁止知识产权滥用行为,维护公平竞争。《反垄断法》针对的知识产权滥用行为是权利人在行使知识产权的过程中不正当地限制了竞争的行为。我国《反垄断法》第55条规定:"经营者依照有关知识产权的法律、行政法规规定行使知识产权的行为,不适用本法;但是,经营者滥用知识产权,排除、限制竞争的行为,适用本法。"

[①] 郑成思:《知识产权论》(第三版),法律出版社2003年版,第264页。

第六编　定限知识产权

第二十章
定限知识产权概述

第一节 定限知识产权的概念和分类

一、定限知识产权的概念和特征

（一）定限知识产权的概念

定限知识产权是指权利人对他人的知识财产之上享有的被限定于某一方面或某一特定期间的知识产权。尽管定限知识产权是从完全知识产权派生出来的，但它是一项独立的财产权，而并不是完全知识产权的一部分，也不隶属于完全知识产权。因为定限知识产权的权利主体为完全知识产权人以外的人。

（二）定限知识产权的特征

与完全知识产权相比，定限知识产权具备以下特征：

（1）他权性。定限知识产权是对他人的知识财产所享有的权利，权利主体是完全知识产权人以外的人。

（2）定限性。顾名思义，定限知识产权是有限制的知识产权，和完全知识产权不同。定限知识产权不具备完全知识产权的全部权能，只具备完全知识产权权能中的某个或者某些方面。

（3）约定期间和法定期间并存。完全知识产权的效力期间均为法定，但是定限知识产权的效力期间可以法定也可以约定，具有一定的自由性。但这并不等于说定限知识产权的期间不受完全知识产权期间的限制，相反，无论是法定的还是约定的定限知识产权的效力期间，都必须受完全知识产权的期间限制，必须在完全知识产权的有效期间内。

下表对完全知识产权和定限知识产权进行了比较。

表1 完全知识产权和定限知识产权之比较

比较项目	完全知识产权	定限知识产权
界定	对自己的知识财产所享有的专有并排除他人干涉的权利	对他人的知识财产之上享有的被限定于某一特定方面或某一特定期间的知识产权
种类	完全知识产权	用益知识产权和担保知识产权
权利来源	自权性:不依赖于其他权利	他权性:依赖于完全知识产权
权利完整程度	完全性:具有全部权能	定限性:具有部分权能
期间	期间法定性:法律规定的全部期间有效	期间自由性:期间法定或者约定,并在法定或者约定的期间有效
独立性	具有独立性	具有独立性
单一性	具有单一性	具有单一性
弹力性	具有弹力性	不具备弹力性

（三）确立定限知识产权的制度意义

我国知识产权立法发展迅猛,在短时间内已经建立起了一整套高保护水平的知识产权法律体系。目前,我国已经颁布了大量的知识产权法律法规,但无论哪一部法律抑或法规,均未针对知识产权进行划分和界定。随着社会的信息化转型的深入发展和国际贸易的普遍化,此种缺乏宏观体系的知识产权规范显露出诸多弊端,尤其表现在知识产权利用方面。缺乏定限知识产权制度,成为知识产权法规范的突出弊病。具体而言,确立定限知识产权制度的意义如下：

第一,完善知识产权权利体系。区分知识产权和定限知识产权,是完善知识产权权利体系的需要。在知识产权许可中,许可人为完全知识产权人,而被许可人为用益知识产权人。用益知识产权受到完全知识产权的限制,没有最终的处分权;而反过来,完全知识产权也受到用益知识产权的限制,完全知识产权人不能再实施和用益知识产权相冲突的许可。用益知识产权理论的提出,十分重要的任务就在于解决知识产权许可中悬而未决的权利分化和归属问题。根据用益物权理论,知识产权人依法实施知识产权许可,设定用益知识产权。担保知识产权制度的建立,可以使长期寄居于物权的担保知识产权获得独立和发展。

第二,完善知识产权立法体系。从立法上看,定限知识产权的提出,对于完善知识产权立法,尤其是形式意义上的知识产权理论和立法意义重大。

第三,区分知识产权和债权。区分知识产权和定限知识产权,建立用益知识产权和担保知识产权制度,是明确区分完全知识产权和债权的需要。用益知识产权概念的缺位容易造成知识产权和债权的混淆。这种混淆包括将用益知识产权混同为债权,也包括将债权混同为用益知识产权。

第四,加强知识产权登记制度。在目前的法律制度和体系下,知识产权的登记制度混乱和无序。定限知识产权制度的确立,便于行政部门加强对定限知识产权的设立监管,加强登记制度。

二、定限知识产权的分类

从设立目的的角度看,定限知识产权可分为用益知识产权和担保知识产权。用益知识产权,即指以知识财产的使用和收益为目的而设立的定限知识产权,如通过知识产权许可设立的用益知识产权。担保知识产权是指为担保债权的实现而设立的定限知识产权,如知识财产留置权、知识财产抵押权和知识产权质权。

用益知识产权和担保知识产权虽然都属定限知识产权,但存在区别:

第一,设立的目的不同。用益知识产权的目的在于实现知识财产的使用价值,担保知识产权的目的则侧重于实现知识财产的交换价值,保障债权的实现。

第二,权利的性质不同。用益知识产权具有独立性,不依从于完全知识产权或者其他权利;而担保知识产权虽然也具有独立性,但却是一种从权利,与被担保的债权关系紧密。

第二节 定限知识产权设定

一、定限知识产权设定的概念

定限知识产权设定既包括通过法定的方式而设定,也包括通过约定方式而设定。定限知识产权的设定,是指当事人通过实施法律行为而成立定限知识产权。定限知识产权的设定关系到交易秩序的建构以及交易安全的保护。一般情况下,定限知识产权的设定和债权合同是相区分的,不能因债权合同的成立而主张定限知识产权的成立。债权合同仅为定限知识产权设定的基础关系,它是定限知识产权设定的原因行为,但并不影响定限知识产权的设定效力。从这个角度看,定限知识产权基于知识产权行为而发生。

二、定限知识产权的设定模式

定限知识产权设定模式应为"法律行为 + 公示"模式。设定定限知识产权的行为为要式行为,除了设定定限知识产权的法律行为外,尚需要一定的公示方式才能设定定限知识产权。同完全知识产权变动相比,定限知识产权设定的特点有:

第一,以他人的知识财产为客体。完全知识产权是以自己的知识财产为客体,而定限知识产权的设定是以他人的知识财产为客体。知识产权人在法律允许的期间内对自己的知识财产享有全面的控制权利,无须在自己的知识财产上再设立自己享有的定限知识产权。若发生了混同,即因特定的法律事实的发生,使得定限知识产权人与完全知识产权人同为一人,定限知识产权消灭,而不是共存。

第二,定限知识产权的设定属于原始取得。完全知识产权的取得不能通过设定行为,通常都是通过生产等方式原始取得或者通过转让、继承等继受取得的方式取得。定限知识产权的产生是一个权利从无到有的过程,属于知识产权的原始取得。

第三,定限知识产权的公示方式。设定定限知识产权动产的公示方式为登记。知识产权的原始取得一部分要求登记,如商标权和专利权,而另一部分不要求登记,例如,著作权、商业秘密权和非物质文化遗产权利等。而定限知识产权的设定应履行登记手续,进行公示。有学者认为,"考虑到相对人以及第三人的利益,自然人、法人或者其他组织将知识产权进行质押或者作为其他物权客体的,应当经国家知识产权局登记并予以公告。知识财产质押或者其他物权的设立,未经国家知识产权局登记并公告的,不得对抗善意第三人"[①]。笔者认为,定限知识产权的设定,必须经过公示,否则不发生效力。

三、原因行为

在大多数情况下,定限知识产权的设定应有基础行为,基础行为又称为原因行为。定限知识产权设定的基础关系为当事人的债权合意,即双方债权行为,例如知识产权许可合同、抵押合同、质押合同等。在极少数情况下,存在通过单方法律行为设定定限知识产权的情形,如以遗嘱设立独占许可或者排他许可等。但是,定限知识产权的设定采取无因性原则,原因行为不影响定限知识产权设定的效力。在进行登记、完成公示后,定限知识产权得以成立。

定限知识产权的设定行为为要式行为。就担保知识产权而言,应准用我国《担保法》的有关规定。我国《担保法》第38条规定:"抵押人和抵押权人应当以书面形式订立抵押合同。"第64条第1款规定:"出质人和质权人应当以书面形式订立质押合同。"就用益知识产权的设定而言,原因行为也须为要式行为,采书面合同。我国《著作权法》第24条第1款规定:"使用他人作品应当同著作权人订立许可使用合同或者取得许可,本法规定可以不经许可的除外。"我国《著作权法》鼓励当事人使用书面合同。

[①] 曹新明:《中国知识产权法典化研究》,中国政法大学出版社2005年版,第311页。

四、设定合意与意思自治原则

根据知识产权行为理论,在原因行为之外,尚有单独设定定限知识产权的合意才得以成立定限知识产权。所谓设定合意是指当事人就是否设定定限知识产权以及定限知识产权的内容等方面达成一致的意思表示。定限知识产权的设定,基于当事人的设定合意。但是根据知识产权法定原则,当事人的约定不能排除法律关于定限知识产权的种类和内容方面的强行性规定。

定限知识产权的设定中,意思自治原则应有一定的适用空间,但受知识产权法定原则的限制。根据知识产权法定原则,应对定限知识产权的类型和内容予以固定,当事人仅能决定是否设定定限知识产权,而无法创设定限知识产权的类型和内容,否则将违背知识产权法定原则,并可能破坏交易安全。定限知识产权的内容,不能任由当事人创设,否则相当于创设定限知识产权的新类型。在知识产权法领域,知识产权人凭借所谓的意思自治原则,肆意对定限知识产权人行使权利加以限制,或者谋取其他非法利益的行为,为知识产权霸权行为,因违反知识产权法定原则而无效。

五、登记要件主义

(一)采取登记要件主义的理由

"在物权法中,物权变动效力之产生具有双重构成要件:一个法律行为之要素与一个事实的且能为外部所认识的程序。"[①]就知识产权法中知识产权的变动而言,也是如此,定限知识产权的设定应采取登记要件主义。要件主义是把一定的形式作为物权变动的生效要件,物权变动除了当事人的意思表示之外,还需要一定的形式才能生效的立法主张。在我国当前的物权立法中,就定限物权的设定原则上采取登记要件主义。[②] 笔者认为,知识产权的设定也应采要件主义。发生设定定限知识产权的效果,除了要求当事人之间应当具有设定合意之外,还需要进行登记。理由如下:

第一,有利于保障交易安全。定限知识产权的设定直接关系到第三人的利益以及交易安全,强化登记,尤为必要。"形式主义立法例,以登记交付为物权变动之生效要件,不仅有保障交易安全之优点,且使当事人间就物权关系之存在与否以及变动之时期明确化,此项当事人间之内部关系与对第三人之外部关系

---

① 参见〔德〕鲍尔·施蒂尔纳:《德国物权法》,张双根译,法律出版社2004年版,第62页。
② 我国《物权法》第9条规定:"不动产物权的设立、变更、转让和消灭,经依法登记,发生效力;未经登记,不发生效力,但法律另有规定的除外。"

亦完全一致。"①

第二，有利于明确权利，促进知识产权行使。登记要件主义可以使定限知识产权关系变得明确可知，可防止权利纠纷的出现，有利于定限知识产权的行使。

第三，有利于保护完全知识产权人的利益。经过登记，定限知识产权人和完全知识产权人明确被记载在文件中，可以防止定限知识产权人越权处分知识财产，以保护完全知识产权人的利益。在设定定限知识产权之后，定限知识产权和完全知识产权是相互限制的，完全知识产权限制定限知识产权的同时，定限知识产权也对完全知识产权构成限制。经过登记，将此种限制确定化、明确化，不仅有利于保护定限知识产权人的利益，也有利于保护完全知识产权人的利益。

（二）公示方式

由于知识财产不发生"占有"，因此登记为定限知识产权的唯一公示方式。无登记公示性，就无公信力而不为法律所承认和保护。法律并不要求所有的完全知识产权的产生须经过登记公示，但一般情形下，要求定限知识产权的设定须经过登记公示。因为定限知识产权为在他人的知识财产之上设定的权利。从交易安全角度着眼，此种权利设定的结果是对完全知识产权的限制，因此就限制的范围和内容应当登记公示，以便第三人知悉。在采取公示要件主义的情况下，如果当事人之间仅就设定知识产权达成合意，而没有进行登记，即不具备公示要件，则在当事人之间仅发生债的法律效果，而不能形成期待中的定限知识产权设定的效果。考虑到定限知识产权权利客体的特殊性，就定限知识产权的设定公示而言，应采登记公示的方法。

---

① 谢在全：《民法物权论》上册，台湾三民书局2003年版，第94页。

第二十一章
用益知识产权

第一节 用益知识产权的概念和制度意义

一、用益知识产权的概念和特征

用益知识产权的设定是实现知识产权价值的重要方式。所谓用益知识产权,是指对他人的知识财产,享有的在一定范围内进行使用和收益的知识产权。在知识财产之上设定用益权很早就为学界所关注。我国民法学家史尚宽先生认为,依《德国民法典》之规定,唯以质权人以用益权能时,得为用益(《德国民法典》第1373条),无需财产之用益权能亦然。① 与完全知识产权、担保知识产权相比较,用益知识产权具有自己的一些独特的法律特征:

1. 以对知识财产的使用和收益为主要内容。从内容上看,用益知识产权和用益物权的基本内容相同。但是也有一点不同,用益物权要以对标的物的占有为要件,而用益知识产权不需要。就用益物权的产生而言,所有权人必须将标的物的直接占有移转给用益物权人,由后者在物理上支配标的物。否则,无法实现用益物权;而用益知识产权则不同,因为知识财产不具有占有特性,因此完全知识产权人只需要向被许可人提供技术方案或者承载作品的载体即可。有的时候,在知识财产非处于保密状态时,则知识产权人无需向被许可人提供任何东西,只是表明其许可就足够,因为被许可人可以从诸多公开渠道获得知识财产,如作品发表的杂志、专利局的公告、商标局的公告等。

2. 约定期限性。用益知识产权是在他人专有的知识财产上设定的知识产

---

① 史尚宽:《物权法论》,中国政法大学出版社2000年版,第419页。

权,是非专有人根据当事人的约定,对他人的知识财产享有的一定期限的使用和收益的权利。用益知识产权作为定限知识产权,期限为约定,而非法定。用益知识产权的权利期限受完全知识产权的期限限制,必须在完全知识产权的有效期限内方为合法。但这一点和所有权与用益物权的关系不同,一般而言,用益物权的期限不允许设置和所有权一样,即不允许设置无期限的用益物权,但是,就知识产权而言却并非如此,人们设立用益知识产权,可以与知识产权的期限一致。

3. 独立性。用益知识产权是完全知识产权人为了充分发挥知识财产的使用价值,将知识产权与其部分权能相分离的结果。但用益知识产权一旦产生,就独立于完全知识产权,权利人就在设定的范围内独立地行使权利,不再依从于完全知识产权人的权利,不仅可以排除一般人的干涉,而且可以对抗完全知识产权人。相比而言,担保知识产权也是独立的权利,但为从权利,与所担保的主债权之间具有关联关系。

二、确立用益知识产权制度的理论基础

(一) 创设用益知识产权制度的动机

在当前的知识产权法学界,学者们往往把关注的重心放在知识产权许可的几种形式上,如独占许可、排他许可和普通许可,而忽视了知识产权设立这个理论和逻辑环节,即被许可人获得了什么权利这个基础问题。笔者主张确立用益知识产权制度,目的在于解决实践中普遍存在的、但常被忽略的一个重要问题:通过知识产权许可合同,被许可人究竟获得了什么性质的权利?对这个问题,并不是一个债权的答案就可以回答的。通过知识产权许可,被许可人可获得用益知识产权。

(二) 用益权理论与立法实践

用益知识产权的观念源自有关"用益权"的理论和立法。用益权和用益物权为不同的概念,不可混淆。用益权是指使用属于他人的财产并享有收益的权利。而用益物权是指对他人的不动产进行使用和收益的物权。一般而言,用益物权的主要客体是不动产,以土地和房屋为主。用益权的客体不以不动产为限,"无论土地、房屋、动产、权利,或由土地、房屋、动产、权利聚合而成的综合财产,如农场、林场、矿山等均得设定用益权"。[①] 从外延上看,用益物权是用益权的一种形式。

用益权理论上区分为物权的用益权(用益物权)与债权的用益权,这在大陆法系各国立法上有相应的反映,即在物权法部分和债法部分分别规定了用益关

[①] 参见马俊驹、余延满:《民法原论》,法律出版社1998年版,第442页。

系,只是在具体的标的物范围上规定有所不同。[①] 但是,对于知识产权是否可以设定用益权却鲜有涉及。通说认为,用益权制度产生于罗马法,后来被法国民法和德国民法等大陆法系民法所借鉴和发扬。如《法国民法典》第 382 条规定父母对未成年子女的财产享有用益权,《德国民法典》第 1032 条和第 1035 条规定可以通过约定在动产之上创设用益权等。将用益权理论发扬光大的是《荷兰民法典》。《荷兰民法典》由 10 编组成[②],第 3 编为"财产法总则",专章规定了用益权制度,而在第 5 编"物权"中规定了"用益物权制度"。这说明《荷兰民法典》对用益权和用益物权进行了明确的界分。依据《荷兰民法典》的规定,对他人知识财产享有的使用和收益的权利称为用益权,也就是用益知识产权。这可被看做是民法典中的第一个用益知识产权的立法。在学理上,物权一般分为自物权和他物权,他物权又分为用益物权和担保物权。而《荷兰民法典》第 3 编规定的"用益权"显然不是"用益物权"。根据《荷兰民法典》规定,用益权是指使用属于他人的财产并因此享有收益的权利。[③] 而财产由物和财产权利组成[④],"财产"包括"物",还包括财产权利,这便为将知识产权纳入用益权制度铺平道路。根据《荷兰民法典》的规定,用益权的客体为财产,而用益物权的客体为物,用益知识产权和用益物权均为用益权的一种形式。

第二节 用益知识产权的设定与权能

一、用益知识产权的设定

(一)原因行为

设定用益知识产权的原因行为,是指设定用益知识产权的债权合同,即知识产权许可合同。用益知识产权的产生唯有约定方式。所谓的约定方式是通过知识产权许可合同而设定用益知识产权的方式。缔结知识产权许可合同是主要的用益知识产权设定方式,非自愿许可(包括法定许可和强制许可)亦可产生用益知识产权。知识产权许可是产生用益知识产权的基础关系,或称为原因行为。当事人设定用益知识产权的原因行为应采要式方式,即书面形式(包括符合条

---

① 徐洁:《论用益权的物权属性》,载《政治与法律》2003 年第 1 期。
② 《荷兰民法典》第 1 编:人法与家庭法。第 2 编:法人。第 3 编:财产法总则。第 4 遍:继承法。第 5 编:物权。第 6 编:债法总则。第 7 编:有名合同。第 8 编:运输法。第 9 编:智力成果法。第 10 编:国际私法。
③ 参见《荷兰民法典》第 3 编第 201 条。
④ 参见《荷兰民法典》第 3 条。

件的数据电文形式)。

(二) 设定模式

用益知识产权的设定模式为"法律行为+公示"。此处的"法律行为"为知识产权行为(详见本书第十五章),而非原因行为。根据知识产权法定原则,只有在法律确认了用益知识产权制度的前提下,当事人才能设立用益知识产权。在双方缔结知识产权许可合同(原因行为)后,当事人双方须就设定用益知识产权达成知识产权合意,并遵照公示公信原则进行登记,用益知识产权才能产生。用益知识产权的设定是处分行为,是关于知识产权本身的一个处分,属于知识产权行为。知识产权人设定用益知识产权,不以移转原稿和手稿等载体的占有为必要。设定用益知识产权的公示方式为登记。用益知识产权的设定应进行登记,否则不发生用益知识产权设定的效力,仅发生债权效力。

二、用益知识产权的权能

用益知识产权的内容包括积极权能和消极权能。用益知识产权的消极权能以排除他人不正当干涉为内容,这里的他人是指用益知识产权之外的所有权,包括完全知识产权人。完全知识产权的积极权能,包括控制、复制、收益和处分四项基本权能,用益知识产权作为以完全知识产权为基础而产生的定限知识产权,权利内容为复制、收益和处分三项。

(一) 复制权能

用益知识产权是以使用和收益为目的而设定的一项绝对权。用益知识产权的使用即为复制。用益知识产权的复制权能系对知识财产的具体利用,以实现知识财产的使用价值为目的。就用益知识产权而言,仅有经营性使用一种形式,不包括因个人目的等几种情形下的使用,因此这属于合理使用的范畴,不是用益知识产权的权利内容。

(二) 收益权能

收益是指依照知识财产的性能进行使用而获得的利益。针对用益物权而言,收益的范围相当广泛,不仅包括天然孳息和法定孳息,而且包括在实际生产经营活动中所产生的各种利益。[①] 根据用益知识产权的基本理论和知识产权许可的基本规则,除非知识产权人给予用益知识产人特别授权,用益知识产权人只能按照知识财产的性质对知识财产进行常规使用,而不能超出常规使用的范畴,如将得到排他许可的名人美术作品用于申请注册商标,当然也不能将许可的商标作为美术作品发表。

---

① 房绍坤:《论用益物权的内容》,载《山东警察学院学报》2006年第2期。

（三）处分权能

用益知识产权具有处分权能，此权能仅限于法律处分。就用益物权是否具有处分权能，一直有争议。在物权法领域，我国学者认为用益物权不具备处分权能①；但日本学者认为，用益物权具备处分权能。② 笔者认为，用益知识产权人对知识财产享有进行法律处分的权能。事实上的处分是指采取物理上的措施使知识财产发生变化或者消灭；法律上的处分是指通过法律行为对知识财产进行处置，如将知识财产转让、进行许可或者进行出资、融资等。

---

① 参见马俊驹、余延满：《民法原论》，法律出版社1998年版，第422页。
② 参见〔日〕近江幸治：《用益物权论》，http://www.law-lib.com/flsz/sz_view.asp? no＝1422,2008年7月8日访问。

第二十二章
担保知识产权

第一节 担保知识产权概述

一、担保知识产权的概念和特征

（一）担保知识产权的概念

所谓担保知识产权，是指为了担保债权的实现而在一定的知识财产之上设定的担保权。设定担保知识产权是实现知识产权交换价值的重要方式。尽管目前人们对担保知识产权还缺乏系统的了解，但是随着我国经济的进一步发展和知识产权法研究的深入，担保知识产权制度必将受到重视。担保知识产权与用益知识产权共同被称作定限知识产权。用益知识产权的目的在于实现知识产权的使用价值，而担保知识产权则侧重于知识财产的交换价值，通过一定的方式利用知识财产清偿债权。在实践中，我国较早已经开展知识产权担保。在1999年，中国工商银行山西省忻州分行首开知识财产质押贷款之先河，办理了一笔商标专用权质押贷款200万元的业务。5年后，北京市商业银行办理了100万元的专利权质押贷款业务。以上两笔担保名为"质押"，实为"抵押"。因为知识产权人仍保留了对知识财产的使用权。经过2007年的修订，我国《科学技术进步法》第18条规定："国家鼓励金融机构开展知识财产质押业务，鼓励和引导金融机构在信贷等方面支持科学技术应用和高新技术产业发展，鼓励保险机构根据高新技术产业发展的需要开发保险品种。"该规定为实践中的知识财产担保提供了法律依据。

（二）担保知识产权的特征

与完全知识产权和用益知识产权相比较，担保知识产权具有独特的法律特征：

第一，担保知识产权以确保债务的履行为设立目的，设定担保知识产权的目的是为了担保特定债的履行。

第二，担保知识产权是在他人的特定知识财产上设定的定限知识产权。担保知识产权的设立目的在于担保知识产权是在他人（债务人或第三人）的知识财产之上设立的担保权。此处的"他人"是相对于债权人而言的，所以无论是债务人还是第三人，对于债权人而言均为"他人"。

第三，担保知识产权以支配担保知识财产的交换价值为内容，属于知识产权的一种，具有知识产权的一般特性。担保知识产权，具有知识产权的法律效力。在债务人不履行债务时，担保知识产权人（债权人）可处分担保知识财产，并优先受偿，以实现债权。

第四，担保知识产权具有特定性。担保知识产权的特定性是指担保知识财产及其所担保的债权须是特定的。担保知识财产可以是专利、作品、商标、商业秘密和非物质文化遗产中的任何一项，但必须具体而特定。这是因为担保知识产权在一定条件下必须被执行，只有与担保人的其他财产区分开而特定化的知识财产才能被有效执行。[①] 担保知识财产的特定性，原则上要求从担保设立时担保知识财产即为特定，但在浮动担保等制度中，担保知识财产于担保知识产权被执行时方为特定亦被认为符合特定性要件。

第五，担保知识产权具有从属性和不可分性。担保知识产权虽然是一项独立的权利，但属于从权利，具有一定的从属性质，以担保债务的履行为目的。在担保知识产权关系中，担保知识产权所担保的债权为主权利，因此通常称之为主债权；担保知识产权则为从权利。担保知识产权随着主债权的存在而存在，随着主债权的转移而转移，并随主债权的消灭而消灭。具体而言，担保知识产权的从属性体现在以下三个方面：(1) 发生上的从属性。担保知识产权往往基于约定而发生。对于约定担保而言，担保合同是设定担保物权的基础关系，担保合同和原合同之间是主从合同关系，原合同为主合同，担保合同为从合同。在这两个合同关系中，在担保合同没有特别约定的情况下，主合同无效，担保合同无效。(2) 转移上的从属性。主债权发生转移，担保知识产权也随之发生转移。(3) 消灭上的从属性。主债权消灭，担保知识产权也随之消灭。

担保知识产权的不可分性是指作为担保知识产权的标的的知识财产分割、部分转让、部分消灭等不影响担保知识产权的存续及整体性；反之，担保知识产

[①] 由于非物质文化遗产不能转让，因此不能以转让为其担保权的实现方式。非物质文化遗产之上的担保权，主要是以对设定担保的非物质文化遗产的许可进行拍卖、变卖等为实现方式。

权所担保的主债权的分割、部分转让或者部分消灭也不影响担保知识产权的存续及其整体性。

（三）担保知识产权的功能

完全知识产权包括控制、复制、收益和处分四项基本权能，用益知识产权的权能为使用、收益和处分三项。担保知识产权的核心权能是收益、处分，即以该财产折价或者转让、实施、进行许可等方式获得的价款优先受偿。

二、担保知识产权的起源

担保知识产权起源于担保物权的权利质。可以看出，担保知识产权萌芽于物权这棵大树之上。担保知识产权的确立过程，正是知识产权冲破物权的观念和制度束缚逐步走向独立的历史过程的一个缩影。

（一）担保知识产权与担保的关系

在国际社会上，关于知识产权与担保之间关系的话题从未间断过。无论是WIPO还是WTO等国际组织对知识产权的担保都予以了充分的肯定。国际保护知识产权协会（International Association for the Protection of Intellectual Property，简称 AIPPI）针对知识产权担保进行了大量的研究工作。AIPPI 成立于 1897 年，是 WIPO 下属的非政府性知识产权咨询机构。2003 年 10 月 25 日—28 日，AIPPI 执委会全体对 173、174、175 三个议题的决议草案进行了讨论。在讨论第 173 题的工作委员会上，我国代表王宏祥提出建议：域名不适宜作为担保或担保物权的标的，因为域名尚未被普遍认定为一种财产权或知识产权；而且，在解决域名争端的措施尚不完备的情况下，把域名作为担保或担保物权的标的可能会对域名抢注反而起到鼓励作用。这个意见经过工作小组充分讨论，得到了部分认可，形成的决议草案修改为"由域名注册所带来的各种权利（而不是域名本身）可以成为转让、担保物权或物抵押等交易的标的"。[①] 这一实例说明，AIPPI 坚持将知识产权的一种具体权利——域名权，列为可设定担保的权利之一，也就是坚持了知识产权可用于担保的基本立场。AIPPI 在知识产权可设定担保这个问题上的立场和态度都十分鲜明，这是值得肯定的。但 AIPPI 决议草案，并没有勇气突破旧的条框束缚，仍把域名注册的权利，纳入担保物权或者物抵押的范畴，则显然没有走到我们期望的目标。而将知识产权担保形成的权利笼统归结为物权，这是和知识产权的特质相违背的，是传统法上权利质权列为担保物权观念的延续。

---

① 参见：《国际保护知识产权协会（AIPPI）中国分会通讯》，http://www.aippi-china.org/main_03.html，2008 年 7 月 13 日访问。

(二)担保知识产权与权利质权

担保知识产权起源于权利质权。权利质权肇始于古罗马法,目前已为大陆法系和英美法系所普遍接受。遗憾的是,我国《民法通则》未规定权利质权,《担保法》仅对权利质权进行了原则性规定。权利质权制度,是以所有权、不动产用益权以外的可转让的财产权为标的质权。① 物权中的权利质权制度,对知识产权法的最大贡献在于使知识财产的出质成为全球通行的一个法律制度。然而,也产生了一个弊端,就是抹杀了知识产权的独立性,使担保知识产权成为物权的一部分。

(三)担保知识产权与抵押权

从全球的立法和经济实践看,知识财产质押和知识财产抵押制度形成较早,并成为无论大陆法系还是英美法系都普遍接受的制度。质押和抵押的本质区别在于,质押关系中,当事人不得使用质押财产,包括出质人和质押权人;而抵押关系中,抵押人是可以使用抵押财产的。从这个角度看,在各国经济实践中普遍出现的知识财产质押,在实质上既包括了知识财产质押也包括了知识财产抵押,而后者占有更大的比例。知识产权用于设定"质押担保",而担保成立后,出质人仍自由使用出质的知识财产的情形,名为质押,实为抵押。换句话说,只不过在立法上使用的是质押这一概念而已。这种概念使用的不准确造成了两个严重的直接后果:第一,知识财产质押和知识财产抵押被混淆,从而抹杀了担保知识产权的体系构建的可能性;第二,担保知识产权被划归权利质、物权制度范围之内,从而使知识产权再次淹没在物权的洪流之中。

三、担保知识产权的理论基础与评价

一个债权制度高度发达的社会,必然会衍生出成熟丰富的担保权制度。构建担保知识产权,是保障债权实现,担保债务履行的必要,是完善担保制度的必要。在物权法领域,以权利为客体也是担保物权被诟病最多之处。传统民法的担保制度仅承认知识财产质押权(权利质权),而忽视或者否定了知识产权的其他担保形式,并把它纳入了担保物权体系之内。这种制度安排,相当于把担保知识产权硬"塞"进担保物权的肚子之中,前者的发展受到钳制,而后者也严重消化不良。这是担保权理论发展不成熟、知识财产的作用尚未被完全认识的必然结果。担保知识产权制度既是保障市场交易安全的重要手段,也是社会经济的有效调节工具。随着国家知识产权战略的制定和实施以及财产观念和法律制度的演进,知识财产和知识产权在财产法上的地位日益隆显,并已经取代"物"的

---

① 胡开忠:《权利质权制度的困惑与出路》,载《法商研究》2003 年第 1 期。

核心地位成为主要的社会经济资源,担保知识产权必将获得极大的发展。因而,我国理论界和立法应与时俱进,确立担保知识产权法律制度,促进知识产权战略的实施,促进市场经济的发展。

(一)理论基础:担保权理论

担保知识产权的观念源自担保权理论。担保是保障债权实现的一种方法,可以分为人的担保和物的担保。然而,在经济生活中,可以发挥融资担保作用的,不限于担保物权制度。① 随着知识财产作为独立的财产形式登上了历史舞台,建立财产担保制度,而走出狭义的物的担保制度成为历史的必然选择。在传统法上,仅存在物的担保和担保物权,即便在不得以承认知识财产质押权的情况下,也把这种权利归结为担保物权。从结果上看,知识财产被排除在了担保制度之外。因为那个时代知识财产本身就不具备和"物"相比较的独立地位。但时至今日仍不能或者不愿正视知识财产担保,甚至反对担保知识产权这一概念,则是属于没有看到时代的步伐的落伍观念。

我国法所确立的担保,可以分为人的担保和"财产的担保",而不限于"物的担保"。这一点无论是从《民法通则》还是《担保法》的相关规定都可以看出。同样地,我国《物权法》在担保中,也使用了"财产"这一立法概念。我国《民法通则》的有关规定是知识财产担保的基本法依据。我国《民法通则》第 89 条建立了担保制度,并且并未把担保权的标的仅限于"物",而是扩大到一切"财产"。根据《民法通则》第 89 条的规定,债权人可以采取保证、抵押、定金和留置的担保方式。具体包括:第一,保证人向债权人保证债务人履行债务,债务人不履行债务的,按照约定由保证人履行或者承担连带责任;保证人履行债务后,有权向债务人追偿。第二,债务人或者第三人可以提供一定的财产作为抵押物。债务人不履行债务的,债权人有权依照法律的规定以抵押物折价或者以变卖抵押物的价款优先得到偿还。第三,当事人一方在法律规定的范围内可以向对方给付定金。债务人履行债务后,定金应当抵作价款或者收回。给付定金的一方不履行债务的,无权要求返还定金;接受定金的一方不履行债务的,应当双倍返还定金。第四,按照合同约定一方占有对方的财产,对方不按照合同给付应付款项超过约定期限的,占有人有权留置该财产,依照法律的规定以留置财产折价或者以变卖该财产的价款优先得到偿还。② 我国《担保法》同样未将担保的标的限于"物",也采用了"财产"这一广泛得多的立法概念。在第三章关于"抵押"的规定

---

① 参见梁慧星:《是"债权转让",还是"权利质押"?》,http://www.fatianxia.com/paper_list.asp?id=22643,2008 年 7 月 10 日访问。

② 参见《民法通则》第 89 条。

中,该法第33条规定:"本法所称抵押,是指债务人或者第三人不转移对本法第三十四条所列财产的占有,将该财产作为债权的担保。"明确使用了"财产"概念。在第四章质押中,将质押分为动产质押和权利质押,其标的为"财产",而非"物"。

据此可以得出结论,在我国法上的担保被分为人的担保和财产的担保。人的担保为保证,通过人的担保而确立的权利在性质上属于相对权;而通过财产的担保而成立的权利,性质上属于绝对权,可称为"担保权"。关于担保权理论,其实一直都存在,比如有学者认为担保物权属于一种担保权。① 只不过在一般情况下,担保权未被明确提及,而只是以隐性的形式出现,所以,常为人们忽视。所谓担保权是指为了担保债权的实现而在一定的财产之上设定的绝对权。依据担保权的不同标的,可以将担保权分为担保物权、担保知识产权和担保信息财产权。② 这样,担保知识产权从物权体系下得以解放。进而,就大陆法系的财产权体系而言,可以做这样的划分:财产权划分为完全财产权与定限财产权,定限财产权又可以分为用益权和担保权。

传统法上存在的担保权理论,为大陆法系最具代表性的新近民法典《荷兰民法典》所实践。1838年《荷兰民法典》大体是在改编和扩充的基础上对《法国民法典》的翻译。③ 历经百年,这部法典被认为出现了"过时的迹象"。莱顿大学民法学教授梅杰斯(Eduard M. Meijers)被委任编写一部新的民法典。在诸多法学家的努力下,新的《荷兰民法典》的核心部分第3编、第5编和第6编于1992年生效。《荷兰民法典》由于在财产法上的贡献,被誉为当代民法法典化中"最为先进的代表"。《荷兰民法典》第3编为财产法总则,是关于财产的一般规则。第5编为物权、第6编为债法、第9编为知识产权法。从体系结构看,物权、知识产权均为财产权。④ 在第3编财产法总则中,第8章规定了"用益权",第9章规定了"质押权和抵押权",第10章"财产上的追索权"中第四节规定了"留置权"。在此,《荷兰民法典》将此典型的三种担保形式放在第3编财产法总则中,而不是放在第5编物权法中的用意已经十分清楚:一切财产均得以平等地成立质押

---

① 参见马俊驹、余延满:《民法原论》,法律出版社1998年版,第464页。
② 详见齐爱民:《捍卫信息社会中的财产——信息财产法原理》,北京大学出版社2009年版,第七章。
③ 参见〔荷兰〕亚科布·海玛(Jaap Hijma):《1992年荷兰新民法典概况》,载《比较法研究》2006年第1期。
④ 《荷兰民法典》的第6编标题为"债法总则",而第5编为"物权"。立法概念是十分讲究的,此处使用了"债法"用语,放弃了"债权",这是一个细节,但是不容忽视的细节,因为债权不是财产,只是和财产有关的权利。避免直接使用"债权"这个概念,可避免人们产生将法典确立的"债权"理解为"财产权"的偏差。

权、抵押权和留置权,并不以"物"为限,知识财产就是典型。所以,有学者认为《荷兰民法典》将担保物权规定在财产法总则之中,实为对担保权的误读①,笔者认为,这恰恰是后人对法典的误读,是被错误的经验引导出的错误评价,一句话,把"担保权"当成了"担保物权"。

综上,面对各国积极制定和实施知识产权战略的社会现实,立足先进的立法理论和经验,笔者主张构建担保知识产权制度,以全面调整担保关系,发展担保理论。

(二) 知识财产担保制度评价

知识财产担保制度迎合了信息时代知识经济的要求,迎合了高科技企业进行融资的要求。知识财产担保权是一项崭新的担保权,它的确立无疑丰富了担保权制度,发展了担保权理论和知识产权理论。但是,知识财产担保制度可能面临以下责难:第一,冲击物权制度。知识财产担保制度的设立,对担保物权理论和制度构成了较大的冲击。知识财产担保权摆脱了物权的阴影,站在知识产权的基础之上,明确其是知识产权体系中的一个份子。然而,在缺乏知识产权体系构建的今天,人们感受到的问题或许不是知识产权体系的建设,而是物权制度与体系的逻辑性、一致性和严密性被打破,是物权法的危亡。第二,设定难以登记。知识产权种类繁多,交易频繁而复杂,知识财产担保权的设定难以进行公示。第三,价值难以评估。知识产权不是物,其价格和价值往往一时难以估量,因此,如何估价设定担保,在操作层面面临价格评估的难题。第四,权利不稳定。与物权相比,知识产权表现出很多不稳定的特性,比如说有法定期限限制,比如说获得授权的专利权和商标权都可能被宣告无效或被撤销,因此担保知识产权本身也存在不稳定因素。笔者认为,知识财产抵押权本身就不是物权,而将其纳入物权制度,与社会现实和人类理性和逻辑都不符合,因此应同物权分立。知识产权的登记应由主管行政部门进行,尽管有难度,但并不是不可操作。因为这和动产抵押的登记相比,登记难度要小得多;知识产权价值虽难以评估,但不等于不能评估,许多银行都有自己的评估机构,社会上也出现了更多的知识产权评估机构,因此,知识产权评估不是不能跨越的难题;至于权利期限问题,是设定知识财产抵押权之前就应该了解的基本信息问题,而被宣告无效或者被撤销的问题,则的的确确是知识财产抵押遇到的问题。但是这个问题不止是知识财产抵押遇到,质押同样遇到,知识产权转让和知识产权许可也会遇到。因此,也不能由于这个特点而否认知识财产抵押。

---

① 参见吴民许:《荷兰民法典中的用益权制度》,http://www.148com.com/html/fgjd/01/20080221/3511.html,2008 年 7 月 9 日访问。

四、担保知识产权的分类

(一) 知识财产抵押权、知识财产质押权和知识财产留置权

担保知识产权可以分为知识财产抵押权、知识财产质押权和知识财产留置权三种。知识财产抵押权是指债务人或第三人将特定知识财产作为抵押财产从而担保债务的履行,当债务人不履行债务时,债权人有权从该抵押财产的价值中优先受偿的权利。知识财产质押权,指债务人或第三人将特定知识财产作为质押财产从而担保债务的履行,当债务人不履行债务时,债权人有就该担保财产优先受偿的权利。知识财产留置权是指债权人因合同关系控制债务人的知识财产,在债务人不按合同约定的期限履行债务时,有权依法留置该知识财产,并就以该财产折价或者转让、实施、进行许可等方式获得的价款优先受偿的权利。知识财产抵押权、知识财产质押权和知识财产留置权的标的均为知识财产,但是在这三项权利中,知识产权人对知识财产的使用是不同的。在知识财产抵押关系中,知识产权人可以使用知识财产,比如进行许可和实施,但是其处分权受到限制;而在知识财产质押和知识财产留置关系中,知识产权人不得(或者无法)实施知识财产,并且也不得(或者无法)进行知识产权许可。

(二) 约定担保知识产权和法定担保知识产权

以产生的方式为标准,担保知识产权可以分为约定担保知识产权和法定担保知识产权。约定担保知识产权为当事人按照意思自治原则约定设立的担保知识产权,而法定知识产权为根据法律的直接规定而产生的担保知识产权。知识财产抵押权、知识财产质押权是当事人按照意思自治原则设立的,属于约定担保知识产权;知识财产留置权是依法产生的,属于法定担保知识产权。

五、担保知识产权的实现方式

(一) 担保知识产权实现方式概述

担保知识产权的实现,总体上说是以该财产折价或者转让、实施、许可等方式获得的价款优先受偿。担保物权一般是以担保物折价、变卖、拍卖的价款从中受偿。而担保知识产权的受偿方式要多得多。由于知识财产和物的不同特性,就担保知识产权而言,不仅可以以实现担保物权的方式得以实现,而且还可以以知识产权的特有方式得以实现,即除了转让之外,还有知识产权许可、知识产权出资、知识产权融资和知识产权实施等方式(详见本书第十三章)。

(二) 约定实现方式

根据绝对权法定原则,担保知识产权的实现方式应该由法律加以规定。我国《担保法》就是如此。但在实践中,过于僵化的规则导致了诸多的不便,给担

保权人实现担保权带来了困难。因此,《物权法》突破了这一规则,将实现担保权的条件和方式等规则规定为任意规范,允许当事人约定。根据《物权法》第170条规定,担保物权人在债务人不履行到期债务或者约定的情况下,可从担保财产优先受偿。而《物权法》修正了我国《担保法》关于担保物权的实现条件,将实现担保物权的条件交由当事人自由约定,体现了意思自治原则。根据《物权法》第195条的规定,抵押权人与抵押人未就抵押实现方式达成协议,抵押权人可以请求人民法院拍卖或者变卖抵押财产,完善了担保物权实现的途径。

(三) 实现过程

以担保知识财产折价或拍卖、变卖而受偿的,价款超过债权的部分应返还担保人,不足部分应由债务人补足(而不是担保人补足)。当担保权人以知识产权行使的方式,获得清偿的,价款超过债权的部分应返还知识产权人,不足部分应由债务人补足(而不是知识产权人补足)。

六、担保知识产权的消灭

担保知识产权因以下原因归于消灭:

第一,因主债权消灭而消灭。担保知识产权是依附于主债权而存在的,主债权消灭,担保知识产权消灭。担保知识产权所担保的债权为主权利,担保知识产权为从权利,当主权利消灭之时,从权利无从存在。主债权消灭的原因很多,如债务清偿、混同等。

第二,知识产权消灭。知识产权因法定期间的届满而消灭。知识产权消灭的,担保知识产权消灭。因为担保知识产权为定限知识产权,当完全知识产权消灭,定限知识产权自然无存在基础,亦消灭。

第三,担保期间届满。担保期间届满,担保知识产权消灭。债权人要求担保人承担担保责任的实体权利归于消灭,担保人免除担保责任。

第四,提供其他替代担保方式。债务人提供其他替代担保方式,债权人同意的,担保知识产权消灭。

第五,担保权的实现。当债务届清偿期,担保知识产权人可行使担保权,优先受偿其债权。而无论受偿结果是全部受偿还是部分受偿,担保知识产权均消灭。值得注意的是,当实现担保知识产权的方式不是选择转让,而是选择了其他的知识产权行使方式,如实施许可,获得知识产权许可费的方式,则担保权的实现为一个持续的过程,应该以主债权的全部清偿为标准。

第二节 知识财产质押权

一、知识财产质押权的概念和特征

（一）知识财产质押权的概念

知识财产质押权是指因担保债权的履行，债权人通过登记以债务人或第三人的特定知识财产作为担保，当债务人不履行债务时，债权人得以就该财产折价或者转让、实施、进行许可等方式获得的价款优先受偿的权利。质押作为财产担保的一种方式，对保障交易安全和债权的实现，具有重要意义。根据我国《担保法》的规定，依法可以转让的商标专用权、专利权和著作权中的财产权可以质押。[①] 这在传统民法上被称为权利质押。质押，是指因担保债权而占有由债务人或第三人移交的特定财产或者权利，在债务人不履行债务时，就该特定财产或权利折价、变卖或者拍卖的价金而优先受偿。[②] 知识产权的质押是我国《担保法》明文规定的一种担保方式，也是目前立法上唯一确认的知识产权担保方式。自罗马法开始，知识财产质押就被称为权利质。

知识财产质押权的实质，是在"知识财产"之上创设一个"绝对权"，由权利人（质押权人）"控制""知识财产"。就知识财产质押的情形，则多为法律上的"控制"，质押权人通过办理"质押登记"，以实现"控制"。知识财产质押权以"出质登记"为生效要件，"出质登记"一旦被"涂销"，知识财产质押权即应归于消灭。

（二）知识财产质押权的属性

知识财产质押权是当事人以质押合同为基础关系，通过登记而设立的，其性质为绝对权，而非债权。我国学界对于权利质权的性质有以下四种认识：第一，动产质权说。该说把知识产权等权利界定为"无形动产"，认为以此类权利设定的质权，亦被包含于动产质权之中。《法国民法典》即是如此来为权利质权定位的（第2075条）。第二，特别质权说。该说将动产质押权视为一般质押权，而将知识财产质押权视为质押权的特殊形态。第三，准质权说。该说认为，各国民法关于权利质权的规定，除个别特殊规则外，准用动产质押的一般规定。第四，典型质权说。该说认为权利质权与动产质权，皆为典型的质权形式。上述观点，是把知识财产质押权放入担保物权的框架下进行归纳和讨论而得出的结论，其出

[①] 参见我国《担保法》第75条第3款。
[②] 参见马俊驹、余延满：《民法原论》，法律出版社1998年版，第481页。

发点本身就存在问题。从历史的眼光来看,权利质权的确曾是动产质权(甚或包括不动产质权)的补充形式,从其早期的立法来看,以质权的特殊形式或"准质权"待之,并无不妥。但随着社会生活的发展和法律的完善,今日仍以此观念待之,殊不可取。① 笔者认为,知识财产质押权为担保知识产权的一种。担保知识产权和担保物权是两类不同的权利形式,担保知识产权和担保物权同为担保权的下位概念。知识财产质押权和动产质押权是两种不同"族谱"的担保权利,知识财产质押权并非担保物权之下的质权的另一种形式。

(三)知识财产质押权的特征

知识财产质押权具有担保知识产权的一般特征。与知识财产抵押权相比,知识财产质押权最大的特征就是知识财产一旦出质,任何人都不得再行使用,包括知识产权人在内。允许质押权人利用出质财产,与质权的性质与功能不符合。质押权本身就具备"擅自使用和处分出质财产的禁止"条款,选择质押权,就必须遵守这个条款,不得"擅自使用和处分出质财产"。这个禁止规范,既适用于出质人,也适用于质押权人(债权人)。

知识财产质押权与动产质押权最根本的区别为标的不同。知识财产质押权的标的为知识财产,而动产质押权的标的为物。这个特点导致两种质押权在公示方式、质权的保全两个方面也有不同。在公示方式上,动产质押权以转移占有为标志,而知识财产质押权以登记为标志。在质权的保全方面,保全动产质押权的主要方式为质权人对入质动产的占有和实际控制②,而保全知识财产质押权的主要方式是对出质人处分行为和负担行为的法律控制,如非经质押权人同意,出质人不得转让、许可或者为其他使用。

二、知识财产质押权的设定

(一)知识财产质押合同的内容

知识财产质押合同是当事人协议以设定知识财产质押为内容的债权合同。由于质押是一种颇为复杂的法律行为,故各国立法皆要求质押合同应以书面形式为之,我国法律亦然。知识财产质押合同的内容一般应包括:(1)被担保债权的种类和数额;(2)债务人履行债务的期限;(3)质押财产的名称、数量、状况及权利人;(4)担保的范围;(5)质押财产登记的时间。③

---

① 参见刘保玉、赵军蒙:《权利质权争议问题探讨与立法规定的完善》,http://ask.lawtime.cn/lunwen/jjfdanbao/2006102649119.html,2008 年 7 月 11 日访问。

② 参见陈华彬:《物权法原理》,国家行政学院出版社 1998 年版,第 721 页。

③ 参考了我国《物权法》第 210 条,有改动。

（三）知识财产质押合同的形式

质押合同应为要式合同。有学者认为，抵押合同不需要要式，因为最高人民法院早在 1988 年发布的《关于贯彻执行〈中华人民共和国民法通则〉若干问题的意见（试行）》就有相关规定。① 该《意见》第 112 条中规定："没有书面合同，但有其他证据证明抵押物或者权利证书已交付给抵押权人的，可以认定抵押关系成立。"笔者认为，针对知识财产质押权而言，是对基础关系和担保知识产权的设定行为相区分的结果，基础关系或者说原因行为不影响担保知识产权的设定效力，担保知识产权因设定担保的行为而发生效力，而不是直接基于债权合同发生效力。我国《物权法》第 210 条规定："设立质权，当事人应当采取书面形式订立质权合同。"因此，为保障交易安全，减少纠纷，准确反映质押关系，应将知识财产质押合同界定为要式合同，以书面形式为必要。

（四）知识产权的出质与登记

1. 登记效力。知识产权的出质是指签订知识财产质押合同之后的以知识产权设定质押的具体过程。知识产权出质的主要形式为登记。我国《担保法》曾规定质押合同自办理抵押物登记之日生效。这使得进行质押担保的债权合同和设定质押权的法律行为发生混淆。知识财产质押合同为债权合同，性质上属于负担行为，仅发生债的效力，而登记则为设定担保知识产权的行为，性质上属于处分行为，发生产生担保知识产权的效果。因此，知识财产质押合同是否生效，以合同的生效要件来判断，与是否登记无关；而知识财产质押合同生效，也不意味着知识财产质押权的成立，唯有经过登记，知识财产质押权才得以设立。我国《物权法》第 227 条规定："以注册商标专用权、专利权、著作权等知识产权中的财产权出质的，当事人应当订立书面合同。质权自有关主管部门办理出质登记时设立。"梁慧星教授主持拟订的我国《物权法建议稿》第 7 条中曾明确将"物权变动与其原因行为的区分原则"设为物权法的基本原则之一。

2. 出质方式。根据知识产权的不同分类，知识产权出质可以被分为商标权出质、专利权出质、著作权出质、商业秘密权出质、非物质文化遗产权利出质等形式。（1）商标权出质。我国《担保法》第 79 条规定："以依法可以转让的商标专用权、专利权、著作权中的财产权出质的，出质人与质权人应当订立书面合同，并向其管理部门办理出质登记。"依照我国《商标法》第 2 条规定，商标专有权的管理部门是国务院工商行政管理局商标局。因此，以商标权出质的，应该到工商行政管理局进行出质登记。（2）专利权出质。按照我国《担保法》规定，以专利权中的财产权出质的，应当订立书面合同，并向专利权管理部门办理出质登记。我

---

① 参见李国光：《担保法新释新解与适用》，新华出版社 2001 年版，第 871 页。

国的专利管理机关指国务院有关主管部门或者地方人民政府设立的专利管理机关。(3) 著作权出质。著作权中的精神权利不能转让,不能出质,能出质的仅为财产权。我国《著作权法》实行自动保护原则。但就著作权设质而言,笔者认为应该进行登记,取得公示。这也是和《担保法》的相关规定一致的。以著作权出质的,应向著作权管理部门办理出质登记。我国《著作权法》第7条规定:"国务院著作权行政管理部门主管全国的著作权管理工作;各省、自治区、直辖市人民政府的著作权管理部门主管本行政区域的著作权管理工作。"(4) 商业秘密权的出质。国家工商行政管理总局是国务院主管市场监督管理和有关行政执法工作的直属机构。总局下设公平交易局,主管市场交易秩序,该局下设反不正当竞争处,其主要职责之一是组织、指导查处侵犯商业秘密的行为。而依法组织管理动产抵押物登记,也是总局的一项职责。[①] 因此,就商业秘密出质的,应该在国家工商行政管理总局进行登记。(5) 非物质文化遗产的出质。非物质文化遗产是群体智慧的结晶,由特定群体共同创造出来,超越了个人智力成果的范围(不排除有些非物质文化遗产的传承人是个人),主体具有不特定性的特点,因而确定利益管理机构显得尤为重要。目前,我国已建立非物质文化遗产保护工作部际联席会议制度,统一协调解决非物质文化遗产保护工作中的重大问题。[②] 联席会议的职能包括拟订我国非物质文化遗产保护工作的方针政策,审定我国非物质文化遗产保护规划,协调处理我国非物质文化遗产保护中涉及的重大事项等方面,是非物质文化遗产的国家管理机构。根据相关省市已经出台的条例的规定,县级以上人民政府文化行政部门为地方非物质文化遗产管理机构,主管非物质文化遗产保护工作。[③] 指导非物质文化遗产发源地利用相关知识和技术是文化行政部门的重要职责之一,因此就非物质文化遗产的出质应该在文化行政部门办理登记。

三、知识财产质押权的效力

(一)知识财产质押权效力和数质并存

知识财产质押权为担保权的一种,具备绝对权的效力。知识财产质押权是以办理登记为生效要件,自登记之日知识财产质押权成立。当多个知识财产质

[①] 参见《国家工商行政总局主要职责》,http://www.saic.gov.cn/zwxxq/zzjg/default.htm,2008年7月15日访问。
[②] 参见《国务院办公厅关于加强我国非物质文化遗产保护工作的意见》。
[③] 《宁夏回族自治区非物质文化遗产保护条例》第6条规定:"县级以上人民政府文化行政部门主管非物质文化遗产保护工作。"《江苏省非物质文化遗产保护条例》第5条:"县级以上地方人民政府文化行政部门主管本行政区域内非物质文化遗产的保护工作。"

押权并存的情况,应以登记的先后为顺序;同时登记的,则处于同一顺序。

(二) 转质

转质是指在知识财产质押权存续期间,知识财产质押权为担保自己的债务,在质押的知识财产之上设定新的质权。在动产质权中,质物掌控在质押权人手中,新设定质押权,相对容易;但知识财产质押则不同,其设定须为登记,知识产权人(包括完全知识产权人和定限知识产权人)可进行登记。从交易安全和知识财产的属性等诸多角度出发,一般情况下,知识财产质押中的转质应被禁止。《意大利民法典》第2792条曾明确禁止转质。若为承诺转质,则应遵从意思自治原则,予以认可。承诺转质又称同意转质,是指质权人经出质人同意,为担保自己的债务,以其占有的质押财产为第三人再设定质权的行为。我国最高人民法院发布的《关于适用〈中华人民共和国担保法〉若干问题的解释》(以下简称《关于适用担保法的解释》)第94条第1款中已经肯定:"质权人在质权存续期间,为担保自己的债务,经出质人同意,以其所占有的质物为第三人设定质权的,应当在原质权所担保的债权范围之内,超过部分不具有优先受偿的效力,转质权的效力优先于原质权。"责任转质,是指质权人于质权存续期间,不经出质人同意,而以自己的责任将质押财产转质于他人,为第三人设定新质权。笔者认为,就知识财产质押权而言,责任转质应为无效。《关于适用担保法的解释》第94条第2款规定:"质权人在质权存续期间,未经出质人同意,为担保自己的债务,在其所占有的质物上为第三人设定质权的无效。质权人对因转质而发生的损害承担赔偿责任。"

(三) 擅自使用禁止

质权的主要特点之一是在质押期间,出质人无从使用质物,质权人也无使用质物的权利。① 我国《担保法》第80条规定,知识产权出质后,"出质人不得转让或者许可他人使用,但经出质人与质权人协商同意的可以转让或许可他人使用。出质人所得的转让费、许可费应当向质权人提前清偿所担保的债权或者向与质权人约定的第三人提存"。我国《物权法》也作出了相同的规定。② 此规范本身科学可行,但在物权法上规定知识产权法规范,倒算得上一道风景。此种越俎代庖,或许迫于形势,出于无奈。但是《物权法》并未将此信念贯彻到底,在浮动抵押的规定上,将知识财产和知识产权遗忘得干干净净(在下一节详述)。看来,知识产权自己的事务,还必须自己解决。《关于适用担保法的解释》中也增加了

---

① 参见刘保玉、赵军蒙:《权利质权争议问题探讨与立法规定的完善》,http://ask.lawtime.cn/lunwen/jjfdanbao/2006102649119.html,2008年7月11日访问。

② 参见我国《物权法》第227条。

擅自使用和处分质物的禁止性规定。该解释第93条规定:"质权人在质押期间,未经出质人同意,擅自使用、出租、处分质物,因此给出质人造成损失的,由质权人承担赔偿责任。"可见,未经出质人同意,知识财产质押权人无权行使知识产权,而知识产权人因出质也暂时丧失了行使知识产权的权利。从经济学上看,这是资源的浪费,也正是如此,才产生了动产抵押等制度予以弥补担保财产的使用问题。

（四）担保期间及其性质

担保知识产权属于绝对权,非请求权,不受诉讼时效的限制。但若担保知识产权的行使无期间的限制,则可能助长知识财产质押权人滥用其质押权,因此许多国家立法上规定了抵押权的存续期间,称为除斥期间。所谓除斥期间,是指法定的权利的存续期间,因该期间的经过发生权利消灭的法律效果。除斥期间和诉讼时效不同。诉讼时效是指权利人不行使权利持续经过法定期间,丧失其请求法院依诉讼程序强制保护其权利的制度。二者区别如下:首先,适用对象不同。诉讼时效适用于债权请求权;而除斥期间适用于形成权。其次,期间性质不同。诉讼时效期间是可变期间,可以中止、中断、延长;而除斥期间为不变期间。最后,法律后果不同。诉讼时效经过,消灭的是债权请求权,在诉讼法上表现为胜诉权,但并不消灭实体权利本身;而除斥期间经过消灭的恰恰是实体权利本身。我国《担保法》未规定担保物权期限。最高人民法院《关于适用担保法的解释》第12条第1款规定:"当事人约定的或者登记部门要求登记的担保期间,对担保物权的存续不具有法律约束力。"依据该解释,在当事人约定或登记部门要求登记的担保期间届满后,担保物权继续存在。第12条第2款规定:"担保物权所担保的债权的诉讼时效结束后,担保权人在诉讼时效结束后的2年内行使担保物权的,人民法院应当予以支持。"担保权的行使不能没有期间限制,否则,社会关系将处于长期的不稳定状态。因此,这就在司法解释层面确立了除斥期间制度,以督促和约束担保权人行使担保权。担保知识产权人自担保的债权期间届满后,经过"2年"的除斥期间仍不行使担保知识产权的,担保知识产权消灭。

较之《担保法》,我国《物权法》缩短了抵押权的存续期间,并且把存续期间的性质也予以了重大改变,由除斥期间转变为诉讼时效。主债权的诉讼时效期间届满,抵押权人不行使抵押权的,人民法院不予保护,并不是权利消灭。我国《物权法》并未规定质权、留置权的存续期间,也就是说质权、留置权不受所担保的债权的诉讼时效的限制。但为了避免质权人、留置权人滥用权利,《物权法》赋予了出质人、债务人行使质权、留置权的请求权。

第三节 知识财产抵押权

一、知识财产抵押权的概念与特征

质押和抵押是不同的私法制度。我国《民法通则》规定了抵押权制度,但并未规定质押权制度;而我国《物权法》在肯定抵押权的同时,也肯定了权利抵押这种较新的抵押权形式。知识财产抵押权是指因担保债权的履行,债权人通过登记以债务人或第三人的特定知识财产作为担保,在担保期间担保人仍可以使用知识财产,当债务人不履行债务时,债权人得以就该财产折价或者转让、实施、进行许可等方式获得的价款优先受偿的权利。知识财产抵押权的确立,可以在一定程度上克服知识财产质押权牺牲担保财产的使用价值的痼疾。在担保期间,该担保知识财产可以继续使用,是知识财产抵押权和知识财产质押权的最大区别所在。这与"物尽其用"的观念相符。20世纪初叶以来,因应工商业以动产融资的现实需要,动产抵押制度出现。我国《担保法》也对此作了明确规定。[①]如同在动产质押制度之后,又产生了动产抵押制度一样,知识财产抵押制度也有必要确立。知识财产抵押权与质押权相比,其优势也体现在抵押财产的继续使用上,既提供了担保,又能发挥抵押财产的价值。知识财产抵押权具有以下特征:

(1) 知识财产抵押权的标的为债务人或第三人所享有的知识产权。此处的知识产权,应包括完全知识产权,还应包括用益知识产权,用益知识产权可以设定抵押权。

(2) 知识财产抵押权的设定不影响抵押财产的使用,知识产权人或者获得授权的人可以继续按照约定或者法定途径使用该抵押财产或者权利。

(3) 知识财产抵押权经登记公示而生效。知识财产抵押权实行登记要件主义,未经登记不发生抵押权设定的效果。知识财产抵押合同为债权合同,是设定知识财产抵押权的原因行为,登记是知识财产抵押权发生效力的标志。

(4) 债权保全方式。在知识财产质押权中,质押权人和知识产权人均无权使用抵押财产,因此抵押财产的价值不会人为降低。在知识财产抵押权中,知识产权人可以依法行使知识产权,使用知识财产。这可能导致抵押财产价值降低,当此种价值降低到有害于担保时,债权人有保全抵押财产的权利。我国《担保法》

---

① 参见刘保玉、赵军蒙:《权利质权争议问题探讨与立法规定的完善》,http://ask.lawtime.cn/lunwen/jjfdanbao/2006102649119.html,2008年7月11日访问。

第51条规定,抵押权人有权要求停止侵害、恢复价值、提供担保。

二、知识财产抵押的起源与发展

(一) 权利抵押立法现状

按照早期物权法的规定,动产只能质押,而不动产只能抵押。然而,随着社会经济的发展,人们越来越多地意识到设定动产抵押和权利抵押的重要性。抵押也被分为动产抵押、不动产抵押和权利抵押。权利抵押是知识财产抵押权的起源。权利抵押是和物的抵押相对而言的。物的抵押是以所有权为基础进行的抵押,而权利抵押则指以用益物权为基础设定的抵押。我国台湾地区"民法典"第882条确立了用益物权可为抵押的规则,我国《担保法》也承认了土地使用权可用以抵押。

(二) 知识财产抵押权在我国的现状

目前,在立法层面,我国并没有建立知识财产抵押权制度。这不仅导致了知识产权体系的不完备,而且导致了法律对"物"和"知识财产"的差别对待。从担保的角度看,物用以担保,已经为明确承认,并建立了细密的规则;而知识产权或者说知识财产用以担保,则只能委身于物权之下,且"妾身未明"。这将导致知识产权担保制度发育的严重不足。我国《物权法》第181条确立了浮动抵押制度。该条规定:"经当事人书面协议,企业、个体工商户、农业生产经营者可以将现有的以及将有的生产设备、原材料、半成品、产品抵押,债务人不履行到期债务或者发生当事人约定的实现抵押权的情形,债权人有权就实现抵押权时的动产优先受偿。"根据立法的界定,浮动抵押中的抵押财产为"现有的以及将有的生产设备、原材料、半成品、产品",不包括知识财产和知识产权。而对国家重点扶持的高科技企业而言,它们拥有的恰恰是"现有的以及将有的知识产权"。浮动抵押的规定,从制度层面的一角揭示了将知识产权担保委身于担保物权的弊端,和构建知识财产抵押权制度的必要性和紧迫性。物权法并不能囊括知识产权法,物权法规则本身也无法适用于知识产权,除非改物权法为财产法。但是《物权法》对浮动抵押制度的设计本无可非议,因为物权法本不应该涉及知识产权,知识财产抵押本来就是知识产权法的"内部事务",应由自己处理。这也反映出,我们在构建完备的物权法的同时,也要构建完备的知识产权法。

在经济实践中,已经产生了大量的知识财产抵押的实例。在我国的现实经济生活中,以知识产权进行抵押的做法正在酝酿之中。国家开发银行等有关部门有意为文化创意产业的融资网开一面,同意以知识产权进行抵押。用知识产权做抵押,第三方做评估,保险公司来担保的"国家文化产业银行"的模式已见雏形。国家开发银行表示,银行有自己的评估机构,可以为知识产权进行评估。

但在影视界,知识财产抵押早已开端。1997年我国拍摄《鸦片战争》,导演谢晋专门成立了股份公司以电影作品吸引投资,成都汇通城市合作银行予以了融资。导演张艺谋拍摄《满城尽带黄金甲》进行融资,美国国际银行和香港银行给予了支持。中国出口信用保险公司通过"担保"服务,为《夜宴》提供了一年的短期出口信用保险服务,《夜宴》成功获得深圳发展银行5000万元的贷款。①

根据2007年中央电视台社会与法频道播出的一则新闻报道,天津市的银行允许企业以专利权抵押进行贷款。2007年我国银监会发布《银行开展小企业授信工作指导意见》,明确了知识财产抵押制度。该《指导意见》第14条规定:"银行可接受房产和商铺抵押,商标专用权、专利权、著作权等知识产权中的财产权质押,仓单、提单质押,基金份额、股权质押,应收账款质押,存货抵押,出口退税税单质押,资信良好企业供销合同质押,小企业业主或主要股东个人财产抵押、质押以及保证担保等。"可见,在我国金融机构已经可以接受企业以品牌等知识产权进行"质押贷款"。而此处名为"质押",实为"抵押",出质人经过登记后,出质的知识财产仍然归出质人使用。这在实践中被认为是"知识财产质押贷款"的创新模式。

(三) 日本知识财产抵押立法

《日本民法典》明确规定了工业产权可以抵押。依据《日本民法典》第369条的规定,除永佃权、地上权、土地使用权、矿业权可为抵押权客体外,还特别强调了"工业所有权"可为抵押权的客体。日本法上的工业所有权,就是英语语系中的"工业产权"(industrial property rights)。工业产权包括知识产权中的专利权和商标权,不包括著作权,也不涉及商业秘密权和非物质文化遗产权利。尽管《日本民法典》第369条规定的知识财产抵押权的范围有限,但却属于肇开先河的创举,为知识财产抵押权之立法源头。

三、知识财产抵押权的基本制度

(一) 抵押财产

所有可以转让的知识产权中的财产权均可以抵押。从权利性质上划分,用于抵押的知识产权可以分为完全知识产权和用益知识产权。不仅知识产权人可以设定抵押,通过知识产权许可获得的用益知识产权,用益知识产权人也可以以用益权进行抵押。

---

① 参见《国家文化产业银行萌芽,知识产权做抵押正在酝酿》,http://www.chinaptc.com.cn/html/report_news/200611283637635.html,2008年7月15日访问。

（二）知识财产抵押合同

知识财产抵押合同是当事人协议以设定知识财产抵押为内容的债权合同。与知识财产质押合同一样，知识财产抵押合同应以书面形式为之。知识财产抵押合同的内容一般应包括如下内容：(1) 被担保债权的种类和数额；(2) 债务人履行债务的期限；(3) 抵押财产的名称、数量、状况及权利人；(4) 担保的范围；(5) 抵押财产登记的时间。知识财产抵押合同应为要式合同。我国《物权法》第185条规定："设立抵押权，当事人应当采取书面形式订立抵押合同。"

（三）知识财产抵押权登记

知识财产抵押合同是否生效，以合同的生效要件来判断，与是否登记无关；而知识财产抵押合同生效，也不意味着知识财产质押权的成立，唯有经过登记，知识财产抵押权才得以设立。参照我国《担保法》第44条的规定，办理知识财产抵押权登记，应向登记部门提供以下文件：(1) 主合同；(2) 抵押合同；(3) 知识产权凭证。

四、知识财产抵押权的效力

所谓知识财产抵押权的效力，是指知识财产抵押权人就抵押财产在担保债权的范围内优先受偿的效力及对其他财产的限制和影响力。知识财产抵押权的效力是知识产权抵押权制度的核心问题。从权利属性上讲，与知识财产质押权一样，知识财产抵押权为担保权的一种，具备绝对权的效力。知识财产抵押权的效力主要体现在以下几个方面：

（一）抵押权顺序

同一知识财产之上，可能存在数个抵押权。参照我国《物权法》第199条的规定，同一财产向两个以上债权人抵押的，拍卖、变卖抵押财产所得的价款依照下列规定清偿：第一，抵押权已登记的，按照登记的先后顺序清偿；顺序相同的，按照债权比例清偿。第二，抵押权已登记的先于未登记的受偿。第三，抵押权未登记的，按照债权比例清偿。

（二）已经存在的知识产权许可

订立知识财产抵押合同前，知识财产已许可使用的，原知识产权许可关系不受该抵押权设定的影响。依法可以转让的商标专用权、专利权、著作权等知识产权中的财产权设定抵押后，知识产权人仍得以实施或者许可他人使用该知识产权，但应告知知识财产抵押权人所得的许可费应当向抵押权人提前清偿所担保的债权或者向与抵押权人约定的第三人提存。

（三）知识产权转让

知识财产抵押期间，抵押人经抵押权人同意转让抵押知识财产的，应当将转让所得的价款向抵押权人提前清偿债务或者提存。转让的价款超过债权数额的部分归抵押人所有,不足部分由债务人清偿。抵押期间,抵押人未经抵押权人同意,不得转让抵押知识财产,但受让人代为清偿债务消灭抵押权的除外。

五、知识财产抵押权的实现与消灭

(一)知识财产抵押权的实现

债务人不履行到期债务或者发生当事人约定的实现抵押权的情形,知识财产抵押权人可以就该财产折价或者转让、实施、进行许可等方式获得的价款优先受偿。知识产权折价、转让的,应该进行知识产权评估。在实现知识财产抵押权过程中,通过知识产权变现的价款超过债权数额的部分归抵押人所有,不足部分由债务人清偿。

(二)知识财产抵押权的消灭

主债权有效期届至。知识产权抵押权附属于主债权的存在,当主债权存续期届满,知识产权抵押权即丧失效力;作为标的物的知识财产灭失。根据情事变更原则,当知识产权灭失时,当事人将不可能继续履行抵押权合同或者虽能履行但不符合效率原则,故在这种情形下知识产权抵押权消灭。如商业秘密被公开后,以该商业秘密为标的物而设置的抵押权丧失效力。

第四节 知识财产留置权

一、知识财产留置权的概念和法律特征

(一)知识财产留置权的概念

留置,是指合同当事人一方依据法律规定或合同约定,有权占有或者控制对方当事人的财产,以保护自身合法利益的法律行为。知识财产留置权,是指债权人依合同约定控制债务人的知识财产,在债务人不按照合同约定的期限履行债务时,债权人得留置该知识财产,以作为债权担保的权利。我国《技术合同法实施条例》第42条规定:"委托方逾期6个月不接受研究开发成果的,研究开发方有权处分研究开发成果。所获得的收益在扣除约定的报酬、违约和保管费用,退还委托方。所得收益不足以抵偿有关报酬、违约金和保管费的,有权请求委托方赔偿损失。"这是我国关于知识财产留置权的立法依据。尽管没有明确使用留置权概念,但从实质内容上看,却是关于知识财产留置权的规定。遗憾的是,随着该条例被废止,这一规定也消失了。

（二）知识财产留置权的法律特征

第一，知识财产留置权的标的为知识财产。这是知识财产留置权和担保物权中的留置权的核心区别。在担保物权的留置权关系中，客体为"物"，而知识财产留置权的客体为知识财产。鉴于知识财产的特性，不能物理占有，只有控制，往往是通过占有知识财产的载体而控制知识财产本身。这种情况往往是，债权人占有知识财产载体，而该知识财产是尚未发表或者公开并不被外界所知，包括权利人也不知悉。因此，债权人得以通过占有知识财产载体的方式控制着知识财产。

第二，知识财产留置权为定限知识产权。知识财产留置权是在他人的知识财产之上成立的绝对权，属于定限知识产权。

第三，知识财产留置权为担保知识产权。知识财产留置权的功能在于担保债权的实现，为担保知识产权。

第四，留置权为法定担保知识产权。知识财产留置权虽为担保知识产权，但与其他担保知识产权不同，不是由当事人自行约定的，而是根据法律的规定直接发生的。

第五，知识财产留置权为从权利，具有从属性。虽然知识财产留置权为一种独立的知识产权，但是由于知识财产留置权是为担保债权的目的而存在，因此，知识财产留置权为从属于债权的从权利。知识财产留置权依从于担保的主债权：主债权存在，知识财产留置权存在，主债权消灭，知识财产留置权消灭；主债权法定转移时，知识财产留置权也应随之转移。

第六，知识财产留置权具有不可分性。知识财产留置权的不可分性表现在：知识财产留置权所担保的为债权全部，知识财产留置权的效力及于债权人所留置的债务人知识财产的全部。

二、构建知识财产留置权制度的必要性

知识财产留置权与知识财产质押权、知识财产抵押权的最大的区别在于：知识财产留置权关系中，知识产权人对知识财产的内容并不了解，并且也无从掌握；因为，一旦知识产权人掌握了留置的知识财产的内容，则债权人因丧失了对知识财产的绝对控制而丧失留置的前提。而对于知识财产质押权关系和抵押权关系而言，知识产权人对自己出质和用于抵押的知识财产是十分了解和完全掌握的。如果仅仅确立了担保物权领域中的留置权，留置权人可以通过折价、拍卖、变卖等方式受偿。但必须注意的是，留置权人仅能就承载知识财产的作品手稿、技术方案载体或者样品等"物"予以折价、拍卖、变卖，并不能涉及"知识财产"。因为知识财产和物不同，它是知识产权的客体，不是物权的客体。担保物

权中的留置权人不能在行使担保物权之时,对知识财产顺手牵羊,即通过知识财产受偿。

【案例】 某甲委托某乙作画,约定某乙享有人身权,而某甲享有全部财产权。画成,某甲未能如约付款。问:某乙如何保护权利?

该案中,债权人某乙根据物权法享有担保物权上的留置权,因为作品手稿是"物",某乙可以通过留置作品手稿并在将来得以将此手稿折价、拍卖和变卖受偿;若手稿价值不足以补偿合同约定的费用,在没有确立知识财产留置权制度的情形下,某乙唯有自担损失。因为根据物权法,某乙的权利已经用尽了,物权法已经不能再为某乙提供救济。但是,我们知道,某乙完成的作品本身构成知识财产,是知识产权的客体。根据知识财产留置权规则,某乙除了行使担保物权的留置权外,还可以就知识财产行使知识财产留置权,并用以自己债权的受偿。

上述案例阐释了,在有担保物权上的留置权的前提下,构建知识财产留置权的重要意义。

【案例】 某甲委托某乙开发计算机软件,约定由某甲享有计算机软件的著作权,软件开发完成后,某甲未能如约付款。问:某乙如何保护权利?

该案中,作为担保知识产权的留置权并不存在,因为没有"物",存在的只有知识财产和知识产权。因此,某乙欲切实保护自己的债权,唯有行使知识财产留置权,并在将来得以将此软件折价、拍卖和变卖受偿。

该案例阐释了,在无法行使担保物权的情况下,知识财产留置权便成为唯一的担保方式,重要性和必要性就更加凸显出来。

三、知识财产留置权的法律性质

在知识产权法上,知识财产留置权作为债的一种担保方式,具有以下法律性质:

(一) 知识财产留置权为绝对权

在传统物权法领域,关于留置权的性质也有争议。法国和德国民法典确立的留置权制度为债权留置权制度,被作为一种债的效力,如同时履行抗辩权或者拒绝给付权;而日本和瑞士等国的民法典采取物权留置权制度,承认留置权为一种独立的担保物权。[①] 我国《民法通则》将留置权规定在"债权"一节中,但从留

---

① 房绍坤:《论留置权》,http://law.ytu.edu.cn/falun/2008/0317/article_6.html,2008年8月22日访问。

置权的内容上看,属于物权留置权制度。《民法通则》第 89 条第 4 项规定:"按照合同约定一方占有对方的财产,对方不按照合同给付应付款项超过约定期限的,占有人有权留置该财产,依照法律的规定以留置财产折价或者以变卖该财产的价款优先得到偿还。"在这里,留置权的标的并未被限定为"物",而为"财产"。这为知识财产留置权的产生预留了法律空间。我国《物权法》单列一章规定了留置权。该法第 230 条规定:"债务人不履行到期债务,债权人可以留置已经合法占有的债务人的动产,并有权就该动产优先受偿。"此处将留置权的客体明确界定为"动产",显然排除了知识财产。这是因为物权法有自己的视阈和适用范畴,并不涉及知识产权的缘故。但从性质上讲,留置权的绝对权性质得到了突出和加强。

知识财产留置权是以知识财产为留置标的的一种权利,同样属于绝对权。留置权人凭借其知识财产留置权,可以排他地控制留置标的,并对抗债务人的给付请求,同时得以对抗不特定第三人对留置标的的权利主张。因此,从性质上讲,知识财产留置权属于绝对权。

(二) 知识财产留置权为担保知识产权

知识财产留置权是以担保债权受偿为目的而设立的知识产权。当债务人超过约定期限不履行给付义务时,知识财产留置权人就可以留置知识财产,从而优先受偿。因为知识财产留置权为担保知识产权,因而具有担保知识产权的不可分性和从属性。

(三) 知识财产留置权具有法定性

同担保物权中的留置权一样,知识财产留置权为法定权利。这是从知识财产留置权的产生角度对知识财产留置权性质的认识。知识财产留置权,仅依法律规定而产生,当事人不得协议创设。这说明知识财产留置权的成立,不受当事人意思表示一致这个约定条件的控制。这是知识财产留置权区别于知识财产质押权和知识财产抵押权的核心特征。科技合同中的委托开发合同是适用知识财产留置权的典型领域。

四、知识财产留置权的成立条件

(一) 知识财产留置权的成立条件

知识财产留置权的产生,须满足形式要件和实质要件。首先,就形式要件而言,知识财产留置权的设置必须登记。并且,在登记之前,被留置的"知识财产"应处于保密状态,即完全知识产权人无从得知。其次,从实质要件来看,基于法律的直接规定而产生,产生的具体法定条件如下:

1. 债权人须控制债务人的知识财产

对于担保物权中的留置权而言,债权人依照合同占有债务人的财产,是留置权成立及存续的前提条件。① 然而知识财产无从占有,因此债权人依法控制债务人的知识财产,为知识财产留置权产生的前提条件。债权人丧失对债务人知识财产的控制,则知识财产留置权归于消灭。债权人对知识财产的控制,除了控制知识财产的载体之外,还须对该构成该知识财产的知识进行"保密"。一旦泄密,知识财产留置权消灭。

【案例】 某甲委托某乙作画,约定某乙享有人身权,而某甲享有全部财产权。画成,某甲未能如约付款,某乙主张知识财产留置权。在知识财产留置权成立,但尚未行使期间,某乙应 A 画展的要求,将该画公布在互联网上。问:某乙还能否行使知识财产留置权?

该案中,由于知识财产留置权人某乙将留置知识财产——美术作品公布在互联网上,失去了对留置知识财产的控制,使得著作权人某甲得以行使著作权,因此,某乙的知识财产留置权消灭。

2. 债权人留置的知识财产与债权属于同一法律关系

债权人的债权与债权人控制的知识财产之间有牵连关系,才能成立知识财产留置权。就担保物权的留置权而言,《瑞士民法典》并不要求此种牵连关系为合同关系,该《法典》第 895 条第 1 项规定,经债务人同意由债权人占有的财产或有价证券,可以成立留置权。我国《民法通则》将债权人占有债务人财产的原因仅限于合同关系。但我国《物权法》改变了这一规定,而是界定为"同一法律关系",并设置了例外。我国《物权法》第 231 条规定:"债权人留置的动产,应当与债权属于同一法律关系,但企业之间留置的除外。"笔者认为,此规定可类推适用于知识财产留置权,一般情况下,债权人留置的知识财产应当与债权属于同一法律关系;但企业之间留置的不在此限。

3. 债务人不履行到期债务

债权人的债权已届清偿期,留置权方能成立。从债务的角度看,也就是债务人的债务已届清偿期。我国《民法通则》第 89 条第 4 项规定,债务人须"不按照合同给付应付款项超过约定期限的",债权人的留置权方能成立,并且留置权人可以行使留置权。我国《物权法》第 230 条规定:"债务人不履行到期债务,债权人可以留置已经合法占有的债务人的动产,并有权就该动产优先受偿。"与《民法通则》相比,一方面,《物权法》将得以形成留置权的债权范围从金钱债权扩展

---

① 马俊驹、余延满:《民法原论》,法律出版社 1998 年版,第 489 页。

到所有的债权;另一方面,《物权法》第 230 条规定"债务人不履行到期债务"仅为留置权的成立要件,而留置权的行使要件规定于第 236 条。① 知识财产留置权应类推适用此规定,以债务人不履行到期债务为知识财产留置权的成立要件。债务人的债务履行期应遵从双方当事人的约定;若无约定,应该遵从合同目的和惯例;若无明确的目的要求或者无惯例可循,则债权人可以随时向债务人要求履行,但应当给予必要的准备时间。合同目的要求期限、惯例所要求的期限、必要的准备时间等与约定的期限一样,为合同的履行期限。但债务人主张同时履行抗辩权、诉讼时效抗辩权时,债权人不能取得留置权或者知识财产留置权。

（二）妨碍知识财产留置权成立的事由

一般情形下,具备上述三个要件,知识财产留置权成立。因此,上述三要件又称为知识财产留置权的积极要件。但在具备上述三个要件的基础上,如果出现了妨碍知识财产留置权成立的情形,知识财产留置权则不能成立。因此,妨碍知识财产留置权成立的事由又被称为知识财产留置权成立的消极要件。我国《物权法》第 232 条规定:"法律规定或者当事人约定不得留置的动产,不得留置。"该规定可类推适用于知识财产留置权。依照该规定,妨碍知识财产留置权成立的情形有:第一,当事人的约定。当事人约定排除知识财产留置权行使的,债权人不得行使知识财产留置权。第二,法律的规定。若法律规定不得留置的,债权人不得行使留置权。此处的法律规定,既包括法律的明确规定,也包括依照法律的基本原则,如公序良俗原则等确定的情形,在这些情形下,债权人不得行使知识财产留置权。

五、知识财产留置权的内容

（一）知识财产留置权人的权利

知识财产留置权一经成立,便依法对留置知识财产享有知识财产留置权。知识财产留置权的内容主要有:

1. 留置知识财产的控制权

知识财产留置权以债权人控制债务人的知识财产为法定成立要件,知识财产留置权一经成立,留置权人就享有控制留置的知识财产的权利。留置知识财产的控制权是知识财产留置权的具体内容之一。

---

① 我国《物权法》第 236 条规定:"留置权人与债务人应当约定留置财产后的债务履行期间;没有约定或者约定不明确的,留置权人应当给债务人两个月以上履行债务的期间,但鲜活易腐等不易保管的动产除外。债务人逾期未履行的,留置权人可以与债务人协议以留置财产折价,也可以就拍卖、变卖留置财产所得的价款优先受偿。"

2. 必要费用的偿还请求权

知识财产留置权人有权向留置知识财产的权利人要求偿还保管留置知识财产而付出的费用。但此种费用,必须以保管留置知识财产有必要为限。

3. 优先受偿权

债务人到期不履行义务,经债权人催告,在合理期限内仍不履行义务的,债权人有权依法变卖留置知识财产,以变卖该知识财产的价款优先受偿。参照我国《物权法》第 236 条的规定,留置权人与债务人应当约定留置财产后的债务履行期间;没有约定或者约定不明确的,留置权人应当给债务人两个月以上履行债务的期间。债务人逾期未履行的,留置权人可以与债务人协议以留置财产折价,也可以就拍卖、变卖留置财产所得的价款优先受偿。

(二) 知识财产留置权人的义务

知识财产留置权人因对留置知识财产享有控制权,而负有善良管理保管义务。原则上讲,知识财产留置权人不得使用留置知识财产。但是在下列两种情况下,知识财产留置权人可以使用留置知识财产:第一,经债务人同意的使用。留置权人经过债务人同意,可以使用留置知识财产。第二,为社会公益目的,使用留置知识财产。比如说,应大众健康的急需,而使用留置知识财产进行药品生产。在此二种情形下,知识财产留置权人有权以使用获得的利益抵偿留置权人的债权。

六、知识财产留置权的效力与实现

(一) 知识财产留置权的效力

与知识财产质押权和知识财产抵押权一样,知识财产留置权为担保权的一种,具备绝对权的效力。当知识财产留置权与知识财产质押权和知识财产抵押权共存于同一知识财产之上时,留置权效力优先。参照我国《物权法》第 239 条的规定,"同一动产上已设立抵押权或者质权,该动产又被留置的,留置权人优先受偿"。

(二) 知识财产留置权的实现

参照我国《物权法》第 236 条的规定,知识财产留置权人与债务人应当约定留置知识财产后的债务履行期间;没有约定或者约定不明确的,知识财产留置权人应当给债务人两个月以上履行债务的期间,这个期间在学理上称为宽限期。债务人逾期未履行的,知识财产留置权人可以与债务人协议以留置知识财产折价,也可以就拍卖、转让留置知识财产所得的价款优先受偿。以留置知识财产折价或者转让的,应当进行知识产权评估。

主要参考书目

1. 〔德〕黑格尔:《法哲学原理》,范杨、张企泰译,商务印书馆1961年版。
2. 郑成思:《知识产权论》,法律出版社2003年版。
3. 梁慧星:《民法总论》,法律出版社2001年版。
4. 吴汉东:《知识产权法》,中国政法大学出版社2004年版。
5. 马俊驹、余延满:《民法原论》,法律出版社1998年版。
6. 王利明:《物权法研究》,中国人民大学出版社2002年版。
7. 刘保玉:《物权体系论》,人民法院出版社2004年版。
9. 王先林:《知识产权滥用及其法律规制》,中国法制出版社2008年版。
10. 〔澳〕彼得·达沃豪斯/约翰·布雷斯维特:《信息封建主义》,刘雪涛译,知识产权出版社2005年版。
11. 张文显:《法学基本范畴研究》,中国政法大学出版社1993年版。
12. 齐爱民:《现代知识产权法学》,苏州大学出版社2005年版。
13. 齐爱民:《捍卫信息社会的财产——信息财产法原理》,北京大学出版社2009年版。

造访知识产权法

——代后记

当今世界,知识产权贸易是国际贸易的主流。国际知识产权贸易的背后,往往掩盖着不同的企业和国家对国际产业发展资源的争夺。这种战争的成败关乎企业命运甚至一个国家的国计民生。发达国家和发展中国家处于这场争夺战的两极。谁制定知识产权规则,谁就是最后的赢家。理智告诫人们,被普遍遵守的规则必须具备正当性,否则国际社会将沦为弱肉强食的生物领地。但现实恰恰相反,知识霸权常起于青萍,迸发雷霆,贻害弱者,发展中国家均有切肤体会,这便是揭开知识产权规则正当性缺失的伤疤之痛。

缺乏灵魂的知识产权法难以形成理论。知识产权法总则的重要性无异于民法总则之于民法,是再简单不过的一个道理。遗憾的是,在全球知识产权法迅猛发展的今日,无论是在大陆法系国家抑或英美法系国家,发展中国家抑或发达国家,竟没有体系化的知识产权法典生成。这是一个必须认真面对的问题,绝非一个事实那么简单。在发达国家和跨国公司的努力下,一个肢体强健、威力巨大的知识产权制度已经产生,但它却是不理性的,非体系化的,让人无法度量其行为,无法作出合理预测。于是,弱者总是受伤。在总则缺失的情况下,实践中"五花八门"的新"知识产权"及其权利内容类型层出不穷,对正当竞争的损害,对商品自由流通的危害不可谓不大。这样的知识产权法制度难免沦为经济暴力和霸权的工具。

知识是力量,知识是财产。知识财产是财产的一类,已经不再是知识,不再享有知识的无穷力量。"知识财产"和"物"一样,同为财产的下位概念,是平起平坐的兄弟,不具备"物"和"知识"的法律差别。从财产法的角度看,知识财产的唯一特殊之处在于它含有部分人格利益因素,除此之外,它只是一种财产而已。我们通过创制制度来保护"财产",把"知识"纳入财产法,是为了赋予其财产地位,而不是超财产地位。此时,它已不是知识,而是财产家族的一员。我们不能回头再去把它当做"知识"来加以特别优待。我们构建知识产权法规则,不是立足于思维科学中的知识概念,而是立足于财产法上的财产概念。当然,这并不是抹杀"知识财产"和"物"的既有差别。

我们身处一个遍布知识产权荆棘却不知道知识产权全貌的时代。目前的国际社会,对知识财产的保护水准比"物"高得多。而一旦我们尝试着探寻为什么,往往发现"结论"比"原因"来得更早、更突然。当人们被迫接受一个个所谓的新的知识产权名词和规则,如在营业场所播放音乐要付费、穿假名牌在海关被扣押等,却没有人向我们解释这仿佛平地起风雷的规则到底是为什么,而一旦需要解释,也是以"毋庸置疑"的口气说,"这就是知识产权"。上述行为真的侵犯了知识产权吗? 在我看来,这竟是不侵权的行为! 如果在营业场所播放音乐要付费,那么在营业场所使用他人的专利产品,如一把专利茶炉,是否应该付专利许可费,而使用了有商标的椅子是否应付商标许可费? 这显然是荒谬的,因为这套冠冕堂皇的理论混淆了一个常识,那就是知识财产和知识产品的区别。利用知识财产,属于知识产权的效力范围;而利用产品,则属于物权的效力范围,当然如果产品为数字产品,则属于信息财产权的效力范围。我们感到生活、甚至人权都被一个个所谓的知识产权规则所挤压的时候,却没有人向我们负责,甚至连一个符合理性的解释都没有。

有一种力量叫正义,如果不能给它正常释放的通道,它必然会趟出一条带血的道路。这是一个以理性和法治自诩的时代。任何一个政府对其所倡导的任何一种国际社会的理想,都应该负责。以美国为代表的发达国家应给国际社会一个交待:知识产权及其与国际贸易的关系规则何以如此! 没有什么事情是无缘无故,国际立场的不同源于政府利益的差别。当美国法院决然地宣布一切平行进口均为非法的时候,全世界其他国家,乃至欧盟对平行进口却持有谨慎的认可态度。郑成思先生曾道破天机,因为美国始终是个高价位市场,任何从低价位国家的"平行进口",均会给美国知识产权权利人或独占被许可人造成损失。世界新秩序的构建,需要政治、军事力量,也需要成熟的理论。认真钻研知识产权法基本理论,尤其是知识产权法总则,是这个时代赋予学者们的任务。

爱因斯坦说,真理是常识的系统化。标新立异不是本书所追求的目标,因此也就不因"求新"而越雷池一步。我对知识产权法总则的梳理,并非什么创新,而是对已经隐含在法律世界之中的知识产权规则的发现,是对前人研究的继承和发展。尽管在这个年代,有人以玩弄智商而洋洋自得,但我这个死心眼却更看重真道理。我相信,下个时代还是知识产权的时代,但一定是以正当和理性为追求目标的时代!

齐爱民

于重庆沙坪坝

2009 年 11 月 25 日